Juristische Kurzlehrbücher
für Studium und Praxis

Grimm/Norer
Agrarrecht

D1698185

Agrarrecht

von

Christian Grimm

Dr. iur., em. Professor
an der
Hochschule Weihenstephan-Triesdorf

Roland Norer

Dr. iur., Professor
an der
Universität Luzern

4. Auflage 2015

C.H.BECK

www.beck.de

ISBN 978 3 406 67988 9

© 2015 Verlag C.H. Beck oHG
Wilhelmstraße 9, 80801 München
Druck: Nomos Verlagsgesellschaft
In den Lissen 12, 76547 Sinzheim

Satz: Uhl + Massopust, Aalen

Gedruckt auf säurefreiem, alterungsbeständigem Papier
(hergestellt aus chlorfrei gebleichtem Zellstoff)

Vorwort zur 4. Auflage

„Agrarrecht ist Querschnittsrecht. Die Breite des fachlichen Spektrums wird jeden verwundern, der sich erstmals an dieses Rechtsgebiet heranwagt." Diese Feststellung im Vorwort zur 1. Auflage 1995 hat nichts von ihrer Gültigkeit eingebüßt. Im Gegenteil. Das Agrarrecht erfährt kontinuierlich Ausdehnungen und Vertiefungen, nicht zuletzt durch die wachsende Bedeutung des Verbraucherschutzes und die immer engere Verzahnung mit dem Umweltrecht.

Um die ständig wachsende Stofffülle zu bewältigen, wurde eine Aufteilung der Rechtsgebiete erforderlich. Erfreulicherweise konnte zu diesem Zweck Prof. Dr. Norer, ein ausgewiesener Kenner der agrarrechtlichen Materie, als Co-Autor gewonnen werden. Er übernimmt die Bearbeitung der Kapitel 7 bis 9, 11 und 12.

Auch in dieser Auflage waren zahlreiche legislative Aktivitäten auf nationaler und europäischer Ebene zu berücksichtigen. So haben sich die Agrarminister, das Parlament und die Kommission der Europäischen Union nach fast fünf Jahren Vorbereitungszeit Ende Juni 2013 über die Zukunft der Gemeinsamen Agrarpolitik (GAP) für die nächste Periode, also bis 2020 geeinigt. Die Auswirkungen und Herausforderungen, die sich für die nationalen Umsetzungen ergeben, sind in Kapitel 11 ausführlich dargestellt.

Aus der Vielzahl legislativer Akte auf nationaler Ebene mit Auswirkungen auf das Agrarrecht, seien beispielhaft genannt:
– die Klimaschutznovelle 2011 als Teil der Energiewende
– die Novelle des Pflanzenschutzgesetzes 2012
– die Innenentwicklungsnovelle 2013
– die Neufassung der Baunutzungsverordnung 2013
– die Änderungen der Tierschutz-Nutztierhaltungsverordnung 2014

Für die Aktualisierung des 5. Kapitels danke ich Frau Dr. Natalie Grimm. Für Kritik und Anregungen aus den Reihen der Leserschaft sind die Verfasser stets dankbar.

Weihenstephan im Frühjahr 2015   *Christian Grimm*

Vorwort zur 3. Auflage

Seit Erscheinen der Vorauflage im Jahre 2004 hat das Tempo der Rechtsetzung auf europäischer und nationaler Ebene weiter zugenommen. Davon ist das Agrarrecht als Querschnittsrecht in besonderer Weise betroffen. Vor allem die öffentlich-rechtlichen Teilgebiete unterliegen einem raschen Wandel. In die Neuauflage waren insbesondere einzuarbeiten
– die Föderalismusreform 2006
– das Lebensmittel- und Futtermittelgesetzbuch 2006
– das Tierzuchtgesetz 2006
– das Tierschutzgesetz 2006
– die Erweiterung der Tierschutz-Nutztierhaltungsverordnung 2006
– das Umweltschadensgesetz 2007
– die EG-Ökoverordnung Nr. 834/2007
– das Düngegesetz 2009
– die Novelle des Naturschutzgesetzes 2009.
Im Kapitel Förderung der Landwirtschaft, Marktordnungen, Entwicklung des ländlichen Raums mussten grundlegende Änderungen auf europäischer Ebene berücksichtigt werden, so insbesondere
– die VO (EG) Nr. 1290/2005 zur Regelung der Finanzierung der Gemeinsamen Agrarpolitik und die damit verbundene Aufteilung des Europäischen Ausrichtungs- und Garantiefonds für die Landwirtschaft (EAGFL) in den Europäischen Garantiefonds für die Landwirtschaft (EGFL) und in den Europäischen Landwirtschaftsfonds für die Entwicklung des ländlichen Raumes (ELER)
– die VO (EG) Nr. 1698/2005 (ELER-VO) und
– die VO (EG) Nr. 1234/2007, welche die sektorspezifischen Marktordnungen zu einer einzigen Marktordnung zusammenfasst.
Diese nicht abschließende Aufzählung weit reichender Normänderungen mag genügen, um den Druck anzudeuten, dem jeder Autor ausgesetzt ist, der es unternimmt, ein derart breites und schnelllebiges Rechtsgebiet darzustellen. Streckenweise erinnert die Arbeit an den Wettlauf zwischen Hase und Igel, wobei der eine Igel in Brüssel und der andere in Berlin sitzt. Das Manuskript wurde im September 2009 abgeschlossen. Die 3. Auflage kann somit rechtzeitig erscheinen, um den Anwaltskollegen, die derzeit die Ausbildung zum Fachanwalt für Agrarrecht durchlaufen, einen grundlegenden Überblick über das breite Rechtsgebiet zu verschaffen.

Für wertvolle Anregungen und Hinweise danke ich meinen Kollegen aus der Deutschen und Österreichischen Gesellschaft für Agrarrecht. Für Kritik und Anregungen bin ich meinen Lesern weiterhin dankbar.

Weihenstephan, im Herbst 2009 *Christian Grimm*

Vorwort zur 2. Auflage

Seit dem Erscheinen der 1. Auflage im Jahre 1995 sind neun für die Land- und Ernährungswirtschaft turbulente Jahre vergangen. Geprägt ist dieser Zeitraum von einem weiter fortschreitenden Strukturwandel und einer regen Tätigkeit des Normgebers auf europäischer und nationaler Ebene.

Hinzu kamen agrarpolitische Herausforderungen von historischen Dimensionen, nicht zuletzt im Zusammenhang mit der Agenda 2000. Führte bereits dieses Aktionsprogramm der Europäischen Kommission und dessen schrittweise Umsetzung in nationale Rechtsnormen zu erheblichen Unruhen bei Landwirten und Verwaltungsbehörden, so verstärkten sich die Irritationen noch erheblich durch die BSE-Krise, durch Probleme mit der Maul- und Klauenseuche und durch weitere Lebensmittelkrisen, die zu einem dramatischen Vertrauensverlust der Verbraucher führten. Die daraufhin von der Bundesregierung angekündigte „Agrarwende" und der damit verbundene Erlass von Rechtsnormen trugen weiter dazu bei, dass sich die Verunsicherung auf dem Agrarsektor eher noch verstärkte.

Aus all diesen Gründen wurde eine Neuauflage unerlässlich. Die Ausführungen der Vorauflage wurden überarbeitet und auf den neuesten Rechtsstand gebracht. Zusätzlich eingefügt wurde das Kapitel 6: Öffentliches Baurecht in der Landwirtschaft. Die Einarbeitung des landwirtschaftlichen Sozialversicherungsrechts muss einer Folgeauflage vorbehalten werden.

Für wertvolle Anregungen und Hinweise danke ich meinen Kolleginnen und Kollegen aus der Deutschen und der Österreichischen Gesellschaft für Agrarrecht. Mein besonderer Dank gilt Frau Rechtsreferendarin Natalie Grimm für die u.a. durch die Schuldrechtsreform 2002 erforderlich gewordene Überarbeitung des 5. Kapitels.

Den Literaturangaben vor den einzelnen Kapiteln wurden nützliche Internetadressen von fachlich mit der jeweiligen Materie befassten Institutionen angefügt.

Für Hinweise, Kritik und Anregungen bin ich den Lesern weiterhin dankbar.

Weihenstephan im Frühjahr 2004   *Christian Grimm*

Vorwort zur 1. Auflage

Agrarrecht ist Querschnittsrecht. Die Breite des fachlichen Spektrums wird jeden verwundern, der sich erstmals an dieses Rechtsgebiet heranwagt. In klassischen Teilgebieten, insbesondere im landwirtschaftlichen Pacht- und Erbrecht steht ausreichend Literatur zur Verfügung. Auch einige Einzelbereiche des jüngeren Agrarrechts, so z.B. das landwirtschaftliche Verfahrensrecht oder das Flurbereinigungsrecht, sind literarisch gut abgedeckt. Lücken bestehen aber beispielsweise im Recht der landwirtschaftlichen Produktion, im Bereich betrieblicher und überbetrieblicher Zusammenarbeit und auf dem weiten Sektor der Landwirtschaftsförderung.

Mit den hier vorgelegten Grundlagen des Agrarrechts wird versucht, die aufgezeigten Lücken zu schließen und sowohl die traditionellen, als auch die modernen Komponenten des Agrarrechts zusammenfassend darzustellen. Die Fülle des Stoffes erlaubt es nicht, überall in die Tiefe zu gehen, jedes Problem auszuloten oder eine Lösung aller Rechtsfragen anzustreben. Da und dort können nur die Einstiegsstellen für weitere Forschungsarbeit aufgezeigt werden.

Das Buch ist in erster Linie gedacht als
- Überblick für den Agrarjuristen,
- Lehrbuch für fortgeschrittene Jura-Studenten und Rechtsreferendare mit Spezialisierungsabsichten in die agrarrechtliche Richtung,
- Lehrbuch für Studenten der Landwirtschaft, des Gartenbaus und verwandter „grüner" Disziplinen an Universitäten, Fachhochschulen und Akademien,
- Orientierungshilfe für Führungskräfte der Agrarwirtschaft in der Produktion und in den vor- und nachgelagerten Bereichen (Agrarhandel, Genossenschaftswesen, Selbsthilfeeinrichtungen, Lebensmittelbranche etc.).

Im Rahmen dieser Grundlagen ist es nicht möglich, eine auch nur annähernd vollständige Literaturübersicht zu geben; eine Bibliographie des Agrarrechts würde mehrere hundert Seiten umfassen. Deshalb wurde – neben den allgemeinen Literaturhinweisen zum Gesamtkomplex „Agrarrecht" zu Beginn des Buches – jedem Einzelkapitel eine Literaturauswahl vorangestellt und dabei im wesentlichen die vom Verfasser verwendete Literatur angeführt, ohne daß mit dieser notwendigerweise subjektiven Auswahl eine Abwertung nicht erwähnter Literatur beabsichtigt ist. Wer in Einzelbereichen tiefer in die jeweilige Materie einsteigen will, wird in den hier angeführten Werken ohne Probleme weiterführende Literatur finden.

Das sehr umfangreiche landwirtschaftliche Steuerrecht inklusive der landwirtschaftlichen Taxationslehre wurde in diese Darstellung nicht aufgenommen. Dies fiel umso leichter, als bewährte Standardwerke dieses sehr spezielle Rechtsgebiet abdecken. Eine ausführliche Darstellung des landwirtschaftlichen Sozialrechts muß einer späteren Auflage vorbehalten werden.

Das Manuskript wurde Ende Februar 1995 abgeschlossen. Für Hinweise, Kritik und Anregungen aus dem Leserkreis ist der Verfasser stets dankbar.

Weihenstephan, im Juni 1995 *Christian Grimm*

Inhaltsübersicht

Inhaltsverzeichnis

8. Kapitel. Das Recht der landwirtschaftlichen Produktion, Bereich: Tierische Erzeugung

Abkürzungsverzeichnis

a.a.O.	am angegebenen Ort
Abl.	Amtsblatt
Abl. L	Amtsblatt der Europäischen Gemeinschaften. Teil L (Legislatio)
AEUV	Vertrag über die Arbeitsweise der Europäischen Union
a.F.	alter Fassung
AFZ	Allgemeine Forstzeitschrift
AG	Aktiengesetz
AGFlurbG	(Bayerisches) Gesetz zur Ausführung des Flurbereinigungsgesetzes (AGFlurbG)
AGGrdstVG	(Bayerisches) Gesetz zur Ausführung des Bundesgesetzes über Maßnahmen zur Verbesserung der Agrarstruktur und zur Sicherung land- und forstwirtschaftlicher Betriebe (Gesetz zur Ausführung des Grundstücksverkehrsgesetzes – AGGrdstVG)
AgrarR	Agrarrecht (Zeitschrift)
AGVwGO	(Bayerisches) Gesetz zur Ausführung der Verwaltungsgerichtsordnung
AID	Auswertungs- und Informationsdienst für Ernährung, Landwirtschaft und Forsten e.V.
AMG	Gesetz über den Verkehr mit Arzneimitteln (Arzneimittelgesetz)
Anh	Anhang
Anm	Anmerkung
Art.	Artikel
ASG	Agrarsoziale Gesellschaft, Göttingen
AusglLeistG	Ausgleichsleistungsgesetz
AUR	Agrar- und Umweltrecht, Zeitschrift
AV	Allgemeine Verfügung
BALM	Bundesanstalt für landwirtschaftliche Marktordnung
BauGB	Baugesetzbuch
BayNatSchG	Gesetz über den Schutz der Natur, die Pflege der Landschaft und die Erholung in der freien Natur (Bayerisches Naturschutzgesetz – BayNatSchG)
BayRS	Bayerische Rechtssammlung
BayWG	Bayerisches Wassergesetz (BayWG)
BBA	Biologische Bundesanstalt für Land- und Forstwirtschaft, Braunschweig
Bd	Band
Bek.	Bekanntmachung
ber.	bereinigt
Ber.Ldw.	Berichte über Landwirtschaf (Band), Jahrgang
betr.	betreffend
BewG	Bewertungsgesetz (BewG)
BGB	Bürgerliches Gesetzbuch
BGB-Gesellschaft	Gesellschaft bürgerlichen Rechts
BGH	Bundesgerichtshof
BGHZ	Bundesgerichtshof, Entscheidungen in Zivilsachen (Band und Seite)
BIP	Bruttoinlandsprodukt
BLW	Bayerisches Landwirtschaftliches Wochenblatt
Bl.f.S	Blatt für Sortenwesen
BMELF	Bundesminister(ium) für Ernährung, Landwirtschaft und Forsten
BMELV	Bundesministerium für Ernährung, Landwirtschaft und Verbraucherschutz
BMVEL	Bundesministerium für Verbraucherschutz, Ernährung und Landwirtschaft
BNatSchG	Gesetz über Naturschutz und Landschaftspflege (Bundesnaturschutzgesetz – BNatSchG)
BR-Drs	Bundesratsdrucksache
BReg	Bundesregierung
BRS	Baurechtssammlung, begründet von Thiel, weitergeführt von Gelzer

BrZ . . . . Britische Zone
BSA . . . . Bundessortenamt
BT-Drs . . . . Bundestagsdrucksache
Buchholz . . . . . . Sammel- und Nachschlagewerk der Rechtsprechung des Bundesverwaltungs-
　　　　　　　　　gerichtes, hrsgg. v. K. Buchholz 1957 ff.
BüL . . . . Berichte über Landwirtschaft
BStBl . . . . Bundessteuerblatt
BundeswaldG . . . Gesetz zur Erhaltung des Waldes und zur Förderung der Forstwirtschaft
　　　　　　　　　(Bundeswaldgesetz)
BV . . . . Bayerische Verfassung
BVerfG . . . . Bundesverfassungsgericht
BVerwG . . . . Bundesverwaltungsgericht
BVL . . . . Bundesamt für Verbraucherschutz und Lebensmittelsicherheit
bzw. . . . . beziehungsweise

CMA . . . . Centrale Marketing Gesellschaft der deutschen Agrarwirtschaft

DB . . . . Der Betrieb (Zeitschrift)
DE . . . . Dungeinheit(en)
DJ . . . . Deutsche Justiz (Zeitschrift)
dlz . . . . Die landwirtschaftliche Zeitschrift für Produktion – Technik-Management
DM . . . . Deutsche Mark
DNotZ . . . . Deutsche Notar-Zeitschrift
Drs. . . . . Drucksache
DüngG . . . . Düngegesetz
DüngMG . . . . . . Düngemittelgesetz
d.V. . . . . der Verfasser
DWW . . . . Deutsche Wohnungswirtschaft (Zeitschrift)

EAG Bau 2004 . . Europarechtsanpassungsgesetz Bau
EAGFL . . . . Europäischer Ausrichtungs- und Garantiefonds für die Landwirtschaft
EG . . . . Europäische Gemeinschaft(en)
EGFL . . . . Europäischer Garantiefonds für die Landwirtschaft
ehem. . . . . ehemalig
einschl. . . . . einschließlich
ELER . . . . Europäischer Landwirtschaftsfonds für die Entwicklung des ländlichen Raums
EStG . . . . Einkommensteuergesetz
EStR . . . . Einkommensteuerrichtlinien
EUV . . . . Vertrag über die Europäische Union (Vertrag von Lissabon)
EWG . . . . Europäische Wirtschaftsgemeinschaft

f. . . . . folgende
FamRZ . . . . Ehe und Familie im privaten und öffentlichen Recht. Zeitschrift für das
　　　　　　　　　gesamte Familienrecht
FAO . . . . Food and Agriculture Organization of the United Nations
FF . . . . Französische Francs
ff. . . . . fortfolgende
FlHG . . . . Fleischhygienegesetz (FlHG)
FlHV . . . . Verordnung über die hygienischen Anforderungen und amtlichen Unter-
　　　　　　　　　suchungen beim Verkehr mit Fleisch (Fleischhygiene-Verordnung-FlHV)
FuttMG . . . . Futtermittelgesetz
FMV . . . . Futtermittelverordnung
FStrG . . . . Bundesfernstraßengesetz (FStrG)

GAB . . . . Grundanforderungen an die Betriebsführung
GAL . . . . Gesetz über eine Altershilfe für Landwirte (GAL)
GBO . . . . Grundbuchordnung
GbR . . . . Gesellschaft bürgerlichen Rechts
GenG . . . . Gesetz betr. die Erwerbs- und Wirtschaftsgenossenschaften
ggf . . . . gegebenenfalls
gGmbH . . . . gemeinnützige GmbH

GIRL . . . . Geruchsimmissions-Richtlinie
GLÖZ . . . . Erhalt der landwirtschaftlichen Flächen in gutem landwirtschaftlichen und
                     ökologischen Zustand
GmbH . . . . Gesellschaft mit beschränkter Haftung
GmbHG . . . . . . Gesetz betr. die Gesellschaften mit beschränkter Haftung
GrdStVG . . . . . . Gesetz über Maßnahmen zur Verbesserung der Agrarstruktur und zur
                     Sicherung land- und forst-wirtschaftlicher Betriebe (Grundstücksverkehrs-
                     gesetz – GrdstVG)
GRUR . . . . Zeitschrift Gewerblicher Rechtsschutz und Urheberrecht
GRUR Int . . . . . Zeitschrift Gewerblicher Rechtsschutz und Urheberrecht (Auslands- und
                     internationaler Teil)
GWB . . . . Gesetz gegen Wettbewerbsbeschränkungen

ha . . . . Hektar
HAR . . . . Handbuch des Agrarrechts (I = Band 1, II = Band 2)
HLBS . . . . Schriftenreihe des Hauptverbandes der landwirtschaftlichen Buchstellen und
                     Sachverständigen e.V. im Verlag Pflug und Feder GmbH
HöfeO . . . . Höfeordnung
Hrsg . . . . Herausgeber
hrsgg. . . . . herausgegeben

i.d.F. . . . . in der Fassung
inkl. . . . . inklusive
insb. . . . . insbesondere
i.S. . . . . im Sinne
i.V.m. . . . . im Verbindung mit

Jg. . . . . Jahrgang
JGG . . . . Jugendgerichtsgesetz
JZ . . . . Juristenzeitung

Kap. . . . . Kapitel
KBM . . . . Kuratorium Bayerischer Maschinen- und Betriebshilfsringe e.V.
KGaA . . . . Kommanditgesellschaft auf Aktien
KlärEV . . . . Klärschlamm-Entschädigungsfondsverordnung
KTBL . . . . Kuratorium für Technik und Bauwesen in der Landwirtschaft

LaFG . . . . Gesetz zu Förderung der bäuerlichen Landwirtschaft (LaFG)
LaFV . . . . Verordnung zur Durchführung des Gesetzes zur Förderung der bäuerlichen
                     Landwirtschaft (Landwirtschaftsförderungsverordnung – LaFV)
LandwRL 78 . . . . Richtlinien für die Ermittlung des Verkehrswerts landwirtschaftlicher Grund-
                     stücke und Betriebe, anderer Substanzverluste (Wertminderung) und sonstiger
                     Vermögensnachteile (Entschädigungsrichtlinien Landwirtschaft
LF . . . . Landwirtschaftlich genutzte Fläche
lit. . . . . litera (Buchstabe)
LKP . . . . Landeskuratorium für pflanzliche Erzeugung in Bayern e.V.
LKV . . . . Landeskuratorium der Erzeugerringe für tierische Veredelung in Bayern e.V.
LM . . . . Das Nachschlagewerk des Bundesgerichtshofs in Zivilsachen, hrsgg. von
                     Lindenmaier und Möhring
LMBG . . . . Gesetz über den Verkehr mit Lebensmitteln, Tabakerzeugnissen, kosmetischen
                     Mitteln und sonstigen Bedarfsgegenständen (Lebensmittel- und Bedarfs-
                     gegenständegesetz)
LN . . . . Landwirtschaftliche Nutzfläche
LPachtVG . . . . . . Gesetz über die Anzeige und Beanstandung von Landpachtverträgen
                     (Landpachtverkehrsgesetz – LPachtVG)
LPartG . . . . Lebenspartnerschaftsgesetz
LuF . . . . Land- und Forstwirtschaft
LVO . . . . Verfahrensordnung für Landwirtschaftssachen
LwFöG . . . . Gesetz zur Förderung der bayerischen Landwirtschaft (LwFöG)
LwVG . . . . Gesetz über das gerichtliche Verfahren in Landwirtschaftssachen (LwVG)
m.E. . . . . meines Erachtens

m.w.	mit weiteren
m.w.N.	mit weiteren Nachweisen
m.W.v.	mit Wirkung vom
MarktstrG	Gesetz zur Anpassung der landwirtschaftlichen Erzeugung an die Erfordernisse des Marktes (Marktstrukturgesetz)
MDR	Monatsschrift für Deutsches Recht
Müko	Münchner Kommentar zum Bürgerlichen Gesetzbuch
MOG	Gesetz zur Durchführung der gemeinsamen Marktorganisationen (MOG)
Mrd.	Milliarde
N	Stickstoff
NdsRpfl.	Niedersächsische Rechtspflege (Zeitschrift)
NJW	Neue Juristische Wochenschrift
NJW-RR	NJW-Rechtssprechungsreport Zivilrecht
NL-BzAR	Neue Landwirtschaft-Briefe zum Agrarrecht
NuR	Natur und Recht (Zeitschrift)
NVwZ	Neue Zeitschrift für Verwaltungsrecht
NZM	Neue Zeitschrift für Mietrecht
o.	oben
OGH	Oberster Gerichtshof für die britische Zone
OGHZ	Entscheidungen des Obersten Gerichtshofes für die britische Zone in Zivilsachen
OLG	Oberlandesgericht, auch die Rechtsprechung der Oberlandesgerichte (Band, Seite)
OLGR	OLG Report
OLGZ	Entscheidungen der Oberlandesgerichte in Zivilsachen
PflSchG	Gesetz zum Schutz der Kuluturpflanzen (Pflanzenschutzgesetz-PflSchG)
ProdHaftG	Gesetz über die Haftung für fehlerhafte Produkte (Produkthaftungsgesetz – ProdHaftG)
RdL	Recht der Landwirtschaft (Zeitschrift)
Rn.	Randnummer
RG	Reichsgericht, auch amtliche Sammlung der RG Rechtsprechung (Band und Seite)
RGBl.	Reichsgesetzblatt
Rs	Rechtssache
RSG	Reichssiedlungsgesetz (RSG)
RVO	Reichsversicherungsordnung
Rz.	Randziffer
S.	Seite
s.	siehe
SchalVO	Schutzgebiets- und Ausgleichsverordnung Baden-Württemberg
Sh.	Sonderheft
Slg	Sammlung
sog.	sogenannt
Sp.	Spalte
SR-Göttingen	Schriftenreihe des Instituts für Landwirtschaftsrecht der Universität Göttingen
SRU	Sachverständigenrat für Umweltfragen
StMELF	(Bayerisches) Staatsministerium für Ernährung, Landwirtschaft und Forsten
StGB	Strafgesetzbuch
TierSchG	Tierschutzgesetz
TierSG	Tierseuchengesetz
TierzG	Tierzuchtgesetz
TÜV	Technischer Überwachungsverein
Tz	Textziffer

u.a. . . . . unter anderem
UHRL . . . . Umwelthaftungsrichtlinie
u.v.a. . . . . und viele andere
u.U. . . . . unter Umständen
UPR . . . . Umwelt- und Planungsrecht (Zeitschrift)
Urt. . . . . Urteil

v. . . . . von/vom
VE . . . . Vieheinheit(en)
VersR. . . . . Versicherungsrecht (Zeitschrift)
VIZ . . . . Zeitschrift für Vermögens- und Immobilienrecht
VOBl. . . . . Verordnungsblatt
Vorbem. . . . . . . Vorbemerkung
VwGO . . . . Verwaltungsgerichtsordnung
VwVfG . . . . Verwaltungsverfahrensgesetz (VwVfG)

WaldR 77 . . . . . . Richtlinien für die Ermittlung des Verkehrswertes von Waldflächen und
                       Nebenentschädigungen (Waldermittlungsrichtlinien 1977 – WaldRL 77)
Warn . . . . Warneyer, Die Rechtsprechung des Reichsgerichts (Jahr und Nummer)
WG BW . . . . Wassergesetz von Baden-Württemberg
WHG . . . . Wasserhaushaltsgesetz – WHG
WuB . . . . Wirtschafts- und Baurecht, Zeitschrift
WV . . . . Die Verfassung des Deutschen Reiches (Weimarer Verfassung)
                       vom 11. August 1919

z.T. . . . . zum Teil
ZfV . . . . Zeitschrift für Verwaltung
ZfW . . . . Zeitschrift für Wasserrecht
ZIP . . . . Zeitschrift für Wirtschaftsrecht
zit. . . . . zitiert
ZR . . . . Zivilrechtssenat (im Zusammenhang mit zitierten Urteilen)
zugl. . . . . zugleich
ZVG . . . . Gesetz über die Zwangsversteigerung und Zwangsverwaltung

Literaturhinweise zum Gesamtkomplex Agrarrecht

1. Grundlegende Gesamtdarstellungen:

- *Dombert/Witt* (Hrsg.), Münchner Anwaltshandbuch Agrarrecht, München 2011;
- *Götz/Kroeschell/Winkler* (Hrsg.), Handwörterbuch des Agrarrechts HAR, Band 1, Berlin 1981; Band 2, Berlin 1982;
- *Härtel* (Hrsg.), Handbuch des Fachanwalts Agrarrecht, Köln 2012;
- *Holzer*, Agrarrecht, 3. Aufl., Wien, Graz 2014 (Schwerpunkt österr. Recht);
- *Norer* (Hrsg.), Handbuch des Agrarrechts, 2. Aufl., Wien 2012;
- *Norer*, Lebendiges Agrarrecht, Wien, 2005;
- *Norer/Bloch*, Agrarrecht, in: *Dauses* (Hrsg.), Handbuch des EU-Wirtschaftsrechts, Band I (Loseblatt), München 2011;

2. Überblickartige Darstellungen:

- *Baier* (Hrsg.), Das aktuelle Agrar- und Umweltrecht in der Praxis, Loseblattsammlung, Grundwerk, Merching 2007;
- *Kreuzer* (Hrsg), Agrarrecht in Europa, Droit Agraire en Europe, Agricultural Law in Europe, SR-Göttingen Bd.27, 1983;
- *Kroeschell*, Deutsches Agrarrecht, Ein Überblick, SR-Göttingen Bd. 29, 1983;
- *Kroeschell*, Landwirtschaftsrecht, 2. Aufl., Köln, Berlin, Bonn, München 1966 (vergriffen);
- *Leidwein*, Europäisches Agrarrecht, 2. Aufl., Wien, Graz 2004;
- *Lohner*, Recht für Landwirte in Frage und Antwort, 3. Aufl., Stgt. 2004;
- *Luz* (Hrsg.), Aktuelles Agrarrecht für die Praxis, Grundwerk Mai 2003;
- *Norer* (Hrsg.), Agrarrecht im Lichte des öffentlichen Rechts (Festschrift für G. Holzer), Wien, Graz 2007;
- *Turner/Böttger/Wölfle*, Agrarrecht: ein Grundriss, 3. Aufl., Frankfurt a.M.. 2006;

3. Textausgaben

- *Gregor*, Agrarrecht, München 2011;
- *Lüdtke-Handjery*, Landwirtschaftsrecht, Textausgabe, München 1993;
- *Martinez/von Garmissen* (Hrsg.) Agrarrecht, Gesetzessammlung, Clenze 2014;

4. Agrarrechtliche Bibliografien:

- *Gercke*, Bibliographie des deutschen Agrarrechts 1945–1965, Köln, Berlin, Bonn, München 1968 (SR-Göttingen Bd. 1);
- *Winkler*, Bibliographie des deutschen Agrarrechts 1966–1975. Mit Nachträgen für den Zeitraum 1945–1965. Köln, Berlin, Bonn, München 1977 (SR-Göttingen Bd. 16);
- Da derzeit keine aktuellen Bibliografien zum Agrarrecht existieren, empfiehlt es sich, bei Bedarf auf das umfassende Literaturverzeichnis in *Norers* Habilitationsschrift, Lebendiges Agrarrecht zurückzugreifen.

5. Wichtige Zeitschriften:

- Agrarrecht (seit 1971);
- Agrar- und Umweltrecht (seit 2003, früher Agrarrecht);
- Neue Landwirtschaft – Briefe zum Agrarrecht (seit 1992; Schwerpunkt: Rechtsprobleme der Neuen Bundesländer);
- Recht der Landwirtschaft (seit 1949);
- Agrarische Rundschau (Österreich; seit 2013 eingestellt);
- Blätter für Agrarrecht (Schweiz);

6. Agrarberichte:

- Agrarpolitische Berichte der Bundesregierung, Bonn (jährlich);
- Die bayerischen Agrarberichte, hrsgg. v. BayStMLF, München (zweijährig);
- Agrarberichte weiterer Bundesländer;

– Die kritischen Agrarberichte, hrsgg. vom Agrarbündnis, Kassel, Rheda-Wiedenbrück, Bonn (jährlich);
– Statistisches Jahrbuch über Ernährung, Landwirtschaft und Forsten der Bundesrepublik Deutschland, hrsgg. vom BMVEL;

7. Schriftenreihen:

– AID-Hefte, hrsgg. vom Auswertungs- und Informationsdienst für Ernährung Landwirtschaft und Forsten (AID) e.V., Konstantinstr. 124, 53179 Bonn, mit Förderung durch den BMELF;
– Jahrbuch Agrarrecht, hrsgg. von *Norer/Holzer*, Wien, Graz,
– HLBS-Schriftenreihe des Hauptverbandes der landwirtschaftlichen Buchstellen und Sachverständigen, Verlag Pflug und Feder GmBH;
– Schriften zum Agrar-, Umwelt- und Verbraucherschutzrecht hrsgg. vom Institut für Landwirtschaftsrecht der Universität Göttingen;
– Schriftenreihe des Instituts für Landwirtschaftsrecht an der Universität Passau (2008 eingestellt);
– KTBL-Schriftenreihe;

1. Kapitel. Grundbegriffe

I. Recht

1. Recht als Teil der Sozialordnung

Recht ist kein in sich abgeschlossenes Begriffssystem, kein isoliertes geistiges 1
Gebilde, sondern gewachsenes und wachsendes soziales Element. Es schwebt nicht
über der Gesellschaftsordnung, sondern ist ein Teil derselben. Es setzt sich zusammen
aus Sollenssätzen, den sog. „Rechtsnormen", die den Zweck verfolgen, bestimmte
Verhaltensweisen in den zwischenmenschlichen Beziehungen, im Verhältnis
des einzelnen zu Staat und Gesellschaft, sowie das Zusammenwirken staatlicher
und gesellschaftlicher Organe zu regeln.

Es dient der Konfliktvermeidung und -lösung und soll behilflich sein, Interes- 2
sengegensätze auszugleichen. Dabei sollte man sich bewusst sein, dass das Recht
in der sozialen Ordnung nur sektoralen Regelungscharakter besitzt, um nicht mit
überzogenen Ansprüchen und Erwartungen an es heranzutreten. Oft enthält es nur
Mindestanforderungen an soziales Verhalten.

2. Rechtsquellen

Das Recht stammt aus verschiedenen Rechtsquellen. Die wichtigste im parla- 3
mentarisch-demokratischen Rechtsstaat ist das *Gesetzesrecht*. Dieses besteht in erster Linie aus den von einem Parlament (des Bundes oder der Länder) erlassenen
Gesetzen. Das so entstehende Recht bezeichnet man herkömmlicher Weise als
Gesetzesrecht in „formellem und materiellem Sinne". Hinzu kommen Rechtsnormen wie Verordnungen oder Satzungen, die nicht durch die Parlamente, sondern
durch die Exekutive bzw. öffentlich-rechtliche Anstalten und Körperschaften erlassen werden. In diesen Fällen spricht man von Gesetzesrecht in „nur materiellem
Sinne".[1]

Als zweite Rechtsquelle ist das *Gewohnheitsrecht* zu nennen. In diesem Bereich 4
entsteht Recht nicht durch einen bewussten und zielgerichteten Gesetzgebungs-
akt, sondern durch dauernde Anwendung ungeschriebener Regeln, verbunden mit
der Überzeugung der Rechtsgemeinschaft, dass es sich dabei um *Rechts*anwendung
handelt.[2]

Das Gewohnheitsrecht verliert in der Regel seine Geltung, wenn Gesetzesrecht 5
seinen Regelungsbereich besetzt. Es kann aber das Gesetzesrecht ergänzen und sogar abändern, soweit der Wille des Gesetzgebers dem nicht entgegensteht Das Ge-

---

[1] S. dazu *Hesse*, Grundzüge des Verfassungsrechts der Bundesrepublik Deutschland, 20. Aufl.,
1999, § 14 I, S. 217 oder *Stein/Frank*, Staatsrecht, 21. Aufl., 2010, § 14 I, S. 117.

[2] Also nicht nur um eine Gewohnheit, sondern um Gewohnheits*recht*. So sind beispielsweise
Handelsbräuche, die der Verkehrssitte entsprechend unter Kaufleuten gelten, kein Gewohnheitsrecht. Zwar beruhen auch sie auf einer dauernden Übung, im Gegensatz zum Gewohnheitsrecht
fehlt es beim Handelsbrauch aber an einem allgemeinen Rechtsgeltungswillen der Gemeinschaft.
Erst wenn zur allgemeinen Übung der Rechtsgeltungswille hinzukommt, wird aus einem Handelsbrauch Gewohnheitsrecht. Dass hier eine abgrenzende Entscheidung oft problematisch ist, liegt auf
der Hand. s. dazu *Brox/Henssler*, Handelsrecht, 21. Aufl., 2011, Rn. 15 ff.

wohnheitsrecht wird mehr und mehr durch das gesetzte Recht verdrängt und verliert so ständig an Bedeutung. Im landwirtschaftlichen Bereich spielt es allerdings noch eine wichtige Rolle bei der Hoferbfolge, insbesondere bei der Frage, ob Ältesten- oder Jüngstenrecht zur Anwendung kommt.[3]

6   Als dritte Rechtsquelle ist das *Richterrecht* zu nennen, das sich vor allem dort bildet, wo der Gesetzgeber bewusst oder unbewusst Lücken lässt, die durch eine kontinuierliche Rechtsprechung ausgefüllt werden, (so z.B. im Bereich des Arbeitskampfrechtes).

3. Gesetzgebungsbefugnis

7   Das Recht, Gesetze zu erlassen, also die *Gesetzgebungskompetenz*, besitzen im bundesstaatlich organisierten Deutschland die Parlamente des Bundes (Bundestag) und der Länder (Landtage). Daneben wird – gerade auch auf dem Agrarsektor – die Rechtsetzung der Europäischen Gemeinschaft (EG) immer bedeutsamer. Nach dem EG-Vertrag unterscheidet man hierbei Verordnungen, die unmittelbar und in allen Teilen verbindlich in jedem Mitgliedsstaat gelten, und Richtlinien, die nur hinsichtlich ihrer Zielbestimmung verbindlich sind, sich nur an einen oder mehrere Mitgliedsstaaten richten, und zur Wirksamkeit in der Regel einer nationalen legislativen Umsetzung bedürfen.[4]

II. Landwirtschaft

1. Landwirtschaft im allgemeinen Sinne

8   Landwirtschaft ist Land-Bewirtschaftung, d.h. die wirtschaftliche Nutzung der Bodenfruchtbarkeit zur Erzeugung pflanzlicher Produkte (Nahrungsmittel, Futtermittel, technische Rohstoffe = Primärproduktion) und tierischer Produkte (= Sekundär- oder „Veredelungsproduktion").[5]

9   Diese beiden großen Gruppen können in folgende Produktionsbereiche unterteilt werden:

Pflanzliche Erzeugung:
– der Ackerbau,[6]
– die Grünlandwirtschaft,
– der Anbau von Sonderkulturen (wie z.B. Obst, Wein, Feldgemüse, Hopfen, Heil- und Arzneimittelpflanzen, Baumschulerzeugnisse, Blumen u.a.)

---

[3]   S. § 6 Abs. 1 Nr. 3 HöfeO.

[4]   S. Art. 249 Abs. 2 u. 3 EUV. Dazu *Schweitzer/Hummer*, Europarecht, 5. Aufl., Ffm. 1996, § 4 E, S. 98 ff.: Die Rechtssetzung in den Europäischen Gemeinschaften oder *Oppermann/Classen/Nettesheim*, Europarecht, 5. Aufl., 2011, § 9, Rn. 70 ff. und Rn. 82 ff. oder *Streinz*, Europarecht, 9. Aufl., 2012, § 6, S. 195 ff.

[5]   Vgl. *Hötzel*, in HAR II, Sp. 120: „Zusammengefasst ist L. (Landwirtschaft, Anm. d.V.) eine auf Erwerb gerichtete Urproduktion, die die regelmäßige, darum notwendigerweise pflegliche Nutzung des Bodens zum Zwecke der Gewinnung von Nahrungs- und technischen Rohstoffen pflanzlicher und tierischer Natur zum Gegenstand hat." Dieser Definition kann insofern nicht zugestimmt werden, als die „pflegliche Nutzung" als notwendiger Begriffsbestandteil behandelt wird. Auch ein skrupelloser Pächter, der den Boden ohne Rücksicht auf seine künftige Nutzbarkeit ausbeutet, betreibt Landwirtschaft.

[6]   Inklusive Saatgutproduktion. Auch die Erzeugung nachwachsender Rohstoffe ist hier einzuordnen.

Tierische Erzeugung:
- Tierhaltung und
- Tierzucht, jeweils auf überwiegend eigener Futtergrundlage.[7]

Diese klassischen Bereiche der Landwirtschaft bezeichnet man auch als landwirtschaftliche „Urproduktion"

2. Betriebswirtschaftlich weiter gefasster Landwirtschaftsbegriff

Unter betriebswirtschaftlichen Gesichtspunkten werden auch sog. *Nebenbetriebe* **10**
zur Landwirtschaft gerechnet. Nebenbetriebe sind technische und organisatorische
Betriebseinheiten, die in der Verwendung ihrer Produktionsmittel in der Regel
vom in der Urproduktion tätigen Hauptbetrieb abhängig sind und sich in der eigenen Leistung von der des Hauptbetriebes wesentlich unterscheiden (z.B. Brennerei
als Nebenbetrieb eines Obstbaubetriebes).

Auch *sonstige,* dem Betrieb zurechenbare *Bestandteile* wie Beteiligungen an Ge- **11**
nossenschaften oder Kapitalgesellschaften werden betriebswirtschaftlich dem landwirtschaftlichen Betrieb zugerechnet.[8]

3. Landwirtschaft im rechtlichen Sinne

Bei der Erfassung des Landwirtschaftsbegriffes im rechtlichen Sinne ist zu be- **12**
achten, dass Gesetze mit Bezügen zur Landwirtschaft existieren, die keine Begriffsbestimmung enthalten, in anderen Gesetzen aber gesetzliche Definitionen vor-
kommen, die zum Teil nicht nur redaktionell, sondern auch inhaltlich voneinander
abweichen. Man sollte die dadurch entstehenden Probleme indes nicht überbewer-
ten. Es ist anzuraten, bei der Begriffsbestimmung im rechtlichen Sinne zunächst
vom Landwirtschaftsbegriff im Allgemeinen und betriebswirtschaftlichen Sinne
auszugehen und sodann die Besonderheiten des jeweiligen Rechtsgebietes zu beachten. Dabei kann es sich ergeben, dass ein bestimmter Wirtschafts- oder Produk-
tionsbereich in einem Rechtsgebiet zur Landwirtschaft gezählt wird, in einem anderen nicht.

Folgendes Beispiel mag dies verdeutlichen: **13**

In § 1 Abs. 3 des Gesetzes über eine Altershilfe für Landwirte wird auch der rein
forstwirtschaftliche Unternehmer zu den landwirtschaftlichen Unternehmern gerechnet, während in § 585 Abs. 1 BGB die Forstwirtschaft grundsätzlich nicht der
Landwirtschaft zugerechnet wird. Das landwirtschaftliche Pachtrecht des BGB ist
deshalb nur dann auf die Pacht forstwirtschaftlicher Grundstücke anwendbar, wenn
die Forstgrundstücke zur Nutzung in einem überwiegend landwirtschaftlichen Betrieb verpachtet werden, § 585 Abs. 3 BGB. Wo dies nicht der Fall ist, gilt das allgemeine Pachtrecht (§§ 581–584b BGB).

Die Landwirtschaft ist in ihren klassischen Produktionsbereichen geprägt von **14**
der unmittelbaren Bodenertragsnutzung auf Grund planmäßiger, eigenverantwort-
licher Bewirtschaftung. Auf die Bereiche „*berufsmäßige Imkerei*" und „*berufsmäßige
Binnenfischerei*" trifft diese Qualifikation nicht, zumindest nicht ohne weiteres zu.
Dennoch rechnen der Klarstellung halber mehrere Gesetze diese Wirtschaftszweige

---

[7] Dabei sollte angesichts moderner Produktionsabläufe nur darauf abgestellt werden, dass das Futter auf der eigenen Fläche erzeugt werden kann und es dem Landwirt überlassen bleibt, ob er eigen-
erzeugtes oder von Futtermittelbetrieben zugekauftes Futter verwendet. Vgl. hierzu § 201 BauGB.
[8] *Hötzel,* HAR II, Sp. 122.

zur Landwirtschaft, so beispielsweise das Baugesetzbuch, s. § 201, oder das Gesetz über eine Altershilfe für Landwirte, s. § 1 Abs. 3a. Auch die *Pensionstierhal-*
tung wird baurechtlich zur Landwirtschaft gezählt.[9] Das Steuerrecht behandelt auch
Einkünfte aus dem Betreiben der *Wanderschäferei* als landwirtschaftliche Einkünfte,
s. § 13 Abs. 1 Ziff. 2 EStG.

15   Zusammenfassend lässt sich festhalten, dass bei der Verwendung des Landwirtschaftsbegriffes immer von der Bedeutung im allgemeinen Sinne auszugehen ist.
In der Betriebswirtschaft werden zusätzlich nichtlandwirtschaftliche Bereiche der
Landwirtschaft zugerechnet, wenn sie als Nebenbetriebe oder sonstige Bestandteile
mit dem Hauptbetrieb verbunden sind. Rechtlich kann eine nochmalige Erweiterung des Begriffes je nach Rechtsgebiet erfolgen.

16   **Übersicht zum Begriff „Landwirtschaft"**

im allgemeinen Sinne	aus betriebs- wirtsch. Sicht	im rechtlichen Sinne
		z.B. Imkerei, Binnenfischerei
		+
	Nebenbetriebe, sonst. Bestandteile	Nebenbetriebe, sonst. Bestandteile
	+	+
Pflanzliche + Tierische Erzeugung	Pflanzliche + Tierische Erzeugung	Pflanzliche + Tierische Erzeugung

4. Abgrenzung Landwirtschaft – Gewerbe/Industrie[10]

a) Bedeutung

17   Die Abgrenzung zwischen Landwirtschaft und Gewerbe/Industrie war bis vor
wenigen Jahren vor allem unter dem Gesichtspunkt der Privilegierung der *bäuer-*
lichen Landwirtschaft von Bedeutung. Mittlerweile haben sich – nicht zuletzt auf
Grund der Wiedervereinigung – Verschiebungen in der Agrarpolitik der Bundesregierung ergeben. Eines der Hauptziele ist nun „eine tier- und umweltgerechte
Erzeugung in *wettbewerbsfähigen Unternehmen*".[11] Trotz dieser Schwerpunktverschie-
bung bleibt die Abgrenzungsfrage akut, da in wichtigen Gesetzen nach wie vor
zwischen Landwirtschaft einerseits und Gewerbe/Industrie andererseits differenziert wird. Das gilt insbesondere für das Steuerrecht, das Gewerberecht und das
Bauplanungsrecht.

18   Neben gesetzlichen Abgrenzungen ist auch die Rechtsprechung gefordert, da
sich die Fülle der Lebenssachverhalte und die im Zuge des Strukturwandels immer

---

[9] S. hierzu *Käb*, Die Neufassung des Landwirtschaftsbegriffs in § 201 BauGB durch das EAG
Bau, AUR 2008, 297 ff. und *Sommerfeld*, Pferdehaltung und der Landwirtschaftsbegriff des § 201
BauGB, ebda., S. 303 ff.

[10] Dazu schon *Kraft*, Die Grenzen zwischen Landwirtschaft und Gewerbe, VerwArch 39 (1934),
S. 366 ff.

[11] Ernährungs- und agrarpolitischer Bericht 2003 der Bundesregierung, Teil A, Tz. 1.

neu auftauchenden Betätigungsformen der Landwirte einer dem Einzelfall gerecht werdenden legislativen Einordnung entziehen.

b) Abgrenzung im Steuerrecht

Die Abgrenzungsfrage war in diesem Rechtsgebiet schon immer bedeutsam, da **19** Einkünfte aus Land- und Forstwirtschaft eine eigene Einkunftsart darstellen und die Landwirtschaft in vielen Bereichen einer steuerrechtlichen (meist für die Landwirtschaft günstigen) Sonderbehandlung unterliegt. Der sehr konkreten und detaillierten Einzelfall-Rechtsprechung des Bundesfinanzhofes, liegt folgende Systematik zu Grunde:

Im Ertragsteuerrecht (Einkommen-, Körperschaft- und Gewerbesteuerrecht) wird **20** zum einen „nach unten" abgegrenzt, da unterhalb einer bestimmten Schwelle von ertragsteuerrechtlicher Unerheblichkeit ausgegangen wird. Maßgebliche Abgrenzungskriterien sind hier „Geringfügigkeit" oder „nachhaltige Unwirtschaftlichkeit".[12] Zum anderen wird vor allem gegenüber dem Gewerbe abgegrenzt. Das geschieht einmal über das Kriterium der „Rechtsform" und über „sonstige Sachtatbestände". Wählt ein landwirtschaftlicher Betrieb beispielsweise die Rechtsform der GmbH, so liegt steuerrechtlich ein Gewerbebetrieb vor.[13] Als sonstige Sachtatbestände, die in die steuerrechtliche Gewerblichkeit führen, sind zu nennen:

* Überschreiten der in den §§ 51 Abs. 1 BewG und 13 Abs. 1 EStG festgelegten Viehdichte,
* bestimmte Dienstleistungen im Bereich der Pferdezucht, der Pferdehaltung und des Betreibens von Reitbetrieben, soweit sie nach der Rechtssprechung des Bundesfinanzhofes über die herkömmliche landwirtschaftliche Betätigung hinausführen,[14]
* Beherbergung von Feriengästen über einer bestimmten quantitativen oder qualitativen Intensitätsgrenze,
* weitere Tatbestände und Tätigkeiten wie z.B. überbetriebliche und außerlandwirtschaftliche Maschinenverwendung, Betreiben von Campingplätzen mit eigenen sanitären Anlagen, Abbau und Fremdveräußerung von Bodenschätzen u.a.

So verschieden die Sachtatbestände im einzelnen sind, so kann man doch aus **21** den Entscheidungen des Bundesfinanzhofes herauslesen, dass er bei der Qualifizierung von Tätigkeiten als landwirtschaftlich am Bild des *üblichen, herkömmlichen Landwirtschaftsbetriebes* festhält und nur in relativ engen Grenzen sonstige Sachtatbestände als zur Landwirtschaft gehörig toleriert.

Im Überblick: 22

Keine Landwirtschaft	Landwirtschaft	Keine Landwirtschaft
• Geringfügigkeit • Nachhaltige Unwirtschaftlichkeit	Übliche, herkömmliche landwirtschaftliche Betätigung	• Bestimmte Rechtsformen • Sonstige Sachtatbestände • z.B. zu hohe Viehdichte;

---

[12] Mit dieser Abgrenzung nach unten soll vor allem verhindert werden, dass Verluste aus Liebhaberei durch Verrechnung mit positiven Einkünften anderer Art zu einer Steuerminderung führen. Einzelheiten s. bei *Köhne, M./Wesche*, R., Landwirtschaftliche Steuerlehre, 3. Aufl., 1995, S. 56 ff.

[13] Negative Konsequenzen im Überblick bei *Köhne/Wesche*, S. 60, 61.

[14] Einzelheiten bei *Köhne/Wesche*, S. 74 ff.

c) Abgrenzung im Gewerberecht

23   Auch im Gewerberecht spielt das Abgrenzungskriterium der „Üblichkeit" die entscheidende Rolle. Der Übergang von der Landwirtschaft zur Gewerblichkeit findet hier im wesentlichen im Rahmen dreier Fallgruppen statt:
1. durch eine Vermarktung in unüblicher Form,
2. durch Zukauf nicht selbst erzeugter Produkte über einem gewissen Maß (= unüblich) und
3. durch eine Bearbeitungsintensität, die den Rahmen üblicher landwirtschaftlicher Tätigkeiten übersteigt bzw. dem Handwerk zuzurechnen ist.

24   **Im Überblick:**

Abgrenzung Landwirtschaft-Gewerbe am Merkmal der Üblichkeit

Landwirtschaft   **Gewerbe**

Gruppe 1: Vermarktungsform	
1. Reinigung, Zurichtung, Verpackung und Verkauf eigener Produkte, auch auf dem Wochenmarkt	2. Verkauf in unüblicher Vertriebsform, z.B. in einem von der Hofstelle getrennten Ladengeschäft
3. Verkauf von selbst erzeugtem Obst	4. Verkauf von im Kühlhaus eingelagertem Obst im Winterhalbjahr[15]

Gruppe 2: Zukauf	
5. Verkauf nicht selbst erzeugter Gurken unter einem bestimmten % Satz	6. Verkauf nicht selbst erzeugter Gurken über einem bestimmten % Satz

Gruppe 3: Bearbeitungsintensität/Handwerklichkeit	
7. Verkauf von selbstgebackenem Bauernbrot („Minderhandwerk")	8. Verkauf von selbstgebackenen ortsüblichen Brotsorten
9. Verkauf von eigenerzeugten Rindern und Schweinen in Tierhälften/vierteln	10. Verkauf von bratfertig portioniertem Fleisch

d) Abgrenzung im Baurecht[16]

25   Einen etwas anderen Weg als das Steuer- und Gewerberecht geht das Baurecht. Da hier im wesentlichen Fragen der Raum- und Bodennutzung in Frage stehen, so z.B. die Zulässigkeit privilegierten Bauens im Außenbereich, ist es konsequent, dass Bauverwaltung und Rechtsprechung den Differenzierungsansatz beim Boden suchen. Maßgebliches Kriterium ist die im Rahmen eines Betriebes stattfindende planmäßige, eigenverantwortliche „unmittelbare Bodenertragsnutzung".[17] Dieses Kriterium schloss jedoch nach der Rechtsprechung von jeher nicht aus, dass auch

---

[15] Strittig; Näheres bei *Grimm*, Direktvermarktung – gewerbe- und zivilrechtliche Aspekte, in: Direktvermarktung und ihre Bedeutung für die Landwirtschaft, Schriftenreihe des Instituts für Landwirtschaftsrecht an der Universität Passau, Band 8, S. 64 ff. (70, 73).
[16] S. *Nüssle/Wedemeyer*, § 201 BauGB- Landwirtschaftsbegriff im Wandel, AUR 2014, 424 ff.
[17] So z.B. BVerwG DVBl. 1975, S. 505.

weiterführende Produktions- und Veredelungsstufen mit zur Landwirtschaft gerechnet wurden. Leitgedanke war und ist dabei, dass die bloße Erzeugung eines Bodenprodukts nicht notwendigerweise zu einer marktfähigen Ware führt und deshalb in gewisser Weise eine Aufbereitung erfolgen muss.[18] Bei Kombination landwirtschaftlicher Nutzungen mit nichtlandwirtschaftlichen geht die Rechtsprechung von der so genannten „mitgezogenen" Privilegierung aus. Das bedeutet, dass an sich landwirtschaftsfremde Nutzungen „mitgezogen" werden können, allerdings umso mehr und umso eher, als sie in einem – möglichst engen – sachlichen Zusammenhang mit der eigentlichen landwirtschaftlichen Nutzung stehen.[19] Dieser Zusammenhang wurde beispielsweise bei der Schaffung von Einrichtungen zur Vermarktung (z.B. Hofladen) oder beim Ausbau von Urlaubszimmern auf dem Bauernhof bejaht, bei der Errichtung selbständiger Ferienhäuser dagegen verneint.

Die Position der Rechtsprechung im Baurecht lässt sich wie folgt zusammenfassen: Der Betrieb muss insgesamt noch als landwirtschaftlicher Betrieb anzusehen sein. Es muss dabei nicht das Bild des herkömmlichen landwirtschaftlichen Betriebes zu Grunde gelegt werden, sondern es kommt darauf an, ob auch unter Berücksichtigung des Strukturwandels und ihn begleitender landwirtschaftsfremder Nutzungen nach der heutigen Verkehrsanschauung noch von einem Betrieb gesprochen werden kann, der noch überwiegend von der fortbestehenden landwirtschaftlichen Tätigkeit geprägt ist.[20] **26**

e) „Multifunktionale Landwirtschaft"

aa) Agrarpolitischer Hintergrund. Die soeben dargestellte Abgrenzungsproblematik erhält unter dem Schlagwort der multifunktionalen Landwirtschaft zusätzliche Aktualität. Strukturelle Veränderungen in den ländlichen Räumen zwingen vor allem in den kleinräumigen Gebieten der Bundesrepublik Deutschland viele landwirtschaftliche Betriebe dazu, alternative Einkommensquellen zu suchen und zu nutzen. Ermuntert und unterstützt werden sie dabei durch die europäische und die nationale Agrarpolitik (Stichwort „Diversifikation"). Nun hat aber die Tätigkeit von Landwirten, diesem politischen Trend folgend, eine solche Bandbreite erreicht,[21] dass das Bild der Landwirtschaft immer diffuser zu werden droht. Es lohnt sich, den Versuch einer begrifflichen Abgrenzung zu unternehmen und das nicht nur aus akademisch-theoretischen Beweggründen. Es geht hier auch um ganz handfeste rechtliche und ökonomische Interessen. So könnte beispielsweise im Erbrecht eine geschlossene Hofzuweisung nach den §§ 13 ff. GrdstVG daran scheitern, dass das Landwirtschaftsgericht einem Betrieb wegen einer zu ausge- **27**

---

[18] Beispiele: Schnapsbrennerei, Weinerzeugung, Mosterei; vgl. *Jäde,* in *Jäde/Dirnberger/Weiss,* BauGB-Kommentar, 7. Aufl., § 35, Rn. 16; hier auch die Privilegierung der reiterlichen Ausbildung als Annex zur Pferdezucht aufgrund eigener Bodenertragsnutzung einzuordnen, § 35 Rn. 17 mit Rechtsprechungsnachweisen.

[19] *Jäde,* in *Jäde/Dirnberger/Weiss* § 35, Rn. 27.

[20] *Jäde,* § 35, Rn. 29.

[21] Beispiele aus der Praxis: Kommunale Grünlandpflege, Räum- und Streudienst für Straßen, Stromerzeugung z.B. mit Windkraftwerken, Versorgung von Siedlungen mit Fernwärme, produziert aus nachwachsenden Rohstoffen, Betreiben eines Bauernhofcafés oder einer bäuerlichen Autobahnraststätte, Zur Verfügungstellung von Parkplätzen für Urlauber mit Flughafentransfer, Stadtrundflüge für Touristen im umgebauten Flugzeug (ehemals für den Einsatz von Pflanzenschutzmitteln bestimmt), Party im Kartoffelbunker, Altenpflege, Unterbringung und Betreuung Suchtkranker auf dem Bauernhof, Therapiereiten u.a.

prägten Diversifizierung die landwirtschaftliche Prägung aberkennt.[22] Solange die
Landwirtschaft ihre Sonderstellung in der Gesamtwirtschaft behaupten kann,[23]
wird man versuchen müssen, einen einheitlichen Landwirtschaftsbegriff zu erhalten. Hier ist noch einiges an Forschungsarbeit zu leisten. Die folgenden Ausführungen geben Hinweise, in welche Richtung die Arbeit gehen könnte.[24]

bb) Wege zu einer einheitlichen Begriffsbildung
28   ### α) „Zwiebeltheorie"[25]

„Landwirtschaft"

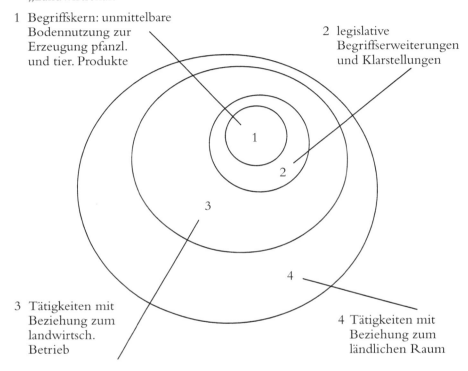

1 Begriffskern: unmittelbare
Bodennutzung zur
Erzeugung pfanzl.
und tier. Produkte

2 legislative
Begriffserweiterungen
und Klarstellungen

3 Tätigkeiten mit
Beziehung zum
landwirtsch.
Betrieb

4 Tätigkeiten mit
Beziehung zum
ländlichen Raum

---

[22] Mir ist bisher kein Fall aus der Rechtsprechung bekannt geworden, in dem die geschlossene
Hofzuweisung infolge von Diversifizierungsmaßnahmen gescheitert wäre. Dennoch ist hier Vorsicht
geboten.
   Ein Beispiel aus der Rechtsprechung, bei dem die geschlossene Hofzuweisung abgelehnt wurde:
„Ein landwirtschaftlicher Betrieb liegt nicht vor, wenn auf dem zur Hofstelle gehörenden Grundstück ausschließlich Legehennen zum Zwecke der Eierproduktion in Stallgebäuden gehalten und
mit gekauftem Futter ernährt werden Die steuerrechtliche Einordnung des Betriebes ist insoweit
nicht entscheidungserheblich" Fundstellen zum Grundstücksverkehrsgesetz, 2. Aufl., 1994, bear-
beitet von *Steffen*, Nr. 13/6 KG, Beschluss vom 21.6.1990 – 8WLw 7369/89 = AgrarR 1991, 192
   [23] Vgl. hierzu etwa die gegenteiligen Bemühungen bei *Krejci/Schmidt*, Vom HGB zum Unter-
nehmergesetz, 2002, insbesondere S. 13 f., 90 ff.
   [24] Vgl. hierzu auch die OECD Studie: Multifunktionalität: Auf dem Weg zu einem analytischen
Rahmen, http://www.verbraucherministerium.de/EU-Themen/Agrarpolitik/Multifunktionali-
tät … (7.1.2004).
   [25] Dieser systematische Ansatz wurde erstmals diskutiert im Rahmen der Arbeitstagung des
Arbeitskreises „Alpenregion" der Deutschen und Österreichischen Gesellschaft für Agrarrecht am
26.4.1998 im Tagungszentrum des bayerischen Bauernverbandes in Herrsching.

Der Begriffskern 1 enthält die ursprüngliche Bedeutung, d.h. den traditionel- **29** len Landwirtschaftsbegriff, also die Bodennutzung zur Erzeugung pflanzlicher und tierischer Produkte. Mehrfach hat der Gesetzgeber hinsichtlich problematischer Betätigungsfelder Klarstellungen und Erweiterungen vorgenommen. So wurde beispielsweise in § 201 BauGB klargestellt, dass auch die Pensionstierhaltung auf überwiegend eigener Futtergrundlage zur Landwirtschaft im Sinne des Baurechts gehört. Ein anderes Beispiel, das m.E. einer Begriffserweiterung gleichkommt, ist die Einbeziehung der Landschaftspflege als landwirtschaftliche Tätigkeit in § 123 SGB VII.[26] Das ist insofern bemerkenswert, als hier das Umgehen mit Grund und Boden ohne die Absicht der Erzeugung pflanzlicher oder tierischer Produkte als landwirtschaftliche Tätigkeit qualifiziert wird.

Der für den Rechtsanwender problematischste Bereich ist der Bereich 3, bzw. **30** die Abgrenzung der in diesem Bereich stattfindenden Aktivitäten zum Bereich 4. Wenn hier von „Beziehung" zum landwirtschaftlichen Betrieb die Rede ist, so ist dies dahingehend zu verstehen, dass damit ein innerer, sachlicher Bezug zum herkömmlichen landwirtschaftlichen Betrieb gemeint ist, wobei man daran denken kann, zwischen einer Beziehung zu Grund- und Boden, zu Betriebsgebäuden und Anlagen und zu Betriebsmitteln zu differenzieren.

Bei der Direktvermarktung selbsterzeugter Produkte wäre beispielsweise dieser **31** innere Bezug gegeben. Gleiches gilt für Ferien auf dem Bauernhof. Denn hiervon kann man nur sprechen, solange ein bewirtschafteter Bauernhof vorhanden ist. Bei der kommunalen Grünlandpflege oder bei Räum- und Streudiensten wird es schon schwieriger. Solange diese Tätigkeiten jedoch mit vorhandenen, leicht umrüstbaren landwirtschaftlichen Maschinen vorgenommen werden, kann man den Zusammenhang zum Betrieb noch bejahen und diese Tätigkeiten zur Landwirtschaft rechnen.

Nicht mehr im Bereich 3 einzuordnen, sondern im nicht mehr landwirtschaftli- **32** chen Bereich 4 wäre nach meiner Ansicht beispielsweise: Seniorenwohnen auf dem Lande oder das Betreiben von Autobahnraststätten. Hier liegen nämlich Tätigkeiten vor, die den notwendigen inneren Sachzusammenhang zum landwirtschaftlichen Betrieb nicht mehr aufweisen. Jeder kann diese Aktivitäten ausüben. Er bedarf dazu keines landwirtschaftlichen Betriebes. Er braucht nur Grund und Boden auf dem Lande.

Ein wichtiger Gesichtspunkt sei noch erwähnt: Übt jemand Tätigkeiten aus- **33** schließlich in den Bereichen 1 und 2 aus, so betreibt er Landwirtschaft. Übt er ausschließlich Tätigkeiten im Bereich 3 aus, so verliert er m.E. die Eigenschaft des Landwirts. Die Tätigkeiten des Bereichs 3 sind nur solange zur Landwirtschaft zu rechnen, als auch noch Aktivitäten im Kernbereichen 1 oder im Legaldefinitionsbereich 2 ablaufen. Bei der Qualifizierung der gesamten Aktivitäten als insgesamt noch landwirtschaftlich oder nicht mehr landwirtschaftlich, sind verschiedene Grenzziehungen möglich. Denkbar wäre es zum Beispiel, auf das Überwiegen der Einkünfte aus dem klassisch-landwirtschaftlichen Bereich abzustellen.

---

[26] Vgl. auch Art. 5 BayNatSchG i.d.F. der Bek. v. 23.2.2011 (GVBl. 2011, S. 82). Mit der Durchführung der Landschaftspflege sollen nach dieser Vorschrift nach Möglichkeit land- und forstwirtschaftliche Betriebe, deren Zusammenschlüsse und Selbsthilfeeinrichtungen der land- und Forstwirtschaft beauftragt werden. Damit ist zwar die Landschaftspflege noch nicht als landwirtschaftliche Tätigkeit qualifiziert, aber die Weichen für die Zukunft sind gestellt. Im Übrigen ist diese Aufgabenzuweisung insofern konsequent und sachgemäß, als Landwirtschaft immer schon, wenn auch in der jüngeren Vergangenheit nicht immer und überall im positiven Sinne, landschaftsgestaltende Wirkungen hatte.

34   **β) Personaler Ansatz.** Handelte es sich bei vorstehender Abgrenzung im wesentlichen um einen betriebsbezogenen Ansatz, so wäre es auch denkbar, eine Eingrenzung über einen personalen Ansatz zu wählen und bei der Person des Betriebsleiters und der von ihm erwarteten Qualifikation anzusetzen. Landwirtschaftlich wären dann etwa die Tätigkeiten aus dem Bereich der Produktions- und Verfahrenstechnik, die von einem Landwirtschaftsmeister gefordert werden, also jene Tätigkeiten, die in der staatlichen Meisterprüfungsordnung[27] Prüfungsgegenstand sind.[28] Dies würde zu einer relativ engen, konservativen Begriffsbildung führen, hätte aber den Vorteil, dass Spannungen zwischen der Landwirtschaft einerseits und Handwerk und Gewerbe auf der anderen Seite vermieden würden.

35   **γ) Ansatz beim Produkt.** Zu überlegen ist auch, ob nicht ein Bestimmungsversuch über das Produkt unternommen werden könnte. So wäre es möglich, einen Katalog von Produkten in den Bereichen Lebensmittel, Futtermittel, Rohstoffe zur Energiegewinnung u.a. zu erstellen und deren Erzeugung als landwirtschaftliche Tätigkeit zu definieren. Dabei wäre dann auch zu entscheiden, ob bzw. welche Dienstleistungen noch als landwirtschaftlich gelten sollen. Bei einem solchen Ansatz könnte sich die herkömmliche Grenzziehung stark verschieben.

5. Formen der Landwirtschaft

36   Landwirtschaft kann in den Formen der
– Vollerwerbslandwirtschaft,
– Zuerwerbslandwirtschaft oder der
– Nebenerwerbslandwirtschaft
betrieben werden.

37   Eine allgemeingültige Legaldefinition zur Abgrenzung dieser Formen existiert nicht. Es empfiehlt sich, wie die Bundesregierung in ihren jährlichen Agrarberichten, auf die Abgrenzungskriterien der EG-Richtlinie 72/159 zurückzugreifen.[29]

38   In Anlehnung an die dortige Abgrenzung kann man von Vollerwerbsbetrieben sprechen, wenn das Erwerbseinkommen aus dem Betrieb 90% und mehr des gesamten Erwerbseinkommens beträgt. Bei Zuerwerbsbetrieben beträgt das betriebliche Erwerbseinkommen mindestens 50% und weniger als 90% des Gesamterwerbseinkommens. Bei Nebenerwerbsbetrieben liegt das betriebliche Einkommen unter 50% des Gesamterwerbs. Dabei ist in der Nebenerwerbslandwirtschaft eine Untergrenze zu beachten. Man kann nur noch dann von einem landwirtschaftlichen Erwerbsbetrieb sprechen, wenn mindestens 2 ha landwirtschaftliche Nutzfläche bewirtschaftet oder soviel erzeugt wird, wie dem Wert der Markterzeugung von 2 ha landwirtschaftlicher Nutzfläche entspricht.[30] Was darunter liegt, fällt in der Regel in den Bereich der „Liebhaber"-, „Hobby"- oder „Feierabendlandwirtschaft".

39   Bei Zu- und Vollerwerbslandwirten werden die sozialökonomischen Verhältnisse der Betriebsinhaber und ihrer Familien überwiegend bis ausschließlich durch den landwirtschaftlichen Betrieb geprägt. Bei dieser Gruppe spricht man von

---

[27] VO über die Anforderungen in der Meisterprüfung für den Beruf Landwirt/Landwirtin v. 12.3.1991, BGBl. I S. 659.
[28] Diese Vorgehensweise entspräche der vom bayerischen Bauernverband praktizierten Abgrenzung zum Handwerk, s. *Fischer* (Bayer. Bauernverband), Der Ab-Hof-Verkauf aus Sicht der GewO/ HandwerksO (unveröffentlichtes Manuskript), S. 8.
[29] So *Piltz*, Die Nebenerwerbslandwirtschaft im Agrarrecht, SR-Göttingen 1987, Bd. 33, S. 7.
[30] Andere Abgrenzungen s. *Piltz*, S. 14 ff.

„Haupterwerbslandwirten" oder „hauptberuflichen" Landwirten. Bei Nebenerwerbslandwirten erfolgt auf Grund der überwiegend außerbetrieblichen Erwerbstätigkeit diese Prägung in abgeschwächter Form. Man bezeichnet Nebenerwerbslandwirte auch als „nebenberufliche" Landwirte.

Grafisch kann dies folgendermaßen verdeutlicht werden:

Formen der Landwirtschaft 40
Erwerbseinkommen aus Landwirtschaft

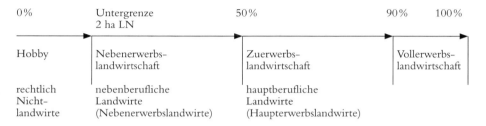

0%	Untergrenze 2 ha LN	50%		90%	100%
Hobby	Nebenerwerbs-landwirtschaft	Zuerwerbs-landwirtschaft		Vollerwerbs-landwirtschaft	
rechtlich Nicht-landwirte	nebenberufliche Landwirte (Nebenerwerbslandwirte)	hauptberufliche Landwirte (Haupterwerbslandwirte)			

6. „Ordnungsgemäße Landwirtschaft"/„gute fachliche Praxis"

a) Hintergrund der Auseinandersetzung um den Begriff der ordnungsgemäßen Landwirtschaft

Als der Begriff der ordnungsgemäßen Landwirtschaft ohne nähere Konkretisierung in verschiedenen Gesetzen auftauchte, war er Auslöser heftiger Diskussionen, vor allem, als § 19 Abs. 4 WHG i.d.F. des 5. Änderungsgesetzes v. 25.7.1986 (BGBl. I S. 1165) in das Wasserhaushaltsgesetz eingefügt wurde.[31] 41

Nach dieser Vorschrift ist bei Ausweisung von Wasserschutzgebieten und damit verbundenen erhöhten und wirtschaftlich nachteiligen Anforderungen ein landesrechtlich zu regelnder Billigkeitsausgleich zu leisten, wenn dabei die *ordnungsgemäße* land- oder forstwirtschaftliche Nutzung eines Grundstücks beeinträchtigt wird. Daraus ergibt sich im Umkehrschluss, dass die Einschränkung *nicht ordnungsgemäßer* Landwirtschaft keinen Ausgleichsanspruch auslösen kann. Diesen ökonomischen Hintergrund darf man bei der Beurteilung der einzelnen Konkretisierungsversuche nicht aus dem Auge verlieren. 42

Die Auseinandersetzung dreht sich im Wesentlichen um die Frage, ob und inwieweit ökologische Anforderungen in die Begriffsbestimmung aufzunehmen, bzw. ob und inwieweit sie dem Begriff immanent sind. Dabei wurde häufig vergessen oder verdrängt, dass es – wie immer bei der Auslegung von Gesetzen – auch hier nicht darum geht, dem Begriff einen Sinn unterzulegen, der den eigenen Interessen am dienlichsten ist, sondern einzig und allein darum, den Willen des Gesetzgebers zu ermitteln.[32] 43

---

[31] Zur Entstehungsgeschichte s. *Breuer,* Öffentliches und privates Wasserrecht, 3. Aufl. 2004, S. 663, Rn. 900. Eine Auswertung der Literatur zum Begriff „ordnungsgemäße Landwirtschaft" findet sich bei *Paul,* „Ordnungsgemäße Landwirtschaft" – Stand der Diskussion, in: Ber.Ldw. 75 (1997), 539 ff.

[32] Primäres Ziel war und ist dabei der Gewässerschutz. Der Billigkeitsausgleich des § 19 Abs. 4 a.F. WHG für Land- und Forstwirte war im Gesetzesentwurf der Bundesregierung nicht vorgesehen. Er wurde erst im Zuge der Ausschussberatungen formuliert und danach in das Gesetz aufgenommen.

44   Die den Landwirten am weitesten entgegenkommende Position war jene, die unter „ordnungsgemäßer Landwirtschaft" eine Bezeichnung des Status quo „guter landwirtschaftlicher Praxis" verstand.[33] Dass diese Position nicht richtig sein kann, ergibt sich schon daraus, dass es nicht etwa das Fehlverhalten einiger weniger schwarzer Umweltschafe unter den Landwirten, sondern gerade diese „gute landwirtschaftliche Praxis" war, die zu den bekannten Problemen in der Umwelt-, insbesondere zur Gewässerbelastung und zu entsprechenden Reaktionen des Gesetzgebers geführt hat. Für die Landwirtschaft auf den ersten Blick weniger günstige Stellungnahmen kommen – wie kaum anders zu erwarten – vor allem aus den Reihen der Wasserrechtler.[34]

b) Begriffsklärung

45   Unbestritten dürfte sein, dass zur Ordnungsgemäßheit der Landwirtschaft die Beachtung der wissenschaftlich abgesicherten und praktisch erprobten agrar- und betriebswirtschaftlichen Erkenntnisse gehört.[35] Damit ist der Begriffsinhalt jedoch nicht ausgeschöpft. Denn wie jede andere Tätigkeit hat sich auch die landwirtschaftliche Betätigung in die Rechtsordnung einzufügen. Ordnungsgemäß heißt also – unabhängig von der geforderten fachlichen Korrektheit –: der Rechtsordnung gemäß.[36] Widersinnig wäre es anzunehmen, der Gesetzgeber wolle eine Handlung als ordnungsgemäß einstufen, die seinen eigenen Normsetzungen zuwiderläuft.

46   Damit steht fest, dass ökologische Gesichtspunkte selbstverständlich in den Begriff miteinbezogen werden müssen und zwar soweit, als sie in Rechtsvorschriften ihren Niederschlag gefunden haben. Dazu zählen, um die wichtigsten Normenkomplexe zu nennen, die Vorschriften des Abfall-, Wasser-, Pflanzenschutz- und des Naturschutzrechts, und zwar unabhängig davon, ob in Gesetzen, Verordnungen oder Satzungen enthalten. Alle anderen Konstruktionen sind nicht haltbar, würden sie doch auf die Aussage hinauslaufen: auch die illegale Landwirtschaft sei ordnungsgemäß.

47   Man kann also von ordnungsgemäßer Landwirtschaft nur dann sprechen, wenn sie

---

[33] So z.B. *Latten*, „Ordnungsgemäße Landwirtschaft" – Begriffe klar differenzieren, in: Agra – Europe v. 2.2.1987 (Markt und Meinung), S. 1 ff., zit. auch in: Agraringenieur/Agrarmanager 3/1987, S. 13.

[34] S. z.B. *Czychowski/Reinhardt*, Wasserhaushaltsgesetz, 10. Aufl., 2010, § 52, Rn. 20 m.w.N.

[35] *Breuer*, wie Fußn. 31, Rn. 630 spricht in diesem Sinne von der „Beachtung der technischen, agrarwissenschaftlichen und agrarwirtschaftlichen „Kunstregeln".

[36] So im Ergebnis auch *Schink*, Naturschutz- und Landschaftspflegerecht Nordrhein-Westfalen 1989; *Henneke*, Landwirtschaft und Naturschutz 1986; *Czychowski/Reinhardt*, Rn. 108 ff.: ordnungsgemäß bedeutet „zumindest ansonsten rechtmäßig" m.w.N. Besonders griffig auch die Formulierung von *Pietscher*, in seiner Erwiderung auf *Deselaers* Aufsatz „Ausgleichsleistungen in Wasserschutzgebieten – nur eine weitere Rechtsunsicherheit?" (AgrarR 1988, 241), in AgrarR 1988, 309: „Meines Erachtens ist demnach entscheidend, dass jedes wirtschaftliche Handeln sich im Rahmen der Rechtsordnung halten muss. Was der Gesetzgeber allgemein für nicht zulässig erklärt hat, kann nicht ordnungsgemäß sein. Wenn *jede Person* verpflichtet ist, „die nach den Umständen erforderliche Sorgfalt anzuwenden, um eine nachteilige Veränderung der Gewässereigenschaften zu vermeiden" (§ 5 Abs. 1 Nr. 1 WHG), sind es auch die Landwirte. Und kein Landwirt darf Pflanzenschutzmittel anwenden, soweit er „damit rechnen muss, dass ihre Anwendung schädliche Auswirkungen auf die Gesundheit von Mensch und Tier oder den Naturhaushalt hat (PflSchG §§ 1, 3). Eine ordnungsgemäße Landbewirtschaftung muss diesen Forderungen entsprechen." Vgl. auch *Pietzker*, Zur Entwicklung des öffentlichrechtlichen Entschädigungsrechts – insbesondere am Beispiel der Entschädigung von Beschränkungen landwirtschaftlicher Produktion, in: NVwZ 91, 418 ff. (424). s. auch die Gegenposition von *Deselaers* in einer Erwiderung auf *Pietscher* und *Czychowski/Reinhardt* AgrarR 1989, 94.

1. die wissenschaftlich abgesicherten und praktisch erprobten Erkenntnisse der Agrar- und Betriebswirtschaft („Kunstregeln") beachtet
   und
2. der Rechtsordnung, ökologische Normen eingeschlossen, entspricht.

Eine weitergehende Konkretisierung enthalten die einzelnen Rechtsnormen. **48** Soweit neue Rechtsnormen erlassen werden und erhöhte Anforderungen stellen, finden diese – immer vorausgesetzt, sie sind verfassungsgemäß – in den Begriff Eingang. Dies ist die typische Folge, ja häufig sogar der Grund für die Verwendung unbestimmter Rechtsbegriffe. Gerade in Bereichen dynamisch fortschreitender Entwicklung greift der Gesetzgeber immer häufiger zu dieser Methode, um dem raschen Wandel z.B. im Bereich der Technik oder eben auch im Bereich des Umweltschutzes nicht ständig hinterher hecheln zu müssen.[37]

Die oben festgehaltene Formel ordnungsgemäßer Landwirtschaft ist m.E. kon- **49** kret genug. Sie fordert vom Landwirt neben der fachlich korrekten Ausführung seiner Tätigkeiten normgemäßes Verhalten. Ursprünglich vorhandene Rechtsunsicherheiten, beispielsweise im Bereich der Düngung und Bodenbearbeitung sind am abnehmen, da der zunächst unbestimmte Rechtsbegriff vom Normgeber mehr und mehr konkretisiert wird. Neue Probleme sind allerdings aufgetaucht im Zusammenhang mit der Umsetzung der Umwelthaftungsrichtlinie im Bereich der dort erfassten „Biodiversitätsschäden".[38]

Die Entwicklung der Landbewirtschaftung wird weiterhin so verlaufen, dass die **50** zwischen der ökonomischen und ökologischen Komponente der „ordnungsgemäßen Landwirtschaft" bestehenden Spannungen immer mehr abgebaut werden. Ökologische Gesichtspunkte werden laufend auch in die herkömmliche Landbewirtschaftung integriert werden. Dies wird dem Schutz der natürlichen Lebensgrundlagen und den Landwirten gleichermaßen nützen, die in einer für sie existenzbedrohenden und -zerstörenden Zeit auf einen breiten Konsens in Staat und Gesellschaft angewiesen sind und deshalb möglichst rasch vom Pranger der Umweltsünder loskommen müssen, an den sie im übrigen nicht nur aus eigenem Verschulden, sondern gedrängt von der Politik unter dem Schlagwort „Wachsen oder Weichen" geraten sind.

c) Verhältnis zum Begriff „gute fachliche Praxis"

In den letzten Jahren wurde der Begriff der ordnungsgemäßen Landwirtschaft **51** mehr und mehr vom Begriff der guten fachlichen Praxis verdrängt.[39] Beide Begriffe bedeuten im Wesentlichen ein und dasselbe. Dem Begriff der ordnungsgemäßen Landwirtschaft dürfte sprachlich ein etwas größeres Gewicht hinsichtlich der Rechtmäßigkeit des Handelns inne wohnen, im Begriff der guten fachlichen Praxis erhält die Begriffskomponente der Beachtung der Kunstregeln eine etwas stärkere Betonung.

---

[37] Vor allem unter dem Gesichtspunkt der Verantwortungsverschiebung von der Legislative auf die Exekutive ist diese Praxis des Gesetzgebers nicht unproblematisch, s. dazu *Grimm*, Die Grenzen des Umweltrechts bei der Umweltsicherung, in Umweltsicherung, Schriftenreihe der Fachhochschule Weihenstephan Bd. 1, 1991, S. 66 ff. (71 ff.) m.w. N.

[38] S. dazu *Grimm*, Die europäische Umwelthaftungsrichtlinie (UHRL) und ihre Umsetzung in Deutschland und Frankreich – Auswirkungen auf die Landwirtschaft, AUR 2008, 336 ff. und die Ausführungen unten im 12. Kapitel: Agrarumweltrecht.

[39] S. etwa die den Langtitel der Düngeverordnung „Verordnung über die Grundsätze der guten fachlichen Praxis beim Düngen" oder § 7 Bodenschutzgesetz.

III. Landwirtschaftrecht – Agrarrecht

1. Abgrenzung

52   Die Verwendung dieser beiden Begriffe ist noch uneinheitlich. Zum Teil werden sie synonym, zum Teil in unterschiedlicher Bedeutung gebraucht. Der Prozess der Abgrenzung ist noch nicht abgeschlossen, jedoch ist die Tendenz erkennbar, von *Landwirtschaftsrecht* zu sprechen, wenn die *traditionellen* Bereiche wie Landwirtschaftliches Boden-, Erb- und Pachtrecht betroffen sind, von *Agrarrecht,* wenn *„moderne"* Rechtsgebiete wie das Recht zur Verbesserung der Agrarstruktur, des Agrarumweltrechts, des Agrarmarktrechts u.a. Bereiche angesprochen werden.[40]

53   Dieser terminologischen Abgrenzung soll hier im wesentlichen gefolgt werden, sodass sich folgendes Bild ergibt:

54   **Abgrenzung Landwirtschaftsrecht – Agrarrecht**

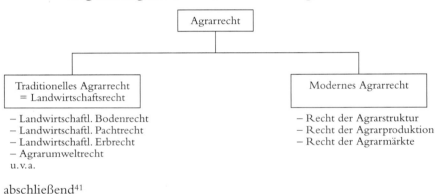

abschließend[41]

55   Der Begriff Agrarrecht wird also als Oberbegriff gebraucht, Landwirtschaftsrecht betrifft daraus den traditionellen Rechtsausschnitt.

2. Begriffsbestimmung

56   Man könnte den Begriff des Agrarrechts bestimmen als die Summe der Rechtsnormen, die für den landwirtschaftlichen Betrieb von Bedeutung sind. Diese sehr weite Umschreibung des Gegenstandes Agrarrecht ist wenig befriedigend,[42] da Normen des Allgemeinen Rechts nicht hinreichend deutlich ausgegrenzt würden.

---

[40] S. z.B. die Gliederung bei *Kroeschell,* Deutsches Agrarrecht, SR-Göttingen, Bd. 29, 1983; s. auch *Kreuzer (Hrsg.),* Agrarrecht in Europa, Droit agraire en Europe, Agricultural Law in Europe, SR-Göttingen, Bd. 27, 1983, S. 1 ff. Zur Begriffsgeschichte s. *Winkler,* Art. Agrarrecht, in HAR I, Sp. 50 ff. mit ausführlichen Literaturverweisungen in Sp. 89.

[41] *Kroeschell,* rechnet auch das landwirtschaftliche Verfahrensrecht zum Landwirtschaftsrecht. Da es im Vergleich zu den anderen drei Bereichen des traditionellen Agrarrechts relativ jung ist – im wesentlichen ist es nach dem 2. Weltkrieg entstanden, s. *Barnstedt/Steffen,* Gesetz über das gerichtliche Verfahren in Landwirtschaftssachen (LwVG), 4. Aufl., 1988, Rn. 1–6 – rechne ich es zum modernen Agrarrecht.

[42] S. *Winkler,* in HAR I, Sp. 57.

So ist beispielsweise Art. 14 GG als Zentralnorm in der Auseinandersetzung um die Sozialbindung des Eigentums für den landwirtschaftlichen Betrieb von existentieller Bedeutung. Als allgemeine Verfassungsnorm ist er jedoch Teil des Allgemeinen Rechts.

Besser ist es daher, nur die *Sondernormen*, die sich auf die Landwirtschaft beziehen, als Agrarrecht zu bezeichnen. Die Sondernormen lassen sich unterteilen in *Ausnahmenormen* (ius singulare) und *Spezialnormen* (ius proprium). **57**

Ausnahmenormen sind Normen, die von den allgemeinen Normen im Hinblick auf besondere Gegebenheiten in der Landwirtschaft abweichen. Hierzu zählen die zahlreichen Sonderbestimmungen des BGB. Beispielhaft sei auf § 2049 BGB verwiesen, demzufolge bei Übernahme eines Landguts durch einen vom Erblasser bestimmten Miterben das Landgut im Zweifel zum Ertragswert (und nicht wie sonst üblich zum in der Regel wesentlich höheren Verkehrswert) anzusetzen ist. **58**

Spezialnormen sind vom Gesetzgeber gesondert für die Landwirtschaft erlassene Normen wie z.B. das Landwirtschaftsanpassungsgesetz, das Gesetz über das gerichtliche Verfahren in Landwirtschaftssachen u.a. **59**

Die Unterscheidung zwischen Ausnahmenormen (ius singulare) und Spezialnormen (ius proprium) ist nicht nur von akademischer Bedeutung. Sie kann auch praktische Auswirkungen entfalten, da Ausnahmenormen eng, Spezialnormen dagegen weit auszulegen sind. **60**

Bei einer grafischen Darstellung des Agrarrechts wird deutlich, warum Agrarrecht als *„Querschnittsrecht“* bezeichnet wird. **61**

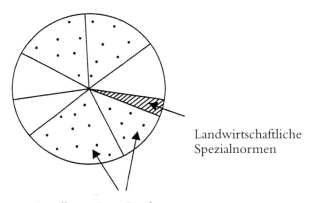

Landwirtschaftliche
Spezialnormen

Im allgemeinen Recht
verteilte landwirtschaftliche
Ausnahmenormen

3. Gang der Darstellung

Agrarrecht ist also das Recht der landwirtschaftlichen Sondernormen. Ihnen gilt das Augenmerk dieses Grundrisses in besonderer Weise. Daneben werden aber auch Normen des Allgemeinen Rechts zur Darstellung kommen, soweit sie Voraussetzungen für das Verständnis der Sondernormen bilden und soweit sie für den **62** landwirtschaftliche Betrieb, wie z.B. der schon erwähnte Art. 14 GG, von besonderer Bedeutung sind.[43]

---

[43] *Norer,* seit der 4. Auflage Mitautor dieses Lehrbuches, hat die zwischenzeitlich verstummte Diskussion um den Agrarrechtsbegriff wieder aufgenommen, s. Vom Agrarrecht zum Recht des ländlichen Raumes – alte und neue Begrifflichkeiten, ZfV 2001, 2 ff., (4). Im Rückgriff auf frühere Arbeiten von *Holzer,* Zum Begriff und Standort des Agrarrechts in der österreichischen Rechtsordnung, JBl. 1982, S. 300 f. und *Eichler,* Der Wirkungsbereich des für die Angelegenheiten der Landeskultur zuständigen Ministeriums 1867 bis 1967, in: 100 Jahre Landwirtschaftsministerium FS (1967), 149 ff., 483 ff. schlägt er vor, an Stelle des „konventionellen" Agrarrechtsbegriffes (gemeint ist damit die herrschende Sonderrechtstheorie) einen „funktionalen" zu setzen, d.h. jede Norm zum Agrarrecht zu zählen, „die – funktionell gesehen – hinsichtlich der Land- und Forstwirtschaft spezifische Wirkungen entfaltet, mag sie nun einem von „typischen" agrarischen Interessen geprägten Rechtsbereich entstammen oder einem solchen, der auch neben oder vorwiegend von anderen als agrarisch bestimmten Verwaltungszwecken beherrscht sein." Er plädiert für einen weiten und offenen Agrarrechtsbegriff, der „mit beweglichen Bestimmungskriterien" operiert. Im Endeffekt kommen *Norer* und die von ihm zitierten Autoren aber auch nicht darum herum, eine Abgrenzung der Agrarrechtsnormen zum Allgemeinen Recht vorzunehmen. So sollen nur jene Normen zum Agrarrecht zählen, die die Landwirtschaft in „ihrer spezifischen Seinsstruktur" erfassen. Bei Zugrundelegung der funktionalen Theorie ergibt sich meines Erachtens eine geringfügige Grenzverschiebung des Agrarrechts nach außen Man würde dann beispielsweise die Bestimmung des Wasserhaushaltsgesetzes über die Möglichkeit der Ausweisung von Wasserschutzgebieten zum Agrarrecht zählen. Dies aber auch bei Art. 14 GG zu tun, der ja, was die Enteignung von Grund und Boden betrifft, hauptsächlich die Landwirtschaft erfasst, diesen Schritt wagt – zu Recht – auch *Norer* nicht. Ich ziehe es daher vor, bei der Sondertheorie zu bleiben, also nur die landwirtschaftlichen Ausnahmenormen (ius singulare) und Spezialnormen (ius proprium) zum Agrarrecht zu zählen, da sonst die Gefahr droht, dass der Agrarrechtsbegriff zu diffus, zu beliebig und allmählich überflüssig wird.

Zur jüngsten Auseinandersetzung um den Agrarrechtsbegriff s. auch *Busse,* Boom der Agrarrechtshandbücher- Gedanken zur Systematik des Agrarrechts, AUR 2013, 285 ff.; dazu die Erwiderung von *Holzer* AUR 2014, 7 und die Replik von *Busse* AUR 2014, 138 ff.

2. Kapitel. Eigentum – Landwirtschaftliche Besonderheiten

Literaturauswahl:

Axer, Entwicklung und Stand des landwirtschaftlichen Bodeneigentums in der Verfassungswirklichkeit, Beilage I/2000 AgrarR 8/2000, 4 ff.

Dombert/Witt (Hrsg), Agrarrecht, München 2011;

Eickmann, Grundstücksrecht in den neuen Bundesländern, Köln 1992;

Gelzer/Busse/Fischer, Entschädigungsanspruch aus Enteignung und enteignungsgleichem Eingriff, 3. Aufl., München 2010 (zit. *Gelzer/Busse/Fischer*);

Haegele, Die Beschränkungen im Grundstücksverkehr, 3. Aufl., Baden-Baden 1970;

Holzer, Grundverkehrsrecht, in: *Norer* (Hrsg), Handbuch des Agrarrechts, 2. Aufl., Wien 2012, S. 673 ff.

Kroeschell, Landwirtschaftsrecht, 2. Aufl., Köln, Berlin, Bonn, München 1966;

ders., Grundeigentum im Wandel der Geschichte, in *Götz,* (Hrsg.), Agrarrecht im Wandel, SR-Göttingen Bd. 32, 1986, S. 65 ff., (zit.: *Kroeschell,* Grundeigentum im Wandel);

ders., Rechtsgeschichte Deutschlands im 20. Jahrhundert, Göttingen 1992;

Krohn/Löwisch, Eigentumsgarantie, Enteignung, Entschädigung, 3. Aufl., Kln 1984 (zit. *Krohn/Löwisch*);

Ludden, Eignet sich das Grundstücksverkehrsgesetz als Instrument zur Preisdämpfung beim Kauf landwirtschaftlicher Flächen?, AUR 11/2014, 421 ff.

Netz, Grundstückverkehrsgesetz Praxiskommentar, 4. Aufl., Butjadingen-Stollhamm, 2008;

Nüssgens/Boujong, Eigentum, Sozialbindung, Enteignung, München 1987, (zit. *Nüssgens/Boujong);*

Ossenbühl/Cornils, Staatshaftungsrecht, 6. Aufl., München 2013;

Pries, Das Neubauerneigentum in der ehemaligen DDR, Frankfurt a.M.., Berlin, Bern, New York, Paris, Wien, 1994;

Steffen, Fundstellen zum Grundstückverkehrsgesetz, Recht in der Landwirtschaft, Bd. 9, 2. Aufl. 1994, Hrsg. Landwirtschaftskammer Westfalen-Lippe;

Stresemann, Das Grundstücksverkehrsgesetz im Spiegel der Rechtsprechung des Bundesgerichtshofs, AUR 2014, 415 ff.

Weyreuther, Die Situationsgebundenheit des Grundeigentums: Naturschutz-Eigentumsschutz-Bestandsschutz, Köln, Berlin, Bonn, München 1983;

Winkler, Art. Landwirtschaftliches Eigentum in: HAR II, 275 ff.

Witt, Das land- und forstwirtschaftliche Bodeneigentum im Spannungsverhältnis zwischen Privatnützigkeit und öffentlich-rechtlichen Bedingungen, Beilage I/2000 in AgrarR 8/2000, S. 15 ff.

ders., Rings um den Nassauskiesungsbeschluss- Wandel des Eigentumsschutzes in 50 Jahren DGAR, AUR 2014, 407 ff.

I. Die Einheit der Eigentumsordnung

Der Landwirt lebt von Grund und Boden.[1] Sein Grundeigentum bildet trotz der **1** Zunahme der Pacht immer noch[2] einen wesentlichen Pfeiler seiner wirtschaftli-

---

[1] Die Begriffe „Grund" und „Boden" werden häufig miteinander verbunden und ohne eindeutige Differenzierung gebraucht. Der Begriff „Grund" stellt mehr auf die untrennbare Verbundenheit der Sache mit der Erde ab, also auf die räumliche Gegebenheit, während der Begriff „Boden" mehr die Substanz erfasst, die sich auf diesem räumlichen Bereich befindet, vgl.,,Mutterboden", „Bodenfruchtbarkeit", „Boden als Produktionsfaktor" u.ä. Eine Trennung in Grundeigentum und Bodeneigentum wäre zwar theoretisch möglich, widerspräche aber den BGB-Rechtsvorstellungen, s. § 905 BGB. Zur Durchbrechung des dort fixierten Prinzips im Berg- und Wasserrecht, s. *Palandt,* BGB, 73. Aufl., 2014, § 905, Rn. 1.

[2] Zum Bedeutungsverlust des Eigentums für die individuelle Existenzsicherung und dem Bedeutungszuwachs für Arbeit und Teilhabe an Leistungen staatlicher Daseinsvorsorge und Fürsorge s. *Hesse,* Grundzüge des Verfassungsrechts der Bundesrepublik Deutschland, 20. Aufl., 1999, Rn. 443. Beachte in diesem Zusammenhang auch die Einbeziehung des Besitzrechts des Mieters in den

chen Existenz. Grund und Boden sind aber gleichzeitig Lebensgrundlage aller, so-dass die soziale Verantwortung des Eigentümers für dieses kostbare, nicht beliebig vermehrbare Gut besonders groß ist.[3]

2　　Die in den letzten Jahrzehnten immer deutlicher zu Tage tretende Sozialbin-dung von Grund und Boden trifft in erster Linie den landwirtschaftlichen Grund-eigentümer. Diese Tatsache resultiert aber nicht aus einer rechtlichen Sonder-stellung, sondern aus der Natur der Sache, insbesondere aus der Situation des landwirtschaftlichen Grundes im ländlichen Raum, der seinerseits nicht nur der landwirtschaftlichen Produktion dient, sondern eine Reihe weiterer Funktionen zu erfüllen hat.[4]

3　　Der Verfassungsgeber hat nicht zwischen bürgerlichem und landwirtschaftlichem Eigentum unterschieden. Insofern können wir trotz einiger noch bestehender Be-sonderheiten, z.B. im Grundstücksverkehr, von einer einheitlichen Eigentumsord-nung ausgehen. Das landwirtschaftliche Grundeigentum unterliegt prinzipiell den gleichen Anforderungen und genießt den gleichen verfassungsrechtlichen Schutz wie sonstiges Eigentum.[5]

II. Geschichtliche Aspekte des Eigentums

1. Entwicklung bis 1990

4　　Heute erscheint es – zumindest in den alten Bundesländern Deutschlands – selbstverständlich, dass der Landwirt, soweit er nicht Flächen oder Betriebe pach-tet, Eigentümer des von ihm bewirtschafteten Grund und Bodens ist. Dabei zeigt ein kurzer Blick in die Geschichte, dass dies keineswegs immer so war. Noch zu Ende des 18. Jahrhunderts waren nur wenige Landwirte freie Volleigentümer des von ihnen bewirtschafteten Landes. Das ältere deutsche Recht teilte nämlich – an-ders als das römische Recht und das später darauf zurückgreifende Bürgerliche Gesetzbuch – das landwirtschaftliche Eigentum an Grund und Boden auf in ein Obereigentum, das beim Grundherrn lag und ein Nutzeigentum, das – verbun-den mit zahlreichen Abgaben- und Dienstleistungspflichten – dem Landwirt vom Grundherrn verliehen wurde. Grund und Boden waren somit ein Instrument poli-tischer Herrschaft.[6] Ein paar Zahlen aus dem altbayerischen Teil Bayerns werfen ein Schlaglicht auf die Eigentumsverhältnisse im Jahre 1760. Damals besaßen in Altbayern

---

Schutzbereich des Art. 14 GG durch das Bundesverfassungsgericht im Jahre 1993 (Az. 1 BvR 208/93). Vgl. auch *Becker*, Agrarkredit in der Bewährung, vom Realkredit zum dinglich gesicher-ten Personalkredit, 1990.

　　[3] „Eine gerechte Rechts- und Gesellschaftsordnung zwingt dazu, die Interessen der Allgemein-heit beim Boden in weit stärkerem Maße zur Geltung zu bringen als bei anderen Vermögensgütern. Der Grund und Boden ist weder volkswirtschaftlich noch in seiner sozialen Bedeutung mit anderen Vermögenswerten ohne weiteres gleichzustellen" BVerfGE 21, 73 ff.

　　[4] Weitere Funktionen: Standortfunktion nicht nur für landwirtschaftliche Betriebe, s. § 35 BauGB, ökologische Ausgleichsfunktion, Erholungsfunktion. Näheres bei *Grimm*, Rechtliche Ins-trumente für den Schutz und die Entwicklung der ländlichen Räume, AgrarR 1999, 233 ff.

　　[5] S. dazu *Kimminich* in: Bonner Kommentar, Loseblatt-Sammlung, Art. 14 Rn. 10 ff., 30 ff., 346. Auch das nicht landwirtschaftliche Grundeigentum unterliegt der Sozialbindung. Deutlich wird dies etwa im Bauplanungsrecht. Vgl. z.B. das „Grünflächenurteil" BGH NJW 1957, 538 ff.

　　[6] S. *Kroeschell*, S. 65 ff. (69,77).

der Landesherr	4074 Höfe	=	14 vH.,
die Kirche	16618 Höfe	=	56 vH.,
der Adel	7106 Höfe	=	24 vH.,
weltl. Korporationen	845 Höfe	=	2,6 vH.,
freie Bauern	1162 Höfe	=	4 vH).[7]

Erst durch die sog. „Bauernbefreiung" im 19. Jahrhundert wurde die Abhängig- **5** keit der Bauern von den Grundherren nach und nach abgebaut. Wichtige Reformschritte in Bayern erfolgten in den Jahren 1799 (u.a. Vererbbarkeit des Nutzeigentums), 1803 (Klostersäkularisation mit Übergang der kirchlichen Grundherrschaft auf den Staat, der den Bauern die Möglichkeit bot, Obereigentum abzulösen) und 1848 (Ende der Grundherrschaft des Adels, obligatorische Ablösung des Obereigentums in Geld, entschädigungslose Aufhebung bäuerlicher Servitute, Übergang der grundherrlichen Gerichtsbarkeit auf den Staat u.a.).

Durch diese Reformen verlor das bäuerliche Grundeigentum seine im alten Le- **6** hensrecht wurzelnde Sonderstellung und wurde in die allgemeine Eigentumsordnung integriert.[8]

In der revidierten Verfassung für den preußischen Staat vom 31.1.1850[9] wird in **7** Artikel 9 das Eigentum als unverletzlich propagiert. Es konnte nur aus Gründen des öffentlichen Wohls gegen Entschädigung entzogen oder beschränkt werden. Bereits hier wird die künftige verfassungsrechtliche Entwicklung sichtbar, Privateigentum anzuerkennen, es aber sozial in die Pflicht zu nehmen.

In der Verfassung des Deutschen Reiches (Weimarer Verfassung) vom 11. Au- **8** gust 1919[10] wird dieser Grundsatz noch stärker betont. Neben der Gewährleistung des Privateigentums findet sich in Artikel 153 WV eine Inhalts- und Schrankenbestimmung (Abs. 1 Satz 2), die entschädigungspflichtige Enteignungsmöglichkeit nur zum Wohle der Allgemeinheit (Abs. 2) und erstmals expressis verbis die Sozialpflichtigkeit des Eigentums: „Eigentum verpflichtet. Sein Gebrauch soll zugleich Dienst sein für das gemeine Beste" (Abs. 3).

Das mittlerweile in Kraft getretene Bürgerliche Gesetzbuch[11] differenzierte, der **9** historischen Entwicklung des 19. Jahrhunderts folgend, nicht zwischen landwirtschaftlichem und bürgerlichem Eigentum. Dennoch geriet das landwirtschaftliche Eigentum an Grund und Boden bald wieder in eine gewisse Sonderrolle und zwar

---

[7] S. *Volkert*, Die Bauernbefreiung im 19. Jahrhundert, in: Verhandlungen des Historischen Vereins für Niederbayern, 109. Band 1983, S. 135 ff. (137) und *Kroeschell*, Grundeigentum im Wandel der Geschichte, S. 65 ff. (70).

[8] Zur Entwicklung in Preußen s. etwa *Klässel,* Das Deutsche Agrarrecht und seine Reform, 1947.

Während in Bayern durch die vom Staat massiv subventionierte Geldablösung bäuerliche Familienbetriebe entstanden, hatte die Bauernbefreiung in Preußen, insbesondere in den ostelbischen Gebieten, sehr negative soziale Auswirkungen, da dort die Grundherren durch Landabtretungen abgefunden werden mussten, sodass sie im Verlauf der Reformen etwa 4,5 Mio Hektar Land hinzugewannen, s. *Kröger*, Einführung in die jüngere deutsche Verfassungsgeschichte (1806–1933), 1988, S. 50 und Volkert, S. 140 Zum Gesamtkomplex s. auch *Seidl*, Deutsche Agrargeschichte, Bd. 3 der Schriftenreihe der Fachhochschule Weihenstephan, 1995

[9] Auszugsweise abgedruckt bei *Hildebrandt* (Hrsg.), Die deutschen Verfassungen des 19. und 20. Jahrhunderts, 1971, S. 12 ff.

[10] Abgedruckt bei *Hildebrandt,* S. 69 ff.

[11] Bürgerliches Gesetzbuch vom 18.8.1896 (RGBl. S. 195), in Kraft getreten am 1.1.1900.

Grimm

im Bereich des Anerbenrechts,[12] des Heimstättenrechts,[13] des Reichssiedlungs-
rechtes[14] und der Pachtschutzgesetzgebung.[15]

10   Der Nationalsozialismus bekannte sich ebenfalls zum Privateigentum,[16] be-
tonte jedoch die Sozialbindung im Zusammenhang mit seiner Raum-, Blut-, und
Bodenideologie.[17] Der Bauer gewährleistete aus dieser Sicht nicht nur die Volks-
ernährung, er galt als „Treuhänder deutschen Blutes" und „deutschen Geistes", als
„Neuadel der deutschen Nation", der sich auszeichnete durch „Zeugungswillen
und Zeugungskraft", „Erbgesundheit" und „Heimattreue".[18] Vor allem durch den
Erlass des Reichserbhofgesetzes (REG) versuchten die Nationalsozialisten diese
Ideologie in der Praxis durchzusetzen.[19] Für die betroffenen Landwirte brachte das
REG neben der bizarren ideologischen Aufwertung des Bauernstandes eine deut-
liche Minderung ihrer Eigentümerbefugnisse.[20]

11   In der ehemaligen Deutschen Demokratischen Republik galt das BGB bis
zum 31.12.1975. Ab dem 1.1.1976 wurde es durch das Zivilgesetzbuch (ZGB)
v. 19.6.1975 abgelöst. Das ZGB differenzierte beim Eigentum folgendermaßen:

12

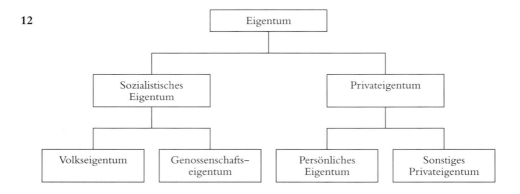

---

[12] S. dazu *Kreuzer,* Anerbenrecht, in: HAR I, Sp. 259 ff. und die vor Kapitel 4 genannte einschlägige Literatur zum landwirtschaftlichen Erbrecht.

[13] S. dazu *Münchow,* Heimstättenrecht, in: HAR I, Sp. 882 ff.

[14] S. dazu *Zeller,* Rechtsgeschichte der ländlichen Siedlung 1975 oder *Münchow,* Siedlungsrecht,
in: HAR II, Sp. 758 und *Winkler,* Landwirtschaftliche Bodenordnung (Westeuropa), in: HAR II,
Sp. 219 ff. (224).

[15] HAR II, Sp. 276.

[16] „Der Wille zum Eigentum ist der nordische Sinn des Lebens… Wer den Instinkt dafür nicht
hat, ist nicht von Rasse", *Spengler,* Deutschland und die weltgeschichtliche Entwicklung, 1933,
S. 137, zit. bei *Rusch,* Bodenrecht und Bodengesetzgebung seit 1933, ohne Erscheinungsjahr, wohl
1938, vgl. Fußn. 2 des zit. Werkes.

[17] „Vor allem handelt es sich darum, zu zeigen, dass heute der Ausgangspunkt des Bodenrechts
nicht mehr die Beziehung des einzelnen Volksgenossen zum Grundstück ist, sondern vielmehr das
Verhältnis der Volksgemeinschaft zu dem ihm zur Verfügung stehenden Lebensraum", *Rusch,* S. 1.

[18] *Stoll / Baur,* Deutsches Bauernrecht, 1943, S. 1 ff. Dort mehrfach zitiert der vom Führer er-
nannte Reichsbauernführer Darré, Das Bauerntum als Lebensquell der nordischen Rasse, 1928.
ders., Neuadel aus Blut und Boden, ohne Jahreszahl. Interessant das der Schrift von *Stoll / Baur* vo-
rangestellte Motto: „Das Deutschland der Zukunft wird ein Bauernreich sein oder es wird unterge-
hen", *Adolf Hitler* (am 31.12.1930 in Berlin).

[19] S. *Wöhrmann,* Das Landwirtschaftserbrecht, 10. Aufl., 2012, S. 30, Rn. 9.

[20] S. *Kroeschell,* Rechtsgeschichte Deutschlands im 20. Jahrhundert, Göttingen 1992, S. 94 ff.

2. Überleitung von Rechtsverhältnissen der DDR in bundesdeutsches Recht

Durch Art. 8 des Einigungsvertrages[21] wurde das gesamte Bundesrecht grund- **13** sätzlich auf das Beitrittsgebiet ausgedehnt. Nun gilt auch in den neuen Bundeslän- dern wieder der einheitliche Eigentumsbegriff des BGB.

Die Überleitung von DDR-Recht in bundesdeutsches Recht brachte für den **14** Gesetzgeber und alle am Vollzug Beteiligten zahlreiche, z.T. noch nicht endgültig gelöste Probleme mit sich. Die wichtigsten Gesetze in diesem Zusammenhang sind
- das Landwirtschaftsanpassungsgesetz,[22]
- das Einführungsgesetz zum Bürgerlichen Gesetzbuch (Art. 233, §§ 1 ff.),[23]
- das Sachenrechtsbereinigungsgesetz,[24]
- das Schuldrechtsänderungsgesetz mit den vier Artikelgesetzen:[25]
- das Schuldrechtsanpassungsgesetz,[26]
- das Erholungsnutzungsrechtsgesetz,[27]
- das Anpflanzungseigentumsgesetz,[28]
- das Meliorationsanlagengesetz,[29]
- das Vermögensgesetz,[30]
- das Entschädigungs- und Ausgleichsleistungsgesetz.[31]

Inhalt und Zielsetzung dieser hier aufgeführten Gesetze werden ausführlich dar- **15** gestellt bei *Winkler*, Die Agrarrechtsentwicklung in Ostdeutschland von 1945 bis 1995.[32]

III. Die aktuelle Rechtslage

Führt man sich die tagtäglichen direkten Belastungen landwirtschaftlichen **16** Eigentums durch den (zwangsweise durchsetzbaren) Bau von Straßen, Wegen, Ge- wässern, Versorgungseinrichtungen etc. und die indirekten Belastungen durch die

---

[21] Vertrag zwischen der Bundesrepublik Deutschland und der Deutschen Demokratischen Re- publik über die Herstellung der Einheit Deutschlands – Einigungsvertrag – v. 31. August 1990 (BGBl. II, S. 889).

[22] Vom 29.6.1990 (GVBl DDR 1990, 642); Mehrfach novelliert und geändert, zuletzt durch G. v. 23.7.2013 (BGBl. I S.2586); Einzelheiten s. bei *Feldhaus*, Landwirtschaftsanpassungsgesetz, 1991 und bei *Schweizer*, Das Recht der landwirtschaftlichen Betriebe nach dem Landwirtschaftsanpas- sungsgesetz, 2. Aufl., 1994.

[23] Vom 18.8.1896, Neufassung Bek. v. 21.9.1994 (BGBl. I S. 2494; 1997, BGBl. I S. 1061); zu- letzt geänd. durch G. v. 1.10.2013 (BGBl. I S. 3719); Einzelheiten s. bei *Palandt*, Art. 233 EGBGB und *Schmidt*, Eigentum an ehemaligen Neubauernstellen. Erläuterungen der Vorschriften zur Ab- wicklung der Bodenreform nach Art. 233 §§ 11–16 EGBGB, AID 1995.

[24] Vom 21.9.1994 (BGBl. I S. 2457), zuletzt geänd. durch G. v. 23.7.2013 (BGBl.I S. 2586); Einzelheiten bei *Vossius*, Sachenrechtsbereinigungsgesetz. Kommentar, 1996; *Zimmermann/Heller*, Das neue Sachenrechtsbereinigungsgesetz, 1995; *Krauß*, Sachenrechtsbereinigung und Schuldrechts- anpassung im Beitrittsgebiet, 1995.

[25] Vom 21.9.1994 (BGBl. I S. 2538), neugef. durch Bek. v. 9.2.2005 (BGBl.I S.205), zuletzt ge- änd. durch G. v. 1.10.2013 (BGBl.I S.3719);

[26] Vom 21.9.1994 (BGBl.I S. 2538).

[27] Vom 21.9.1994 (BGBl. I S. 2538, 2548).

[28] Vom 21.9.1994 (BGBl. I S. 2538, 2549).

[29] Vom 21.9.1994 (BGBl. I S. 2538, 2550).

[30] Neugef. durch Bek. v. 4.8.1997 (BGBl. I S. 1974).

[31] Vom 27.9.1994 (BGBl. I S. 2624, 1995 I S. 110, zuletzt geänd. durch G. v. 22.9.2005 (BGBl. I S. 2809).

[32] In: Jahrbuch des Agrarrechts, Band 1, 1997 S. 1–160.

Ausweisung von Wasser-, Natur- und Landschaftsschutzgebieten mit ihren vielfältigen Nutzungsbeschränkungen vor Augen, so wird verständlich, dass sich mancher Landwirt die Frage stellt: Was ist denn mein Eigentum überhaupt noch wert? Sind wir dabei, es wie in der Vergangenheit wieder aufzuspalten in ein Obereigentum und ein Nutzeigentum, nur dass nun Obereigentümer die Gesellschaft mit ihren gestiegenen Ansprüchen ist?

17   Um diese Frage, die weit in das Verfassungsrecht hineinreicht, beantworten zu können, ist eine etwas eingehendere Auseinandersetzung mit den Grundnormen unserer Eigentumsordnung (Art. 14 GG und § 903 BGB) erforderlich.

1. Die Grundnormen und ihr Schutzbereich

18   § 903 gewährt dem Eigentümer einer Sache, ohne zwischen beweglichen und unbeweglichen Sachen zu unterscheiden, ein umfassendes Herrschaftsrecht über die Sache. Der Eigentümer kann nach Satz 1 dieser Vorschrift „mit der Sache nach Belieben verfahren und andere von jeder Einwirkung ausschließen", allerdings nur, „soweit nicht das Gesetz oder Rechte Dritter entgegenstehen." Das BGB normiert also ganz im Sinne der bürgerlich-liberalen Befreiungsbewegung des 19. Jahrhunderts einen umfassenden Eigentumsbegriff, der sich nicht in der Aufzählung einzelner Eigentumsfunktionen erschöpft. Das BGB gewährte aber – auch wenn dies von Kritikern dieser Vorschrift behauptet wird – zu keiner Zeit ein schrankenloses, autonomes Willküreigentum, wie dem Soweit-Zusatz des § 903 BGB ohne weiteres zu entnehmen ist.[33] Insofern ergab sich weder zu Art. 153 WV ein grundsätzlicher Widerspruch, noch ergibt sich ein solcher im Verhältnis zu Art. 14 GG. Betont sei jedoch, dass Art. 14 GG als Verfassungsnorm gegenüber § 903 höherrangiges Recht ist. Sollten sich Unvereinbarkeiten ergeben,[34] die im Wege der verfassungskonformen Interpretation des § 903 nicht behoben werden können, so müsste sich § 903 BGB (wie schon andere Vorschriften des BGB in der Vergangenheit) dem Grundgesetz anpassen und nicht umgekehrt.

19   Die Artikel 14 und 15 GG sind als sog. „Bonner Kompromiss" in die jüngere Verfassungsgeschichte eingegangen. Gerade die Frage der Eigentums- und damit verbunden der Wirtschaftsordnung war nach dem 2. Weltkrieg heftig umstritten. Im „Bonner Kompromiss" entschieden sich die Schöpfer des Grundgesetzes schließlich für das sozialgebundene Privateigentum, steckten dabei aber die Rahmenbedingungen so weit ab, dass zu Recht von einer „wirtschaftspolitischen Neutralität" des Grundgesetzes gesprochen werden kann.

20   Im Einzelnen garantiert Art. 14 GG in Abs. 1 Satz 1 das Privateigentum sowohl als Rechtsinstitut als auch als subjektives Grundrecht.[35] Durch die Beifügung eines Regelungsvorbehaltes (Abs. 1 Satz 2) eröffneten die Schöpfer des Grundgesetzes dem Gesetzgeber die Möglichkeit, „Inhalt und Schranken" des Eigentums zu bestimmen, ohne dass damit das Eigentum der Willkür des Gesetzgebers ausgeliefert wäre. Der Gesetzgeber ist lediglich zur verfassungskonformen Ausgestaltung, nicht zur verfassungswidrigen Aushöhlung des Privateigentums berechtigt.[36] Wie schon in Art. 153 WV wird die Sozialbindung des Eigentums betont (Abs. 2). Eine

---

[33] S. *Kroeschell,* Grundeigentum im Wandel, S. 65 ff., (78, 79).

[34] Zum Problem des Verfassungswandels ohne Änderung des Verfassungstextes s. *Hesse,* Grundzüge des Verfassungsrechts der Bundesrepublik Deutschland, 20. Aufl., 1999, Rn. 36 ff., S. 15 f.

[35] Zur Unterscheidung s. *Stein/Frank,* Staatsrecht, 21. Aufl., 2010, § 42 II, S. 351 f.

[36] S. dazu *Hesse,* Grundzüge des Verfassungsrechts der Bundesrepublik Deutschland, 20. Aufl., 1999, Rn. 448, S. 194 oder *Nüssgens/Boujong,* Rn. 130.

Enteignung ist nur zum Wohle der Allgemeinheit und nur durch Gesetz oder auf Grund eines Gesetzes gegen Entschädigung zulässig. Art. 15 GG enthält darüber hinaus sogar die Möglichkeit, Grund und Boden, Naturschätze und Produktionsmittel – ebenfalls gegen Entschädigung – in Gemeineigentum oder andere Formen der Gemeinwirtschaft überzuführen.

Der Schutzbereich des Artikels 14 GG ist weiter als der des § 903 BGB. Er umfasst **21**

a) das Eigentum im Sinne des § 903 BGB,
b) darüber hinaus jedes private Vermögensrecht dinglicher (z.B. Grundpfandrecht) oder schuldrechtlicher (z.B. Geldforderung) Natur, insbesondere auch den Gewerbebetrieb und dessen Kontakt nach außen. (Auch der sichere Gewinn kann schon als Eigentum angesehen werden, nicht dagegen bloße Gewinnchancen),
c) vermögenswerte öffentlich-rechtliche Ansprüche, soweit sie durch eigenverantwortliche Leistung erworben wurden (z.B. Rentenansprüche) oder Ausgleichsansprüche, die durch ein besonderes Opfer an Leben, Gesundheit, Freiheit oder Eigentum erworben wurden (z.B. Kriegsopferrente).

2. Inhaltsbestimmung/Sozialbindung

Nach Art. 14 Abs. 1 S. 2 GG werden Inhalt und Schranken des Eigentums durch **22** die Gesetze bestimmt. Diese Befugnis des Gesetzgebers wird durch die in Art. 14 Abs. 2 normierte Sozialbindung präzisiert. Wie bereits angedeutet ist der Eigentumsbegriff des Grundgesetzes nicht starr, sondern innerhalb bestimmter Grenzen[37] für sich wandelnde gesellschaftliche Auffassungen offen.[38] Sozialbindung des Eigentums bedeutet, dass nur der sozial verträgliche Gebrauch des Eigentums verfassungsrechtlich geschützt ist. Gebraucht der Eigentümer sein Eigentum in sozialwidriger Weise, so verlässt er den Schutzbereich des Artikels 14 GG. Wird er vom Staat in die Grenzen sozialverträglichen Gebrauchs zurückgedrängt, so hat er dies entschädigungslos hinzunehmen.

Hierzu ein Beispiel: **23**

Ein Polizeibeamter erschießt einen ausgebrochenen Bullen, der einen Sommer- **24** frischler anfällt.

Der Eigentümer des Bullen hat, wenn die Tötung des Tieres zur Gefahrenab- **25** wehr erforderlich war, insbesondere kein milderes Mittel zur Verfügung stand, keinen Entschädigungsanspruch. Es wurde nicht in seinen geschützten Eigentumsbereich eingegriffen (wie das bei der Enteignung der Fall ist, s.u.), es wurde lediglich ein exzessiver Eigentumsgebrauch beendet. Auch der Totalentzug des Eigentums kann also – allerdings ganz ausnahmsweise – unter die Sozialbindung fallen, nämlich dann, wenn der Eigentümer selbst zur Vernichtung des Eigentumsobjekts wegen der von ihm ausgehenden Gefahr verpflichtet wäre.

Die Behandlung dieses Falles dürfte allgemein konsensfähig sein. Problemati- **26** scher wird dies in folgendem Beispiel:[39]

---

[37] Zum abgestuften Gestaltungsspielraum des Gesetzgebers je nach Eigenart und Funktion des Eigentumsobjektes s. *Nüssgens/Boujong,* Rn. 133.

[38] „Bei der Konkretisierung der Sozialbindung orientiert sich der Gesetzgeber an den gesellschaftlichen Anschauungen seiner Zeit" *Nüssgens/Boujong,* Rn. 142 unter Hinweis auf BVerfGE 20, 351, 355 = NJW 1967, 548, 549 = DÖV 1967, 129.

[39] Nach BGH Urt. v. 25.3.1957 – III ZR 253/55, abgedruckt in LM Art. 14 GG Nr. 60 = DVBl. 1957, 861 „Buchendom".

27   Ein Landwirt ist Eigentümer einer Buchenallee, die wegen ihrer Schönheit in die Liste der Naturdenkmäler eingetragen ist. Der Landwirt möchte die Buchenallee fällen und das Holz wirtschaftlich verwerten. Als das Landratsamt das Fällen untersagt, verlangt er eine Enteignungsentschädigung, da die Eigentümerstellung ja auch die wirtschaftliche Verwertungsmöglichkeit umfasst.

28   Der BGH hat in letzter Instanz entschieden, dass hier keine entschädigungspflichtige Enteignung, sondern nur eine entschädigungslos hinzunehmende Eigentumsbeschränkung vorliegt. Für Fälle dieser Art hat der BGH ein Begründungsmuster entwickelt, das durch Aussagen folgender Art geprägt ist:[40]

29   Gesetzliche Verfügungsbeschränkungen zum Schutz von Natur und Landschaft sind verfassungsrechtlich unbedenkliche Inhaltsbestimmungen des Eigentums. Sie konkretisieren lediglich die Sozialbindung. Verfassungsrechtlich geschützt ist nur der Eigentumsgebrauch eines „vernünftigen" Eigentümers, „der auch das Gemeinwohl nicht aus dem Auge verliert" und dementsprechend nicht jede in Betracht kommende Nutzungsmöglichkeit verwirklicht, sondern Nutzungsmöglichkeiten auch ausschließt oder wesentlich einschränkt.

30   Bezogen auf den Buchenalleefall wurde dies so verstanden, dass ein in dieser Art verantwortungsbewusster Eigentümer die wirtschaftliche Verwertung der Alleebäume von sich aus unterlassen würde.

31   Von großer Bedeutung für das Grundeigentum ist die Rechtsprechung des BGH zur *Situationsgebundenheit*. Dieses Kriterium, das auch in der Rechtsprechung des Bundesverwaltungsgerichtes anerkannt ist,[41] spielt eine tragende Rolle bei der Abgrenzung von entschädigungspflichtiger Enteignung und entschädigungsloser Sozialbindung bei Nutzungsuntersagungen. Da hiervon vor allem landwirtschaftliche Betriebe betroffen sind, soll hier eine besonders griffige Passage aus dem BGH-Urteil zur Staustufe Iffezheim[42] wörtlich zitiert werden:

32   „Jedes Grundstück wird durch seine Lage und Beschaffenheit sowie seine Einbettung in die Landschaft und Natur, also seine ‚Situation', geprägt. Darauf muß der Eigentümer bei der Ausübung seiner Befugnisse im Hinblick auf die Sozialbindung des Eigentums Rücksicht nehmen. Daher lastet auf jedem Grundstück gleichsam eine aus seiner Situationsgebundenheit abzuleitende immanente Beschränkung der Rechte des Eigentümers, aus der sich Schranken seiner Nutzungs- und Verfügungsmacht, vor allem in bezug auf die Erfordernisse des Natur- und Denkmalschutzes, ergeben. Wie diese Grenzen im Einzelfall zu ziehen sind, ist jeweils aufgrund einer wertenden Beurteilung der Kollision zwischen den berührten Belangen des Allgemeinwohls und den betroffenen Eigentümerinteressen festzustellen. Eine situationsbedingte Belastung des Grundstücks kann angenommen werden, wenn ein – als Leitbild gedachter – vernünftiger und einsichtiger Eigentümer, der auch das Allgemeinwohl nicht aus dem Auge verliert, von sich aus im Blick auf die Lage und die Umweltverhältnisse seines Geländes von bestimmten Formen der Nutzung absehen würde. Hierfür sind in der Regel die bisherige Nutzungsart und der Umstand von Bedeutung, ob die Benutzungsart in der Vergangenheit schon verwirklicht worden war. Allerdings ist nicht nur auf schon gezogene Nutzungen abzustellen. Vielmehr ist entscheidend, ob eine Nutzungsmöglichkeit, die sich nach

---

[40] S. insbesondere die Nachweise bei *Krohn/Löwisch,* Rn. 86 ff.

[41] S. die Nachweise bei *Nüssgens/Boujong,* Rn. 199, Fußn. 3; Vgl. auch *Leisner,* Situationsgebundenheit des Eigentums, eine überholte Rechtssituation, 1990;

[42] Urt. v. 3.3.1983 – II ZR 93/81, abgedruckt bei *Krohn/Löwisch,* Rn. 83.

Lage und Beschaffenheit des Grundstückes objektiv anbietet, untersagt oder wesentlich eingeschränkt worden ist."

Wer nun glaubte oder – je nach Interessenlage hoffte –, das Bundesverfas- **33** sungsgericht würde diese von manchen als Eigentumsaushöhlung empfundene Rechtssprechung korrigieren, sah sich enttäuscht. In seinem berühmt gewordenen „Nassauskiesungsbeschluss"[43] ging das Bundesverfassungsgericht sogar noch einen Schritt weiter und rechnete auch die Untersagung einer sich aus der Lage des Grundstücks objektiv anbietenden wirtschaftlichen Nutzung (Nassauskiesung = Kiesabbau unter Berührung des Grundwassers) zur entschädigungslos hinzunehmenden Sozialbindung.[44]

Die deutlich sichtbare Tendenz zu vermehrter Sozialbindung hat weit reichende **34** Auswirkungen auf die landwirtschaftliche Betriebsführung, vor allem in den Bereichen Düngung und Pflanzenschutz. Denn Nutzungsbeschränkungen wird man auf der Grundlage der eben skizzierten Rechtsprechung zu Akten nicht entschädigungspflichtiger Sozialbindung rechnen müssen, sodass für den Landwirt in der Regel nur dann ein finanzieller Ausgleich zu erwarten ist, wenn in Spezialgesetzen entsprechende Billigkeitsklauseln ähnlich dem § 19 Abs. 4 a.F., jetzt § 52 Abs. 5 WHG aufgenommen werden.

3. Die Enteignung

a) Zum Begriff

Die Enteignung im Sinne des Art. 14 Abs. 3 GG ist ein staatliches Zwangsinstru- **35** ment zur Verwirklichung bestimmter, im öffentlichen Interesse liegender Zwecke. Sie beinhaltet die vollständige oder teilweise Entziehung konkreter, subjektiver Rechtspositionen, die durch Art. 14 Abs. 1 Satz 1 GG geschützt sind.[45] Im Unterschied zur Sozialbindung stellt die Enteignung immer einen Eingriff in die geschützte Rechtsposition dar.

Die Enteignung kann auf Grund eines Gesetzes durch die Exekutive erfolgen **36** (Administrativenteignung). In dieser Form wird die ganz überwiegende Mehrzahl der Enteignungen durchgeführt. Ausgesprochen selten ist dagegen die Enteignung, die unmittelbar durch Gesetz, d.h. ohne weiteren Vollzugsakt vorgenommen wird (Legalenteignung).[46]

Die verhältnismäßig geringsten Probleme bereitet aus rechtswissenschaftlicher **37** Sicht die klassische Enteignung, bei der der Staat in erster Linie Grundstücke in Anspruch nimmt, um konkrete, dem öffentlichen Wohl dienende Maßnahmen durchführen zu können (z.B. den Bau von Straßen). Das privatrechtliche Rechtsgeschäft wird hier durch die Enteignung ersetzt („Zwangskauf"), d.h. ein Wechsel des Rechtsträgers ganz (vollständiger Eigentumsentzug) oder teilweise (z.B. Eintragung einer Dienstbarkeit) durch hoheitlichen Zwang herbeigeführt. Die klassische Enteignung ist also ein hoheitlicher Güterbeschaffungsvorgang.

---

[43] BVerfGE 58, 300 = NJW 1982, 745 = DVBl. 1982, 340.

[44] Zu weiteren weit reichenden Auswirkungen des „Naßauskiesungsbeschlusses" s. *Nüssgens/Boujong*, Rn. 342 f., 428 ff., 451 ff. mit ausführlichen Literaturhinweisen.

[45] So das BVerfG in ständiger Rspr., s. „Naßauskiesung" = NJW 1982, 745 (748) = DVBl. 1982, 340 (343). Weitere Nachweise bei *Nüssgens/Boujong*, Rn. 324, Fußn. 1.

[46] Zur Zulässigkeit von Legalenteignungen, die für den Bürger mit einer erheblichen Verkürzung des Rechtsweges verbunden sind (lediglich Verfassungsbeschwerde gegen das Gesetz möglich), s. *Nüssgens/Boujong*, Rn. 326 ff.

38   Von besonderer Bedeutung sind in diesem Zusammenhang die Enteignungs-
theorien von Bundesgerichtshof und Bundesverwaltungsgericht, die zwar wichtige Abgrenzungskriterien herausarbeiten, aber dennoch deutliche Schwächen aufweisen und am ehesten in kombinierter Form brauchbare Ergebnisse liefern. Der
BGH stellt im Wege eines eher formalen Vergleichs auf das verfassungsrechtliche
Gebot der Gleichbehandlung ab, das durch die Auferlegung eines Sonderopfers
verletzt wird (daher „Sonderopfertheorie"). Das BVerwG dagegen zieht die materiellen Abgrenzungskriterien der „Schwere und Tragweite des Eingriffs" heran (daher „Schweretheorie").[47]

b) Rechtmäßigkeitsvoraussetzungen

39   Eine Enteignung ist nur dann rechtmäßig, wenn sie folgende Voraussetzungen
erfüllt:
1) Sie darf nur durch Gesetz oder auf Grund eines Gesetzes erfolgen (Gesetzmäßig-
   keitsprinzip),
2) Sie ist nur zum Wohle der Allgemeinheit zulässig (Gemeinwohlprinzip),[48]
3) Sie darf nur durch Gesetz oder auf Grund eines Gesetzes erfolgen, das Art und
   Ausmaß der Entschädigung regelt („Junktim-Klausel", Entschädigungsprinzip)
4) Sie muss dem allgemeinen rechtsstaatlichen Gebot der Verhältnismäßigkeit der
   Mittel genügen (Verhältnismäßigkeitsprinzip).

40   Gerade dieser letztgenannte Grundsatz ist für den Rechtsschutz gegen Enteig-
nungen von Bedeutung. Die Enteignung als massiver Eingriff in ein hochrangiges
Grundrecht ist nur als „ultima ratio", als letzte Möglichkeit zulässig, wenn mildere
Mittel (z.B. ein die Lasten gleichmäßig verteilendes Umlegungsverfahren bei der
Ausweisung neuer Baugebiete) nicht in Betracht kommen. Ein milderes Mittel
in diesem Sinne ist auch der Erwerb des Gegenstandes durch Kauf mit der Folge,
dass die Enteignungsbehörde vor Einleitung des Enteignungsverfahrens ernsthafte
Kaufverhandlungen aufnehmen muss.

c) Der enteignende und enteignungsgleiche Eingriff

41   Eine Enteignung nach Art. 14 Abs. 3 GG durch Gesetz oder auf Grund eines
Gesetzes ist bei Beachtung der oben angeführten Zulässigkeitsvoraussetzungen eine
von der Rechtsordnung gedeckte Maßnahme. Damit sind jedoch längst nicht alle
staatlichen Handlungen mit Auswirkungen auf das Eigentum erfasst. Neben dem
gezielten Zugriff auf das Eigentum gibt es auch Eingriffe, die gelegentlich einer
staatlichen Maßnahme eine Eigentümerposition in Mitleidenschaft ziehen. Erfolgt
dieser gelegentliche Eingriff durch eine an sich rechtmäßige Handlung, so liegt
nach der Rechtsprechung des BGH ein „enteignender Eingriff" vor. Erfolgt die
Beeinträchtigung gelegentlich einer rechtswidrigen (schuldlosen oder schuldhaf-

---

[47] S. etwa BGHZ 6, 270 (279 und BVerwG 5, 143 = NJW 1957, 1534 = DÖV 1957, 555; BVerwGE 15, 1 = NJW 1962, 2171. s. dazu im Einzelnen und zu weiteren, in der Lehre entwickelten
Theorien *Ossenbühl/Cornils,* Staatshaftungsrecht, 6. Aufl., 2013, S. 189 ff. oder *Maurer,* Allgemeines
Verwaltungsrecht, 18. Aufl., 2011, S. 713, Rn. 16 ff.; S. auch *Bryde,* in: von *Münch/Kunig,* Grundge-
setz-Kommentar, Bd. I, 6. Aufl., 2012, Art. 14 Rn. 49 ff.

[48] Enteignungen sind auch zu Gunsten privatwirtschaftlicher Unternehmen zulässig, wenn diese
gemeinwohlorientierte Funktionen, insbesondere auf dem Gebiet der Daseinsvorsorge ausüben.
Enteignungen können auch unter dem Gesichtspunkt der Wirtschaftsstrukturverbesserung und der
Erhaltung oder Schaffung von Arbeitsplätzen durchgeführt werden, s. *Nüßgens/Boujong,* Rn. 356 ff.
und *Ossenbühl/Cornils,* S. 244 mit entsprechenden Lit.- und Rspr.- Hinweisen.

ten) Handlung, so spricht man – ebenfalls der Rechtsprechung und Diktion des BGH folgend – vom „enteignungsgleichen Eingriff".[49]

Beispiele für enteignende Eingriffe: 42
- Anlage einer Hausmülldeponie, die Scharen von Krähen und Möwen anlockt, die auf den benachbarten Feldern die Saat beschädigen.[50]
- Beeinträchtigung eines Gewerbebetriebes durch Straßenarbeiten,[51] bzw. durch U-Bahn-Bauarbeiten.[52] Hier ist allerdings folgendes zu beachten: Rechtmäßig handelt die Behörde hier nur solange, als sie Vorkehrungsmaßnahmen zum Schutze der Anlieger getroffen und insbesondere die Gebote der Rücksichtnahme, Erforderlichkeit und Verhältnismäßigkeit beachtet hat. Ein enteignender Eingriff liegt vor, wenn trotz dieser Vorkehrungen der Gewerbebetrieb ganz zum Erliegen kommt oder unzumutbare Verluste entstehen.
- Beeinträchtigung eines Wohngrundstückes durch Verkehrslärmimmissionen.[53]
- Geruchsimmissionen, die von der Kläranlage einer Gemeinde auf benachbarte Wohngrundstücke ausgehen.[54]

Beispiele für enteignungsgleiche Eingriffe: 43
- Beeinträchtigungen eines Gewerbebetriebes durch Straßen- oder U-Bahn-Bauarbeiten, ohne dass die planende und durchführende Behörde Vorkehrungsmaßnahmen zugunsten des Gewerbebetriebes getroffen hat.[55]
- Beschädigung eines Gebäudes durch einen von der Straße abgekommenen Schützenpanzer.[56]
- Fehlerhafter Ausbau einer Straße mit unzureichendem Entwässerungssystem und der Folge von Überschwemmungen.[57]
- Absenkung des Grundwasserspiegels beim Ausbau eines Kanals mit schädlichen Auswirkungen auf ein Nachbargrundstück.[58]

---

[49] Zur Lücke im Staatshaftungsrecht zu Beginn der Weimarer Zeit und ihre Schließung, s. *Ossenbühl/Cornils*, S. 124 ff. mit entspr. Literaturhinweisen.
Zur Abgrenzung dieser Rechtsinstitute s. *Stein/Frank*, die den enteignenden Eingriff nur als Unterfall des enteignungsgleichen Eingriffs auffassen, Staatsrecht, 21. Aufl., Tübingen 2010, S. 362. Durch den Nassauskiesungsbeschluss des Bundesverfassungsgerichts sind die Rechtsinstitute des enteignenden und enteignungsgleichen Eingriffs nicht obsolet geworden. Sie sind gar nicht Gegenstand des auf den engen und formalen Enteignungsbegriff bezogenen Ausführungen des Bundesverfassungsgerichts gewesen. Sie behalten ihren eigenständigen Anwendungsbereich, finden ihre Rechtsgrundlage aber nicht in Art. 14 Abs. 3 GG, sondern sind entweder als Gewohnheitsrecht anzuerkennen oder aus dem Aufopferungsgedanken der §§ 74, 75 ALR abzuleiten. Auch das Bundesverfassungsgericht hat mittlerweile den enteignungsgleichen Eingriff ausdrücklich als einfachgesetzliches Haftungsinstitut anerkannt, s. BVerfGE 92, 36.
[50] BGH NJW 1980, 770 = NuR 1980, 131.
[51] BGH MDR 1964, 656 „Bärenbaude".
[52] BGHZ 57, 359 „Frankfurter U-Bahn".
[53] S. dazu *Nüssgens/Boujong*, Rn. 241 ff. und *Ossenbühl/Cornils*, S. 340 mit ausführlichen Hinweisen zu Literatur und Rechtsprechung zu Entschädigungsansprüchen bei Verkehrslärmimmissionen.
[54] BGHZ 91, 20 = NJW 1984, 1876 = DVBl. 1984, 624.
[55] BGH NJW 1965, 1907 („Buschkrugbrücke").
[56] BGH NJW 1964, 104 = DVBl. 1964, 481.
[57] BGH NJW 1985, 496.
[58] BGH MDR 1980, 127.

4. Abgrenzung von Inhaltsbestimmung/Sozialbindung und Enteignung

a) Wirtschaftlicher Hintergrund

44 Wie bereits erwähnt ist in den letzten Jahrzehnten in Gesetzgebung, Verwaltung und Rechtsprechung eine deutliche Tendenz zur Ausdehnung der Sozialbindung zu bemerken. Die Brisanz dieser Entwicklung liegt in den finanziellen Auswirkungen auf die betroffenen Grundstückseigentümer, da bei der Bewertung eines Vorganges als Fall der Sozialbindung der Betroffene keine Entschädigung erhält. Die folgende Grafik soll die nicht immer einfache Einordnung in die eine oder andere Kategorie erleichtern.

b) Abgrenzungsbeispiele zwischen entschädigungsloser Sozialbindung und entschädigungspflichtigen Eingriffen

45 **aa) Fälle der Sozialbindung.** 1) Der Eigentümer eines stadtnah gelegenen landwirtschaftlich genutzten Grundstücks erhält keine Entschädigung, wenn der Verkehrswert des Geländes sinkt, weil durch den Bau einer Autobahn die Bauerwartung für sein Grundstück abgenommen hat.[59]

46 2) Der Eigentümer eines Grundstücks im Außenbereich erhält keine Entschädigung, wenn sein Gelände in Folge des Baues einer Autobahn in deren Schutzstreifen fällt und dadurch von der Entwicklung zu Bauland abgeschnitten wird.[60]

47 ### Grafik zur Abgrenzung von Inhaltsbestimmung/Sozialbindung und Enteignung

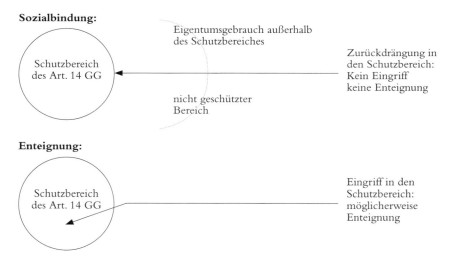

48 3) Der Eigentümer eines Wohnhauses im Außenbereich erhält keine Entschädigung, wenn in Folge eines Autobahnbaus der Verbindungsweg zum öffentlichen Straßennetz länger wird und sein Haus in eine „abgeschiedene Lage" gerät.[61]

---

[59] BGHZ 62,96 = NJW 1974, 637.
[60] BGHZ 64,382 = NJW 1975, 1778.
[61] BGH WM 1977, 419.

4) Ein Bauverbot im Landschaftsschutzgebiet wegen der Nähe einer unter **49**
Denkmalschutz stehenden Kapelle löst keinen Entschädigungsanspruch aus, wenn
die bisherige landwirtschaftliche oder kleingärtnerische Nutzung nicht behindert
wird.[62]

5) Die Verlegung von Versorgungsleitungen zur Sicherstellung einer leistungs- **50**
fähigen und kostengünstigen öffentlichen Energieversorgung haben Kunden und
Anschlussnehmer eines Stromversorgungsunternehmens auf dem unbebauten Teil
ihres Grundstücks unentgeltlich zu dulden, wenn die bisherige Nutzungsart des
Grundstücks nicht beeinträchtigt wird. Wird durch die Verlegung der Versorgungsleitungen der Verkehrswert des Grundstücks gemindert, kann dies nur dann zur
Unzumutbarkeit der unentgeltlichen Duldungspflicht des Eigentümers führen,
wenn die Minderung erheblich ist.[63]

6) Ein flächendeckendes Aufforstungsverbot in einer Landschaftsschutzgebiets- **51**
verordnung hält sich jedenfalls dann noch im Rahmen einer zulässigen Bestimmung von Inhalt und Schranken des Grundeigentums, wenn die privaten (wirtschaftlichen) Belange des betroffenen Grundeigentümers bei der Erteilung von
Ausnahmen und Befreiungen hinreichend berücksichtigt werden können.[64]

7) Nutzungsbeschränkungen in Wasserschutzgebieten gem. § 19 Abs. 2 WHG **52**
sind nicht Enteignung, sondern Inhaltsbestimmungen des Eigentums im Sinne des
Art. 14 Abs. 1 S. 2 GG.[65]

bb) Entschädigungspflichtige Fälle. 1) Die Durchschneidung eines arron- **53**
dierten Landgutes durch den Bau einer öffentlichen Straße kann einen Eingriff in
die geschützte Eigentümerposition darstellen und als sog. Arrondierungsschaden
eine Entschädigungspflicht auslösen.[66]

2) Auch der enteignungsbedingte Verlust der Eigenjagd kann als Arrondierungs- **54**
schaden entschädigungspflichtig sein.[67]

3) Die Einbeziehung eines Gipsbruches in ein Naturschutzgebiet und das damit **55**
verbundene Verbot, Gips abzubauen, kann ein entschädigungspflichtiger Eingriff in
die geschützte Eigentümerposition darstellen.[68]

4) Die Versagung der Abbruchgenehmigung eines Gebäudes, dessen Erhaltung **56**
und Bewirtschaftung ungewöhnlich hohe Kosten verursacht, kann enteignende
Wirkung haben. Dies ist anzunehmen, wenn der Eigentümer sein unter Denkmalschutz stehendes Gebäude nicht mehr sinnvoll nutzen kann, wenn es nur noch
„Denkmal" ist und damit dem Wohl der Allgemeinheit dient. Die den Eigentümer
treffenden Erhaltungs- und Unterhaltungskosten können ihm nicht mehr entschädigungslos zugemutet werden, wenn der Aufwand unter Berücksichtigung staatlicher und kommunaler Zuschüsse in einem anhaltenden Missverhältnis zum reali-
sierbaren Nutzwert für den Eigentümer steht.[69]

---

[62] BGH Urt. v. 9.12.1957 – III ZR 150/56 (Kapelle) zit. bei *Krohn/Löwisch,* Rn. 98, Fußn. 72.
[63] BGH Urt. v. 13.3.1991 – VII ZR 373/89 – (309), in Auszügen AgrR 1992, 82.
[64] OVG NW, Urt. v. 3.3.1999 – 7A2883/92, AgrarR 2000, 138.
[65] BVerwG, Beschl. v. 30.9.1996 – 4 NB31 und 32/96 – (45/97), AgrarR 1997, 164.
[66] BGHZ 64, 382 = NJW 1975, 1778; BGH LM Art. 14 (Ca) GG Nr. 28 = NVwZ 1982, 210.
[67] BGH LM Art. 14 (Ca) GG Nr. 27.
[68] BGH DÖV 1959, 750. Das heißt aber nicht, dass die Unterbindung tatsächlicher oder poten-
tieller Nutzungsmöglichkeiten durch Gebietsausweisungen per se rechtswidrig wäre. Von der Frage
der Rechtmäßigkeit derartiger Nutzungsbeschränkungen ist die Frage der Entschädigungspflichtig-
keit zu unterscheiden, s. *Krohn/Löwisch,* Rn. 91 ff.
[69] BGH Urt. v. 8.6.1978 – III ZR 161/76, zit. bei *Krohn/Löwisch,* Rn. 99 in Fußn. 73 mit Hinweis auf BVerwG Urt. v. 18.7.1968 – IC 38.67 = *Buchholz* 11 Art. 14 GG Nr. 93.

Grimm

57   5) Wird ein denkmalgeschütztes Gebäude durch die Straßenbauarbeiten der öffentlichen Hand beschädigt, so steht dem Geschädigten ein Entschädigungsanspruch wegen enteignenden Eingriffs auch im Hinblick auf die denkmalschutzrechtlich bedingten Mehraufwendungen zu.[70]

58   6) Denkmalschutzrechtliche Regelungen, die Inhalt und Schranken des Eigentums bestimmen, sind mit Art. 14 Abs. 1 GG unvereinbar, wenn sie unverhältnismäßige Belastungen des Eigentümers nicht ausschließen und keinerlei Vorkehrungen zur Vermeidung derartiger Eigentumsbeschränkungen enthalten.[71]

5. Die Entschädigung für Eingriffe in das Eigentum

a) Allgemeines

59   Hat ein Eigentümer zum Wohle der Allgemeinheit einen Eingriff in sein Eigentum zu dulden, so ist er dafür zu entschädigen. Dies gilt sowohl für die Enteignung (also den gezielten staatlichen Zugriff), als auch für den enteignenden und enteignungsgleichen Eingriff.[72] Dabei ist schon von der Diktion des Art. 14 Abs. 3 GG her zu beachten, dass nicht Schadensersatz, sondern „Entschädigung" zu leisten ist. Dem Betroffenen werden, anders als bei Schadensersatz, nicht alle Vermögenseinbußen ersetzt. Er soll durch die Entschädigungszahlung lediglich in die Lage versetzt werden, sich eine Sache gleicher Art und Güte, ein gleichwertiges Objekt, wiederbeschaffen zu können (Entschädigung für den Substanzverlust). Die hypothetische Weiterentwicklung nach dem Eingriff wird – was den Substanzwert betrifft – nicht berücksichtigt.[73]

60   Grundlage für die Entschädigungsbemessung ist, wenn keine abweichende gesetzliche Regelung besteht, der „Gemeine Wert". Dieser entspricht in der Regel dem Verkehrswert (auch „Marktwert") des entzogenen Gegenstandes. Er bestimmt sich nach dem Preis, der im maßgeblichen Zeitpunkt im gewöhnlichen Geschäftsverkehr „nach den rechtlichen Gegebenheiten und tatsächlichen Eigenschaften, der sonstigen Beschaffenheit und der Lage des Grundstücks… ohne Rücksicht auf ungewöhnliche oder persönliche Verhältnisse zu erzielen wäre" (§ 194 BauGB).[74]

61   Maßgebender Zeitpunkt für die Bewertung der Grundstücksqualität ist in der Regel der Zeitpunkt des Eingriffs, in dem der Betroffene die Wirkung der Maßnahme zu spüren bekommt. Dies geschieht in der Regel mit der Zustellung des

---

[70] BGH Urt. v. 10.12.1998 – IIIZR 233/97 – (14/99), AgrarR 1999, 157.

[71] BVerfG Beschl. v. 2.3.1999 – 1BvL7/91 (ergangen auf Vorlagebeschluss des OVG Koblenz, AgrarR 1999, 287.

[72] Beachte aber: Es besteht kein Wahlrecht zwischen der Anfechtung eines rechtswidrigen Eingriffs und dem Entschädigungsverlangen. Wenn der Schaden durch Anfechtung des Eingriffs abgewendet werden kann, muss der Betroffene anfechten. Unterlässt er dies, steht ihm kein Anspruch auf Entschädigung zu, so BVerfGE 58, 300, 318 ff. („Naßauskiesungsbeschluß"). Vgl. dazu etwa *Stein/Frank,* Staatsrecht, 21. Aufl., 2010, § 42 III, S. 363 ff. oder *Ossenbühl/Cornils,* S. 327.

[73] „Anders als die Schadensersatzleistung – die dem Geschädigten in vermögensmäßiger Hinsicht die Stellung verschaffen soll, wie er sie ohne das schädigende Ereignis haben würde – dient die Enteignungsentschädigung dazu, die durch die Enteignung herbeigeführte Vermögensverschiebung auszugleichen. Sie ist also nicht wie die Schadensersatzleistung an einer fiktiven Vermögenslage, sondern allein an dem Wert des dem Betroffenen durch die Enteignung genommenen Rechts ausgerichtet" BGH Urt. v. 28.9.1972 – III ZR 44/70, zit. bei *Krohn/Löwisch,* Rn. 250.

[74] Die Entschädigungsregelungen des BauGB sind richtungsweisend für das gesamte Enteignungsentschädigungsrecht, s. näher *Gelzer/Busse/Fischer,* Rn. 5.

Enteignungsbeschlusses. Im „Schönefeld- Beschluss" stellt das Bundesverfassungsgericht aber klar, dass eine gerechte Entschädigung im Einzelfall eine Vorverlagerung des Bewertungsstichtages erfordern kann. Die Kläger in diesem Verfahren hatten sich dagegen zur Wehr gesetzt, den Planfeststellungsbeschluss als Stichtag für die Verkehrswertermittlung festzulegen, da sich bereits im Vorfeld der Planfeststellung der Verkehrswert der in der Einflugschneise liegenden Grundstücke erheblich gemindert habe[75].

Schon vor dem „Schönefeld- Beschluss" war allgemein anerkannt, dass der **62** Stichtag für die Qualitätsbewertung in Fällen der vorzeitigen Besitzeinweisung auf diesen Zeitpunkt vorverlegt wird. Spätere Qualitätssteigerungen des Grundstückes werden dann nicht mehr berücksichtigt.[76]

Hiervon zu unterscheiden ist der Stichtag für die Berechnung der zu zahlenden **63** Entschädigung.[77] Haben sich im Zeitraum zwischen Eingriff und Entschädigungszahlung wesentliche[78] Preisverschiebungen ergeben, so sind diese zu berücksichtigen. (Da Grundstückspreise meist steigende Tendenz aufweisen, spricht man hier von der „Steigerungsrechtsprechung" des BGH).

Bei der Bewertung der Grundstücksqualität ist von drei Qualitätsstufen auszu- **64** gehen:

1) Ödland; **65**
   das ist wirtschaftlich nicht nutzbares Land (Felsgelände, Moor; auch private Verkehrsflächen werden hier miterfasst, soweit sie nicht auf Grund bestellter Wegerechte wirtschaftlichen Gewinn abwerfen).
2) Ackerland und Wald; **66**
   das sind land- und forstwirtschaftlich nutzbare Flächen.
3) Bauland; **67**
   hierzu zählen jene Grundstücke, die auf Grund der bestehenden planungsrechtlichen Situation bereits bebaut werden dürfen, für die also der Eigentümer einen jederzeit durchsetzbaren Rechtsanspruch auf Erteilung der Baugenehmigung besitzt. Dies ist der Fall,
   – wenn das Bauvorhaben im Geltungsbereich eines qualifizierten Bebauungsplanes gem. § 30 BauGB zulässig wäre oder wenn anzunehmen ist, dass das Vorhaben den künftigen Festsetzungen eines in Aufstellung befindlichen Bebauungsplanes entsprechen wird, s. § 33 BauGB, oder
   – wenn es sich innerhalb eines bebauten Ortsteils in die Umgebung einfügt und die weiteren Voraussetzungen des § 34 BauGB gegeben sind, oder

---

[75] BVerfG Beschl. v. 23.2.2010 – 1 BvR 2736/08, NVwZ 2010, 512.

[76] BGHZ 59, 93 = NJW 1968, 1278. S. auch das Beispiel bei *Gelzer/Busse/Fischer,* Rn. 63: Ein im Außenbereich liegendes Wiesengrundstück soll zum Zwecke des Straßenbaus enteignet werden. Am 1.2.1976 erfolgt eine vorläufige Besitzeinweisung zu Gunsten des Straßenbaulastträgers. Zu diesem Zeitpunkt wird das Grundstück wie die umliegenden Grundstücke als höherwertiges Ackerland beurteilt. Mitte 1977 ändert die Gemeinde den Flächennutzungsplan und weist die angrenzenden Bereiche als Bauland aus. Der Grundstücksverkehr handelt daraufhin diesen Bereich als Bauerwartungsland. Im Januar 1978 ergeht der Enteignungsbeschluss. Der Enteignete fordert eine Entschädigung auf der Basis von Bauerwartungsland, da sein Grundstück ohne die Inanspruchnahme für den Straßenbau inzwischen ebenfalls Bauerwartungsland geworden wäre. Mit dieser Argumentation hat er keinen Erfolg, weil diese Qualitätssteigerung erst nach dem Enteignungseingriff (hier die vorzeitige Besitzeinweisung) entstanden ist.

[77] S. *Gelzer/Busse/Fischer,* Rn. 118 ff.

[78] S. dazu die Rechtsprechungsbeispiele bei *Gelzer/Busse/Fischer,* Rn. 122 ff. und bei *Krohn/Löwisch,* Rn. 331, 332.

– wenn es im Außenbereich mit einem privilegierten Vorhaben gem. § 35 Abs. 1 BauGB bebaut werden darf.[79]

68   Zwischen den Qualitätsstufen Ackerland und Bauland unterscheidet die Rechtsprechung im Anschluss an Gepflogenheiten des Grundstücksverkehrs folgende Zwischenstufen:
– höherwertiges Ackerland;
    das sind Flächen, für die zwar keine konkrete Bauerwartung besteht, die aber auf Grund ihrer Lage bereits höher eingeschätzt werden als einfaches Ackerland (z.B. landwirtschaftlich genutzte Flächen in Stadtnähe). Auch landwirtschaftlich reizvoll gelegene landwirtschaftliche Nutzflächen können vom Grundstücksverkehr ohne jegliche Bauerwartung höher gehandelt werden.[80]
– Bauerwartungsland;
    das sind landwirtschaftlich genutzte Flächen, bei denen die Verwirklichung der Bebauungsabsicht auf Grund der planungsrechtlichen Situation in absehbarer Zeit zu erwarten ist und bei denen der Grundstücksverkehr bereits mit entsprechenden Preisvorstellungen reagiert hat.

69   Scheitert die Bebaubarkeit nur an einer noch fehlenden, aber geplanten Erschließung, so spricht man üblicherweise von
– Rohbauland;
    das ist also Land mit hoher Bauerwartung.[81]

70   Grafische Übersicht über die Qualitätsstufen bei der Bewertung von (unbebauten) Grundstücken

71   Obwohl der BGH immer wieder betont, Entschädigung sei nicht Schadensersatz, nähert er sich immer mehr der (vollen) Schadensersatzgewährung. In ständiger Rechtsprechung gewährt er neben der Entschädigung für den Substanzentzug auch eine Entschädigung für unmittelbare (nicht mittelbare)[82] Folgeschäden.[83]

72   Anerkannt als unmittelbare, d.h. entschädigungsfähige Folgeschäden wurden bisher beispielsweise:

---

[79] Was nicht privilegierte Vorhaben betrifft, so wird man wegen ihrer schwierigen Durchsetzbarkeit im Außenbereich in der Regel nicht von Baulandqualität ausgehen können, vgl. *Gelzer/Busse/Fischer,* Rn. 16f.

[80] S. *Gelzer/Busse/Fischer,* Rn. 28 mit Rechtsprechungshinweisen.

[81] S. *Gelzer/Busse/Fischer,* Rn. 29. Zur Problematik der Beurteilung konkreter Grundstückssituationen und der dazu heranzuziehenden Kriterien s. Rn. 30ff.

[82] Zur Problematik dieses untauglichen Abgrenzungskriteriums, s. *Ossenbühl/Cornils,* S. 254.

[83] Systematisierung und eingehende Erörterung bei *Gelzer/Busse/Fischer,* Rn. 416ff.

– Rechtsberatungs- und Gutachterkosten, soweit sich ein verständiger Eigentümer unter den konkreten Umständen beraten lässt,[84]
– Verlegungskosten bei Gewerbebetrieben,
– Anlaufkosten für einen neuen Betrieb,
– Umsatzeinbußen durch den Verlust von Kundenkreisen.[85]

Nicht als Folgeschäden anerkannt wurden vom BGH dagegen:
– Die Kosten für die Wiederbeschaffung eines Ersatzobjektes (z.B. Maklergebühren, Notarkosten, Neubaukosten),[86]
– die infolge der Entschädigungszahlung anfallende Einkommensteuer (anerkannt dagegen die ggf. anfallende Umsatzsteuer).[87]

b) Besonderheiten beim Entzug landwirtschaftlicher Teilflächen:[88]

Es kommt in der Praxis kaum vor, dass einem Landwirt im Wege der Enteignung **73** seine gesamten Grundstücksflächen entzogen werden. Im Regelfall sind nur Teilflächen betroffen, der Betrieb als solcher bleibt bestehen.[89] Die daraus resultierenden Besonderheiten sind bei der Ermittlung der Entschädigung zu berücksichtigen:

aa) Entschädigung für den Substanzentzug. Zu entschädigen ist zunächst **74** der Verkehrswert der entzogenen Fläche, der sich im Wege des Vergleichswertverfahrens errechnet. Der Wert wird dabei nach Preisen bestimmt, die im gewöhnlichen Geschäftsverkehr für andere, möglichst ortsnah gelegene Grundstücke mit vergleichbaren Wert bestimmenden Faktoren möglichst zeitnah erzielt worden sind.[90]

Hinzu kommt der betriebliche Sonderwert der entzogenen Fläche bzw. die **75** durch den Entzug der Teilfläche entstehende Wertminderung des Restbetriebes, die auch bei Beschaffung eines Ersatzgrundstückes bestehen bleibt.

bb) Weitere entschädigungsfähige Vermögensnachteile **76**
– Erhöhte Wege- und Rüstzeiten

Insbesondere bei Durchschneidungen von Grundstücken können erhöhte Wege- **77** und Rüstzeiten die Folge sein. Wegezeiten betreffen den Zeitaufwand für Fahrten

---

[84] Angesichts des drohenden Eingriffs in ein bedeutendes Grundrecht, der Kompliziertheit der Rechtsmaterie und der fachkundigen Übermacht der Enteignungsbehörden ist eine Beiziehung von Rechtsbeistand und Gutachter in der Regel (selbst bei eigener Rechtskunde) erforderlich. Die Kosten hat nach Einleitung des Enteignungsverfahrens grundsätzlich der Entschädigungsverpflichtete zu tragen. Kommt es bereits vor der Einleitung des Enteignungsverfahrens zu einer Einigung, so sind die Rechtsberatungskosten auch nach der Neufassung des § 121 BBauG (jetzt BauGB) an sich nicht erstattungsfähig. Eine Kostenerstattung analog § 121 Abs. 2 S. 2 BauGB kann jedoch in Einzelfällen geboten sein, vgl. *Battis/Krautzberger/Löhr*, BauGB, 12. Aufl., 2014, § 121 Rn. 9.

[85] Literaturhinweise und Rechtsprechungsbelege s. bei *Ossenbühl/Cornils*, S. 175 ff. in den jeweiligen Fußnoten.

[86] Zur Fragwürdigkeit der dieser Entscheidung zu Grunde liegenden „bildhaften" Wiederbeschaffungstheorie, s. *Ossenbühl/Cornils*, S. 252 ff. m. w. N.

[87] S. *Nüssgens/Boujong*, Rn. 393 m. w. N.

[88] S. dazu *Köhne*, AgrarR 1973, 341; AgrarR. 1978, 94; davon z. T. abweichend *Beuer*, AgrarR 1978, 211 ff.

[89] Ist allerdings der Eingriff so erheblich, dass der Betrieb nicht mehr in angemessenen Umfang wirtschaftlich genutzt werden kann, so kann der Betroffene die Ausdehnung der Enteignung auf den gesamten Betrieb verlangen, s. § 92 Abs. 3 BauGB.

[90] S. dazu 2.2. LandwRL 78 vom 28. Juli 1978, zuletzt geändert durch Erlass des BMF vom 4.2.1997, http://www.ifl-immobilien.de/downloads/glandr78.pdf. Diese Entschädigungsrichtlinien bieten für Enteignungen im Bereich der Landwirtschaft ebenso wie die WaldR 2000 für die Forstwirtschaft eine wertvolle Orientierungshilfe, https://www.jurion.de/Gesetze/WaldR_2000. Sie sind jedoch keine Rechtsnormen, sondern Verwaltungsvorschriften. S. auch die sächsische Waldwertermittlungsrichtlinie 2000 (WaldR 2000) www.forsten.sachsen.de/Wald/505.htm.

zwischen Hof und Flur, bzw. beim Wechsel zwischen den Schlägen.[91] Rüstzeiten sind die für das Ingang- und Außergangsetzen der Maschinen und Geräte erforderlichen Zeiten. Wege- und Rüstzeiten werden durch die Verkleinerung der zu bewirtschaftenden Fläche auch indirekt erhöht. Hierfür ist ein entsprechender Ausgleich in die Entschädigung einzurechnen.

– Umwegschäden

78   Zum betrieblichen Sonderwert eines Grundstücks zählt auch eine günstige Wegeverbindung. Deshalb gewährt die Rechtsprechung Umwegentschädigungen,[92] wenn Umwege erforderlich werden

- „als Folge der Durchschneidung einer bislang räumlich zusammenhängenden Fläche eines Eigentümers, um die jenseits gelegenen Flächen nutzen zu können.
- als Folge der Unterbrechung eines Privatweges,[93] der dem Betroffenen gehört oder an dem ihm ein Nutzungsrecht zusteht.

– Vorgewendekosten

79   Diese fallen an, wo Maschinen und Gerät bei der Flurbestellung an den Schlagrändern wenden müssen. Wird eine Wirtschaftsfläche durch Enteignungsmaßnahmen durchschnitten, z.B. durch den Bau einer neuen Straße, so erhöhen sich die Vorgewendekosten, da nun diesseits und jenseits der Straße gewendet werden muss.

80   Zu den anfallenden Kosten zählen

- die Wendekosten selbst (Zeit und Energie),
- der Mehraufwand an Saatgut und Düngemitteln auf dem Vorgewende,
- der dennoch entstehende Minderertrag (aufgrund der Bodenverdichtung und der spezifischen Verunkrautung).

– Randverluste

81   Diese entstehen, weil Flurstücke nicht bis an die Katastergrenze ausgenützt werden können. Dementsprechend ergibt sich auf den Randstreifen wegen der geringeren Tiefe des fruchtbaren Bodens, der stärkeren Verunkrautung und der schlechteren Nährstoffversorgung ein Minderertrag. Auch dieser ist bei der Entschädigungsberechnung mit einzubeziehen.

– Arrondierungsschäden

82   Ein gut zugeschnittenes Grundstück kann im Grundstücksverkehr einen bis zu 160 % höheren Verkehrswert erreichen als ein schlecht zugeschnittenes Grundstück gleicher Größe. Verliert ein Grundstück durch Enteignungsmaßnahmen insofern an Qualität, so ist auch hierfür ein entsprechender Ausgleich zu leisten.

– Jagdschäden

83   Auch an die Beeinträchtigung der Jagd ist zu denken. Erschwernisse können sich ergeben bei Hege- und Pflegemaßnahmen, im Extremfall kann sogar der Verlust der Eigenjagd drohen, wenn Flächen entzogen werden und dann die Untergrenze des Eigenjagdbezirks (81, 755 ha = 240 Tagwerk, s. Art. 8 Bayer. Jagdgesetz) unterschritten wird.

– Restbetriebsbelastung,[94] Jedes wirtschaftlich genutzte Grundstück leistet seinen Beitrag zur Deckung der festen Kosten eines Betriebes. Verkleinert sich

---

[91] Unter einem Schlag versteht man in der Landwirtschaft eine Bewirtschaftungsfläche ohne Rücksicht auf die katastermäßigen Grenzen.

[92] Zur Entschädigungsberechnung s. mit Berechnungsbeispielen Anl. 3 zu LandwRL 78, Bekanntmachung im Bundesanzeiger Nr. 79a, ausgegeben am 25.4.1980, Beilage Nr. 14/80, S. 14, 15.

[93] Bei Veränderungen des öffentlichen Wegenetzes wird grundsätzlich keine Entschädigung gewährt, da der Fortbestand einer bestimmten Verbindung mit dem öffentlichen Wegenetz keine durch Art. 14 GG geschützte Rechtsposition darstellt, vgl. 3.4. LandwRL 78, S. 195.

[94] Auch „Resthofschaden" genannt.

die Fläche, so muss der Restbetrieb die festen, nicht einsparbaren Kosten tragen (Restbetriebsbelastung/Überhangkosten). Infolge des Entzuges einer Teilfläche verliert der Betroffene also „den auf die Entzugsfläche fallenden Deckungsbeitrag". Hierfür ist unter den Voraussetzungen und Maßgaben der LandwR 78 (4.1.4.) eine Entschädigung zu leisten. Soweit ein Inventarüberhang entsteht, ist dieser ebenfalls zu berücksichtigen.

– Ernteausfälle und Vorratsdüngung[95]

Auch für diese Nachteile ist Entschädigung zu leisten. Was die Berechnungsmethoden betrifft, so wird auf 4.2. LandwR 78 verwiesen. **84**

– Pachtaufhebungsentschädigung

Bei Entzug von Pachtflächen vor Ablauf eines Pachtverhältnisses steht dem **85** Pächter in der Regel eine Pachtaufhebungsentschädigung zu. Der Wert des Pachtrechts wird entsprechend den LandwR 78, (5.2.) durch den Geldbetrag bestimmt, der zum Erwerb eines gleichartigen und gleichwertigen Pachtrechts aufzuwenden ist. Ist der vereinbarte Pachtzins niedriger als der marktübliche, so ist die Differenz ebenfalls zu entschädigen. Ist der vereinbarte Pachtzins höher als der marktübliche, so ist die Differenz mindernd zu berücksichtigen.

c) Entschädigung in Land

Nach dem Baugesetzbuch, dessen Enteignungsgrundsätze – wie bereits erwähnt – weitgehend auch bei Enteignungen nach anderen Gesetzen herangezogen werden können, gilt folgendes: **86**

Nach § 99 Abs. 1 BauGB ist die Entschädigung grundsätzlich in Geld zu leisten. Ausnahmsweise ist – so § 100 BauGB – auf Antrag des Eigentümers (nicht des Pächters) die Entschädigung in geeignetem Ersatzland festzusetzen, wenn der Eigentümer zur Sicherung seiner Berufs- oder Erwerbstätigkeit[96] auf Ersatzland angewiesen ist. Angewiesen ist der Eigentümer auf Ersatzland, „wenn er solches mit der Geldentschädigung nicht in zumutbarer Weise beschaffen kann und nach wirtschaftlicher Betrachtungsweise die Fortsetzung der bisherigen Berufs- und Erwerbstätigkeit ohne Ersatzland vereitelt oder zumindest erheblich gefährdet wäre".[97] Zu Gunsten der Betroffenen sollten keine zu hohen Anforderungen an das Merkmal des „Angewiesenseins" gestellt werden. Grund und Boden sind – wie zu Beginn dieses Kapitels festgestellt – immer noch die wirtschaftliche Lebensgrundlage des Landwirts. Wenn er schon zu einem Sonderopfer für die Allgemeinheit gezwungen wird, so ist ihm nach Möglichkeit unter den Voraussetzungen des § 100 Abs. 1 Nr. 1, 2 oder 3 auf Antrag Ersatzland zu stellen. **87**

---

[95] Vorratsdüngung ist eine im Voraus verabreichte Gabe von Grunddünger im Rahmen einer Fruchtfolge.

[96] Die Tätigkeitsbereiche Berufstätigkeit/Erwerbstätigkeit werden nicht exakt voneinander unterschieden. Erfasst werden von diesem Begriffspaar alle Haupt- und Nebenerwerbstätigkeiten, die auf Dauer angelegt und zur Sicherung des Lebensunterhalts zu dienen bestimmt sind. Auch der Nebenerwerbslandwirt kann also in den Genuss der Ersatzlandentschädigung (a.A. *Gelzer/Busse/Fischer,* Rn. 253) kommen, nicht dagegen der bloße Hobbylandwirt.

[97] *Battis/Krautzberger/Löhr,* § 100, Rn. 3, mit Hinweis auf die auch bei *Gelzer/Busse/Fischer,* Rn. 253 in Fußn. 299 zitierte BGHE v. 22.3.1965: Danach ist eine als Näherin tätige Antragstellerin nicht auf Ersatzland angewiesen, wenn sie für einige von ihr gehaltenen Stück Großvieh trotz der Enteignung von Weideland weiter Futter vom Restgrundstück oder von dritter Seite beschaffen kann.

d) Zusammenfassender Überblick über entschädigungsfähige und nicht entschädigungsfähige Positionen nach der bisherigen Rechtssprechung:

88   Entschädigungsfähig:

Substanzverlust:		Unmittelbare Folgeschäden:	Sonstige Vermögens- nachteile:
Verkehrswert	Betrieblicher Sonderwert	z.B. Verlegungskosten bei Gewerbebetrieb	Restbetriebsbelastung, Erwerbsausfall

Nicht entschädigungsfähig:

Mittelbare Folgeschäden z.B. Maklergebühren für Wiederbeschaffung eines Ersatzobjektes	Entgangener Gewinn[98]

6. Praktische Hinweise zum Rechtsschutz bei Enteignungen

89   Wer sich gegen den Entzug oder die sonstige Inanspruchnahme seines Eigentums zur Wehr setzen möchte, sollte folgende Punkte beachten:

90   1) Drohende Eingriffe in das Grundeigentum kündigen sich oft lange vorher an. Je früher man als potentiell Betroffener tätig wird, umso eher lässt sich der Eingriff vermeiden oder in erträglichen Grenzen halten. Bei größeren, raumbedeutsamen Projekten wie z.B. beim Bau von Straßen wird in der Regel ein sog. Planfeststellungsverfahren durchgeführt.[99] Hier muss der Landwirt besonders hellhörig sein und versuchen, bereits im frühen Planungsstadium, d.h. vor Beginn des offiziellen Verfahrens auf die Planungsträger einzuwirken, ehe sich für ihn negative Planungsvarianten verfestigen. Seine Erfolgsaussichten steigen, wenn es ihm gelingt, Träger öffentlicher Belange wie die Landwirtschaftsämter, Landwirtschaftskammern oder den Bauernverband auf seine Seite zu ziehen und zu Stellungnahmen in seinem Sinne zu bewegen.

91   2) Sind die Pläne erarbeitet, so werden sie im Rahmen des Planfeststellungsverfahrens öffentlich ausgelegt. Im folgenden Erörterungstermin muss der Betroffene – soweit er Belastungen nicht abwenden konnte – Einwendungen vorbringen. Dies ist deshalb wichtig, da bei nicht rechtzeitiger Erhebung von Einwendungen die Möglichkeit einer gerichtlichen Überprüfung – auch im Enteignungsverfahren – entfallen kann.[100]

92   3) Nach dem Erörterungstermin erlässt die Behörde den Planfeststellungsbeschluss. Dieser stellt einen Verwaltungsakt dar, der durch Klage vor den Verwaltungsgerichten angefochten werden kann.

---

[98]   Hier liegt der wesentliche Unterschied zum Schadensersatzrecht, eine Bastion, die der BGH bei aller Annäherung an das Schadensersatzrecht wohl nicht räumen wird.

[99]   Zur Verzahnung von Planfeststellung und Enteignung s. z.B. § 19 Abs. 2 FStrG: Der festgestellte Plan ist dem Enteignungsverfahren zugrunde zu legen und für die Enteignungsbehörde bindend.

[100]   Zum Problem der Präklusion bei nicht rechtzeitig erhobenen Einwendungen s. *Hoppe / Schlarmann / Buchner,* Rechtsschutz bei der Planung von Straßen und anderen Verkehrsanlagen, 2. Aufl., 2001, Rn. 74 ff., zur Problematik der Präjudizierung der Enteignung durch eine vorangegangene Planfeststellung, s. Rn. 41 m.w.N. oder *Hoppe / Schlarmann / Buchner / Deutsch,* Rechtsschutz bei der Planung von Verkehrsanlagen und anderen Infrastrukturvorhaben; Grundlagen der Planfeststellung, 2011.

4) Kommt es zum Enteignungsverfahren, so sollte man sich als Grundstückseigentümer nicht moralisch unter Druck setzen lassen. Dem oft gebrauchten Vorwurf, man blockiere zu Lasten der Allgemeinheit wichtige Projekte, sollte man immer wieder entgegenhalten, dass man selbst das Opfer eines Zwangseingriffes in ein von der Verfassung geschütztes, hochrangiges Grundrecht ist. **93**

5) Sind mehrere Grundstückseigentümer bedroht, ist es oft lohnend, sich zu einer Interessengemeinschaft zusammenzuschließen und gemeinsam einen erfahrenen Anwalt mit der Interessenvertretung zu beauftragen. Vor allem Kommunen, an deren Spitze ja kommunale Wahlbeamte stehen, reagieren eher auf den Druck von Mehrheiten. **94**

6) Die Enteignung ist – wie oben bereits dargestellt – nur rechtmäßig als „Letztmaßnahme“. Vor Einleitung des Enteignungsverfahrens muss die Enteignungsbehörde deshalb ein ernsthaftes Kaufangebot unterbreiten. Dieses sollte man in Ruhe überprüfen. Meist besteht Verhandlungsspielraum. Da die Behörden an einer zügigen Durchführung ihrer Projekte interessiert sind, sind sie zu Zugeständnissen bereit, um langwierigen Prozessen zu entgehen. Allerdings sollte man auch die der Behörde unter bestimmten Voraussetzungen zur Verfügung stehende Möglichkeit der vorzeitigen Besitzeinweisung nicht aus dem Auge verlieren. **95**

7) Da in in unserer Rechts- und Wirtschaftsordnung dem Straßenbau immer noch eine hohe Priorität gegenüber anderen Belangen eingeräumt wird, sind die Erfolgsaussichten gegen derartige Projekte relativ gering. Das Prozessrisiko ist entsprechend hoch. **96**

Das Enteignungsverfahren ist landesrechtlich geregelt. Für Bayern gilt das Gesetz über die entschädigungspflichtige Enteignung BayEG.[101] Die Verfahrensregelungen finden sich in den Art. 19 mit 38, zu den Rechtsbehelfen s. Art. 44 mit 46 BayEG. **97**

7. Die ausgleichspflichtige Inhaltsbestimmung

Die rechtsdogmatisch strenge Alternative: entweder entschädigungslos hinzunehmende Inhaltsbestimmung/Sozialbindung oder entschädigungspflichtige Enteignung wird seit einigen Jahren durchbrochen durch die im Anschluss an die Rechtsprechung des Bundesverfassungsgerichts entstandene Rechtsfigur der „ausgleichspflichtigen Inhaltsbestimmung des Eigentums“. Aus Billigkeitsgründen kann hiernach in besonders gelagerten Fällen – auch wenn keine Enteignung vorliegt – eine Entschädigung gewährt werden.[102] Die Rechtsunsicherheit im Enteignungsrecht ist dadurch noch weiter gestiegen. **98**

8. Der gesetzliche Billigkeitsausgleich

Eine weitere Durchbrechung der rechtsdogmatischen Alternative Inhaltsbestimmung/Sozialbindung ohne Entschädigung, Enteignung dagegen mit Entschädigung ergibt sich durch die gesetzliche Einführung des sog. „Billigkeitsausgleichs“. Die zu Gunsten der Landwirtschaft Bahn brechende Norm war § 19 Abs. 4 a.F., **99**

---

[101] In der Fassung der Bek. vom 25.7.1978 (BayRS III, S. 601).

[102] BVerfGE 58,137 = NJW 1982, 633 („Pflichtexemplar-Beschluß“); s. dazu *Schulze/Osterloh,* Entschädigungspflichtige Inhalts- und Schrankenbestimmung des Eigentums und Enteignung, NJW 1981, 2537; *Knauber,* Die jüngere Entschädigungsrechtsprechung des BGH nach dem Naßauskiesungsbeschluß des BVerfG, NVwZ 1984, 753; *Kleinlein,* Die ausgleichspflichtige Inhaltsbestimmung – eine Alternative zur Enteignung, DVBl. 1991, 365; Grundsätzlich *Ossenbühl/Cornils,* 47, S. 212 ff.

(jetzt § 52 Abs. 5) WHG.[103] Nach dieser Vorschrift kann dem Landwirt „ein angemessener Ausgleich nach Landesrecht" gewährt werden, wenn er in Wasserschutzgebieten erhöhten, über die gute fachliche Praxis hinausgehenden Anforderungen unterliegt und dadurch wirtschaftliche Nachteile erleidet.

100   Der landwirtschaftlichen Standesvertretung gelang es außerdem, im Bundesnaturschutzgesetz eine entsprechende Regelung durchzusetzen. § 5 Abs. 2 BNatSchG[104] lautete: Die Länder erlassen Vorschriften über den „Ausgleich von Nutzungsbeschränkungen in der Land-, Forst- und Fischereiwirtschaft."

101   Diese Vorschrift entfiel im Zuge der Föderalismusreform, die die Rahmengesetzgebung des Bundes abschaffte und den Ländern u.a. im Naturschutzrecht eine Abweichungskompetenz einräumte, s. Art. 72 Abs. 3 GG. Der naturschutzrechtliche Billigkeitsausgleich findet sich nun beispielsweise für Bayern in Art. 42 Abs. 2 Bayerisches Naturschutzgesetz[105].

IV. Der landwirtschaftliche Grundstücksverkehr

1. Rechtsgeschäftliche Veräußerungen

102   Das Gesetz über Maßnahmen zur Verbesserung der Agrarstruktur und zur Sicherung land- und forstwirtschaftlicher Betriebe – Grundstückverkehrsgesetz – GrdstVG –[106] bestimmt in § 2, dass die rechtsgeschäftliche Veräußerung landwirtschaftlicher Grundstücke und der schuldrechtliche Vertrag hierüber grundsätzlich der Genehmigung[107] bedürfen.

103   § 2 Abs. 3 Nr. 2 eröffnet den Ländern die Möglichkeit, Veräußerungen von Grundstücken bis zu einer gewissen Größe von der Genehmigungspflicht auszunehmen.[108] Weitere Ausnahmen von der Genehmigungspflicht enthält § 4 GrdstVG. § 8 GrdstVG befasst sich mit Tatbeständen, bei deren Vorliegen die Genehmigung erteilt werden muss.

104   Kernstück des Grundstückverkehrsgesetzes ist § 9, der eine abschließende Aufzählung der Versagungsgründe enthält.[109] Danach kann die Genehmigung nur versagt oder durch Auflagen (§ 10) oder Bedingungen (§ 11) eingeschränkt werden, wenn Tatsachen vorliegen, aus denen sich ergibt, dass
1. die Veräußerung eine ungesunde Verteilung des Grund und Bodens bedeutet oder

---

   103 Eingefügt durch das 5. Änderungsgesetz zum Wasserhaushaltsgesetz; Zur Entstehungsgeschichte s. *Breuer*, Öffentliches und privates Wasserrecht, 3. Aufl., 2004, Rn. 627; *Czychowski/Reinhardt*, Wasserhaushaltsgesetz, Kommentar, 10. Aufl. 2010, § 19 Rn. 1 ff.
   104 Vom 25.3.2002 (BGBl. I S. 1193).
   105 BayNatSchG v. 23.2.2011, GVBl. 2011, S. 82.
   106 Vom 28.7.1961, BGBl. I S. 1091. Zur Geltung in der ehemaligen DDR s. 3.
   107 Über den Antrag auf Genehmigung entscheidet die nach Landesrecht zuständige Behörde. In Bayern ist dies die Kreisverwaltungsbehörde (s. Art. 1 Gesetz zur Ausführung des Grundstücksverkehrsgesetzes – AGGrdstVG – v. 21.12.1961, BayRS 7810-1-E). Zu den übrigen Ländern s. Fn. 1 zu § 3 GrdstVG in: *Gregor*, Agrarrecht, Textausgabe (Nr. 26).
   108 In Bayern bis zur Größe von weniger als 2 Hektar, s. Art. 2 AGGrdstVG v. 21.12.1961.
   109 Zur umfangreichen Rechtsprechung s. die Anmerkungen zu § 9 in den im Literaturverzeichnis aufgeführten Kommentaren. Zur neuesten Rspr., insb. BGH, Beschl. v. 29.11.2013 – BLW 2/12, BzAR 2013, 104 ff.; OLG Stuttgart, Beschl. v. 21.10.2013 – 101 W2/12, BzAR 2014, 204 ff.; OLG Thüringen, Beschl. v. 20.12.2013- LwU538/13, BzAR 2014,199 ff.; Zu möglichen Konsequenzen aus diesen Bechlüssen s. *Schramm*, Nochmals: Zu den Versagungsgründen nach § 9 GrdstVG, in: BzAR 2014,S. 184 ff.

2. durch die Veräußerung das Grundstück oder eine Mehrheit von Grundstücken, die räumlich oder wirtschaftlich zusammenhängen und dem Veräußerer gehören, unwirtschaftlich verkleinert oder aufgeteilt würde oder
3. der Gegenwert in einem groben Missverhältnis zum Wert des Grundstücks steht.

Die zum Teil sehr restriktive Spruchpraxis der Landwirtschaftsgerichte wurde **105** durch die Entscheidungen des Bundesverfassungsgerichts Ende der 60er Jahre in liberalere Bahnen gelenkt.[110]

Zur Frage, wann eine ungesunde Verteilung des Grund und Bodens im Sinne **106** des Absatzes 1 Nr. 1 vorliegt, gibt der Gesetzgeber selbst eine gewisse Hilfestellung: Nach Abs. 2 ist dies in der Regel dann der Fall, „wenn die Veräußerung Maßnahmen zur Verbesserung der Agrarstruktur widerspricht." Diese weite, generalklauselartige Formulierung verhindert indes nicht, dass dieser Versagungsgrund Rechtsprechung und Lehre am nachhaltigsten beschäftigt, u.a. auch deshalb, weil eine darauf gestützte behördliche Genehmigungsversagung das siedlungsrechtliche Vorkaufsrecht auslösen kann, vgl. § 4 Reichssiedlungsgesetz.

Eine unwirtschaftliche Verkleinerung oder Aufteilung im Sinne des Absatzes 1 **107** Nr. 2 liegt nach Abs. 3 in der Regel dann vor, „wenn durch Erbauseinandersetzung, Übergabevertrag oder eine sonstige rechtsgeschäftliche Veräußerung
1) ein selbständiger landwirtschaftlicher Betrieb seine Lebensfähigkeit verlieren würde;
2) ein landwirtschaftliches Grundstück kleiner als ein Hektar wird;
3) ein forstwirtschaftliches Grundstück kleiner als dreieinhalb Hektar wird, es sei denn, dass seine ordnungsgemäße forstwirtschaftliche Nutzung gewährleistet erscheint;
4) in einem Flurbereinigungsverfahren zugeteilte oder anlässlich einer mit öffentlichen Mitteln geförderten Aufstockung oder Aussiedlung eines landwirtschaftlichen Betriebes erworbene Grundstücke in der Weise geteilt werden, dass die Teilung diesen Maßnahmen zur Verbesserung der Agrarstruktur widerspricht."

Was den Versagungsgrund des Absatzes 1 Nr. 3 betrifft (Preismissverhältnis), so **108** geht die Rechtsprechung von einem groben Preismissverhältnis dann aus, „wenn der Gegenwert mehr als 50% vom ortsüblichen landwirtschaftlichen Verkehrswert (nach oben) abweicht, sofern nicht besondere Umstände eine andere Beurteilung rechtfertigen".[111]

Ferner ist zu beachten, dass der Versagungsgrund des Abs. 1 Nr. 3 unselbständig **109** ist, d.h. nur dann zum Tragen kommt, wenn das Veräußerungsgeschäft agrarstrukturellen Belangen widerspricht. Sinn dieser Koppelung von Preismissverhältnis und Agrarstruktur ist es, dass hauptberufliche Landwirte nicht durch einen überhöhten Preis, den ein Nichtlandwirt zu zahlen bereit ist, vom Erwerb eines Betriebes oder der Aufstockung ihres Betriebes abgehalten werden sollen. Der Versagungsgrund greift jedoch nicht, wenn der Vorgang agrarstrukturell unbedeutend ist und auch dann nicht, wenn kein hauptberuflicher Landwirt erwerbsbereit ist (s. § 9 Abs. 4 GrdstVG).

---

[110] BVerfGE 21, 73, RdL 1967, 93 ff., BVerfGE 26, 215, RdL 1969, 179 = NJW 1969, 1475.
[111] *Bendel,* Zur Anwendung des Grundstückverkehrsgesetzes und des Landpachtverkehrsgesetzes in den neuen Bundesländern, AgrarR 1992, 3 und *Netz,* S. 462 ff. jeweils mit ausführlichen Rspr. – Nachweisen.

Grimm

2. Gerichtliche Zuweisung eines Betriebes

110   Der 2. Abschnitt des Grundstücksverkehrsgesetzes (§§ 13 mit 17) enthält die Möglichkeit, bei einer durch gesetzliche Erbfolge entstandenen Erbengemeinschaft den Betrieb gerichtlich einem Miterben zuzuweisen. Die näheren Einzelheiten dieses Verfahrens werden im 4. Kapitel Landwirtschaftliches Erbrecht behandelt.

3. Anwendungsprobleme in den neuen Bundesländern[112]

111   Nach Art. 8 des Einigungsvertrages gilt das Grundstücksverkehrsgesetz seit dem 3.10.1990 auch in den neuen Bundesländern ohne Einschränkungen. Auf Grund der agrarstrukturellen Unterschiede zwischen den alten und den neuen Bundesländern, insbesondere in Bezug auf Flächenausstattung und Rechtsform der Betriebe, ergaben sich zunächst gewisse Anwendungsprobleme. So musste die Frage geklärt werden, ob eine Agrargenossenschaft oder eine Kapitalgesellschaft hauptberuflicher Landwirt im Sinne des Grundstücksverkehrsgesetzes sein können. Dies wurde bejaht.[113]

112   Wie in den alten Bundesländern kann das Grundstücksverkehrsgesetz nicht zur Positivlenkung des Grundstücksverkehrs eingesetzt werden, d.h., dass seitens der Genehmigungsbehörde dann keine Wertung vorzunehmen ist, wenn die konkurrierenden Kaufinteressenten hauptberufliche Landwirte sind.[114] Von pauschalen Höchstgrenzen, bei deren Überschreitung eine ungesunde Verteilung von Grund und Boden vorläge, kann nicht ausgegangen werden,[115] wobei allerdings eine besondere Aufstockungsbedürftigkeit bei Betrieben unter 100 ha anerkannt wird.[116]

113   Bei Privatisierungen ehemals volkseigenen land- und forstwirtschaftlichen Grundes im Rahmen des Flächenerwerbsprogramms des § 3 Abs. 11 AusglLeistG (Begünstigter Flächenerwerb) sind die Erwerbsvorgänge von der Genehmigungspflicht des GrstVG befreit. Die auf dieser rechtlichen Basis erworbenen Grundstücke unterliegen aber einer besonderen grundstücksverkehrsrechtlichen Bindung. Sie dürfen vor Ablauf von 20 Jahren nicht ohne Genehmigung der zuständigen Behörde veräußert werden. Eine Genehmigung kann in diesen Fällen nur unter der Voraussetzung erteilt werden, dass ein über den Erwerbspreis hinausgehender Erlös der Treuhandanstalt bzw. nun der Bundesanstalt für vereinigungsbedingte Sonderaufgaben zugeführt wird.

114   Soweit Flächen „frei" verkauft werden, unterliegen diese Vorgänge dem Grundstücksverkehrsgesetz[117].

4. Diskussion um die Aufhebung des Grundstücksverkehrsgesetzes

115   Seit längerem wird die Frage diskutiert, ob das Grundstücksverkehrsgesetz unverändert belassen, geändert oder ersatzlos aufgehoben werden solle. So wurde im

---

[112] Grundlegend hierzu *Bendel*, AgrarR 1992, 3 und *Winkler*, Die Entwicklung des Grundstücksverkehrsgesetzes in Deutschland nach 1945, AgrarR 1998, 147 ff.

[113] S. z.B. AG Bautzen, Beschl. v. 8.9.1993, AgrarR 1993, 398; weitere Rspr. bei *Winkler* AgrarR 1998, 147 ff., in Fußn. 43.

[114] OLG Naumburg, Beschl. v. 14.3.1996, AgrarR 1996, 375.

[115] AG Bautzen, Beschl. v. 11.8.1993, AgrarR 1994, 62.

[116] AG Zwickau, Beschl. v. 15.2.1993, AgrarR 1993, 399.

[117] Einzelheiten s. bei *Witt/Ruppert*, in: *Dombert/Witt* (Hrsg.), § 12 Privatisierung land- und forstwirtschaftlicher Flächen nach dem EALG, insb. Rn. 55 f.

Rahmen der Entstehung des Zweiten Zuständigkeitslockerungsgesetzes[118] darauf hingewiesen, dass die hohen Kosten des Gesetzesvollzugs angesichts der geringen Effektivität (die Versagungsquote einschließlich der Ausübungen des Siedlungsrechtlichen Vorkaufsrechts liegt in allen Bundesländern unter 1%) vor dem Hintergrund leerer öffentlicher Kassen nicht mehr zu rechtfertigen seien.[119] Auch in der Literatur mehren sich die skeptischen Stimmen gegenüber der Wirksamkeit dieses Gesetzes. Für eine ersatzlose Aufhebung des Grundstückverkehrsgesetzes (wie auch des Landpachtverkehrsgesetzes) plädiert u.a. *Hötzel*. Dem Argument der Ineffektivität fügt er u.a. das Argument der Ungeeignetheit hinzu. Den Zweck der Verbesserung der Agrarstruktur könne das Grundstückverkehrsgesetz nicht mehr erfüllen. Und in der Tat drängt sich im Hinblick auf die oben genannte Prozentzahl der Schluss auf, dass die Agrarstruktur maßgeblich von anderen Lenkungsinstrumenten, insbesondere durch die Agrarförderungen beeinflusst wird.

Für eine Beibehaltung des Grundstückverkehrsgesetzes wird u.a. ins Feld **116** geführt,[120] dass dieses Gesetz nach wie vor verhindere, dass dringend benötigter land- und forstwirtschaftlicher Besitz in ungeeignete Hände gerate. Allein aus der Tatsache der geringen Versagungsquote könne nicht der Schluss gezogen werden, dass die Grundstückverkehrskontrolle die ihr zugedachte Schutzfunktion in der Praxis nicht entfalte. Eine Abschaffung des Gesetzes würde vor allem in Ballungsgebieten zu einer Verdrängung der Landwirtschaft durch andere Flächennutzungen führen, den Landwirten würde die Möglichkeit genommen, Boden zu vertretbaren innerlandwirtschaftlichen Preisen zu erwerben. Die sich verändernden agrarpolitischen und rechtlichen Rahmenbedingungen hätten die Bedeutung von Flächenaufstockungen eher noch verschärft, da viele Beihilfen und Quoten an die Fläche gebunden seien. Außerdem liege der maßgebliche Effekt des Grundstückverkehrsgesetzes in seiner generalpräventiven Wirkung.

Ehe eine abschließende Entscheidung in der Frage der Beibehaltung, Änderung **117** oder Abschaffung des Grundstückverkehrsgesetzes getroffen werden kann, ist es zunächst einmal erforderlich, durch empirische Untersuchungen die tatsächlichen Wirkungen des Grundstückverkehrsgesetzes zu ermitteln. Hierzu gehören zum einen genaue Erhebungen über die angeblich so hohen Vollzugskosten. Wichtig wäre auch eine (methodisch sicher nicht einfach zu bewältigende) Erhebung zur Hintergrundwirkung des Gesetzes. Des Weiteren müsste untersucht werden, wie es denn um die tatsächliche Verteilung land- und forstwirtschaftlichen Grund- und Bodens in Deutschland bestellt ist. Es drängt sich nämlich die Vermutung auf, dass sich ein beträchtlicher Flächenanteil schon längst nicht mehr im Eigentum von Landwirten befindet, sondern nur noch über Pacht oder Niesbrauch landwirtschaftlich genutzt wird. Erst nach einer wissenschaftlich fundierten Klärung dieser Fragen[121] ist eine abschließende Entscheidung über die Zukunft der Grundstücksverkehrskontrolle sinnvoll. Möglicherweise ergibt sich sogar die Forderung nach einer strengeren Verkehrskontrolle.

Zur Rolle außerlandwirtschaftlicher Investoren auf dem landwirtschaftlichen **118** Bodenmarkt existiert mittlerweile eine Stellungnahme des Bundesministeriums für

---

[118] Zweites Gesetz zur Erleichterung der Verwaltungsreform in den Ländern vom 3.5.2000 (BGBl. I S. 632).
[119] Näheres bei *Netz*, S. 170 ff. und bei *Hötzel*, Das Grundstückverkehrsgesetz – unverändert belassen oder aufheben?, Agrarwirtschaft 48 (1999), 177.
[120] *Netz*, S. 170 ff.
[121] So im Ergebnis auch *Hötzel*, Agrarwirtschaft 48 (1999), S. 4.

Ernährung, Landwirtschaft und Verbraucherschutz[122] . Auf der Grundlage von Studien und Analysen des Thünen- Instituts (TI)[123] benennt das BMELV als Ursachen für das zunehmende Interesse außerlandwirtschaftlicher Investoren zum einen die verbesserten Rahmenbedingungen in der Agrarwirtschaft, insbesondere in Ostdeutschland, und zum anderen die anhaltend problematische Situation auf den Finanzmärkten. Aus Gründen der sicheren Geldanlage werde der Kauf von Agrarflächen für Nichtlandwirte immer attraktiver, sodass die Entwicklungen auf dem Bodenmarkt weiter aufmerksam zu verfolgen seien[124].

5. Die Föderalismusreform

119   Durch Art. 1 Nr. 7 des Gesetzes zur Änderung des Grundgesetzes vom 28.8.2006[125] (Föderalismusreform) wurde Art. 74 Abs. 1 Nr. 18 GG dahingehend geändert, dass der landwirtschaftliche Grundstücksverkehr, das landwirtschaftliche Pachtwesen und das Siedlungs- und Heimstättenwesen nicht mehr zur konkurrierenden Gesetzgebung gehören. Diese Bereiche fallen nun in die ausschließliche Gesetzgebungskompetenz der Länder, Art. 70 GG [126], denen es nun überlassen bleibt, das Grundstückverkehrsgesetz beizubehalten,[127] abzuändern oder aufzuheben[128]. Zu Recht fordert deshalb *Martinez* eine Koordination des Bundes- und der Landesgesetzgeber, um die negativen Auswirkungen eines ungesteuerten Bodenmarktes zu vermeiden und „um die Kriterien für gesunde Agrarstruktur im Landwirtschaftsgesetz und die Umsetzungsinstrumente in den landesrechtlichen Grundstücksverkehrsregelungen zu konkretisieren."[129]

---

[122] Vom 21.8.2013, abgedruckt in BzAR 9/2013, S. 362 f. S. auch *Schlottau*, Rechtsprobleme beim Erwerb land- und forstwirtschaftlicher Grundstücke durch Personen- und Kapitalgesellschaften, AUR 2014, 171 ff.

[123] Die Studie „Kapitalbeteiligung nichtlandwirtschaftlicher und überregional ausgerichteter Investoren an landwirtschaftlichen Unternehmen in Deutschland" (Autoren *Forstner* und *Tietz*) ist als Thünen-Report 5,2013 im Internet abrufbar unter www.ti.bund.de.

[124] „Vergesst Gold, investiert in Ackerland!" so der Wallstreet Spekulant Warren *Buffett,* s. dazu „Die Hungermacher" in: Südd. Zeitung v. 12.6.2013, S. 17. Selbst die Vereinten Nationen räumen mittlerweile ein, dass die Landnahme durch Investoren ein immer größeres Problem wird. Noch vor fünfzig Jahren selbst Nahrungsmittelexporteur muss Afrika nun die Hälfte seiner Lebensmittel importieren. Zum sog. „Landgrabbing" s. auch „Die Heuschrecken- Plage"- Spekulationsgeschäfte mit Ackerland nehmen weltweit zu- auf Kosten der Armen und der Umwelt, in: Südd. Zeitung v. 14.5.2012, S. 17. S. auch 10. Bodenforum zur Grünen Woche 2013, Im Blick: Das wertvollste Produktionsmittel, Agrarmanager 2013, 10 ff.

[125] BGBl. I S. 2034. Seit der II. Stufe der Föderalismusreform vom 29.7.2009 (BGBl. I S. 2248) auch als Föderalismusreform I bezeichnet.

[126] Bedenken gegen Änderungen durch die Länder s. bei *Netz*, S. 179;

[127] Soweit die Länder keine Änderungen vornehmen gilt das Grundstücksverkehrsgesetz in seiner jetzigen Form weiter, s. Art. 125a GG.

[128] So z.B. geschehen in Baden-Württemberg, s. Gesetz über Maßnahmen zur Verbesserung der Agrarstruktur in Baden-Württemberg (Agrarstrukturverbesserungsgesetz- ASVG), GBl. B-W. v. 10.11.2009, S. 645 ff. s. dort insbesondere den Versagungsgrund des § 7 Abs. 1 Nr. 1, der auf eine agrarstrukturell nachteilige Verteilung des Grund und Bodens" abstellt und die so häufig kritisierte Formulierung des GrdstVG („ungesunde Verteilung") vermeidet.

[129] *Martinez*, Die Steuerung der Agrarstruktur durch das Grundstücksverkehrsrecht, AUR 2013, 165 ff. In diesem Sinne haben die Länder unter beratender Teilnahme der Bundesregierung eine Arbeitsgruppe gebildet, die sich mit der zukünftigen Entwicklung des landwirtschaftlichen Grundstücks- und Pachtverkehrs auseinandersetzt, vgl. dazu die kleine Anfrage von Abgeordneten und der Fraktion Bündnis 90/Die Grünen und die Antwort der Bundesregierung, BT-Drs. 17/12833 v. 20.3.2013.

3. Kapitel. Landwirtschaftliches Pachtrecht

Literaturauswahl:

Bendel/Becker, Landpachtverkehrsgesetz – eine Einführung, Münster-Hiltrup 1986;
Faßbender/Hötzel/Lukanow, Landpachtrecht, Kommentar, 3. Aufl., Münster 2005;
Heinemeyer, Pachten und Verpachten. Wegweiser durch das Pachtrecht – zu besseren Pachtverträgen, Frankfurt a.M. 1993;
Lange/Wulff/Lüdke-Handjery, Landpachtrecht, 4. Aufl., München 1997;
Nies, Pacht in der Landwirtschaft, Kissing 2003;
Palandt, §§ 585–597, 73. Aufl., München 2014;
Die hier angeführten Werke werden im Text des Kapitels nur durch Angabe der Autorennamen zitiert, Paragraphen ohne Angabe des Gesetzes sind solche des BGB.

I. Wirtschaftliche und agrarpolitische Aspekte

Die Zahl der landwirtschaftlichen Betriebe ist in Deutschland von 541.376 im **1** Jahre 1991 (Betriebe ab 2 ha LF) auf 271.783 im Jahre 2010 (Betriebe ab 5 ha LF) zurückgegangen. Von 1995 bis 2010 erhöhte sich die Durchschnittsgröße je Betrieb ab 5 ha LF von 42,8 ha auf 61,3 ha im früheren Bundesgebiet, während in den neuen Ländern die Durchschnittsgröße von 273,2 ha auf 249,1 ha zurückging. Die Durchschnittsgrößen zwischen den alten und den neuen Bundesländern differieren also trotz einer gewissen Annäherung nach wie vor erheblich. Der Anteil der Betriebe mit Pachtflächen stieg im früheren Bundesgebiet von 58,3% im Jahre 1985 auf 74,4% in 2010, in den neuen Bundesländern erhöhte sich die Zahl der Betriebe mit Pachtflächen von 48,8% im Jahre 1991 auf 73,3% in 2010. Der Pachtflächenanteil je Betrieb lag im Jahre 2010 bei 52,7% in den alten und bei 74,1% in den neuen Bundesländern. Für Gesamtdeutschland ergibt sich ein Pachtanteil an der landwirtschaftlich genutzten Fläche von 59,8%[1] In der EU liegt er bei 43,0% (2010).[2]

Diese Zahlen genügen, um die Bedeutung der Pacht und des Pachtrechts zu be **2** legen. In den alten Bundesländern wird bei anhaltender Tendenz zur Verringerung der Zahl der Betriebe der Pachtanteil in etwa konstant bleiben, während in den neuen Bundesländern auf Grund der Möglichkeit des begünstigten Flächenerwerbs der Pachtanteil eher noch etwas abnehmen wird.[3]

Als wesentliche Gründe für die wachsende Beliebtheit der Pacht sind zu nennen: **3**
– eine Arbeitskraft kann heute auf Grund des technischen und betriebswirtschaftlichen Fortschritts deutlich größere Flächen bewirtschaften als in der Vergangenheit,
– Pacht ist im Normalfall gegenüber einem Flächenerwerb durch Kauf die betriebswirtschaftlich günstigere Variante[4],

---

[1] Zahlen aus: Statistisches Jahrbuch über Ernährung Landwirtschaft und Forsten 2007, Tabellen 29 und 33/ Statistisches Jahrbuch 2013, S. 2, Tabelle 30, S. 37 und Tabelle 43, S. 42.

[2] Situationsbericht des DBV 2013/14, S. 126.

[3] S. dazu *Puls,* Zur Anwendung des Landpachtrechts unter den Bedingungen der neuen Bundesländer, NLBzAR 2003, 50.

[4] Vgl. dazu die BzAR- Analyse zu den Daten des Statistischen Bundesamtes, Wiesbaden 2013: Anhaltend steigende Bodenpreise in Deutschland, in: BzAR 9/2013, S. 370/371.

– bei Verpachtung bleibt die agrarpolitisch gewünschte breite Eigentumsstreuung in den ländlichen Räumen erhalten,
– die Bindung des Viehbestandes an die Grundfläche erfordert von intensiven Tierhaltungsbetrieben eine größere Flächenausstattung, die in der Regel über die Zupacht erfolgt.

II. Die Landpachtreform von 1985, Rechtsgrundlagen der Landpacht

4   Das Gesetz zur Neuordnung des landwirtschaftlichen Pachtrechts vom 8.11.1985[5] brachte in Artikel 1 die Änderungen des Bürgerlichen Gesetzbuches (§§ 581–597 BGB), in Artikel 2 die Änderungen des Einführungsgesetzes zum BGB (Art. 219 EGBGB), in Artikel 3 die Änderung des Gesetzes über das gerichtliche Verfahren in Landwirtschaftssachen und in Artikel 4 Änderungen sonstiger bundesrechtlicher Vorschriften, wobei hier jene des Pachtkreditgesetzes besonders zu erwähnen sind.[6]

5   Ebenfalls am 8.11.1985 wurde vom Bundestag das Gesetz über die Anzeige und Beanstandung von Landpachtverträgen (Landpachtverkehrsgesetz – LPachtVG) beschlossen.[7]

6   Beide Gesetze sind in ihren wesentlichen Teilen am 1. Juli 1986 in Kraft getreten. Ziel des Gesetzgebers war es, das Pachtrecht modernen wirtschaftlichen Anforderungen anzupassen. Dabei sollte vor allem die Rechtsposition des Pächters gestärkt werden. Zu erwähnen sind in diesem Zusammenhang insbesondere die neuen Vorschriften im BGB über Nutzungsänderung § 590, die Wegnahme von Einrichtungen § 591a, Verwendungen auf die Pachtsache § 591, die Verlängerung der Kündigungsfrist für auf unbestimmte Zeit abgeschlossene Pachtverträge § 594a und die Halmtaxe § 596a.

7   Das gesamte materielle Landpachtrecht – früher zum Teil im BGB, zum Teil im Landpachtverkehrsgesetz von 1952 enthalten – ist nun im Bürgerlichen Gesetzbuch zusammengefasst. Das früher ebenfalls im Landpachtverkehrsgesetz von 1952 enthaltene Anzeige- und Beanstandungsverfahren sollte zunächst zur Steigerung der Bodenmobilität ganz entfallen. Während des langwierigen Beratungsverfahrens setzte auf dem Pachtmarkt jedoch eine so stürmische Entwicklung ein, dass sich der Gesetzgeber dann doch zur Erarbeitung und Verabschiedung des Landpachtverkehrsgesetzes unter Beibehaltung eines Anzeige- und Beanstandungsverfahrens entschloss. Ziel dieses Gesetzes ist es, agrarstrukturell unerwünschte Landpachtverträge zu verhindern.[8]

8   Das Mietrechtsreformgesetz 2001[9] und die Schuldrechtsreform 2002[10] haben das Landpachtrecht im Wesentlichen nicht verändert.[11] Durch die Neugliederung des

---

[5] BGBl. I S. 2065.
[6] Die weiteren Artikel: Art. 5 enthält die Übergangsvorschrift, Art. 6 die Berlin-Klausel und Art. 7 Regelungen zum Inkrafttreten.
[7] BGBl. I S. 2075, zuletzt geändert durch G. v.13.4.2006, BGBl. I S. 855.
[8] S. *Heinemeyer*, S. 23–25. *Lange/Wulff/Lüdtke-Handjery*, S. XXIV–XXVI.
[9] Vom 19.6.2001 (BGBl. I S. 1142, in Kraft getreten zum 1.7.2001.
[10] Gesetz zur Modernisierung des Schuldrechts vom 26.11.2001 (BGBl. I S. 3138), in Kraft getreten zum 1.1.2002.
[11] Lediglich § 594 d (Tod des Pächters) wurde dahingehend geändert, dass an die Stelle der Kündigungsmöglichkeit zum erstmöglichen Termin eine Einmonatsfrist getreten ist.

Mietrechts mussten allerdings zahlreiche Verweisungsnormen der neuen Rechtslage angepasst werden. Auch redaktionelle Änderungen, deren Sinnhaftigkeit in Zweifel zu ziehen ist, wurden durch den Gesetzgeber vorgenommen. So wird nun beispielsweise an Stelle des Begriffes „Pachtzins" der Ausdruck „Pacht" verwendet, der ja nach allgemeinem Sprachgebrauch das Pachtverhältnis insgesamt und nicht die Geldleistung des Pächters betrifft.[12]

III. Die landpachtrechtlichen Regelungen des BGB

1. Wesen der Landpacht

§ 585 BGB enthält in Absatz 1 Satz 1 die Legaldefinition für den Landpachtvertrag: **9**

„Durch den Landpachtvertrag wird ein Grundstück mit den seiner Bewirtschaftung dienenden Wohn- oder Wirtschaftsgebäuden (Betrieb) oder ein Grundstück ohne solche Gebäude überwiegend zur Landwirtschaft verpachtet". **10**

§ 585 Abs. 2 verweist auf einige Vorschriften des allgemeinen Pachtrechts, u.a. auf § 581 Abs. 1, der hier zur Begriffsklärung ergänzend heranzuziehen ist. Danach wird durch den Pachtvertrag der Verpächter verpflichtet, dem Pächter den Gebrauch des verpachteten Gegenstandes und den Genuss der Früchte, soweit sie nach den Regeln einer ordnungsmäßigen Wirtschaft als Ertrag anzusehen sind, während der Pachtzeit zu gewähren". Der Pächter übernimmt die Verpflichtung, „dem Verpächter die vereinbarte Pacht zu entrichten." **11**

Damit ist bei gleichzeitiger Erfassung der Hauptleistungspflichten der Vertragsparteien das Wesen des Landpachtvertrages beschrieben: **12**

Landpacht ist die Überlassung eines Grundstückes[13] mit Wohn- oder Betriebsgebäuden (sog. Betriebspacht) oder ohne solche Gebäude (sog. Parzellenpacht) gegen Entgelt zum Gebrauch und[14] zur Nutzung (Fruchtziehung) überwiegend zum Zwecke der Landwirtschaft. **13**

In § 585 Abs. 1 Satz 2 findet sich eine Definition des Begriffes „Landwirtschaft". Hinsichtlich seines Inhalts kann auf die Ausführungen im 1. Kapitel verwiesen werden. Betont sei jedoch noch einmal, dass bei der Pacht forstwirtschaftlich genutzter Grundstücke die Vorschriften über Landpachtverträge nur dann gelten, wenn die Grundstücke zur Nutzung in einem überwiegend landwirtschaftlichen Betrieb verpachtet werden. Andernfalls kommen die allgemeinen Pachtvorschriften (§§ 581–584b) zur Anwendung **14**

Bei der Frage des Überwiegens der Landwirtschaft ist auf die Gesamtheit der Umstände des Einzelfalles abzustellen. Als vereinfachte Faustregel kann gelten: Ein Betrieb ist dann überwiegend der Landwirtschaft zuzuordnen, wenn er mehr als die Hälfte seines Gewinns aus der Landwirtschaft erzielt.[15] **15**

---

[12] Vgl. *Jeinsen*, Überlegungen zur Landpacht, AUR 2003, 197. Kritisch auch zum Begriff „Pachtzins" *Faßbender/Hötzel/Lukanow*, § 587 Rn. 4.

[13] Auch Rechte wie Wege-, Wasser-, Holzungs- oder Lieferrechte können − soweit sie übertragbar sind und von einem Dritten ausgeübt werden können − mitverpachtet werden.

[14] Im Unterschied zur Miete, die nur den Gebrauch gewährt, s. § 535 BGB.

[15] BGHZ 8, 109 = RdL 53, 16.

2. Form des Pachtvertrages

17   Nach § 585a bedarf ein Landpachtvertrag, der für länger als 2 Jahre geschlossen wird, der Schriftform. Die Nichtbeachtung der Form macht den Vertrag zwar nicht unwirksam, hat aber zur Folge, dass ein solcher Vertrag als für unbestimmte Zeit geschlossen gilt. Hieraus wiederum ergibt sich die Konsequenz der Kündigungsmöglichkeit nach § 594a (spätestens am 3. Werktag eines Pachtjahres für den Schluss des nächsten Pachtjahres; die Kündigungsfrist beträgt also rund zwei Jahre).

18   Beabsichtigt man einen langfristigen Pachtvertrag (über zwei Jahre) abzuschließen, so ist unbedingt auf die Einhaltung der Schriftform zu achten. Aus Gründen der Rechtssicherheit ist dies ohnedies dringend zu empfehlen.

3. Die Beschreibung der Pachtsache, insbesondere die Betriebsbeschreibung

19   Nach § 585b sollen Verpächter und Pächter bei Beginn und am Ende des Pachtverhältnisses gemeinsam eine Beschreibung der Pachtsache anfertigen. Bei der reinen Parzellenpacht u.U. entbehrlich, ist die Betriebsbeschreibung bei der Betriebspacht von größter Bedeutung. Im Interesse eines gedeihlichen Verhältnisses zwischen den Vertragsparteien ist die Beschreibung mit Sorgfalt vorzunehmen. Es hat beispielsweise keinen Sinn, Mängel der Pachtsache zu verschweigen in der Hoffnung, der andere würde sie übersehen, oder sie nicht zu erwähnen im Vertrauen darauf, sie würden nicht zum Tragen kommen. Je genauer die Beschreibung erfolgt, je offener die Karten auf den Tisch gelegt werden, umso konfliktfreier wird das Pachtverhältnis verlaufen, umso reibungsloser wird auch die Beendigung vor sich gehen.[16]

20   Die Beschreibung der Pachtsache ist sichtbares Dokument für das Besitz-, Gebrauchs- und Nutzungsrecht des Pächters bzw. für die entsprechende Überlassungspflicht des Verpächters. Sie ist von Bedeutung für die Abgrenzung der Erhaltungspflicht des Verpächters von der Pflicht des Pächters zur Durchführung der gewöhnlichen Ausbesserungen (s. § 586 Abs. 1). Sie entfaltet ihre Bedeutung, wo es um Fragen der erlaubnisfreien bzw. erlaubnispflichtigen Nutzungsänderungen der Pachtsache geht und liefert die Entscheidungskriterien in weiteren Fällen der Abgrenzung der Pflichtenkreise der Vertragsparteien.[17]

21   Die Betriebsbeschreibung erfolgt in der Regel in zwei Stufen. Auf der 1. Stufe erfolgt die Aufzählung und Beschreibung der einzelnen Gegenstände. Dies kann meist von den Vertragsparteien selbst vorgenommen werden. Auf der 2. Stufe erfolgt die Bewertung der Gegenstände. Hierbei sind die Vertragsparteien – was die erforderliche Sachkunde und Objektivität betrifft – in der Regel überfordert. Es empfiehlt sich daher, die Bewertung durch einen Sachverständigenausschuss vornehmen zu lassen.

22   Im einzelnen sollten folgende Punkte in die Betriebsbeschreibung aufgenommen werden.[18]

---

[16] Vgl. im übrigen die Haftung des Verpächters für Sach- und Rechtsmängel, insbesondere § 586 Abs. 2 i.V.m. § 536d, wonach eine vertraglicher Haftungsausschluss des Verpächters für Sach- und Rechtsmängel bei arglistigem Verschweigen nichtig ist.

[17] S. im einzelnen *Faßbender/Hötzel/Lukanow*, § 585 b Rn. 3 ff. und *Lange/Wulff/Lüdtke-Handjery*, § 585b, Rn. 1.

[18] Für die Praxis gibt es Merkblätter für die Beschreibung der landwirtschaftlichen Pachtsache, so z.B. Muster Nr. 1115/1 des Verlages Pflug und Feder GmbH. S. auch Musterverträge in *Nies*, Pacht in der Landwirtschaft, Kissing 2003, S. 59 ff.

Betriebsbeschreibung 23
1. Bezeichnung des Betriebes
   nach Name, Lage, Amtsgerichtsbezirk, Grundbuch, Gesamtgröße
2. Gebäude und bauliche Anlagen
   Bezeichnung, Nutzungsart, Baujahr, Bauart, Zustand, Zeit-/Gebrauchswert,[19] Mängel
3. Grundstücksverzeichnis
   Genaue Beschreibung der einzelnen Pachtgrundstücke nach Größe, Kulturart, u.U. nach Nährstoff- und Kulturzustand, Besonderheiten, Forstgrundstücke, von der Pacht ausgenommene Grundstücke
4. Grunddienstbarkeiten
   Art, Berechtigter, Grundbuch
5. Anlagen und Wege
   Bezeichnung, Größe, Zustand
6. Obstbäume, – Sträucher, sonstiger Bestand an Bäumen, Sträuchern, Hecken
   Anzahl, Art, Sorte, Größe, Alter
7. Feldvorräte
   Bezeichnung der Grundstücke, Zustand, Größe, Schätzwert der zu erwartenden Ernte
8. Hofvorräte
   Art, Menge/Gewicht, Wert
9. Inventar
   – Lebendes Inventar: Anzahl, Bezeichnung/Art, Jahrgang, Alter, Gewicht, Besonderheiten, Schätzwert
   – Totes Inventar: Anzahl, Bezeichnung/Art, Baujahr/Jahr der Anschaffung, Neuwert, Zustand, Zeit/Schätzwert
10. Milchquote, sonstige Lieferkontingente
11. Sonstiges
    z.B. Jagd-, Fischereirechte

Zur Kontrolle der Angaben in den Punkten 1 mit 5 ist eine Grundbucheinsicht 24 unerlässlich.

Auf der Betriebsbeschreibung soll der Tag der Erstellung angegeben werden, sie 25 muss von beiden Teilen unterschrieben werden, § 585b Abs. 1 Satz 3. Nur so kann sie mit der Richtigkeitsvermutung des § 585b Abs. 3 im Rücken ihre Pflichten klärende Bedeutung entfalten.

Weigert sich eine der Vertragsparteien, bei der Anfertigung der Betriebsbeschrei 26 bung mitzuwirken, oder ergeben sich bei der Anfertigung Meinungsverschiedenheiten tatsächliche[20] Art, so kann jeder Vertragsteil innerhalb bestimmter Fristen verlangen, dass eine Beschreibung durch einen Sachverständigen angefertigt wird. Der Sachverständige wird auf Antrag durch das Landwirtschaftsgericht ernannt. Die Kosten tragen die Vertragsparteien je zur Hälfte, § 585b Abs. 2.

---

[19] Zeitwert = Neuwert minus Abschreibungen; Gebrauchswert entspricht dem Nutzwert. Dieser kann je nach Lage des Falles über oder unter dem Zeitwert liegen, z.B. ein Stallgebäude nach Aufgabe der Viehhaltung).
[20] Das Merkmal „tatsächlicher" Art in § 585b Abs. 2 dient der Abgrenzung zu Rechtsfragen; Meinungsverschiedenheiten in Bewertungsfragen zählen also zu jenen „tatsächlicher" Art.

4. Die Pflichten von Verpächter und Pächter, §§ 586–593, 593b

a) Allgemeines

27   Ein komplexes Dauerschuldverhältnis wie die Landpacht erfordert eine eingehende gesetzliche Fixierung und Abgrenzung der Rechte und Pflichten der Vertragsparteien. Die gesetzlichen Regelungen des Bürgerlichen Gesetzbuches ergeben insgesamt eine ausgewogene Rechtsstellung der Parteien. Verpächter und Pächter sind aber bei der konkreten Ausgestaltung des Vertrages – wie allgemein im Schuldrecht – weitgehend frei.[21] Soweit gesetzliche Bestimmungen im Landpachtrecht zwingend sind, d.h. vertraglich nicht abgeändert werden können, hat dies der Gesetzgeber im Gesetzestext ausdrücklich festgelegt.[22] Grenzen der Abdingbarkeit ergeben sich jedoch stets aus den §§ 134, 138 und 242 BGB und bei Verwendung von Formularverträgen aus den §§ 305 bis 310 BGB.[23]

b) Hauptleistungspflichten[24]

28   **aa) Hauptleistungspflicht des Pächters.** Die Hauptleistungspflicht des Pächters ist die Bezahlung der Pacht. § 587 bestimmt in Absatz 1, dass die Pacht am Ende der Pachtzeit bzw. am Ende des jeweiligen Zeitabschnittes, für den die Pacht bemessen ist, zu entrichten ist. In Absatz 2 wird festgelegt, dass der Pächter von der Entrichtung der Pacht nicht dadurch befreit wird, dass er durch einen in seiner Person liegenden Grund an der Nutzungsausübung verhindert wird. Als Gründe dieser Art sind beispielhaft zu erwähnen: Wehrdienst, Krankheit des Pächters[25] oder eines mitarbeitenden Familienangehörigen, Versetzung eines Nebenerwerbslandwirtes u.a. In diesen Verhinderungsfällen muss sich der Verpächter jedoch den Wert der ersparten Aufwendungen[26] sowie diejenigen Vorteile anrechnen lassen, die er aus einer anderen Verwertung des Gebrauchs, z.B. durch einvernehmliche, vorübergehende Überlassung der Pachtsache an einen Dritten, erlangt, § 587 Abs. 2 Satz 2 i.V.m. § 537 Abs. 1 S. 2 und Abs. 2.

29   Das Bürgerliche Gesetzbuch enthält keine Regelungen zur Höhe der Pacht. Anderes wäre angesichts des Prinzips der Vertragsfreiheit im Schuldrecht systemfremd. Da mit der Landbewirtschaftung aber immer auch öffentliche Interessen einhergehen, insbesondere das an einer sicheren Versorgung der Bevölkerung mit gesunden Lebensmitteln bei konstanter Erhaltung der Bodenfruchtbarkeit, bestimmt § 4 des Landpachtverkehrsgesetzes,[27] dass die Pacht in einem angemessenen Verhältnis zu dem Ertrag stehen muss, der bei ordnungsgemäßer Bewirtschaftung nachhaltig zu erzielen ist.

---

[21] Hierzu grundsätzlich *Larenz,* Lehrbuch des Schuldrechts, Band I, 13. Aufl., 1982, (in der Folge zit.: *Larenz* I) § 4 Die Vertragsfreiheit und ihre Grenzen im Schuldrecht, S. 39 ff.; *Brox/Walker,* Allgemeines Schuldrecht, 38. Aufl., 2014, § 4 Begründung von Schuldverträgen, Rn. 12 ff.

[22] Zu beachten ist, dass sich ein zwingender Charakter auch durch Rückverweisung auf zwingende Normen ergeben kann.

[23] Einzelheiten und Rechtsprechungshinweise bei *Jeinsen* AUR 2003, S. 199.

[24] Hauptleistungspflichten sind diejenigen Leistungspflichten, „mit denen das Schuldverhältnis als solches zur Entstehung gelangt, und durch die es in seiner besonderen Eigenart gekennzeichnet wird…" *Larenz* I, § 2 I, S. 8; *Brox/Walter,* § 2, Rn. 6 f.

[25] Beachte aber die Kündigungsmöglichkeiten bei Berufsunfähigkeit und Tod des Pächters §§ 594c und 594d.

[26] Selten; denkbar, wenn der Verpächter bei Betriebspacht auf Grund einer entsprechenden Vereinbarung die verbrauchsbedingten Kosten zu tragen hätte.

[27] Gesetz über die Anzeige und Beanstandung von Landpachtverträgen (Landpachtverkehrsgesetz – LpachtVG) v. 8.11.1985 (BGBl. I S. 2075, zuletzt geänd. durch G.v.13.4.2006, BGBl. I S. 855); s. dazu im einzelnen unten IV. Die wichtigsten Regelungen des Landpachtverkehrsgesetzes.

Die Ermittlung der angemessenen Pacht kann nur zugeschnitten auf den kon- **30** kreten Einzelfall erfolgen. Zu berücksichtigen sind insbesondere folgende Faktoren:
- Größe und Lage des Betriebs, bzw. der Pachtflächen,
- Bodenqualität
- Fruchtfolge,
- Marktleistung,
- Lieferrechte,
- Lohnanspruch für zusätzliche Arbeit bzw. Entgelt für unternehmerische Tätigkeit,
- Risikoausgleich,
- Nebenleistungen (Öffentliche Lasten, Kammerbeiträge, Erhaltungskosten, Versicherungen etc.),
- Verzinsung des Pächterkapitals,
- Folgeinvestitionen, ggf. Kosten für zusätzliches Fremdkapital,
- Verzinsung des Verpächterkapitals.

Was nähere Einzelheiten und konkrete Berechnungen betrifft, so muss hier auf **31** die betriebswirtschaftliche Spezialliteratur verwiesen werden.[28]

Angesichts der oft langen Laufzeit von Landpachtverträgen werden in der Praxis **32** oft Wertsicherungsklauseln vereinbart. Zwar sieht § 593 als spezielle Ausformung des § 242 ohnedies eine Anpassungsmöglichkeit im landwirtschaftlichen Pachtwesen vor, allerdings erst dann, wenn sich nach Abschluss des Pachtvertrages die Verhältnisse, die für die Festsetzung der Vertragsleistungen maßgebend waren, so nachhaltig geändert haben, dass die gegenseitigen Verpflichtungen in ein grobes Missverhältnis zueinander geraten sind.[29] Wünschen die Parteien eine Anpassung der Leistungen aus dem Pachtvertrag schon vor dieser Schwelle des groben Missverhältnisses, so bedarf es hierzu einer ausdrücklichen Vereinbarung im Vertrag.

Häufig wird vereinbart, dass eine Anpassung dann erfolgen soll, wenn sich ein **33** amtlicher Index oder mehrere amtliche Indices um mehr als einen bestimmten Prozentsatz verändert haben. Als sachgerecht hat sich eine Kombination der vom statistischen Bundesamt Wiesbaden herausgegebenen Indices „Lebenshaltung privater Haushalte" und „Erzeugerpreise landwirtschaftlicher Produkte" erwiesen.[30] Das früher in § 3 Währungsgesetz normierte Genehmigungserfordernis ist zum 1.1.1999 entfallen.

bb) Hauptleistungspflicht des Verpächters. Die Hauptleistungspflicht des Verpächters besteht gem. §§ 585, 581 darin, dem Pächter den Pachtgegenstand zu Gebrauch und Fruchtziehung zu überlassen. Ergänzt wird diese Hauptleistungspflicht durch § 586.

c) Erhaltungspflichten, ordnungsmäßige Bewirtschaftung, Haftung für Sach- und Rechtsmängel

aa) Erhaltungspflichten. Gemäß § 586 hat der Verpächter die Pachtsache dem **34** Pächter in einem zur Nutzung geeigneten Zustand zu überlassen und sie während

---

[28] Z.B. *Köhne,* Landwirtschaftliche Taxationslehre, 2007.

[29] Zu Voraussetzungen und Verfahren der Anpassung im Rahmen des § 593 s. im einzelnen *Faßbender/Hötzel/Lukanow,* § 593 Rn. 39 ff.

[30] Beispiel aus dem Landpachtvertragsformular des Verlages Pflug und Feder, § 4 Ziff. 4a, abgedruckt in *Heinemeyer,* S. 161: „Falls die Summe von einem Drittel des allgemeinen Lebenshaltungsindex und zwei Drittel des inländischen Erzeugerpreisindex gem. Veröffentlichung des Statistischen Bundesamtes Wiesbaden sich um mehr als 10% ändert, so ändert sich der vorstehend vereinbarte Pachtpreis … ab nächstem Fälligkeitszeitpunkt entsprechend." Weiteres Beispiel bei *Nies,* S. 81.

der Pachtzeit in diesem Zustand zu erhalten[31] (§ 586 Abs. 1 Satz 1). Der Pächter
hat jedoch die gewöhnlichen Ausbesserungen der Pachtsache, insbesondere die der
Wohn- und Wirtschaftsgebäude, der Wege, Gräben, Dränungen und Einfriedungen
auf seine Kosten durchzuführen (§ 586 Abs. 1, Satz 2). Er ist zur ordnungsgemäßen
Bewirtschaftung der Pachtsache verpflichtet (§ 586 Abs. 1 Satz 3). Für Sach- und
Rechtsmängel der Pachtsache haftet der Verpächter (§ 586 Abs. 2).

35   Zur Erhaltungspflicht des Verpächters kommt die Pflicht zur Vornahme der
außergewöhnlichen Ausbesserungen[32] hinzu. Da die Grenzen zwischen gewöhnlichen und außergewöhnlichen Ausbesserungen fließend sind, können sich Probleme in der Praxis ergeben. Als Faustregel kann gelten: Gewöhnliche Ausbesserungen sind Maßnahmen, die auf Grund normaler Abnutzung, üblichen Gebrauchs
und üblicher Einwirkung im Laufe der Pachtzeit zur Erhaltung der Pachtsache notwendig werden. Dass diese Maßnahmen in Abweichung vom Miet- und allgemeinen Pachtrecht hier dem Pächter auferlegt werden, wird als sachgerecht angesehen,
da der Pächter bei der Landpacht in der Regel in der Lage ist, die Kosten der gewöhnlichen Ausbesserungen aus den Erträgen zu decken.[33] Alles, was jedoch über
diese gewöhnlichen Ausbesserungsfälle hinausgeht, fällt in die grundsätzliche Erhaltungspflicht des Verpächters. So wären beispielsweise kleinere Dachreparaturen
an Wohn- und Wirtschaftsgebäuden vom Pächter durchzuführen, während eine erforderlich werdende gesamte Neueindeckung den Verpächter träfe. Außergewöhnliche Ereignisse wie Brand- oder Überschwemmungsschäden treffen grundsätzlich
den Verpächter. Begrenzte Hochwasserschäden, mit denen nach Lage des Pachtgegenstandes üblicherweise zu rechnen ist, können aber in die Pächtersphäre fallen.[34]
In Fällen dieser Art empfiehlt sich eine Klarstellung im Vertrag.

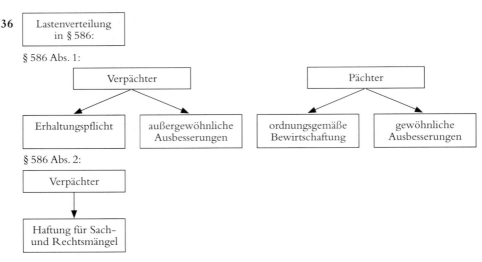

36 Lastenverteilung in § 586:

§ 586 Abs. 1:

Verpächter — Erhaltungspflicht, außergewöhnliche Ausbesserungen

Pächter — ordnungsgemäße Bewirtschaftung, gewöhnliche Ausbesserungen

§ 586 Abs. 2:

Verpächter — Haftung für Sach- und Rechtsmängel

---

[31] Dementsprechend hat der Pächter Einwirkungen auf die Pachtsache zu dulden, die zu ihrer
Erhaltung erforderlich sind, § 588 Abs. 1; bei Maßnahmen zur Verbesserung der Pachtsache s. § 588
Abs. 2 und 3.
[32] Erhaltungspflicht und Ausbesserungspflicht unterscheiden sich lediglich hinsichtlich der
Aktualität der Schadenslage. Erhaltungsmaßnahmen werden *vor* Schadenseintritt, Ausbesserungsmaßnahmen *nach* Schadenseintritt vorgenommen.
[33] S. *Larenz*, Lehrbuch des Schuldrechts Band II/1, 13. Aufl., 1986, § 49, S. 287.
[34] S. *Faßbender/Hötzel/Lukanow*, § 586 Rn. 45 ff. Weitere Abgrenzungsbeispiele s. bei *Lange/
Wulff/Lüdtke-Handjery*, § 586, Rn. 31 ff.

Im Rahmen des § 586 ist auch die Zerstörung der Pachtsache zu erwähnen. 37
Diese führt nicht notwendigerweise zur Beendigung des Pachtverhältnisses und
zum Erlöschen der Erhaltungspflicht. Vielmehr ist genau zu unterscheiden, ob die
Pachtsache ganz oder nur teilweise zerstört wurde und wer die Zerstörung zu vertreten hat.

Ist die Pachtsache vollständig zerstört und der Untergang von keiner Partei im 38
Sinne der §§ 276, 278 zu vertreten, so werden beide Vertragsparteien von ihrer
Leistungspflicht frei:[35] Vom Zeitpunkt der Zerstörung an entfällt die Erhaltungspflicht des Verpächters und die Pflicht zur Zahlung der Pacht seitens des Pächters
(§ 275, 326 Abs. 1).

Ist die vollständige Zerstörung vom Pächter im Sinne der §§ 276, 278 zu ver- 39
treten, so wird der Verpächter von der Erhaltungspflicht befreit, behält aber den
Anspruch auf die Pacht (§ 326 Abs. 2). Daneben kann ein Schadensersatzanspruch
des Verpächters aus positiver Vertragsverletzung oder unerlaubter Handlung entstehen, der primär auf die Wiederherstellung des Pachtgegenstandes gerichtet ist,
(§ 280 Abs. 1 S.1).

Ist der Verpächter für die vollständige Zerstörung der Pachtsache verantwort- 40
lich, so steht dem Pächter Schadensersatz gem. §§ 280 Abs. 1, Abs. 3, 328 zu. Der
Anspruch ist auf Wiederherstellung der zerstörten Pachtsache und auf Ersatz der
Schäden gerichtet, die dem Pächter durch den Wegfall der Gebrauchs- und Nutzungsmöglichkeiten entstehen.

Bei teilweiser Unmöglichkeit (z.B. Zerstörung eines von mehreren Gebäuden 41
bei Betriebspacht) kommt es zunächst darauf an, ob die noch verbleibende Teil-
leistung das vertragsmäßige Interesse der Vertragspartners wenigstens noch teilweise befriedigen kann. Ist dies zu bejahen, so bleibt der Schuldner – wenn keine
der Parteien die teilweise Unmöglichkeit zu vertreten hat – insoweit zur Leistung,
der Gläubiger zur entsprechend reduzierten Gegenleistung verpflichtet. Die Frage,
ob der Verpächter in diesem Falle zum Wiederaufbau verpflichtet ist, beurteilt sich
nach Treu und Glauben, wobei die dem Verpächter zumutbare Opfergrenze unter
Einbeziehung etwaiger Versicherungsleistungen nicht überschritten werden darf".[36]

Ist die teilweise Unmöglichkeit vom Verpächter zu vertreten, so hat er die übrige 42
Pachtsache weiterhin vertragsgemäß zur Verfügung zu stellen und zu erhalten, er
erhält einen entsprechend reduzierten Pachtzins und ist zum Schadensersatz inklusive der Wiederherstellung des zerstörten Teils der Pachtsache verpflichtet.

Ist die teilweise Unmöglichkeit vom Pächter zu vertreten, so behält der Verpäch- 43
ter den Anspruch auf die gesamte Pacht und erhält zusätzlich den Schadensersatzanspruch auf Wiederherstellung des zerstörten Teiles der Pachtsache.

bb) Ordnungsmäßige Bewirtschaftung. Nach § 586 Abs. 1 Satz 3 trifft
den Pächter die Pflicht, die Pachtsache ordnungsmäßig zu bewirtschaften.[37] Ordnungsmäßig ist eine Bewirtschaftung dann, wenn Gebrauch und Nutzung entsprechend den wissenschaftlich abgesicherten und praktisch erprobten Erkenntnissen
der Agrar- und Betriebswirtschaft erfolgen.[38] Dazu gehört ein Substanz schonen-

---

[35] S. BGH NJW 1992, 1036.
[36] Zur Unmöglichkeit s. *Faßbender/Hötzel/Lukanow,* § 586 Rn. 75 ff. und *Lange/Wulff/Lüdtke-Handjery,* § 586 Rn. 25 m.w.N.
[37] Der Eigentümer landwirtschaftlichen Grund und Bodens ist nach derzeitiger Rechtslage
nicht zur Bewirtschaftung verpflichtet. Dies folgt aus den Art. 12,14 GG und § 903 BGB. Anders
bei Nießbrauch und Pacht. Im Rahmen dieser Rechtsverhältnisse besteht die ordnungsgemäße Be-
wirtschaftungspflicht. Zur Geschichte s. HAR II, Sp. 68 ff.
[38] S. 1. Kap. Grundbegriffe, II. 6. „Ordnungsgemäße Landwirtschaft".

der und -erhaltender Umgang mit der Pachtsache. Zu den Aufgaben des Pächters gehört es somit, einem vorzeitigen Verschleiß von Gebäuden und Inventar vorzubeugen und die Bodenfruchtbarkeit nachhaltig zu sichern. Ob er darüber hinaus aus der privatrechtlichen Vorschrift des § 586 Abs. 1 Satz 3 verpflichtet ist, die ökologischen Erfordernisse ordnungsgemäßer Landbewirtschaftung zu beachten (z.B. keine Überdüngung vorzunehmen), könnte bezweifelt werden, da hierfür primär öffentlich-rechtliche Vorschriften existieren. Eine derartige Ansicht ist jedoch nicht haltbar. Im Kapitel Grundbegriffe wurde bereits darauf hingewiesen, dass der einstmals vage Begriff „ökologisch" im Laufe der Zeit eine immer konkretere rechtliche Ausgestaltung erfahren hat und weiterhin erfahren wird. Mögen die einen oder anderen ökologischen Forderungen akzeptiert werden oder nicht, soweit sie rechtlich normiert sind (in Gesetzen, Verordnungen oder Satzungen) sind sie für jedermann verbindlich. Der Begriff „ordnungsmäßig" in § 586 Abs. 1 Satz 3 erfasst daher auch diese ökologische Komponente der ordnungsgemäßen Landwirtschaft. Denn eine Bewirtschaftung unter Verstoß gegen öffentlich-rechtliche Vorschriften, also eine illegale Bewirtschaftung, kann nach dem Prinzip der Einheit der Rechtsordnung nicht ordnungsmäßig im Sinne des Bürgerlichen Rechts sein. Es ergibt sich somit keine Notwendigkeit, den Begriff „ordnungsmäßig" im Bürgerlichen Recht anders zu bestimmen als in anderen Rechtsbereichen.

44   So kann der Verpächter aus § 586 Abs. 1 Satz 3 beispielsweise die Forderung ableiten und durchsetzen, dass der Pächter bei der Düngung die Bestimmungen der Klärschlammverordnung einhält. Wünscht der Verpächter überhaupt keine Düngung mit Klärschlamm, so sollte dies zur Vermeidung von Unklarheiten und Streitigkeiten im Pachtvertrag ausdrücklich geregelt werden.[39] Die Verwendung von Bioabfällen ist rechtlich ebenso zu behandeln.[40]

45   Strittig ist außerdem, ob für den Fall, dass keine entsprechende Regelung im Pachtvertrag getroffen wurde, der Anbau gentechnisch veränderter Pflanzen einer ordnungsmäßigen Bewirtschaftung im Sinne des § 586 Abs. 1 S. 3 entspricht. Das OLG Brandenburg hat diese Frage für den Anbau von gentechnisch verändertem Mais der Linie Mon 810 bejaht und die Klage des Verpächters auf Unterlassung abgewiesen.[41] Die Urteilsbegründung stützt sich im Wesentlichen auf die Argumente, dass der Pächter zugelassenes Saatgut verwendet habe und der klagende Verpächter nicht habe beweisen können, dass beim Anbau von Mais dieser Sorte ein Risiko für Nichtzielorganismen bestünde. Eine Umkehr der Beweislast habe bei dieser Sachlage nicht stattgefunden. Diesem Urteil sind folgende Bedenken entgegenzuhalten: Ähnlich wie bei der Verwendung von Klärschlamm ergibt sich auch hier eine über die Pachtzeit hinaus wirkende Wertminderung des betroffenen Grundstücks. Ein vorsichtiger Landwirt wird u.a. wegen der Gefahr des Durchwuchses gentechnisch veränderter Pflanzen von einer Anpachtung des Grundstücks Abstand nehmen. Ebenso kann der Absatz später herkömmlich erzeugter Früchte gefährdet werden, da sich Abnehmer (z.B. Hersteller von Babynahrung) weigern könnten, Früchte dieses Ackers abzunehmen.

---

[39] Die Parteien können also die Düngung mit Klärschlamm ausdrücklich verbieten oder zulassen. In beiden Fällen ist eine Missachtung der Vereinbarung ein Verstoß gegen den Grundsatz ordnungsgemäßer Bewirtschaftung, vgl. OLG Celle AgrarR 1997, 259 und OLG Koblenz AgrarR 1999, 350.

[40] *Salje*, Agrarrecht 1997, 201.

[41] Urt. v. 17.1.2008 – 5 U(Lw) 138/07 – (78/08), abgedruckt mit kritischen Anmerkungen von *Dübbers* AUR 2008, 341 ff.

Auf Grund dieser unsicheren Rechtslage ist eine entsprechende Regelung im **46** Pachtvertrag unumgänglich.

Zur ordnungsmäßigen Bewirtschaftung gehört es auch, Lieferrechte (im we- **47** sentlichen Zuckerrüben und Milch) zu erhalten und ggf. zusätzlich zu erwerben. Sie gehen bei Pachtende entschädigungslos auf den Verpächter über, selbst dann, wenn sie vom Pächter während der Pachtzeit „erarbeitet" wurden.[42] Etwas ande- res kann nur dann gelten, wenn der Erwerb auf finanziellen Mitteln des Pächters beruht.[43]

Zum Problem der Flächenstilllegung ist anzumerken, dass aus agrarfachlichen **48** Gesichtspunkten sowohl die Dauerbrache als auch die Rotationsbrache günstige Auswirkungen auf die betroffenen Flächen haben. In diesen Fällen wird also kein schützenswertes Interesse des Verpächters verletzt. Die Inanspruchnahme von Flä- chenstilllegungsprogrammen durch den Pächter sind also keine Verstöße gegen die ordnungsmäßige Bewirtschaftung und unter diesem Gesichtspunkt auch zivilrecht- lich zulässig.[44]

cc) Haftung für Sach- und Rechtsmängel. Im Rahmen des § 586 bleibt **49** schließlich noch, auf die Haftung des Verpächters für Sach- und Rechtsmängel hinzuweisen (Abs. 2). Die Verpflichtung erfolgt durch Rückverweisung auf die mietrechtlichen Vorschriften der §§ 536 Abs. 1 bis 3 und 536a bis 536d. Verletzt der Verpächter diese Pflicht, so können sich als Rechtsfolgen Minderung der Pacht (§ 536 analog) und ein Schadens- und Aufwendungsersatzanspruch (§ 536a analog) ergeben. Die Sach- und Rechtsmängelhaftung des Verpächters kann un- ter den Voraussetzungen des § 536b (Kenntnis bzw. grobfahrlässige Unkenntnis des Pächters vom Mangel) und des § 536d (vertraglicher Ausschluss der Gewähr- leistung) entfallen, sofern der Verpächter den Mangel nicht arglistig[45] verschwie- gen hat. Umgekehrt kann auch den Pächter eine Schadensersatzpflicht tref- fen, wenn er seiner Verpflichtung zur Mängelanzeige nicht nachkommt (§ 536c Abs. 2 analog).

Der Verpächter haftet nicht nur für Mängel, die beim Abschluss des Pachtver- **50** trages vorliegen, sondern auch für solche, die während der Laufzeit auftreten, nicht vom Pächter verursacht wurden und nicht unter die gewöhnliche Ausbesserungs- pflicht des Pächters fallen. Dies ist jedoch dispositiv. Neben einer völligen Abwäl- zung auf den Pächter ist im Vertrag auch eine Aufteilung der Beseitigungskosten denkbar.

d) Verpachtung von Grundstücken mit Inventar; „eisernes" Inventar

Wird ein Grundstück mit Inventar[46] verpachtet, so obliegt dem Pächter nach **51** § 585 Abs. 2 i.V.m. § 582 Abs. 1 die Erhaltung der einzelnen Inventarstücke. Er ist verpflichtet, für den Tierbestand (lebendes Inventar) Fütterungs-, Wartungs- und tierärztliche Behandlungskosten zu tragen, für Maschinen und Geräte (totes Inven-

---

[42] OLG Hamm AgrarR 1997, 20; OLG Celle OLGR 1998, 136; OLG Celle RdL 2002, 75.

[43] Vgl. OLG Celle OLGR 1994, 63.

[44] S. *Nies*, S. 17.

[45] Arglist erfordert nicht etwa eine besonders niedrige Gesinnung. Es genügt, wenn der Ver- pächter in dem Bewußtsein handelt, der Pächter kenne den Mangel nicht und würde bei Kennt- nis des Mangels die Vereinbarung nicht oder nicht zu diesen Bedingungen abschließen, s. *Palandt,* § 540 Rn. 1.

[46] Inventar ist die Gesamtheit der beweglichen Sachen, die zur wirtschaftlichen Nutzung eines Grundstücks bestimmt sind und in einem entsprechenden räumlichen Verhältnis zum Grundstück stehen. Zur Abgrenzung zum Zubehör s. *Palandt,* § 582, Rn. 2 und *Lange/Wulff/Lüdtke-Handjery,* Vorb. vor §§ 582–583, Rn. 3 m.w.N.

Grimm

tar) die Wartungskosten und die Reparaturkosten, soweit sie auf Grund üblicher Abnutzung erforderlich werden. Ob auch Generalüberholungen von Maschinen und Geräten (sog. Instandsetzungskosten) unter die Erhaltungspflicht des Pächters fallen, ist umstritten.[47] Es empfiehlt sich eine Klarstellung im Vertrag.

52 Die Pflicht, Inventarstücke zu ersetzen, die infolge eines vom Pächter nicht zu vertretenden Umstandes „in Abgang kommen", trifft dagegen gem. § 582 Abs. 2 Satz 1 den Verpächter. Ausgenommen hiervon ist der Tierbestand, s. § 582 Abs. 2 Satz 2, den der Pächter bei gewöhnlichem Abgang insofern zu ersetzen hat, als dies einer ordnungsmäßigen Wirtschaft entspricht. Dies kann durch Anschaffung oder Eigenproduktion geschehen. Ersatztiere gehen nach §§ 929, 930 in das Eigentum des Verpächters über.

53 Eine abweichende Verteilung von Rechten, Pflichten und Risiko ergibt sich bei der sog. „eisernen" Verpachtung nach § 582a:

54 Übernimmt[48] der Pächter das Inventar zum Schätzwert mit der Verpflichtung, es bei Beendigung der Pacht zum Schätzwert zurückzugewähren, so trifft ihn abweichend von § 582 Abs. 2 auch die Gefahr des zufälligen Untergangs und der zufälligen Verschlechterung, § 582a Abs. 1, Satz 1. Er muss das Inventar in dem Zustand erhalten und ggf. ersetzen, damit die Fortsetzung des Betriebes durch den Verpächter oder einen Nachfolgepächter ungeschmälert möglich ist. Der Eigentumserwerb des Verpächters erfolgt hier kraft Gesetzes mit der Einverleibung des Inventarstückes (Realakt), s. § 582a Abs. 2 Satz 2, ohne dass Einigung und Übergabe bzw. die Vereinbarung eines Besitzkonstitutes erforderlich sind.

55 Der Eiserninventarvertrag bringt dem Pächter den Vorteil, innerhalb der Grenzen einer ordnungsmäßigen Wirtschaft über die einzelnen Inventarstücke verfügen zu können (§ 582a Abs. 1 Satz 2), obwohl sie nicht in seinem Eigentum stehen. Zum Nachteil gereicht ihm aber die auf das tote Inventar ausgedehnte Ersetzungspflicht.

56 Insgesamt von Vorteil ist beim Eiserninventarvertrag die klare Trennung zwischen Verpächter- und Pächtersphäre und die größere wirtschaftliche Freiheit des Pächters bei gleichzeitiger Garantie für den Verpächter, das Inventar am Ende der Pachtzeit insgesamt gleichwertig zurückzuerhalten. Soweit zwischen dem Gesamtschätzwert des übernommenen und dem des zurück zu gewährenden Inventars ein Unterschied besteht, ist dieser in Geld auszugleichen, § 582a Abs. 3 Satz 3. Den Schätzwerten sind die Preise im Zeitpunkt der Beendigung des Pachtverhältnisses zu Grunde zu legen, § 582a Abs. 3 S. 4. Das heißt, dass der Wert der zu Beginn übernommenen Inventarstücke zunächst auf den Preisspegel zu Ende der Pachtzeit umgerechnet werden muss. Ergibt sich dann zwischen den Gesamtschätzwerten ein Unterschied, so entsteht daraus die entsprechende Ausgleichspflicht.

e) Lasten der Pachtsache

57 Die auf der Pachtsache ruhenden Lasten hat grundsätzlich der der Verpächter zu tragen, § 586a. Hierzu zählen als öffentliche Lasten Grundsteuern, Erschließungsbeiträge, Anschluss- und Benutzungsgebühren, Schornsteinfegergebühren, Gebühren für Müllabfuhr u.a.

58 Als private Lasten auf einem Grundstück sind Grundschuld-, Hypothekenzinsen, Reallasten und Dienstbarkeiten zu nennen. In der Praxis wird häufig eine Lasten-

---

[47] S. *Lange/Wulff/Lüdtke-Handjery,* § 582 Rn. 4 m.w.N. Vgl auch *Nies*, S. 16, 17.
[48] Übernehmen bedeutet hier tatsächliche Besitzerlangung, nicht etwa Kauf! s. *Palandt,* § 582a, Rn. 3.

aufteilung auf beide Parteien vorgenommen.[49] Dabei sollte eine den Umständen des Einzelfalles Rechnung tragende Lösung gefunden werden. Insbesondere sind Pachtdauer, Höhe der Pacht und der zu erwartenden Erträge und die wirtschaftliche Position der Vertragsparteien zu berücksichtigen. Auch die völlige Abwälzung der Lasten der Pachtsache auf den Pächter ist möglich. In diesem Falle ist neben der generalklauselartigen Abwälzung gleichzeitig eine beispielhafte, möglichst vollständige Aufzählung der Lasten empfehlenswert, da immer wieder Fälle auftauchen, in denen streitig sein kann, ob sie von einer vertraglichen Generalklausel erfasst sind.[50]

Von den auf der Sache ruhenden Lasten sind persönliche Verpflichtungen zu **59** unterscheiden, wie z.B. persönliche Steuerpflichten oder Sozialversicherungsbeiträge des Verpächters. Diese sind von § 586a nicht erfasst, gleichwohl ist es möglich, auch diese auf den Pächter abzuwälzen.

Was die Beiträge zur gesetzlichen Unfallversicherung (Pflichtversicherung) be- **60** trifft, so obliegt die Pflicht der Beitragszahlung ohne vertraglich abweichende Vereinbarung dem Pächter. Anknüpfungskriterium für die Mitgliedschaft in der gesetzlichen Unfallversicherung ist nämlich nicht die Pachtsache, sondern „der Unternehmer", das ist derjenige, auf dessen Rechnung das Unternehmen läuft,[51] im Falle der Betriebspacht also der Pächter.

Die Beiträge zur Kfz-Haftpflicht treffen den jeweiligen Halter. Der Verpächter **61** von landwirtschaftlichen Maschinen, die der Kfz-Haftpflicht unterliegen, wird also auf eine Umschreibung auf den Pächter achten müssen, um im Schadensfalle nicht als Halter beansprucht werden zu können.[52]

f) Nutzungsüberlassung an Dritte, Änderung der landwirtschaftlichen Bestimmung oder der bisherigen Nutzung

Der Verpächter gibt insbesondere bei der Betriebspacht beträchtliche Vermö- **62** genswerte aus der Hand. Um diese nicht zu gefährden, muss er bei der Auswahl des Pächters sehr sorgfältig verfahren und dessen Qualifikation, soziale und wirtschaftliche Situation in seine Vergabeentscheidung einbeziehen. Zwischen Verpächter und Pächter muss ein persönliches Vertrauensverhältnis bestehen. Folgerichtig bestimmt daher § 589 Abs. 1, dass eine Nutzungsüberlassung an Dritte, insbesondere Unterverpachtung und das Einbringen der Pachtsache in einen landwirtschaftlichen Zusammenschluss zum Zwecke der gemeinsamen Nutzung nur mit Erlaubnis des Verpächters erfolgen darf.

Auch der sog. „Pflugtausch", das heißt die wechselseitige Überlassung von **63** Grundstücken zwischen Landwirten zur landwirtschaftlichen Bewirtschaftung ist eine erlaubnispflichtige Nutzungsüberlassung. Deshalb ist auch für diese Fälle, die in den neuen Bundesländern oft ein unverzichtbares Instrument zur Sicherstellung der Bewirtschaftungsmöglichkeiten darstellen, die Erlaubnis des Verpächters einzuholen.

---

[49] S. etwa: Einheitsvertrag für die Verpachtung eines landwirtschaftlichen Betriebes, hrsgg. vom Bayer. Bauernverband mit Zustimmung des BayStmELF § 10; vgl. auch: Landpachtvertragsformular für einen landwirtschaftlichen Betrieb des Verlages Pflug und Feder, § 5, abgedruckt bei *Heinemeyer*, S. 158 ff.

[50] S. dazu *Lange/Wulff/Lüdtke-Handjery*, § 586a Rn. 2 und 3. Auslegungshilfen s. bei *Faßbender/Hötzel/Lunkanow*, § 586a Rn. 18 ff.

[51] S. *Alzinger*, Sozialversicherung in der Landwirtschaft, in: Die Landwirtschaft, Band 4, 2010, S. 177.

[52] Das Auseinanderfallen von Eigentümerposition und Haltereigenschaft ist möglich, vgl. z.B. Leasing-Verträge.

Grimm

64   Bei Verweigerung der Erlaubnis steht dem Pächter – anders als dem Mieter, s. § 540 – kein Kündigungsrecht zu.[53] Allerdings kann sich aus den Grundsätzen von Treu und Glauben in Einzelfällen eine Pflicht des Verpächters zur Erlaubniserteilung ergeben.[54]

65   Überlässt der Pächter die Pachtsache einem Dritten, so hat er für ein Verschulden des Dritten bei der Nutzung selbst dann einzustehen, wenn der Verpächter die Erlaubnis zur Überlassung erteilt hat, § 589 Abs. 2.

66   § 589 ist auf das Interesse des Verpächters zugeschnitten, zu bestimmen, wer die Pachtsache nutzt. § 590 beschäftigt sich mit der Frage, ob und wie der Pächter die Pachtsache in ihrer Grundstruktur verändern darf. Ohne auf Einzelheiten einzugehen, kann man hierzu folgendes festhalten:

67   – Die Änderung der landwirtschaftlichen Bestimmung der Pachtsache darf nur mit vorheriger Erlaubnis des Verpächters erfolgen, Abs. 1. Damit soll sichergestellt werden, dass der Pächter beispielsweise ein als Wiese gepachtetes Grundstück nicht eigenmächtig zu einem gewerblichen Lagerplatz, Parkplatz oder Campingplatz umfunktioniert.[55]

68   – Eine Änderung der bisherigen Nutzung im Rahmen der landwirtschaftlichen Bestimmung ist dagegen nicht erlaubnispflichtig, allerdings nur solange, als die Änderung nicht über die Pachtzeit hinauswirkt. Der Pächter kann also beispielsweise eine Weide umbrechen und als Ackerland nutzen, vorausgesetzt, er kann sie bis zum Ablauf der Pachtzeit wieder in den ursprünglichen Zustand zurückversetzen. Unerlaubt sind Nutzungsänderungen, die mit dem Grundstück verbundene Lieferrechte verfallen lassen. So darf der Pächter nicht ohne Zustimmung des Verpächters die Milchquote aufgeben und die Milchaufgabevergütung (Milchrente) beantragen, da durch diese Maßnahme das Pachtland endgültig als künftiger Produktionsfaktor für eine abgabenfreie Milcherzeugung ausscheidet. Handelt der Pächter hier ohne Zustimmung des Verpächters, kann dies eine fristlose Kündigung des Pachtvertrages gem. §§ 590, 594e i.V.m. § 543 analog rechtfertigen.[56]

69   Was die Errichtung von Gebäuden betrifft, so bedarf der Pächter für diese weit reichende Entscheidung stets der vorherigen Erlaubnis des Verpächters. Unter gewissen Umständen kann diese vom Landwirtschaftsgericht ersetzt werden, s. im einzelnen § 590 Abs. 2.

---

[53] Da die mietrechtlichen Vorschriften im Landpachtrecht nicht generell analog gelten, sondern nur dort, wo ausdrücklich auf sie verwiesen wird, war zum Ausschluss des Kündigungsrechts nach § 549 a.F., jetzt § 540, keine gesetzliche Regelung erforderlich. Anders im allgemeinen Pachtrecht. Dort erfolgt der Ausschluss über § 584a Abs. 1.

[54] Einzelheiten zum Pflugtausch s. bei *Lange/Wulff/Lüdtke-Handjery* § 585 Rn. 24 und § 589 Rn. 9; s. auch *Krüger*, Anforderungen und Voraussetzungen an den „Pflugtausch" bei der Flächenbewirtschaftung in den neuen Bundesländern, Vortrag im Rahmen der Sachverständigen- und Berater-Fachtagung am 12.11.1998 in Göttingen, Http://www.hlbs.de/doc/KRUEGER.pdf (22.9.2003); s. auch OLG Naumburg vom 18.6.1998 – 2U (Lw) 15/98, http://www.rechtsberatungs-hotline.de/verbraucherrecht/so078.shtml (22.9.2003). Nach diesem Urteil ist der Pflugtausch unter den besonderen Verhältnissen der Ackerbewirtschaftung nach dem Ende der Zwangskollektivierung der Landwirtschaft in den neuen Bundesländern zwar häufig eine Notwendigkeit, dennoch ist es vertragswidrig, gepachteten Boden unbefugt, also ohne Genehmigung des Verpächters anderen zu überlassen. Eine Überlassung ohne Erlaubnis berechtigt den Verpächter zur außerordentlichen Kündigung des Pachtverhältnisses.

[55] Weitere Beispiele bei *Lange/Wulff/Lüdtke-Handjery,* § 590, Rn. 9.

[56] BGH Urt. v. 5.6.1992 – LwZR 11/91 – (450) = AgrarR 1992, 308, 309.

g) Verwendungen auf die Pachtsache, Wegnahme von Einrichtungen, Verjährung, Verpächterpfandrecht

§ 590 b bestimmt, dass der Verpächter dem Pächter die notwendigen Verwen- **70** dungen zu ersetzen hat. Dies ist die Konsequenz aus der Erhaltungspflicht des Verpächters, s. § 586 Abs. 1 Satz 1. Soweit es sich bei den Verwendungen um gewöhnliche Ausbesserungsmaßnahmen handelt, tritt eine Ersatzpflicht des Verpächters nicht ein, da diese ja der Pächter auf eigene Kosten zu tragen hat, § 586 Abs. 1 Satz 2.

Verwendungen sind „Vermögensaufwendungen, die der Pachtsache zugute kom- **71** men sollen, ohne sie grundlegend zu verändern und die ihren Bestand oder ihre ordnungsmäßige Nutzung wiederherstellen, erhalten oder verbessern".[57]

Notwendig sind Verwendungen, die objektiv zur Erhaltung der Pachtsache in **72** ihrem vertragsmäßigen Zustand oder seiner ordnungsmäßigen Bewirtschaftung erforderlich waren und die der Eigentümer hätte vornehmen müssen und deren Kosten er durch das Tätigwerden des Verwenders erspart hat (…)".[58]

Beispiele für notwendige Verwendungen: Errichtung eines Deiches zum Schutze **73** überschwemmungsbedrohter Felder, Bau einer Stützmauer, um das Abrutschen des Erdreichs zu verhindern, Notreparatur eines durch Unwetter beschädigten Daches, Anlage von Güllebehältern, um umweltschutzrechtliche Bestimmungen einzuhalten.[59]

Andere als notwendige Verwendungen, denen der Verpächter zugestimmt hat, **74** hat er dem Pächter bei Beendigung des Pachtverhältnisses gemäß § 591 Abs. 1 zu ersetzen, allerdings nur dann, wenn die Verwendungen den Wert der Pachtsache über die Pachtzeit hinaus erhöhen (Verwendungsersatz bei Mehrwert). Verweigert der Verpächter die Zustimmung, so kann diese unter bestimmten Voraussetzungen durch das Landwirtschaftsgericht ersetzt werden, s. § 591 Abs. 2 und 3.

Gegenüber der früheren Rechtslage bringt § 591a in enger Anlehnung an das **75** Mietrecht eine Besserstellung des Pächters für die Fälle, in denen er die Pachtsache mit einer Einrichtung versehen hat.[60] Der Pächter ist nun berechtigt, die Einrichtung wegzunehmen. Der Verpächter kann die Wegnahme durch Zahlung einer angemessenen Entschädigung abwenden, es sei denn, dass der Pächter ein berechtigtes Interesse an der Wegnahme hat. Hierfür genügt jeder sachlich einleuchtende Grund. Das Wegnahmerecht des Pächters kann zwar vertraglich ausgeschlossen werden. Diese Abmachung ist jedoch nur dann wirksam, wenn ein angemessener Ausgleich vorgesehen ist, § 591a Satz 3.

§ 591b bringt für die Ersatzansprüche des Verpächters wegen Veränderung oder **76** Verschlechterung der Pachtsache sowie für die Ansprüche des Pächters auf Ersatz von Verwendungen oder auf Gestattung der Wegnahme einer Einrichtung die kurze Verjährungsfrist von sechs Monaten. Verpächter und Pächter sollen auf diese Weise gezwungen werden, die hier genannten Nebenansprüche rasch abzuwickeln. Zu beachten ist, dass § 591b nicht anwendbar ist auf Erfüllungsansprüche, insbesondere nicht auf die Ansprüche auf Pachtzinszahlung. Diese verjähren nach § 195 in drei Jahren.

---

[57] *Lange/Wulff/Lüdtke-Handjery,* § 590b, Rn. 4. S. auch *Faßbender/Hötzel/Lukanow,* § 590b Rn. 4.
[58] *Lange/Wulff/Lüdtke-Handjery,* § 590b, Rn. 5 und *Faßbender/Hötzel/Lukanow,* § 590b Rn. 4 und 5.
[59] Diese und weitere Beispiele bei *Lange/Wulff/Lüdtke-Handjery,* § 590b, Rn. 4.
[60] Unter Einrichtungen sind bewegliche Sachen zu verstehen, die mit der Pachtsache auf Dauer oder vorübergehend verbunden werden und die dazu bestimmt sind, die Nutzung oder den Gebrauch der Pachtsache zu erleichtern, wie z.B. Melkstände, installierte Anlagen und Maschinen.

77   Ähnlich wie im Mietrecht und im allgemeinen Pachtrecht gewährt § 592 für die Landpacht dem Verpächter ein gesetzliches Pfandrecht an den eingebrachten Sachen des Pächters und an den Früchten der Pachtsache. Es dient der Sicherung aller Verpächteransprüche aus dem Pachtverhältnis, ist also (seit der Pachtrechtsreform von 1985) nicht mehr auf die Pachtzinsforderungen beschränkt.[61] Für künftige Entschädigungsforderungen kann das Pfandrecht nicht in Anspruch genommen werden. Das Pfandrecht erstreckt sich grundsätzlich nicht auf unpfändbare Sachen (s. § 811 ZPO), erfasst aber gem. § 592 S. 3 die in § 811 Nr. 4 ZPO genannten Sachen, also Gerät, Vieh, Dünger und landwirtschaftliche Erzeugnisse, die zur Betriebsführung oder zur Unterhaltssicherung des Pächters, seiner Familie und gegebenenfalls seiner Arbeitnehmer erforderlich sind.[62]

5. Pachtdauer und Kündigung

a) Beendigung durch Zeitablauf; Verlängerung; Wesen der Kündigung; Aufhebungsvertrag

78   Nach § 594 endet das Pachtverhältnis mit dem Ablauf der Zeit, für die es eingegangen ist. In der Vereinbarung der Dauer des Pachtvertrages sind die Parteien frei. Der Pächter wünscht in der Regel aus Gründen seiner wirtschaftlichen Dispositionsfreiheit eine lange Laufzeit, während der Verpächter eher zu kürzeren Laufzeiten tendiert, um die Verfügungsmöglichkeit über den Pachtgegenstand nicht auf zu lange Sicht zu verlieren.

79   In der Praxis hat sich unter Berücksichtigung der Interessen beider Vertragsparteien eine Laufzeitvereinbarung von 12 bis 18 Jahren bei Betriebspacht, von 2 bis 18 Jahren bei Flächenpacht als zweckmäßig erwiesen.[63] Dabei sollte bereits bei Vertragsabschluss die Frage der Verlängerungsmöglichkeit und der Verlängerungsmodalitäten des § 594 Satz. 2 mit 4 mitbedacht oder – falls erwünscht – eine davon abweichende Regelung im Vertrag getroffen werden. § 594 Satz 2 mit 4 bestimmen, dass bei Verträgen, die auf mindestens 3 Jahre[64] abgeschlossen wurden, eine Verlängerung auf unbestimmte Zeit erfolgt, wenn auf die schriftliche Anfrage eines Vertragsteils, ob der andere zur Verlängerung bereit sei, dieser nicht binnen einer Frist von 3 Monaten schriftlich die Fortsetzung ablehnt. Diese Verlängerungswirkung tritt allerdings nur dann ein, wenn die Anfrage innerhalb des drittletzten Pachtjahres erfolgt und in der Anfrage ausdrücklich auf die Folge der Nichtbeachtung der schriftlichen Antwortspflicht, d.h. auf die dann erfolgende Verlängerung auf unbestimmte Zeit, hingewiesen wurde.

80   Die Kündigung ist eine einseitige, empfangsbedürftige Willenserklärung. Mit ihr wird ein durch zweiseitiges Rechtsgeschäft zustande gekommenes Rechtsverhältnis einseitig beendet. Hierzu benötigt der Erklärende einen gesetzlichen oder einvernehmlich im Vertrag festgelegten Kündigungsgrund, damit die Interessensituation des Vertragspartners hinreichend berücksichtigt wird. Ehe nun die Kündigungs-

---

[61] S. *Voelskow,* in: Müko BGB § 592, Rn. 2 und 4.

[62] Bereits in den Beratungen im Reichstag war das Verpächterpfandrecht bis zuletzt umstritten. Damals wie heute setzte sich jedoch die Meinung durch, es sei interessengerecht. Die Erstreckung des Verpächterpfandrechts auf die in § 811 Nr. 4 ZPO erwähnten Sachen sei auch für den Pächter tragbar, da der Verpächter von seinem Pfandrecht im eigenen Interesse nur bei Pachtende Gebrauch machen werde, wenn eine Fortführung des Pächterbetriebes nicht mehr in Frage komme, s. *Voelskow,* in: Müko BGB § 592, Rn. 1.

[63] *Heinemeyer,* S. 93.

[64] Bei Verträgen mit kürzerer Laufzeit greift der gesetzliche Verlängerungsmechanismus nicht.

gründe im einzelnen besprochen werden, sei vorweggeschickt, dass die Aufhebung des Pachtvertrages im Einvernehmen der Parteien, d.h. durch beiderseitige, übereinstimmende Willenserklärungen jederzeit möglich ist (sog. Aufhebungsvertrag).

b) Die ordentliche Kündigung

§ 594a regelt die ordentliche Kündigung: **81**

Ist die Pachtzeit nicht bestimmt, so kann jeder Vertragsteil das Pachtverhält- **82** nis spätestens am dritten Werktag eines Pachtjahres für den Schluss des nächsten Pachtjahres kündigen. Die Kündigungsfrist wurde durch die Landpachtreform von 1986 also auf rund 2 Jahre ausgedehnt. Die Kündigungserklärung bedarf – und das gilt für alle Kündigungen von Landpachtverträgen – der Schriftform, § 594f. Das Schriftformerfordernis ist nach überwiegender Meinung nicht abdingbar.[65] Es können aber längere oder kürzere Kündigungsfristen vereinbart werden. Die Vereinbarung einer kürzeren Frist bedarf allerdings ebenfalls der Schriftform, s. § 594a, Abs. 1 Satz 3. Die Nichtbeachtung der Form führt in diesen Fällen zur Nichtigkeit der Verkürzungsvereinbarung und dementsprechend zur Geltung der gesetzlichen Kündigungsfrist.

Neben dieser ordentlichen Kündigung enthält das Gesetz eine Reihe von vor- **83** zeitigen Kündigungsmöglichkeiten:

c) Kündigung bei Betriebsübergabe

Bei Betriebsübergabe tritt, wenn angepachtete landwirtschaftliche Flächen mit **84** übergeben werden, der Übernehmer an Stelle des Übergebers in den Pachtvertrag ein. Der Verpächter, der von der Betriebsübergabe unverzüglich zu benachrichtigen ist, erhält aber das Recht, das Pachtverhältnis unter Einhaltung der gesetzlichen Kündigungsfrist zu kündigen, wenn die ordnungsgemäße Bewirtschaftung des zugepachteten Grundstücks durch den Übernehmer nicht gewährleistet ist, § 593a. Diese Regelung stellt eine Abweichung von allgemeinen schuldrechtlichen Grundsätzen dar. Übergeben Mieter oder Pächter bei allgemeiner Pacht den Miet- bzw. Pachtgegenstand an einen Dritten, so rückt damit der Dritte nicht in die Rechtstellung von Mieter oder Pächter ein. Die Übergebenden bleiben in diesen Fällen die Vertragspartner des Vermieters bzw. Verpächters. Dass das Landpachtrecht hiervon abweicht, schien dem Gesetzgeber vertretbar, da der Übergeber selbst auf Altenteilleistungen angewiesen ist und deshalb in der Regel eine sorgfältige Auswahl treffen wird und weil die Interessen des Verpächters durch die Anzeigepflicht und die Kündigungsmöglichkeit hinreichend gewahrt sind.[66]

Der Schutz des Verpächters wird allerdings dann abgeschwächt, wenn man wie **85** *Lange/Wulff/Lüdtke-Handjery*[67] davon ausgeht, dass die Verletzung der Anzeigepflicht weder den Pächterwechsel unwirksam macht, noch zu einem Kündigungsrecht des Verpächters führt.

Wegen der Ausnahmestellung des § 593a im Gesamtgefüge des Schuldrechts und **86** seiner Sonderregelung zu Gunsten des Pächters und zu Lasten des Verpächters ist die Ansicht *Voelskows,*[68] der dem Verpächter bei bewusster Verletzung der Anzeigepflicht ein außerordentliches Kündigungsrecht nach §§ 594e i.V.m. 554a a.F., jetzt

---

[65] *Palandt,* § 594f. Rn. 1 ohne Begründung; ausführlicher *Lange/Wulff/Lüdtke-Handjery,* § 594f. Rn. 2 m.w.N.
[66] Vgl. Begründung des Entwurfes eines Gesetzes zur Neuordnung des Landwirtschaftlichen Pachtrechts, BT-Drs. 10/509, S. 20
[67] S. § 593a, Rn. 16.
[68] In Müko BGB § 593a Rn. 4.

§ 543, zugesteht, durchaus erwägenswert. Diese Rechtsfolge der fristlosen Kündigung geht indes doch zu weit. Häufig hängt ja die Existenzfähigkeit landwirtschaftlicher Betriebe auch von zugepachteten Grundstücken ab. Diese Existenzgrundlage wegen der unterlassenen Anzeige durch fristlose Kündigung zu gefährden, ist bei Abwägung der beiderseitigen Interessen doch nicht vertretbar. So soll m.E. die unterlassene Anzeige zwar unmittelbar folgenlos bleiben. Sie kann aber im Einzelfall ein Hinweis auf mangelnde Zuverlässigkeit des Übernehmers sein und sollte als durchaus gewichtiges Indiz herangezogen werden, das im Zusammenwirken mit anderen Tatsachen den Verpächter zu einer Kündigung unter Einhaltung der gesetzlichen Kündigungsfrist wegen Nichtgewährleistung einer ordnungsgemäßen Bewirtschaftung der Pachtsache nach § 593a Satz 3 berechtigen kann.

d) Kündigung bei Berufsunfähigkeit des Pächters

87   Nach § 594c steht dem berufsunfähig gewordenen Pächter ein Kündigungsrecht unter Einhaltung der gesetzlichen Kündigungsfrist zu, wenn der Verpächter der Überlassung der Pachtsache zur Nutzung an einen Dritten, der eine ordnungsgemäße Bewirtschaftung gewährleistet, widerspricht.

88   Diese gesetzliche Regelung kann vertraglich nicht abbedungen oder eingeschränkt werden (§ 594c Satz 2). Ein Kündigungsrecht des Verpächters existiert für diesen Fall nicht. Er bedarf eines solchen auch nicht, da er ja den Anspruch auf die Pacht behält. Dagegen wäre es unbillig, den berufsunfähigen Pächter an seinen Vertragspflichten auch dann festzuhalten, wenn er vom Verpächter daran gehindert wird, die Pachtsache einem Dritten zu überlassen, der die Gewähr für eine ordnungsgemäße Bewirtschaftung bietet.[69]

89   Die Beurteilung der Berufsunfähigkeit richtet sich nach den Bestimmungen des allgemeinen Sozialversicherungsrechts. Berufsunfähig ist nach den dortigen Grundsätzen ein Versicherter, dessen Erwerbsfähigkeit infolge von Krankheit oder anderen Gebrechen oder Schwäche seiner körperlichen oder geistigen Kräfte auf weniger als die Hälfte derjenigen eines körperlich und geistig gesunden Versicherten mit ähnlicher Ausbildung und gleichwertigen Kenntnissen und Fähigkeiten herabgesunken ist.

90   Die Beweislast für das Bestehen des Kündigungsrechts trifft den Pächter. Er hat das Vorliegen der Berufsunfähigkeit darzulegen und nachzuweisen, dass er die Pachtsache einem Dritten überlassen wollte, der die Gewähr einer ordnungsgemäßen Bewirtschaftung geboten hätte. Ist letztere Eigenschaft des Dritten durch Zeugnisse und Nachweise über bisherige Tätigkeiten dargetan, so trifft den Verpächter im Falle des Bestreitens die Last des Gegenbeweises.

e) Kündigung bei Tod des Pächters

91   Beim Tode des Pächters treten dessen Erben im Wege der Universalsukzession mit allen Rechten und Pflichten in das Pachtverhältnis ein. § 594d gewährt aber den Erben des Pächters und – seit der Landpachtreform von 1985 – auch dem Verpächter ein Kündigungsrecht mit einer Kündigungsfrist von 6 Monaten zum Ende eines Kalendervierteljahres. Die Kündigung kann nur innerhalb eines Monats nach Kenntniserlangung vom Tod des Pächters erfolgen. Innerhalb dieses Zeitraums müssen sich die Vertragsparteien klar geworden sein, ob sie unter den

---

[69] So die Begründung des Entwurfs eines Gesetzes zur Neuordnung des landwirtschaftlichen Pachtrechts, BT-Drs. 10/509, zu § 594c, S. 24.

Grimm

neuen Umständen bereit und in der Lage sind, ihre Vertragspflichten zu erfüllen. Die Landpachtreform brachte durch die Einräumung eines Kündigungsrechtes eine Verbesserung der Rechtsstellung des Verpächters. Diese wird allerdings abgeschwächt durch die Möglichkeit der Erben, gem. § 594d Abs. 2 der Kündigung des Verpächters zu widersprechen und die Fortsetzung des Pachtverhältnisses zu verlangen, wenn die ordnungsmäßige Bewirtschaftung der Pachtsache durch sie oder durch einen von ihnen beauftragten Miterben oder Dritten gewährleistet erscheint. Der Widerspruch ist spätestens drei Monate vor Ablauf des Pachtverhältnisses zu erklären. Gleichzeitig sind die Umstände mitzuteilen, nach denen die ordnungsmäßige Bewirtschaftung der Pachtsache gewährleistet erscheint. Widerspruch und Mitteilung bedürfen der Schriftform. Bei Verfristung oder einem Verstoß gegen das Schriftformerfordernis kann der Verpächter das Fortsetzungsverlangen zurückweisen.[70]

92 Bei einer Erbengemeinschaft taucht die Frage auf, ob sie Willenserklärungen wie die Kündigung oder den Kündigungswiderspruch auch dann wirksam abgeben kann, wenn nicht alle Erben einverstanden sind. Das Pachtrecht enthält hierfür keine Regelungen, sodass die Lösung im Erbrecht zu suchen ist. Aus § 2038 i.V.m. § 745 ergibt sich folgendes:

93 Die Verwaltung des Nachlasses steht den Erben gemeinschaftlich zu. Mit Stimmenmehrheit, d.h. auch gegen den Willen einzelner Miterben, können nur Beschlüsse zur ordnungsgemäßen Verwaltung und Benutzung des Nachlasses (das ist hier die Rechtsstellung als Pächter) gefasst werden. Die Verwaltung umfasst „alle Maßnahmen zur (tatsächlichen oder rechtlichen) Erhaltung oder Vermehrung des Nachlasses einschließlich des Ziehens der Nutzungen oder der Bestreitung der laufenden Verbindlichkeiten", also Entscheidungen über normale Verwaltungsgeschäfte.[71] Die Frage, ob ein Pachtverhältnis aufrechterhalten werden soll oder nicht, geht über diese normale Verwaltungstätigkeit hinaus, sodass diese Entscheidung seitens der Erben nur einstimmig erfolgen kann.[72]

f) Fristlose Kündigungsmöglichkeiten

94 In einigen besonders gravierenden Fällen ist die fristlose Kündigung des Landpachtverhältnisses nach § 594e unter entsprechender Anwendung der Mietrechtsvorschriften §§ 543, 569 Abs. 1 und 2 zulässig. Erfasst sind damit folgende Fälle:

95 Seitens des Pächters ergibt sich ein fristloses Kündigungsrecht
– bei Nichtgewährung des Gebrauchs, also dann, wenn ihm der vertragsmäßige Gebrauch des Pachtgegenstandes ganz oder zum Teil nicht rechtzeitig gewährt oder wieder entzogen wird,[73] allerdings in der Regel erst dann, wenn der Verpächter eine ihm vom Pächter gesetzte angemessene Frist hat verstreichen lassen, ohne Abhilfe zu schaffen, s. § 543,
– bei erheblicher Gesundheitsgefährdung durch die Beschaffenheit der Wohn- und Aufenthaltsräume, § 569 Abs. 1.

---

[70] Näher dazu *Lange/Wulff/Lüdtke-Handjery,* § 594d, Rn. 24 mit 27 und *Faßbender/Hötzel/Lukanow,* § 594d Rn. 25–29.

[71] *Palandt,* § 2038, Rn. 1.

[72] So im Ergebnis auch *Lange/Wulff/Lüdtke-Handjery,* § 594d, Rn. 17. Seitens der Verpächtererben soll dagegen gem. BGH LM Nr. 1 zu § 2038 BGB auch eine Mehrheit kündigen können.

[73] Dies gilt auch dann, wenn der Entzug der Pachtsache ohne Verschulden des Verpächters erfolgt, z.B. durch Brand, s. *Lange/Wulff/Lüdtke-Handjery,* § 594e, Rn. 5 m.w.N., s. auch *Faßbender/Hötzel/Lukanow,* § 594e Rn. 3.

96   Seitens des Verpächters besteht ein Recht zur fristlosen Kündigung
– im Falle des vertragswidrigen Gebrauchs durch den Pächter, wenn dadurch die Rechts des Verpächters in erheblichem Maße verletzt werden oder die Pachtsache durch Vernachlässigung der dem Pächter obliegenden Sorgfalt erheblich gefährdet wird. Eine erhebliche Verletzung sieht der Gesetzgeber insbesondere in der unbefugten Gebrauchsüberlassung an Dritte, § 543 Abs. 2 Nr. 2. Im übrigen ist ein Gebrauch dann vertragswidrig, wenn er über das im Vertrag vereinbarte Gebrauchsrecht hinausgeht. Das ist beispielsweise der Fall, wenn der Pächter als Wiesen und Äcker gepachtete Flächen zu einem Wildpark mit Spiel- und Freizeiteinrichtungen umbaut. Der Kündigung wegen vertragswidrigen Gebrauchs muss im Regelfall eine *Abmahnung* durch den Verpächter vorausgehen. Die Abmahnung kann jedoch unterbleiben, wenn nach den Umständen des Einzelfalles mit einer Aufgabe des vertragswidrigen Verhaltens unter keinen Umständen zu rechnen ist, § 543 Abs. 3.[74]
– Eine weitere fristlose Kündigungsmöglichkeit erhält der Verpächter nach § 594e Abs. 2, wenn der Pächter mit der Entrichtung der Pacht oder eines nicht unerheblichen Teiles der Pacht länger als 3 Monate in Verzug[75] ist. Ist die Pacht nach Zeitabschnitten von weniger als einem Jahr bemessen, so ist die Kündigung erst zulässig, wenn der Pächter für zwei aufeinander folgende Termine mit der Entrichtung der Pacht oder eines erheblichen Teiles derselben in Verzug ist. Die Kündigung ist nicht zulässig, wenn der Verpächter vorher befriedigt wird. Sie wird unwirksam, wenn dem Pächter ein Aufrechnungsrecht zustand und er die Aufrechnung unverzüglich nach der Kündigung erklärt hat. Diese Vorschrift verdeutlicht, dass mit der Hauptpflicht des Verpächters zur Gebrauchs- und Nutzungsüberlassung die Hauptpflicht des Pächters zur Zahlung der Pacht korrespondiert. Bei Nichterfüllung kann die fristlose Kündigung die Rechtsfolge sein.

97   Ob der nicht bezahlte Teil unerheblich ist, muss im Verhältnis zur vollen Pacht mit Rücksicht auf die Umstände des Einzelfalles (z.B. auch der Kreditwürdigkeit des Pächters) ermittelt werden. Unerheblich sind sicher wie im Mietrecht geringfügige und einmalige Unkorrektheiten bei der Überweisung der Pacht.[76]

98   Nach § 594e Abs. 1 i.V.m. § 543 Abs. 1 S. 1 kann ein Pachtverhältnis im übrigen auch aus sonstigen wichtigen Gründen, die nicht gesondert in Absatz 2 aufgeführt sind, gekündigt werden. Voraussetzung ist, dass ein Vertragsteil schuldhaft in solchem Maße seine Verpflichtungen verletzt, dass dem anderen Teil die Fortsetzung des Pachtverhältnisses nicht zugemutet werden kann.[77]

99   Die Kündigungsmöglichkeit aus wichtigem Grund steht beiden Vertragsparteien zur Verfügung.

---

[74] S. *Faßbender/Hötzel/Lukanow*, § 594e Rn. 26 und *Lange/Wulff/Lüdtke-Handjery,* § 594e, Rn. 18 und § 590a, Rn. 9.

[75] Verzug gem. §§ 284, 285. Die gem. § 284 Abs. 1 vorausgesetzte Mahnung ist in der Regel nicht erforderlich, da der Leistungszeitpunkt für die Pachtzinszahlung in der Regel kalendermäßig bestimmt ist, 284 Abs. 2.

[76] *Köhler,* Handbuch der Wohnraummiete, 3. Aufl. 1988, § 76 Rn. 1.

[77] S. *Lange/Wulff/Lüdtke-Handjery,* § 594e, Rn. 25; Beispiele für schwere Pflichtenverstöße in Rn. 26, 27: u.a. persönliche Beeinträchtigungen des Vertragspartners wie Beleidigungen und Körperverletzungen, auch Störungen der Hausordnung bei Zusammenleben von Pächter und Verpächter unter einem Dach.

Überblick über die Kündigungsmöglichkeiten von Landpachtverträgen 100

Kündigungsgrund	Kündigungsberechtigt
1. Ordentliche Kündigung, § 594a	V + P
2. Kündigung aus wichtigem Grund, § 594e i.V.m. §§ 543, 569 Abs. 1 und 2	V + P
3. Tod des Pächters, § 594d	V + P-Erben
Nichtgewährung des Gebrauchs, § 594e i.V.m. § 543 Abs. 2 Nr. 1	P
5. Erhebliche Gesundheitsgefährdung, § 594e i.V.m. § 569 Abs. 1	P
6. Berufsunfähigkeit des Pächters, § 594c	P
7. Betriebsübergabe des Pächters, § 593a	V
8. Vertragswidriger Gebrauch, § 594e i.V.m. § 543 Abs. 2 Nr. 2	V
9. Zahlungsverzug des Pächters, § 594 e Abs. 2	V

V = Verpächter P = Pächter

Dieser graphische Überblick belegt die bereits angesprochene Ausgewogenheit 101
des Landpachtrechts auch im Bereich der Kündigung.

g) Die Fortsetzung des Pachtverhältnisses (Sozialer Pachtschutz)

Ähnlich wie im Recht über die Wohnraummiete (vgl. § 574) kann der Pächter 102
im Landpachtrecht unter bestimmten Voraussetzungen die Fortsetzung des Pachtverhältnisses verlangen, § 595.[78] Erforderlich ist nach Absatz 1 dieser Vorschrift bei
der Betriebspacht, dass der Betrieb seine wirtschaftliche Lebensgrundlage bildet,
bei der Parzellenpacht, dass der Pächter auf das Pachtgrundstück zur Aufrechterhaltung seines Betriebes, der ebenfalls seine wirtschaftliche Lebensgrundlage bilden
muss, angewiesen ist. Hinzukommen muss, dass die vertragsmäßige Beendigung des
Pachtverhältnisses für den Pächter oder seine Familie eine Härte bedeuten würde,
die auch unter Würdigung der berechtigten Interessen des Verpächters nicht zu
rechtfertigen ist.

Nur wenn die gebotene Interessenabwägung in diesen sozialen Härtefällen zu 103
Gunsten des Pächters endet, kann dieser die Fortsetzung des Pachtverhältnisses
über das vertragliche Ende hinaus erreichen. Die Fortsetzung bildet also die Ausnahme und nicht wie in der Kriegs- und ersten Nachkriegszeit die Regel. Bereits im Landpachtgesetz vom 25.6.1952 hat man den extremen Pächterschutz
im Interesse der Mobilität von Pachtland gelockert, § 595 BGB führt diese Tendenz fort.

---

[78] Die Vorschrift ist nach Wortlaut und Entstehungsgeschichte auf eine Individualperson als
Pächter zugeschnitten. Unter Berücksichtigung des Gleichbehandlungsgebots aller Eigentums- und
Wirtschaftsformen des § 2 LwAnpG ist sie uneingeschränkt auch auf Personen- und Kapitalgesellschaften anwendbar – immer vorausgesetzt, die Voraussetzungen des Absatzes 1 sind erfüllt. Str.,
s. *Faßbender/Hötzel/Lukanow*, § 595 Rn. 44.

104   Die Fortsetzung des Pachtverhältnisses erfolgt solange, wie dies unter Berücksichtigung aller Umstände angemessen[79] ist, ggf. unter Anpassung der Vertragsbedingungen, z.B. der Anhebung des Pachtzinses, s. § 595 Abs. 2.

105   Nicht verlangt werden kann nach Absatz 3 die Fortsetzung,
1) wenn der Pächter das Pachtverhältnis gekündigt hat,
2) wenn der Verpächter zur fristlosen Kündigung oder zur Kündigung nach § 593a berechtigt ist,
3) bei langfristigen Pachtverträgen, insbesondere bei mindestens 18jähriger Betriebspacht oder 12jähriger Parzellenpacht,
4) wenn der Verpächter die nur vorübergehend verpachtete Sache in eigene Nutzung nehmen oder zur Erfüllung gesetzlicher oder sonstiger öffentlicher Aufgaben verwenden will.

106   Der unter Punkt 4 genannte Ausschluss des sozialen Pachtschutzes eröffnet dem Grundstückseigentümer die Möglichkeit, „vorübergehend" zu verpachten und dabei sicher zu sein, das Pachtgrundstück nach einer Übergangszeit wieder selbst nutzen zu können. Dieser Zeitraum kann bestimmt sein, z.B. „für die Dauer des Grundwehrdienstes des Grundstückseigentümers", es genügt aber auch eine weniger exakte zeitliche Abgrenzung, z.B. „bis die als Hoferbin eingesetzte Tochter ihre Schul- und landwirtschaftliche Berufsausbildung abgeschlossen hat". Erforderlich ist in jedem Falle, dass der Pächter, dessen Rechte durch diese Vereinbarung ja eingeschränkt werden, die Absicht, nur vorübergehend zu verpachten, erkennen konnte. Es empfiehlt sich daher, eine möglichst eindeutige Klausel in den Vertrag aufzunehmen.

107   Die zweite Alternative des in Punkt 4 genannten Pachtschutzausschlusses soll es den Trägern öffentlicher Aufgaben (vor allem Gebietskörperschaften) ermöglichen, vorübergehend zu verpachten, ohne durch ein soziales Pachtschutzbegehren in der Erfüllung öffentlicher Aufgaben behindert zu werden.

108   Was die weiteren Modalitäten des Fortsetzungsverlangens und seiner Durchsetzung betrifft, so kann auf den klaren Wortlaut des § 595 Abs. 4 bis 8 verwiesen werden.

h) Rückgabe der Pachtsache, Halmtaxe, Zurücklassung von landwirtschaftlichen Erzeugnissen

109   Nach § 596 muss der Pächter die Pachtsache nach Beendigung des Pachtverhältnisses in dem Zustand zurückgeben, der einer bis zur Rückgabe fortgesetzten ordnungsmäßigen Bewirtschaftung entspricht. Wie bei Beginn des Pachtverhältnisses soll auch bei Beendigung eine Beschreibung der Pachtsache erfolgen, s. § 585b Abs. 1 Satz 2. Soweit Inventar und Vieh „eisern" gepachtet wurden, sind diese nach § 585 Abs. 2 i.V.m. § 582a zum Schätzwert zurückzugewähren.[80]

110   Eine Verbesserung der Pächterstellung gegenüber dem alten Recht bringt bei einer Beendigung des Pachtverhältnisses im Laufe des Pachtjahres (z.B. bei außerordentlicher Kündigung oder Vertragsaufhebung) die Vorschrift des § 596a. Seit dem 1.7.1986 erhält der Pächter zusätzlich zu den zur ordnungsmäßigen Bewirtschaf-

---

[79] Vgl. dazu *Lange/Wulff/Lüdtke-Handjery,* § 595, Rn. 32: „In der Praxis werden in aller Regel nur kürzere Verlängerungen von einem oder wenigen Jahren in Betracht kommen, die aber im allgemeinen ausreichen, einen hinreichenden Härteausgleich für den Pächter zu schaffen. Zweifelhaft ist, ob eine Vertragsverlängerung auf unbestimmte Zeit verlangt werden kann."

[80] S. dazu die Schätzungsordnung für das Landwirtschaftliche Pachtwesen, Art. 24 Besonderheiten bei der Schätzung des eisernen Inventars, abgedruckt mit Berechnungsbeispielen bei *Heinemeyer,* S. 207 ff.

tung aufgewendeten Kosten einen Wertersatz der noch nicht getrennten, aber bis zum Ablauf des Pachtjahres ordnungsmäßig zu trennenden Früchte.[81] Das Ernterisiko ist angemessen zu berücksichtigen.[82] Soweit die Früchte versichert sind, schlägt es nicht zu Buche.

Nach § 596b hat der Pächter bei Beendigung einer Betriebspacht von den vorhandenen (!) landwirtschaftlichen Erzeugnissen soviel zurückzulassen, wie zur Fortführung der Wirtschaft bis zur nächsten Ernte nötig ist. Hierzu zählen beispielsweise Saatgut, Heu und Stroh. Nicht der Zurücklassungspflicht unterliegen Dünger und Betriebsmittel wie Treibstoff, Heizöl, Pflanzenschutzmittel u.a. Bei den Betriebsmitteln ergibt sich dies aus dem Wortlaut des Gesetzes (sie sind keine landwirtschaftlichen Erzeugnisse), bei Dünger aus der Entstehungsgeschichte der Norm.[83] **111**

Die Zurücklassungspflicht gilt auch dann, wenn der Pächter bei Pachtbeginn keine landwirtschaftlichen Erzeugnisse übernommen hat. Soweit die zurückzulassenden Produkte die übernommenen an Menge oder Wert übertreffen, kann der Pächter vom Verpächter einen entsprechenden Wertersatz verlangen. **112**

IV. Die wichtigsten Regelungen des Landpachtverkehrsgesetzes[84]

1. Anwendungsbereich, Anzeigepflicht, Ausnahmen

Wie das Grundstückverkehrsgesetz ist auch das Landpachtverkehrsgesetz von der Föderalismusreform 2006 betroffen. Gem. § 125a GG gilt das LPachtVG weiter, kann jedoch durch Landesrecht ersetzt werden. **113**

Das Landpachtverkehrsgesetz ist – wie das Grundstücksverkehrsgesetz – bemüht, einen Ausgleich zwischen dem in Art. 14 GG geschützten Interesse des Grundstückseigentümers an einer freien wirtschaftlichen Verfügbarkeit über sein Grundeigentum und dem Interesse an einer Verbesserung der Agrarstruktur zu treffen. **114**

Das Landpachtverkehrsgesetz gilt nach § 1 LPachtVG für Landpachtverträge nach § 585 BGB. Für die Pacht forstwirtschaftlicher Grundstücke gelten die Vorschriften des LPachtVG nur dann, wenn die Grundstücke zur Nutzung in einem überwiegend landwirtschaftlichen Betrieb verpachtet werden, s. § 585 Abs. 3 BGB. Wird ein Grundstück zu außerlandwirtschaftlichen Zwecken abverpachtet, greift das LPachtVG nicht, da dann kein Landpachtvertrag vorliegt. **115**

Landpachtverträge werden einer behördlichen Kontrolle unterworfen. Anders als beim Grundstücksverkehrsgesetz hat sich der Gesetzgeber beim Landpachtverkehrsgesetz nicht für ein Genehmigungsverfahren, sondern für ein Anzeigeverfahren mit Beanstandungsmöglichkeit entschieden. Pachtverträge werden daher mit ihrem Abschluss voll wirksam, unabhängig davon, ob sie später evtl. aufgehoben oder abgeändert werden müssen. **116**

---

[81] Erfasst sind die unmittelbaren Sachfrüchte nach § 99 Abs. 1. Hierzu zählen auch tierische Produkte und noch nicht geborene Jungtiere. Nicht erfasst werden die mittelbaren Sach- und Rechtsfrüchte i.S.d. § 99 Abs. 3.

[82] S. näher Art. 21 Schätzungsordnung, bei *Heinemeyer,* S. 205, 206

[83] S. BT-Drs. 10/509 zu § 596b, S. 26.

[84] Gesetz über die Anzeige und Beanstandung von Landpachtverträgen (Landpachtverkehrsgesetz-LPachtVG) vom 8.11.1985, BGBl. I S. 2075; zuletzt geändert durch Art. 15 des Gesetzes v. 13.4.2006 (BGBl. I S. 855).

117 Der Verpächter ist verpflichtet, der Pächter ist berechtigt, den Abschluss oder die Änderung eines Landpachtvertrages[85] binnen eines Monats nach ihrer Vereinbarung der zuständigen Behörde anzuzeigen. Soweit die Änderung im Wege eines gerichtlichen Vergleichs oder vor einer berufsständischen Pachtschlichtungsstelle getroffen worden ist, entfällt die Anzeigepflicht, § 2 LPachtVG.

118 Ausnahmen von der Anzeigepflicht enthält § 3 LPachtVG. Man kann hier folgende Gruppen unterscheiden:

119 1) Landpachtverträge im Rahmen eines behördlich geleiteten Verfahrens (§ 3 Abs. 1 Nr. 1).

In Frage kommen hierbei Pachtverträge in einem Siedlungsverfahren nach dem Reichssiedlungsgesetz und nach § 63 Bundesvertriebenengesetz. In diesem Rahmen erschien es dem Gesetzgeber gewährleistet, dass auf agrarstrukturelle Belange in ausreichendem Maße Rücksicht genommen wird.

120 2) Landpachtverträge in der Familie (§ 3 Abs. 1 Nr. 2).

Hier hat der Gesetzgeber auf eine Anzeigepflicht verzichtet, da er ein Anzeige- und Beanstandungsverfahren in diesen Fällen als unzulässige Einmischung in die private Rechtssphäre empfunden hatte.[86] Der Personenkreis deckt sich mit jenem des § 8 Nr. 2 GrdstVG. Nicht der Anzeige bedürfen daher Landpachtverträge zwischen Ehegatten oder Verwandten in gerader Linie. Befreit sind ferner Landpachtverträge mit Onkel/Tante, Bruder/Schwester, Neffe/Nichte, mit Schwiegereltern, Schwiegergroßeltern, Schwiegersohn/Schwiegertochter, Schwiegerenkel, Stiefkind, Stiefenkel, Schwager/Schwägerin.[87]

Soweit eine Personenmehrheit auf Verpächter oder Pächterseite besteht, muss der Privilegierungsgrund Verwandtschaft/Schwägerschaft bei allen Beteiligten vorliegen.

121 3) Landesrechtliche Freistellung von der Anzeigepflicht (§ 3 Abs. 2 LPachtVG).

Über die gesetzlichen Befreiungsgründe des Absatzes 1 hinaus werden die Landesregierungen in Abs. 2 ermächtigt, per Rechtsverordnung Landpachtverträge über landwirtschaftliche Betriebe oder Grundstücke bis zu einer bestimmten Größe von der Anzeigepflicht auszunehmen. Folgende Länder haben bisher in inhaltlich zum Teil voneinander abweichenden Regelungen von dieser Möglichkeit Gebrauch gemacht:[88]

Baden-Württemberg, Brandenburg, Hamburg, Hessen, Niedersachsen, Nordrhein-Westfalen, Rheinland- Pfalz, Saarland, Sachsen, Sachsen-Anhalt und Schleswig- Holstein.

2. Die Beanstandung nach § 4 LPachtVG

a) Allgemeines

122 § 4 bildet den materiellrechtlichen Kern des Landpachtverkehrsgesetzes. Danach kann die zuständige Behörde[89] Landpachtverträge beanstanden, wenn sie

---

[85] Anzeigepflichtig sind nur abgeschlossene Pachtverträge, nicht dagegen Vertragsentwürfe, s. *Bendel/Becker*, § 2 Rn. 2.1.

[86] S. *Faßbender/Hötzel/Lukanow*, § 3, Rn. 6 mit Hinweis auf *Fischer/Wöhrmann,* Kommentar zum Landpachtgesetz, 2. Aufl., 1954.

[87] S. *Bendel/Becker*, § 3 Rn. 3; *Faßbender/Hötzel/Lukanow*, § 3 Rn. 6.

[88] Die Verordnungen sind z. T. abgedruckt bei *Faßbender/Hötzel/Lukanow*, Anh. 4, I. und bei *Lange/Wulff/Lüdtke-Handjery*, Anh. A.

[89] Zur örtlichen Zuständigkeit s. § 6 LPachtVG; zur sachlichen Zuständigkeit trifft das LPachtVG keine Aussage. Deshalb mussten die Länder nach dem Außerkrafttreten des alten Landpachtgesetzes

1) eine ungesunde Verteilung der Bodennutzung,
2) eine unwirtschaftliche Aufteilung eines Grundstücks oder einer Mehrheit räumlich oder wirtschaftlich zusammenhängender Grundstücke zur Folge haben oder wenn
3) die Pacht nicht in einem angemessenen Verhältnis zu dem Ertrag steht, der bei ordnungsmäßiger Bewirtschaftung nachhaltig zu erzielen ist.

Die Verwandtschaft dieser Vorschrift zu § 9 GrdstVG ist offenkundig. Dennoch **123** bleiben folgende Unterschiede bestehen:
1) Das LPachtVG ist nicht mit der Veräußerung, sondern nur mit der zeitweiligen Nutzungsüberlassung von Grundstücken befasst,
2) das LPachtVG enthält lediglich ein Beanstandungsverfahren, nicht wie das GrdstVG ein Genehmigungsverfahren,
3) der Beanstandungsgrund der ungesunden Verteilung der Bodennutzung ist in § 4 Abs. 1 Nr. 1 LPachtVG durch das Beispiel der ungesunden Anhäufung land- und forstwirtschaftlicher Nutzflächen näher beschrieben und
4) der Beanstandungsgrund des § 4 Abs. 1 Nr. 3 LPachtVG knüpft nicht an ein grobes Preis-Missverhältnis an (so § 9 Abs. 1 Nr. 3 GrdstVG), sondern an eine Pacht, die nicht in einem angemessenen Verhältnis zu dem Ertrag steht, der bei ordnungsmäßiger Bewirtschaftung zu erzielen ist.

b) Die Beanstandungsgründe im einzelnen

aa) Ungesunde Bodennutzungsverteilung. Diese kann sich ergeben durch **124** eine ungesunde Anhäufung von land- und forstwirtschaftlichen Nutzflächen in einer Hand, s. § 4 Abs. 1 Nr. 1 LPachtVG. Hier eine generelle Obergrenze zu ziehen, ist ausgesprochen problematisch. Bei einem solchen Unterfangen stieße man sehr schnell an verfassungsrechtliche Grenzen, insbesondere dann, wenn man räumliche Strukturunterschiede, wie sie innerhalb Deutschlands bestehen, außer Betracht ließe. Man kann jedenfalls davon ausgehen, dass bei einem isolierten Abstellen auf die Betriebsgröße nur ganz extreme Fälle unter die Beanstandungsklausel der ungesunden Anhäufung fallen können. Abgesehen davon müssen zum Vorhandensein erheblicher land- und forstwirtschaftlicher Nutzflächen weitere Gesichtspunkte hinzutreten, die im übrigen auch für sich alleine genommen Beanstandungsgründe darstellen können.

Beispiele: **125**
– Durch laufende Zupacht und höhere Pachtzinsangebote eines Landwirts werden konkurrierende Landwirte, die auf Zupacht angewiesen sind, in einem bestimmten räumlichen Bereich vom Pachtmarkt vollständig oder weitgehend ausgeschlossen.
– die Pachtflächen liegen so weit vom Betrieb des Pächters entfernt, dass mit einer ordnungsgemäßen Bewirtschaftung nicht mehr gerechnet werden kann.
– die Anpachtung geschieht wiederum unter Verdrängung konkurrierender Landwirte ohne betriebliche Notwendigkeit oder sonstige agrarstrukturell positive Zielsetzung.
– der Pächter kann das Pachtland nicht selbst ordnungsgemäß nutzen und pachtet nur zum Zwecke der Unterverpachtung.[90]

(mit Ablauf des 30.6.1986) Zuständigkeitsregelungen treffen. In Bayern zuständig: die Kreisverwaltungsbehörde bzw. die Regierung, s. Art. 3 Gesetz über die Zuständigkeiten im Bereich Land- und Forstwirtschaft (ZustGELF) v. 19.4.1986, zuletzt geänd. durch G.v. 12.4.1994.
[90] S. *Lange/Wulff/Lüdtke-Handjery,* § 4, Rn. 6 m.w.N.

126   Was das Konkurrenzverhältnis zwischen Landwirten und Nichtlandwirten betrifft, so gilt unter sinngemäßer Heranziehung der Rechtsprechung zu § 9 GrdstVG folgendes:

128   Eine ungesunde Verteilung der Bodennutzung liegt dann vor, wenn land- oder forstwirtschaftliche Nutzflächen verpachtet werden, der Pächter Nichtlandwirt ist und ein hauptberuflicher – unter Umständen auch nebenberuflicher[91] – Landwirt, der einen durch Pacht aufstockungswürdigen und aufstockungsbedürftigen Betrieb hat, auf die Fläche dringend angewiesen und bereit und in der Lage ist, einen Vertrag mit dem Verpächter zu etwa den Bedingungen abzuschließen, die mit dem Nichtlandwirt vereinbart wurden. Bei der Pachthöhe ist allerdings das Angemessenheitserfordernis des § 4 Abs. 1 Nr. 3 LPachtVG zu berücksichtigen.

129   Ein weiteres Beispiel ungesunder Bodennutzungsverteilung liefert § 4 Abs. 2 LPachtVG. Danach liegt dieser Beanstandungsgrund „in der Regel vor, wenn die Verpachtung Maßnahmen zur Verbesserung der Agrarstruktur widerspricht". Dies kann sich im Einzelfall ergeben bei Flurbereinigungsverfahren einschließlich des Landtauschs, bei Siedlungsverfahren und sonstigen behördlichen Verfahren, wie z.B. bei der Schaffung und Erhaltung von sog. Auffangbetrieben.[92]

130   **bb) Unwirtschaftliche Aufteilung.** Ein Landpachtvertrag kann nach § 4 Abs. 1 Nr. 2 LPachtVG beanstandet werden, wenn durch ihn ein Grundstück oder eine Mehrheit von Grundstücken, die räumlich oder wirtschaftlich zusammenhängen, unwirtschaftlich in der Nutzung aufgeteilt werden.

131   Unter welchen Voraussetzungen dies der Fall ist, muss im Einzelfall geprüft werden, wobei hier auch der zeitliche Aspekt der vorübergehenden Nutzungsüberlassung zu berücksichtigen ist.

132   So kann die Aufteilung eines Betriebes durch Verpachtung an zwei Pächter für sich allein betrachtet den Schluss auf Unwirtschaftlichkeit nahe legen. Erfolgt die Verpachtung jedoch, um den Betrieb für den heranwachsenden Enkel zu erhalten, so kann die Unwirtschaftlichkeit zu verneinen sein, wenn nach Ablauf der Pachtzeit wieder ein geschlossener, lebensfähiger Betrieb entsteht.[93]

133   Allgemein kann festgehalten werden, dass Unwirtschaftlichkeit in der Regel dann vorliegt, wenn der Restbetrieb seine Existenzfähigkeit verliert. Bei Teilung von Grundstücken ist die Wirtschaftlichkeit hinsichtlich aller sich ergebender Teile zu prüfen. Trifft das Merkmal der Unwirtschaftlichkeit für einen Teil zu, so kann dies muss aber nicht zur Beanstandung des Vertrages führen. Wird beispielsweise von einem Grundstück die ebene Fläche verpachtet und die steile Fläche naturbelassen, so kann sich im Wege einer Gesamtbetrachtung durchaus die Wirtschaftlichkeit dieses Vorganges ergeben.

134   **cc) Unangemessene Pacht.** Unter Pachtzins im Sinne des § 4 Abs. 1 Nr. 3 LPachtVG ist die Gesamtheit der vom Pächter zu erbringenden Leistungen zu verstehen.[94] Diese muss angemessen sein im Verhältnis zu dem Ertrag, „den ein

---

[91] Zur eingeschränkten Privilegierung des Haupterwerbslandwirts gegenüber dem Nebenerwerbslandwirt s. § 4 Abs. 3 LandPVG und die Kommentierungen bei *Lange/Wulff/Lüdtke-Handjery,* § 4 LPachtVG, Rn. 9 ff.

[92] Wohl auch bei Maßnahmen des Natur- und Landschaftsschutzes, soweit dabei – und dies ist häufig der Fall – agrarstrukturelle Belange berührt werden. So auch *Lange/Wulff/Lüdtke-Handjery,* § 4 Rn. 8; als zweifelhaft eingestuft bei *Bendel/Becker,* Rn. 4.1.1.

[93] So *Lange/Wulff/Lüdtke-Handjery,* § 4 LPachtVG, Rn. 21.

[94] Also nicht nur die monetäre Leistung, sondern auch sonstige Leistungen wie übernommene Steuern, Abgaben, Versicherungsbeiträge u.ä., vgl. *Lange/Wulff/Lüdtke-Handjery,* § 4 LPachtVG, Rn. 25.

Pächter durchschnittlicher Tüchtigkeit nach den jeweiligen Verhältnissen bei sachgemäßer Wirtschaft mit angemessenem Inventar und ausreichenden sonstigen Betriebsmitteln auf Dauer erwirtschaften kann".[95]

Als unangemessen gilt dabei im Interesse der Pächter immer nur der zu hohe, **135** nicht der zu niedrige Pachtpreis.[96]

Ein angemessenes Verhältnis zwischen Pachtpreis und Ertrag ist dann vorhanden, **136** „wenn der im langjährigen Durchschnitt von dem Pachtgrundstück zu erzielende Ertrag zwischen den Vertragsteilen so verteilt wird, dass der Pächter nach Abzug seiner Aufwendungen einen angemessenen Arbeitslohn erhält und der Verpächter die auf dem Grundstück ruhenden Lasten und Abgaben so decken kann, dass er eine niedrige Verzinsung bei einer sicheren Kapitalanlage erhält".[97]

Noch nicht abschließend geklärt ist die Frage, ob bei Ermittlung der Angemes **137** senheit allein auf das Pachtobjekt abzustellen ist, oder ob eine betriebswirtschaftliche Gesamtbetrachtung zulässig bzw. geboten ist.[98]

Richtig ist m.E., in jedem Falle, also bei Betriebspacht wie bei Zupacht von **138** Flächen, zunächst vom konkreten Pachtobjekt auszugehen und im Wege der Deckungsbeitragsrechnung[99] die betriebswirtschaftlich sinnvolle Pacht zu ermitteln.

Bei der Zupacht kann es in Sonderfällen, z.B. aus steuerlichen Gründen, we **139** gen der Flächenbindung der Milchquote oder zur Vermeidung der Gewerblichkeit von Tierhaltungsbetrieben, betriebswirtschaftlich sinnvoll sein, einen höheren Pachtpreis zu bezahlen. Die Schwelle der Unangemessenheit ist dann entsprechend höher anzusetzen. Die zuständigen Behörden sollten hier nicht versuchen, subjektiv und objektiv nachvollziehbar ökonomisch richtige Entscheidungen der Vertragsparteien zu korrigieren. Durch eine entsprechende Zurückhaltung wird auch der Gefahr vorgebeugt, dass ein Pächter zunächst andere überbietet und dann im Wege des Beanstandungsverfahrens versucht, den Pachtzins wieder zu reduzieren.

Die Zurückhaltung sollte hier umso leichter fallen, als der Beanstandungsgrund **140** des § 4 Abs. 1 Nr. 1 LPachtVG dann eingreift, wenn sich eine agrarstrukturell unerwünschte ungesunde Bodenverteilung ergeben sollte.

3. Rechtsfolgen beim Vorliegen von Beanstandungsgründen

Liegen bei Abschluss oder einer anzeigepflichtigen Änderung von Landpacht **141** verträgen Beanstandungsgründe vor, so werden die Vertragsteile von der zuständigen Behörde in einem Verwaltungsakt, dem sog. Beanstandungsbescheid, aufgefordert, die entsprechenden vertraglichen Bestimmungen innerhalb einer bestimmten Frist aufzuheben oder in bestimmter Weise zu ändern. Kommen die Vertragsparteien der Aufforderung nicht nach, so gilt der Landpachtvertrag oder die Vertragsänderung mit Ablauf der Frist als aufgehoben, sofern nicht vorher ein Vertragsteil einen Antrag auf gerichtliche Entscheidung gestellt hat.

Im einzelnen finden sich hierzu die Verfahrensvorschriften in § 7 LPachtVG.   **142**

Stellt ein Vertragsteil den Antrag auf gerichtliche Entscheidung, so kann das **143** Landwirtschaftsgericht entweder feststellen, dass der Landpachtvertrag nicht zu be-

---

[95] *Lange/Wulff/Lüdtke-Handjery;* § 4 LPachtVG, Rn. 27.
[96] S. *Bendel/Becker,* § 4, Rn. 6.1. und *Faßbender/Hötzel/Lukanow,* § 4 LPachtVG, Rn. 81.
[97] *Lange/Wulff/Lüdtke-Handjery,* § 4 LPachtVG, Rn. 28 in Anlehnung an BGH RdL 1952, 288.
[98] S. dazu die Literaturhinweise bei *Faßbender/Hötzel/Lukanow;* § 4 LPachtVG, Rn. 81.
[99] Zu den in die Deckungsbeitragsrechnung einzubeziehenden Faktoren s. *Faßbender/Hötzel/Lukanow,* § 4 LPachtVG, Rn. 84 oder die einschlägige betriebswirtschaftliche Literatur.

anstanden ist, oder den Landpachtvertrag aufheben; das gleiche gilt für Vertragsänderungen. Erachtet das Landwirtschaftsgericht eine auf § 4 Abs. 1 Nr. 3 LPachtVG (Unangemessene Pacht) gestützte Beanstandung für begründet, kann es den Vertrag insoweit ändern, statt ihn aufzuheben, s. § 8 Abs. 1 LPachtVG.

4. Existenzberechtigung des Landpachtverkehrsgesetzes[100]

144   Wie das Grundstückverkehrsgesetz war auch das Landpachtverkehrsgesetz seit seinem Erlass rechtspolitisch umstritten. Seiner Zielsetzung, den Pachtmarkt zu lenken, ist es nicht gerecht geworden. Die Bemühungen einzelner Bundesländer,[101] die ungesunde Anhäufung von land- und forstwirtschaftlichem Grund zu verhindern, stießen bei den Landwirten auf wenig Verständnis. Ohnedies ausgesprochen seltene Beanstandungen wurden nicht selten von den Landwirtschaftsgerichten aufgehoben.[102] Mit Blick auf die Größenordnungen in den neuen Bundesländern sind Lenkungsversuche über § 4 Abs. 1 Nr. 1 LPachtVG noch weiter erschwert worden. *Hötzel* fordert zu Recht eine wissenschaftliche Evaluierung der Wirkung von Grundstücks- und Pachtlenkung im Bereich der Landwirtschaft, die dann die Grundlage für weitere Entscheidungen zur Beibehaltung, Änderung oder Abschaffung dieses Instrumentariums bilden könnte.

V. Einblick in das Pachtkreditgesetz[103]

1. Bestellung und Erstreckung des Pfandrechts

145   Der Pächter kann einen Kreditgeber nicht wie ein Grundeigentümer durch Bestellung von Grundpfandrechten sichern. Deshalb ermöglicht das Pachtkreditgesetz zur agrarpolitisch erwünschten Erhaltung und Leistungssteigerung landwirtschaftlicher Pachtbetriebe die Sicherheitsgewährung durch die Bestellung eines vertraglichen Pfandrechts (§ 1204) an dem pächtereigenen Inventar. Die Besonderheit des Pachtkreditgesetzes liegt darin, dass dieses Pfandrecht ohne die sonst erforderliche Besitzübertragung begründet werden kann, s. § 1 Abs. 1 PachtkreditG. Wofür der Pächter den Kredit verwendet, ist unerheblich.[104]

146   Das Kreditinstitut soll gem. § 1 Abs. 2 PachtkreditG den Verpächter von der beabsichtigten Pfandrechtsbestellung benachrichtigen. Eine Zustimmung des Verpächters ist nicht erforderlich. Die Bestellung des Pfandrechts erfolgt durch die entsprechende Einigung von Pächter und Kreditgeber und die Niederlegung des

---

[100] S. dazu *Hötzel*, Grundstückverkehrsgesetz und Landpachtverkehrsgesetz in rechtspolitischer Diskussion, in: AgrarR 2000, 1 ff. mit Darstellung des Diskussionsstandes in Literatur und Rechtsprechung und unter Wiedergabe der einschlägigen Passagen des den Entwurfes eines Gesetzes zur Umsetzung des Art. 125a Abs. 2 des Grundgesetzes, in welchem den Ländern die Möglichkeit eröffnet wird, eigene Regelungen zur Landpachtlenkung zu erlassen.

[101] Hessen: Verordnung zur Durchführung des Landpachtverkehrsgesetzes vom 21.10.1986 (GVBl. I S. 327) und Nordrhein-Westfalen: Runderlass des Ministers für Ernährung, Landwirtschaft und Forsten (AZ 107-60042-18) vom 16.3.1987.

[102] So wurden beispielsweise im Landkreis Freising (Oberbayern) in den letzten zwanzig Jahren zwei Beanstandungen ausgesprochen, die dann vom Landwirtschaftsgericht aufgehoben wurden. Zur obergerichtlichen Rechtsprechung s. OLG Hamm, AgrarR 1989, 222.

[103] Vom 8.11.1985 (BGBl. I S. 2065). Einzelheiten bei *Grädler/Zinkl*, Das Pfandrecht nach dem Pfandkreditgesetz, AUR 1/2013, 1 ff.

[104] *Werner*, Art. Inventarpfandrecht, in: HAR I, Sp. 928 unter Hinweis auf BGH NJW 70, 2212, 2213.

(schriftlichen) Verpfändungsvertrages bei dem Amtsgericht, in dessen Bezirk der Sitz des Betriebes liegt. Außer der Einigung über die Bestellung des Pfandrechts muss der Verpfändungsvertrag den Geldbetrag, ggf. den Zinssatz, evtl. Nebenleistungen und die Bestimmungen ihrer Fälligkeit enthalten, s. § 2 Abs. 1 PachtkreditG. Das Pfandrecht erstreckt sich auf das gesamte, dem Pächter zur Zeit der Niederlegung des Verpfändungsvertrages gehörende Inventar. Soweit einzelne Inventarstücke von der Verpfändung ausgenommen werden sollen, ist dies einzeln im Vertrag festzuhalten, § 3 Abs. 1 PachtkreditG. Das Pfandrecht erstreckt sich auch auf die nach der Entstehung des Pfandrechts erworbenen Inventarstücke des Pächters, es sei denn, dies wird nach Maßgabe des § 3 Abs. 2 Satz 2 PachtkreditG vertraglich ausgeschlossen.

2. Zusammentreffen von Pfandrechten

Das vertragliche Pfandrecht nach dem Pachtkreditgesetz kann mit dem gesetz- **147** lichen Pfandrecht des Verpächters an den eingebrachten Sachen des Pächters zusammentreffen. Das Verhältnis dieser Pfandrechte zueinander bestimmt sich gem. § 4 Abs. 2, Satz 2 PachtkreditG ausschließlich nach § 11 PachtkreditG. Demnach besteht im wesentlichen Ranggleichheit. Der Verpächter kann der Verwertung des Inventars durch das Kreditinstitut gem. § 10 PachtkreditG nicht widersprechen,[105] kann aber die Hälfte des Erlöses zur Befriedigung oder zur Sicherstellung für die durch das gesetzliche Pfandrecht gesicherten Forderungen verlangen. Übersteigt die Hälfte des Erlöses die Ansprüche des Verpächters, so steht der überschießende Teil vorrangig dem Kreditinstitut zu, s. § 11 Abs. 1 Satz 4 PachtkreditG.

Im Falle der beabsichtigten Verwertung des Inventars sollen sich Verpächter und **148** Kreditgeber über die Art des Vorgehens verständigen, um einerseits Interessenkollisionen weitgehend zu vermeiden und um andererseits nach Möglichkeit die Aufrechterhaltung des Betriebes zu erreichen, vgl. § 9 PachtkreditG.

---

[105] Zu einer Verwertung, die nicht im Wege der öffentlichen Versteigerung geschieht, bedarf das Kreditinstitut allerdings der Einwilligung des Verpächters, s. § 11 Abs. 1 Satz 2 PachtkreditG.

4. Kapitel. Landwirtschaftliches Erbrecht

Literaturauswahl:

Die hier angeführten Werke werden im Text dieses Kapitels nur durch die Angabe der Autorennamen zitiert.

Faßbender, Serie: Der lange Weg zur Hofübergabe, in: top agrar 1985, 22 ff., 1986, 36 ff., 1986, 36 ff., 1986, 54 ff., 1986, 60 ff.;

Faßbender / Hötzel / von Jeinßen / Pikalo, Höfeordnung, Höfeverfahrensordnung und Überleitungsvorschriften, 3. Aufl., Münster 1994;

Köhne, Neuordnung des landwirtschaftlichen Erbrechts, AUR Beilage II 2003;

Kreuzer, Grundlinien des landwirtschaftlichen Sondererbrechts in der Bundesrepublik Deutschland, Beilage II, AgrarR 1990, 12 ff.;

Lüdtke-Handjery / v. Jeinsen, Höfeordnung, 11. Aufl., München 2015;

Piltz, Bewertung landwirtschaftlicher Betriebe bei Erbfall, Schenkung und Scheidung, Bonn 1999;

Südel, Das landwirtschaftliche Erbrecht in Norddeutschland (am Beispiel von Schleswig-Holstein und Mecklenburg-Vorpommern) und in der Schweiz, Frankfurt a.M. 2007;

Schmitte, Landwirtschaftliches Familien- und Erbrecht, Berlin 2012, Schriftenreihe der Hagen Law School, 13. Agrarrecht;

Wöhrmann, Das Landwirtschaftserbrecht, 10. Aufl., Köln, 2012.

I. Gesellschaftspolitische und volkswirtschaftliche Zielvorstellung

Es ist nach wie vor ein anerkanntes gesellschaftspolitisches und volkswirtschaftliches Ziel, landwirtschaftliche Betriebe auch im Erbfalle als wirtschaftsfähige Einheiten zu erhalten. **1**

Unter dieser Prämisse existieren in einigen Ländern der Bundesrepublik Deutschland Anerbengesetze, die in erheblicher Abweichung vom allgemeinen Erbrecht des BGB das sog. Anerbenrecht (auch „Höferecht", „Landgüterrecht", „Landgutrecht" genannt) enthalten. Andere Bundesländer wiederum, wie z.B. Bayern, kennen kein Anerbenrecht, wohl aber eine ausgeprägte Anerbensitte. **2**

Die folgende Graphik gibt einen Überblick über die geltenden Anerbengesetze bzw. die anerbenfreien Gebiete in der Bundesrepublik Deutschland. **3**

Dieser Graphik liegt die von *Kreuzer* in HAR I S. 262 verwendete Karte zu Grunde. Was die neuen Bundesländer betrifft, so findet sich eine graphische Übersicht über die dort ehemals geltenden Anerbengesetze bei *Bendel,* Landwirtschaftliches Sondererbrecht in den fünf neuen Bundesländern, in: AgrarR 1991, 1 (3). Sie wurden dort bisher nicht wieder in Kraft gesetzt. Im Wesentlichen besteht hierzu auch kein Bedarf. Hinzu kommen kompetenzrechtliche Hürden, da Regelungen des Erbrechts als Teil des bürgerlichen Rechts in die konkurrierende Gesetzgebungskompetenz des Bundes fallen (Art. 74 Abs. 1 Nr. 1), der Bundesgesetzgeber von dieser Kompetenz über das BGB Gebrauch gemacht hat und der Ländervorbehalt des Art. 64 EGBGB wohl nur die bereits vorhandenen Anerbengesetze der Länder betrifft. Insofern müssten die neuen Länder zur Einführung eines Sondererbrechts den Weg über partielles Bundesrecht wählen.[1] **4**

---

[1] *Deimel,* Brauchen die neuen Bundesländer ein landwirtschaftliches Sondererbrecht? NLBzAR 2002, 51 ff.

Grimm

5   **Die geltenden Anerbengesetze in Deutschland**

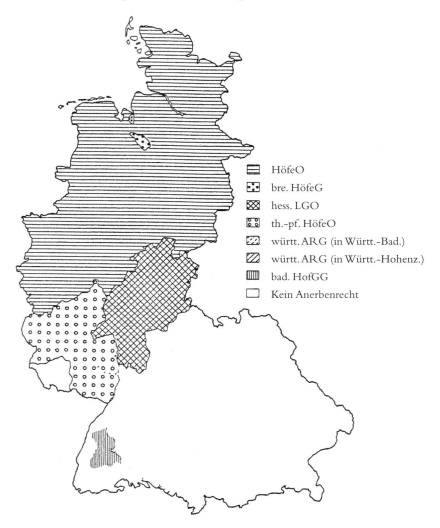

▤	HöfeO
▦	bre. HöfeG
▨	hess. LGO
▩	th.-pf. HöfeO
▨	württ. ARG (in Württ.-Bad.)
▨	württ. ARG (in Württ.-Hohenz.)
▥	bad. HofGG
☐	Kein Anerbenrecht

6   Aus der vorstehend abgebildeten Graphik lässt sich entnehmen, dass der nordwestdeutschen Höfeordnung bereits flächenmäßig große Bedeutung zukommt. Sie
spielt auch in der Literatur und Praxis eine wichtige Rolle und wird daher in der
Folge in ihren Grundzügen dargestellt (II.). Anschließend wird die Hofübergabe
in anerbengesetzfreien Gebieten besprochen (III.). In letzterem Zusammenhang
kommt auch das Zuweisungsverfahren nach dem Grundstückverkehrsgesetz zur
Darstellung.

Grimm

II. Grundzüge der (nordwestdeutschen)[2] Höfeordnung

1. Geltungsbereich

Die Höfeordnung gilt gem. § 1 Abs. 1 HöfeO in den Ländern Hamburg, Nie- **7** dersachsen, Nordrhein-Westfalen und Schleswig-Holstein als partielles Bundesrecht.

2. Charakteristika der Höfeordnung

a) Fakultatives Anerbenrecht

Auf Grund des Zweiten Gesetzes zur Änderung der Höfeordnung vom **8** 29.3.1976[3] ist seit dem 1.7.1976 das Höferecht fakultativ: Der Eigentümer eines land- oder forstwirtschaftlichen Betriebes kann wählen, ob er seinen Betrieb dem Sondererbrecht der Höfeordnung unterstellen will oder nicht. Dabei spielen, s. § 1 HöfeO, bestimmte Größenordnungen eine Rolle:

Bei einem Wirtschaftswert[4] von mindestens 10.000 EUR[5] liegt ein der Höfe- **9** ordnung unterstellter Hof kraft Gesetzes vor. Der Eigentümer kann jedoch durch eine Erklärung nach § 1 Abs. 4 HöfeO bewirken, dass der Hof diese Hofeigenschaft verliert oder auch wiedergewinnt.

Bei einem Wirtschaftswert von weniger als 10.000 EUR, mindestens jedoch **10** 5.000 EUR erlangt (und verliert) die Besitzung die Hofeigenschaft durch Erklärung des Eigentümers.

Betriebe unter einem Wirtschaftswert von 5.000 EUR sind vom Höferecht aus- **11** geschlossen. Besitzungen dieser Größenordnung werden allgemein als nicht existenz- und entwicklungsfähigfähig angesehen, sodass die mit der Unterstellung unter die Höfeordnung verbundene Belastung der Miterben hier nicht gerechtfigt erscheint.

b) Weitere Voraussetzungen für die Hofeigenschaft

Neben den Größenverhältnissen und den entsprechenden Erklärungshandlun- **12** gen des Eigentümers müssen folgende Kriterien erfüllt sein, damit ein Betrieb die Hofeigenschaft im Sinne der Höfeordnung besitzt:

Der Betrieb muss sich im Alleineigentum einer natürlichen Person oder im **13** gemeinschaftlichen Eigentum von Ehegatten befinden (Ehegattenhof) oder zum Gesamtgut einer fortgesetzten Gütergemeinschaft[6] gehören, s. § 1 Abs. 1 HöfeO. Einen Vater/Kind – Hof kennt die HöfeO nicht.[7] Juristische Personen, eine Gesellschaft bürgerlichen Rechts oder Personengesellschaften können nicht Eigentümer eines Hofes im Sinne der HöfeO sein. Wird eine derartige Rechtsform begründet,

---

[2] In der Folge wird dieses Anerbengesetz dem allgemeinen Sprachgebrauch entsprechend nur noch als „Höfeordnung" bezeichnet.
[3] BGBl. I S. 881.
[4] Dieser wird nach § 46 BewG ermittelt.
[5] Die Höfeordnung kennt – anders als das Reichserbhofgesetz – keine Begrenzung nach oben.
[6] S. §§ 1483 ff. BGB; s. im einzelnen *Wöhrmann*, § 1 Rn. 81 ff.
[7] Vgl. *Lüdtke-Handjery/v. Jeinsen*, § 1 Rn. 43 ff.

so erlischt die Hofeigenschaft. Eine Ausnahme hiervon bildet lediglich die Gesellschaft bürgerlichen Rechts zwischen den Ehegatten eines Ehegattenhofes.[8]

c) Geschlossene Vererbung an einen Erben

14   Der Hof fällt nach § 4 HöfeO – und dies ist das rechtspolitische Herzstück der HöfeO – kraft Gesetzes nur einem der Erben, dem Hoferben zu.[9] An die Stelle des Hofes tritt der Hofeswert, der nach dem 1 1/2 fachen des Einheitswertes zu berechnen ist. Diese Abweichung vom allgemeinen bürgerlichrechtlichen Grundsatz der gesetzlichen Gleichstellung aller Miterben bedarf im Hinblick auf die Prinzipien des Art. 3 GG eines hinreichenden Differenzierungsgrundes. Ein solcher wird allgemein im volkswirtschaftlichen Ziel der Sicherstellung der Volksernährung gesehen. Da diese nur von leistungsfähigen Betrieben erwartet werden kann, ist die Normierung des Mindestwirtschaftswertes von 5000 EUR entsprechend folgerichtig.

d) Intestathoferbenordnung

15   Bestimmt der Eigentümer keinen Hoferben, so greift die gesetzliche Regelung des § 5 HöfeO (sog. „Intestathoferbenordnung"). Danach sind als Hoferben kraft Gesetzes in folgender Ordnung berufen:
1. die Kinder des Erblassers und deren Abkömmlinge,
2. der Ehegatte des Erblassers,
3. die Eltern des Erblassers, wenn der Hof von ihnen oder aus ihren Familien stammt oder mit ihren Mitteln erworben worden ist,
4. die Geschwister des Erblassers und deren Abkömmlinge.

16   Durch das Gesetz zur Reform des Kindschaftsrechts[10] und das Gesetz zur erbrechtlichen Gleichstellung nichtehelicher Kinder (beide vom 16.12.1997)[11] ist das nichteheliche Kind dem ehelichen in vollem Umfang gleichgestellt worden. Dementsprechend ist die Regelung des § 5 S. 2 HöfeO a.F. entfallen. Das nichteheliche Kind nimmt nun wie ein eheliches Kind an der Hoferbfolge teil. Sofern es wirtschaftsfähig ist, verdrängt es also sowohl nicht wirtschaftsfähige eheliche Abkömmlinge des Erblassers als auch den überlebenden Ehegatten des Erblassers, unabhängig davon, ob dieser wirtschaftsfähig ist oder nicht.[12] Etwas anderes gilt bei Vorliegen eines Ehegattenhofes. Dort erbt der Ehegatte den Anteil des Erblassers, s. unten zu § 8 HöfeG.

17   Während § 5 HöfeO den Personenkreis der in Betracht kommenden Hoferben festlegt und in eine bestimmte Rangordnung bringt,[13] bestimmt § 6 HöfeO, welche Person innerhalb dieser Gruppen zur Erbfolge gelangt.

---

[8] OHG oder KG sind dagegen selbst dann nicht hoffähig, wenn die Ehegatten allein die Gesellschafter sind, so Näheres bei *Lüdtke-Handjery/v. Jeinsen,* § 1 Rn. 60 und *Wöhrmann,* § 1 Rn. 61 und 69; a.A. *Faßbender/Hötzel/Pikalo,* § 1 Rn. 39, *Faßbender* DNotZ 76, 398; *Storm* AgrarR 76, 190 und 77, 80.

[9] Nicht nur Einzelpersonen können Hoferbe sein (insofern ist § 4 HöfeO ungenau), sondern auch Ehegatten, vgl. *Lüdtke-Handjery/v. Jeinsen,* § 4 Rn. 3 und *Wöhrmann,* § 4 Rn. 11.

[10] Kindschaftsrechtsreformgesetz – KindRG, BGBl. I S. 2942.

[11] Erbrechtsgleichstellungsgesetz – ErbGleichG, BGBl. I S. 2968.

[12] Einzelheiten s. bei *Lüdtke-Handjery/v. Jeinsen,* § 5 Rn. 17 ff.; Für Altfälle und Fälle, in denen das nichteheliche Kind wirksam vorabgefunden worden ist, gelten die Übergangsregelungen des Art. 2 ErbGleichG und Art. 227 EGBGB.

[13] Zur dahinter liegenden rechtspolitischen Wertung s. z.B. *Wöhrmann,* § 5 Rn. 1 ff. Dass der überlebende Partner einer eingetragenen Lebenspartnerschaft nach wie vor nicht zu den kraft Gesetzes berufenen Hoferben zählt, er insbesondere nicht dem Ehegatten des Erblassers gleichgestellt ist, widerspricht Art. 3 GG und wird einer verfassungsgerichtlichen Überprüfung nicht standhal-

Nach § 6 Abs. 1 Nr. 1 ist dies in der ersten Hoferbenordnung „in erster Linie der **18** Miterbe, dem vom Erblasser die Bewirtschaftung des Hofes im Zeitpunkt des Erbfalles auf Dauer übertragen ist, es sei denn, dass sich der Erblasser dabei ihm gegenüber die Bestimmung des Hoferben ausdrücklich vorbehalten hat;"

Die Bewirtschaftungsübertragung muss dabei nicht notwendigerweise auf „un- **19** bestimmte Zeit" erfolgen. Auch ein auf Zeit geschlossener Pachtvertrag kann dem Erfordernis „auf Dauer" entsprechen, wenn auf Grund des Erblasserwillens und der Umstände des Einzelfalles eine Verlängerung der Verpachtung zu erwarten war.[14]

In zweiter Linie kommt gem. § 6 Abs. 1 Nr. 2 HöfeO der Miterbe zum Zuge, **20** „hinsichtlich dessen der Erblasser durch die Ausbildung oder durch Art und Umfang der Beschäftigung auf dem Hof hat erkennen lassen, dass er den Hof übernehmen soll;"

Die Nrn. 1 und 2 stellen auf den mutmaßlichen Erblasserwillen ab. Deshalb **21** spricht man in diesen Fällen von einer „formlosen Hoferbenbestimmung".[15]

In dritter Linie, d.h., wenn die Kriterien von Nr. 1 oder 2 nicht vorliegen, erhält **22** den Hof der älteste der Miterben oder, wenn in der Gegend Jüngstenrecht Brauch ist, der jüngste von ihnen den Hof.

Liegen die Voraussetzungen der Nr. 2 bei mehreren Miterben vor, ohne dass er- **23** kennbar ist, wer von ihnen den Hof übernehmen soll, so ist unter diesen Miterben ebenfalls der älteste oder, wenn Jüngstenrecht Brauch ist, der jüngste zur Hoferbfolge berufen (§ 6 Abs. 1 Satz 2 HöfeO).

Ob Ältesten- oder Jüngstenrecht Brauch ist, wurde in Niedersachsen 1995 durch **24** eine Landesverordnung festgestellt.[16] Die Gemeinschaftliche Bekanntmachung des Reichsministers der Justiz und des Reichsministers für Ernährung und Landwirtschaft vom 28.9.1940 (DJ 1940, S. 1109) hat dort deshalb keine Bedeutung mehr. Sie gilt nun nur noch für die Länder Hamburg und Schleswig-Holstein. Nordrhein-Westfalen besitzt seit 1976 eine eigene Regelung.[17] Durch diese Festlegungen sind die Gerichte in Erbstreitigkeiten schwieriger Ermittlungsaufgaben entbunden. Besteht kein bestimmter Brauch, so gilt Ältestenrecht.[18]

Der Ehegatte des Erblassers gehört gem. § 5 Nr. 1 HöfeO der 2. Erbenordnung **25** an und ist kraft Gesetzes zur Erbfolge berufen, wenn

– der Erblasser kinderlos ist oder seine Abkömmlinge vorverstorben sind oder
– die Abkömmlinge nicht hoferbberechtigt sind, z.B. wegen Erbverzichts oder fehlender Wirtschaftsfähigkeit.[19]

Die Rechtstellung des Ehegatten wurde durch das 2. Änderungsgesetz zur **26** HöfeO insofern verbessert, als er das Erbe nun als Vollerbe erlangt.[20] Eine Verschlechterung seiner Position ergibt sich jedoch durch die neue Regelung in § 6 Abs. 2 HöfeO: Danach entfällt das Erbrecht des Ehegatten,

---

ten. Folgerichtig insofern der Änderungsantrag von Abgeordneten der Fraktion Bündnis 90/DIE GRÜNEN v. 26.6.2013, BT-Drs. 17/14234, Art. 13 Änderung der Höfeordnung.

14 S. dazu *Wöhrmann*, § 6 Rn. 18 ff.; so im Ergebnis auch *Lüdtke-Handjery/v. Jeinsen*, § 6 Rn. 23.
15 Zur rechts- und agrarpolitischen Problematik s. *Wöhrmann*, § 6 Rn. 8.
16 VO vom 12.12.1995 (GVBl. NS 1996, S. 485).
17 VO zur Feststellung des Erbbrauchs vom 7.12.1976 (GVBl. NW S. 426).
18 S. *Lüdtke-Handjery/v. Jeinsen*, § 6 Rn. 52.
19 Zum Begriff der Wirtschaftsfähigkeit s. § 6 Abs. 7 HöfeO; näher dazu unter lit. f.
20 In der bis zum 30.6.1976 gültigen Fassung war er nur Hofvorerbe, s. § 6 Abs. 3 a.F., abgedruckt bei *Wöhrmann*, S. 124.

27   „1. wenn Verwandte der dritten und vierten Hoferbenordnung leben und ihr Ausschluss von der Hoferbfolge, insbesondere wegen der von ihnen für den Hof erbrachten Leistungen, grob unbillig wäre;"

28   Bei Beurteilung der Frage des Vorliegens grober Unbilligkeit sind alle Umstände des Einzelfalles in die Abwägung einzubringen. Neben Arbeitsleistungen der Verwandten der dritten oder vierten Hoferbenordnung sind auch Geldleistungen hofbezogener aber auch an den Erblasser persönlich gerichteter Art von Bedeutung. Die Dauer der Ehe ist nach wie vor in die Gesamtbetrachtung miteinzubeziehen, auch wenn diesem Faktor im Laufe des Gesetzgebungsverfahrens einiges an Gewicht entzogen wurde.[21] Das rein persönliche Verhältnis zwischen Erblasser und Ehegatten darf in die Beurteilung nicht mit einfließen, auch nicht das Moment ehelicher Untreue, es sei denn, der Erblasser hätte bereits die Scheidung beantragt oder ihr zugestimmt. Der Ausschluss des Ehegatten von der Hoferbfolge ergibt sich für diesen Fall allerdings aus § 6 Abs. 2 Nr. 2 HöfeO i.V.m. § 1933 BGB.

e) Testamentarische Hoferbenbestimmung

29   Nach § 7 Abs. 1 Satz 1 HöfeO kann der Eigentümer den Hoferben durch Verfügung von Todes wegen frei bestimmen oder ihm im Wege der vorweggenommenen Erbfolge (Hofübergabe) den Hof übergeben. Er ist also in der Auswahl des Hoferben frei. Er bedarf insbesondere keiner Zustimmung des Landwirtschaftsgerichts, er ist an keinen Erbbrauch und weder an den Kreis noch an die Reihenfolge der gesetzlichen Hoferbenordnung des § 5 HöfeO gebunden. Er kann folglich auch einen Hoferben bestimmen, der weder zur gesetzlichen Hoferbenordnung noch zur Familie gehört.[22]

30   Wird die Bestimmung durch Verfügung von Todes wegen getroffen, also durch Testament oder Erbvertrag, so sind die entsprechenden Formvorschriften des BGB[23] zu beachten. Gleiches gilt für den Übergabevertrag, der, – da ja stets Grundstücke mit betroffen sind –, der notariellen Beurkundung bedarf (s. § 311b BGB).

31   Beschränkungen des freien Bestimmungsrechts des Erblassers ergeben sich aus dem BGB. Hat der Eigentümer durch einen Erbvertrag oder ein unwiderruflich gewordenes gemeinschaftliches Testament einen Hoferben bestimmt, so kann er durch einseitige Verfügung von Todes wegen keinen anderen mehr wirksam zum Hoferben bestimmen, §§ 2289 Abs. 1 Satz 2, 2271 Abs. 1 Satz 2 BGB. Ferner ist er in analoger Anwendung vorgenannter Bestimmungen daran gehindert, den Hof durch Hofübergabevertrag einem anderen als dem erbvertraglich oder durch gemeinschaftliches Testament bestimmten Hoferben zu übergeben.[24] In seltenen Ausnahmefällen kann sich die Nichtigkeit einer letztwilligen Verfügung von Todes wegen aus § 138 BGB wegen Verstoßes gegen die guten Sitten ergeben. Ein „Maitressen"- oder „Geliebtentestament" löst heute in der Regel nur noch dann die Nichtigkeit der letztwilligen Verfügung aus, wenn die Erbeinsetzung der Geliebten reinen Entgeltcharakter für die geschlechtliche Hingabe trägt.[25]

32   Speziell höferechtliche Beschränkungen des freien Bestimmungsrechts ergeben sich aus § 7 HöfeO:

---

[21] S. dazu *Wöhrmann*, § 6 Rn. 40 ff. m.w.N.
[22] H.L., vgl. *Wöhrmann*, § 7 Rn. 12.
[23] S. §§ 2229 ff. für das Testament und § 2276 für den Erbvertrag.
[24] S. *Wöhrmann*, § 17, Rn. 30.
[25] S. *Palandt*, 73. Aufl. 2014, § 138, Rn. 50 ff. und § 1937, Rn. 15.

Grimm

§ 7 Abs. 1 Satz 2 besagt, dass nicht zum Hoferben bestimmt werden kann, wer **33** wegen Wirtschaftsunfähigkeit nach § 6 Abs. 6 Satz 1 und 2 als Hoferbe ausscheidet. Positiv ausgedrückt heißt dies, dass grundsätzlich nur ein Wirtschaftfähiger zum Hoferben bestimmt werden kann. Wirtschaftsfähig ist nach der Legaldefinition des § 6 Abs. 7 HöfeO, „wer nach seinen körperlichen und geistigen Fähigkeiten, nach seinen Kenntnissen und seiner Persönlichkeit in der Lage ist, den von ihm zu übernehmenden Hof selbständig ordnungsgemäß zu bewirtschaften."

Die Wirtschaftsunfähigkeit steht einer Berufung zum Hoferben ausnahmsweise **34** nicht entgegen,
- wenn allein mangelnde Altersreife der Grund der Wirtschaftsunfähigkeit ist (§ 6 Abs. 6 Satz 2 1. Alt.),
- wenn an den Ehegatten vererbt wird (§ 6 Abs. 6 Satz 2 2. Alt.),
- wenn sämtliche Abkömmlinge wegen Wirtschaftsunfähigkeit ausscheiden und ein wirtschaftsfähiger Ehegatte nicht vorhanden ist (§ 7 Abs. 1 Satz 2 2. HS).[26]

Eine weitere Beschränkung des freien Bestimmungsrechts ergibt sich aus § 7 **35** Abs. 2 Satz 1 und 2 HöfeO: „Hat der Eigentümer die Bewirtschaftung des Hofes unter den Voraussetzungen des § 6 Abs. 1 Satz 1 Nr. 1 einem hoferbenberechtigten Abkömmling übertragen, so ist, solange dieser den Hof bewirtschaftet, eine vom Eigentümer nach Übertragung der Bewirtschaftung vorgenommene Bestimmung eines anderen zum Hoferben insoweit unwirksam, als durch sie der Hoferbenberechtigte von der Hoferbfolge ausgeschlossen würde. Das gleiche gilt, wenn der Eigentümer durch Art und Umfang der Beschäftigung (§ 6 Abs. 1 Satz 1 Nr. 2) eines hoferbenberechtigten Abkömmlings auf dem Hof hat erkennen lassen, dass er den Hof übernehmen soll."

Diese Vorschrift lässt die sog. „formlose Hoferbenbestimmung" zu und been- **36** det damit den langjährigen Streit über deren Zulässigkeit zwischen der befürwortenden BGH-Rechtsprechung und der kritisch eingestellten Literatur.[27] Die BGH-Rechtsprechung war naturgemäß auf den Einzelfall zugeschnitten und basierte auf der Anwendung des Prinzips von Treu und Glauben. Die nun existierende gesetzliche Regelung gibt dem bewirtschaftenden Abkömmling der ersten Hoferbenordnung[28] ein Mehr an Sicherheit, den Hof auch tatsächlich zu erhalten. Letzte Sicherheit bietet sie ihm jedoch nicht, da der Hofeigentümer durch eine Gestaltungserklärung nach § 1 Abs. 4 HöfeO den Hof der Geltung der Höfeordnung entziehen kann. Für diesen Fall bliebe dem bewirtschaftenden Abkömmling der ersten Hoferbenordnung wieder nur der Rückgriff auf die vage Formel von Treu und Glauben. Es empfiehlt sich daher in jedem Falle, die förm-

---

[26] Die höferechtliche Besserstellung eines nichtwirtschaftsfähigen Abkömmlings gegenüber seinen sämtlich ebenfalls nicht wirtschaftsfähigen Geschwistern begegnet verfassungsrechtlichen Bedenken, da die höferechtliche Privilegierung eines Miterben ihren Grund in der angestrebten Erhaltung eines geschlossenen, leistungsfähigen Betriebes findet. *Wöhrmann* ist deshalb darin zuzustimmen, dass § 7 Abs. 1, S. 2, 2. HS verfassungskonform dahin auszulegen ist, dass die Rechte der pflichtteilsberechtigten Miterben nach dem Bürgerlichen Recht zu beurteilen sind.
Beispiel: Ein verwitweter Landwirt hat drei Söhne. Einer ist Bauingenieur in einer eigenen Baufirma, der zweite ist Verwaltungsjurist, der dritte Zahnarzt. Letzterer ist testamentarisch zum Hoferben bestimmt. Es ist hier schwer einzusehen, warum die nicht bedachten Brüder mit der höferechtlich reduzierten Abfindung abgefunden werden sollen. S im einzelnen *Wöhrmann*, § 7 Rn. 31 ff. und *Lüdtke-Handjery/v. Jeinsen*, § 7 Rn. 9.
[27] S. die Literaturhinweise bei *Wöhrmann*, § 7 Rn. 37.
[28] Aus der Entstehungsgeschichte dieser Vorschrift ergibt sich, dass § 7 Abs. 2 auf die Hoferbenberechtigten der vierten Hoferbenordnung nicht analog anwendbar ist, s. *Wöhrmann*, § 7 Rn. 41 f.

Grimm

lich bindenden Instrumentarien, insbesondere die des notariellen Hofübergabevertrages zu nutzen.

f) Der Hoferbe beim Ehegattenhof

37 Ein Ehegattenhof im Sinne der Höfeordnung befindet sich im gemeinschaftlichen Eigentum von Ehegatten, § 1 Abs. 1 Satz 1 HöfeO.[29]

38 Er entsteht kraft Gesetzes, also ohne Rücksicht darauf, ob ein Hofvermerk oder Ehegattenhofvermerk im Grundbuch eingetragen ist, wenn folgende Voraussetzungen erfüllt sind:
1) die allgemeinen Voraussetzungen des § 1 Abs. 1 HöfeO,
2) Wirtschaftswert mindestens 10.000,– EUR, bzw. mindestens 5.000,– EUR (auf Antrag)
3) gemeinschaftliches Eigentum der Ehegatten.

39 Gemeinschaftliches Eigentum kennt die Rechtsordnung in der Form von Gesamthandseigentum oder Bruchteilseigentum.[30]

40 Gesamthandseigentum entsteht:
– bei ehevertraglicher Vereinbarung der Gütergemeinschaft,
– bei Gründung einer GbR durch die Ehegatten und Einbringung der Hofstelle und der Grundstücke in das Gesellschaftsvermögen,
– bei Anfall eines Hofes an die Ehegatten als Erbengemeinschaft.

41 Bruchteilseigentum entsteht, wenn die Ehegatten einander oder, wenn einer Alleineigentümer ist, der eine Ehegatte dem andern, eine Miteigentumsquote einräumen.[31]

42 Ein Ehegattenhof kraft (konstitutiver) Erklärung entsteht, wenn folgende Voraussetzungen erfüllt sind:
1) die allgemeinen Voraussetzungen des § 1 Abs. 1 HöfeO
2) kein gemeinschaftliches Eigentum (sonst Ehegattenhof kraft Gesetzes)
3) Erklärung und Eintragung des Ehegattenhofvermerkes im Grundbuch.

43 Bei einem Wirtschaftswert von mindestens 5.000,– EUR und weniger als 10.000,– EUR ist im Hinblick auf die generelle Regelung des § 1 Abs. 1 Satz 3 HöfeO in jedem Falle, d.h. unabhängig von der Eigentumsverteilung zwischen den Ehegatten, die Erklärung und Eintragung erforderlich.

44 Bei einem Ehegattenhof fällt der Anteil des Erblassers dem überlebenden Ehegatten als Hoferben zu, § 8 Abs. 1 HöfeO. Der Ehegattenhof wandelt sich dadurch in einen Alleineigentümerhof um. Nach § 8 Abs. 2 können die Ehegatten einen Dritten als Hoferben „nur gemeinsam bestimmen und eine von ihnen getroffene Bestimmung nur gemeinsam wieder aufheben. Haben sie eine derartige Bestimmung nicht getroffen oder wieder aufgehoben, so kann der überlebende Ehegatte den Hoferben allein bestimmen".[32]

---

[29] Zum Verlust der Eigenschaft als Ehegattenhof, s. § 1 Abs. 5 HöfeO. Für alt-rechtliche Ehegattenhöfe ist Art. 3 § 2 des 2. Änderungsgesetzes-HöfeO zu beachten.
[30] Näheres zu diesen Begriffen z.B. bei *Wolf/Wellenhofer*, Sachenrecht, 28. Aufl., 2013, S. 16 ff.
[31] Nicht erforderlich ist, dass dem Ehegatten Miteigentum an sämtlichen Grundstücken eingeräumt wird, ferner nicht, dass ihm eine gleich große Quote zugebilligt wird, s. *Lüdtke-Handjery/v. Jeinsen*, § 1 Rn. 57 m.w.N.; a.A. *Faßbender*, DNotZ 1976, 398; 1977, 388.
[32] Der Hof kann in diesem Falle also auch – anders als nach altem Recht, s. § 8 Abs. 3 HöfeO a.F., abgedr. bei *Wöhrmann*, § 8 vor Rn. 1 – „aus der Sippe hinaus" vererbt werden. Zur Entstehungsgeschichte und rechtspolitischen Problematik dieser Vorschrift s. *Wöhrmann*, § 8 Rn. 1 mit 4 und 12.

Grimm

In der Literatur wird überwiegend die Meinung vertreten,[33] dass es auf Grund **45**
des § 8 Abs. 2 HöfeO dem einzelnen Ehegatten zu Lebzeiten verwehrt ist, einseitig
über seinen Miteigentumsanteil am Hof letztwillig zu verfügen. Auch § 16 Abs. 1
HöfeO wird zur Stützung dieser Meinung angeführt. *Stöcker* vertritt hier eine andere Ansicht. Er meint, § 8 Abs. 2 HöfeO beziehe sich lediglich auf den Hof als
Ganzes. In seiner Einheit könne der Ehegattenhof selbstverständlich nur von den
Ehegatten gemeinsam vererbt werden. § 8 Abs. 2 Satz 1 HöfeO habe insofern nur
deklaratorischen Charakter. Diese Vorschrift nähme aber dem einzelnen Ehegatten
nicht das Recht, über seinen Hofesanteil letztwillig zu verfügen.[34]

M.E. ist hier trotz der gewichtigen Gründe *Stöckers* der überwiegenden Mei- **46**
nung grundsätzlich der Vorzug zu geben. Wer seinen Alleineigentümerhof durch
eine entsprechende Gestaltungserklärung zum Ehegattenhof umwandelt, muss sich
der weit reichenden Folgen dieser Erklärung bewusst sein. Diese Erklärung enthält
nicht nur ein Aufgeben der alleinigen Verfügungsmacht über den Hof, sondern sie
bringt auch den Willen des Erklärenden zum Ausdruck, den Hof der Höfeordnung
zu unterstellen. Da diese aber als Hauptziel die geschlossene Vererbung der Höfe
verfolgt, wäre es inkonsequent, bei Erklärung des Hofes zum Ehegattenhof einen
gegenteiligen Willen zu unterstellen.

Erlangen die Ehegatten indes den Ehegattenhof im Wege eines Erbganges, so **47**
fehlt das Willenselement der Unterwerfung unter die Höfeordnung und ihre Ziele.
In diesen Fällen könnte man der Testierfreiheit des einzelnen Ehegatten den Vorzug geben.

Die Bestimmung des Erben erfolgt – abgesehen von den Fällen der formlosen **48**
Hoferbenbestimmung nach § 6 Abs. 1 Nr. 1 oder 2 HöfeO – durch Erbvertrag oder
Testament. Das Testament muss dabei kein gemeinschaftliches sein. Es genügt, wenn
die Hoferbenbestimmung in zwei getrennten Testamenten, die sich inhaltlich hinsichtlich der Hoferbfolge decken, getroffen wird.[35]

Die Ehegatten sind in der Auswahl des Hoferben frei. Ebenso wie der Eigentü- **49**
mer eines Alleineigentümerhofes sind sie nicht an den Kreis oder die Reihenfolge
der gesetzlichen Hoferbenordnung gebunden. Können sie sich nicht auf einen gemeinsamen Hoferben einigen, so kann der überlebende Ehegatte gem. § 8 Abs. 2
Satz 2 den Hoferben allein bestimmen. Nach der von *Stöcker* vertretenen Ansicht
könnte dies der Ehegatte verhindern, indem er zu Lebzeiten einseitig über seinen
Hofanteil letztwillig verfügt und den Ehegatten von der Hoferbfolge ausschließt.[36]
Nach der überwiegenden Meinung, der der Vorzug zu geben ist, ist diese Aushöhlung des Ehegattenhofrechts nicht möglich.

g) Abfindung der weichenden Erben und sonstigen Abfindungs-berechtigten

Ein Kennzeichen der Höfeordnung ist die Abfindung der Miterben und sonsti- **50**
gen Berechtigten[37] zu einem ermäßigten Satz, um die Existenzfähigkeit des Hofes

---

[33] S. die Nachweise bei *Wöhrmann,* § 8 Rn. 16 oder *Lüdtke-Handjery/v. Jeinsen,* § 8 Rn. 22 ff.
[34] S. *Wöhrmann,* § 8 Rn. 16 bis 19.
[35] So *Lüdtke-Handjery/v. Jeinsen,* § 8 Rn. 34; *Wöhrmann,* § 8 Rn. 20; a.A. *Steffen,* Höfeordnung,
§ 8 Rn. 6.
[36] S. *Wöhrmann,* § 8 Rn. 24.
[37] Die Abfindungsregelung der HöfeO gilt sinngemäß auch für Pflichtteils- und Erbersatzbe-
rechtigte, Vermächtnisnehmer und den Ehegatten, der den Zugewinnausgleich nach § 1371 Abs. 2
und 3 BGB verlangt, s. § 12 Abs. 10.

zu erhalten. Die dadurch entstehenden Interessengegensätze zwischen Hoferben und dem übrigen Kreis der Berechtigten versuchen die §§ 12 und 13 HöfeO vorbehaltlich anderweitiger Regelung durch Übergabevertrag oder Verfügung von Todes wegen in sehr detaillierter Form unter den Gesichtspunkten von Treu und Glauben so angemessen wie möglich auszugleichen.[38]

51   Hier die wichtigsten Regelungsinhalte:

–   Hinsichtlich des Hofes erhält der Miterbe keine Miterbenstellung, sondern lediglich einen Abfindungsanspruch in Geld (§ 12 Abs. 1 HöfeO).

–   Der Anspruch bemisst sich nach dem Hofeswert, der mit dem Eineinhalbfachen des steuerlichen Einheitswertes[39] angesetzt wird (§ 12 Abs. 2 HöfeO). Diese Regelung ist insofern problematisch geworden, als es der Gesetzgeber versäumt hat, die in § 40 Abs. 1 BewG enthaltene Selbstverpflichtung zu erfüllen und alle sechs Jahre die für die Einheitsbewertung notwendigen Festsetzungen vorzunehmen. Unter Beibehaltung der bei der Neufassung der Höfeordnung 1976 als gerecht bewerteten Relation des Eineinhalbfachen Einheitswertes nimmt der BGH im Wege der richterlichen Rechtsfortbildung die von Gesetzgeber versäumte Neufestsetzung der Einheitswerte rechnerisch selbst vor und kommt so zu einer entsprechend höheren Abfindung der weichenden Erben.[40]

52   Vom Hofeswert werden die Nachlassverbindlichkeiten abgezogen, die den Hof treffen und vom Hoferben allein zu tragen sind.[41] Der danach verbleibende Betrag, jedoch mindestens ein Drittel des Hofeswertes gebührt den Erben zu dem Teil, der ihrem Anteil am Nachlass nach allgemeinem Recht entspricht. Der Hoferbe wird bei der Berechnung dieser Anteile mitgerechnet, wenn er selbst zum Kreis der gesetzlichen Erben des Erblassers gehört, s. § 12 Abs. 3 HöfeO.

---

[38] Diese Zielsetzung kann, so *Wöhrmann,* § 12 Rn. 1, wie der Leitgedanke der „Gerechtigkeit" überhaupt, nur als stete Aufgabe verstanden werden. Angesichts des dramatischen Strukturwandels in der Landwirtschaft wird die Sachgerechtigkeit der ermäßigten Miterbenabfindung in Frage gestellt, s. z.B. *Haselhoff,* Neugestaltung der Hoferbfolgebestimmungen in der Bundesrepublik Deutschland, RdL 1993, 225 ff.

[39] Maßgebend ist der letzte zu Lebzeiten des Erblassers erlassene Steuerbescheid, s. näher bei *Lüdtke-Handjery/v. Jeinsen,* § 12 Rn. 19.

[40] Entscheidung vom 17.11.2000: BGHZ 146,74 = NJW 2001, 1726 = AgrarR 2001, 52 mit bespr. *Köhne,* AgrarR 2001, 165; *Hartwig* AgrarR 2002, 169; *Holl,* AgrarR 2002, 13; *Gluth,* JR 2002, 21; *Rinck* AgrarR 2001, 111. Dem Fall lag folgender Sachverhalt zu Grunde: Die Klägerin machte gegen ihren Bruder, der den elterlichen Ehegattenhof übertragen bekommen hatte, einen Abfindungsanspruch nach § 12 Abs. 1 HöfeO geltend mit der Behauptung, dass der wahre Hofeswert mit 1000000,– DM weit über dem Eineinhalbfachen des Einheitswertes (73600,– DM) gelegen habe; s auch Entscheidung vom 22.11.2000 zur Abfindungsergänzung bei dinglicher Belastung: BGHZ 146, 94 = NJW 2001, 1728 = AgrarR 2001, 54 mit Anm. *Bendel* DNotZ 2001, 719 und *Witt* WuB IV F § 13 HöfeO 1 01 mit Anm. *Schanbacher.*
Beide Entscheidungen vorgestellt und kommentiert vom Vizepräsidenten des BGH *Wenzel* anlässlich des 57 Agrarrechtsseminars der Deutschen Anwaltsakademie im Zusammenwirken mit der DGAR im Oktober 2002 in Goslar, abgedruckt mit Diskussionsbeiträgen von Dingerdissen, *Köhne und Ruffer* AgrarR 2002, 373 ff. Einzelheiten zur Anpassungsmethode des BGH und Kritik, s. bei *Wöhrmann,* § 12 Rn. 22 ff. m. w. Literaturhinweisen

[41] Dazu zählen z.B. Grundsteuern, Deichlasten, Nießbrauch, auf dem Hof ruhende Altenteilerleistungen (in zu kapitalisierender Form). Ob auch Pflichtteilsansprüche, Erbersatzansprüche, Zugewinnausgleichsansprüche und Vermächtnisse Nachlassverbindlichkeiten im Sinne der §§ 12, 15 HöfeO sind, ist umstritten, s. *Lüdtke-Handjery/v. Jeinsen,* § 12 Rn. 33 ff. und *Wöhrmann,* § 12 Rn. 27. Hypotheken Grund- und Rentenschulden (soweit letztere nicht zu den Altenteilerleistungen gehören) sind vom Hofeswert nur abzuziehen, soweit sie nicht aus dem freien Vermögen berichtigt werden können, s. § 15 Abs. 2 HöfeO.

– Da die Abfindungslast nach dem 2. ÄG-HöfeO gestiegen ist,[42] hat der Gesetzgeber zu Gunsten des Hoferben eine Stundungsmöglichkeit vorgesehen, „soweit der Hoferbe bei sofortiger Zahlung den Hof nicht ordnungsgemäß bewirtschaften könnte und dem einzelnen Miterben bei gerechter Abwägung der Lage der Beteiligten eine Stundung zugemutet werden kann" (§ 12 Abs. 5 HöfeO).

– Mit Erbringung der Abfindungsleistungen hat sich das Rechtsverhältnis zwischen Hoferben und weichenden Erben und sonstigen Anspruchsberechtigten nicht erschöpft. Wie § 13 HöfeO zeigt, entsteht durch den Erbfall ein Dauerrechtsverhältnis, das erst nach Ablauf von 20 Jahren nach dem Erbfall endet.

Die nach § 12 HöfeO Anspruchsberechtigten erhalten gem. § 13 HöfeO einen **53** Nachabfindungsanspruch,[43] wenn innerhalb von zwanzig Jahren folgende Tatbestandvoraussetzungen eintreten:

– Veräußerung des Hofes, § 13 Abs. 1 Satz 1 HöfeO oder von Hofesgrundstücken nach Maßgabe des § 13 Abs. 1 Satz 2 HöfeO,[44]
– Zwangsversteigerung, § 13 Abs. 8 HöfeO,
– Enteignung, § 13 Abs. 8 HöfeO,
– Einbringung des Hofes in eine Gesellschaft, § 13 Abs. 1 Satz 4 HöfeO,
– Veräußerung und Verwertung von Hofeszubehör nach Maßgabe des § 13 Abs. 4 lit. a HöfeO,
– nichtland- oder forstwirtschaftliche Nutzung des Hofes oder von Teilen nach Maßgabe des § 13 Abs. 4 lit. b HöfeO.

Kein Nachabfindungsanspruch wird ausgelöst bei Übergabe des Hofes im Wege **54** der vorweggenommenen Erbfolge, § 13 Abs. 1 Satz 3 HöfeO.

III. Die Rechtslage in Ländern ohne Anerbengesetze[45] bzw. dort, wo die Voraussetzungen für die Anwendung der Anerbengesetze nicht vorliegen

In den hier zu behandelnden Fällen ergeben sich drei Möglichkeiten der Hof- **55** nachfolge:
1) Die gesetzliche Erbfolge
2) Die testamentarische oder erbvertragliche Erbfolge
3) Der Hofübergabevertrag

---

[42] So ist neben der Festschreibung der Mindestabfindung in Höhe von einem Drittel des Hofeswertes der dem Hoferben früher zustehende Voraus von drei Zehnteln weggefallen, s. § 12 Abs. 3 a.F., abgedr. bei *Wöhrmann,* § 12, S. 215 f.

[43] Zur Problematik der Nachabfindung bei Wegfall des höferechtlichen Zwecks, s. *Wöhrmann,* Nachabfindung gem. § 13 HöfeO: Konkurrierender Gesetzgeberwille?, RdL 2003, 284 ff.

[44] Beim Erwerb eines Ersatzbetriebes oder im Falle des Abs. 1 Satz 2 von Ersatzgrundstücken innerhalb von zwei Jahren, ist bis zur Höhe der für einen gleichwertigen Ersatzerwerb angemessenen Aufwendungen keine Nachabfindung zu leisten, s. im einzelnen § 13 Abs. 2 und 3 HöfeO.

[45] Das sind im alten Bundesgebiet die Länder Bayern, Berlin, Saarland, seit dem 1.1.2001 die württembergischen Teile von Baden-Württemberg (Ersatzlose Aufhebung des Württembergischen Gesetzes über das Anerbenrecht durch das 3. Rechtsbereinigungsgesetz vom 18.12.1995 zum 31.12.2000, GBl. BW 1996, S. 29) und seit 1.1.2010 auch Bremen. In den neuen Bundesländern sind die alten Anerbengesetze bisher nicht in Kraft gesetzt worden.

1. Die gesetzliche Erbfolge

56   Gesetzliche Erbfolge tritt ein, wenn der Erblasser keine letztwillige Verfügung (Testament oder Erbvertrag) getroffen hat. Der landwirtschaftliche Betrieb fällt dann in die Erbmasse, es sei denn, er ist zu Lebzeiten schon übergeben worden.[46]

57   Bei Interesse an der Erhaltung des Betriebes sollte bei Vorhandensein einer Mehrheit von möglichen Erben die Situation einer gesetzlichen Erbfolge auf jeden Fall vermieden werden. Denn bei gesetzlicher Erbfolge ergibt sich die Notwendigkeit der Auseinandersetzung.

a) Auseinandersetzung durch gütliche Einigung

58   Es ist denkbar, dass sich mehrere Erben gütlich in der Form einigen, dass einer von ihnen den Betrieb geschlossen erhalten solle und sich die übrigen mit einer für den Betrieb noch verkraftbaren Abfindung begnügen. Dies ist höchst selten. Meist kommt es zur

b) Auseinandersetzungsversteigerung

59   Diese kann jeder Miterbe gemäß § 2042 Abs. 1 BGB jederzeit verlangen. Sie erfolgt gem. § 2042 Abs. 2 nach den Regeln des § 749 Abs. 2, 3 und der §§ 750 bis 758 BGB. Bei Grundstücken geschieht dies – falls keine vertragliche Regelung erfolgt – durch Zwangsversteigerung und Teilung des Erlöses, § 753 Abs. 1 BGB. Die Teilung des Erlöses richtet sich nach den gesetzlichen Erbquoten, deren Höhe beim Vorhandensein eines Ehegatten in der Regel auch vom ehelichen Güterstand abhängt.[47]

60   Überblick über die Erbquoten bei einer gesetzlichen Erbengemeinschaft zwischen überlebendem Ehegatten[48] und Kindern (zwischen ehelichen und nichtehelichen wird hier nicht mehr differenziert[49]):

61

Güterstand	Ehegatte	1 Kind Erbteil	2 Kinder Erbteil zusammen	mehr als 2 Kinder Erbteil zusammen
Gesetzlicher Güterstand: Gütertrennung mit Zugewinnausgleich	$1/4 + 1/4 = 1/2$ § 1931 Abs. 1 + 1371 Abs. 1	$1/2$	$1/2$ § 1924 Abs. 4	$1/2$

---

[46]   Ist ein Hofübergabevertrag rechtswirksam abgeschlossen, zum Zeitpunkt des Erbfalles aber noch nicht vollzogen, so treten die gesetzlichen Erben in die Rechtsstellung des Erblassers ein. Sie haben dann den Vertrag wie dieser zu erfüllen.

[47]   S. hierzu etwa *Schlüter*, Erbrecht, 14. Aufl. 2000, § 7. Die gesetzliche Erbfolge der Verwandten, § 8. Das gesetzliche Erbrecht des Ehegatten und § 9. Der Voraus.

[48]   Wie bei Ehegatten steht dem überlebenden Lebenspartner einer eingetragenen Lebenspartnerschaft gem. § 10 LPartG vom 16.2.2001, BGBl. I S. 266 neben Verwandten der 1. Ordnung $1/4$, neben Verwandten der 2. Ordnung und neben Großeltern $1/2$ der Erbschaft zu. Wie bei Ehegatten erhöht sich der gesetzliche Erbteil des überlebenden Lebenspartners um $1/4$, wenn die Lebenspartner als Vermögensstand die Ausgleichsgemeinschaft gewählt haben, s. § 6 Abs. 2 S. 4 LPartG i.V.m. § 1371 analog. Einzelheiten s. in den Kommentierungen zum LPartG bei *Palandt* 73. Aufl. 2014, S. 3116 ff.

[49]   Zu den Übergangsregelungen s. *Palandt*, 61. Aufl. §§ 1934a–1934c und 1934d–1934e.

Güterstand	Ehegatte	1 Kind Erbteil	2 Kinder Erbteil zusammen	mehr als 2 Kinder Erbteil zusammen
Ehevertrag: Gütertrennung	§ 1931 Abs. 4 $^1/_2$ § 1931 Abs. 4 $^1/_3$ § 1931 Abs. 4 $^1/_4$	$^1/_2$	– $^2/_3$	– $^3/_4$
Ehevertrag: Gütergemeinschaft	vom Anteil des Erblassers $^1/_4$ §§ 1482, 1931 Abs. 1	$^3/_4$	$^3/_4$	$^3/_4$

c) Das Zuweisungsverfahren des Grundstückverkehrsgesetzes

Voraussetzungen:

Die Zerschlagung bzw. der familiäre Verlust des Betriebes kann verhindert wer- **62**
den, wenn folgende Voraussetzungen vorliegen:

- Gesetzliche, nicht testamentarische Erbengemeinschaft, § 13 Abs. 1 Satz 1 GrdstVG,
- Vorhandensein eines landwirtschaftlichen[50] Betriebes
- Antrag eines Miterben auf ungeteilte Zuweisung des Betriebes beim zuständigen Landwirtschaftsgericht,[51] § 13 Abs. 1 Satz 1 GrdstVG,
- Vorhandensein einer zur Bewirtschaftung geeigneten Hofstelle und Erträge, die im wesentlichen zum Unterhalt einer bäuerlichen Familie ausreichen, § 14 Abs. 1 Satz 1 GrdstVG[52]
- Gütlicher, erfolgloser Einigungsversuch § 14 Abs. 2 GrdstVG.

Zuweisungsempfänger:

Der Betrieb ist dem Miterben zuzuweisen, dem er nach dem wirklichen oder **63**
mutmaßlichen Willen des Erblassers zugedacht war, so § 15 Abs. 1 Satz 1 GrdstVG.
Ein eindeutig fixierter Wille liegt – wenn die Voraussetzungen eines Zuweisungs-
verfahrens nach dem GrdstVG gegeben sind – in der Regel nicht vor, sodass häu-
fig unter Schwierigkeiten der mutmaßliche Wille des Erblassers zu erforschen ist.
Stärkstes Indiz ist die Einbindung in die Entscheidungs- und Arbeitsabläufe des
Betriebes. Man wird unter Umständen aber auch auf Urkunden (z.B. Briefe) und
Zeugenaussagen zurückgreifen müssen.[53]

---

[50] Bei rein forstwirtschaftlichen Betrieben gilt – wie sich aus der Entstehungsgeschichte des Gesetzes ergibt – das Zuweisungsverfahren des Grundstückverkehrsgesetzes nicht, s. *Lange,* Grundstückverkehrsgesetz, 2. Aufl., 1964, § 17, Anm. 3. Bei gewerblichen und industriellen Produktionsformen ist im Hinblick auf den Ausnahmecharakter der §§ 13 ff. GrdstVG ein Zuweisungsverfahren in der Regel nicht zulässig. Vgl. *Lange,* § 13, Anm. 3. So auch *Wöhrmann,* Teil C: Das Zuweisungsverfahren nach dem Grundstückverkehrsgesetz, § 13 Rn. 5 und 6.

[51] Die sachliche Zuständigkeit des Landwirtschaftsgerichts ergibt sich aus § 1 Ziff. 2, die örtliche aus § 10 LwVG.

[52] Erträge sind nachhaltig erzielbare Überschüsse. Erträge aus zugepachteten Grundstücken sind mitzuberücksichtigen, soweit gesichert erscheint, dass das zugepachtete Land oder anderes gleichwertiges Pachtland dem Erwerber zur Bewirtschaftung zur Verfügung stehen wird, § 14 Abs. 1 Satz 2 GrdstVG.

[53] Kritisch zur Methode des GrdstVG bereits *Kroeschell,* Landwirtschaftsrecht, 2. Aufl. 1966, Rn. 260.

Grimm

64   Zuweisungsempfänger kann nur ein bewirtschaftungsbereiter und bewirtschaftungsfähiger Miterbe sein.[54] Soweit es sich dabei nicht um einen Ehegatten oder Abkömmling handelt, ist die Zuweisung an den Miterben nur zulässig, wenn er den Betrieb bewohnt und bewirtschaftet oder mitbewirtschaftet, § 15 Abs. 1 Satz 2 GrdstVG.

Zuweisungsgegenstand:

65   Zuweisungsgegenstand ist der Betrieb in ungeteilter Form, § 13 Abs. 1 Satz 1 1. HS. GrdstVG. Ist eine Teilung des Betriebes in mehrere (lebensfähige) Betriebe möglich, so kann er in dieser Aufteilung einzelnen Miterben zugewiesen werden, § 13 Abs. 1 Satz 1 2. HS GrdstVG. Grundstücke, bei denen auf Grund ihrer Lage und Beschaffenheit anzunehmen ist, dass sie in absehbarer Zeit anderen als landwirtschaftlichen Zwecken dienen werden, sollen von der Zuweisung ausgenommen werden, so z.B. Rohbauland, Bauland, Grundstücke, deren gewerbliche Nutzung z.B. zum Gewinnen von Steinen und Erden abzusehen ist, s. § 13 Abs. 1 Satz 2 GrdstVG. Dagegen hat das Gericht die Zuweisung auf Zubehörstücke, Miteigentums-, Kapital- und Geschäftsanteile, dingliche Nutzungsrechte und ähnliche Rechte zu erstrecken, soweit diese Gegenstände zur ordnungsgemäßen Bewirtschaftung des Betriebes notwendig sind, § 13 Abs. 1 Satz 3 GrdstVG.

Rechtsfolgen der Zuweisung:

66   Mit Rechtskraft der gerichtlichen Entscheidung oder – falls in ihr ein späterer Zeitpunkt bestimmt ist – zu diesem Zeitpunkt geht das Eigentum an den zugewiesenen Sachen und Rechten auf den Zuweisungsempfänger über, § 13 Abs. 2 GrdstVG. Die übrigen Miterben erhalten an Stelle ihres Erbteils am Betrieb lediglich einen Abfindungsanspruch in Geld,[55] der dem Wert ihres Anteils am zugewiesenen Betrieb entspricht, § 16 Abs. 1 Satz 1 GrdstVG. Da der Betrieb gem. § 16 Abs. 1 Satz 2 GrdstVG zum Ertragswert (s. § 2049 Abs. 2 BGB)[56] anzusetzen ist, ist diese Entschädigungsbasis in der Regel niedriger als der durch Veräußerung kapitalisierbare Verkehrswert.

67   Die Position der übrigen Erben verschlechtert sich weiterhin, da die zur Zeit des Erwerbes (§ 13 Abs. 2 GrdstVG) noch bestehenden Nachlassverbindlichkeiten aus dem außerhalb des Betriebes vorhandenen Vermögen zu berichtigen sind, soweit es ausreicht. Lediglich bei Nachlassverbindlichkeiten, die durch ein Betriebsgrundstück dinglich abgesichert sind, kann das Gericht auf Antrag mit Zustimmung des Gläubigers die alleinige Haftung des Zuweisungsempfängers bestimmen.

---

54   Nach einem Urteil des EuGH vom 23.9.2003, C-452/01 (zum Vorarlberger Grundverkehrsgesetz) darf zwar der Erwerb landwirtschaftlicher Grundstücke von einer vorherigen Genehmigung abhängig gemacht werden, aber nicht an eine Selbstbewirtschaftung der erworbenen Grundstücke gebunden werden.

55   Zur Stundungsmöglichkeit s. § 16 Abs. 3, zur Abfindung in Grundstücken s. § 16 Abs. 4, zur Abfindung durch ein beschränkt dingliches Recht s. § 16 Abs. 5 GrdstVG. Einzelheiten bei *Wöhrmann*, Teil C, § 16 Rn. 17 ff.

56   „Der Ertragswert ist nach betriebswirtschaftlichen Grundsätzen ein bestimmtes Vielfaches des Reinertrags, der nicht nach dem Bewertungsgesetz ermittelt wird, sondern wegen der Besonderheit jedes Einzelfalls nach betriebswirtschaftlichen Jahresabschlüssen (Düss FamRZ 1986, 168; Ffm OLGZ 1970, 268)." Gem. § 137 EGBGB kann landesrechtlich eine Ergänzung des § 2049 Abs. 2 BGB erfolgen. Dies geschieht durch Bestimmung eines Vervielfältigers des Reinertrags (meist das 25fache, aber auch das 18fache, z.B. in Bayern, s. Art. 68 BayAGBGB). Hat ein Bundesland keinen Kapitalisierungsfaktor bestimmt, so empfiehlt es sich, den Kapitalisierungsfaktor 18 zu wählen, s. *Graß*, AUR 2010, 228 ff.

Die Schlechterstellung der Miterben, insbesondere ihre Abfindung auf Ertrags- **68** wertbasis, findet – abgesehen von der agrarpolitischen Zielsetzung des Geset- zes – eine gewisse Rechtfertigung darin, dass auch der Zuweisungsempfänger den Betrieb nur auf der Ertragswertbasis erhält. Er wird ja in der Regel den Betrieb be- wirtschaften und für seine Abkömmlinge erhalten wollen. Soweit jedoch der Zu- weisungsempfänger durch Veräußerung in den Genuss des Verkehrswertes kommt, sind die den übrigen Miterben zugemuteten Nachteile nicht mehr zu rechtferti- gen.[57] Deshalb sieht § 17 Abs. 1 Satz 1 GrdstVG folgende Regelung vor:

„Zieht der Erwerber binnen fünfzehn Jahren nach dem Erwerb (§ 13 Abs. 2) aus **69** dem Betrieb oder einzelnen zugewiesenen Gegenständen durch Veräußerung oder auf andere Weise, die den Zwecken der Zuweisung fremd ist, erhebliche Gewinne, so hat er, soweit es der Billigkeit entspricht, die Miterben auf Verlangen so zu stel- len, wie wenn der in Betracht kommende Gegenstand im Zeitpunkt des Erwerbes verkauft und der Kaufpreis unter den Miterben entsprechend ihren Erbteilen ver- teilt worden wäre.“

Auch hier findet sich wiederum eine Benachteiligung der weichenden Erben: **70** Abgesehen von der (am Zweck des Zuweisungsverfahrens gemessen) zu kurzen 15-Jahresfrist, richtet sich die Höhe ihrer Nachabfindungsansprüche nach dem Kaufpreis, der zum Zeitpunkt der Zuteilung erzielt worden wäre, nicht nach dem später tatsächlich erzielten Preis. Zu beachten ist auch, dass bei betrieblich beding- ten Verkäufen und Re-Investierung der Erlöse in den Betrieb in der Regel Nach- abfindungsansprüche ausscheiden.[58]

Bewertung:

Das Zuweisungsverfahren des Grundstückverkehrsgesetzes wird manchmal als **71** „Kleines Höferecht“ bezeichnet. Man sollte sich als Eigentümer eines landwirt- schaftlichen Betriebes, wenn einem die geschlossene Erhaltung innerhalb der Fami- lie am Herzen liegt, jedoch nicht auf diese Regelungen verlassen. Sie sind nur ein gesetzlicher Notnagel und können eine vom Eigentümer geregelte und in rechts- verbindliche Bahnen gelenkte Hofnachfolge nur notdürftig ersetzen. Abgesehen von den großen Belastungen für den Familienverband bringt das Zuweisungsver- fahren des Grundstückverkehrsgesetzes außerdem erhebliche Zusatzkosten für Ge- richt und Anwälte und hemmt eine bisweilen effektive Betriebsführung während des Verfahrens.[59]

2. Die testamentarische oder erbvertragliche Erbfolge

Testament und Erbvertrag sind Verfügungen von Todes wegen, d.h. rechtsge- **72** schäftliche Anordnungen, die erst mit dem Tode des Erblassers wirksam werden sollen.[60]

---

[57] S. *Kroeschell,* Landwirtschaftsrecht, 2. Aufl. 1966, Rn. 267; *Kreuzer,* Art. Zuweisung, in: HAR II, Sp. 1103 ff. (1105). Zur verfassungsrechtlichen Problematik des Zuweisungsrechts s. *Dehne,* Vom Hof zum Betrieb, Strukturwandel des landwirtschaftlichen Erbrechts, SR-Göttingen, Bd. 4, 1966, S. 90 ff. mit ausführlichen Hinweisen zum Spezialschrifttum.
[58] Einzelheiten bei Wöhrmann, Teil C, § 17 Rn. 1 ff.
[59] Zur Reformbedürftigkeit des landwirtschaftlichen Sondererbrechts angesichts des dramati- schen Strukturwandels in der Landwirtschaft, s. *Haselhoff,* Neugestaltung der Hoferbfolgebestim- mungen in der Bundesrepublik, RdL 1993, 225 ff.
[60] Zum Begriff s. *Schlüter,* Erbrecht, 16. Aufl., 2007, § 14, Rn. 126.

a) Testament

73   Von den verschiedenen Arten von Testamenten seien nur die ordentlichen Testamente[61] herausgegriffen, nämlich das öffentliche Testament und das eigenhändige Testament.

74   Das öffentliche Testament wird zur Niederschrift eines Notars errichtet, indem der Erblasser

– dem Notar seinen letzten Willen mündlich erklärt oder
– ihm eine Schrift mit der Erklärung übergibt, dass diese seinen letzten Willen enthalte, s. § 2232 BGB.

75   Der ersten Variante gebührt insofern der Vorzug, als sie durch die notarielle Beratung Gewähr bietet, dass die Erklärungen des Testators so formuliert werden, dass sein tatsächlicher Wille auch zum Tragen kommt. Darüber hinaus wird der Notar den Testator auch über die steuerlichen Folgen seiner Anordnungen beraten können. Weitere Vorteile des öffentlichen Testaments ergeben sich daraus, dass es bis zum Tode des Testators bei einem frei zu wählenden Amtsgericht sicher vor Verlust, Unterdrückung oder Fälschung aufbewahrt wird und nach dem Tode des Erblassers dem zuständigen Nachlassgericht zugeleitet wird.

76   Die durch die Errichtung eines öffentlichen Testaments entstehenden Kosten sollte man schon wegen dieser Vorteile nicht scheuen. Hinzu kommt, dass das öffentliche Testament meist die Beantragung und Erteilung eines in der Regel deutlich teureren Erbscheins ersetzt und insofern zu einer Kosteneinsparung bei den Erben führt.

77   Das eigenhändige Testament wird durch eine eigenhändig geschriebene und unterschriebene Erklärung errichtet, § 2247 Abs. 1 BGB. Es muss vom Anfang bis zum Ende handschriftlich geschrieben sein. Die eigenhändige Unterschrift unter einen maschinegeschriebenen Text genügt nicht! Durch dieses strenge Formerfordernis soll sichergestellt werden, dass ein zuverlässiger Schriftvergleich möglich und Fälschungen erschwert werden.

78   Zeit und Ort der Errichtung müssen nicht, sollen aber angegeben werden, § 2247 Abs. 2 BGB. Die Unterschrift soll den Vornamen und den Familiennamen des Erblassers enthalten. Unterschreibt der Erblasser in anderer Weise (z.B. „Euer Papa") und reicht diese Unterschrift zur Feststellung der Urheberschaft und der Ernstlichkeit der Erklärung aus, so steht eine solche Unterzeichnung der Gültigkeit des Testaments nicht im Wege, § 2247 Abs. 3 BGB.

79   Bei der Errichtung eines eigenhändigen Testaments fallen keine Notarkosten an. Dies ist zunächst ein Vorteil. Hinzu kommt, dass es – falls es nicht nach § 2248 BGB in amtliche Verwahrung gegeben wurde – jederzeit für Änderungen und Aktualisierungen verfügbar ist. Dies wird ebenfalls als Vorteil gewertet. Bei wankelmütigen, leicht beeinflussbaren Menschen kann dies jedoch dazu führen, dass sie mehrfach und widersprüchlich und bisweilen zudem noch ohne Datumsangabe testieren, sodass sich der wirkliche Wille des Erblassers oft nur noch mit Mühe und in langwierigen Prozessen ermitteln lässt. Rechnet man die Anfälligkeit für Formfehler generell und die Problematik, die sich aus unklaren Formulierungen ergibt, hinzu, so kann man nur raten, zum Notar zu gehen und ein öffentliches Testament zu errichten.

---

[61]   Zu den Nottestamenten s. *Schlüter,* § 16, Rn. 173 ff.

b) Der Erbvertrag

Der Erbvertrag ist wie das Testament eine Verfügung von Todes wegen. Er kann **80** zwischen allen Personen abgeschlossen werden, ist also nicht etwa auf Ehepartner oder bestimmte verwandtschaftliche Verhältnisse beschränkt. In seinen Hauptanwendungsfällen wird er entweder zusammen mit einem Ehevertrag oder im Alter kombiniert mit einem Unterhaltsvertrag (Verpfründungsvertrag) abgeschlossen.[62] Gemäß § 2276 BGB muss der Erbvertrag zur Niederschrift eines Notars bei gleichzeitiger Anwesenheit beider Teile abgeschlossen werden.

Im landwirtschaftlichen Bereich überwiegt die Kombination von Ehevertrag **81** (meist Gütergemeinschaft) mit einem Erbvertrag (meist mit gegenseitiger Alleinerbeneinsetzung). Anders als beim Testament, das jederzeit ganz oder teilweise und grundlos widerrufen werden kann (§ 2253 ff. BGB), tritt beim Erbvertrag gem. § 2290 eine gewisse Bindungswirkung ein: Der Erbvertrag oder einzelne vertragsmäßige Verfügungen können nur von den Parteien, die ihn geschlossen haben, durch einen wiederum der notariellen Form bedürftigen Vertrag aufgehoben werden.[63] Nach dem Tode einer dieser Personen kann die Aufhebung nicht mehr erfolgen.

c) Das gemeinschaftliche Testament

Die Möglichkeit der Errichtung eines gemeinschaftlichen Testamentes ist Ehe- **82** gatten und seit dem 1.8.2001 eingetragenen Lebenspartnern vorbehalten, § 2265 BGB, § 10 Abs. 4 LPartG. Entscheiden sie sich für ein eigenhändiges Testament (§ 2247 BGB), so genügt es gemäß § 2267 BGB der Form, wenn einer der Ehegatten bzw. der Lebenspartner das Testament handschriftlich verfasst und der andere Ehegatte bzw. Lebenspartner die gemeinschaftliche Erklärung mit unterzeichnet. Dabei soll er angeben, zu welcher Zeit (Tag, Monat und Jahr) und an welchem Ort er seine Unterschrift beigefügt hat. Soweit wechselbezügliche Verfügungen vorliegen, (das sind solche, von denen anzunehmen ist, dass die Verfügung des einen Ehegatten/Lebenspartners nicht ohne die Verfügung des anderen vorgenommen worden wäre), können diese schon zu Lebzeiten des anderen nicht durch einseitige Verfügung von Todes wegen aufgehoben werden. Ein einseitiger Widerruf ist nur dann möglich, wenn der andere Ehegatte/Lebenspartner seinerseits einen Widerruf seiner Verfügungen in einer notariell beurkundeten Erklärung vorgenommen und dem Ehegatten/Lebenspartner zugestellt hat, s. § 2271 Abs. 1 BGB. Mit dem Tode des anderen Ehegatten/Lebenspartners erlischt grundsätzlich das Recht des anderen zum Widerruf, s. im einzelnen § 2271 Abs. 2 BGB.

Wird ein landwirtschaftlicher Betrieb an eine Person vererbt und werden dabei **83** pflichtteilsberechtigte Miterben von der Hoferbfolge ausgeschlossen, so ist – unabhängig davon, ob dies durch Einzeltestament, gemeinschaftliches Testament oder durch Erbvertrag geschieht – in die letztwillige Verfügung eine Bestimmung aufzunehmen, wonach der Betrieb zum Ertragswert anzusetzen ist.[64] Dadurch wird sichergestellt, dass die Betriebsfortführung nicht an der zu leistenden Abfindung der weichenden Erben scheitert. Dass hierbei der Erhaltung des landwirtschaftlichen Betriebes gegenüber einer angemessenen Abfindung der Miterben der Vor-

---

[62] S. *Schlüter*, § 21, Rn. 261.
[63] Ein zwischen Ehegatten abgeschlossener Erbvertrag kann auch durch gemeinschaftliches Testament aufgehoben werden, § 2292 BGB.
[64] Man sollte hier sicher gehen und sich nicht auf den § 2049 Abs. 1 BGB verlassen.

rang eingeräumt wird, wurde bereits mehrfach betont. Wie sehr die weichenden Erben benachteiligt werden, mag ein kurzes Beispiel verdeutlichen:

84   Legen wir ohne Berücksichtigung des Wertes der Wohn- und Betriebsgebäude pro Hektar landwirtschaftlicher Nutzfläche einen Verkehrswert von durchschnittlich 12.500,– EUR zu Grunde, so ergibt sich bei einem 100 Hektar-Betrieb allein hinsichtlich der Flächen ein Verkehrswert von 1.250.000,– EUR. Bei drei gleichberechtigten Erben erhielte jeder 416.666,– EUR. Der Ertragswert beträgt jedoch erfahrungsgemäß nur etwa 1/10 des Verkehrswertes.[65] Somit werden die Flächen bei Ertragswertanordnung nur mit etwa 125.000,– EUR angesetzt, so dass sich ein Erbteil in Höhe von 41.666,– EUR und daraus ein Pflichtteil (die Hälfte des gesetzlichen Erbteils, s. § 2303 Abs. 1 Satz 2 BGB) in Höhe von 20.833,– EUR ergibt.

85   Ist genügend Vermögen vorhanden, so bleibt es dem Erblasser unbenommen, bei der Abfindung der weichenden Erben über diese gesetzlich gezogene Mindestgrenze hinauszugehen.

3. Der Hofübergabevertrag

a) Rechtsnatur

86   Der Hofübergabevertrag ist nach herrschender Meinung ein Rechtsgeschäft unter Lebenden. In ihm verpflichtet sich der Eigentümer eines landwirtschaftlichen Betriebes (Übergeber), den landwirtschaftlichen Betrieb gegen Gewährung eines Altenteils seinem Rechtsnachfolger (Übernehmer) zu übereignen. Der Vertrag wird bei üblichem Verlauf unter Lebenden vollzogen und ist in seiner Wirksamkeit nicht dadurch bedingt, dass der Übernehmer den Übergeber überlebt. Er entfaltet keine unmittelbaren erbrechtlichen Wirkungen.[66]

87   Ob es sich beim Hofübergabevertrag um ein entgeltliches oder unentgeltliches Rechtsgeschäft handelt, ist umstritten.

88   Die Aussage *Lüdtke-Handjerys*, wonach durch einen Übergabevertrag der Eigentümer nicht einen Austausch von Leistung und Gegenleistung anstrebe, sondern bei Lebzeiten den Übernehmer zum Erben und Hofnachfolger machen wolle, ist m.E. zu pauschal.[67] Dies gilt auch für die gegenteilige Ansicht *Kroeschells,* der dazu tendiert, den Hofübergabevertrag generell als entgeltliches Rechtsgeschäft zu behandeln.[68] Meines Erachtens ist es nicht möglich, alle Übergabeverträge ohne Rücksicht auf die jeweilige konkrete Ausgestaltung der einen oder anderen Kategorie zuzuordnen. Vielmehr ist hier zu differenzieren. Solange im Hofübergabevertrag ein Altenteil ausbedungen wird, liegt ein entgeltlicher Vertrag vor. Mag dieser Gesichtspunkt auch durch die Einführung der gesetzlichen Altershilfe für Landwirte etwas abgeschwächt worden sein, die Alterssicherung der Übergeber ist nach wie vor in den meisten Übergabeverträgen ein wesentliches Element. Die oft harten Verhandlungen zwischen Übergeber und Übernehmer zeugen davon! Es ginge auch an der Realität vorbei, wollte man die Übergabe des Betriebes als eine lediglich um den Wert der Altenteilerleistungen verminderte Schenkung betrachten. Gerade die Altenteilerleistungen fallen dem Übernehmer ja nicht in den Schoß,

---

[65] S. *Haselhoff* RdL 1993, S. 226.

[66] So auch *Kroeschell,* S. 56, Rn. 205.

[67] *Lange/Wulff/Lüdtke-Handjery,* 10. Aufl. 2001, § 17 Rn. 7. Es wird nicht verkannt, dass im Bereich der Höfeordnung der Hofübergabevertrag erbrechtliche Wirkungen entfaltet, s.o. Dennoch kann man auch in diesem Bereich dem Übergeber nicht generell unterstellen, er strebe keinen Austausch von Leistung und Gegenleistung an.

[68] *Kroeschell,* S. 56, Rn. 206

sondern müssen unter sich wandelnden, u.U. schwieriger werdenden Bedingungen laufend erwirtschaftet werden.

Der Übergabevertrag ist daher in diesen Fällen als entgeltlicher Vertrag zu be- **89** trachten. Nur dann, wenn keine Gegenleistung zu erbringen ist (z.B. weil die Übergeber anderweitig Vorsorge für die Altersversorgung getroffen haben) oder die Gegenleistung gegenüber der Leistung kaum ins Gewicht fällt, kann ein unentgeltliches Rechtsgeschäft, d.h. eine Schenkung, ggf. eine Schenkung unter Auflagen vorliegen.[69] Doch selbst bei derartigen Fallkonstellationen ist zu berücksichtigen, ob der Übernehmer nicht durch Mitarbeit auf dem Hof erhebliche Vorleistungen erbracht hat, sodass auch in diesen Fällen die Annahme einer Schenkung zweifelhaft wird.

b) Form

Der Hofübergabevertrag bedarf, – da er zur Übereignung von Grundstücken **90** verpflichtet –, der notariellen Form, s. § 311 b Abs. 1 S. 1 BGB.[70] Der Vollzug der Übereignung heilt eventuelle Formmängel, § 311 b Abs. 1 S. 2 BGB. Ist von der Übergabe das gesamte Vermögen des Übergebers betroffen, so sind Formmängel nicht heilbar, § 311 b Abs. 3 BGB. Betrachtet man den Übergabevertrag als (gemischte) Schenkung, so ist auch die Form für Schenkungsversprechen (§ 518 Abs. 1 Satz 1 BGB) zu beachten.

Wo diese Formvorschriften nicht beachtet werden, kann in Ausnahmefällen auch **91** die formlose Hoferbenbestimmung den Eigentümer binden. Für den Geltungsbereich der Höfeordnung ist dies gesetzlich geregelt, s. § 7 Abs. 2 HöfeO.[71] Außerhalb der von § 7 Abs. 2 HöfeO geregelten Fälle bleibt für einen „enttäuschten Hoferben" nur die unsichere Hoffnung auf eine auf § 242 BGB gestützte Rechtsprechung.

Darüber hinaus ist zu beachten, dass Hofübergabeverträge der Genehmigung **92** nach § 2 des GrdstVG bedürfen, die allerdings unter den Voraussetzungen des § 8 GrdstVG erteilt werden muss.

c) Zielsetzung und Inhalt

Es empfiehlt sich in jedem Falle, erst vom Notar einen Vertragsentwurf erstel- **93** len zu lassen und diesen in aller Ruhe zu Hause durchzusprechen. Probleme sollten dabei nicht unter den Tisch gekehrt, sondern offen angesprochen und geklärt werden. Ein Mitwirkungsrecht der „weichenden Erben" besteht nicht. Übergeber und Übernehmer müssen selbst entscheiden, ob deren Einbeziehung im Einzelfall sinnvoll ist.

Die Problematik des Hofübergabevertrages ergibt sich dadurch, dass durch ihn **94** drei einander teilweise widersprechende Ziele verfolgt werden:
1) Der Hof soll als wirtschaftliche Einheit übergeben werden und so dem Übernehmer und seiner Familie als Existenzgrundlage dienen,

---

[69] Vgl. OGHZ 1, 258; BGHZ 3, 206; 30, 120; a.A. wohl *Wöhrmann*, § 17 Rn. 4 ff. Vgl. auch *Gasser*, Zur Rechtsnatur des Übergabevertrages und ihren Folgen, insbesondere im Fall des unerwarteten Vorversterbens des Übernehmers, Europäische Hochschulschriften Reihe 2, Bd. 1428, zugl. Kiel Univ. Diss. 1993. Nach *Rinck* ist der Hofübergabevertrag weder ein entgeltlicher noch ein unentgeltlicher Vertrag, sondern ein Vertrag sui generis. Mitteilung an den Verfasser unter Hinweis auf RGZ 118, 17.

[70] Zu den Kosten s. *Kreuzer,* Notariats- und Gerichtskosten bei der Hofübergabe, SR-Göttingen, Bd. 34, 1987.

[71] Vgl. oben II. 2. e).

Grimm

2) Der Übergeber und sein Ehegatte erwarten eine angemessene Alterssicherung,
3) Die weichenden Erben sollen angemessen abgefunden werden, ohne den Betrieb über Gebühr zu belasten oder den Übernehmer in finanzielle Schwierigkeiten zu bringen.[72]

95   Dass diese Ziele angesichts gestiegener Lebenserwartung, vermehrten Kapitalbedarfs und abnehmender Gewinne in der Land- und Forstwirtschaft immer schwieriger zu erreichen sind, liegt auf der Hand.

d) Einzelheiten zum Hofübergabevertrag

96   Im einzelnen sollten folgende Regelungen im Hofübergabevertrag getroffen werden:

97   *1. Wohnrecht für den Übergeber und seinen Ehegatten, Unterhalt und laufende Kosten der Wohnung.* Das Wohnrecht muss dinglich gesichert werden. Dies geschieht durch Eintragung als Reallast (§ 1105 Abs. 1 BGB) in das Grundbuch. Dadurch wird dieses Recht so mit den Grundstücken verbunden, dass diese für die Entrichtung der Leistung haften.[73] Bei Eigentümerwechsel durch Verkauf bleibt das Wohnrecht als Reallast bestehen. Im Falle der Zwangsversteigerung aber erlischt sie, soweit sie auf dem Betrieb erfüllt werden muss, mit dem Zuschlag. Die Altenteiler erhalten dann einen Wertersatz gem. § 92 ZVG. Mit dem Ersteher kann allerdings vereinbart werden, dass das Recht weiter bestehen bleiben soll. Der vom Ersteher bar an das Vollstreckungsgericht zu zahlende betrag ermäßigt sich dann entsprechend, § 92 Abs. 3 ZVG.[74] Die Altenteiler sollten es sich deshalb gründlich überlegen, ob sie das Risiko eingehen wollen, mit ihrem Altenteil im Rang hinter Hypotheken und Grundschulden zurückzustehen. Im Interesse der Übernehmerseite kann dies natürlich bei Kapitalbedarf geboten sein. Als Kompromiss bietet es sich an, – immer unter Berücksichtigung der Leistungsfähigkeit des Betriebes – gem. § 881 BGB einen Rangvorbehalt für Hypotheken und Grundschulden bis zu einem bestimmten Höchstbetrag festzulegen.

98   Der Interessengegensatz kann unter Umständen auch dadurch entschärft werden, dass die Altenteilerleistungen als Reallast nicht auf allen Grundstücken eingetragen werden. Soweit ein Kreditbedarf absehbar ist und geeignete Grundstücke (z.B. in Baulandqualität) vorhanden sind, sollte man diese – soweit es das Sicherungsinteresse des Übergebers zulässt – von der Belastung mit den Altenteilerleistungen ausnehmen.

99   Die einzelnen Räume, die den Altenteilern zur ausschließlichen Nutzung überlassen werden, müssen genau bezeichnet werden. Darüber hinaus sollte klargestellt werden, welche gemeinschaftlichen Räume und Anlagen die Altenteiler mitbenutzen dürfen und dass sie freien Zu- und Umgang auf dem Anwesen haben.

100   *Unterhalt und laufende Kosten der Altenteilerwohnung:*
Die laufenden Kosten wie Wasser, Abwasser, Strom, Heizung, Kaminkehrer, regelmäßig anfallenden Schönheitsreparaturen usw. können sowohl dem Übernehmer als auch dem Übergeber aufgebürdet werden. Auch eine Aufteilung ist möglich. Hier sind die Parteien frei. Eine sachgerechte Lösung wird sich im Zusammenhang mit den übrigen Bestimmungen des Übergabevertrages finden lassen, insbesondere mit eventuellen Geldleistungen an den Übergeber. Je höher diese an-

---

[72] Vgl. *Faßbender,* top agrar 1986, 36.
[73] Einzelheiten s. bei *Wolf,* Sachenrecht, 18. Aufl., 2002, Rn. 902 ff.
[74] S. *Prütting/Stickelbrock*, Zwangsvollstreckungsrecht, 2002, S. 168 oder *Stöber* Zwangsvollstreckung in das unbewegliche Vermögen ZVG-Handbuch, 7. Aufl., 1999, S. 295 ff.

gesetzt werden, umso eher ist es den Altenteilern zumutbar, für die laufenden Kosten selbst aufzukommen.

2. Beköstigung der Altenteiler, Geldleistungen. Wenn die Parteien am gemeinsamen **101** Tisch die Mahlzeiten einnehmen wollen, so ist dies im Übergabevertrag zu vereinbaren. Was die Kosten betrifft, so gilt das zu Punkt 2 Ausgeführte sinngemäß.

Die Versorgung in Naturalien durch im Betrieb selbst erwirtschaftete Produkte **102** tritt immer mehr in den Hintergrund, sodass es sich empfiehlt, Geldleistungen zu vereinbaren. Die Altenteiler sind dann unabhängig und selbstverantwortlich für ihre Versorgung mit Essen und Trinken.

Monatliche Geldzahlungen an die Altenteiler. **103**

Der Kapitalbedarf des einzelnen ist in den letzten Jahrzehnten auf Grund veränderter Lebensbedingungen und -gewohnheiten ständig gestiegen. Auch die höhere Lebenserwartung spielt hier mit eine Rolle. Wer heute mit 65 Jahren den Betrieb übergibt, hat durchaus noch das Bedürfnis nach Urlaub, Reisen etc. und braucht daher Geld. Aus steuerlichen Gründen empfiehlt es sich in vielen Fällen, diese laufenden Geldzahlungen nicht als eine im Betrag feste „Leibrente", sondern als variable „dauernde Lasten" zu vereinbaren.[75]

In Anbetracht ständig steigender Lebenshaltungskosten sollte eine Wertsiche- **104** rungsklausel in die Vertragsbestimmung eingebaut werden.

Eventuell zusätzliches Abstandsgeld. Manchmal wird in Übergabeverträgen zusätz- **105** lich zu laufenden Geldleistungen ein sog. „Abstandsgeld" vereinbart. Dies erfolgt vor allem dann, wenn ein größerer Geldbedarf seitens der Übergeber bereits absehbar ist, weil beispielsweise noch Ausstattungen vorgenommen, weichende Erben abgefunden werden sollen, der Bau eines Austragshauses oder der Einkauf in ein Altenheim geplant ist.

Wie bei allen Altenteilerleistungen ist hier auf die Leistungsfähigkeit des Betrie- **106** bes zu achten.

3. Pflege der Altenteiler, Pflegekosten, Sozialversicherung. Die Pflege der Altentei- **107** ler durch die Übernehmerseite in gesunden und kranken Tagen ist in der Regel ein wichtiger Punkt in Übergabeverträgen. Soweit diese Vereinbarung ohne Einschränkungen getroffen wird, können sich große finanzielle Probleme ergeben, wenn die Pflege auf dem Hof unmöglich wird und eine Unterbringung in einem Pflegeheim erfolgen muss. Die Kosten hierfür übersteigen häufig die Leistungsfähigkeit eines Betriebes. Sie können möglicherweise vom Sozialamt übernommen werden, jedoch wird dieses versuchen, beim Übernehmer Rückgriff zu nehmen. Dabei wird es sich auf die entsprechenden Verpflichtungserklärungen im Übergabevertrag stützen. Es empfiehlt sich daher, die Pflegeverpflichtung auf die Dauer der Anwesenheit der Übernehmer auf dem Betrieb zu beschränken.[76]

Ggf. Weiterversicherung der Altenteiler bis zur Erreichung der Altersgrenze. **108**

Übergibt der Eigentümer den Betrieb vor Erreichen der Altersgrenze, so ist eine Regelung aufzunehmen, wer die noch anfallenden Beiträge zur Alterskasse und zur Krankenversicherung zu leisten hat. Bei einer Übergabe vor Erreichung des 60. Lebensjahres ist darauf zu achten, dass binnen zwei Jahren nach Übergabe ein Antrag

---

[75] Näheres bei *Faßbender,* top agrar 1986, 38.
[76] *Faßbender* schlägt folgende Klausel vor: „Sollte die Pflege auf dem Hofe nach dem Urteil des Hausarztes des Übergebers nicht mehr möglich sein, so trägt der Übernehmer die Kosten der Unterbringung in einem Pflegeheim, jedoch höchstens bis zu einem Betrag von monatlich … DM, der sich im selben Verhältnis wie die Renten der landw. Alterskasse verändert", top agrar 1986, 40. Soweit eine derartige Beschränkung vergessen wurde, lässt sich in Bayern bei vielen Betrieben über Art. 18 AGBGB eine Reduzierung der Zahlungsverpflichtungen erreichen.

Grimm

auf freiwillige Weiterversicherung in der Alters- und Krankenkasse gestellt wird, da anderenfalls der Anspruch auf das Altersgeld entfallen kann bzw. keine Leistungen aus der landwirtschaftlichen Krankenkasse erbracht werden.

109   *4. Regelungen für den Todesfall des Übergebers oder seines Ehegatten. Christliches Begräbnis.* Der Übernehmer verpflichtet sich im Übergabevertrag üblicherweise, den Übergebern, zumindest dem überlebenden Teil, ein christliches, standesgemäßes Begräbnis zu gewährleisten. Hinzu kommt die Verpflichtung zur Graberhaltung und -pflege, sowie in katholischen Gegenden die Verpflichtung für das Seelenheil der Übergeber eine bestimmte Zahl von Messen lesen zu lassen. Im Vertrag sollte zugleich klargestellt werden, ob hierfür Gelder aus der Sterbekasse des Übergebers verwendet werden dürfen.[77]

110   *Reduzierung der Altenteilerleistungen.*

Bereits im Übergabevertrag sollte daran gedacht werden, ob und wie sich im Falle des Todes eines der Übergeber die Altenteilerleistungen ändern sollen. Hier besteht ein sehr weiter Gestaltungsspielraum. Denkbar ist, dass der überlebende Altenteiler eine kleinere Wohnung bezieht, möglich ist auch eine Reduzierung der Geldleistungen um einen bestimmten Prozentsatz.

111   Auch für den Fall einer Wiederverheiratung des überlebenden Altenteilers ist im Vertrag Vorsorge zu treffen. Weniger problematisch ist dann die Einräumung eines entsprechenden Wohnrechts für den Stiefelternteil. Inwieweit allerdings dem Stiefelternteil Unterhalt zu leisten ist, dürfte sich einer vorausschauenden Regelung weitgehend entziehen, da eine zufrieden stellende Lösung auch von den Einkünften bzw. der Versorgungssituation des Stiefelternteils abhängig ist.

112   *5. Abfindung der weichenden Erben.* Ein wichtiges Regelungsziel des Hofübergabevertrages ist die Abfindung eventuell vorhandener weichender Erben. Da im allgemeinen die geschlossene Erhaltung des Betriebes als vorrangig betrachtet wird, werden diese gegenüber dem Hofübernehmer in der Regel benachteiligt. Ihre rechtliche Stellung im Falle der Hofübergabe ist ausgesprochen schwach. Sie haben kein Mitwirkungsrecht bei der Ausgestaltung des Hofübergabevertrages, sie besitzen – anders als im Bereich der Höfeordnung – kein gesetzliches Recht auf Abfindung im Zeitpunkt der Übergabe. Soweit ihnen Übergeber und Übernehmer nicht entgegenkommen wollen, bleibt ihnen letztlich nur der Pflichtteilsergänzungsanspruch gem. § 2325 Abs. 1 BGB, der nur dann greift, wenn man die Hofübergabe als gemischte Schenkung betrachtet, bzw. im Einzelfall zu einer derartigen Qualifizierung kommt,[78] und wenn der Erbfall innerhalb von zehn Jahren seit der Übergabe eintritt, § 2325 Abs. 3 BGB.

113   Liegen diese Voraussetzungen vor, so wird bei der Berechnung des Pflichtteilsergänzungsanspruches der Wert des verschenkten Gegenstandes dem Nachlass hinzugerechnet, § 2325 Abs. 1 BGB. Als Wertansatz dient entweder kraft ausdrücklicher Ertragswertanordnung im Übergabevertrag oder über Auslegung nach § 2049 BGB in der Regel der Ertragswert. Da aber nun bei einer gemischten Schenkung die vom Beschenkten erbrachten Gegenleistungen (Altenteilerleistungen) vom Wert des verschenkten Gegenstandes (das ist der zum niedrigen Ertragswert angesetzte Betrieb) abgezogen werden, wird der Wert des Betriebes oft erreicht oder gar überschritten, sodass die weichenden Erben trotz ihres Pflichtteilsergänzungsanspruches häufig leer ausgehen.

---

[77] S. *Faßbender,* top agrar 1986, 40.
[78] S. *Faßbender,* top agrar 1986.

Eine angemessene Abfindung bleibt daher letztlich Aufgabe des Übergebers. **114**
Ihm steht es frei, über gesetzliche Mindestgrenzen hinauszugehen und alle Möglichkeiten für eine möglichst gerechte Lösung auszuschöpfen. Soweit er Leistungen
aus dem Betrieb für angebracht hält, ist – immer im Hinblick auf dessen Leistungsfähigkeit – auch an Stundungen und Ratenzahlungen zu denken. Eine Nachbes-
serungsklausel für den Fall der Veräußerung des Betriebes oder von Grundstücken
ohne Re-Investierung des Erlöses in einen neuen landwirtschaftlichen Betrieb
oder in den Betrieb sollte in die Abfindungsregelung mit aufgenommen werden.

Ergibt sich so eine einigermaßen befriedigende Lösung für die weichenden Er- **115**
ben, so sollten sie im Gegenzug durch notarielle Erklärung auf etwaige Pflicht-
teilsergänzungsansprüche verzichten. Eine derartige Gesamtlösung hat den Vorteil,
dass alle Beteiligten zum Zeitpunkt des Vertragsabschlusses wissen, was sie zu leisten und zu erwarten haben. Die Frage, ob der Übergeber vor oder nach Ablauf der
10 Jahresfrist des § 2325 Abs. 3 BGB verstirbt, wird dann gegenstandslos.

6. Sonstiges. Mitbenutzung des PKW. Über Kleinigkeiten kommt es bekanntlich **116**
leicht zum Streit. Deshalb sollte man bei sorgfältiger Ausgestaltung des Übergabevertrages auch Fragen wie die der Mitbenutzung des betriebseigenen PKW regeln.
Denkbar ist es, dem Übergeber kostenfreie Fahrten z.B. zum Arzt, zur Kirche etc.
bis zu einer bestimmten Kilometerzahl pro Jahr zu gewähren, bei Mehrkilometern
oder größeren Fahrten, die nur im Einvernehmen mit den Übernehmern vorgenommen werden dürfen, eine Kilometerpauschale zu vereinbaren.

Regelung für Streitfälle. Das Zusammenleben mehrerer Generationen auf einem **117**
landwirtschaftlichen Betrieb kann nicht völlig spannungsfrei verlaufen. Die meisten
Konflikte werden sich lösen lassen, ohne dass die Parteien zu rechtlichen Instrumentarien greifen müssen. Für extreme Pflichtverletzungen kann jedoch die Einfügung von pauschalierten Schadensersatzleistungen in den Übergabevertrag hilf-
reich sein, da so die Parteien nachdrücklich zur Einhaltung vertraglicher Pflichten
angehalten und auf die finanziellen Folgen bei Verstößen hingewiesen werden.[79]

IV. Neuordnung des landwirtschaftlichen Erbrechts

1. Aktivitäten der Deutschen Gesellschaft für Agrarrecht

Seit ihrem Bestehen begleitet die Deutsche Gesellschaft für Agrarrecht (DGAR) **118**
kritisch und gestaltend die Entwicklung des landwirtschaftlichen Erbrechts als
einen Teil des klassischen Agrarrechts. Der permanente Strukturwandel der letzten Jahrzehnte und nicht zuletzt die Wiedervereinigung Deutschlands legen eine
Gesamtrevision dieses Rechtsgebiets nahe. So ist es folgerichtig, dass die DGAR
in letzter Zeit vermehrt Fragen nach einer Neuordnung des landwirtschaftlichen
Erbrechts diskutiert. Diese Thematik bildete beispielsweise einen Schwerpunkt der
Frühjahrstagung „Landwirtschaft im Umbruch" im April 2003 in Dresden.[80] Eine
spezifische Erbrechtskommission der DGAR beschäftigt sich mit dieser Materie.
Auch auf der Herbsttagung 2003 in Goslar stand die Auseinandersetzung mit die-
sem Fragenkomplex erneut auf der Tagesordnung.

---

[79] Gesetzliche Regelungen für Streitfälle finden sich im niedersächsischen AGBGB v. 4.3.1971
und im preußischen AGBGB vom 20.9.1899.
[80] S. dazu den Vortrag von *Köhne*, Neuordnung des landwirtschaftlichen Erbrechts, Beilage
II/2003, AUR 2003, 2 ff.

119   Im Wesentlichen konzentriert sich die Diskussion auf folgende Fragen und Gesichtspunkte:

1. Brauchen wir überhaupt noch ein landwirtschaftliches Sondererbrecht?
2. Wenn ja, wo ist das bestehende Sondererbrecht zu korrigieren?
3. Sollte nicht ein Sondererbrecht erarbeitet werden, das sich auf alle Unternehmen erstreckt, sodass die Reformbemühungen der DGAR mit den Industrie- und Handelskammern, den Handwerkskammern und anderen Organisationen abgestimmt werden sollte?[81]

120   Die Frage 1 ist meines Erachtens – ohne den Erkenntnissen der Erbrechtskommission vorgreifen zu wollen – negativ zu beantworten. Länder der alten Bundesrepublik, wie beispielsweise Bayern, kommen sehr wohl ohne ein landwirtschaftliches Sondererbrecht über die Runden. Die Notwendigkeit für den Hofeigentümer die Hofnachfolge zu Lebzeiten verantwortungsbewusst zu regeln, ist allerdings hier entsprechend höher. In den neuen Bundesländern besteht auf Grund der dortigen Besonderheiten meines Erachtens ebenfalls kein Bedarf. Dort ist eine ernsthafte Gefährdung der großen Agrarbetriebe durch ungeregelte Erbgänge insofern nicht zu befürchten, als sich die Eigentumsfläche auf nicht wesentlich mehr als 10% erhöht hat.[82]

121   Hinsichtlich der zweiten, noch nicht völlig ausdiskutierten Frage kann auf die Ausführungen von *Köhne* verwiesen werden.[83] Er plädiert u.a. für die Abschaffung der Anerbengesetze und eine Einfügung landwirtschaftlicher Sondernormen in die §§ 2049 und 2312 BGB. Ein Zuweisungsverfahren sollte weiterhin vorgesehen, allerdings aus dem Grundstückverkehrsgesetz herausgelöst und ebenfalls in das BGB integriert werden.

2. Die Erbschaftsteuerreform 2009[84]

122   Am 1. Januar 2009 ist das Gesetz zur Reform des Erbschaftsteuer- und Bewertungsrecht (Erbschaftsteuerreformgesetz – ErbStRG)[85] in Kraft getreten. Auslöser eines langwierigen Gesetzgebungsverfahrens war ein Beschluss des Bundesverfassungsgerichts, in welchem wesentliche Teile des bisher geltenden Erbschafts-, Schenkungs- und Bewertungsrechts wegen Unvereinbarkeit mit Art. 3 Abs. 1 GG als verfassungswidrig eingestuft wurden.[86] Das Gericht hat in diesem Beschluss klargestellt, dass auf der ersten Stufe, also auf der Stufe der Bewertung, alle Vermögensgegenstände mit dem Gemeinen Wert anzusetzen seien. Erst auf der zweiten Stufe, also der Stufe der Besteuerung, stehe es dem Gesetzgeber seinem weiten Gestaltungsspielraum entsprechend frei, unter Beachtung von Gemeinwohlgesichtspunkten Begünstigungen oder Freistellungen vorzunehmen.

123   Dem hieraus resultierenden enormen Verwaltungsaufwand auf der Bewertungsebene stand von Anfang an der Wille der Politik gegenüber, das Aufkommen aus

---

[81] So *Kleineke* in seinem Diskussionsbeitrag, AUR 2003, 8.

[82] Weitere Argumente s. bei *Deimel*, NLBzAR 2002, 54.

[83] *Köhne*, AUR 2003, 2 ff.

[84] Grundlegend hierzu *Stephany*, Erbschaftsteuerreform 2009 – Auswirkungen auf das land- und forstwirtschaftliche Vermögen, AUR 2009, 141 ff.

[85] Vom 24.12.2008, BGBl. I S. 3018.

[86] BVerfG v. 7.11.2006, 1 BvL 10/02, BStBl. II, 2007, S. 192 auf Grund des Vorlagebeschlusses des BFH v. 22.5.2002, II R 61/1999, BStBl. S. 598; S. dazu *Selter*, Besteuerung unentgeltlichen Erwerbs von land- und forstwirtschaftlichem Vermögen nach dem Beschluss des BVerfG vom 7.11.2006 – 1 BvL 10/02, AUR 2007, 123 ff.

der Erbschaftsteuer nicht erhöhen zu wollen. Dementsprechend musste die höhere Bewertung von Grund- und Betriebsvermögen durch höhere persönliche Freibeträge und eine schonende Behandlung insbesondere des Betriebsvermögens kompensiert werden.

Land- und forstwirtschaftliches Vermögen wird nun nach folgender Systematik **124** bewertet[87]:

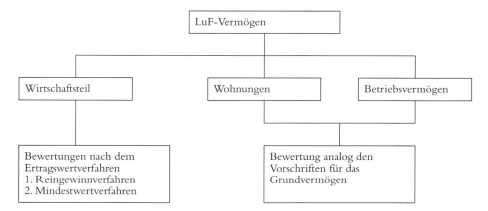

Für die Besteuerung hat der Gesetzgeber zwei Möglichkeiten vorgegeben. **125**

Variante 1 sieht vor, dass der Betriebsnachfolger 85 % des übertragenen land- und **126** forstwirtschaftlichen Vermögens nicht versteuern muss. Für diesen Fall gilt gem. § 13a Abs. 1 S. 2 ErbStG eine Fortführungspflicht von 7 Jahren und eine Lohnsummenhöhe in diesem Zeitraum von 650 % gemessen an der Lohnsumme zum Schenkungs- oder Erbfall.

Variante 2 sieht eine 100 %ige Freistellung vor. In diesem Fall muss der Betrieb **127** 10 Jahre fortgeführt werden und die Lohnsumme darf 10 Jahre lang nicht weniger als 100 % zum Übertragungszeitpunkt betragen (das ergibt 1000 % in 10 Jahren).

Bei Verstößen gegen die Behaltensregeln wird der Verschonungsabschlag zeit- **128** anteilig gekürzt.[88]

---

[87] Aus *Stephany*, AUR 2009, 142.

[88] Einzelheiten s. bei *Stephany*, AUR 2009, 146 ff. und in den einschlägigen Lehrbüchern des Steuer- und Bewertungsrechts.

5. Kapitel. Schuldrechtliche Besonderheiten

Literaturauswahl:

Haarstrich/Hemmelgamm, Agrarspezifisches Zivilrecht, Berlin 2012, Schriftenreihe der Hagen Law
    School, 13. Agrarrecht;
Lorenz/Riehm, Lehrbuch zum neuen Schuldrecht, München 2002 (zit. *Lorenz/Riehm*);
Palandt, Bürgerliches Gesetzbuch, Kommentar, 73. Aufl., München 2014 (zit. *Palandt*)
Siegfried, Tier und Tiergefahr als tatbestandliche Voraussetzungen der Gefährdungshaftung des Tier-
    halters, Mainz 1986, Dissertation der Rechts- und Wirtschaftswissenschaften;
Werner, Art. Tierhalterhaftung, in: HAR II, Sp. 865 ff.

I. Gewährleistung beim Viehkauf

1. Allgemeines zum Kaufvertrag

a) Zustandekommen

Ein Kaufvertrag kommt gemäß § 433 BGB zustande, wenn zwei übereinstim- **1**
mende Willenserklärungen hinsichtlich des Kaufgegenstandes und des Kaufpreises
abgegeben werden. Der Verkäufer einer Sache verpflichtet sich dabei, dem Käufer
die Sache zu übergeben und das Eigentum daran zu verschaffen, § 433 Abs. 1 S. 1
BGB. Der Käufer übernimmt die Pflicht, dem Verkäufer den vereinbarten Kaufpreis zu zahlen und die gekaufte Sache abzunehmen, § 433 Abs. 2 BGB.

b) Gewährleistung

Nach § 433 Abs. 1 S. 2 BGB ist der Verkäufer verpflichtet, dem Käufer die Sache **2**
frei von Sach- und Rechtsmängeln zu verschaffen. Verstößt der Verkäufer gegen diese
Erfüllungspflicht, ist die Kaufsache mangelhaft. § 434 BGB regelt, wann die verkaufte
Sache frei von Sachmängeln ist, § 435 BGB regelt die Rechtsmängelfreiheit.

Ein Sachmangel liegt auch nach dem am 1.1.2002 in Kraft getretenen Schuld- **3**
rechtsmodernisierungsgesetz in der nachteiligen Abweichung der Ist-Beschaffen-
heit der Kaufsache von der Soll-Beschaffenheit. Dabei ist wie bisher vom Vorrang
der Parteivereinbarung auszugehen, d.h. die Sache ist frei von Sachmängeln, wenn
sie im Zeitpunkt des Gefahrübergangs die vereinbarte Beschaffenheit aufweist. Erst
wenn sich weder eine besondere Vereinbarung der Parteien nach § 434 Abs. 1 S. 1
BGB noch ein spezieller vertraglich vorausgesetzter Gebrauch nach § 434 Abs. 1
S. 2 Nr. 1 BGB feststellen lässt, kommen nach § 434 Abs. 1 S. 2 Nr. 2 BGB objektive Kriterien zum Zuge. Ein Sachmangel liegt in diesem Falle vor, wenn sich die
Sache für die gewöhnliche Verwendung nicht eignet und ihr eine Beschaffenheit
fehlt, die bei Sachen der gleichen Art üblich ist und die der Käufer nach der Art
der Sache erwarten kann

Die Bagatellgrenze in § 459 Abs. 2 S. 2 BGB a.F. ist weggefallen, so dass nun- **4**
mehr auch eine unerhebliche Tauglichkeitsminderung einen Sachmangel begründet.[1] Im Gegensatz zum bisherigen Recht erwähnt das Gesetz die Kategorie der

---

[1] Vgl. *Lorenz/Riehm,* § 5, Rn. 482. Mängel dieser Art dürften aber im Regelfall unter § 323
Abs. 5 S. 2 BGB fallen, s. *Palandt,* § 437 Rn. 8.

„zugesicherten Eigenschaft" nicht mehr im Zusammenhang mit dem Begriff des Sachmangels.

5   Ist die Kaufsache im Zeitpunkt des Gefahrüberganges mangelhaft, so stehen dem Käufer die in § 437 Nr. 1 bis 3 BGB aufgezählten Rechte zu.

Anspruch auf Nacherfüllung gem. § 437 Nr. 1 BGB

6   Nach § 437 Nr. 1 BGB kann der Käufer bei Vorliegen eines Sachmangels gem. § 439 BGB nach seiner Wahl die Beseitigung des Mangels oder die Lieferung einer mangelfreien Sache verlangen, sog. Nacherfüllung. Der Nacherfüllungsanspruch nach § 439 BGB entsteht (anders als der Schadensersatzanspruch) unabhängig von einem Verschulden des Verkäufers.

7   Beim Stückkauf, bei dem sich die geschuldete Leistung von vornherein auf eine konkrete Sache bezieht, gilt das Wahlrecht aus § 439 BGB jedoch nicht uneingeschränkt. Der Käufer kann lediglich beim Stückkauf über *vertretbare* Sachen zwischen Mängelbeseitigung und Ersatzlieferung wählen, da der Verkäufer nur bei einer vertretbaren Sache im Sinn von § 91 BGB seine Pflicht zur mangelfreien Leistung gem. § 433 Abs. 1 S. 2 BGB durch Ersatzlieferung einer mangelfreien Sache erfüllen kann. Hingegen scheidet beim Stückkauf über *individualisierte* Einzelstücke die Ersatzlieferung aus. Denn sobald bestimmte Individualisierungsmerkmale zum Inhalt des Kaufvertrages gemacht werden, ist eine Ersatzlieferung einer gleichwertigen Sache unmöglich im Sinn von § 275 Abs. 1 BGB.[2]

8   Beim Gattungskauf, bei dem eine nur der Gattung nach bestimmte Sache geschuldet ist, ist die Nacherfüllung durch Lieferung einer mangelfreien Sache von mittlerer Art und Güte gem. § 243 Abs. 1 BGB oder aber durch Beseitigung des Mangels denkbar.

Die sekundären Rechtsbehelfe des Käufers gem. § 437 Nr. 2 und Nr. 3 BGB

9   Will der Käufer Rechtsbehelfe nach § 437 Nr. 2 und Nr. 3 BGB geltend machen, ist er grundsätzlich verpflichtet, dem Verkäufer eine angemessene Frist zur Nacherfüllung zu setzen, vgl. §§ 281 Abs. 1, 323 Abs. 1, 441 BGB. Erst nach erfolglosem Ablauf dieser gesetzten Frist ist er berechtigt, nach § 437 Nr. 2 BGB zurückzutreten bzw. zu mindern *und* nach § 437 Nr. 3 BGB Schadensersatz statt der Leistung bzw. Aufwendungsersatz zu verlangen.

10   Es besteht also grundsätzlich ein Vorrang der Nacherfüllung. Rücktritt, Minderung und Schadensersatz statt der Leistung bzw. Aufwendungsersatz werden zu sekundären Rechtsbehelfen. Anders als nach bisherigem Recht hat der Käufer somit nicht mehr die Möglichkeit unmittelbar Rückgängigmachung des Vertrages (sog. Wandelung), Herabsetzung des Kaufpreises (sog. Minderung) oder Schadensersatz wegen Nichterfüllung zu verlangen, sondern er muss vielmehr dem Verkäufer ein Recht zur sog. „zweiten Andienung" einräumen.

11   Vom Grundsatz des Vorrangs der Nacherfüllung gibt es jedoch Ausnahmen. So kann der Verkäufer in bestimmten Fällen die vom Käufer gewählte Art der Nacherfüllung verweigern, vgl. § 439 Abs. 3 BGB. In anderen Fällen ist der Käufer berechtigt, unmittelbar Sekundärrechtsbehelfe nach § 437 Nr. 2 und Nr. 3 BGB geltend zu machen, z.B. bei irreparablen Mängeln.[3]

---

[2] Vgl. *Dauner-Lieb*, Das neue Schuldrecht – Fälle und Lösungen, S. 111; anders *Lorenz/Riehm*, Rn. 505, der eine Nacherfüllung in Form der Ersatzlieferung beim Stückkauf von vornherein ablehnt.
[3] So, wenn sich der als „unfallfrei" verkaufte Gebrauchtwagen als Unfallwagen herausstellt. Weitere Beispiele aus der Rechtsprechung bei *Lorenz/Riehm*, Rn. 514.

Ausschluss der Gewährleistung

Bei Gewährleistungsfällen ist stets darauf zu achten, ob die Ansprüche des Käu- **12**
fers vertraglich oder gesetzlich ausgeschlossen sind.

Ein *vertraglicher* Ausschluss der Gewährleistung ist grundsätzlich möglich, es sei **13**
denn, der Verkäufer hat den Mangel arglistig verschwiegen oder eine Garantie für
das Vorhandensein einer Beschaffenheit der Sache übernommen, vgl. § 444 BGB.
Beim Verbrauchsgüterkauf gem. § 474 Abs. 1 BGB ist ein vollständiger, vertraglicher Ausschluss der Gewährleistungshaftung jedoch unzulässig, vgl. § 475 Abs. 1
BGB Lediglich der Anspruch auf Schadensersatz kann gem. § 475 Abs. 3 BGB ausgeschlossen oder beschränkt werden. Jedoch ist hierbei die Grenze des § 444 BGB
und bei Verwendung von AGB § 309 Nr. 7, Nr. 8 lit. b BGB zu beachten.

§ 442 BGB enthält einen *gesetzlichen* Ausschluss der Gewährleistung. Demnach **14**
sind Ansprüche des Käufers wegen Sachmängeln ausgeschlossen, wenn er den
Mangel bei Vertragsschluss kennt. Gleiches gilt im Falle grob fahrlässiger Unkenntnis, es sei denn der Verkäufer hat den Mangel arglistig verschwiegen oder eine
Garantie für die Beschaffenheit der Sache übernommen.

Verjährung der Gewährleistungsansprüche

Durch das Schuldrechtsmodernisierungsgesetz wollte der Gesetzgeber die Ver- **15**
jährungsregelungen vereinfachen. Dies ist ihm nicht gelungen. Die Gewährleis-
tungsfristen für Kaufverträge wurden von bisher grundsätzlich 6 Monaten (§ 477
BGB a.F.) auf grundsätzlich 2 Jahre (§ 438 Abs. 1 Nr. 3 BGB) angehoben. Liegt der
Mangel der Kaufsache in einem dinglichen Recht (z.B. Eigentum) eines Dritten,
auf Grund dessen dieser die Herausgabe der Kaufsache verlangen kann, so verjähren die Mängelansprüche der in § 437 Abs. 1 *Nr. 1 und 3* genannten Art erst in 30
Jahren. s. § 438 Abs. 1 Nr. 1 BGB.

Die gewährleistungsrechtlichen Rücktritts- und Minderungsrechte des § 437 **16**
Nr. 2 BGB unterliegen dagegen als solche nicht der Verjährung, da es sich hierbei
um Gestaltungsrechte handelt. Der Rücktritt wird jedoch nach § 438 Abs. 4 S. 1
BGB i.V.m. § 218 BGB unwirksam, wenn der Nacherfüllungsanspruch verjährt ist
(oder wäre, § 218 Abs. 1 S. 2 BGB) und der Verkäufer sich hierauf beruft. Entsprechendes gilt für die Minderung, vgl. § 438 Abs. 5 BGB.[4]

Bei arglistigem Verschweigen eines Mangels ist § 438 Abs. 3 BGB zu beachten. **17**
In den dort genannten Fällen kommt die regelmäßige Verjährungsfrist des § 195
(3 Jahre) zur Anwendung.

Sonderregelungen für den Verbrauchsgüterkauf

Das Schuldrechtsmodernisierungsgesetz diente u.a. der Umsetzung der euro- **18**
päischen Verbrauchsgüterkaufrichtlinie[5] Dadurch fanden Sonderregelungen zum
Verbrauchsgüterkauf Eingang in das BGB, s. §§ 474 bis 479. Ein Verbrauchsgüterkauf liegt dann vor, wenn ein Unternehmer eine bewegliche Sache an einen
Verbraucher verkauft, § 474 BGB. Von Anfang an bestehende Bedenken gegen
die Einbeziehung von Lebewesen und Naturprodukten in diese Sonderregelungen
hat der Gesetzgeber nicht berücksichtigt. Die wichtigsten Besonderheiten im Verbrauchsgüterkauf sind folgende:
- Zum Schutze des Verbrauchers ist jede Beschränkung der Sachmängelhaftung
  vor Mangelmitteilung unwirksam, s. § 475 Abs. 1 BGB.

---

[4] S. *Lorenz/Riehm*, Rn. 556;. *Mansel*, die Neuregelung des Verjährungsrechts, NJW 2002, 94.
[5] Richtlinie 1999/44/EG vom 25.5.1999.

Grimm

- Zeigt sich innerhalb von sechs Monaten seit Gefahrübergang ein Mangel, so wird vermutet, dass die Sache bereits bei Gefahrübergang mangelhaft war (Beweislastumkehr), s. § 476 BGB.
- Die Möglichkeit die Verjährungsfrist vor Mangelmitteilung zu verkürzen, ist ausgeschlossen, s. § 475 Abs. 2 BGB.

2. Anwendung auf den Viehkauf

a) Bisheriges Recht

19   Nach bisherigem Recht galten für die Gewährleistung beim Kauf bestimmter Tierarten die Sonderregelungen der §§ 481 mit 492 BGB a.F. und die Verordnung betreffend die Hauptmängel und Gewährfristen beim Viehhandel vom 27.3.1899, die sog. „Kaiserliche Viehmängelverordnung".[6]

20   Nach § 482 Abs. 1 BGB a.F. hatte der Verkäufer nur bestimmte Fehler (Hauptmängel) und diese nur dann zu vertreten, wenn sie sich innerhalb bestimmter, kurzer Fristen (Gewährfristen[7]) zeigten. Der Käufer konnte nur wandeln, das Recht auf Minderung war ausgeschlossen. Die Hauptmängel nebst Gewährfristen (orientiert an den Inkubationszeiten) waren in der Kaiserlichen Viehmängelverordnung abschließend aufgelistet. Sie wurden bei den Beratungen des BGB bewusst nicht in das Gesetz aufgenommen, da man eine Regelung im Verordnungswege für flexibler und dementsprechend leichter an fortschreitende veterinärmedizinische Erkenntnisse angleichbar hielt. Trotz immer wieder aufflackernder Kritik und jahrelanger entsprechender Bemühungen, z.B. durch Verbände des Vieh- und Fleischhandels, war eine Anpassung bis zum Jahr 2002 nicht erfolgt.[8]

b) Neue Rechtslage

21   Durch das Schuldrechtsmodernisierungsgesetz wurden die Sonderregelungen des BGB zum Viehkauf und die „Kaiserliche Viehmängelverordnung" ersatzlos aufgehoben. Für den Viehkauf gelten also nun die oben unter Punkt 1 umrissenen allgemeinen schuldrechtlichen Vorschriften.[9] Am Beispiel des Pferdekaufs verdeutlicht, bedeutet dies folgendes:[10]

22   Die Frage, ob ein Pferd mangelfrei oder mit einem Mangel behaftet ist, richtet sich zunächst nach § 434 Abs. 1 S. 1 BGB. Es leidet an einem Sachmangel, wenn es bei Gefahrübergang nicht die *vereinbarte Beschaffenheit* aufweist, d.h. von den durch

---

   [6] RGBl. S. 219 (BGBl. III 402–3).
   [7] Nicht zu verwechseln ist diese Frist mit der Gewähr*leistungs*frist. Diese betrug sechs Wochen.
   [8] S. *Marburger* in: HAR II, Sp. 1002. Näheres bei *Ostler,* Kritik am Viehgewährungsrecht, JZ 1956, 471 ff. oder bei *Fellner,* Agrarrecht 1977, 226. Auch ein detailliert ausgearbeiteter Gesetzesentwurf des Bundesjustizministers scheiterte am Widerstand des Landwirtschaftsministers, der seine Zustimmung zur Regierungsvorlage verweigerte. Dahinter standen die Interessen der Landwirtschaftsverbände, die davon ausgehen konnten, dass die Vieh produzierende Landwirtschaft mit der damals schmalen Haftungsbasis gut bedient war. Für darüber hinausgehende Haftungen blieb nur das Instrument einer entsprechenden Vertragsgestaltung. Verschiedene Großschlächtereien hatten in ihre Kaufbedingungen bereits entsprechende Haftungserweiterungen eingebaut.
   [9] S. dazu *Marx,* Gewährleistung für Viehmängel nach der Schuldrechtsreform, RdL 2002, 141 ff.; Vgl. auch *Adolphsen,* Die Schuldrechtsreform und der Wegfall des Viehgewährleistungsrechts, AgrarR 2001, 169 ff.
   [10] Eingehend dazu *Bemmann,* Der Pferdekauf im Jahr nach der Schuldrechtsreform, AUR 2003, 233 ff.

die Vertragsparteien festgelegten subjektiven Kriterien abweicht.[11] Insofern kommt nach der neuen Rechtslage einer konkreten und substantiierten Beschaffenheitsvereinbarung größte Bedeutung zu. Haben die Vertragsparteien keine Vereinbarung über die Beschaffenheit getroffen, so ist das Pferd nach § 434 Abs. 1 S. 2 Nr. 1 BGB mangelhaft, wenn es sich nicht für die im Vertrag ausdrücklich oder stillschweigend *vorausgesetzte Verwendung* eignet, wenn also beispielsweise als „Turnierpferd" verkauft wurde, als solches aber nicht eingesetzt werden kann. Fehlt es auch an einer derartigen Voraussetzung, so kann sich ein Mangel nach § 434 Abs. 1 S. 2 Nr. 2 BGB ergeben, wenn es wenigstens für die *gewöhnliche* Nutzung nicht geeignet ist und von der *üblichen* Beschaffenheit vergleichbarer Pferde abweicht. Ein Beispiel wäre hier, dass ein Pferd als gewöhnliches Reitpferd gekauft wird, aber wegen Lahmens nicht geritten werden kann.

Das Verbrauchsgüterkaufrecht differenziert bei der Verjährung zwischen neuen **23** und gebrauchten Sachen. Diese Unterscheidung gilt nach dem ausdrücklichen Willen des Gesetzgebers auch für Tiere.[12] Differenzierungskriterien soll allerdings die Rechtsprechung herausarbeiten. Die in diesem Zusammenhang auftauchenden Probleme sind noch nicht abschließend geklärt. Geht man, ähnlich wie im Steuerrecht, davon aus, das ein Tier neu ist, wenn der Herstellungsprozess abgeschlossen ist und das Gebrauchtsein mit Ingebrauchnahme beginnt, so kann man bei Tieren meines Erachtens den jeweiligen Verwendungszweck nicht außer acht lassen. Dieser kann sich aber im Laufe eines Tierlebens mehrfach ändern, sodass man nicht umhin kommen wird, im konkreten Einzelfall über die Kriterien neu und gebraucht zu entscheiden. Dabei kann beispielsweise ein erfolgreiches Turnierpferd, das als solches gebraucht ist, nach Beendigung seiner Sportlaufbahn als Zuchtpferd in den Handel kommen und dann als Zuchtstute plötzlich wieder neu sein.[13]

In der Praxis des Pferdekaufs sichert sich der Käufer in der Regel dadurch ab, **24** dass er einen Tierarzt seines Vertrauens mit einer sog. Ankaufsuntersuchung beauftragt. Der Kaufvertrag wird entweder bedingt abgeschlossen oder überhaupt erst, wenn der beauftragte Tierarzt eine Unbedenklichkeitsbescheinigung ausstellt. Die Ankaufsuntersuchung umfasst in der Regel nicht nur die Untersuchung auf die früheren Hauptmängel, sondern erstreckt sich darüber hinaus auf die Untersuchung von

– Sinnesorganen,
– Atmungsorganen,
– Kreislaufsystem,
– Verdauungsapparat,
– vordere und hintere Extremitäten,
– Allgemeinzustand.

Röntgenuntersuchungen der Beine, insbesondere der Sprunggelenke kommen **25** häufig hinzu. Empfehlenswert ist darüber hinaus, das Pferd über einen längeren Zeitraum hinweg Probe zu reiten und zu belasten, ehe der Kauf abgeschlossen wird.[14]

---

[11] Zur Problematik von Beschaffenheitsvereinbarungen und ihrem Verhältnis zu Haftungsausschlussklauseln s. *Büchner*, Über Beschaffenheitsvereinbarungen beim gewerblichen Pferdekauf, RdL 2002, 225 ff.

[12] Vgl. BT-Drs. 14/6040 S. 245.

[13] Diese und weitere Beispiele bei *Bemmann*, AUR 2003, 237.

[14] Näheres bei *Heck* (Hrsg.), Neues Lexikon der Pferdekrankheiten, 1991, Teil 6, Kap. 6, S. 4 ff. Vgl. ebenda auch die Checkliste für den Pferdekauf Teil 6, Kap. 7, S. 1–3.

c) Begleitschäden

26 Das leidige Problem der Begleitschäden mit kaum behebbaren Abgrenzungsschwierigkeiten zwischen „näheren" und „ferneren" Mangelfolgeschäden und differierenden Verjährungsfristen wurde durch das Schuldrechtsmodernisierungsgesetz nicht vollständig gelöst. Die Rechtslage stellt sich nun folgendermaßen dar:

27 Mangelfolgeschäden wegen eines Mangels[15] verjähren gem. § 438 Abs. 1 Nr. 3 BGB in zwei Jahren ab Ablieferung der Sache (§ 438 Abs. 2 BGB). Ein Mangelfolgeschaden, der auf einer falschen Instruktion durch den Verkäufer beruht,[16] führt zu einem Schadensersatzanspruch unmittelbar aus § 280 Abs. 1 BGB, der gem. § 195 BGB in drei Jahren verjährt.[17]

II. Tierhalterhaftung

28 Die Frage der Haftung des Tierhalters beschäftigt die Menschheit, seit sie eine Kulturstufe erreicht hat, auf der die Tierhaltung üblich wurde. Ein Zitat mag dies belegen: „Wenn ein Rind einen Mann oder eine Frau stößt, dass sie sterben, so soll man das Rind steinigen und sein Fleisch nicht essen; aber der Besitzer des Rindes soll nicht bestraft werden. Ist aber das Rind zuvor stößig gewesen und seinem Besitzer war's bekannt und er hat das Rind nicht verwahrt und es tötet nun einen Mann oder eine Frau, so soll man das Rind steinigen und sein Besitzer soll sterben. Will man ihm aber ein Lösegeld auferlegen, so soll er geben, was man ihm auferlegt, um sein Leben auszulösen. Ebenso soll man mit ihm verfahren, wenn das Rind einen Sohn oder eine Tochter stößt. Stößt es aber einen Sklaven oder eine Sklavin, so soll der Besitzer ihrem Herrn dreißig Lot Silber geben, und das Rind soll man steinigen."[18]

1. Systematische Einordnung

29 Das BGB kennt neben Schuldverhältnissen aus Verträgen auch Schuldverhältnisse, die kraft Gesetzes entstehen, z.B. diejenigen aus Unerlaubter Handlung. Ausgangsbestimmung und Grundnorm für letztere ist § 823 Abs. 1 BGB. In dieser Vorschrift wird derjenige, der schuldhaft (vorsätzlich oder fahrlässig) das Leben, den Körper, die Gesundheit, die Freiheit, das Eigentum oder ein sonstiges Recht eines anderen widerrechtlich verletzt, zum Ersatz des daraus entstehenden Schadens verpflichtet.

30 Aus dem Aufbau dieser Norm ergibt sich, dass bei der Klärung von Schadensersatzansprüchen wegen unerlaubter Handlung grundsätzlich eine Prüfung durchzuführen ist, die drei Stufen umfasst:
Stufe 1: die Tatbestandsmäßigkeit,
Stufe 2: die Rechtswidrigkeit,
Stufe 3: die Schuld.

---

[15] Beispiel: Auf Grund der Lieferung mangelhafter Weinkorken verdirbt der vom Käufer damit verkorkte Wein, BGH NJW 1990, 908.

[16] Beispiel: Ein Hersteller von Kartoffelchips liefert ein Abfallprodukt seiner Produktion (Kartoffelpülpe) als Futtermittel an einen Landwirt. Er klärt ihn nicht über die notwendige Dosierung auf. Auf Grund einer Überdosierung gehen die Tiere des Landwirts ein bzw. erreichen nicht das normale Schlachtgewicht, BGHZ 93, 23.

[17] Näheres bei *Lorenz/Riehm*, Rn. 359, 360.

[18] 2. *Mose* 21, 28. 29.

Grimm

2. Haftung des Tierhalters[19]

Die Haftung des Tierhalters ist in § 833 BGB geregelt. Dabei bestehen folgende **31** Besonderheiten:

a) Gefährdungshaftung nach § 833 Satz 1 BGB

Ein Tier[20] zu halten, bringt Gefahren für die Allgemeinheit mit sich. Die in ver- **32** schiedenen Situationen zu Tage tretende Unberechenbarkeit tierischen Verhaltens hat den Gesetzgeber dazu bewogen, in § 833 Satz 1 BGB eine verschuldensunabhängige Gefährdungshaftung einzuführen: „Wird durch ein Tier ein Mensch getötet oder der Körper oder die Gesundheit eines Menschen verletzt oder eine Sache beschädigt, so ist derjenige, welcher das Tier hält, verpflichtet, den daraus entstehenden Schaden zu ersetzen." Der wesentliche Unterschied zu § 823 BGB besteht darin, dass die Schadensersatzpflicht nicht auf eine unerlaubte (rechtswidrige und schuldhafte) Handlung, also ein deliktisches Verhalten, abstellt, sondern auf die (vom Gesetz erlaubte) abstrakte Gefährdung anderer. Die Schadenszurechnung, die auch hier die Grundlage der Ersatzpflicht bildet, ist keine Zurechnung zur Tat, sondern zum Verantwortungsbereich des Ersatzpflichtigen.[21]

Anspruchsvoraussetzungen des § 833 Satz 1: **33**
— Verantwortlich für das Tier ist der Halter. Halter i.S.d. Gesetzes ist, wer das Tier nicht nur vorübergehend im eigenen Haushalt oder Betrieb verwendet. Auf Eigentum oder Eigenbesitz kommt es nicht an. Der Halter muss allerdings unmittelbarer oder mittelbarer Besitzer sein. Seine Haltereigenschaft endet dementsprechend nicht, wenn er das Tier verleiht, da er hierbei mittelbarer Besitzer bleibt, wohl aber, wenn das Tier gestohlen wird, da in diesem Falle Besitzverlust eintritt.[22] Nicht Halter i.S.d. § 833 BGB ist der Tieraufseher nach § 834, s. dazu unten.
— Der Halter hat für den Schaden einzustehen, der durch die typischen tierischen Eigenschaften, u.a. die Unberechenbarkeit tierischen Verhaltens, z.B. durch Beißen, Ausschlagen, Scheuen, Durchgehen usw. entsteht. Er haftet also dann, wenn sich die (abstrakte) Tiergefahr verwirklicht. Soweit den Verletzten ein Mitverschulden trifft, reduziert sich die Haftung des Tierhalters entsprechend.[23] Keine Verwirklichung der Tiergefahr und damit kein Anspruch aus § 833 Satz 1 BGB ergibt sich, wenn das Tier bei seinem Verhalten dem Willen eines Menschen gehorcht (z.B. dem Reiter, Kutscher). Nicht das tierische, sondern das menschliche Verhalten ist dann – so die Rechtsprechung – Anknüpfungspunkt für den Schadensersatz. Anspruchsgrundlage ist in diesen Fällen § 823 BGB.[24]

---

[19] Zur Haftung bei der Pferdehaltung s. die Berichte von *Marx* in RdL, zuletzt RdL 2001, 281 ff. und RdL 2002, 309 ff.

[20] Erfasst alle lebenden Tiere, gleichgültig ob wild oder gezähmt. Nicht erfasst sind Tiere niederster Ordnung, wie Bakterien etc., str., s. *Palandt,* § 833 Rn. 4.

[21] S. *Larenz/Canaris,* Lehrbuch des Schuldrechts Band II, Halbband 2, Besonderer Teil, 13. Aufl., 1994, § 84 I, S. 608; *Brox/Walker,* Besonderes Schuldrecht, 38. Aufl., 2014, S. 613.

[22] Vgl. *Werner,* in: HAR II, Sp. 865/866; Zu Begriff und Bedeutung des Besitzes und den verschiedenen Arten des Besitzes s. die Lehrbücher zum Sachenrecht, z.B. *Wolf/Wellenhofer,* Sachenrecht, 28. Aufl., 2013, S. 41 ff. Zum mittelbaren Besitz s. § 868 BGB.

[23] Zur Haftung bei Mitverschulden s. § 254 BGB und die Beispiele bei *Palandt,* § 833, Rn. 13.

[24] S. *Palandt,* § 833, Rn. 7 mit Rechtsprechungsnachweisen. Kritisch hierzu *Deutsch,* Der Reiter auf dem Pferd und der Fußgänger unter dem Pferd, NJW 1978, 1998 ff., der darauf hinweist, dass gerade bei der Gefährdungshaftung der Haftungsgrund in der Schutzlosigkeit des Opfers liege. Für das Opfer aber mache es keinen Unterschied, ob das Tier aus eigenem Antrieb handle oder weil ihm ein Befehl erteilt werde.

– Die Haftung nach § 833 Satz 1 BGB entfällt, wenn sie nicht vom Schutzzweck der Norm erfasst ist. Das ist dann der Fall, wenn der Verletzte die Herrschaft über das Tier in Kenntnis der damit verbundenen Tiergefahr *im eigenen Interesse* übernommen hat (so z.B. der Reiter, der ein Pferd ausleiht oder mietet). Ein solches Handeln auf eigene Gefahr hat zur Folge, dass in diesen Fällen der Tierhalter nicht verschuldensunabhängig im Wege der Gefährdungshaftung, sondern nur dann haftet, wenn und soweit ihn ein Verschulden trifft. Nehmen dagegen Angestellte *im Interesse des Tierhalters* die Tiergefahr auf sich (z.B. Kutscher, Pferdepfleger), so kommen diese in den Genuss der Gefährdungshaftung.

34   Der Reiter auf dem Pferd setzt sich willentlich und bewusst der damit verbundenen Gefahr aus. Er genießt nicht den Schutz der Tierhalterhaftung. Eine andere Meinung vertritt hier in ständiger, schwer nachvollziehbarer Einzelfallrechtsprechung der Bundesgerichtshof.[25] Die von ihm in diesem Zusammenhang vorgenommene Differenzierung zwischen „normaler" und „besonderer" Tiergefahr ist weder erforderlich noch nützlich. Diese unbrauchbaren[26] Differenzierungskriterien geben dem Bundesgerichtshof zwar Spielraum für Einzelfallentscheidungen, führen letztlich aber zu einer nicht mehr vertretbaren Rechtsunsicherheit.

35   Angesichts der Rechtsprechung, insbesondere des Bundesgerichtshofes, ist daher beim Vermieten oder Verleihen eines Pferdes eine Vereinbarung über einen Haftungsausschluss des Tierhalters erforderlich, falls ein solcher von den Parteien gewünscht wird.

b) Die Entlastungsmöglichkeit nach § 833 Satz 2 BGB

36   Die Gefährdungshaftung des § 833 Satz 1 BGB wird durch § 833 Satz 2 BGB durchbrochen: „Die Ersatzpflicht tritt nicht ein, wenn der Schaden durch ein Haustier verursacht wird, das dem Berufe, der Erwerbstätigkeit oder dem Unterhalte des Tierhalters zu dienen bestimmt ist, und entweder der Tierhalter bei der Beaufsichtigung des Tieres die im Verkehr erforderliche Sorgfalt beobachtet oder wenn der Schaden auch bei Anwendung dieser Sorgfalt entstanden sein würde."

37   Bei sog. *Nutztieren* tritt also an die Stelle der Gefährdungshaftung eine vermutete Verschuldenshaftung[27] mit Entlastungsmöglichkeit. Die Voraussetzungen im einzelnen:

– Es muss sich um ein Haustier handeln. Maßgebend für die Einordnung von Tieren unter diesen Begriff ist der gewöhnliche Sprachgebrauch. Zahme Tiere wie z.B. Pferde, Rinder, Schweine, Schafe, Ziegen, Geflügel, Hauskaninchen usw. werden erfasst, nicht dagegen gezähmte Wildtiere. Nicht erfasst sind auch Bienen, weil hier keine genügende Verfügungsgewalt des Eigentümers vorliegt.[28] Für die Bienenhaltung gilt also die Gefährdungshaftung des § 833 Satz 1 BGB.

---

[25] S. z.B. BGH NJW 1974, 234; BGH NJW 1977, 2158; BGH NJW 1982, 763; BGH NJW-RR 1986, 572. Eingehend kritisiert von *Deutsch*, NJW 1978, 1998 ff.

[26] So rechnet der BGH z.B. das Abgeworfenwerden zur normalen, also von der Gefährdungshaftung gedeckten Tiergefahr, das Abgeworfenwerden beim Reiten mit „eigentümlichen Gefahren" (Dressurreiten, Springen, „Fuchsjagd") dagegen zu den besonderen Tiergefahren. Wenn man Dressurreiten und Springen zu den besonderen Tiergefahren rechnet, so stellt sich die Frage, was dann noch an normalen Gefahren verbleibt, zumal der BGH das selbständigen Ausreiten möglicherweise auch zu den besonderen Gefahren zählt. (Nachweise s. bei *Schäfer* in: *Staudinger*, 12. Aufl., 1986 § 833 Rn. 69.

[27] Die Vermutung erstreckt sich auf das Verschulden und die Kausalität.

[28] Weitere Einzelheiten s. bei *Palandt*, § 833, Rn. 16.

– Das Haustier muss dem Beruf, der Erwerbstätigkeit oder dem Unterhalt zu dienen bestimmt sein. Durch diese Formulierung des Gesetzes werden die Nutztiere
von den sog. *Luxustieren* abgegrenzt. Bei letzteren besteht immer Gefährdungshaftung, die Entlastungsmöglichkeit des Satz 2 ist nur für Nutztiere vorgesehen.

Berufstiere sind z.B. Jagdhunde des Försters, Polizeihunde, Hütehunde, aber auch   **38**
Katzen im landwirtschaftlichen Betrieb zum Schutz der Vorräte vor Mäusen etc.

Der Erwerbstätigkeit dienen beispielsweise der zur Pferdezucht gehaltene   **39**
Hengst, Pferde eines privaten Halters oder eines Reitvereins, wenn sie weitgehend durch Vermietung wirtschaftlich genutzt werden, nicht jedoch das zu Liebhaberzwecken gehaltene Reitpferd. Der Wachhund kann ebenfalls Berufs- oder Erwerbszwecken dienen. Bei landwirtschaftlichen Betrieben wird man dies bejahen,
bei Bewachung privater Wohnhäuser wird dies in der Regel verneint.

Dem Unterhalt zu dienen bestimmt ist beispielsweise die Milchkuh oder das zur   **40**
Eigenschlachtung bestimmte Schwein. Auch der Blindenhund wird als ein zum
Unterhalt bestimmtes Tier betrachtet, nicht dagegen der Jagdhund eines ideellen
Jägers.[29]

– Beaufsichtigung:

Bei Beurteilung der Frage, ob der Tierhalter seine Sorgfaltspflicht bei der Beauf   **41**
sichtigung des Tieres gehörig erfüllt hat, sind wegen des Ausnahmecharakters des
§ 833 Satz 2 BGB strenge Maßstäbe anzulegen. Die Beweislast für die Einhaltung
der Sorgfaltspflicht trifft den Tierhalter.[30] Zur sorgfältigen Beaufsichtigung gehört
u.U. auch eine sorgfältige Auswahl der Tiere. Bei der Bestellung eines Tierhüters ist
auf dessen Qualifikation zu achten, darüber hinaus kann es erforderlich sein, dem
Hüter die nötigen Anweisungen zu erteilen und ihre Einhaltung zu überwachen.[31]

Wichtig zu wissen ist, dass ungeklärte Fragen, z.B. wie Weidetiere aus der Weide   **42**
auf die Straße gelangen konnten, zu Lasten des Tierhalters gehen.

3. Die Haftung beim Zusammentreffen mehrerer Schuldner

Wird der Schaden durch ein Tier und zugleich durch eine schuldhaft handelnde   **43**
weitere Person verursacht (z.B. jemand macht bewusst ein Pferd scheu, das dann
einen Dritten verletzt), so haften dem Geschädigten der Tierhalter und der schuldhaft handelnde Verursacher als Gesamtschuldner. Im Innenverhältnis haftet nur der
schuldhaft Handelnde, s. § 840 Abs. 1 und 3 BGB.

Treffen dagegen Gefährdungshaftungstatbestände zusammen (z.B. Tierhalterhaf   **44**
tung und Kfz-Halterhaftung, so erfolgt nach § 17 Abs. 2 StVG ein Ausgleich in
einer dem § 254 BGB entsprechenden Weise.[32]

4. Die Haftung des Tieraufsehers

Aus der Formulierung des § 834 BGB geht hervor, dass der Gesetzgeber bei der   **45**
Haftung des Tieraufsehers wie bei der Haftung des Nutztierhalters von einem vermuteten Verschulden und einem vermuteten ursächlichen Zusammenhang ausgeht und ihm die Möglichkeit des Entlastungsbeweises hinsichtlich seiner Sorgfalt
einräumt.

---

[29] Beispiele m.w.N. bei *Palandt,* § 833, Rn. 17, 18.
[30] S. *Palandt,* § 833, Rn. 20, 21.
[31] Weitere Beispiele aus der Rechtsprechung s. bei *Palandt,* § 833, Rn. 18, 19.
[32] *Schäfer,* in: *Staudinger,* § 833, Rn. 61.

46   Aufsichtsführung bedeutet die Übertragung der selbständigen allgemeinen Gewalt und Aufsicht über das Tier. Bei Bediensteten, die als Angestellte oder Arbeiter weisungsabhängig handeln, z.B. Stallbursche, angestellter Reitlehrer, ist dies nicht der Fall. Dagegen liegt die Aufsehereigenschaft i.S.d. § 834 BGB i.d.R. vor bei Hirten, Transportbegleitern, Viehtreibern. Bejaht wurde die Aufsehereigenschaft auch beim Mieter eines Pferdes zum selbständigen Ausritt,[33] selbst bei einmaligem![34]

47   Tierhalter und Tieraufseher haften dem Verletzten als Gesamtschuldner gem. § 840 Abs. 1 BGB. Für den Ausgleich im Innenverhältnis ist das Vertragsverhältnis maßgebend, nicht § 840 Abs. 3 BGB.[35]

III. Die Verkehrssicherungspflicht

1. Systematische Einordnung

48   Das Rechtsinstitut der Verkehrssicherungspflicht wurde von der Rechtsprechung aus dem Recht der Unerlaubten Handlungen entwickelt. Es besagt, dass derjenige, der eine Gefahrenquelle schafft oder unterhält, die notwendigen Vorkehrungen treffen muss, um Dritte vor diesen Gefahren zu schützen. Wer diese Pflicht in rechtswidriger und schuldhafter Weise verletzt, ist dem Dritten, wenn sich die Gefahr realisiert und er zu Schaden kommt, gem. § 823 BGB zum Schadensersatz verpflichtet. Umgekehrt folgt daraus, dass den Verkehrssicherungspflichtigen bei Schadensereignissen, die ohne sein Verschulden, ausschließlich durch höhere Gewalt verursacht werden, keine Haftung trifft.[36] Keine Verkehrssicherungspflicht besteht i.d.R. Personen gegenüber, die sich unbefugt in den Gefahrenbereich begeben, wobei diese Einschränkung gegenüber Kindern nicht gilt.[37]

2. Die Verkehrssicherungspflicht des Land- und Forstwirts

49   Um eine spezifisch agrarrechtliche Materie handelt es sich bei der Verkehrssicherungspflicht nicht. Land- und Forstwirte sind jedoch permanent mit Problemen aus diesem Bereich konfrontiert, da ihre Flächen häufig von Dritten in Anspruch genommen werden. Viele Landwirte sind Waldbesitzer[38], sodass zunächst die Verkehrssicherungsproblematik im Zusammenhang mit Waldbesitz dargestellt werden soll.

---

[33] BGH NJW 1987, 949.

[34] OLG Saarbrücken VersR 1988, 1080.

[35] *Palandt,* § 834, Rn. 3.

[36] Die Frage, wo die Verantwortlichkeit endet und die höhere Gewalt beginnt, ist umstritten. Vgl etwa OLG Köln, Urt. v. 16.12.1987 – 11 U 81/87 – zit. bei *Drees,* Die Verkehrssicherungspflicht des Waldbesitzers – eine Aufgabe mit unterschiedlichen Anforderungen?, Natur + Recht 1989, 164. Nach diesem Urteil haftet der Waldbesitzer auch dann, wenn ein Orkan mit Windstärke 11 bis 12 gesunde Bäume mit fester Verwurzelung und bei günstigen Verhältnissen des Bodens und der Umgebung umwirft, da den Waldbesitzer eine Pflicht zur Vornahme entsprechender Anpassungsmaßnahmen treffe. Da eine derartige Anpassung der Waldbestände kaum möglich sein dürfte, ist dem Urteil nicht beizupflichten. Hier wird m.E. der gesetzlich nicht gedeckte Schritt von der Verschuldenshaftung zur Gefährdungshaftung des Waldbesitzers vollzogen.

[37] S. *Palandt,* § 823, Rn. 47 m.w.N.

[38] Das BGB unterscheidet streng zwischen Eigentümer und Besitzer. Anders das Bundeswaldgesetz, das in § 4 bestimmt: „Waldbesitzer im Sinne dieses Gesetzes sind der Waldeigentümer und der Nutzungsberechtigte, sofern dieser unmittelbarer Besitzer des Waldes ist." Im Folgenden wird die Terminologie des Bundeswaldgesetzes benutzt.

a) Verkehrssicherungspflicht im Wald[39]

Eine Verkehrssicherung, die jeden Unfall ausschließt, ist nicht erreichbar. Der **50** Verkehrssicherungspflichtige muss daher nicht für alle denkbaren entfernten Möglichkeiten eines Schadenseintritts Vorsorge treffen, sondern nur diejenigen Vorkehrungen treffen, die nach den Sicherheitserwartungen des jeweiligen Verkehrs im Rahmen des wirtschaftlich Zumutbaren geeignet sind, Gefahren von Dritten abzuwenden, die bei bestimmungsgemäßer oder nicht ganz fern liegender bestimmungswidriger Benutzung drohen.[40] Die Grenze der wirtschaftlichen Zumutbarkeit wird nicht dadurch überschritten, dass die Kosten der Verkehrssicherungspflicht nicht aus den Erträgen des Waldes bestritten werden können. Eine ggf. ertraglose Waldwirtschaft befreit den Waldbesitzer nicht von der Verkehrssicherungspflicht.[41] Welche Maßnahmen im einzelnen zumutbar sind, ist umstritten. Die zur Verkehrssicherungspflicht bei Bäumen ergangene Rechtsprechung ist sehr umfangreich. Da sie naturgemäß einzelfallbezogen ist, ist sie auch nicht ohne weiteres auf andere Fälle übertragbar.[42] Als durchgängiges Kriterium kann jedoch festgehalten werden, dass die Verkehrssicherungspflicht verkehrs- und situationsabhängig ist, dass also z.B. die Sorgfaltsanforderungen an den Waldbesitzer bei einem Erholungswald in Großstadtnähe grundsätzlich höher sein können als bei einem weit im Land draußen, inmitten landwirtschaftlich genutzter Flächen liegenden Wald.

Bereits bei der Bestandsbegründung müssen Fragen der Verkehrssicherungs- **51** pflicht beachtet werden. „Der Waldbesitzer ist verpflichtet, den Baumbestand so anzulegen, dass er im Rahmen des nach forstwirtschaftlichen Erkenntnissen Möglichen gegen Windbruch und Windwurf gesichert ist."[43] In diesem Zusammenhang ist auf die Gestaltung der Waldränder und die Wahl der richtigen Baumarten besonders zu achten.

Bei der Durchforstung ist zu beachten, dass eine zu starke Ausdünnung des Be- **52** standes eine Waldfläche für Windwurf besonders anfällig machen kann, wobei der Erfahrungssatz, dass gleichmäßige und geschlossene Bestände Stürmen besser zu widerstehen vermögen, von der Rechtsprechung nicht uneingeschränkt anerkannt wird.[44]

Die Überwachung des Bestandes ist in angemessenen Zeitabständen durchzu- **53** führen. Unter normalen Umständen wird eine halb- bis einjährige Überwachung für ausreichend erachtet. Sobald jedoch besondere Ereignisse auf eine erhöhte Gefährdung hinweisen (z.B. Sturm, Schneefall, anhaltende oder besonders starke Regenfälle) sind zusätzliche Überprüfungen vorzunehmen. Dies gilt auch für Bestände in besonderen Gefährdungslagen (z.B. an Siedlungsbereichen, Hanglagen, Straßen).[45]

---

[39] Grundsätzliches und eingehende Darstellung einschließlich Lit. und Rspr. bei *Klose/Orf,* Forstrecht, 2. Aufl., 1998, § 14 Rn. 42–67. Ausführlich auch *Orf,* neue Entwicklungen im Bereich Waldbetretungsrecht-Haftung (Teil 1), RdL 2008, 281 ff., (Teil 2) RdL 2008, 311 ff.

[40] BGH NJW 1978, 1629.

[41] S. *Drees,* Die Verkehrssicherungspflicht des Waldbesitzers, Natur + Recht 1989, 164.

[42] Vgl. *Breloer,* Verkehrssicherungspflicht bei Bäumen, RdL 1991, 144. Zur vorrangigen Verkehrssicherungspflicht der Naturschutzbehörde bei Naturdenkmalen, s. *Breloer,* Verkehrssicherungspflicht für Naturdenkmale – Aufgaben- und Haftungsverteilung zwischen Eigentümer, Behörden und Baumpflegern, AUR 2003, 101 ff.

[43] *Drees,* Natur + Recht 1989, 164 unter Hinweis auf BGH VersR 1974, 88; NJW 1985,1773; RdL 1988, 219; OLG Hamm, Urt. v. 20.1.1988 – 3U 79/87 –.

[44] *Drees,* Natur + Recht 1989, 165 unter Hinweis auf BGH VersR 1974, 88.

[45] Näheres zu den Zeitabständen der Kontrollen und diesbezüglich unterschiedlichen Anforderungen verschiedener Gerichte, s. *Breloer,* RdL 1991, 145.

54   Was die Intensität der Überprüfung betrifft, so gehen die Meinungen in der Rechtssprechung auseinander. Der Bundesgerichtshof hält eine ständige Überwachung von Straßenbäumen durch Forstleute mit Spezialerfahrung für nicht erforderlich, auch nicht eine Untersuchung durch jährliches Besteigen und eine Untersuchung aller Teile des Baumes durch Fachleute. Eine eingehende Untersuchung von Bäumen sei nur erforderlich, wenn besonders verdächtige Umstände vorlägen. Ähnlich urteilt das OLG Frankfurt, das sich gegen eine Überspannung der Anforderungen an die Verkehrssicherungspflicht ausspricht.[46] Das OLG Köln dagegen hält es für erforderlich und zumutbar, eingehende Untersuchungen und entsprechende Pflegemaßnahmen auch in den Baumkronen selbst 35 Meter hoher Bäume durchzuführen, erforderlichenfalls entsprechende Spezialfahrzeuge mit Hubvorrichtungen anzumieten. Angesichts der Gefahr, die von morschen Ästen für Menschen und Sachen ausgehe, verbiete sich eine Betrachtungsweise unter Kosten-Nutzen-Gesichtspunkten.[47]

b) Besonderheiten beim Erholungsverkehr

55   Auch beim Erholungsverkehr in Wäldern gehen die Ansichten der Gerichte zur Verkehrssicherungspflicht auseinander. Dem OLG Hamm[48] zufolge ist das Betretungsrecht des Waldes eine besondere Form des Gemeingebrauchs, „ein vielleicht letztes Relikt" – so *Drees* – der Allmendenutzung, mit der Konsequenz, dass den jetzt privaten Waldbesitzer keine Verkehrssicherungspflicht gegenüber Erholungssuchenden trifft. Das OLG Köln[49] dagegen vertritt hier die (richtige) Auffassung, dass eine grundsätzliche Verkehrssicherungspflicht des Waldbesitzers auch gegenüber Erholungssuchenden bestehe,[50] da es zur Entstehung einer Verkehrssicherungspflicht nicht auf die freiwillige Öffnung des Verkehrs durch den Waldbesitzer ankomme, sondern auf die tatsächliche Eröffnung der Gefahrenquelle, wie das durch die Einräumung gesetzlicher Betretungsrechte geschehe.

56   Das Betretungsrecht ist in § 59 BNatSchG, § 14 BWaldG und in landesrechtlichen Vorschriften geregelt. In Bayern erfolgt dies in Art. 27 BayNatSchG. Darüber hinaus ist das Betretungsrecht in Bayern sogar als Grundrecht in der Landesverfassung verankert, s. Art. 141 Abs. 3 BV.[51] Was die Verkehrssicherungspflicht betrifft, so bestimmt § 14 Abs. 1 Satz 3 BWaldG: „Die Benutzung geschieht auf eigene Gefahr". Durch diese Formulierung wird die Verkehrssicherungspflicht des Waldbesitzers nicht völlig beseitigt. Lediglich die typischen Gefahren des Waldes nimmt der Betretende in Kauf. Bei Verwirklichung dieser typischen Gefahren kann er keinen Schadensersatz fordern. Dahinter steckt der Gedanke, dass bei der Erholung in der

---

[46] *Drees,* Natur + Recht 1989, 166 unter Hinweis auf BGH VersR 1965,475 und OLG Frankfurt NJW-RR 1987, 864.

[47] OLG Köln, Urt.v. 8.2.1988 – U 153/87 –, zit. bei *Drees,* Natur + Recht 1989, 166. Kritisch hierzu *Breloer,* die zu Recht darauf hinweist, dass bei einer solchen Betrachtungsweise das vom BGH geforderte Kriterium der Zumutbarkeit entfiele, RdL 1991, 145.

[48] OLG Hamm Urt. v. 21.10.1983 – 9 U 106/83 –, zit. bei *Drees,* Natur + Recht 1989, 166.

[49] OLG Köln Urt. v. 11.5.1987 – 7 U 308/86 – AgrarR 1988, 52.

[50] So auch OLG Düsseldorf, wenn auch mit anderer, von *Drees* kritisierter rechtlicher Begründung, s. OLG Düsseldorf Urt. v. 18.3.1982 – 18 U 275/81 –,VersR 1983, 542 und *Drees,* Natur + Recht 1989, 166.

[51] Dieses Grundrecht wirkt sowohl gegen die Öffentliche Gewalt als auch gegen Dritte, insbesondere private Waldbesitzer, s. *Meder,* Die Verfassung des Freistaates Bayern, 3. Aufl., 1985, Art. 141, Rn. 9. Vgl. auch *Friedlien/Weidinger/Graß,* Bayerisches Naturschutzgesetz, 2. Aufl., 1983 Art. 21 a.F. Anm. 2, die die unmittelbare Drittwirkung als die wichtigste Schutzrichtung des Art. 141 Abs. 3 BV betonen.

freien Natur diese in ihrem ursprünglichen, nicht für Erholungszwecke „geglätte-
ten" Zustand, damit aber auch mit ihren natürlichen Gefahren und Risiken erlebt
werden solle.[52] Die Haftung des Waldbesitzers wird also unter dem Gesichtspunkt
des Erholungsverkehrs nicht erhöht, sondern bleibt auf atypische Gefahrensitua-
tionen, mit denen ein Erholungssuchender normalerweise nicht rechnen muss, beschränkt.[53] Die oben angesprochene Verkehrs- und Situationsabhängigkeit bringt es
jedoch mit sich, dass der Waldbestand in frequentierten Erholungswäldern häufiger
auf atypische Gefährdungslagen zu überprüfen ist.

Durch die sog. „Neueren Waldschäden", die durch summierte Umwelteinflüsse   **57**
entstehen, kommt es vermehrt zu Wurzelschädigungen und damit verbunden zum
Umstürzen von Bäumen. Diese Fälle sind zu den mittlerweile typischen Gefahren
zu rechnen, denen sich jeder aussetzt, der einen Wald betritt. Eine Erhöhung der
Verkehrssicherungspflicht ergibt sich für den Landwirt im Regelfalle nicht.

c) Haftung gegenüber Sportlern

In Skigebieten hat der Landwirt im Winter Weidezäune zu entfernen. Dabei ge-   **58**
nügt es nicht, die Drähte einfach abzuhängen und auf den Boden zu legen. Besonders bei relativ wenig Schnee kann es geschehen, dass Skiläufer die Drähte übersehen, sich in ihnen verfangen und zu Sturz kommen. Eine Haftung des Landwirts
ist dann die Folge. Es ist daher ratsam, die abgehängten Drähte zusätzlich zu befes-
tigen und kenntlich zu machen. Nach der Rechtsprechung müssen aber nicht alle
Weidezäune entfernt werden, sondern nur jene auf Skipisten, Loipen und in gän-
gigem Skigelände. Welches Gelände „gängig" in diesem Sinne ist, lässt sich nicht
eindeutig bestimmen. Im Zweifel sollte der Landwirt also die Zäune beseitigen
und sichern.

Ein besonderes Problem bilden mittlerweile die Mountainbiker. Das AG Vil-   **59**
lingen-Schwenningen entschied,[54] dass ein Landwirt nicht verpflichtet ist, bei der
Einzäunung seiner Viehweiden auf Radfahrer Rücksicht zu nehmen. Im entschie-
denen Fall hatte ein Radfahrer einen privaten Grasweg über eine Viehweide befahren, war dabei mit einem quer darüber gespannten Weidedrahtzaun kollidiert und
hatte sich erheblich verletzt. Das Gericht wörtlich: „Nach Auffassung des Gerichtes ist der Beklagte, der einer in der hiesigen Gegend seit Generationen üblichen
Nutzung seines Grundstückes nachgeht, nicht verpflichtet, einer im Verhältnis dazu
erst relativ neuen und modischen sowie nicht ungefährlichen Sportart eine völlig gefahrlose Ausübung zu ermöglichen. Der Mountainbike-Fahrer, der bewusst
das Risiko sucht, betreibt seinen Sport, jedenfalls außerhalb öffentlicher Wege und
Straßen, auf eigenes Risiko."

In der Berufungsverhandlung vor dem Landgericht Konstanz[55] kam es zu einem   **60**
Vergleich. Das Überspannen eines Privatweges mit einem Weidezaun wurde als
Schaffung einer atypischen Gefahrenquelle mit einer entsprechenden Absiche-
rungspflicht bewertet.

Noch weiter ging das OLG Köln.[56] „Zur Verkehrssicherungspflicht von Land-   **61**
wirten gehört es, vor allem im Einzugsbereich einer Großstadt, Veränderungen

---

[52] BGH VersR 1978, 739.
[53] Zum Problem der Rotfäule s. *Drees,* Natur + Recht 1989, 166, mit Rechtsprechungshinweisen.
[54] Urt. v. 14.2.1995 Az 7 C 523/94. Dieses und die folgenden Rechtsprechungsbeispiele wurden vorgestellt und besprochen von Justitiar *Nödl* auf einer Tagung des Arbeitskreises Alpenregion
der Deutschen Gesellschaft für Agrarrecht.
[55] LG Konstanz Az 6 S. 40/95.
[56] Urt. v. 23.1.1998 Az. 19 U 109/97, VersR 1998, 860 ff.

Grimm

im Freizeitverhalten der Bevölkerung zur Kenntnis zu nehmen und sich im Rahmen des Zumutbaren darauf einzustellen. Deshalb kann eine bestehende Übung, zur vorübergehenden Absperrung von Wegen während des Viehtriebes einfachen Weidedraht zu benutzen und diesen nach Wiedereröffnung der Wege seitlich liegen zu lassen, nicht mehr anerkannt werden. Zur Vermeidung nicht ganz gefahrloser missbräuchlicher Wegesperrungen durch Dritte und der dadurch verbundenen Gefahren insbesondere für Freizeitsportler (hier: Mountainbiker) sind vielmehr statt des Drahtes besser erkennbare, einfach zu handhabende, leicht und billig zu beschaffende Absperrmittel (z.B. rot-weiße Plastikketten) zu verwenden, die zudem zur Steigerung der Verkehrssicherheit auch ohne zumutbare Belastung jeweils nach Gebrauch mitgenommen werden können."

62   Zusammenfassend kann festgehalten werden, dass die Rechtsprechung bei Nutzungskonflikten zwischen Landwirtschaft und Freizeitsportlern dazu tendiert, die Verkehrssicherungspflicht zu Lasten der Landwirtschaft auszudehnen und zwar, das zeigen die drei Beispiele deutlich, umso weiter, je größer die Distanz der Gerichte zum ländlichen Raum ist.

IV. Produkthaftung

1. Allgemeines

63   Am 1. Januar 1990 ist das Gesetz über die Haftung für fehlerhafte Produkte (Produkthaftungsgesetz – ProdHaftG) v. 15.12.1989[57] in Kraft getreten. Unter Produkthaftung versteht man die Haftung des Herstellers für Folgeschäden aus der Benutzung seiner Produkte, die der bestimmungsgemäße Verbraucher oder sonstige Personen in Folge eines Fehlers des Produkts erleiden. Erfasst sind Personen- und Sachschäden außerhalb der Fehlerhaftigkeit des Produkts. Anders als bei der vertraglichen Gewährleistung geht es also um den Schutz des Integritätsinteresses des Verbrauchers. An die Stelle der deliktsrechtlichen Verschuldenshaftung ist eine (verschuldensunabhängige) Gefährdungshaftung getreten.

2. Wesentlicher Inhalt des Produkthaftungsgesetzes

a) Haftung und Haftungsbegrenzung

64   Wird durch den Fehler eines Produkts jemand getötet, sein Körper oder seine Gesundheit verletzt oder eine Sache beschädigt, so ist gem. § 1 Abs. 1 Satz 1 ProdHaftG der Hersteller eines Produkts verpflichtet, dem Geschädigten den daraus entstehenden Schaden zu ersetzen. Im Falle der Sachbeschädigung gilt dies nach § 1 Abs. 1 Satz 2 ProdHaftG nur, wenn eine andere Sache als das fehlerhafte Produkt beschädigt wird. Abgrenzungsprobleme können sich hier bei einem ansonsten fehlerfreien Endprodukt ergeben, das durch ein fehlerhaftes, funktional abgrenzbares Teilprodukt beschädigt wird.[58] Einschränkend bestimmt § 1 Abs. 1 Satz 2 ProdHaftG des Weiteren, dass nur der private (End-) verbraucher geschützt wird. Sachschäden im beruflichen und gewerblichen Bereich fallen nicht unter das Produkthaftungsgesetz, können aber über § 823 BGB geltend gemacht werden.

---

[57] BGBl. I S. 2198; Das Gesetz diente der Umsetzung der EG-Richtlinie Produkthaftung vom 25.7.1985.
[58] Sog. „weiterfressender" Fehler, s. *Palandt*, § 1 ProdHaftG, Rn. 6 m.w.N.

In § 1 Abs. 2 und 3 sind Bestimmungen über mögliche Haftungsausschlüsse ent- **65** halten. Die Haftung entfällt gem. § 1 Abs. 2

- Nr. 1, wenn der Hersteller das Produkt nicht in den Verkehr gebracht hat,[59]
- Nr. 2, wenn nach den Umständen davon auszugehen ist dass das Produkt im Zeitpunkt des Inverkehrbringens noch nicht fehlerhaft war,
- Nr. 3 bei nicht-kommerzieller Herstellung,
- Nr. 4 bei einer Herstellung, die zwingenden Rechtsvorschriften entsprochen hat,
- Nr. 5, wenn der Fehler zum Zeitpunkt des Inverkehrbringens nach dem Stand der Wissenschaft und Technik nicht erkannt werden konnte.[60]

§ 1 Abs. 3 enthält einen Haftungsausschluss für Zulieferer.[61]   **66**

b) Begriff des Produkts, Wegfall des Landwirtschaftsprivilegs

In § 2 ProdHaftG wird der Begriff Produkt definiert. Danach ist Produkt im **67** Sinne des Gesetzes jede bewegliche Sache, auch wenn sie Teil einer anderen beweglichen oder unbeweglichen Sache ist sowie Elektrizität. Ausgenommen hiervon waren landwirtschaftliche Erzeugnisse des Bodens, der Tierhaltung, der Imkerei und der Fischerei (landwirtschaftliche Naturprodukte), die nicht einer ersten Verarbeitung unterzogen worden waren; gleiches galt für Jagderzeugnisse.[62] Durch die Streichung des früheren Satzes 2 in § 2 ProdHaftG zum 1.12.2001[63] ist diese Privilegierung entfallen. Natur- und Jagderzeugnisse stehen nun ohne Rücksicht auf eine eventuelle erste Verarbeitung den übrigen Produkten gleich. Produktbeobachtung und die Einführung von Qualitätssicherungssystemen werden daher auch für den Landwirt immer wichtiger.

c) Weitere Regelungen des Produkthaftungsgesetzes

aa) Hersteller. Zum Schadensersatz verpflichtet ist der Hersteller. Dazu zählt **68** nach § 4 ProdHaftG der tatsächliche Hersteller (Abs. 1 Satz 1) aber auch der Quasihersteller, das ist derjenige der nach außen hin, z.B. durch Anbringung seines Warenzeichens, den Eindruck erweckt, als sei er der tatsächliche Hersteller.

---

[59] Näher dazu *Palandt,* § 1 ProdHaftG Rn. 14 mit 16.

[60] Vor allem diese Ausnahme ist in den Medien und in der Fachliteratur auf Kritik gestoßen, da die Produzenten durch die Freistellung von der Haftung für Entwicklungsrisiken zu Lasten der Verbraucher unangemessen begünstigt würden. Dies gelte vor allem im Bereich der toxischen Stoffe, deren Schädlichkeit sich oft erst später herausstelle, s. mit entsprechenden Nachweisen *Deselaers,* Das Landwirtschaftsprivileg im Produkthaftungsgesetz – ein Danaergeschenk? in Beilage III/1990 AgrR 1990, 3.

[61] S. dazu im einzelnen *Palandt,* § 1 ProdHaftG, Rn. 22 mit 24.

[62] Die Arbeitsgemeinschaft der Verbraucher hatte dies schon bei Inkrafttreten des Gesetzes als unverständliche Gesetzeslücke kritisiert, da es hier um einen für die Gesundheit des Verbrauchers besonders wichtigen Bereich gehe. Soweit in der Landwirtschaft mit modernsten technischen Methoen und unter Einsatz chemischer Mittel gearbeitet werde, spreche alles dafür, die landwirtschaftlichen Produkte den übrigen Industrieprodukten gleichzusetzen, s. *Gertoberens,* Der Schutzwall für den Verbraucher wird höher, in Südd. Zeitung vom 5./6.3.1988, Wirtschaftsteil, S. 1. Bedenken gegen das Landwirtschaftsprivileg auch bei *Rolland* Produkthaftungsrecht 1990, Rn. 42 und bei *Taschner,* Die künftige Produzentenhaftung in Deutschland, NJW 1986, 611 ff., 613. Zur Rechtfertigung des Landwirtschaftsprivilegs s. dagegen *Deselaers* mit dem Hauptargument, die Belastung landwirtschaftlicher Naturprodukte gehe im Regelfall auf nicht landwirtschaftliche Emissionen zurück, AgrarR 1990, 4.

[63] Art. 1 Gesetz zur Änderung produkthaftungsrechtlicher Vorschriften vom 2.11.2000 (BGBl. I S. 1478). Literatur: *Staudinger,* Zur Novellierung des Produkthaftungsgesetzes, NJW 2001, 275 f.; *Hayungs,* Streichung der Landwirtschaftsregelung in der EG-Produkthaftungsrichtlinie, AgrarR 2000, 154 ff.

69   Erfasst vom weiten Herstellerbegriff des § 4 wird auch der Importeur (Abs. 2) und – wenn der Hersteller nicht festgestellt werden kann – auch der Lieferant (Abs. 3). Die ersatzweise Haftung des Lieferanten entfällt, wenn er dem Geschädigten innerhalb eines Monats, nachdem ihm dessen diesbezügliche Aufforderung zugegangen ist, den Hersteller oder den Vorlieferanten benennt. Kann der Lieferant bei Importen aus Nicht-EG-Ländern den Importeur nicht benennen, so haftet er, selbst wenn der Name des Herstellers bekannt ist. Der Verbraucher wird so davor geschützt, dass er sich an einen Hersteller außerhalb der EG halten muss.[64]

70   **bb) Umfang der Ersatzpflicht bei Tötung und Körperverletzung.** Welche Schäden der Hersteller dem Geschädigten bei Tötung und Körperverletzung im einzelnen zu ersetzen hat, ist in den §§ 7 mit 9 ProdHaftG geregelt. Hingewiesen sei in diesem Zusammenhang auf § 10 ProdHaftG, der in diesen Fällen einen Haftungshöchstbetrag von 85 Millionen 1 festsetzt.

71   **cc) Sachschäden.** Bei Sachschäden gilt die Haftungshöchstgrenze des § 10 ProdHaftG nicht. Der Geschädigte hat im Falle der Sachbeschädigung einen Schaden bis zu einer Höhe von 500,– Euro selbst zu tragen (Selbstbeteiligung), s. § 11 ProdHaftG. Bis zu diesem Betrag muss der Hersteller überhaupt keinen Ersatz leisten, darüber aber haftet er unbegrenzt. Vollen Anspruch auf Schadensersatz (also ohne Selbstbeteiligung) kann der Geschädigte über § 823 BGB geltend machen, wobei hier allerdings ein Verschulden des Herstellers vorliegen muss.[65]

72   **dd) Verjährung, Erlöschen von Ansprüchen, Unabdingbarkeit.** Der Anspruch auf Schadensersatz nach § 1 ProdHaftG verjährt in drei Jahren von dem Zeitpunkt an, in dem der Ersatzberechtigte von dem Schaden, dem Fehler und der Person des Ersatzpflichtigen kumulativ Kenntnis erlangt hat, oder hätte erlangen müssen. Weitere Einzelheiten s. § 12 ProdHaftG und die Kommentierungen bei *Palandt*.

73   Der Anspruch auf Schadensersatz nach § 1 ProdHaftG erlischt zehn Jahre nach dem Zeitpunkt, in dem der Hersteller das Produkt, das den Schaden verursacht hat, in den Verkehr gebracht hat, es sei denn, dass über den Anspruch ein Rechtsstreit oder ein Mahnverfahren anhängig ist, s. § 13 ProdHaftG. Der Grund für diese Vorschrift liegt in der fortschreitenden technischen Entwicklung und der mit Zeitablauf wachsenden Schwierigkeit für den Hersteller, die Haftungsausschlusstatbestände des § 1 Abs. 2 mit 4 ProdHaftG zu beweisen.

74   Die Haftung des Herstellers darf nach § 14 ProdHaftG im voraus weder ausgeschlossen noch beschränkt werden. Entgegenstehende Vereinbarungen sind nichtig. Weitere Einzelheiten s. auch hier bei *Palandt*.

---

[64] *Palandt*, § 4 ProdHftG, Rn. 9.

[65] Die Beweislast dürfte dann wie üblich beim Geschädigten liegen. Die von der Rechtsprechung praktizierte Beweislastumkehr stammt ja aus der Zeit vor Einführung der Gefährdungshaftung.

6. Kapitel. Öffentliches Baurecht in der Landwirtschaft

Literaturauswahl:

Battis/Krautzberger/Löhr, Baugesetzbuch, 12. Aufl., München 2013;
Busse/Dirnberger, Die neue Bayerische Bauordnung, 4. Aufl., München, Berlin 2009;
Dürr (Hrsg.)/König, Baurecht, 4. Aufl., Baden-Baden 2000;
Ernst/Zinkahn/Bielenberg/Krautzberger, Baugesetzbuch, Loseblatt-Kommentar, 5. Aufl., München 1987, Stand November 2011;
Gröger, Brandenburgische Bauordnung 1998, München 1998;
Hoppe/Bönker/Grotefels/Just, Öffentliches Baurecht, 4. Aufl., München 2010;
Jäde/Dirnberger/Weiss, Baugesetzbuch (BauGB), Baunutzungsverordnung (BauNV), Kommentar 5. Aufl., Stuttgart u.a. 2007;
Jarass, Bundes-Immissionsschutzgesetz, Kommentar, 10. Aufl., München 2013 (zit. *Jarass*);
Klett/Fietz/Sauer, Flurbereinigung, immissionsschutzrechtliches Genehmigungsverfahren, landwirtschaftliches Baurecht, Berlin 2012 (Schriftenreihe der Hagen Law School, 13. Agrarrecht);
Krautzberger, BauGB 2013, http://www.krautzberger.info/files/2013/04/BauGB-Novelle-2013-Kompatibilitätsmodus.pdf (25.8.2014);
Reimus/Semptner/Langer, Die neue Brandenburgische Bauordnung: Handkommentar Heidelberg 2009;
Die hier aufgeführten Werke werden nur durch Angabe der Autorennamen zitiert.

Nützliche Internetadressen:

http://www.stmi.bayern.de (Bayerisches Staatsministerium des Innern)
http://www/land/mswv/stadtentwicklung/recht/html (Brandenburgisches Ministerium für Stadtentwicklung, Wohnen und Verkehr)
http://www.ktbl.de (Kuratorium für Technik und Bauwesen in der Landwirtschaft)
http://www.vdi.de (Verein Deutscher Ingenieure)

I. Wichtige Rechtsquellen

– Baugesetzbuch (BauGB) i.d.F. der Bek. vom 23.9.2004 (BGBl. I S. 2414);   **1**
– Verordnung über die bauliche Nutzung der Grundstücke (Baunutzungsverordnung – BauNVO) i.d.F. der Bek. vom 23.1.1990 (BGBl. I S. 132);
– Bayerische Bauordnung (BayBO) i.d.F. der Bek. vom 14.8.2007 (GVBl. S. 588);
– Brandenburgische Bauordnung (BbgBO) Neufassung vom 17.9.2008 (GVBl. I, S. 226);

II. Allgemeine Hinweise

Das Baurecht wird in das private und das öffentliche Baurecht unterteilt. Ers-   **2**
teres betrifft die Rechtsbeziehungen zwischen dem Bauherrn und den Personen, die für ihn ein Bauwerk erstellen. Beteiligt sind je nach Lage des Einzelfalles der Architekt, der Bauträger und der ausführende Bauunternehmer. Die Grundlagen für diese privatrechtlichen Beziehungen finden sich im Bürgerlichen Gesetzbuch, in der Honorarordnung für Architekten und Ingenieure (HOAI) und – soweit in den Vertrag miteinbezogen – in der Verdingungsordnung für Bauleistungen, insbesondere im Teil B (VOB/B). Dieser privatrechtliche Komplex soll hier nicht dargestellt werden. Die Ausführungen beschränken sich vielmehr auf das öffentliche

Baurecht und das auch nur insoweit, als landwirtschaftliche Betriebe in besonderer Weise tangiert werden.

3   Das öffentliche Baurecht wird seinerseits in zwei große Bereiche unterteilt, nämlich in das Bauplanungsrecht und das Bauordnungsrecht. Das Bauplanungsrecht fällt gemäß Art. 74 Nr. 18 GG in den Bereich der konkurrierenden Gesetzgebung. Der Bund hat von seinem Gesetzgebungsrecht Gebrauch gemacht, sodass dieser Rechtsbereich bundesrechtlich einheitlichen Regelungen unterliegt. Die im Zuge der Föderalismusreform eingeführte Abweichungsklausel zu Gunsten der Länder (Art. 72 Abs. 3 GG) gilt für das Raumordnungsrecht, nicht jedoch für das Bodenrecht[1]. Die wichtigsten Normen sind das Baugesetzbuch und die Baunutzungsverordnung. Das Bauordnungsrecht dagegen unterliegt der Gesetzgebungskompetenz der Länder.[2] Diese haben entsprechende Bauordnungen erlassen. Das Bauplanungsrecht betrachtet das einzelne Bauvorhaben in einem größeren, städtebaulichen Zusammenhang. Es regelt vereinfacht ausgedrückt, was wo gebaut werden darf. Das Bauordnungsrecht konzentriert sich dagegen auf die einzelne bauliche Anlage und regelt, wie diese gebaut werden muss (insbesondere hinsichtlich der technischen Anforderungen) und wie das baurechtliche Verfahren abzulaufen hat.

III. Bauplanungsrecht

1. Die Bauleitplanung

4   Aufgabe der Bauleitplanung ist es, die bauliche und sonstige Nutzung der Grundstücke in der Gemeinde nach Maßgabe des Baugesetzbuches vorzubereiten und zu leiten, s. § 1 Abs. 1 BauGB. Bauleitpläne sind der Flächennutzungsplan als vorbereitender Bauleitplan und der Bebauungsplan als verbindlicher Bebauungsplan. Die Planungshoheit liegt als Recht und Pflicht, vgl. § 1 Abs. 3 BauGB, bei den Gemeinden, die mit den beiden genannten Instrumenten die bauliche Entwicklung und Ordnung in ihrem Hoheitsgebiet lenken. Dass die örtliche Bauleitplanung der überörtlichen Raumplanung entsprechen muss, ergibt sich aus § 1 Abs. 4 BauGB, eine Abstimmungspflicht mit den Bauleitplänen der Nachbargemeinden aus § 2 Abs. 2 BauGB.[3]

5   Die Unterschiede zwischen den beiden Bauleitplänen lassen sich wie folgt zusammenfassen:

6   Der Flächennutzungsplan ist ein vorbereitender Bauleitplan, der vor allem die Art der Bodennutzung regelt und grundsätzlich das gesamte Gemeindegebiet umfasst (Ausnahme § 5 Abs. 1 S. 2 BauGB). Die Gemeinde stellt ihn für einen längeren Zeitraum, in der Regel für etwa 15 Jahre auf und legt in ihm die Grundzüge der beabsichtigten städtebaulichen Entwicklung dar. Er bindet nur die Gemeinde und die sonstigen öffentlichen Planungsträger, d.h. er besitzt nur interne Wirkung. Seiner Rechtsnatur nach ist er also ein „Verwaltungsinternum"[4] mit der Folge, dass dem Bürger keine förmlichen Rechtsmittel gegen den Flächennutzungsplan zur Verfügung stehen. Der Bebauungsplan dagegen ist, aufbauend auf dem Flächennutzungsplan, ein verbindlicher Bauleitplan, der jeweils nur Teile des Gemein-

---

[1]   Zum Begriff Bodenrecht, das durch das BauGB „praktisch vollständig" geregelt ist, s. *Hoppe/Bönker/Grotefels*, § 2 Rn. 5 und 6.

[2]   S. dazu das Rechtsgutachten des Bundesverfassungsgerichts vom 16.1.1954, BVerfGE 3, 407.

[3]   Zur grenzüberschreitenden Beteiligung von Nachbarstaaten s. § 4a Abs. 5 BauGB.

[4]   Dazu grundlegend BVerwG v. 20.7.1990 – 4N 3.88 –BayVBl. 1991, 24.

degebietes betrifft. Er wird als Satzung beschlossen und ist dementsprechend eine Rechtsnorm mit externer und jedermann verpflichtender Wirkung. Er ist gerichtlich anfechtbar im Wege der konkreten Normenkontrollklage nach § 47 VwGO.

Ehe Bauleitpläne Wirksamkeit entfalten können, durchlaufen sie in der Regel **7** folgende Verfahrensschritte:[5]
– Aufstellungsbeschluss und ortsübliche Bekanntmachung, s. § 2 Abs. 1 BauGB,
– Möglichst frühzeitige Beteiligung der Öffentlichkeit durch Unterrichtung über Ziele und Zwecke der Planung, § 3 Abs. 1 BauGB (dies geschieht häufig schon im Rahmen des vorangegangenen Verfahrensschrittes),
– Behördenbeteiligung, § 4, 4a BauGB,
– Öffentliche Auslegung der aus der Sicht der Gemeinde fertigen Plan-Entwürfe mit Erläuterungsbericht oder Begründung für die Dauer eines Monats; vorherige ortsübliche Bekanntgabe des Ortes und der Dauer der Auslegung, § 3 Abs. 2 BauGB,
– Entgegennahme und Prüfung von Bedenken und Anregungen, § 3 Abs. 2 BauGB,
– Bei Änderungen und Ergänzungen des Planes: grundsätzlich erneute Auslegung, § 4a Abs. 3 BauGB,
– Abschließender Beschluss über den Bauleitplan, bei Bebauungsplänen als Satzung, § 10 Abs. 1 BauGB,
– Genehmigung des Flächennutzungsplans durch die Rechtsaufsichtsbehörde, § 6 Abs. 1 BauGB, ausnahmsweise des Bebauungsplanes, § 10 Abs. 2 BauGB.[6]

Dieser Überblick zeigt zum einen die Komplexität und damit auch die Fehler- **8** anfälligkeit dieses Verfahrens und zum anderen, dass der Bürger die Möglichkeit hat, schon lange vor Wirksamwerden der Bauleitpläne in frühen Verfahrensstadien mitzuwirken. Über die Einflussnahme auf der kommunalpolitischen Ebene ist oft mehr zu erreichen als auf dem Rechtswege, da den Gemeinden auf Grund ihrer Planungshoheit ein relativ großer Handlungsspielraum zugestanden wird.

2. Die Planungsbereiche

a) Unterteilung

Drei Planungsbereiche sind zu unterscheiden: **9**
1. der Bebauungsplanbereich nach § 30 BauGB,
2. der Innenbereich nach § 34 BauGB und
3. der Außenbereich nach § 35 BauGB.

Die Unterscheidung ist deshalb von Bedeutung, da sich die Zulässigkeit von **10** Vorhaben im Sinne des § 29 BauGB nach der räumlichen Zuordnung zu einem dieser Planungsbereiche richtet. Vorhaben im Sinne des § 29 BauGB sind die Errichtung, Änderung oder Nutzungsänderung von baulichen Anlagen, Aufschüttungen und Abgrabungen größeren Umfangs sowie Ausschachtungen, Ablagerungen einschließlich die Erstellung von Lagerstätten.

---

[5] Einzelheiten s. bei *Dürr (Hrsg.)/König*, Rn. 53 ff.
[6] Für „normale", d.h. im zweistufigen Verfahren entwickelte Bebauungspläne ist seit dem Bau- und Raumordnungsgesetz (BauROG) 1998 weder eine Genehmigung noch eine Anzeige erforderlich. Genehmigungspflicht besteht gem. § 10 Abs. 2 BauGB lediglich für Bebauungspläne ohne Flächennutzungsplan (sog. selbständiger Bebauungsplan), s. § 8 Abs. 2 S. 2 BauGB, für Bebauungspläne im Parallelverfahren, § 8 Abs. 3 S. 2 BauGB und vorzeitige Bebauungspläne, § 8 Abs. 4 BauGB. Zur Abweichungskompetenz der Länder s. *Battis/Krautzberger/Löhr*, § 10, Rn. 29.

Für den Bebauungsplanbereich gilt Folgendes:

11   Im Geltungsbereich eines Bebauungsplanes, der alle Mindestfestsetzungen nach § 30 Abs. 1 BauGB enthält (qualifizierter Bebauungsplan), ist ein Vorhaben zulässig, wenn es den Festsetzungen dieses Planes nicht widerspricht und die Erschließung gesichert ist. Gleiches gilt gem. § 30 Abs. 2 BauGB für den vorhabenbezogenen Bebauungsplan im Sinne des § 12 BauGB. Für die dritte Art von Bebauungsplänen, nämlich den sog. einfachen Bebauungsplan im Sinne des § 30 Abs. 3 BauGB, richtet sich die Zulässigkeit eines Vorhabens „im Übrigen", das heißt über die Festsetzungen des einfachen Bebauungsplanes hinaus, nach den §§ 34 oder 35 BauGB.

12   Im Innenbereich, d.h. innerhalb der im Zusammenhang bebauten Ortsteile, für die weder ein qualifizierter noch ein vorhabenbezogener Bebauungsplan existiert, ist nach § 34 BauGB ein Vorhaben zulässig, wenn es sich nach Art und Maß der baulichen Nutzung, der Bauweise und der Grundstücksfläche, die überbaut werden soll, in die Eigenart der näheren Umgebung einfügt und die Erschließung gesichert ist.

13   Der dritte Planungsbereich, der Außenbereich, umfasst den überwiegenden Teil der Landesfläche Deutschlands. Zu ihm zählen alle Flächen, die nicht in den Bereich eines qualifizierten oder vorhabenbezogenen Bebauungsplans nach § 30 Abs. 1 und 2 BauGB oder in den Innenbereich nach § 34 BauGB fallen.[7] Im Außenbereich richtet sich die Zulässigkeit von Vorhaben nach den Anforderungen des § 35 BauGB, einer Vorschrift, die auf Grund ihrer Komplexität und ihrer besonderen Bedeutung für die Landwirtschaft im Folgenden gesondert behandelt wird.

b) Zulässigkeit von Vorhaben im Außenbereich, § 35 BauGB[8]

14   Maßgebliche Vorschrift für das Bauen im Außenbereich ist § 35 BauGB. Dieser recht umfangreichen Vorschrift liegt folgende Struktur zu Grunde:

Absatz 1: Zulässigkeit privilegierter Vorhaben
Absatz 2: Zulässigkeit sonstiger Vorhaben
Absatz 3: Beeinträchtigung öffentlicher Belange (Beispiele) mit der Konsequenz der Nichtzulässigkeit sonstiger Vorhaben
Absatz 4: Teilprivilegierte Vorhaben, z.B. Umnutzungen landwirtschaftlicher Gebäude
Absatz 5: Schonende Ausführung; Sicherstellung der vorgesehenen Nutzungsart
Absatz 6: Weitere Teilprivilegierungen für Wohnbebauung, kleinere Handwerks- und Gewerbebetriebe durch Erlass von Außenbereichssatzungen.

15   Der Außenbereich ist das Gebiet, das grundsätzlich von Bebauung freigehalten werden sollte.[9] Soweit Vorhaben dennoch im Außenbereich durchgeführt werden dürfen, sind sie in einer flächensparenden, die Bodenversiegelung auf das notwendige Maß begrenzenden und den Außenbereich schonenden Weise auszuführen, s. § 35 Abs. 5 BauGB. Das Gesetz unterscheidet, wie sich bereits aus der oben aufgeführten Struktur des Paragraphen ergibt, zwischen privilegiert zulässigen Vorha-

---

[7] Beachte: Die Aufstellung eines einfachen Bebauungsplanes nach § 30 Abs. 3 BauGB wirkt nicht bereichsverändernd. Ein dortiges Vorhaben liegt je nach Lage des Einzelfalles entweder im Innenbereich nach § 34 BauGB oder im Außenbereich nach § 35 BauGB.

[8] S. dazu *Ziegler*,

[9] So z.B. auch *Dürr (Hrsg.)//König*, Rn. 195; differenziert: *Hoppe/Bönker/Grotefels*, § 8, Rn. 174 ff., die von einer grundsätzlichen Außenbereichszuweisung der in § 35 Abs. 1 BauGB genannten Vorhaben sprechen und lediglich bei den sonstigen, nicht privilegierten Vorhaben des § 35 Abs. 2 von einem grundsätzlichen Ausführungsverbot ausgehen.

ben (§ 35 Abs. 1 BauGB) und sonstigen, d.h. nicht privilegierten Vorhaben (§ 35 Abs. 2 BauGB).

aa) Die privilegierten Vorhaben nach § 35 Abs. 1 BauGB. Hier handelt 16 es sich um Vorhaben, bei denen vom Gesetzgeber anerkannte Gründe für einen Standort im Außenbereich vorliegen. Die abschließende Aufzählung des Absatzes 1 betrifft gemäß

Nr. 1 land- und forstwirtschaftliche Betriebe,
Nr. 2 gartenbauliche Betriebe,
Nr. 3 öffentlich Versorgungseinrichtungen,
Nr. 4 störende Betriebe, besondere, außenbereichsbezogene Zweckbestimmung
Nr. 5 Wind- und Wasserenergieanlagen,[10]
Nr. 6 Anlagen zur Nutzung der aus Biomasse erzeugten Energie,
Nr. 7 Kernenergieanlagen einschließlich der Einrichtungen zur Entsorgung
Nr. 8 Anlagen zur Nutzung solarer Strahlungsenergie[11]

§ 35 Abs. 1 Nr. 1 BauGB fordert, dass das Vorhaben „einem land- oder forst- 17 wirtschaftlichen Betrieb dient und nur einen untergeordneten Teil der Betriebs-fläche einnimmt." Hieraus ergibt sich eine Reihe von Problemen, mit denen sich die Rechtsprechung immer wieder auseinander zu setzen hatte. Betrachten wir die einzelnen Tatbestandsmerkmale dieser Vorschrift, so muss Land- oder Forst-wirtschaft betrieben werden. *Forstwirtschaft* ist die planmäßige Bewirtschaftung des Waldes vom Anbau über die Pflege bis zum Abschlag. Der Betrieb muss auf Dauer angelegt und durch die Nutzung größerer Waldflächen lebensfähig sein.[12] Was den Begriff der *Landwirtschaft* betrifft, so enthält das Baugesetzbuch selbst eine Legal-definition. Nach § 201 BauGB ist Landwirtschaft im Sinne dieses Gesetzes „ins-besondere der Ackerbau, die Wiesen- und Weidewirtschaft einschließlich Tier-haltung, soweit das Futter überwiegend auf den zum landwirtschaftlichen Betrieb gehörenden, landwirtschaftlich genutzten Flächen erzeugt werden kann, die gar-tenbauliche Erzeugung, der Erwerbsobstbau, der Weinbau, die berufsmäßige Imke-rei und die berufsmäßige Binnenfischerei." Diese beispielhafte Aufzählung erfasst zunächst einmal die klassischen Formen der pflanzlichen und tierischen Erzeu-gung. Die Erweiterung der Begriffsbestimmung um die berufsmäßige Imkerei und die berufsmäßige Binnenfischerei erfolgte durch die Bundesbaugesetz-Novelle von 1976. Eine nochmalige Begriffserweiterung um die Pensionspferdehaltung auf überwiegend eigener Futtergrundlage erfolgte durch das Baugesetzbuch im Jahre 1986, die aktuelle Fassung erhielt § 201 BauGB durch das EAG Bau 2004.[13]

Problematisch ist seit längerem, vor allem im Zusammenhang mit der fortschrei- 18 tenden Diversifizierung landwirtschaftlicher Betätigung, die Abgrenzung der Land-wirtschaft von anderen Erwerbszweigen, insbesondere vom Gewerbe. Da im Bau-recht im Wesentlichen Fragen der Raum- und Bodennutzung in Frage stehen, ist es konsequent, dass Bauverwaltung und Rechtsprechung (anders als das Steuer- und Gewerberecht) den Differenzierungsansatz primär bei der „unmittelbaren Bodenertragsnutzung" suchen.[14] Dieses Kriterium schloss jedoch von jeher nicht

---

[10] S. dazu *Scheidler*, Neues zur planerischen Steuerung von Windkraftanlagen, RdL 2014, 3 ff.
[11] Nr. 8 eingefügt im Rahmen der Klimaschutznovelle 2011; Einzelheiten bei *Hoppe/Bönker/Grotefels*, § 35, Rn. 57 ff.
[12] S. im einzelnen BVerwG BauR 1983, 343 f.
[13] Einzelheiten s. bei *Käb*, Zur Neufassung des Landwirtschaftsbegriffes in § 201 BauGB durch das EAG Bau 2004, AUR 2008, 297 ff.; s. auch *Sommerfeld*, Pferdehaltung und der Landwirtschafts-begriff des § 201 BauGB, AUR 2008, 303 ff.
[14] So z.B. BVerwG DVBl. 1975, S. 505.

aus, dass auch weiter führende Produktions- und Veredelungsstufen mit zur Landwirtschaft gerechnet wurden. Leitgedanke war und ist dabei, dass die bloße Erzeugung eines Bodenprodukts nicht notwendigerweise zu einer marktfähigen Ware führt und deshalb in gewisser Weise eine Aufbereitung erfolgen muss.[15] Bei der Kombination von landwirtschaftlichen mit nichtlandwirtschaftlichen Nutzungen geht die Rechtsprechung von der so genannten „mitgezogenen" Privilegierung aus. Das bedeutet, dass an sich landwirtschaftsfremde Nutzungen in die Privilegierung einbezogen werden können, allerdings umso mehr und umso eher, als sie in einem möglichst engen sachlichen Zusammenhang mit der eigentlichen landwirtschaftlichen Nutzung stehen. Dieser Zusammenhang wurde beispielsweise bei der Schaffung von Einrichtungen zur Vermarktung (z.B. Hofladen) oder beim Ausbau von Urlaubszimmern auf dem Bauernhof bejaht, bei der Errichtung selbständiger Ferienhäuser dagegen verneint. Die Position der Rechtsprechung lässt sich wie folgt zusammenfassen: Der Betrieb muss insgesamt noch als landwirtschaftlicher Betrieb anzusehen sein. Es muss dabei aber nicht das Bild des herkömmlichen landwirtschaftlichen Betriebes zugrunde gelegt werden, sondern es kommt darauf an, ob auch unter Berücksichtigung des Strukturwandels und ihn begleitender landwirtschaftsfremder Nutzungen nach der heutigen Verkehrsanschauung noch von einem Betrieb gesprochen werden kann, der noch überwiegend von der fortbestehenden landwirtschaftlichen Tätigkeit geprägt ist.[16]

19   Das Vorhaben muss einem landwirtschaftlichen *Betrieb* dienen. Unter einem solchen versteht man ein nachhaltiges, auf Dauer (über Generationen) angelegtes und lebensfähiges Unternehmen mit einer bestimmten Organisation.[17] Wichtige Kriterien für die Erfüllung dieser Voraussetzungen sind der Umfang und die Dauer der anfallenden Tätigkeiten, die Flächenausstattung des Betriebes (wobei hier bisher ein Überwiegen der Eigentumsflächen gefordert wird[18]), die Gewinnerzielungsabsicht und nicht zuletzt die persönliche Eignung des Betriebsleiters. Die Privilegierung der Nr. 1 erfasst nicht nur Vollerwerbsbetriebe, wenngleich diese in besonderem Maße die Gewähr für Dauerhaftigkeit bieten, sondern auch Nebenerwerbsbetriebe. Bei der Auslegung dieser Vorschrift konnte man nicht umhin, die Entwicklung der letzten Jahrzehnte und die stetig steigende Bedeutung der Nebenerwerbslandwirtschaft zu berücksichtigen.[19] In Abgrenzung zur nicht privilegierten bloßen Liebhaberei muss jedoch auch der Nebenerwerbsbetrieb die Voraussetzungen der Ernsthaftigkeit, Nachhaltigkeit und Dauerhaftigkeit (auf Generationen angelegt) erfüllen.

20   Auch das Tatbestandsmerkmal „*dienen*" führt immer wieder zu Auseinandersetzungen vor den Verwaltungsgerichten, nicht zuletzt deshalb, weil in ihm eine Wertung enthalten ist und je nach Interessenlage von einer berechtigten Inanspruchnahme des Bauprivilegs bzw. einem Missbrauch der Privilegierung ausgegangen wird. Nach der Rechtsprechung des Bundesverwaltungsgerichtes dient ein Vorhaben dann dem land- oder forstwirtschaftlichen Betrieb, „wenn es – auch äußer-

---

[15] Beispiele: Schnapsbrennerei, Weinerzeugung, Mosterei; auch die Privilegierung der reiterlichen Grundausbildung als Annex zur Pferdezucht ist hier einzuordnen, vgl. *Jäde* mit Rechtsprechungsnachweisen, in: *Jäde/Dirnberger/Weiss*, § 35 Rn. 16 und 17.

[16] *Jäde* in: *Jäde/Dirnberger/Weiss*, § 35 Rn. 27 und 28.

[17] BVerwG NVwZ 1986, 916.

[18] Ein vollständig oder überwiegend auf der Grundlage von Pachtflächen geführtes Unternehmen bietet in der Regel nicht die Gewähr für die geforderte Dauerhaftigkeit, s. BVerwG UPR 1989, 425; BVerwG NVwZ-RR 1997, 9 und unter Hinweis darauf, dass der Strukturwandel keine Veranlassung gibt, den bisherigen Betriebsbegriff aufzugeben BVerwG NVwZ-RR 1997, 590; s. auch VG München BayVBl. 1999, 220.

[19] So BVerwGE 26, 121 ff.

lich erkennbar – nach Verwendungszweck, Größe, Gestaltung, Ausstattung und sonstiger Beschaffenheit dem Betrieb zu- und untergeordnet ist. Nicht jedes Vorhaben, das für den Betrieb förderlich und zweckmäßig ist, dient ihm; andererseits wird auch nicht verlangt, dass das Vorhaben für den Betrieb unentbehrlich ist. Der richtige Maßstab liegt zwischen den beiden Kriterien. Es ist zu fragen, ob ein „vernünftiger Land- oder Forstwirt, der die Entscheidung des Gesetzes, dass im Außenbereich grundsätzlich nicht gebaut werden soll, soweit wie möglich respektiert, für einen entsprechenden Betrieb das geplante Vorhaben mit etwa gleichem Verwendungszweck und mit etwa gleicher Größe, Gestaltung und Ausstattung errichten würde".[20] Das Tatbestandsmerkmal „dienen" kann somit ausschlaggebend sein bei der Beurteilung der Frage, ob überhaupt gebaut werden darf, aber auch im Hinblick auf Umfang und Ausgestaltung des Bauwerks.[21] So scheitert am Erfordernis des „Dienens" beispielsweise ein Vorhaben, dessen Standort nicht durch betriebliche Erfordernisse bestimmt wird, sondern bei dem beim Landwirt erkennbar der Wunsch im Vordergrund steht, ein Gebäude in landschaftlich reizvoller Lage zu errichten.[22] Bejaht wird die dienende Funktion in der Regel bei Austragshäusern von Vollerwerbsbetrieben,[23] bei Nebenerwerbsbetrieben dagegen wird dies in der Regel verneint.[24] Wohnhäuser für die – auch berufsmäßige – Imkerei oder eine nebenberuflich betriebene Damtierhaltung gelten mangels „Dienens" in der Regel nicht als privilegiert.[25]

§ 35 Abs. 1 Nr. 2 BauGB privilegiert Vorhaben, die einem Betrieb der gartenbaulichen Erzeugung dienen. Nun zählt die gartenbauliche Erzeugung an sich schon nach der oben zitierten Definition des § 201 BauGB zur Landwirtschaft. Da aber bei Gartenbaubetrieben eine Privilegierung nach Nr. 1 an einer kleineren Flächenausstattung scheitern kann (Unterglas-Betriebe), wurde durch das Bau- und Raumordnungsgesetz BauROG 1998 in Nr. 2 eine eigene Privilegierung geschaffen, die auch dann greift, wenn das Merkmal des „untergeordneten Teils der Betriebsfläche" nach Nr. 1 nicht erfüllt ist. **21**

Der Tatbestand Nr. 6 wurde durch das EAG Bau 2004 in den § 35 Abs. 1 eingefügt und durch die Klimaschutznovelle 2011[26] und die Innenentwicklungsnovelle 2013[27] geändert. Privilegiert ist dadurch die Herstellung und Nutzung der Energie von aus Biomasse erzeugtem Gas sowie jede sonstige energetische, insbesondere auch die thermische Nutzung. Auffallend ist, dass, anders als in Nr. 5, die Privilegierung an die Bindung des Vorhabens an einen landwirtschaftlichen, gartenbaulichen oder störenden gewerblichen Tierhaltungsbetrieb nach Nr. 4 gebunden ist. Zum Schutz des Außenbereichs wird überdies die Privilegierung auf Biomasseanlagen beschränkt, deren Kapazität die Erzeugung von 2,3 Millionen Normkubikmetern Biogas pro Jahr bzw. die Feuerungswärmeleistung von 2,0 Megawatt nicht über- **22**

---

[20] BVerwG DVBl. 1973, 643; BVerwG NVwZ 1986, 644; für einen forstwirtschaftlichen Betrieb BVerwG DÖV 1992, 73.

[21] BVerwG NVwZ-RR 1992, 401.

[22] VGH Mannheim RdL 1985, 121 f.

[23] BVerwG NVwZ-RR 1994, 637.

[24] BVerwG DÖV 1981, 184; für Gartenbaubetriebe s. BVerwG BauR 1984, 386 und *Hasse*, BauR 1986, 168.

[25] BVerwG UPR 1984, 163; BayVGH BayVBl. 1996, 754. Weitere Beispiele aus der Rechtsprechung s. bei *Battis/Krautzberger/Löhr*, § 35, Rn. 19.

[26] Gesetz zur Förderung des Klimaschutzes bei der Entwicklung in den Städten und Gemeinden vom 22.7.2011 (BGBl. I S. 1509).

[27] Gesetz zur Stärkung der Innenentwicklung in den Städten und Gemeinden und zur weiteren Fortentwicklung des Städtebaurechts vom 11.6.2013 (BGBl. I S. 1548).

schreitet. Wegen des abschließenden Charakters dieser Vorschrift können Anlagen mit einer höheren Leistung nicht nach Abs. 1 Nr. 4 BauGB, ggf. aber als sonstige Vorhaben nach § 35 Abs. 2 BauGB zugelassen werden.

23   Was die übrigen Privilegierungen der Nummern 3–5, 7 und 8 betrifft, so kann hier auf die einschlägige Baurechtsliteratur verwiesen werden, insbesondere auf die Ausführungen zur eingeschränkten Privilegierung von gewerblichen Tierhaltungs-betrieben bei *Battis/Krautzberger/Löhr*[28].

24   **bb) Die sonstigen Vorhaben des Absatzes 2 und 3.** Alle Vorhaben, die nicht nach Absatz 1 privilegiert sind, zählen zu den sonstigen, d.h. den nicht privilegierten Vorhaben. Gemäß dem Grundsatz, dass der Außenbereich möglichst von Bebauung freigehalten werden soll, sind hier die Zulässigkeitsanforderungen deutlich höher als bei Vorhaben nach Absatz 1. Sind privilegierte Vorhaben im Hinblick auf die öffentlichen Belange nur unzulässig, wenn diese „entgegenstehen", sich also in ihrer Gewichtigkeit wie ein Sperrriegel vor das Vorhaben legen, so scheitern Vorhaben nach Absatz 2 in der Regel bereits bei einer bloßen „Beeinträchtigung" öffentlicher Belange. Wann eine solche vorliegt, dazu gibt das Gesetz selbst Hilfestellung durch die beispielhafte Aufzählung in den Nummern 1–8 des Absatzes 3.

25   Aus der Fülle der Rechtsprechung zur Abgrenzung von privilegierten und nicht privilegierten Vorhaben lässt sich die Brisanz dieser Materie und damit auch der Druck auf den Außenbereich ablesen. Einige Beispiele aus der Rechtsprechung seien hier angeführt,[29] verbunden allerdings mit dem Hinweis, dass es sich jeweils um Einzelfallentscheidungen handelt. Betont sei außerdem, dass die Einordnung eines Vorhabens unter die nicht privilegierten Fällte nicht notwendiger Weise zur Unzulässigkeit führen muss, sondern dass diese Vorhaben einer strengeren Zulässigkeitsprüfung unterliegen.

26	**Privilegiert nach Abs. 1**	**Nicht privilegiert nach Abs. 2**
	Berghütten ausnahmsweise nach Abs. 1 Nr. 4, wenn sie der Allgemeinheit zur Verfügung stehen, BVerwG BRS 15 Nr. 31;	Gaststätten, OVG Münster BRS 20 Nr. 47; auch Berghütten, die primär der individuellen Erholung dienen;
	Badehütten nach Abs. 1 Nr. 4, wenn sie der Allgemeinheit dienen, OVG Lüneburg BRS 23 Nr. 80; VGH München BRS 15 Nr. 72;	Badehütten, wenn sie nur für private Nutzung bestimmt sind, Fundstelle s. links;
	Bienenhäuser nach Abs. 1 Nr. 4, BVerwG DVBl. 1975, 504; Bei berufsmäßiger Imkerei (s. § 201 BauGB) nach Abs. 1 Nr. 1, BVerwG BauR 1991, 579;	Campingplätze, BVerwGE 48, 109;
	Bioabfallanlagen nach Abs. 1 Nr. 4 (VGH Mannheim, ZfBR 2001, 348);	
	Biomasseanlagen nach Abs. 1 Nr. 6;	
	Fischerhütten für berufsmäßige Binnenfischerei (s. § 201 BauGB) nach Abs. 1 Nr. 1	Fischerhütten für Hobbyfischerei, BVerwGE 43, 1;

---

[28] S. § 35 Rn. 36 ff. Ausführlich dazu auch *Nies*, Auswirkungen der BauGB-Novelle auf die Genehmigung von Tierhaltungsanlagen, AUR 2014, 201 ff.

[29] Weitere Beispiele bei *Battis/Krautzberger/Löhr* § 35 Rn. 67 mit Rechtsprechungsnachweisen.

Privilegiert nach Abs. 1	Nicht privilegiert nach Abs. 2
Fischzucht nach § 1 Nr. 4, BVerwG BauR 1978, 118;	Landhandel, OVG Münster BRS 23, Nr. 65;
Geflügelzuchtbetriebe, auch bei landwirtschaftliche Nebenerwerbsbetrieben nach Abs. 1 Nr. 1, VGH Mannheim BRS 17 Nr. 41; soweit wegen überwiegender Fremdfutterbasis Nr. 1 ausscheidet, möglicherweise nach Abs. 1 Nr. 4, BVerwG ZfBR 1983, 284;	Landmaschinenwerkstätten, OVG Münster DÖV 1975, 721;
Pferdezucht, soweit landwirtschaftlich (s. § 201 BauGB), inkl. reiterliche Erstausbildung, auch Reithallen, nach Abs. 1 Nr. 1, BVerwG BauR 1986, 541;	Reithalle zu Reitsportzwecken ohne Verbindung zum landwirtschaftlichen Betrieb, OVG Münster BauR 1984, 272;
Schafhaltung, soweit landwirtschaftlich nach Abs. Nr. 1, z.B. BVerwG DÖV 1983, 816;	Landwirtschaft aus Liebhaberei, Einrichtungen zur individuellen Erholung, BVerwGE 34,2; VGH München BRS 38 Nr. 86;
Schweinemastbetrieb nach Abs. 1 Nr. 1; soweit nicht landwirtschaftlich: nach Abs. 1 Nr. 4, aber: soweit UVP- pflichtig nicht privilegiert ;	

c) Zum Problem der Umnutzungen

Aus § 29 BauGB ergibt sich, dass auch Nutzungsänderungen einer Baugenehmigung bedürfen, selbst wenn an der Bausubstanz eines Gebäudes nichts verändert wird. Nun hat der Strukturwandel in der Landwirtschaft dazu geführt, dass vermehrt landwirtschaftliche Betriebsgebäude leer stehen und die Frage auftaucht, ob erhaltenswerte Bausubstanz nicht auch außerlandwirtschaftlichen Nutzungen zugeführt werden kann. **27**

Die planungsrechtliche Zulässigkeit hängt zunächst davon ab, in welchem Planungsbereich das Vorhaben liegt. **28**

Liegt es im Geltungsbereich eines Bebauungsplanes nach § 30 BauGB, so richtet sich die Zulässigkeit nach dessen Festsetzungen. Weist er die Örtlichkeit des Vorhabens als „Fläche für die Landwirtschaft" aus, so sind die Aussichten auf eine Genehmigung sehr gering. Sie könnte allenfalls herbeigeführt werden über eine aufwändige Änderung des Bebauungsplanes durch die Gemeinde oder über eine Ausnahmegenehmigung bzw. Befreiung von den Festsetzungen des Bebauungsplanes, die ebenfalls nur schwer zu erreichen ist, s. § 31 BauGB. Die Chancen auf eine Genehmigung sind deutlich höher, wenn das Vorhaben in einem Bereich liegt, der im Bebauungsplan als „Dorfgebiet" charakterisiert ist. Dort sind nämlich grundsätzlich auch die in § 5 BauNVO genannten Vorhaben zulässig, wie z.B. „nicht wesentlich störende Gewerbebetriebe", „der Versorgung des Gebietes dienende Handwerksbetriebe", „sonstige", d.h. nicht der Landwirtschaft dienende „Wohngebäude" u.a. **29**

Im Innenbereich hängt die Genehmigungsfähigkeit von den in § 34 BauGB genannten Kriterien ab. Ausschlaggebend ist im Wesentlichen, ob das Vorhaben dem Gebietscharakter entspricht und ob die Grenzen nachbarschaftlicher Rücksichtnahme nicht überschritten werden. **30**

Für den Außenbereich greift § 35 Abs. 4 BauGB, eine Regelung, die sich mit den sog. „teilprivilegierten" Vorhaben befasst. Diese Vorhaben sind sonstige Vorhaben im Sinne des Absatzes 2, ihre Durchführung soll jedoch begünstigt werden. **31**

Ihnen kann – in Abweichung von Absatz 3 (und das ist die „Teilprivilegierung") – nicht entgegengehalten werden, dass sie Darstellungen des Flächennutzungsplans oder eines Landschaftsplans widersprechen, die natürliche Eigenart der Landschaft beeinträchtigen oder die Entstehung, Verfestigung oder Erweiterung einer Splittersiedlung befürchten lassen, soweit sie im übrigen außenbereichsverträglich sind. Bei den Tatbeständen des § 35 Abs. 4 handelt es sich um eng auszulegende Ausnahmevorschriften, die nicht analog auf vergleichbare Sachverhalte angewandt werden dürfen.[30] Erleichterungen im Hinblick auf die Erschließung und sonstige in Absatz 4 nicht genannte öffentliche Belange hat die Teilprivilegierung nicht zur Folge.[31]

32   Absatz 4 Nr. 1 soll es den Landwirten ermöglichen, von der bisher privilegierten Nutzung zu einer neuen, nicht privilegierten Nutzung zu wechseln.[32] Die Voraussetzungen der Nr. 1 sind im Einzelnen:

a) das Vorhaben dient einer zweckmäßigen Verwendung erhaltenswerter Bausubstanz,

b) die äußere Gestalt des Gebäudes bleibt im Wesentlichen gewahrt,

c) die Aufgabe der bisherigen Nutzung liegt nicht länger als sieben Jahre zurück,

d) das Gebäude ist vor mehr als sieben Jahren zulässigerweise errichtet worden,

e) das Gebäude steht im räumlich-funktionalen Zusammenhang mit der Hofstelle des land- oder forstwirtschaftlichen Betriebes,

f) im Falle der Änderung zu Wohnzwecken entstehen neben den bisher nach Absatz 1 Nr. 1 zulässigen Wohnungen höchstens drei Wohnungen je Hofstelle und

g) es wird eine Verpflichtung übernommen, keine Neubebauung als Ersatz für die aufgegebene Nutzung vorzunehmen, es sei denn, die Neubebauung wird im Interesse der Entwicklung des Betriebes im Sinne des Absatzes 1 Nr. 1 erforderlich.

33   Der Landwirt sollte sich eine beabsichtigte Umnutzung gründlich überlegen. Ist sie nämlich einmal erfolgt, ohne dass sich der wirtschaftlich erstrebte Erfolg einstellt, so ist eine erneute Umnutzung auf der Basis des § 35 Abs. 4 BauGB nicht mehr so ohne weiteres möglich. Zu bedenken sind ferner eventuelle Auswirkungen für den Erbfall. Im Geltungsbereich der nordwestdeutschen Höfeordnung können Nachabfindungsansprüche der weichenden Erben[33] entstehen, unter Umständen kann sogar die geschlossene Vererbung gefährdet werden. Letzteres gilt auch für Länder ohne Anerbenrecht, wenn der Betrieb durch Umnutzungen größeren Umfangs seinen Charakter als Landgut verloren haben sollte. In diesem Falle würde auch eine geschlossene Hofzuweisung nach § 13 GrdstVG scheitern und die Auseinandersetzung würde auf Verkehrswertbasis erfolgen.

IV. Bauordnungsrecht

1. Allgemeines

34   Bauordnungsrecht ist Länderrecht. Dementsprechend existieren 16 als Ländergesetze erlassene Bauordnungen.[34] Diese lehnen sich mehr oder minder eng an eine von der Arbeitsgemeinschaft der für das Bau-, Wohnungs- und Siedlungswesen der

---

[30]   *Dürr (Hrsg.)/König* unter Verweisung auf BVerwG NVwZ 1988, 357.

[31]   BVerwG NVwZ 1988, 357 und BVerwG DÖV 1994, 565.

[32]   BVerwG ZfBR 1982, 268; BVerwG DÖV 1985, 831; BVerwG DVBl 1986, 679.

[33]   S. § 13 Abs. 4 lit. b) HöfeO.

[34]   Zur leichteren Orientierung s. die Synopse über die Landesbauordnungen bei *Hoppe/Bönker/Grotefels* S. 561 ff.

Länder (ARGE BAU) erarbeitete Musterbauordnung an,[35] die unter anderem den Zweck verfolgt, eine Rechtszersplitterung innerhalb Deutschlands zu vermeiden und die Anpassung nationalen Rechts an EU-Recht zu erleichtern. Im Folgenden wird versucht, länderübergreifend einen Einblick in das Bauordnungsrecht zu geben. Soweit zur Verdeutlichung konkrete Normen heranzuziehen sind, werden beispielhaft Regelungen der bayerischen[36] und brandenburgischen[37] Bauordnung herangezogen.

Das Bauordnungsrecht wird in ein materielles und ein formelles Bauordnungs- **35** recht unterteilt. Die materiellrechtlichen Vorschriften enthalten Anforderungen an bauliche Anlagen und Bauprodukte, sowie an Grundstücke und andere Anlagen und Einrichtungen.[38] Es handelt sich dabei in erster Linie um Normen zur Abwehr von Gefahren für die öffentliche Sicherheit und Ordnung. Das formelle Bauordnungsrecht enthält die Vorschriften, die neben dem organisatorischen Aufbau der Bauverwaltung insbesondere die Aufgaben und Befugnisse der Bauaufsichtsbehörden sowie das bauordnungsrechtliche Verfahren regeln.

2. Hinweise zum bauordnungsrechtlichen Verfahren

a) Die Bauaufsichtsbehörden

Die Bauaufsicht ist eine staatliche Aufgabe im Kompetenzbereich der Länder. **36** Der Behördenaufbau ergibt sich in den meisten Fällen aus der jeweiligen Bauordnung. Er entspricht dem Aufbau der allgemeinen inneren Verwaltung der Länder, ist also in der Regel dreistufig. Nur in den Ländern, die keine Mittelinstanz im Verwaltungsaufbau kennen, (das sind insbesondere die Stadtstaaten), ist auch die Bauverwaltung lediglich zweistufig organisiert.

Untere Bauaufsichtsbehörden sind grundsätzlich die Kreisverwaltungsbehörden. **37** Zu ihnen zählen die Landratsämter als Staatsbehörden, die kreisfreien Gemeinden und die Großen kreisangehörigen Städte (z.T. wie in Bayern missverständlich als „Große Kreisstädte" bezeichnet), sei es, dass ihnen die Zuständigkeit im Gesetz zuerkannt wird[39] oder durch Rechtsverordnung übertragen worden ist.[40]

Höhere Bauaufsichtsbehörden sind die Bezirksregierungen, oberste Bauauf- **38** sichtsbehörden sind die jeweils zuständigen Ministerien.

b) Die am Bau Beteiligten und ihre Verantwortung

Die Bauordnungen regeln in gesonderten Bestimmungen die Verantwortlichkeit **39** bei der Durchführung von Bauvorhaben. Verantwortliche in diesem Sinne sind in der Regel der Bauherr, der Entwurfsverfasser, der Unternehmer und – soweit in den Bauordnungen erfasst – der Bauleiter.[41] Diese Personen sind im Rahmen ihres

---

[35] *Böckenförde/Temme/Krebs (Hrsg.)*, Musterbauordnung für die Länder der Bundesrepublik Deutschland, 6. Aufl., 2001; Zur Historie s. *Jäde*, Musterbauordnung 2002 – ein Überblick, NVwZ 2003, 668 ff.

[36] Bayerische Bauordnung (BayBO) i.d.F. der Bek. vom 14.8.2007, GVBl. S. 588.

[37] Brandenburgische Bauordnung (BbgBO) vom 17.9.2008, GVBl. I Nr. 14, S. 226.

[38] S. z.B. Art. 1 Abs. 1 BayBO, § 1 Abs. 1 BbgBO

[39] S. z.B. s. § 51 Abs. 1 BbgBO.

[40] S. § 1 Nr. 1 GrKrV (BayRS 2020-1-3-1). Die BayBO enthält darüber hinaus die Möglichkeit, durch Rechtsverordnung des Innenministeriums leistungsfähigen kreisangehörigen Gemeinden die Aufgaben der unteren Bauaufsichtsbehörde zu übertragen, s. Art. 53 Abs. 2 Nr. 1 (sog. große Delegation) und Art. 53 Abs. 2 Nr. 2 (sog. kleine Delegation).

[41] Die BayBO und die ThürBO enthalten keine gesonderte Verantwortlichkeitsregelung für einen Bauleiter.

Wirkungskreises dafür verantwortlich, dass die öffentlich-rechtlichen Vorschriften eingehalten werden (s. z.B. Art. 49 BayBO, § 46 BbgBO).

40　Die Hauptpflicht des Bauherrn besteht darin, zur Vorbereitung, Überwachung und Ausführung eines Bauvorhabens einen geeigneten Entwurfsverfasser, geeignete Unternehmer und – wo von den Bauordnungen gefordert – geeignete Bauleiter zu bestellen. Unter bestimmten Voraussetzungen kann die Bestellung eines Unternehmers entfallen.[42]

41　Der Bauherr übernimmt die Verantwortlichkeit vor allem dadurch, dass er den Antrag auf Baugenehmigung stellt und die während des Verfahrens erforderlichen Erklärungen abgibt.

42　Der Entwurfsverfasser muss nach Sachkunde und Erfahrung zur Vorbereitung des jeweiligen Bauvorhabens geeignet sein. Seine Hauptpflicht ist es, vollständige und brauchbare Entwürfe und die Ausführungspläne zu liefern. Dabei hat er auf einzelnen Fachgebieten, auf denen er die erforderliche Sachkunde und Kenntnisse nicht besitzt, geeignete Sachverständige (z.B. für die Statik) heranzuziehen, s. Art. 51 Abs. 2 BayBO, § 48 Abs. 2 BbgBO.

43　Der Unternehmer ist vor allem dafür verantwortlich, dass die von ihm übernommenen Arbeiten nach den genehmigten Bauvorlagen und entsprechend den öffentlich-rechtlichen Vorschriften ausgeführt werden. Den Bauleiter trifft, ohne dass dadurch die Verantwortlichkeit der Unternehmer geschmälert würde, im Wesentlichen die gleiche Verpflichtung. Er hat vor allem die entsprechenden Weisungen zu erteilen, auf den sicheren Betrieb der Baustelle und auf ein gefahrloses Ineinandergreifen der Arbeiten der Unternehmer zu achten.

44　Die Abgrenzung der Verantwortungsbereiche der am Bau Beteiligten ist vor allem bedeutsam für die Frage, wer Adressat bauaufsichtsrechtlicher Anordnungen sein kann.

c) Die Baugenehmigung

45　Nach überwiegender Meinung gehört zum Grundrecht des Grundstückseigentümers aus Art. 14 Abs. 1 S. 1 GG auch die Baufreiheit.[43] Dies gilt aber nicht in unbeschränktem Umfang, sondern nur nach Maßgabe der Gesetze, s. Art. 14 Abs. 1 S. 2 GG. Diese enthalten zur präventiven Sicherstellung der öffentlichen Sicherheit und Ordnung für Bauvorhaben ein grundsätzliches Verbot mit Genehmigungsvorbehalt. Dementsprechend ist nach den Bauordnungen für Bauvorhaben grundsätzlich eine Baugenehmigung erforderlich.[44] Von dieser Genehmigungspflicht gibt es allerdings zahlreiche Ausnahmen. In der folgenden Übersicht werden an Hand der bayerischen Bauordnung die für einen landwirtschaftlichen Betrieb wichtigsten[45] Ausnahmetatbestände aufgeführt und auf die Fundstellen *ähnlicher* Bestimmungen in der brandenburgischen Bauordnung hingewiesen.

---

[42]　S. Art. 50 Abs.1 S. 1 2. Halbsatz BayBO; § 47 BbgBO bei Vorhaben, die nach Umfang oder Schwierigkeit geringfügig sind und keine bauspezifischen Kenntnisse oder Fertigkeiten erfordern, s. *Busse/Dirnberger*, Art. 50 Rn. 2.

[43]　Einzelheiten mit Darstellung des Meinungsstreites und der Rechtsprechung bei *Hoppe/Bönker/Grotefels*, § 2 Rn. 40 ff.

[44]　S. z.B. Art. 55 BayBO, § 54 BbgBO.

[45]　Ein Gesamtüberblick für Bayern findet sich in http://www.stmi.bayern.de/infothek/baybo/genfrei.htm

d) Verfahrens-/genehmigungsfreie Vorhaben mit Bedeutung für die Landwirtschaft

Tatbestand	Art. 57 BayBO	Vgl. § 55 BbgBO
Gebäude mit einem Brutto-Rauminhalt bis zu 75 m³, außer im Außenbereich	Abs. 1 Nr. 1 a)	Abs. 2 Nr. 1
Zulässige Grenzgaragen einschließlich überdachter Stellplätze im Sinn des Art. 6 Abs.9 S. 1 Nr.1 (Gesamtnutzfläche bis 50 m² auf dem gesamten Grundstück), außer im Außenbereich	Abs. 1 Nr. 1 b), Art. 6 Abs. 9	Abs. 2 Nrn. 3 und 4
Freistehende Gebäude ohne Feuerungsanlagen, die einem land- oder forstwirtschaftlichen Betrieb oder einem Betrieb der gartenbaulichen Erzeugung dienen, nur eingeschossig und nicht unterkellert sind, höchstens 100 m² Grundfläche und höchstens 140 m² überdachte Fläche haben und nur zur Unterbringung von Sachen oder zum vorübergehenden Schutz von Tieren bestimmt sind (z.B. Feldscheunen)	Abs. 1 Nr. 1 c)	Abs. 2 Nr. 2
Gewächshäuser für den Erwerbsgartenbau mit einer Firsthöhe bis zu 5 m und nicht mehr als 1600 m² Fläche	Abs. 1 Nr. 1 d)	Abs. 2 Nr. 5 (nur 150 m² Grundfläche)
Feuerstätten mit einer Nennwärmeleistung bis zu 300 kW	Abs. 1 Nr. 2 c)	Abs. 3 Nr. 1
Wärmepumpen	Abs. 1 Nr. 2 c)	Abs. 3 Nr. 8
Solarenergieanlagen und Sonnenkollektoren und Photovoltaikanlagen in der Dachfläche, in der Fassade oder auf Flachdächern, im übrigen bis zu einer Fläche von 9 m²	Abs.1 Nr. 3	Abs. 3 Nr. 10
Brunnen	Abs. 1 Nr. 4	Abs. 3 Nr. 9
Ortsfeste Behälter für Flüssiggas mit einem Fassungsvermögen von weniger als 3 t für nicht verflüssigte Gase	Abs. 1 Nr. 6 a)	Abs. 5 Nr. 1
Ortsfeste Behälter für brennbare oder wassergefährdende Flüssigkeiten mit einem Rauminhalt bis 10 m³	Abs. 1 Nr. 6 b)	Abs. 5 Nrn. 2, 4–6
Ortsfeste Behälter sonstiger Art mit einem Rauminhalt bis zu 50 m³	Abs. 1 Nr. 6 c)	Abs. 5 Nr. 6
Gärfutterbehälter mit einer Höhe bis zu 6 m und Schnitzelgruben	Abs. 1 Nr. 6 e)	Abs. 5 Nr. 2
Dungstätten, Fahrsilos, Kompost- und ähnliche Anlagen mit einer Höhe bis zu 3 m	Abs. 1 Nr. 6 f)	
Mauern und Einfriedungen, außer im Außenbereich, mit einer Höhe bis zu 2 m	Abs. 1 Nr. 7 a)	Abs. 6 Nr. 5
Offene, sockellose Einfriedungen im Außenbereich, soweit sie der Hofstelle eines landwirtschaftlichen Betriebs, der Weidewirtschaft einschließlich der Haltung geeigneter Schalenwildarten für Zwecke der Landwirtschaft, dem Erwerbsgartenbau oder dem Schutz von Forstkulturen und Wildgehegen zu Jagdzwecken oder dem Schutz landwirtschaftlicher Kulturen vor Schalenwild sowie der berufsmäßigen Binnenfischerei dienen	Abs. 1 Nr. 7 b)	Abs. 6 Nr. 2

46

Grimm

Tatbestand	Art. 57 BayBO	Vgl. § 55 BbgBO
Private Verkehrsanlagen einschließlich Brücken und Durchlässe mit einer lichten Weite bis zu 5, und Untertunnelungen mit einem Durchmesser bis zu 3 m	Abs. 1 Nr. 8	Abs. 6 Nr. 4
Aufschüttungen mit einer Höhe bis zu 2 m und einer Fläche bis zu 500 m²	Abs. 1 Nr. 9 Art.	Abs. 10 Nrn. 2, 3
Errichtung und Änderung nichttragender und nicht aussteifender Bauteile in baulichen Anlagen	Abs. 1 Nr. 11 a)	Abs. 11 Nr. 3
Errichtung einzelner Aufenthaltsräume, die zu Wohnzwecken genutzt werden, im Dachgeschoss überwiegend zu Wohnzwecken genutzter Gebäude, wenn die Dachkonstruktion und die äußere Gestalt des Gebäudes nicht in genehmigungspflichtiger Weise verändert werden[46]	Abs. 1 Nr. 11 c)	Abs. 2 Nr. 9
Fenster, Türen, in der Dachfläche liegende Fenster	Abs. 1 Nr. 11 d)	Abs. 11 Nr. 4
Lager-, Abstell- und Ausstellungsplätze für die Land- und Forstwirtschaft	Abs. 1 Nr. 15 a)	Abs. 9 Nr. 4
Nutzungsänderung von Gebäuden und Räumen, die nicht im Außenbereich liegen, wenn für die neue Nutzung keine anderen öffentlich-rechtlichen, insbesondere auch bauplanungsrechtlichen Anforderungen als für die bisherige Nutzung in Betracht kommen	Abs. 4 Nr. 1	Abs. 12
Alle Instandhaltungsarbeiten	Abs. 6	Abs. 13

47   Neben den Ausnahmen von der Genehmigungspflicht kennen mehrere Bundesländer die Genehmigungsfreistellung für bestimmte Wohngebäude, so z.B. gem. Art. 58 BayBO. Der Unterschied zu den Ausnahmen des Art. 57 BayBO besteht im Wesentlichen darin, dass Art. 58 BayBO einen die Planungshoheit der Gemeinde sichernden Vorbehalt enthält. Erklärt die Gemeinde innerhalb der Frist des Art. 58 Abs. 2 Nr. 4 BayBO, dass das (vereinfachte) Genehmigungsverfahren durchgeführt werden soll, so wird das Vorhaben wie ein genehmigungspflichtiges Vorhaben weiterbehandelt.[47]

3. Hinweise zu den Abstandsflächen

48   Vor den Außenwänden von Gebäuden sind grundsätzlich Abstandsflächen von oberirdischen baulichen Anlagen freizuhalten.[48] Ausnahmen bestehen, wo nach planungsrechtlichen Vorschriften Gebäude an die Grenze gebaut werden dürfen

---

[46] Dachgauben und vergleichbare Dachaufbauten sind gem. Art. 57 Abs. 2 Nr. 4 BayBO nur baugenehmigungsfrei, wenn Plankonformität besteht. Einzelheiten bei *Busse/Dirnberger*, Art. 57 Rn. 18.

[47] Bevor mit der Ausführung des freigestellten Vorhabens begonnen werden darf, muss ein gegenüber dem Genehmigungsverfahren deutlich abgekürztes Vorverfahren durchgeführt werden, das die Nachbarbeteiligung sicherstellen soll und das der Gemeinde, in deren Gebiet das Vorhaben ausgeführt werden soll, Gelegenheit gibt, den Vorbehalt zum Tragen zu bringen. Einzelheiten s. bei *Busse/Dirnberger*, Art. 58 Rn. 4.

[48] S. z.B. Art. 6 Abs. 1 S.1 BayBO, § 6 Abs. 1 S.1 BbgBO.

oder müssen (z.B. geschlossene Bauweise in Innenstädten).[49] Die Abstandsflächen müssen, soweit sie sich nicht auf Nachbargrundstücke erstrecken dürfen, auf dem Grundstück selbst liegen, sie dürfen sich nicht überdecken, es sei denn bei Außenwänden, die in einem Winkel von mehr als 75° zueinander stehen.[50] Die Länge der Abstandsfläche entspricht der jeweiligen Wandlänge. Die Tiefe der Abstandsfläche hängt von verschiedenen Faktoren ab, die im Hinblick auf die Vielgestaltigkeit der Bauwerke zu detailliert sind, um sie hier im Einzelnen aufführen zu können. Insofern muss auf die einzelnen Bauordnungen verwiesen werden.[51] Für den Regelfall gilt, dass die Tiefe der Abstandsfläche der Wandhöhe des Gebäudes entspricht, wobei als Wandhöhe das Maß von der natürlichen oder festgelegten Geländeoberfläche bis zum Schnittpunkt der Dachhaut oder (bei Flachdächern) bis zum oberen Abschluss der Wand gilt. Je höher ein Gebäude ist, umso größer ist grundsätzlich die vor den Außenwänden freizuhaltende Fläche.

Die Abstandsflächen dienen dazu, durch Grenz- und Gebäudeabstände eine **49** ausreichende Belichtung, Besonnung und Lüftung zu gewährleisten. Durch eine aufgelockerte Bodennutzung sollen gesunde Arbeits- und Wohnverhältnisse hergestellt werden. Die Sicherstellung des Brandschutzes kommt als ein weiteres wichtiges Ziel hinzu. Da es wesentlich um die Berücksichtigung der schützenswerten Interessen des Nachbarn geht, werden Abstandsregelungen als nachbarschützende Normen qualifiziert, ein Aspekt, der bei der Frage des Rechtsschutzes (s. dazu unten IV) eine zentrale Rolle spielt.

Ausnahmen vom Grundsatz der Unbebaubarkeit der Abstandsflächen finden sich **50** in Art. 6 Abs. 9 BayBO und in § 6 Abs. 9 bis 12 BbgBO. In erster Linie erfasst sind Garagen, Stützmauern und geschlossene Einfriedungen. In Bayern sind zusätzlich gebäudeunabhängige Solaranlagen in die Ausnahmeregelung einbezogen (Art. 6 Abs. 9 Nr. 2).

Durch die Neufassung des Art. 6 Abs. 9 BayBO wird gegenüber dem Art. 7 a.F. **51** BayBO der Anwendungsbereich dieser Vorschrift deutlich ausgeweitet. Die Neuregelung bezieht nun grundsätzlich alle baulichen Anlagen bis 3 m Wandhöhe und einer Wandlänge von je 9 m je Grundstücksgrenze in die Ausnahmeregelung ein. Dabei dürfte im Gesetzgebungsverfahren übersehen worden sein, dass die in Art. 7 Abs. 2 BayBO a.F. expressis verbis genannten Gärfutterbehälter (insbesondere die Hochsilos) für die Landwirtschaft nun aus der Privilegierung herausfallen, da sie in der Regel das Maß von 3 m übersteigen. Dies dürfte in der Baupraxis zu gewissen Schwierigkeiten führen.

V. Stallbauten

1. Planungsrechtliche Zulässigkeit

Die planungsrechtliche Zulässigkeit von Ställen richtet sich zunächst, wie das bei **52** allen Vorhaben der Fall ist, nach den §§ 30 ff. BauGB. Im Außenbereich sind sie gem. § 35 Abs. 1 Nr. 1 BauGB unter den dort genannten Voraussetzungen privilegiert zulässig, im nicht beplanten Innenbereich nach § 34 BauGB nur dann, wenn sie sich nach Art und Maß der baulichen Nutzung, der Bauweise und der Grund-

---

[49] Weitere Ausnahmen s. in den einzelnen Bauordnungen.
[50] Art. 6 Abs. 3 BayBO, § 6 Abs. 3 BbgBO.
[51] Ausführliche grafische Darstellungen, auch bei Sonderbauformen, finden sich bei *Busse/Dirnberger*, Art. 6 Rn. 19 ff.

stücksfläche, die überbaut werden soll, in die Eigenart der näheren Umgebung einfügen und die weiteren Voraussetzungen dieser Vorschrift erfüllt sind. Entspricht die Eigenart der näheren Umgebung einem der in der Baunutzungsverordnung beschriebenen Baugebiete, so beurteilt sich die Zulässigkeit des Vorhabens nach seiner Art allein danach, ob es nach dieser Verordnung in dem entsprechenden Baugebiet allgemein zulässig wäre, s. § 34 Abs. 2 BauGB. Demnach gilt folgendes: Planungsrechtlich sind Ställe in erster Linie in Dorfgebieten gem. § 5 BauNV zulässig. Ferner zulässig sind Stallbauten im Zusammenhang mit landwirtschaftlichen Nebenerwerbsstellen nach § 2 BauNV in Kleinsiedlungsgebieten. Eine Zulässigkeit in Allgemeinen Wohngebieten und Mischgebieten kommt meines Erachtens auch ausnahmsweise nicht in Betracht.[52]

2. Bauordnungsrechtliche Anforderungen

53   Die in der Bayerischen Bauordnung früher enthaltene Dreigliederung der Bauvorhaben (im Wesentlichen abgestuft nach der Gebäudehöhe) ist entfallen. Sie wurde durch eine Kombination aus Gebäudehöhe und Zahl und Größe der Nutzungseinheiten ersetzt. Stallbauten zählen nun nach Art. 2 Abs. 3 Nr. 1 BayBO zur Gebäudeklasse 1, soweit sie nicht im Einzelfall mit mehr als 1600 m² Grundfläche zu den Sonderbauten nach Art. 2 Abs. 4 Nr. 3 BayBO zählen. Sie sind grundsätzlich genehmigungspflichtig.

54   Ausnahmen bestehen lediglich für landwirtschaftliche Betriebsgebäude im Außenbereich, sofern sie nur zum vorübergehenden Schutz der Tiere bestimmt sind und neben anderen Voraussetzungen eine bestimmte Größenordnung nicht überschreiten.[53]

55   Eine technisch einwandfreie Ausführung von Stallgebäuden erfordert die Berücksichtigung zahlreicher Faktoren. Zu nennen sind insbesondere:
- die Wahl der Baustoffe, Bauteile und Bauweisen im Hinblick auf statische Eigenschaften, Brandschutz, Wärme- und Feuchtigkeitsschutz,
- Stallklima und Stalllüftung und Beleuchtung
- Emissionen und Hygiene.[54]

3. Tierschutzrechtliche und tierseuchenrechtliche Anforderungen

56   Wer ein Tier hält, betreut oder zu betreuen hat, muss das Tier seiner Art und seinen Bedürfnissen entsprechend angemessen ernähren, pflegen und verhaltensgerecht unterbringen. Er darf die Möglichkeit des Tieres zu artgemäßer Bewegung nicht so einschränken, dass ihm Schmerzen oder vermeidbare Leiden oder Schäden zugefügt werden. Er muss über die für eine angemessene Ernährung, Pflege und verhaltensgerechte Unterbringung des Tieres erforderlichen Kenntnisse und

---

[52] Ein Stallbau lässt sich nicht unter die in § 4 Abs. 3 BauNV aufgeführten Ausnahmen, insbesondere nicht unter Nr. 2 und eben so wenig unter die Regel- und Ausnahmefälle des § 6 BauNV (insb. Nr. 4) subsumieren, s. dazu den Gewerbebegriff in städtebaulicher Sicht bei *Fickert/Fieseler*, Baunutzungsverordnung, Kommentar, 8. Aufl., 1995, § 2 Rn. 24.

[53] z.B. 100 m² Grundfläche, s. Art. 57 Abs. 1 Nr. 1c BayBO; oder 150 m² gem. § 55 Abs. 2 Nr. 2 BbgBO.

[54] Einzelheiten s. bei *Boxberger*, Funktion und Planung landwirtschaftlicher Betriebsgebäude, in: Die Landwirtschaft, Band 3; *Schön*, Landtechnik, Bauwesen, 9. Aufl., 1998, S. 131 ff. Unter den vielfältigen Angeboten zum Thema „Stallbau" im Internet s. z.B. Zukunftsorientiertes Bauen für die Tierhaltung, Tagungsband des KTBL, verfügbar über die Homepage des KTBL, fachinfo: www.ktbl.de (30.8.2014).

Fähigkeiten verfügen. Diese so in § 2 TierSchG formulierten Anforderungen wirken sich auch und in besonderer Weise auf die Planung und Errichtung von Ställen aus. Auf der Grundlage des § 2 a TierSchG hat der Verordnungsgeber die Tierschutz-Nutztierhaltungsverordnung (TierSchNutzV) erlassen.[55] Diese Verordnung gilt allgemein für das Halten von Nutztieren zu Erwerbszwecken (§ 1). Neben Begriffsbestimmungen (§ 2)[56] enthält sie in Abschnitt 1 Allgemeine Anforderungen an Haltungseinrichtungen (§ 3) und Allgemeine Anforderungen an Überwachung, Fütterung und Pflege (§ 4). In den Folgeabschnitten finden sich besondere Anforderungen für bestimmte Tierarten:

Abschnitt 2 Kälber
Abschnitt 3 Legehennen
Abschnitt 4 Masthühner
Abschnitt 5 Schweine
Abschnitt 6 Kaninchen
Abschnitt 7 Pelztiere.

a) Abschnitt: 2 Kälberhaltung

§ 5 enthält allgemeine Haltungsanforderungen für Kälber. So muss ihnen im Stall ein trockener, weicher Liegeplatz zur Verfügung stehen. Maulkörbe dürfen nicht verwendet werden. Sie dürfen nicht angebunden oder sonst festgelegt werden, außer bei Gruppenhaltung für jeweils längstens eine Stunde im Rahmen des Fütterns. **57**

§ 6 stellt weitere allgemeine Regeln für die Kälberhaltung auf, insbesondere hinsichtlich der Ausgestaltung der Ställe. § 7 enthält sodann besondere Anforderungen an die Stallhaltung von Kälbern im Alter von bis zu zwei Wochen, § 8 entsprechende Anforderungen für Kälber von über zwei bis zu acht Wochen. § 9 regelt die Haltung von über acht Wochen alten Kälbern und enthält in Absatz 1 den Grundsatz, dass die Tiere dieser Alterskategorie nur in Gruppen gehalten werden dürfen. § 10 regelt den Platzbedarf bei Gruppenhaltung, § 11 beschäftigt sich mit Überwachung, Fütterung und Pflege. **58**

b) Abschnitt 3: Haltung von Legehennen

Das Bundesverfassungsgericht hat mit Urteil vom 6. Juli 1999 – BvF3/90 – die Hennenhaltungsverordnung vom 10. Dezember 1987 (BGBl. I S. 2622) wegen Verstoßes gegen das Tierschutzgesetz für nichtig erklärt.[57] Es hat dem Verordnungsgeber aufgegeben, einen Ausgleich zwischen den rechtlich geschützten Interessen der Tierhalter und den Belangen des Tierschutzes herbeizuführen und diesen so zu gestalten, dass der ethisch begründete Tierschutz gefördert wird, ohne die Rechte der Tierhalter übermäßig einzuschränken. Die Bundesregierung ist dieser Aufgabe nachgekommen. Durch die Erste Verordnung zur Änderung der Tierschutz-Nutztierhaltungsverordnung vom 28.2.2002[58] wurde ein 3. Abschnitt „Anforderungen an das Halten von Legehennen" in die Stamm-Verordnung eingefügt. Die konventionelle Käfighaltung wurde durch diese Ergänzung abgeschafft. Auch so genannte „ausgestaltete Käfige" nach der Richtlinie 1999/74/EG (größere Käfige mit Sitz- **59**

---

[55] Verordnung zum Schutz landwirtschaftlicher Nutztiere und anderer zur Erzeugung tierischer Produkte gehaltener Tiere bei ihrer Haltung (Tierschutz-Nutztierhaltungsverordnung – TierSchNutzV) vom 25.10.2001, BGBl. I S. 2758, neugefasst durch Bek. v. 22.8.2006, BGBl. I S. 2043.
[56] z.B. Nr. 3 Kälber: Hausrinder im Alter von bis zu sechs Monaten.
[57] BGBl. I S. 1914.
[58] BGBl. I S. 1026.

stangen, Scharrfläche und Nest) wurden in Deutschland nicht zugelassen. Als Haltungsformen waren nur noch die Boden- und die Volierenhaltung vorgesehen.

60   Durch die Zweite Verordnung zur Änderung der Nutztier- Haltungsverordnung wurde die Käfighaltung wieder eingeführt, aber nicht mehr in Form der konventionellen Käfighaltung, sondern in Form der so genannten „Kleingruppenhaltung", s. § 13b TierSchNutztV. Diese Regelung und die zugehörigen Übergangsvorschriften hat das Bundesverfassungsgericht mit Beschluss vom 12. Oktober 2010 (2 BvF 1/07) wegen Verfahrensverstößen beim Zustandekommen der Verordnung für verfassungswidrig erklärt[59].

61   Allgemeinen Anforderungen an Haltungseinrichtungen finden sich nun in § 13 TierSchNutztV: Haltungseinrichtungen müssen nach § 13 Abs. 2
1. eine Fläche von mindestens 2,5 Quadratmetern aufweisen, auf der die Legehennen sich ihrer Art und ihren Bedürfnissen entsprechend angemessen bewegen können;
2. so ausgestattet sein, dass alle Legehennen artgemäß fressen, trinken, ruhen, staubbaden sowie ein Nest aufsuchen können.

62   In den Absätzen 3 und 4 finden sich die technischen Anforderungen an die Gebäude, in denen die Legehennen gehalten werden, insbesondere zu Belichtung und Lüftung. Absatz 5 enthält detaillierte Vorschriften über die Ausgestaltung der Haltungseinrichtungen, mit dem Ziel, Konformität zum Tierschutzgesetz zu erreichen. Gleiches gilt für Absatz 6, der bestimmt, dass die Legehennen an keiner Stelle des Aufenthaltsbereiches direkter Stromeinwirkung ausgesetzt sein dürfen.

63   § 13 a enthält besondere Anforderungen an die Bodenhaltung, § 13b, (der, wie bereits erwähnt, wegen formaler Verstöße vom Bundesverfassungsgericht für grundgesetzwidrig erklärt wurde), besondere Anforderungen an die Kleingruppenhaltung.

64   Betrachtet man den Katalog an Geboten und Verboten der §§ 13, 13a und 13b im Einzelnen, so fragt man sich unwillkürlich, weshalb Normen dieser Art überhaupt notwenig wurden. Weshalb muss man (in der Regel gewerblichen) Hennenhaltern gebieten, das Gebäude so zu beleuchten, dass sich die Tiere untereinander erkennen können (§ 13 Abs.3)? Weshalb muss der Verordnungsgeber fordern, das Gebäude so zu konstruieren, dass der Amoniakgehalt der Luft im Aufenthaltsbereich der Tiere zehn Kubikzentimeter je Kubikmeter Luft nicht überschreiten soll und 20 Kubikzentimeter je Kubikmeter Luft dauerhaft nicht überschreiten darf (§ 13 Abs. 4)? Weshalb die Forderung, für einen Boden zu sorgen, auf dem die Legehennen einen festen Stand finden können (§ 13 Abs. 5 Nr. 1), um nur ein paar Beispiele herauszugreifen. Anders gefragt: Was würden Hennenhalter ihren Tieren antun ohne diese rechtlichen Vorgaben?

65   Die Argumente für und wider die Massentierhaltung sind bekannt. Sie führen tief hinein in ethische Fragestellungen. Dass ein in ethischer Sicht hinreichender Schutz von Tieren in der Massentierhaltung nicht erreicht ist, liegt meines Erachtens auf der Hand, selbst dann, wenn man zwischen dem reinen Tierschutzgedanken und dem Nutztierschutz differenziert.

c) Abschnitt 4: Haltung von Masthühnern

66   Nach § 16 TierSchNutztV dürfen Masthühner, unbeschadet der allgemeinen Anforderungen der §§ 3 Und 4 TierSchNutztV, in Betrieben mit 500 oder mehr

---

[59] http://www.bundesverfassungsgericht.de/pressemitteilungen/bvg10-111.html (31.8.2014).

Masthühnern nur nach Maßgabe der Spezialvorschriften der §§ 17 bis 20 Tier-SchNutztV gehalten werden. Keine Anwendung finden diese Vorschriften, wenn die Tiere in Brütereien, in extensiver Bodenhaltung oder in Auslaufhaltung nach Anhang V der Verordnung (EG) Nr. 543/2008 oder in ökologischer Haltung nach der Verordnung (EG) Nr. 834/2007 gehalten werden.

In § 17 TierSchNutztV finden sich die Anforderungen an die Person des Hal- **67** ters. Wer Masthühner halten will, bedarf einer Sachkundebescheinigung (Abs. 1), die von der zuständigen Stelle auf Antrag erteilt wird (Ans. 2), wenn der Antragsteller einen von der zuständigen Stelle anerkannten Lehrgang besucht hat und seine Sachkunde in Rahmen einer erfolgreichen, von einem Tierarzt abzunehmenden Prüfung (Abs. 3 und 4) nachgewiesen hat. Die geforderten Fertigkeiten und Kenntnisse werden detailliert in Absatz 3 beschrieben.

§ 18 TierSchNutztV enthält die rechtlichen Anforderungen an die Haltungs- **68** einrichtungen, § 19 die Anforderungen an das Halten, § 20 beinhaltet Vorschriften über Eigenkontrolle und Dokumentationspflichten.

Bezeichnend für die Belastung der Masthühner ist § 20 Abs. 1, der hier wörtlich **69** wiedergegeben wird:

„(1) Der Halter eines Masthühnerbestands berechnet die tägliche Mortalitätsrate **70** jedes Masttages sowie die kumulative tägliche Mortalitätsrate. Die tägliche Mortalitätsrate ist die Zahl der an einem Tag in einem Masthühnerstall verendeten sowie der an diesem Tag aufgrund von Krankheiten oder aus anderen Gründen getöteten Masthühner, geteilt durch die Zahl der sich an diesem Tag in dem betreffenden Masthühnerstall befindenden Masthühner, multipliziert mit 100. Die zum Zweck der Schlachtung ausgestallten Masthühner werden bei der Berechnung der täglichen Mortalitätsrate nicht berücksichtigt. Die kumulative tägliche Mortalitätsrate ist die Summe der täglichen Mortalitätsraten während eines Mastdurchgangs."

d) Abschnitt 5: Haltung von Schweinen

Die §§ 21 bis 30 TierSchNutztV regeln, unbeschadet der allgemeinen Anforde- **71** rungen der §§ 3 und 4 TierSchNutztV, das Halten von Schweinen.

§ 22 enthält bereits relativ detailliert die Allgemeinen Anforderungen an Hal- **72** tungseinrichtungen für Schweine. Sie müssen nach Abs. 2 Nrn. 1–4 so ausgestaltet sein, dass einzeln gehaltene Schweine Sichtkontakt zu anderen Schweinen im Stall haben können, dass sie gleichzeitig ungehindert liegen, aufstehen, sich hinlegen und eine natürliche Körperhaltung einnehmen können, dass sie nicht mehr als unvermeidbar mit Harn und Kot in Berührung kommen und ihnen ein trockener Liegebereich zur Verfügung steht und dass die Wärmebelastung bei hohen Stallufttemperaturen vermindert werden kann. Absatz 3 regelt in den Nrn. 1–8 die Bodenbeschaffenheit, z.B. die Spaltenweit bei Spaltenböden und die Entgratung, also die Glättung, der kanten bei Verwendung von Betonspaltenböden. Abs. 4 regelt die Belichtung von Ställen, die nach dem 4. August 2006 in Betrieb genommen wurden bzw. werden.

Diese allgemeinen Anforderungen an Haltungseinrichtungen und Halten wer- **73** den jeweils in Bezug auf Saugferkel, Jungsauen, Sauen, Eber, Absatzferkel, Zuchtläufer und Mastschweine[60] konkretisiert, s. §§ 23 bis 30 TierSchNutztV.

---

[60] Zu den Begriffen s. die Definitionen in § 2 TierSchNutztV.

e) Abschnitt 6: Haltung von Kaninchen

73   Mit Wirkung zum 11. August 2014 wurde die Tierschutz- Nutztierhaltungsverordnung um Regelungen für die gewerbliche Kaninchenhaltung erweitert. Wie in den vorangegangenen Abschnitten wurden die Haltungsbedingungen, unbeschadet der allgemeinen Vorschriften der §§ 3 und 4 TierSchNutztV, in den §§ 31 bis 37 gesetzlich geregelt. § 32 enthält allgemeine Anforderungen an Haltungseinrichtungen für Kaninchen, §§ 33 und 34 besondere Anforderungen an Haltungseinrichtungen für Mastkaninchen bzw. Zuchtkaninchen. Die §§ 35 bis 37 regeln das Halten von Kaninchen. Dabei werden u.a. die gewerblichen Kaninchenhalter stärker in die Pflicht genommen. Nach dem 10.2.2015 müssen sie einen Sachkundenachweis erbringen, der den Anforderungen des § 35a entspricht. Mindestens zwei Mal täglich haben sie Kontrollen durchzuführen, s. § 35 Abs. 2. Ihre Aufzeichnungspflicht ergibt sich aus § 35 Abs. 4. Weitere detaillierte Anforderungen z.B. zu Belichtung, Bodenbeschaffenheit, Angebot an Rückzugsflächen, zu Betreuung und Pflege können im Einzelnen dem ohne weiteres verständlichen Verordnungstext entnommen werden.

f) Abschnitt 7: Halten von Pelztieren

74   Die §§ 38 bis 43 TierSchNutztV enthalten die Anforderungen an das Halten von Pelztieren. Tiere der in § 2 Nr. 28 genannten Arten dürfen, soweit sie aus der Natur entnommen wurden, nicht zur Gewinnung von Pelzen oder zur Zucht von Pelztieren gehalten werden, § 38. § 40 befasst sich mit allgemeinen Anforderungen an die Haltungseinrichtungen, § 41 mit allgemeinen Anforderungen an das Halten. Wie schon aus der Systematik der vorangegangenen Abschnitte erfolgt danach eine Konkretisierung der Vorschriften, In § 42 für das Halten von Nerzen, Iltissen, Füchsen und Marderhunden, in § 43 für Sumpfbiber und Chinchillas.

g) Abschnitt 8: Ordnungswidrigkeiten und Schlussbestimmungen

75   § 44 enthält einen geradezu ausufernden Katalog an Ordnungswidrigkeiten (54! Ordnungswidrigkeiten nach Abs. 1, weitere nach Abs. 2). In § 45 finden sich, im Hinblick auf oft erforderliche, investitionsintensive Neu- und Umbauten, in 32 Absätzen! Übergangsvorschriften. Auf diese kann hier im Einzelnen nicht eingegangen werden. Hingewiesen sei in diesem Zusammenhang jedoch auf die Rechtsprechung des Bundesverwaltungsgerichts und des Bundesverfassungsgerichts zur Frage, ob eine immissionsschutzrechtliche Genehmigung einer Tierhaltungsanlage Bestandsschutz bis zum Ablauf oder zur Aufhebung der immissionsschutzrechtlichen Genehmigung verleiht, also über die später vorgenommenen verschärften Anforderungen des Tierschutz- Nutztierhaltungsverordnung hinaus wirkt. Beide Gerichte haben diese Frage verneint[61].

---

[61]   Einzelheiten mit Fundstellen zur Rechtsprechung s. bei *Knorr*, in *Dombert/Witt*, MAH Agrarrecht, 2011, § 22 Rn. 130.

4. Immissionsschutzrechtliche Anforderungen

a) Grundlegende Rechtsvorschriften und sonstige Regelwerke

Nach § 4 des Bundes-Immissionsschutzgesetzes[62] i.V.m. der 4. Bundes-Immis- **76**
sionsschutzverordnung[63] bedürfen Anlagen zum Halten oder zur Aufzucht von Geflügel, Rindern, Schweinen und Pelztieren ab einer bestimmten Größenordnung
einer immissionsschutzrechtlichen Genehmigung. Für die unter Ordnungsnummer
7.1 in Spalte 1 des Anhangs 1 zur 4. BImSchV erfassten Anlagen wird das Verfahren nach § 10 BImSchG durchgeführt (in der Anlage mit G gekennzeichnet), für
die kleineren, in Spalte 2 aufgeführten Anlagen genügt das vereinfachte Verfahren
nach § 19 BImSchG (in der Anlage mit V gekennzeichnet).[64] Nach § 1 Abs. 3 S. 1
der 4. BImSchV ergibt sich die Genehmigungspflichtigkeit auch dann, wenn mehrere Anlagen derselben Art (hier also Anlagen zur Tierhaltung) in einem engen
räumlichen und betrieblichen Zusammenhang stehen (gemeinsame Anlage) und
zusammen die maßgebenden Anlagengrößen erreicht oder überschritten werden.
Von einem engen räumlichen und betrieblichen Zusammenhang geht die Verordnung aus (§ 1 Abs. 3 S. 2), wenn die Anlagen auf demselben Betriebsgelände liegen,
mit gemeinsamen Betriebseinrichtungen verbunden sind und einem vergleichbaren technischen Zweck dienen. Bei gemischten Tierbeständen werden die Vom-
Hundert-Anteile, bis zu denen die in der Spalte 1 oder 2 genannten Platzzahlen jeweils ausgeschöpft werden, addiert. Erreicht deren Summe einen Wert von 100, so
ist ein Genehmigungsverfahren nach § 10 oder § 19 BImSchG durchzuführen, auch
wenn die einzelnen Tierarten jeweils unter der angegebenen Größenordnung bleiben. Einzelheiten ergeben sich aus der Anlage 1 Nrn. 7.1.11.1 bis 7.1.11.3.

Wenn der Landwirt einen Stallneubau oder eine Aufstockung seines Tierbestan- **77**
des plant, muss er die Frage entscheiden, ob er die oben genannten Grenzen überschreiten will.[65] Erreicht oder überschreitet er die in Spalte 1 enthaltenen Größenordnungen, so unterliegt das Vorhaben dem strengen Genehmigungsverfahren nach
§ 10 BImSchG. Damit verbunden ist insbesondere die Beteiligung der Öffentlichkeit durch öffentliche Bekanntmachung des Vorhabens, Auslegung von Antrag und
Unterlagen, Möglichkeit für die Bürger, Einwendungen zu erheben, Erörterung
der Einwendungen u.a. Diese aufwendige und langwierige Prozedur bringt allerdings einen Vorteil mit sich, dessen Tragweite nicht zu unterschätzen ist: Soweit die
Genehmigung erteilt und nicht mehr anfechtbar ist, genießt die Anlage Bestandsschutz. Gem. § 14 Satz 1, 1. HS BImSchG kann dann zur Abwehr benachteiligen-
der Einwirkungen auf Grund privatrechtlicher, nicht auf besonderen Titeln beruhender Ansprüche[66] von Nachbargrundstücken aus nicht mehr die Einstellung

---

[62] Gesetz zum Schutz vor schädlichen Umwelteinwirkungen durch Luftverunreinigungen, Geräusche, Erschütterungen und ähnliche Vorgänge (Bundes-Immissionsschutzgesetz – BImSchG),
Neufassung Bek. vom 17.5.2013, BGBl. I S. 1274.

[63] Verordnung über genehmigungspflichtige Anlagen – 4. BImSchV vom 2.5.2013, BGBl. I
S. 973, 3756.

[64] Ergänzende Verfahrensvorschriften finden sich in der Neunten Verordnung zur Durchführung des Bundes-Immissionsschutzgesetzes (Verordnung über das Genehmigungsverfahren –
9. BImSchV), Neufassung Bek. vom 29.5.1992, BGBl. I S. 1001.

[65] Dabei ist auf den rechtlich und tatsächlich möglichen Betriebsumfang abzustellen, s. § 1 Abs. 1
Satz 3, 4. BImSchV.

[66] Nicht zum Zuge kommen dann Ansprüche gestützt auf die §§ 823 (soweit sie auf Naturalre-
stitution gerichtet sind), 858, 862, 869, 907 und 1004 BGB, sowie Ansprüche aus privatrechtlichen
Vorschriften des landesrechtlichen Nachbarrechts. Auf besonderen privatrechtlichen Titeln beruhen
Ansprüche aus Verträgen und aus dinglichen Rechten, insbesondere aus Eigentum, Nießbrauch oder
Dienstbarkeiten. Diese lässt § 14 unberührt, vgl. *Jarass*, § 14, Rn. 10.

des Betriebes verlangt werden. Es können im Privatrechtsverkehr nur Vorkehrungen verlangt werden, welche die benachteiligenden Wirkungen ausschließen, § 14 Satz 1, 2. HS BImSchG. Soweit solche Vorkehrungen nach dem Stand der Technik nicht durchführbar oder wirtschaftlich nicht vertretbar sind, kann lediglich Schadensersatz verlangt werden, § 14 Satz 2 BImSchG.[67]

78   Bleibt der Landwirt unter den oben genannten Größenordnungen, so genießt sein Betrieb keinen Bestandsschutz und ist in vollem Umfang den Abwehransprüchen aus dem privaten Nachbarrecht ausgesetzt. Dies gilt auch für den Fall des vereinfachten Verfahrens bei Größenordnungen der Spalte 2 (bei Hennen beispielsweise von 15.000 bis weniger als 40.000 Tierplätzen), s. § 19 Abs. 2 BImSchG.

79   Als Betreiber einer nicht genehmigungspflichtigen Anlage unterliegt er den Anforderungen des § 22 BImSchG. Er muss die Anlage so errichten und betreiben, dass

– schädliche Umwelteinwirkungen verhindert werden, die nach dem Stand der Technik vermeidbar sind,
– nach dem Stand der Technik unvermeidbare schädliche Umwelteinwirkungen auf ein Mindestmaß beschränkt werden und
– die beim Betrieb der Anlage anfallenden Abfälle ordnungsgemäß beseitigt werden können.

80   Um die Einhaltung der in § 22 BImSchG beschriebenen Pflichten sicherzustellen, kann die zuständige Behörde die im Einzelfall erforderlichen Anordnungen treffen. Im Extremfall kann die zuständige Behörde den Betrieb der Anlage ganz oder teilweise bis zur Erfüllung der Anordnungen untersagen, s. § 24 BImSchG.

81   Neben dem Bundes-Immissionsschutzgesetz und den auf seiner Grundlage erlassenen Verordnungen sind auch die TA-Luft[68] und die TA-Lärm[69] von Bedeutung. Diese technischen Anleitungen sind keine Rechtsnormen, sondern Verwaltungsvorschriften des Bundes, die eine einheitliche Anwendung der Regelungen des Bundes-Immissionsschutzgesetzes durch die Behörden gewährleisten sollen. Die TA-Luft enthält u.a. Vorschriften über Mindestabstände von Anlagen zu Wohnbebauung und Wald. Auch die Abstandserlasse (ebenfalls Verwaltungsvorschriften) mancher Länder und die VDI-Richtlinien sind bei der Planung von Anlagen von großer Bedeutung. Die VDI Richtlinien sind ebenfalls keine Rechtsnormen. Sie werden aber häufig als anerkannte Regeln der Technik behördlichen und gerichtlichen Entscheidungen zu Grunde gelegt. Im Bereich der Tierhaltung existierten die Richtlinie Emissionsminderung Schweine VDI 3471 (Stand 1986), die Richtlinie Emissionsminderung Hühner VDI 3472 (Stand 1986) und

---

[67] Der Bestandsschutz reicht jedoch nicht soweit, dass damit der Anlagenbetreiber für alle Zeit das Recht hätte, die Anlage in der im Genehmigungsverfahren erlaubten Art und Weise zu betreiben. Auch nach der Genehmigung können nachträgliche Anordnungen nach § 17 BImSchG ergehen, kann die Genehmigung erlöschen, s. § 18 BImSchG, kann unter den Voraussetzungen des § 20 durch die zuständigen Behörden eine Untersagung, Stilllegung und Beseitigung angeordnet werden oder unter den Voraussetzungen des § 21 BImSchG ein Widerruf der Genehmigung erfolgen. § 14 BImSchG betrifft also nur den Ausschluss privatrechtlicher Abwehransprüche.

[68] Erste Allgemeine Verwaltungsvorschrift zum Bundes-Immissionsschutzgesetz (Technische Anleitung zur Reinhaltung der Luft – TA Luft) v. 24.7.2002 (GMBl. v. 30.7.2002, S. 511–605). Zum Herunterladen: http://www.umweltbundesamt.de/sites/default/files/medien/1/dokumente/taluft_stand_200207241.pdf/ (11.9.2014).

[69] Sechste Allgemeine Verwaltungsvorschrift zum Bundes-Immissionsschutzgesetz (Technische Anleitung zum Schutz gegen Lärm – TA Lärm) vom 26.8.1998 GMBl. 503. Die TA Lärm gilt für genehmigungsbedürftige und nicht genehmigungsbedürftige Anlagen; Näheres s. unter Punkt 1 Anwendungsbereich. Zum Herunterladen s. http://www.verwaltungsvorschriften-im-internet.de/bsvwvbund_26081998_IG19980826.htm/ (11.9.2014).

der Entwurf der Richtlinie Rinder-Geruchsstoffe VDI 3473 Blatt 1 (Stand 1994). Im Entwurf der Richtlinie Tierhaltung-Geruchsstoffe VDI 3474 (Stand 2001) sollten die vorstehend erwähnten Richtlinien zusammengefasst und um zusätzliche Tierarten wie Puten, Enten und Pferde erweitert werden.[70] Neu ist nun die VDI-Richtlinie 3894, welche die Richtlinienreihe VDI 3471 ersetzt. Blatt 1 beschreibt den Stand der Haltungstechniken von Nutztierställen, Blatt 2 enthält die neu gefassten Abstandsregelungen für Gerüche[71]. In Dorfgebieten sind die VDI-Abstandsregeln nicht unmittelbar anwendbar. Sie gehen nämlich von freien Ausbreitungsstrecken zwischen Stall und Immissionsort aus. Daran fehlt es in der Regel im innerörtlichen Bereich. Daher sind hier die Abstände nach den allgemeinen Regeln der Baugesetze und des Immissionsschutzgesetzes zu bestimmen. Die VDI-Richtlinien können aber zur ersten Orientierung herangezogen werden. So können schädliche Umwelteinwirkungen vermutet werden, wenn die vorhandenen Abstände kleiner als ¼ der Mindestabstände der VDI-Richtlinie sind. Liegen die Abstände zwischen ¼ und ½ der Mindestabstände, so sind schädliche Umwelteinwirkungen nicht auszuschließen. In Dorfgebieten sind in weiterer Abwägungsschritten folgende Faktoren zu beachten: Vorbelastung, Standortverhältnisse, insbesondere Berg-, Hang-Tallagen, Gewässernähe, ferner meteorologische Bedingungen, Bebauungs- und Nutzungssituation der Umgebung. In einer Gesamtbewertung ist sodann abschließend über die immissionsschutzrechtliche Zulässigkeit des Bauvorhabens zu entscheiden.

b) Verhältnis zur Baugenehmigung

§ 13 BImSchG verleiht dem immissionsschutzrechtlichen Genehmigungsverfahren Konzentrationswirkung. Ziel dieser Vorschrift ist primär die Koordination des Verwaltungshandelns, daneben verfolgt sie auch die Beschleunigung der Vorhabenszulassung. Durch die immissionsschutzrechtliche Genehmigung werden die Baugenehmigung,[72] baurechtliche Ausnahmen und Befreiungen ersetzt. Die formellen Vorschriften des so verdrängten Baugenehmigungsverfahrens finden keine Anwendung, die materiellen Vorschriften des Baurechts dagegen werden durch die Konzentration nicht obsolet oder verdrängt, sondern sind in vollem Umfang einzuhalten.[73] **82**

5. Anforderungen des Gesetzes über die Umweltverträglichkeitsprüfung (UVPG)[74]

Werden bei der Errichtung oder Änderung einschließlich der Erweiterung von Ställen die Tierplatzzahlen des UVP-Gesetzes erreicht, so ist eine Umweltverträg- **83**

---

[70] Zum Zustandekommen von VDI-Richtlinien ist anzumerken: Jede VDI-Richtlinie wird zunächst als Entwurf veröffentlicht. Sie unterliegt einem öffentlichen Einspruchsverfahren. Einwendungen werden behandelt und ggf. in die Endfassung der Richtlinie eingearbeitet. Neben den VDI-Richtlinien wird auch die vom systematischen Ansatz her konkurrierende Geruchsimmissions-Richtlinie (GIRL) herangezogen. Einzelheiten s. bei *Both*, http://www.lanuv.nrw.de/luft/gerueche/2000refneu.pdf (11.9.2014) .

[71] Einzelheiten zum Aufbau s. https://www.landwirtschaftskammer.de/landwirtschaft/technik/immissionsschutz/vdi-3894.htm (11.9.2014 oder *Gallmann*, http://www.alb-bw.uni-hohenheim.de/2teOrdnung/Tagungen-pdf-Dateien/2013/Gallmann%202013.pdf (11.9.2014).

[72] s. BVerwGE 84, 209/214.

[73] S. *Jarras*, § 13 Rn. 1 ff. Für Bayern s. *Schwarzer/König*, Bayerische Bauordnung, 3. Aufl., 2000, Art. 87 Rn. 3.

[74] I.d.F. der Bek. vom 24.2.2010, BGBl. I S. 94.

Grimm

lichkeitsprüfung durchzuführen. Zweck des Gesetzes ist es sicherzustellen, dass aus Gründen der Umweltvorsorge bei bestimmten öffentlichen und privaten Vorhaben sowie bei bestimmten Plänen und Programmen die Auswirkungen auf die Umwelt nach einheitlichen Grundsätzen frühzeitig und umfassend ermittelt, beschrieben und bewertet werden und das Ergebnis der Umweltverträglichkeitsprüfung so früh wie möglich bei allen behördlichen Entscheidungen über die Zulässigkeit berücksichtigt wird (§ 1 UVPG).

84   Die UVP-Pflichtigkeit für Ställe ergibt sich aus §§ 3, 3b und 3c UVPG in Verbindung mit der Anlage 1 zu diesem Gesetz. Werden die Platzzahlen erreicht, die in Spalte 1 der Anlage 1 mit einem X gekennzeichnet sind, so ist das Vorhaben UVP-pflichtig. Bei kleineren Beständen, die in Spalte 2 mit einem A gekennzeichnet sind, ist eine *allgemeine* Vorprüfung des Einzelfalles, s. § 3c Satz 1, bei Beständen, die in Spalte 2 mit S gekennzeichnet sind, ist eine *standortbezogene* Vorprüfung des Einzelfalles, s. § 3c Satz 2, durchzuführen. Kriterien für die Vorprüfung des Einzelfalles enthält die Anlage 2 des Gesetzes. Ergibt die Vorprüfung, dass erhebliche nachteilige Umweltauswirkungen zu erwarten sind, die nach § 12 UVPG zu berücksichtigen wären, so ist eine Umweltverträglichkeitsprüfung auch bei diesen kleineren Größenordnungen durchzuführen[75].

85   Die Umweltverträglichkeitsprüfung ist ein unselbständiger Teil verwaltungsbehördlicher Verfahren, die der Entscheidung über die Zulässigkeit von Vorhaben dienen,[76] s. § 2 Abs. 1 Satz 1 UVPG. Das UVPG findet nur Anwendung, soweit andere Rechtsvorschriften des Bundes oder der Länder die Umweltverträglichkeit nicht näher bestimmen oder in ihren Anforderungen dem UVPG nicht entsprechen. Rechtsvorschriften mit strengeren Anforderungen bleiben unberührt, s. § 4 UVPG.

86   Weitere Tierplatzgrenzen finden sich in der Europäischen Richtlinie über Vermeidung und Verringerung der Umweltverschmutzung[77] und im Umwelthaftungsgesetz.[78] Werden die dort genannten Tierplatzzahlen erreicht oder überschritten, so sind auch die dortigen Anforderungen zu beachten.

6. Wasser- und abfallrechtliche Anforderungen

87   Beim Bau von Ställen sind auch wasserrechtliche und abfallrechtliche Aspekte zu berücksichtigen. Dies gilt insbesondere für die unteren Bauwerksteile, die ständig mit tierischen Exkrementen belastet werden. Deshalb ist es erforderlich, besondere konstruktive Maßnahmen durchzuführen und Bauteile zu verwenden, die den Gewässer-, insbesondere den Grundwasserschutz sicherstellen. Dies gilt sowohl für die Ställe selbst als auch für die Anlagen zum Lagern und Abfüllen von Jauche, Gülle und Silagesickersäften. Einzelheiten zu den Regeln der Technik finden sich

---

[75] Einzelheiten s. bei *Hoppe (Hrsg.)*, UVPG Gesetz über die Umweltverträglichkeitsprüfung, 3. Aufl., 2007, §§ 3 und 3b.

[76] s. § 2a 9. BImSchV und § 4 UVPG, aus denen sich ein Vorrang spezieller fachgesetzlicher Regelungen ergibt, Einzelheiten bei *Erbguth / Schink*, Gesetz über die Umweltverträglichkeitsprüfung, Kommentar, 2. Aufl., 1996, § 4 Anm. 1 ff., insb. 9 und 10.

[77] Richtlinie 96/61/EG des Rates vom 24.9.1996 über die integrierte Vermeidung und Verminderung der Umweltverschmutzung, ABl. EG Nr. L 257, S. 26.

[78] Gesetz über die Umwelthaftung vom 10.12.1990, BGBl. I S. 2634. Dieses Gesetz normiert eine anlagenbezogene, verschuldensunabhängige Gefährdungshaftung. Einzelheiten s. bei *Bender / Sparwasser / Engel*, Umweltrecht, 4. Aufl. 2000, Kap. 3 Rn. 46 ff.

in speziellen DIN- Normen, für Gärfuttersilos und Güllebehälter z.B. in der DIN 11622-2, für Befüll- und Entleerleitungen in DIN 11832. Einen ersten Einblick in die hochkomplexe Materie des Stallbaus gewähren die entsprechenden Merkblätter der Bundesländer und mancher Landratsämter.

Die Abwasserbeseitigung abgelegener landwirtschaftlicher Betriebe kann oft nur **88** über private Kleinkläranlagen erfolgen. Auch diese sind unter Beachtung der Regeln der Technik zu errichten und zu betreiben. In diesem Zusammenhang sind folgende DIN Normen von Bedeutung: DIN 1986 für Abwasserleitungen und -kanäle und die DIN 4261 für Kleinkläranlagen mit mechanisch-biologischer Behandlung. Weitere Einzelheiten sind den technischen Lehrbüchern im Bereich Bauwesen in der Landwirtschaft zu entnehmen.[79]

Hinsichtlich der Abfallbeseitigung ist anzumerken, dass für Jauche, Gülle und **89** Stallmist das sog. Düngeprivileg gilt. Diese Stoffe gelten solange nicht als Abfall, als sie auf landwirtschaftlich, forstwirtschaftlich oder gärtnerisch genutzte Böden im Rahmen des Maßes üblicher landwirtschaftlicher Düngung ausgebracht werden. Einzelheiten dazu finden sich im Kapitel 7 Abschnitt V.

7. Anforderungen des Natur-, Landschafts- und Denkmalschutzrechts

Eingriffe in Natur und Landschaft sind nach der Definition des Bundesnatur- **90** schutzgesetzes Veränderungen der Gestalt oder der Nutzung von Grundflächen, die die Leistungsfähigkeit des Naturhaushalts oder das Landschaftsbild erheblich oder nachhaltig beeinträchtigen können. Stallbauten erfüllen in der Regel diese Tatbestandsmerkmale und sind daher als Eingriffe im Sinne des Naturschutzrechtes zu qualifizieren. Sie sind, sofern sie nicht in besonderen Schutzgebieten liegen und dort geltende Sonderregelungen entgegenstehen, im Regelfalle zulässig. Ihre Auswirkungen sind jedoch auf ein Mindestmaß zu reduzieren und gegebenenfalls auszugleichen.

Bauliche Anlagen können nach den Denkmalschutzgesetzen der Länder unter **91** Denkmalschutz stehen. In diesen Fällen sind die Eigentümer und die sonst dinglich Berechtigten bzw. die unmittelbaren Besitzer verpflichtet, das Baudenkmal instand zu halten, instand zu setzen, sachgemäß zu behandeln und vor Gefährdung zu schützen, „soweit ihnen das zuzumuten ist".[80] Baudenkmäler sollen möglichst entsprechend ihrer ursprünglichen Zweckbestimmung genutzt werden. Bauliche Veränderungen sind nur mit Erlaubnis der zuständigen Behörden zulässig. Soweit unzumutbare Belastungen für den Eigentümer bzw. die sonstig dinglich Berechtigten entstehen, werden staatlicherseits finanzielle Zuwendungen gewährt. Darüber hinaus bestehen auch steuerliche Vergünstigungen für die Erhaltung von Baudenkmälern.

---

[79] S. z.B. Landwirtschaftliche Betriebsgebäude, Planungshilfen, Funktions- und Bauanleitungen, Ausgabe 2001, 2000.

[80] So Art. 4 BayGesetz zum Schutz und zur Pflege der Denkmäler (Denkmalschutzgesetz – DSchG) vom 25.6.1973 (BayRS IV, S. 354; 2242-1-WFK). Zur Vereinbarkeit denkmalschutzrechtlicher Regelungen (konkret der §§ 13 Abs. 1 2, 31 Abs. 1 2 RhPfDenkmSchPflG) mit der Eigentumsgarantie des Art. 14 GG s. BVerfG, Beschl. vom 2.3.1999 – 1 BvL 7/91, abgedruckt NJW 1999, 2877 ff.

VI. Gerichtlicher Rechtsschutz

92   Im Rahmen dieses Einblicks in das öffentliche Baurecht werden aus der Fülle prozessrechtlicher Probleme nur zwei Bereiche herausgegriffen, nämlich die Frage des Nachbarschutzes und der Komplex Rechtsschutzmöglichkeit des Landwirts gegen herannahende Wohnbebauung.

1. Zum Problem des Nachbarschutzes[81]

a) Klagebefugnis

93   Ausgangspunkt für die zahlreichen Streitigkeiten zwischen Nachbarn bei der Durchführung von Bauvorhaben ist die unterschiedliche Interessenlage zwischen dem Bauherrn, der sein Baurecht nach seinen Vorstellungen und Ansprüchen verwirklichen will, und dem Nachbarn, der die ungestörte Nutzung seines Grundstücks erhalten möchte. Klagebefugt ist der Nachbar (in diesem Zusammenhang auch „Dritter" genannt) nach allgemeinen Rechtsgrundsätzen aber nur, wenn er die Verletzung eines subjektiv – öffentlichen Rechts geltend machen kann, s. §§ 42 Abs. 2, 113 Abs. 1 VwGO. Nun kommt aber nach herrschender Meinung nicht allen öffentlich– rechtlichen Bauvorschriften nachbarschützende Wirkung zu. Vielmehr ist zwischen Normen, die das Bauen im Interesse der Allgemeinheit regeln, und jenen, die (auch) den Nachbarn schützen sollen, zu unterscheiden. Klagt also ein Nachbar gegen eine erteilte Baugenehmigung, so ist zu prüfen, ob die Norm, deren Verletzung er rügt, (auch) der Rücksichtnahme auf individuelle Interessen und deren Ausgleich dient (sog. „Schutznormtheorie"). Lässt sich diese Frage nicht unter Heranziehung des Wortlauts der Norm klären, so ist durch Auslegung zu ermitteln, ob „sich aus individualisierenden Tatbestandsmerkmalen der Norm ein Personenkreis entnehmen lässt, der sich von der Allgemeinheit unterscheidet".[82] Ergibt sich auf diese Weise ein grundsätzlich nachbarschützender Charakter der Norm, so ist des weiteren zu entscheiden, wer zum Kreis der so Begünstigten zu rechnen ist. Nach überwiegender Auffassung werden nur Eigentümer und andere dinglich Berechtigte mit einer eigentümerähnlichen Rechtsposition geschützt, nicht dagegen lediglich obligatorisch Berechtigte wie Mieter oder Pächter. Diese sind im Regelfall keine Nachbarn im baurechtlichen Sinne.[83] Wie weit der Schutzbereich in räumlicher Hinsicht zu ziehen ist, hängt vom einzelnen Normzweck ab. So fallen bei Normen über Abstandsflächen in aller Regel nur die unmittelbar angrenzenden Grundstücke in den Schutzbereich, während beispielsweise bei Vorschriften über die planungsrechtliche Zulässigkeit nach der Art der baulichen

---

[81]   S. dazu *Dürr (Hrsg.)/König,* Rn. 426 ff.; Überblick über die nachbarschützenden Vorschriften Rn. 438 ff. oder *Hoppe/Bönker/Grotefels,* Fünfter Abschnitt: Rechtsschutz und Staatshaftung im öffentlichen Baurecht, 2. Rechtsschutz des Nachbarn, S. 510 ff.

[82]   BVerwG Urt. v. 19.9.1986 – 4 C 8.84-BRS 46 Nr. 173, BayVBl. 1987, 151; BVerwG Urt. v. 28.10.1993 – 4 C 5.93 – BauR 1994, 354; Zur Kritik an der Schutznormtheorie s. die Nachweise bei *Hoppe/Bönker/Grotefels,* § 18, S. 513 in Fußn. 2.

[83]   Strittig; im Straßenplanungsrecht hat das Bundesverwaltungsgericht unter Aufgabe seiner früheren Rechtsprechung eine Klagebefugnis von Mietern und Pächtern anerkannt, s. BVerwG Urt. v. 1.9.1997 – 4 A 36. 96, NVwZ 1998, 504; für das Bauplanungsrecht hat es aber klargestellt, dass dort Nachbarschutz Eigentümerschutz bleibt, BVerwG Beschl. v. 20.4.1998 – 4 B 22.97 –, NVwZ 1998, 956. Weitere Nachweise bei *Hoppe/Bönker/Grotefels,* S. 512 in Fußn. 8.

Nutzung all jene Grundstücke in den Schutzbereich einbezogen sind, die von den durch dieses Kriterium erfassten Auswirkungen des Vorhabens berührt werden.[84]

Weitere Zulässigkeitsvoraussetzung für eine Nachbaranfechtungsklage ist der **94** rechtzeitig eingelegte Widerspruch gegen die Baugenehmigung. Hinzuweisen ist in diesem Zusammenhang auch auf die Bedeutung der Nachbarunterschrift. Die Unterschrift des Nachbarn unter die Dokumente, die ihm im Rahmen der Nachbarbeteiligung vom Bauherrn vorzulegen sind, gilt als Zustimmung zu dem Bauvorhaben. Der Nachbar verzichtet mit ihr auf seine materiellen Abwehrrechte und verliert die Widerspruchs- und Klagebefugnis.[85]

Begründet ist die Nachbaranfechtungsklage, wenn die Baugenehmigung rechts- **95** widrig und der Nachbar dadurch in seinen subjektiv– öffentlichen Rechten verletzt ist. Ist die Baugenehmigung lediglich objektiv rechtswidrig, ohne gegen nachbarschützende Normen zu verstoßen, so ist die Klage nach ständiger Rechtsprechung des Bundesverwaltungsgerichts abzuweisen.[86]

b) Beispiele für nachbarschützende Vorschriften

Die Frage, ob einer Norm nachbarschützender Charakter zukommt oder nicht, **96** ist nicht immer einfach zu beantworten. Dementsprechend komplex und dogmatisch schwierig sind die Argumentationen von Rechtsprechung und Literatur. Im Folgenden wird für einige wichtige Normen ein tabellarischer Überblick gegeben, der jedoch die gründliche Auseinandersetzung mit Literaturmeinungen und Rechtsprechung nicht ersetzen kann und will.[87]

Nachbarschutz ausgewählter Rechtsnormen 97

Norm	nachbarschützend	nicht nachbarschützend
Art. 14 GG, Gewährleistung des Eigentums		Nein, entgegen früherer Rechtsprechung BVerwG Urt. v. 26.9.1991, DVBl. 1993, 564
§ 1 Abs. 6 BauGB, Abwägungsgebot öffentlicher und privater Belange		Nein, Regelungsadressat ist nicht der Bauherr, sondern die Gemeinde, BVerwG, Beschl. v. 24.4.1997, Agrarrecht 1997, 447
§ 30 BauGB, Zulässigkeit von Vorhaben im Geltungsbereich eines Bebauungsplanes		Nein, nur einzelne Festsetzungen des Bebauungsplanes können nachbarschützend sein, BVerwG B. v. 20.9.1984, NVwZ 1985, 748
§ 31 Abs. 2 BauGB, Befreiung von Festsetzungen des Bebauungsplanes	Ja, BVerwG Urt. v. 19.9.1986, BayVBl. 1987, 151	

---

[84] *Dürr (Hrsg.)/König*, Rn. 435.

[85] Einzelheiten bei *Dürr/König*, Rn. 436 und 357. Beachte: In Bayern ist das Widerspruchsverfahren gegen baurechtliche Bescheide gem. Art. 15 AGVwGO entfallen.

[86] S. z.B. BVerwG, Urt. v. 15.12.1988 – 4 B 182.8 NJW 1983, 1547.

[87] Einzelheiten mit weiterführenden Hinweisen auf Literatur und Rechtsprechung s. *Dürr (Hrsg.)/König*, Rn. 428 ff.

Norm	nachbarschützend	nicht nachbarschützend
§ 34 Abs. 1 BauGB Vorhaben innerhalb der im Zusammenhang bebauten Ortsteile	Nur, soweit die Vorschrift in einer konkreten Situation „in qualifizierender und individualisierender Weise" Rücksicht auf die Nachbarschaft verlangt, BVerwG Urt. v. 25.2.1977, BayVBl 1977, 639 und diese vor unzumutbaren Beeinträchtigungen schützt, BVerwG Urt. v. 13.3.1981, DÖV 1981, 672 und v. 6.12.1996, NVwZ-RR 1997, 516	
§ 34 Abs. 2 BauGB Vorhaben innerhalb der im Zusammenhang bebauten Ortsteile, die einem Baugebiet der BauNV entsprechen	Ja, aber begrenzt auf die Bewahrung der Gebietsart, BVerwG Urt. v. 11.4.1996, ZfBR 1997, 51	
§ 35 BauGB Bauen im Außenbereich	Ja, BVerwG Urt. v. 25.2.1977, BayVBl 1977, 639	
Normen über Abstandsflächen, z.B. Art. 6 Abs. 1 S. 1 und Abs. 2 S. 1 BayBO, § 6 Abs. 1 S. 1 und Abs. 2 S. 1 BbgBO	Ja, dienen nach h.M. auch dem Nachbarschutz	
Allgemeine Anforderungen, z.B. Art. 3 BayBO und Art. 4 BayBO, § 3 BbgBO		Nein; für BayBO s. BayVGH Urt. v. 10.3.1987, BayVBl. 1987, 727
Standsicherheit, z.B. Art. 10 BayBO, § 11 BbgBO	Ja, dient auch dem Nachbarschutz, für Art. 3 BayBO s. BayVGH Urt. v. 21.8.1973, BayVBl. 1974, 73	
Brandschutz, z.B. Art. 12 BayBO § 12 BbgBO	Ja, dient auch dem Nachbarschutz, für Art. 15 BayBO s. BayVGH Urt. v. 21.12.1977, BayVBl. 1978, 669	

2. Rechtsschutz gegen heranrückende Wohnbebauung

a) Bebauungspläne

98   Jede heranrückende Wohnbebauung kann den Bestand und die Entwicklungsfähigkeit eines landwirtschaftlichen Betriebes beeinträchtigen. Der Landwirt muss sich daher frühzeitig klar darüber werden, ob und wie er sich gegebenenfalls gegen entsprechende Entwicklungstendenzen zur Wehr setzen will.

99   Bei der Aufstellung von Bebauungsplänen sind die Bürger gem. § 3 Abs. 1 BauGB möglichst frühzeitig an der Planung zu beteiligen (s. oben II 1.). Bereits in dieser Phase sollte der Landwirt am Verfahren mitwirken und seine Argumente gegen die beabsichtigte Ausweisung von Bauland vorbringen. Häufig lässt sich im Vorfeld der Planungen mehr erreichen als in einem verfestigten Planungsstadium.

Soweit der Landwirt im Rahmen des Auslegungsverfahrens nach § 3 Abs. 2 BauGB fristgemäß Anregungen vorbringt, sind diese von der Gemeinde zu prüfen. Das Ergebnis der Prüfung ist dem Landwirt mitzuteilen. Soweit Anregungen nicht berücksichtigt werden, sind diese, soweit der Bebauungsplan gem. § 10 Abs. 2 BauGB der Genehmigung der höheren Verwaltungsbehörde bedarf, dieser mit einer Stellungnahme der Gemeinde vorzulegen. Ist der Bebauungsplan in Kraft (s. § 10 BauGB), so bleibt dem Landwirt nur noch die Möglichkeit, ihn über eine konkrete Normenkontrollklage nach § 47 Abs. 1 Nr. 1 VwGO anzufechten. Zu beachten ist hier allerdings – und das unterstreicht das Erfordernis, bereits im Aufstellungsverfahren Einwendungen vorzubringen- dass der Normenkontrollantrag unzulässig ist, wenn es der Antragsteller versäumt hat, seine Einwendungen im Rahmen der öffentlichen Auslegung rechtzeitig vorzubringen (Präklusionswirkung des § 47 Abs. 2a VwGO)[88]. Zuständig sind die Oberverwaltungsgerichte.[89] Den Antrag kann jede natürliche oder juristische Person stellen, die geltend macht, durch den Bebauungsplan in ihren Rechten verletzt zu sein. Durch das Erfordernis einer möglichen Selbstbetroffenheit wird das Verfahren nach § 47 VwGO von einem Popularklageverfahren abgegrenzt. Antragsbefugt sind zunächst der Eigentümer eines Grundstücks und die ihm gleichgestellten Inhaber von eigentumsähnlichen Rechten (z.B. Erbbauberechtigte und Nießbraucher), unter bestimmten Voraussetzungen auch die nur obligatorisch Berechtigten wie Mieter oder Pächter.[90] Für den Normenkontrollantrag gilt seit dem 1. Januar 2007 nur noch die Frist von 1 Jahr (früher zwei Jahre), deren Lauf mit der Bekanntmachung des Bebauungsplanes beginnt.

Begründet ist die Klage, wenn der Bebauungsplan gegen höherrangiges Recht **100** (außer Grundrechte des Landes, diese sind nicht Prüfungsmaßstab, s. § 47 Abs. 3 VwGO) verstößt. Dazu zählen in erster Linie die Vorschriften des Baugesetzbuches. Wichtig ist es für den Landwirt, zu wissen, dass das aus einzelnen Vorschriften des Baugesetzbuches ableitbare Gebot nachbarlicher Rücksichtnahme nicht nur gegen ihn verwendet werden kann, sondern dass es sein wichtigstes Abwehrinstrument gegen heranrückende Wohnbebauung darstellt. Soweit sein Vorhaben im Außenbereich liegt und dort gem. § 35 Abs. 1 Nr. 1 BauGB privilegiert zulässig ist, kann er sich gegen die heranrückende Wohnbebauung sowohl hinsichtlich der tatsächlich ausgeübten Nutzung als auch im Hinblick auf zukünftige betriebliche Entwicklungsmöglichkeiten und Umstellungen erfolgreich zur Wehr setzen. Die planende Gemeinde hat hier den Immissionsradius seines Betriebes zu berücksichtigen.

---

[88] Vgl. BVerwG v. 18.10.2010 – BVerwG 4 CN 3.10; Gegen Bebauungspläne in der Aufstellungsphase kann vorbeugender Rechtsschutz in Form der vorbeugenden Unterlassungsklage in Frage kommen. Einzelheiten s. bei *Dürr (Hrsg.)/König*, Rn. 456.

[89] In Bayern führt das Oberverwaltungsgericht die Bezeichnung gem. Art. 1 Abs. 1 S. 1 AGVwGO die Bezeichnung Bayerischer Verwaltungsgerichtshof.

[90] So hat das Bundesverwaltungsgericht die Antragsbefugnis des Pächters gem. § 47 Abs. 2 S. 1 VwGO (i.d.F. d. 6.VwGOÄndG v. 1.11.1996, BGBl. I S. 1626) bejaht, da dessen Recht auf gerechte Abwägung seiner privaten Interessen verletzt sein kann, wenn ein Bebauungsplan für gepachtetes hofnahes Weideland eine andere Nutzungsart festlegt. „Die Tatsache, dass eine bestimmte Grundstücksnutzung nur auf Grund eines Miet- oder Pachtvertrages geschieht, führt nicht aus sich dazu, dass die damit zusammenhängenden Interessen bei der planerischen Abwägung unberücksichtigt zu bleiben hätten", BVerwG, Urt. v. 5.11.1999 – 4 CN 3.99 – mit weiteren Nachweisen, AgrarR 2000, 379. Die Antragsbefugnis nach § 47 Abs. 1 Nr. 1 VwGO im Normenkontrollverfahren ist nicht zu verwechseln mit der Frage des Nachbarschutzes einer Norm! Vgl. BVerwG v. 24.4.1997, AgrarR 1997, 447. Für gewerbetreibende Mieter eines Grundstücks s. BayVGH, Urt. v. 31.1.2000, Az. 14 N 98.3299. Einen Gesamtüberblick über das öffentliche Baurecht in der Rechtsprechung des Bayrischen Verwaltungsgerichtshofs gibt *Jäde,* BayVBl. 2002, 1 ff.

b) Einzelbauvorhaben

101   Wird für ein einzelnes Wohnbauvorhaben durch die Baubehörde die Baugenehmigung erteilt, so kann der Landwirt versuchen, diesen Verwaltungsakt durch Widerspruch nach §§ 68 ff.[91] und Anfechtungsklage nach § 42 Abs. 1, 1. Alt. VwGO
anzufechten. Wie oben ausgeführt, muss er sich dabei, da er ja nicht Adressat des
Verwaltungsaktes ist, auf eine nachbarschützende Norm stützen können. Dabei ist
wiederum das Gebot nachbarlicher Rücksichtnahme ausschlaggebend. Ein einzi-
ges Wohnhaus im Immissionsradius des Hofes kann seine künftige Schutzwürdig-
keit bereits beeinträchtigen. Insofern sollte der Landwirt auch vor einer Klage nicht
zurückschrecken.

---

[91] Beachte: In Bayern und einigen anderen Bundesländern ist das Widerspruchsverfahren gegen
baurechtliche Bescheide entfallen, s. für Bayern Art. 15 Abs. 1 und 2 AGVwGO.

7. Kapitel. Das Recht der landwirtschaftlichen Produktion, Bereich: Pflanzliche Erzeugung

Literaturauswahl:

a) Saatgut- und Sortenschutzrecht

Bruchhausen/Nirk/Ullmann, Patent-, Gebrauchsmuster- und Sortenschutzrecht, 3. Aufl., Heidelberg 2006;

Freudenstein/Trautwein (Hrsg.), Sorten- und Saatgut-Recht der Europäischen Union (Textsammlung), 3. Aufl., Clenze 2014;

Garbe, Sortenschutz- und Saatgutverkehrsrecht, in: Härtel (Hrsg.), Handbuch des Fachanwalts Agrarrecht, Köln 2012, S. 1156 ff. (zit. *Garbe*);

Keukenschrijver, Sortenschutzgesetz. Kommentar, Köln 2001;

Leßmann/Würtenberger, Deutsches und europäisches Sortenschutzrecht. Handbuch, 2. Aufl., Baden-Baden 2009 (zit. *Leßmann/Würtenberger*);

von Lüpke, Art. Saatgutverkehrsrecht, in: HAR II, Sp. 720 ff.;

ders., Art. Sortenschutzrecht, in: HAR II, Sp. 774 ff.;

Rutz/Freudenstein (Hrsg.), Sorten- und Saatgut-Recht, 12. Aufl., Clenze 2010;

b) Pflanzenschutzrecht

Lorz, Pflanzenschutzrecht, München 1996;

Köpl, Pflanzenschutz- und Düngerecht, in: Dombert/Witt (Hrsg.), Münchener Anwaltshandbuch Agrarrecht, München 2011, S. 676 ff.;

Pingen, Dünge- und Pflanzenschutzrecht, in: Härtel (Hrsg.), Handbuch des Fachanwalts Agrarrecht, Köln 2012, S. 620 ff. (zit. *Pingen*);

Storm, Art. Pflanzenschutzrecht, in: HAR II, Sp. 612 ff.

c) Düngung

Härtel, Düngung im Agrar- und Umweltrecht, Berlin 2002;

Hötzel, Umweltvorschriften für die Landwirtschaft, Stuttgart 1986 (zit. *Hötzel*);

Kluge/Embert, Das Düngemittelrecht mit fachlichen Erläuterungen, Ausgabe 1996, Münster-Hiltrup 1996;

Köpl, Pflanzenschutz- und Düngerecht, in: Dombert/Witt (Hrsg.), Münchner Anwaltshandbuch Agrarrecht, München 2011, S. 676 ff.;

Pingen, Dünge- und Pflanzenschutzrecht, in: Härtel (Hrsg.), Handbuch des Fachanwalts Agrarrecht, Köln 2012, S. 620 ff. (zit. *Pingen*).

d) Ökologischer Landbau

Busse, Agrarökoprodukterecht, in: Härtel (Hrsg.), Handbuch des Fachanwalts Agrarrecht, Köln 2012, S. 1214 ff. (zit. *Busse*);

Freytag, Öko-Kennzeichengesetz und Öko-Kennzeichenverordnung, in: Erbs/Kohlhaas (Hrsg.), Strafrechtliche Nebengesetze, Loseblatt, 200. Ergänzungslieferung, München 2014;

Haccius/Neuerburg, Ökologischer Landbau – Grundlagen und Praxis, 6. Aufl., Bonn 2013;

Rathke, Öko-Kennzeichengesetz und Öko-Kennzeichenverordnung, in: Zipfel/Rathke (Hrsg.), Lebensmittelrecht, Loseblatt-Kommentar, 158. Ergänzungslieferung, München 2014;

Rathke/Kopp/Betz, Ökologischer Landbau und Bioprodukte – Recht und Praxis, 2. Aufl., München 2010;

Schmidt/Haccius, EG-Verordnung „Ökologischer Landbau" – Eine juristische und agrarfachliche Kommentierung der Verordnung (EG) Nr. 834/2007, Freiburg i. Br. 2008 (zit. *Schmidt/Haccius*).

Nützliche Internetadressen:

http://www.bba.de (Biologische Bundesanstalt für Land- und Forstwirtschaft)
http://www.bundessortenamt.de (Bundessortenamt)
http://www.bvl.bund.de (Bundesamt für Verbraucherschutz und Lebensmittelsicherheit)
http://www.lfl.bayern.de (Bayerische Landesanstalt für Landwirtschaft)
http://www.oeko.de (Öko-Institut e.V.)

I. Wichtige Rechtsquellen

1. Saatgutrecht

1 **a) Europäische Normen**

- Richtlinie 66/401/EWG des Rates vom 14.6.1966 über den Verkehr mit Futterpflanzensaatgut, *ABl. 125 v. 11.7.1966, S. 2298–2308*;
- Richtlinie 66/402/EWG des Rates vom 14.6.1966 über den Verkehr mit Getreidesaatgut, *ABl. 125 v. 11.7.1966, S. 2309–2319*;
- Richtlinie 2002/53/EG des Rates vom 13.6.2002 über einen gemeinsamen Sortenkatalog für landwirtschaftliche Pflanzenarten, *ABl. L 193 v. 20.7.2002, S. 1–11*;
- Richtlinie 2002/54/EG des Rates vom 13.6.2002 über den Verkehr mit Betarübensaatgut, *ABl. L 193 v. 20.7.2002, S. 12–32*;
- Richtlinie 2002/55/EG des Rates vom 13.6.2002 über den Verkehr mit Gemüsesaatgut, *ABl. L 193 v. 20.7.2002, S. 33–59*;
- Richtlinie 2002/56/EG des Rates vom 13.6.2002 über den Verkehr mit Pflanzkartoffeln, *ABl. L 193 v. 20.7.2002, S. 60–73*;
- Richtlinie 2002/57/EG des Rates vom 13.6.2002 über den Verkehr mit Saatgut von Öl- und Faserpflanzen, *ABl. L 193 v. 20.7.2002, S. 74–97*.

2 **b) Nationale Normen**

- Saatgutverkehrsgesetz (SaatG), neugefasst durch Bek. v. 16.7.2004, BGBl. I S. 1673;
- Verordnung über das Artenverzeichnis zum Saatgutverkehrsgesetz (SaatArtVerzV 1985), neugefasst durch Bek. v. 27.10.2004, BGBl. I S. 2696;
- Verordnung über den Verkehr mit Saatgut landwirtschaftlicher Arten und von Gemüsearten (Saatgutverordnung – SaatV), neugefasst durch Bek. v. 8.2.2006, BGBl. I S. 344;
- Saatgutaufzeichnungsverordnung (SaatAufzV) v. 21.1.1986, BGBl. I S. 214;
- Pflanzkartoffelverordnung (PflKartV 1986), neugefasst durch Bek. v. 23.11.2004, BGBl. I S. 2918;
- Rebenpflanzgutverordnung (RebPflV 1986) v. 21.1.1986, BGBl. I S. 204;
- Forstvermehrungsgutgesetz (FoVG) v. 22.5.2002, BGBl. I S. 1658;
- Forstvermehrungsgut-Durchführungsverordnung (FoVDV) v. 20.12.2002, BGBl. I S. 4711;
- Forstvermehrungsgut-Zulassungsverordnung (FoVZV) v. 20.12.2002, BGBl. I S. 4721;
- Verordnung über Herkunftsgebiete für forstliches Vermehrungsgut (Forstvermehrungsgut-Herkunftsgebietsverordnung – FoVHgV) v. 7.10.1994, BGBl. I S. 3578;
- Hopfengesetz (HopfG) v. 21.10.1996, BGBl. I S. 1530;
- Verordnung zur Durchführung des gemeinschaftlichen Hopfenrechts (HopfV) v. 27.1.2009, BGBl. I S. 152.

2. Sortenschutzrecht

3 **a) Europäische Normen**

- Verordnung (EG) Nr. 2100/94 des Rates vom 27.7.1994 über den gemeinschaftlichen Sortenschutz, *ABl. L 227 v. 1.9.1994, S. 1–30*.

b) Nationale Normen 4

– Sortenschutzgesetz (SortSchG 1985), neugefasst durch Bek. v. 19.12.1997, BGBl. I S. 3164;
– Verordnung über das Verfahren vor dem Bundessortenamt (BSAVfV), neugefasst durch Bek. v. 28.9.2004, BGBl 2004 I S. 2552.

3. Pflanzenschutzrecht

a) Europäische Normen 5

– Richtlinie 2000/29/EG des Rates vom 8.5.2000 über Maßnahmen zum Schutz der Gemeinschaft gegen die Einschleppung und Ausbreitung von Schadorganismen der Pflanzen und Pflanzenerzeugnisse, *ABl. L 169 v. 10.7.2000, S. 1–112*;
– Verordnung (EG) Nr. 1107/2009 des Europäischen Parlaments und des Rates vom 21.10.2009 über das Inverkehrbringen von Pflanzenschutzmitteln und zur Aufhebung der Richtlinien 79/117/EWG und 91/414/EWG des Rates, *ABl. L 309 v. 24.11.2009, S. 1–50*;
– Richtlinie 2009/128/EG des Europäischen Parlaments und des Rates vom 21.10.2009 über einen Aktionsrahmen der Gemeinschaft für die nachhaltige Verwendung von Pestiziden, *ABl. L 309 v. 24.11.2009, S. 71–86*.

b) Nationale Normen 6

– Gesetz zum Schutz der Kulturpflanzen (Pflanzenschutzgesetz – PflSchG) v. 6.2.2012, BGBl. I S. 148;
– Pflanzenschutz-Sachkundeverordnung (PflSchSachkV 2013) v. 27.6.2013, BGBl. I S. 1953;
– Verordnung über Zulassungs- und Genehmigungsverfahren für Pflanzenschutzmittel (Pflanzenschutzmittelverordnung – PflSchMV) v. 15.1.2013, BGBl. I S. 74;
– Verordnung über die Prüfung von Pflanzenschutzgeräten (Pflanzenschutz-Geräteverordnung – PflSchGerätV) v. 27.6.2013, BGBl. I S. 1953;
– Verordnung über Anwendungsverbote für Pflanzenschutzmittel (Pflanzenschutz-Anwendungsverordnung – PflSchAnwV 1992) v. 10.11.1992, BGBl. I S. 1887;
– Pflanzenbeschauverordnung (PflBeschauV 1989), neugefasst durch Bek. v. 3.4.2000, BGBl. I S. 337;
– Verordnung über die Anwendung bienengefährlicher Pflanzenschutzmittel (Bienenschutzverordnung – BienSchV 1992) v. 22.7.1992, BGBl. I S. 1410;
– diverse Bekämpfungsverordnungen[1].

---

[1] Verordnung zur Bekämpfung der Reblaus (Reblausverordnung – ReblV) v. 27.7.1988, BGBl. I S. 1203; Verordnung zur Bekämpfung des Kartoffelkrebses und der Kartoffelzystennematoden (KartKrebs/KartZystV) v. 6.10.2010, BGBl. I S. 1383; Verordnung zur Bekämpfung der Bakteriellen Ringfäule und der Schleimkrankheit (KartRingfV 2001) v. 5.6.2001, BGBl. I S. 1006; Verordnung zur Bekämpfung der Scharkakrankheit (ScharkaV) v. 7.6.1971, BGBl. I S. 804; Verordnung zur Bekämpfung der San-Jose-Schildlaus (SchildV) v. 20.4.1972, BGBl. I S. 629; Verordnung zur Bekämpfung der Blauschimmelkrankheit des Tabaks (BlauSchimmelV 1978) v. 13.4.1978, BGBl. I S. 502; Verordnung zur Bekämpfung der Feuerbrandkrankheit (Feuerbrandverordnung – FeuerbrandV 1985) v. 20.12.1985, BGBl. I S. 2551; Verordnung zur Bekämpfung von Nelkenwicklern (NelkenwV) v. 3.5.1976, BGBl. I S. 1149.

4. Düngung

7 a) Europäische Normen

- Verordnung (EG) Nr. 2003/2003 des Europäischen Parlaments und des Rates vom 13.10.2003 über Düngemittel, *ABl. L 304 v. 21.11.2003, S. 1–194;*
- Richtlinie 91/676/EWG des Rates vom 12.12.1991 zum Schutz der Gewässer vor Verunreinigungen durch Nitrat aus landwirtschaftlichen Quellen, *ABl. L 375 v. 31.12.1991, S. 1–8;*
- Richtlinie 86/278/EWG des Rates vom 12.6.1986 über den Schutz der Umwelt und insbesondere der Böden bei der Verwendung von Klärschlamm in der Landwirtschaft, *ABl. L 181 v. 4.7.1986, S. 6–12.*

8 b) Nationale Normen

- Düngegesetz (DüngG) v. 9.1.2009, BGBl. I S. 54;
- Verordnung über das Inverkehrbringen von Düngemitteln, Bodenhilfsstoffen, Kultursubstraten und Pflanzenhilfsmitteln (Düngemittelverordnung – DüMV) v. 5.12.2012, BGBl. I S. 2482;
- Verordnung über die Anwendung von Düngemitteln, Bodenhilfsstoffen, Kultursubstraten und Pflanzenhilfsmitteln nach den Grundsätzen der guten fachlichen Praxis beim Düngen (Düngeverordnung – DüV) v. 27.2.2007, BGBl. I S. 221;
- Verordnung über Probenahmeverfahren und Analysemethoden für die amtliche Düngemittelüberwachung (Düngemittel-Probenahme- und Analyseverordnung – DüngMProbV), neugefasst durch Bek. v. 27.7.2006, BGBl. I S. 1822;
- Verordnung über das Inverkehrbringen und Befördern von Wirtschaftsdünger (WDüngV) v. 21.7.2010, BGBl. I S. 1062;
- Gesetz zur Förderung der Kreislaufwirtschaft und Sicherung der umweltverträglichen Bewirtschaftung von Abfällen (Kreislaufwirtschaftsgesetz – KrWG) v. 24.2.2012, BGBl. I S. 212;
- Klärschlammverordnung (AbfKlärV) v. 15.4.1992, BGBl. I S. 912;
- Verordnung über den Klärschlamm-Entschädigungsfonds (Klärschlamm-Entschädigungsfondsverordnung – KlärEV) v. 20.5.1998, BGBl. I S. 1048;
- Verordnung über die Verwertung von Bioabfällen auf landwirtschaftlich, forstwirtschaftlich und gärtnerisch genutzten Böden (Bioabfallverordnung – BioAbfV), neugefasst durch Bek. v. 4.4.2013, BGBl. I S. 658.

5. Ökologischer Landbau

9 a) Europäische Normen

- Verordnung (EG) Nr. 834/2007 des Rates vom 28.6.2007 über die ökologische/biologische Produktion und die Kennzeichnung von ökologischen/biologischen Erzeugnissen und zur Aufhebung der Verordnung (EWG) Nr. 2092/91, *ABl. L 189 v. 20.7.2007, S. 1–23* (Öko-Basisverordnung);
- Verordnung (EG) Nr. 889/2008 der Kommission vom 5.9.2008 mit Durchführungsvorschriften zur VO (EG) Nr. 834/2007 hinsichtlich der ökologischen/biologischen Produktion, Kennzeichnung und Kontrolle, *ABl. L 250 v. 18.9.2008, S. 1–84;*
- Verordnung (EG) Nr. 1235/2008 der Kommission vom 8.12.2008 mit Durchführungsvorschriften zur VO (EG) Nr. 834/2007 hinsichtlich der Regelung der Einfuhren von ökologischen/biologischen Erzeugnissen aus Drittländern, *ABl. L 334 v. 12.12.2008, S. 25–52.*

b) Nationale Normen 10

- Gesetz zur Durchführung der Rechtsakte der Europäischen Union auf dem Gebiet des ökologischen Landbaus (Öko-Landbaugesetz – ÖLG) v. 7.12.2008, BGBl. I S. 2358;
- Gesetz zur Einführung und Verwendung eines Kennzeichens für Erzeugnisse des ökologischen Landbaus (Öko-Kennzeichengesetz – ÖkoKennzG), neugefasst durch Bek. v. 20.1.2009, BGBl. I S. 78;
- Verordnung zur Gestaltung und Verwendung des Öko-Kennzeichens (Öko-Kennzeichenverordnung – ÖkoKennzV) v. 6.2.2002, BGBl. I S. 589.

II. Saatgutrecht

Der Landwirt muss sich auf das Saatgut, das er kauft, verlassen können. Zu oh- 22
nedies nicht oder kaum kalkulierbaren Risiken der Produktion (wie Schädlingsbefall, Witterung etc.) darf nicht auch noch Unsicherheit hinsichtlich der Qualität
des Saatgutes kommen. Die Sortenzugehörigkeit und die qualitätsbestimmenden
Faktoren von Saatgut sind an äußerlichen Merkmalen nur zum Teil erkennbar. Deshalb existiert das Saatgutverkehrsrecht, welches das gewerbsmäßige Inverkehrbringen und Vertreiben bestimmter Saatgutkategorien[2] regelt und in erster Linie den
Schutz des Saatgutverbrauchers bezweckt. Er soll nur mit qualitativ hochwertigem
Saatgut zur Erzielung eines größtmöglichen und besten Ernteertrags versorgt werden. Deshalb darf zu gewerblichen Zwecken nur in einem besonderen Verfahren
anerkanntes bzw. zugelassenes Saat- und Pflanzgut in den Verkehr gebracht werden.[3]

Die Grundlage der öffentlich-rechtlich organisierten Saatgutverkehrskontrolle 12
bildet das Saatgutverkehrsgesetz (SaatG).

1. Grundzüge des Saatgutverkehrsgesetzes

a) Artenverzeichnis

Das Saatgutverkehrsgesetz gilt für die in einem Artenverzeichnis zu diesem Ge- 13
setz aufgeführten Arten. Dort nicht erfasste Arten, z.B. Hopfen, Tabak und der
größte Teil der Blumensamen, unterliegen nicht der Saatgutverkehrskontrolle. Zuständig für die Erstellung des Artenverzeichnisses ist der Ermächtigungsnorm des
§ 1 Abs. 2 SaatG entsprechend das Bundesministerium für Ernährung und Landwirtschaft.[4] Das Artenverzeichnis enthält die wichtigsten landwirtschaftlich genutz-

---

[2] Kategorien im Sinne des Saatgutverkehrsgesetzes sind gem. § 2 Abs. 1 Nr. 2 SaatG: Basissaatgut, Zertifiziertes Saatgut, Standardpflanzgut, Standardsaatgut, Handelssaatgut und Behelfssaatgut; dem Basissaatgut, Zertifizierten Saatgut, Handelssaatgut und Behelfssaatgut steht jeweils Basispflanzgut, Zertifiziertes Pflanzgut, Handelspflanzgut oder Behelfspflanzgut gleich.
Nach § 2a SaatV kann auch zertifiziertes Saatgut zweiter und dritter Generation für bestimmte Arten anerkannt werden. Hingewiesen sei in diesem Zusammenhang auch auf die Möglichkeit des europaweiten Sortenschutzes auf Basis der Verordnung (EG) Nr. 2100/94 des Rates vom 27.7.1994 über den gemeinschaftlichen Sortenschutz, ABl. L 227 v. 1.9.1994, S. 1–30, und die dort vorge-sehene Nachbaulizenz für Sortenschutzinhaber beim Nachbau durch den Landwirt selbst. Siehe EuGH Rs. C-59/11 vom 12.7.2012.
[3] Vgl. von *Lüpke*, HAR II, Sp. 720.
[4] Die Aufstellung des Artenverzeichnisses erfolgt durch Rechtsverordnung, die der Zustim-mung des Bundesrates bedarf; Verordnung über das Artenverzeichnis zum Saatgutverkehrsgesetz (SaatArtVerzV 1985).

ten Getreidearten, Gräser, Leguminosen, Öl- und Faserpflanzen, Rüben, Kartoffeln, Reben sowie Gemüse- und Obstarten. Ausschlaggebend für die Aufnahme in das Artenverzeichnis ist in erster Linie die wirtschaftliche Bedeutung der Art.

b) Voraussetzungen für das Inverkehrbringen

14   Im Artenverzeichnis erfasstes Saat- und Pflanzgut darf zu gewerblichen Zwecken nur in den Verkehr gebracht werden, wenn bestimmte Voraussetzungen erfüllt sind. Dabei ist zwischen einzelnen Kategorien zu unterscheiden:

15   **aa) Basissaatgut, Zertifiziertes Saatgut und Standardpflanzgut.** *Basissaatgut* ist nach § 2 Abs. 1 Nr. 3 SaatG Saatgut, das nach den Grundsätzen systematischer Erhaltungszüchtung von dem in der Sortenliste für die Sorte eingetragenen Züchter oder unter dessen Aufsicht und nach dessen Anweisung gewonnen und als Basissaatgut anerkannt ist.

16   Beim *Zertifizierten Saatgut,* der wichtigsten Saatgutkategorie für den Saatgutverbraucher, unterscheidet man gem. § 2 Abs. 1 Nr. 4 Zertifiziertes Saatgut *erster* (lit. a), *zweiter* (lit. b) und *dritter* (lit. c) *Generation.* Zertifiziertes Saatgut erster Generation muss dabei unmittelbar aus Basissaatgut erwachsen sein.[5]

17   *Standardpflanzgut* ist gem. § 2 Abs. 1 Nr. 5 Pflanzgut bestimmter Rebsorten.

18   Diese Kategorien müssen anerkannt sein (§ 3 Abs. 1 Nr. 1 SaatG). Anerkennungsstelle ist gem. § 2 Abs. 1 Nr. 13 SaatG die nach Landesrecht zuständige Behörde.[6]

19   Die Voraussetzungen für die Anerkennung enthält § 4 SaatG. Eine dieser Voraussetzungen ist, dass die Sorte vom Bundessortenamt (BSA)[7] zugelassen ist (§ 4 Abs. 1 Nr. 1 a SaatG).[8] Die Sortenzulassung erfolgt nach § 30 SaatG, wenn die Sorte
- unterscheidbar,
- homogen und
- beständig ist,
- landeskulturellen Wert hat[9] sowie
- durch eine eintragbare Sortenbezeichnung bezeichnet ist.

20   *Unterscheidbar* ist eine Sorte nach § 31 SaatG, wenn sie sich in der Ausprägung wenigstens eines wichtigen Merkmals von jeder anderen Sorte deutlich unterscheiden lässt, die
1. zugelassen oder deren Zulassung beantragt ist,
2. in einem der Gemeinsamen Sortenkataloge[10] veröffentlicht ist oder
3. in einem anderen Vertragsstaat in ein der Sortenliste entsprechendes Verzeichnis eingetragen oder deren Eintragung in ein solches Verzeichnis beantragt ist.

---

[5]   Alternativen s. in § 2 Abs. 1 Nr. 4 SaatG.

[6]   Das ist in Bayern generell für Saatgut und Vermehrungsmaterial die Landesanstalt für Landwirtschaft in Weihenstephan, für Pflanzgut von Reben die Landesanstalt für Weinbau und Gartenbau; Art. 9 Gesetz über Zuständigkeiten und den Vollzug von Rechtsvorschriften im Bereich der Land- und Forstwirtschaft (ZuVLFG) vom 24.7.2003, GVBl. S. 470.

[7]   Das Bundessortenamt ist eine dem Bundesminister für Ernährung, und Landwirtschaft unmittelbar unterstellte Bundesoberbehörde mit Sitz in Hannover und einigen Außenprüfstellen. Zu Aufgaben und Organisation des BSA im Rahmen der Zulassungsprüfung s. §§ 37 bis 40 sowie §§ 56, 57 SaatG.

[8]   Zum Zulassungsverfahren, das ein förmliches Verwaltungsverfahren ist, s. §§ 41 bis 54 SaatG.

[9]   Die Voraussetzung des landeskulturellen Werts entfällt bei bestimmten Sorten unter bestimmten Voraussetzungen, s. § 30 Abs. 2 SaatG.

[10]   Gemeinsame Sortenkataloge für landwirtschaftliche Pflanzen- und Gemüsearten werden von der Europäischen Kommission veröffentlicht; § 2 Abs. 1 Nr. 16 SaatG.

Homogen ist eine Sorte nach § 32 SaatG, wenn sie – abgesehen von Abweichun- **21** gen auf Grund der Besonderheiten ihrer Vermehrung – in der Ausprägung der für die Unterscheidbarkeit maßgebenden Merkmale hinreichend einheitlich ist.[11]

Beständig ist eine Sorte nach § 33 SaatG, „wenn sie in in der Ausprägung der für **22** die Unterscheidbarkeit maßgebenden Merkmale nach jeder Vermehrung oder, im Falle eines Vermehrungszyklus, nach jedem Vermehrungszyklus unverändert bleibt.

Landeskulturellen Wert hat eine Sorte nach § 34 SaatG, wenn sie in der Gesamtheit **23** ihrer Wert bestimmenden Eigenschaften gegenüber den zugelassenen vergleichbaren Sorten, zumindest für die Erzeugung in einem bestimmten Gebiet, eine deutliche Verbesserung für den Pflanzenbau, die Verwertung des Erntegutes oder die Verwertung aus dem Erntegut gewonnener Erzeugnisse erwarten lässt. Einzelne ungünstige Eigenschaften können dabei durch andere günstige Eigenschaften ausgeglichen werden.

Eintragbar ist eine Sortenbezeichnung nach § 35 Abs. 1 SaatG, wenn keine Aus- **24** schließungsgründe nach den Absätzen 2 und 3 dieser Vorschrift vorliegen. Ein Ausschließungsgrund liegt z.B. vor, wenn die gewählte Sortenbezeichnung zur Kennzeichnung der Sorte, insbesondere aus sprachlichen Gründen, ungeeignet ist oder wenn die Bezeichnung Ärgernis erregen kann.

Weitere Voraussetzungen für die Anerkennung nach § 4 SaatG sind[12]: **25**
– eine vom Bundessortenamt allfällig festgesetzte Auslauffrist[13] darf noch nicht abgelaufen sein oder das Saatgut der Sorte darf nach § 55 Abs. SaatG (in anderen Vertragsstaaten eingetragene Sorten) anerkannt werden;
– der Feldbestand der Vermehrungsfläche, auf der das Saatgut erwachsen ist, muss den festgesetzten Anforderungen entsprechen;
– das Saatgut muss den festgesetzten Anforderungen an seine Beschaffenheit entsprechen;[14]
– Anforderungen an die fachgerechte Erzeugung nach § 5 Abs. 1 Nr. 5 SaatG und
– mit der Sortenzulassung verbundene Auflagen müssen erfüllt sein.

Die Anforderungen an die Beschaffenheit des Saatgutes sind in der Saatgutver- **26** ordnung, in der Pflanzkartoffelverordnung und in der Rebenpflanzgutverordnung im Einzelnen festgelegt. Die Anerkennung als Standardpflanzgut setzt ferner voraus, dass das Inverkehrbringen von Standardpflanzgut der jeweiligen Rebsorte durch Rechtsverordnung gestattet ist (§ 4 Abs. 1 Satz 2 SaatG).

bb) Standardsaatgut, Handelssaatgut und Behelfssaatgut. Diese Saatgut- **27** kategorien dürfen zu gewerblichen Zwecken nur dann in den Verkehr gebracht werden, wenn die Versorgung mit Zertifiziertem Saatgut in einem Mitgliedstaat der Europäischen Gemeinschaft nicht gesichert ist. Erforderlich ist in diesem Falle gem. § 11 SaatG eine Verordnung des BMEL, die außer in den Fällen des § 11 Abs. 2 und 3 SaatG der Zustimmung des Bundesrates bedarf. Spezifische Regelungen finden sich für Standardsaatgut in § 12, für Handelssaatgut in § 13 und für Behelfssaatgut in § 14 SaatG sowie in den oben genannten Verordnungen.

---

[11] Z.B. die Halmlänge oder der einheitliche Blütebeginn bei Getreide, die Wurzelform bei Karotten u.a. Am leichtesten ist Homogenität bei vegetativer Vermehrung, am schwersten bei Fremdbefruchtern wie z.B. dem Roggen zu erreichen, so *Leßmann/Würtenberger*, § 2 Rn. 118, unter Hinweis auf *Schade/Pfauner,* GRUR Int. 1962, 348, 351.

[12] Im Detail *Garbe*, Rn. 114 ff.

[13] Gem. § 36 Abs. 3 Satz 2 oder § 52 Abs. 6 SaatG.

[14] Die Saatgutverordnung eröffnet die Möglichkeit, die Feldbestandsprüfung und die Beschaffenheitsprüfung im Rahmen der Saatgutanerkennung unter bestimmten Voraussetzungen durch private Prüfer durchzuführen, s. § 7 Abs. 7 und (zeitlich begrenzt) § 12 Abs. 4 SaatG.

28   **cc) Saatgutmischungen.** Nach § 26 SaatG kann das BMEL, soweit es mit dem Schutz des Saatgutverbrauchers vereinbar ist oder soweit es zur Durchführung von Rechtsakten der Europäischen Gemeinschaft erforderlich ist, durch Rechtsverordnung mit Zustimmung des Bundesrates gestatten, dass Saatgut verschiedener Arten, Sorten oder Kategorien in Mischungen untereinander sowie in Mischungen mit Saatgut von Arten, die nicht der Saatgutverkehrsregelung unterliegen, zu gewerblichen Zwecken in den Verkehr gebracht wird. In der Verordnung können insbesondere die Kennzeichnung und Verpackung der Mischungen geregelt oder Vorschriften über die Kontrolle der Herstellung der Mischungen erlassen werden.

29   Ursprünglich in der Saatgutmischungsverordnung vom 20.10.1977 (BGBl. I S. 1898) enthalten, sind die entsprechenden Regelungen jetzt in der Saatgutverordnung zu finden.

c) Einfuhr von Saatgut

30   Saatgut darf zu gewerblichen nur eingeführt werden, wenn die Voraussetzungen des § 15 SaatG erfüllt sind. Auch im Rahmen dieser Vorschrift wird zwischen einzelnen Saatgutkategorien differenziert. Abs. 1 Nr. 1 enthält die Voraussetzungen für Vorstufensaatgut, Basissaatgut, Zertifiziertes Saatgut, Standardpflanzgut und Standardsaatgut. Nr. 2 betrifft Handelssaatgut, Nr. 3 Behelfssaatgut.

31   Die Einfuhr von Standardpflanzgut, Standardsaatgut, Handelssaatgut und Behelfssaatgut setzt gem. § 15 Abs. 1 Satz 2 SaatG ferner voraus, dass das Inverkehrbringen zu gewerblichen Zwecken durch Rechtsverordnung nach § 4 Abs. 3 oder § 11 SaatG gestattet ist. Gleiches gilt für Saatgutmischungen. Auch sie dürfen nur eingeführt werden, wenn dies durch eine entsprechende Rechtsverordnung nach § 26 SaatG gestattet ist.

32   Für Pflanzgut von Kartoffeln besteht eine Sonderregelung. Soweit es zur Erhaltung der Qualität der inländischen Kartoffelerzeugung erforderlich ist, kann das BMEL durch Rechtsverordnung, die im Regelfall der Zustimmung des Bundesrates bedarf, die Einfuhr von Pflanzgut bestimmter Kartoffelsorten verbieten oder beschränken, auch wenn es im Ausland anerkannt ist (§ 17 SaatG).

33   Die Einfuhr von Saatgut unterliegt der Überwachung durch die Bundesanstalt für Landwirtschaft und Ernährung unter Mitwirkung des Bundesministeriums der Finanzen und der von ihm bestimmten Zollstellen (§ 19 SaatG).

d) Kontrollen und Sanktionen

34   Ein wirksamer Verbraucherschutz setzt Kontroll- und Sanktionsbefugnisse seitens der zuständigen Behörden voraus. Die entsprechenden gesetzlichen Grundlagen liefert hier § 59 SaatG. Danach haben natürliche und juristische Personen und nichtrechtsfähige Personenvereinigungen (z.B. BGB-Gesellschaften) der zuständigen Behörde auf Verlangen Auskünfte zu erteilen, die zur Durchführung der behördlichen Aufgaben nach dem Saatgutverkehrsgesetz oder der darauf basierenden Verordnungen erforderlich sind. Hinzu kommt eine Reihe von Befugnissen der von der zuständigen Behörde beauftragten Personen, nämlich

– ein Betretungsrecht hinsichtlich der Grundstücke, Geschäftsräume, Betriebsräume und Transportmittel des Auskunftspflichtigen während der Geschäfts- und Betriebszeit,
– ein Besichtigungsrecht,
– ein Probeentnahmerecht gegen Empfangsbescheinigung
– das Recht der Einsichtnahme in geschäftliche Unterlagen.

Der Auskunftspflichtige hat die Maßnahmen zu dulden, die mit der Überwa- **35** chung beauftragten Personen zu unterstützen und die geschäftlichen Unterlagen vorzulegen. Für Probeentnahmen ist auf Verlangen eine angemessene Entschädigung zu leisten, es sei denn, dass die unentgeltliche Überlassung wirtschaftlich zumutbar ist.

§ 60 Abs. 1 SaatG enthält einen umfangreichen Katalog an Ordnungswidrigkei- **36** ten. Diese können nach Abs. 2 mit Geldbuße bis zu 25.000 € bzw. 5.000 € geahndet werden. Darüber hinaus gestattet Abs. 3 die Einziehung von Saat- und Erntegut, auf das sich bestimmte Ordnungswidrigkeiten beziehen. Zuständig für das Ordnungswidrigkeitenverfahren sind das Bundessortenamt für die in Abs. 4 Nr. 1, die Bundesamt für Landwirtschaft und Ernährung für die in Nr. 2 genannten Fälle.

e) Gewährleistung

Eine zivilrechtliche Besonderheit ergab sich aus dem früheren *§ 24 SaatG*. Die- **37** ses für das gewerbsmäßige Inverkehrbringen von Saatgut geltende Sonderzivilrecht wurde im Rahmen der Modernisierung des Schuldrechts[15] aufgehoben. Seit dem 1.1.2002 unterliegt daher die Gewährleistung beim Saatgutkauf den allgemeinen Regelungen des Bürgerlichen Gesetzbuches. Bei Mängeln des Saatguts im Sinne des § 434 BGB eröffnen nun §§ 437 Nr. 3, 280 BGB für den Saatgutkäufer die Möglichkeit, Schadensersatz zu verlangen. Insofern bedarf es der Zusicherungsfiktion des § 24 SaatG nicht mehr. Auch die Verlängerung der Verjährungsfrist von sechs Monaten auf ein Jahr zu Gunsten des Saatgutkäufers ist überflüssig geworden, da nun der Schadensersatzanspruch wegen Sachmängeln gem. §§ 437 Nr. 3, 438 Abs. 1 Nr. 3 BGB erst in zwei Jahren verjährt.

2. Hinweise zum Forstvermehrungsgutgesetz

a) Zweck; Zulassungsbedürftigkeit von Ausgangsmaterial

Spielt die Qualität des Saatgutes bereits in der landwirtschaftlichen Produktion **38** eine große Rolle, so steigert sich dies noch in der Forstwirtschaft. Die in der Landwirtschaft genutzten Kulturpflanzen unterliegen meist einer einjährigen Generationsfolge. Bei Waldbäumen dagegen dauert der Aufwuchs wesentlich länger. Die Verwendung nicht geeigneten Saatguts zeigt sich oft erst, wenn eine Korrektur nicht mehr möglich ist. Der Schaden erstreckt sich dann nicht nur auf eine einjährige, sondern eine wesentlich länger dauernde Aufwuchsperiode.

Die Bestimmungen des Forstvermehrungsgutgesetzes (FoVG) versuchen hier **39** entgegenzuwirken. Zweck dieses Gesetzes ist es, den Wald mit seinen vielfältigen positiven Wirkungen durch die Bereitstellung von hochwertigem und identitätsgesichertem forstlichen Vermehrungsgut in seiner genetischen Vielfalt zu erhalten und zu verbessern sowie die Forstwirtschaft und ihre Leistungsfähigkeit zu fördern. Forstliches Vermehrungsgut von Baumarten im Sinne des § 2 Nr. 1 FoVG i.V.m. der Anlage zu dieser Vorschrift[16] darf nur nach Maßgabe der im Gesetz gemach-

---

[15] Art. 6 Nr. 9 des Gesetzes zur Modernisierung des Schuldrechts v. 26.11.2001, BGBl. I S. 3138.
[16] Die Anlage enthält zur Zeit 48 Baumarten und künstliche Hybriden, die der Richtlinie 1999/105/EG des Rates vom 22. Dezember 1999 über den Verkehr mit forstlichem Vermehrungsgut, ABl. L 11 v. 15.1.2000, S. 17–40, unterliegen. Das BMEL ist ermächtigt, weitere Baumarten und künstliche Hybriden den Bestimmungen dieses Gesetzes vollständig oder teilweise zu unterwerfen, soweit dies zur Durchführung von EU-Rechtsakten erforderlich ist (§ 3 FoVG).

ten Vorschriften erzeugt, in Verkehr gebracht, eingeführt oder ausgeführt werden (§ 1 FoVG).

40   Ausgangsmaterial zur Erzeugung von forstlichem Vermehrungsgut bedarf der Zulassung. Es dürfen nur 1. Erntebestände unter der Kategorie „Ausgewählt“, 2. Samenplantagen unter der Kategorie „Qualifiziert“ und 3. Erntebestände, Samenplantagen, Familieneltern, Klone und Klonmischungen unter der Kategorie „Geprüft“ zugelassen werden. Einzelheiten hierzu regelt § 4 FoVG.

41   Am Saat- und Pflanzgut der Bäume lässt sich zwar die Baumart erkennen, nicht aber, woher das Saat- oder Pflanzgut stammt. Deshalb ist die Herkunftsbezeichnung in der Forstwirtschaft von besonderer Bedeutung. Würde man beispielsweise breitkronige Flachlandfichten im Hochgebirge pflanzen, hätte dies hohe Ausfälle durch Schneebruch, Windwurf, Schädlingsbefall etc. und u.U. den Verlust des gesamten Bestandes mit all seinen ökonomischen und ökologischen Auswirkungen zur Folge. Das BMEL wird daher in § 5 FoVG ermächtigt, Herkunftsgebiete für Ausgangsmaterial der einzelnen Baumarten nach geografischen Abgrenzungen und gegebenenfalls nach der Höhenlage oder anderen Grenzen zu bestimmen.

b) Erzeugung und Inverkehrbringen von Vermehrungsgut

42   Forstliches Vermehrungsgut, das in den Verkehr gebracht werden soll, darf nur von angemeldeten Forstsamen- oder Forstpflanzenbetrieben erzeugt werden. Die Erzeugung unmittelbar vom Ausgangsmaterial ist der Landesstelle rechtzeitig vorher anzuzeigen. Sie ist nur erlaubt, wenn das Ausgangsmaterial gem. § 4 zugelassen ist (§ 7 Abs. 1 FoVG). Eine vegetative Erzeugung darf nur aus Ausgangsmaterial der Kategorie „Geprüft“ erfolgen. Gleiches gilt für künstliche Hybriden (§ 7 Abs. 2 und 3 FoVG). Wird Material, das als forstliches Vermehrungsgut dienen kann, vom Ort des Ausgangsmaterials, der vegetativen Vermehrung oder der Sammelstelle zum ersten Bestimmungsort gebracht, so muss ein Stammzertifikat beigefügt sein, das Angaben zum Ausgangsmaterial und der erzeugten Partie zum Zwecke der Identifizierung enthält (§ 8 FoVG).

43   In Verkehr gebracht werden darf das forstliche Vermehrungsgut nur unter den Voraussetzungen der §§ 11 ff. FoVG. Voraussetzung ist u.a., dass es unter Beachtung der Vorschriften des § 7 FoVG erzeugt worden ist.

c) Ein- und Ausfuhr von Vermehrungsgut

44   Die Voraussetzungen für das Verbringen aus oder in ein Drittland ist im Abschnitt 5 des Gesetzes (§§ 15 und 16 FoVG) geregelt.

d) Weitere Sicherungs- und Kontrollinstrumente

45   Abschnitt 6 des Gesetzes widmet sich der Herkunfts- und Identitätssicherung. So werden Anforderungen an Forstsamen- oder Forstpflanzenbetriebe normiert (§ 17 FoVG) sowie die Überwachung in den Ländern (§ 18 FoVG) und die Überwachung durch die Bundesanstalt bei der Einfuhr (§ 19 FoVG).

46   § 22 FoVG enthält eine Strafvorschrift bei Inverkehrbringen von Vermehrungsgut ohne qualifizierten Lieferschein, § 23 FoVG zählt eine Reihe von Ordnungswidrigkeiten auf, die mit Geldbuße bis zu 20.000 EUR bzw. 50.000 EUR geahndet werden können.

III. Sortenschutzrecht

1. Schutzzweck

Während das Saatgutverkehrsrecht vor allem dem Schutz des Saatgutverbrau- **47** chers dient, gilt das Sortenschutzrecht in erster Linie dem Interesse des Pflanzenzüchters.[17]

Die Entwicklung einer neuen Pflanzensorte dauert im Durchschnitt mindes- **48** tens zehn Jahre, selten kürzer, meist länger und erfordert einen hohen Aufwand an Kapital und Arbeit und die Übernahme eines beträchtlichen Erfolgsrisikos.[18] Um dem Pflanzenzüchter einen wirtschaftlichen Anreiz zu geben und damit allgemein fördernd auf die Weiterentwicklung der Pflanzenzüchtung hinzuwirken, gewährt das Sortenschutzgesetz dem Pflanzenzüchter ein dem Patentschutz für technische Erfindungen ähnliches Schutzrecht für neue Pflanzenzüchtungen.[19]

Wichtigste Rechtsquelle ist das auf das Internationale Übereinkommen zum **49** Schutze von Pflanzenzüchtungen (sog. UPOV-Abkommen) vom 2.12.1961[20] abgestimmte Sortenschutzgesetz (SortSchG 1985).

2. Grundzüge des Sortenschutzgesetzes

a) Voraussetzungen für die Erteilung von Sortenschutz

Sortenschutz wird nach § 1 SortSchG für eine Pflanzensorte erteilt, wenn sie **50**
– unterscheidbar,
– homogen,
– beständig,
– neu und
– durch eine eintragbare Sortenbezeichnung bezeichnet ist.

Die Merkmale „homogen", „beständig" und „eintragbare Sortenbezeichnung" **51** decken sich in ihrer Bedeutung mit den gleich lautenden Begriffen des Saatgutverkehrsgesetzes (s. Kap. II.1.b). Auch das Merkmal „unterscheidbar" stimmt im Wesentlichen mit der entsprechenden Inhaltsbestimmung des Saatgutverkehrsrechts überein. D.h. ihr Vorliegen wird sowohl im Rahmen der Sortenzulassung nach dem Saatgutverkehrsgesetz als auch bei der Erteilung von Sortenschutz geprüft.

Das Merkmal „neu" spielt im Saatgutverkehrsrecht keine Rolle (vgl. den dorti- **52** gen Schutzzweck). Für die Erteilung von Sortenschutz nach dem Sortenschutzgesetz ist es dagegen von zentraler Bedeutung.

Eine Sorte gilt nach § 6 SortSchG als neu, wenn Pflanzen oder Pflanzenteile der **53** Sorte mit Zustimmung des Berechtigten oder seines Rechtsvorgängers vor dem Antragstag nicht oder nur innerhalb folgender Zeiträume zu gewerblichen Zwecken in den Verkehr gebracht worden sind:

---

[17] Zur Abgrenzung von Sortenschutzrecht und Saatgutverkehrsrecht s. *Garbe*, Rn. 6 f.
[18] *Leßmann / Würtenberger*, § 1 Rn. 1.
[19] Der Sortenschutz ist als ein subjektives Privatrecht ausgestaltet, welches auch eine öffentlich-rechtliche Seite hat, da ein öffentlich-rechtlicher Akt des Bundessortenamtes als Verwaltungsbehörde für die Entstehung notwendig ist; so *Garbe*, Rn. 3.
[20] Abgedruckt in GRUR Int 1962, 348 ff., sowie in der revidierten Fassung von 1991 in GRUR Int 1991, 538 ff. Zum Verhältnis des Internationalen Übereinkommens zur nationalen Sortenschutzgesetzgebung s. *Leßmann / Würtenberger*, § 1 Rn. 7 ff.

1. innerhalb der Europäischen Union ein Jahr,[21]
2. außerhalb der Europäischen Union vier Jahre, bei Rebe (Vitis L.) und Baumarten sechs Jahre.

54   Eine Sorte kann also durchaus schon bekannt sein, sei es durch Versuche, Publikationen, Vorträge etc. Ihre Neuheit im Sinne des Sortenschutzgesetzes entfällt nur, wenn sie mit Zustimmung des Berechtigten vor den in § 6 SortSchG genannten Zeitpunkten gewerbsmäßig in den Verkehr gebracht worden ist.[22]

b) Hinweise zum Sortenschutzverfahren vor dem Bundessortenamt (BSA)

55   Wie beim Zulassungsverfahren für das gewerbliche Inverkehrbringen nach dem SaatG handelt es sich auch beim Sortenschutzverfahren vor den Prüfabteilungen und Widerspruchsausschüssen des BSA (s. §§ 18–20 SortSchG) um ein förmliches Verwaltungsverfahren, auf das die Vorschriften der §§ 63 bis 69 und 71 VwVfG anzuwenden sind (s. § 21 SortSchG).[23]

56   Wer Sortenschutz begehrt, hat nach Maßgabe des § 22 SortSchG einen Sortenschutzantrag zu stellen[24]. Er hat darin den oder die Ursprungszüchter oder Entdecker der Sorte anzugeben und zu versichern, dass seines Wissens weitere Personen an der Züchtung oder Entdeckung der Sorte nicht beteiligt sind. Ist der Antragsteller nicht oder nicht allein der Ursprungszüchter oder Entdecker, so hat er anzugeben, wie er an die Sorte gelangt ist.

57   Der Sortenschutzantrag wird gem. § 24 SortSchG durch das BSA im monatlich erscheinenden Blatt für Sortenwesen bekanntgemacht, sodass sich für möglicherweise betroffene Züchter die Gelegenheit ergibt, beim BSA Einwendungen zu erheben. Hierzu ist gem. § 25 SortSchG jeder berechtigt. Die Einwendungen sind schriftlich zu erheben und können nur auf die Behauptung gestützt werden,
– die Sorte sei nicht unterscheidbar, nicht homogen, nicht beständig oder nicht neu,
– der Antragsteller sei nicht berechtigt oder
– die Sortenbezeichnung sei nicht eintragbar.[25]

58   Bei der Prüfung, ob die Sorte die geforderten Voraussetzungen erfüllt, baut das BSA die Sorte an (Anbauprüfung = Registerprüfung)[26] oder stellt die sonst erforderlichen Untersuchungen an. Hiervon kann es absehen, soweit ihm frühere eigene Prüfungsergebnisse zur Verfügung stehen (§ 26 Abs. 1 SortSchG).

59   Beginn und Ablauf des Prüfungsverfahrens sind eingehend in der BSAVfV und in Bekanntmachungen des BSA geregelt.

60   Ergibt die Prüfung, dass alle Voraussetzungen für die Erteilung des Sortenschutzes vorliegen, so hat der Berechtigte einen öffentlich-rechtlichen Anspruch auf Er-

---

[21] Sog. „Neuheitsschonfrist"; nach der Begründung in BT-Drs. 10/816, S. 18 wird durch diese Frist „für das seitens eines Teiles der Züchter angestrebte Inverkehrbringen zu Testzwecken eine rechtliche Grundlage geschaffen."

[22] S. im Einzelnen *Leßmann/Würtenberger*, § 2 Rn. 130 ff.; *Garbe*, Rn. 13 ff.

[23] S. im Detail *Garbe*, Rn. 16 ff.

[24] Einzelheiten zur Antragstellung s. § 1 Verordnung über das Verfahren vor dem Bundessortenamt (BSAVfV).

[25] Zu den Einwendungsfristen s. § 25 Abs. 3 SortSchG.

[26] Davon zu unterscheiden ist die sog. „Wertprüfung", in der es nicht um die Registerfähigkeit, sondern um die Prüfung auf den landeskulturellen Wert geht. S. im Detail *Leßmann/Würtenberger*, § 5 Rn. 238 ff.

teilung. Das BSA hat dann keinen Ermessensspielraum, sondern muss den Sortenschutz durch einen privatrechtsgestaltenden Verwaltungsakt erteilen.[27]

Nach Eintritt der Unanfechtbarkeit der Erteilung erfolgt gem. § 28 SortSchG **61**
die Eintragung in die sog. Sortenschutzrolle. Diese ist ein öffentliches Register, das
vom BSA geführt wird (§ 16 Abs. 2 Satz 2 SortSchG). Aufgabe der Sortenschutzrolle ist es, „die Kenntnisse der Züchtung zu verbreiten und die Allgemeinheit darüber zu unterrichten, wie die rechtlichen (nicht die wirtschaftlichen) Verhältnisse
an der geschützten Sorte sind".[28] Die Eintragungen sind nicht rechtsbegründend
oder rechtsvernichtend (konstitutiv), sondern lediglich rechtsbekundend (deklara-
torisch).

c) Wirkungen des Sortenschutzes

In § 10 SortSchG, dem Kernstück des Sortenschutzgesetzes, wird der Inhalt des **62**
Sortenschutzrechtes mit seinen Wirkungen und Befugnissen des Inhabers beschrieben. Demnach ist allein der Sortenschutzinhaber berechtigt, a) Vermehrungsmaterial der geschützten Sorte zu erzeugen, für Vermehrungszwecke aufzubereiten, in
den Verkehr zu bringen, ein- oder auszuführen oder b) zu einem dieser Zwecke
aufzubewahren (§ 10 Abs. 1 Nr. 1). Bei Gehölzen, Obst- oder Zierpflanzen besteht ein erweiterter Schutz. So erstreckt sich hier der Schutz insbesondere über
das Vermehrungsmaterial hinaus auch auf Pflanzen oder Pflanzenteile, die aus Vermehrungsmaterial hervorgegangen sind, das ohne Zustimmung des Sortenschutzinhabers erzeugt worden war (Abs. 1 Nr. 2).

Besonders zu betonen ist in diesem Zusammenhang die Beschränkung der Wir- **63**
kung des Sortenschutzes gem. § 10a SortSchG. Der Sortenschutz erstreckt sich
demnach insbesondere nicht auf Handlungen nach § 10 Abs. 1 SortSchG, die im
privaten Bereich zu nicht gewerblichen Zwecken vorgenommen werden (Abs. 1
Nr. 1). In engen Grenzen bleibt hier also Raum für persönliche Forschungs- und
Studienzwecke, aber auch für Schenkungen oder Nachbarschaftshilfe.

Zur Verwendung von Vermehrungsmaterial einer geschützten Sorte für die **64**
Züchtung einer neuen Sorte bedarf es – außer bei fortlaufender Verwendung, s.o. –
ebenfalls nicht der Zustimmung des Sortenschutzinhabers (sog. Weiterzüchtungs-
und Forschungsvorbehalt; Abs. 1 Nr. 3). Es liegt auf der Hand, dass der Gesetzgeber hier die freie Weiterentwicklung auf dem Züchtungssektor absichern wollte.[29]

Die agrarpolitisch höchst umstrittene „Nachbauregelung" findet sich in § 10a **65**
Abs. 2 mit 6 SortSchG (Landwirteprivileg[30]). Sie ist folgendermaßen ausgestaltet:

Die Wirkung des Sortenschutzes erstreckt sich demnach nicht auf Erntegut, **66**
das ein Landwirt durch Anbau von Vermehrungsmaterial einer geschützten Sorte
der in der Anlage zum Sortenschutzgesetz aufgeführten Arten mit Ausnahme von
Hybriden und synthetischen Sorten im eigenen Betrieb gewonnen hat und dort
als Vermehrungsmaterial verwendet (Nachbau), soweit er seinen in den Abs. 3 und
6 festgelegten Verpflichtungen nachkommt. Zum Zwecke des Nachbaus kann das
Erntegut durch den Landwirt oder ein von ihm hiermit beauftragtes Unternehmen
(Aufbereiter) aufbereitet werden (Abs. 2).

---

[27] Vgl. *Leßmann/Würtenberger*, § 5 Rn. 102.

[28] *Leßmann/Würtenberger*, § 5 Rn. 398 ff.

[29] S. im Einzelnen, auch zur Problematik der Beeinträchtigung von Züchterinteressen bei relativ
schneller Weiterzüchtung, *Leßmann/Würtenberger*, § 3 Rn. 45 ff.

[30] Ausführlich zum Landwirteprivileg als spezielle Ausnahme vom Sortenschutz s. *Garbe*,
Rn. 44 ff.

67   Ein Landwirt, der von dieser Möglichkeit des Nachbaus Gebrauch macht, ist dem Inhaber des Sortenschutzes im Gegenzug zur Zahlung eines angemessenen Entgelts verpflichtet. Ein Entgelt gilt als angemessen, wenn es deutlich niedriger ist als der Betrag, der im selben Gebiet für die Erzeugung von Vermehrungsmaterial derselben Sorte auf Grund eines Nutzungsrechts nach § 11 SortSchG vereinbart ist (Abs. 3).

68   Den Vereinbarungen zwischen Inhabern des Sortenschutzes und Landwirten über die Angemessenheit des Entgelts können entsprechende Vereinbarungen zwischen deren berufsständischen Vereinigungen zugrunde gelegt werden. Sie dürfen allerdings den Wettbewerb auf dem Saatgutsektor nicht ausschließen (Abs. 4).

69   Die Zahlungsverpflichtung nach Abs. 3 gilt allerdings nicht für Kleinlandwirte im Sinne des Art. 14 Abs. 3 dritter Anstrich VO (EG) Nr. 2100/94 (Abs. 5).

70   Ausserdem sind Landwirte, die von der Möglichkeit des Nachbaus Gebrauch machen, sowie von ihnen beauftragte Aufbereiter gegenüber den Inhabern des Sortenschutzes zur Auskunft über den Umfang des Nachbaus verpflichtet (Abs. 6).

71   Der Sortenschutz wird zeitlich begrenzt gewährt. Nach § 13 SortSchG dauert er bis zum Ende des 25., bei Hopfen, Kartoffel, Rebe und Baumarten bis zum Ende des 30. auf die Erteilung folgenden Kalenderjahres.

d) Verfahren vor Gericht; Rechtsverletzungen

72   Zum Gerichtsverfahren mit Widerspruchsausschüssen sowie Beschwerde an Patentgericht und Bundesgerichtshof s. §§ 34 mit 36 SortSchG. Zu Sortenschutzrechtsverletzungen s. §§ 37 mit 40b SortSchG.[31]

---

[31] Dazu *Garbe*, Rn. 74 ff.

e) Verfahrensablauf Sortenschutz/Saatgutanerkennung im graphischen Überblick 73

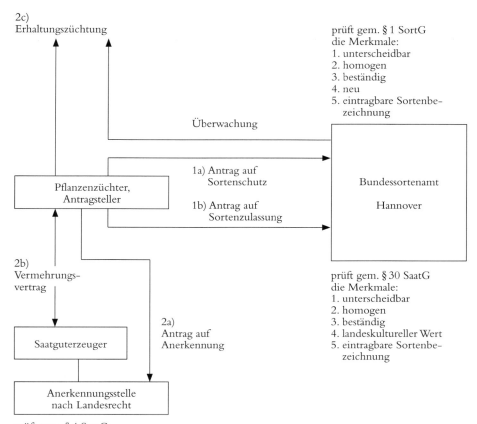

2c)
Erhaltungszüchtung

prüft gem. § 1 SortG
die Merkmale:
1. unterscheidbar
2. homogen
3. beständig
4. neu
5. eintragbare Sortenbe-
   zeichnung

Überwachung

Pflanzenzüchter,
Antragsteller

1a) Antrag auf
Sortenschutz

1b) Antrag auf
Sortenzulassung

Bundessortenamt

Hannover

2b)
Vermehrungs-
vertrag

prüft gem. § 30 SaatG
die Merkmale:
1. unterscheidbar
2. homogen
3. beständig
4. landeskultureller Wert
5. eintragbare Sortenbe-
   zeichnung

2a)
Antrag auf
Anerkennung

Saatguterzeuger

Anerkennungsstelle
nach Landesrecht

prüft gem. § 4 SaatG:
– Sortenzulassung, Einhaltung von Auflagen
– Vermehrungsbetrieb
– Feldbestand
– Saat- und Pflanzgut, insb. Reinheit, Keimfähigkeit,
  Feuchtigkeit, Krankheits- und Schädlingsbefall
  u. a.

IV. Pflanzenschutzrecht

1. Zweck

Das Pflanzenschutzgesetz (PflSchG), die wichtigste nationale Rechtsquelle des **74** Pflanzenschutzrechts, bezweckt,
1. Pflanzen, insbesondere Kulturpflanzen, vor Schadorganismen und nichtparasitä-
   ren Beeinträchtigungen zu schützen,
2. Pflanzenerzeugnisse vor Schadorganismen zu schützen,

Norer

3. Gefahren abzuwenden oder ihnen vorzubeugen, die durch die Anwendung von Pflanzenschutzmitteln oder durch andere Maßnahmen des Pflanzenschutzes, insbesondere für die Gesundheit von Mensch und Tier und für den Naturhaushalt, entstehen können,
4. EU-Rechtsakte im Bereich des Pflanzenschutzes durchzuführen.[32]

75   Ein Blick auf diese in § 1 PflSchG enthaltene Aufzählung der Gesetzeszwecke zeigt zwei große Schutzrichtungen an, die es in Einklang zu bringen gilt: die Pflanzen, insbesondere die vom Landwirt, Forstwirt oder Gärtner angebauten Kulturpflanzen zu schützen (Nrn. 1 und 2) und gleichzeitig Gefahren für Mensch, Tier und Naturhaushalt (Nr. 3) abzuwenden.[33] Man könnte daran denken, sich im Abschnitt Pflanzliche Produktion auf die Darstellung des ersten Schutzzweckes, also die Sicherung der pflanzlichen Produktion, zu beschränken und den zweiten Bereich dem Kapitel Agrarumweltrecht vorzubehalten. Eine derart getrennte Darstellung ließe sich jedoch kaum sinnvoll durchhalten. Insbesondere die Einbeziehung des „Integrierten Pflanzenschutzes" in das Pflanzenschutzrecht verdeutlicht, dass heute legale Pflanzenproduktion ohne Berücksichtigung der Belange von Mensch, Tier und Naturhaushalt nicht mehr möglich ist.

2. Anwendung von Pflanzenschutzmitteln

76   Die Anwendung von Pflanzenschutzmitteln[34] ist ein Schwerpunktproblem des Umweltrechts im Bereich der landwirtschaftlichen Pflanzenproduktion. Dies gilt in erster Linie für die chemischen Pflanzenschutzmittel, die zwar nicht die einzigen Pflanzenschutzmittel sind, denen aber nach wie vor eine dominierende Stellung zukommt. Die im früheren Bundesgebiet abgesetzte Wirkstoffmenge stieg von 10.031 Tonnen im Jahre 1960 auf 33.146 Tonnen im Jahre 1990, das sind 330 %. Einschließlich der neuen Bundesländer erhöhte sich der Pflanzenschutzmittelabsatz auf 36.937 Tonnen in 1991.[35] Einen vorläufigen Höchststand erreichte der Inlandsabsatz mit 38.883 Tonnen im Jahre 1998. Nach einer Phase der Rückläufigkeit (33.663 Tonnen im Jahre 2001[36]), nahm der Inlandabsatz wiederum nahezu

---

[32] Das betrifft insbesondere das „Europäische Pflanzenschutzpaket", mit dem 2009 das EU-Pflanzenschutzrecht umfassend neu geregelt und erheblich erweitert wurde (s. Kap. I.) Das PflSchG dient auch der Umsetzung internationaler Abkommen, wie etwa des Internationalen Pflanzenschutz-Übereinkommens (IPPC) unter https://www.ippc.int (29.1.2015) oder des Internationalen Verhaltenskodex über den Vertrieb und die Anwendung von Pestiziden verabschiedet auf der 123. Sitzung des FAO-Rates im November 2002 unter http://www.bvl.bund.de/SharedDocs/Downloads/04_Pflanzenschutzmittel/CodeOfConduct_DE.pdf?__blob=publicationFile (29.1.2015); s. *Pingen*, Rn. 72 und 88.

[33] *Storm* spricht – allerdings noch bezogen auf das Pflanzenschutzgesetz von 1968 (BGBl. I S. 352) –, was den erstgenannten Schutzbereich betrifft, vom „Hauptziel", hinsichtlich des zweiten Schutzbereiches vom „Nebenziel" des Gesetzes, s. HAR II, Sp. 615. Nicht zu verkennen ist, dass der zweite Schutzbereich durch die Novelle 1986 an Bedeutung gewonnen hat. Vgl. *Lorz*, § 1 PflSchG Rn. 4a.

[34] Entsprechend ihrem Anwendungsbereich unterscheidet man u.a. folgende Mittel: Gegen pilzliche Krankheitserreger: Fungizide; gegen Insekten: Insektizide; gegen Unkräuter: Herbizide; gegen Nematoden: Nematizide; gegen Milben: Akarizide; gegen Nagetiere: Rodentizide; gegen Schnecken: Molluskizide, s. AID 1118/1991, S. 6

[35] S. AID-6577–3-93, Beilage in Ausbildung und Beratung in Land- und Hauswirtschaft 10/1993.

[36] Statistisches Jahrbuch über Ernährung, Landwirtschaft und Forsten 2002, hrsg. vom BMVEL, 2002, S. 81.

stetig zu (35.131 Tonnen im Jahre 2004, 40.844 Tonnen im Jahre 2010) und lag im Jahre 2012 bei 46.326 Tonnen[37].

Ein falscher Einsatz chemischer Pflanzenschutzmittel kann zu human- und öko- **77** toxischen Belastungen führen, die nach *Diercks*[38] in folgende Hauptbereiche unterteilt werden können:
- Gesundheitsgefährdung des Anwenders,
- gesundheitliche Gefahren für den Verbraucher,
- Schädigung der Kulturpflanze (phytotoxische Nebenwirkung),
- Bienengefährdung,
- generelle Umweltbelastung des Naturhaushalts (gesamtökologischer Aspekt),
- Gefährdung des Ökosystems auf dem Acker (agrozönotischer Aspekt einschließlich Giftresistenz der Schadorganismen).

Um diese Schäden und Gefährdungen abzuwenden oder zumindest zu verrin- **78** gern, hat der Gesetzgeber eine Reihe von pflanzenschutzrechtlichen Bestimmungen erlassen.

a) Allgemeines

Nach § 3 PflSchG dürfen Pflanzenschutzmaßnahmen nur nach „guter fachlicher **79** Praxis" durchgeführt werden. Die gute fachliche Praxis umfasst die Einhaltung der allgemeinen Grundsätze des integrierten Pflanzenschutzes des Anhangs III der RL 2009/128/EG[39], die Gesunderhaltung und Qualitätssicherung von Pflanzen und Pflanzenerzeugnissen durch diverse Maßnahmen[40] sowie Maßnahmen zum Schutz vor sowie die Abwehr von Gefahren, die insbesondere durch Anwendung, Lagern und sonstigen Umgang mit Pflanzenschutzmitteln für die Gesundheit von Mensch und Tier und den Naturhaushalt einschließlich des Grundwassers entstehen können (Abs. 1). Eine Anwendung nach „guter fachlicher Praxis" ist nur möglich, wenn beim Anwender entsprechende Fachkenntnisse vorhanden sind. Er muss deshalb die erforderliche Zuverlässigkeit und entsprechende fachliche Kenntnisse und Fertigkeiten besitzen und nachweisen (Sachkundenachweis).[41]

Der unreflektierte Einsatz von Pflanzenschutzmitteln gehört damit der Vergan- **80** genheit an. Der Begriff „integrierter Pflanzenschutz" wird in Art. 3 Nr. 6 RL 2009/128/EG folgendermaßen definiert: „die sorgfältige Abwägung aller verfügbaren Pflanzenschutzmethoden und die anschließende Einbindung geeigneter Maßnahmen, die der Entstehung von Populationen von Schadorganismen entgegenwirken und die Verwendung von Pflanzenschutzmitteln und anderen Abwehr- und Bekämpfungsmethoden auf einem Niveau halten, das wirtschaftlich und ökologisch vertretbar ist und Risiken für die menschliche Gesundheit und die Umwelt reduziert oder minimiert." Weiter stellt der integrierte Pflanzenschutz auf das Wachstum gesunder Nutzpflanzen bei möglichst geringer Störung der landwirtschaftlichen Ökosysteme ab und fördert natürliche Mechanismen zur Schädlingsbekämpfung. Damit sind seit 2014 die allgemeinen Grundsätze des integrier-

---

[37] Statistisches Jahrbuch über Ernährung, Landwirtschaft und Forsten 2013, hrsg. vom BMEL, 2013, S. 84.

[38] *Diercks,* Chemischer Pflanzenschutz – ein Risiko?, in: Bodenkultur und Pflanzenbau, hrsg. von der Bayerischen Landesanstalt für Bodenkultur und Pflanzenbau, Sondernummer 3/1977, S. 11.

[39] Einzelheiten zum Integrierten Pflanzenschutz bzw. Pflanzenbau s. Kap. VI.

[40] § 3 Abs. 1 Nr. 2 PflSchG nennt vorbeugende Maßnahmen, Verhütung der Einschleppung oder Verschleppung von Schadorganismen, Abwehr oder Bekämpfung von Schadorganismen sowie Förderung natürlicher Mechanismen zur Bekämpfung von Schadorganismen.

[41] S. § 9 PflSchG i.V.m. der Pflanzenschutz-Sachkundeverordnung (PflSchSachkV 2013).

ten Pflanzenschutzes gem. Anhang III RL 2009/128/EG bei der Durchführung des Pflanzenschutzes verbindlich und als Bestandteil der guten fachlichen Praxis anzusehen.[42]

81   Das BMEL hat gem. § 3 Abs. 2 PflSchG unter Berücksichtigung der EU-Vorgaben Grundsätze für die Durchführung der guten fachlichen Praxis im Pflanzenschutz erstellt.[43] Inhaltlich beschreiben diese Grundsätze die zu beachtenden Grundprinzipien. Vorrangig zu berücksichtigen sind demnach biologische, biotechnische, pflanzenzüchterische sowie anbau- und kulturtechnische Pflanzenschutzmaßnahmen, die Anwendung chemischer Pflanzenschutzmittel ist auf das notwendige Maß zu begrenzen.[44] Zu beachten ist, dass die gute fachliche Praxis ein dynamisches System darstellt, das sich auf der Grundlage neuer Erkenntnisse und praktikabler Verfahren ständig weiterentwickelt. Die Rechtsnatur dieser Grundsätze ist die eines antizipierten Sachverständigengutachtens, das von den zuständigen Behörden und Gerichten für die Beurteilung, ob eine durchgeführte Pflanzenschutzmaßnahme guter fachlicher Praxis entsprach, herangezogen werden kann.[45]

82   Pflanzenschutzmittel dürfen nur angewendet werden, wenn sie zugelassen sind (§ 12 Abs. 1 PflSchG). Risiken, die dennoch durch die Anwendung von zugelassenen Pflanzenschutzmitteln entstehen können, sollen durch den Nationalen Aktionsplan zur nachhaltigen Anwendung von Pflanzenschutzmitteln[46] gem. § 4 PflSchG bis zum Jahr 2020 um weitere 25 % reduziert werden.

83   Ein Verbot der Anwendung besteht allerdings, soweit der Anwender damit rechnen muss, dass ihre Anwendung schädliche Auswirkungen auf die Gesundheit von Mensch und Tier oder auf das Grundwasser oder sonstige erhebliche schädliche Auswirkungen, insbesondere auf den Naturhaushalt, hat (§ 13 Abs. 1 PflSchG).

84   Darüber hinaus bestimmt § 12 Abs. 2 PflSchG, dass Pflanzenschutzmittel auf Freilandflächen nur angewandt werden dürfen, soweit diese landwirtschaftlich, forstwirtschaftlich oder gärtnerisch[47] genutzt werden. Diese Beschränkung ist zum Schutze des Naturhaushalts und zur Erhaltung natürlicher Gegenspieler von Schadorganismen eingeführt worden. Erfasst sind angrenzende Feldraine, Böschungen, nicht bewirtschaftete Flächen und Wege einschließlich der Wegränder. Jedoch dürfen selbst auf den privilegierten Flächen Pflanzenschutzmittel nicht angewandt werden, wenn sie sich unmittelbar an oberirdischen Gewässern oder Küstengewässern befinden. Ausnahmen hiervon können unter bestimmten Voraussetzungen genehmigt werden.

b) Anwendungsverbote

85   Unter den Voraussetzungen des § 14 PflSchG kann u.a. die Anwendung bestimmter Pflanzenschutzmittel per Verordnung verboten, beschränkt oder von einer Genehmigung oder Anzeige abhängig gemacht werden.

---

[42]   So *Pingen*, Rn. 118. Damit wird die frühere Regelung in § 2a PflSchG ersetzt.

[43]   Bekanntmachung der Grundsätze für die Durchführung der guten fachlichen Praxis im Pflanzenschutz vom 30.3.2010 (BAnz. Nr. 76a v. 21.5.2010). S. auch die Broschüre des BMELV (Hrsg.), Gute fachliche Praxis im Pflanzenschutz (Stand: Sept. 2010), http://www.bmel.de/SharedDocs/Downloads/Broschueren/GutePraxisPflanzenschutz.pdf?__blob=publicationFile (29.1.2015).

[44]   BMELV (Hrsg.), Gute fachliche Praxis im Pflanzenschutz, S. 5.

[45]   BMELV (Hrsg.), Gute fachliche Praxis im Pflanzenschutz, S. 4 f.

[46]   Dazu s. *Pingen*, Rn. 136 ff.

[47]   Die Formulierung „gärtnerisch" war im Gesetzgebungsverfahren lange umstritten, da durch sie die Anwendung von Pflanzenschutzmitteln in Haus- und Ziergärten sowie auf öffentlichen Grünflächen grundsätzlich möglich bleibt.

Die hierzu erlassene Pflanzenschutz-AnwendungsVO (PflSchAnwV 1992) dif- **86** ferenziert zwischen Vollständigem Anwendungsverbot gem. § 1 i.V.m. Anlage 1 (dort sind die entsprechenden Pflanzenschutzmittel aufgezählt) und Eingeschränktem Anwendungsverbot gem. § 2 i.V.m. Anlage 2 (dort sind die entsprechenden Pflanzenschutzmittel und ihr beschränkter Anwendungsbereich aufgeführt).

§ 3 i.V.m. Anlage 3 enthält Anwendungsbeschränkungen. So ist – um ein Bei- **87** spiel aus Anlage 3 zu nennen – die Anwendung bestimmter Stoffe im Haus- und Kleingartenbereich verboten.

Weitere Bestimmungen über Anwendungsverbote in Naturschutzgebieten und **88** Nationalparken, Einfuhrverbote u.a. enthalten die §§ 4 und 5 PflSchAnwV.

c) Zulassungsbedürftigkeit

Ein tragender Pfeiler des Pflanzenschutzrechts ist die seit 1968 geltende Zulas- **89** sungsbedürftigkeit für das Inverkehrbringen von Pflanzenschutzmitteln (s. §§ 28 ff. PflSchG). Das Zulassungsverfahren ist gem. § 40 Abs. 1 Nr. 2 PflSchG eingehend geregelt in der Pflanzenschutzmittelverordnung (PflSchMV). Zulassungsbehörde ist das Bundesamt für Verbraucherschutz und Lebensmittelsicherheit (BVL). In diesen Verfahren ist das BVL verantwortlich für das Risikomanagement, also für Zulassungsentscheidungen und administrative Maßnahmen zum Schutz von Mensch und Umwelt. Das BVL fungiert außerdem als nationale Koordinierungsstelle in den europäischen Gemeinschaftsverfahren zur Bewertung von Pflanzenschutzmittel-Wirkstoffen und zur Festlegung von Rückstandshöchstgehalten.

Die Zulassungsdauer eines Pflanzenschutzmittels wird in der Zulassung fest- **90** gelegt (Art. 32 VO (EG) Nr. 1107/2009) und beträgt meist 10 Jahre. Das BVL veröffentlicht überdies eine beschreibende Liste der zugelassenen Pflanzenschutzmittel mit Angaben über die für die Anwendung derselben wichtigen Merkmale und Eigenschaften, insbesondere die Eignung für bestimmte Anwendungsgebiete, Boden- und Klimaverhältnisse und Anwendung im Haus- und Kleingartenbereich, sowie den Zeitpunkt, an dem die Zulassung endet (§ 33 Abs. 4 PflSchG).[48]

d) Mitteilungspflichtigkeit von Pflanzenstärkungsmitteln

Pflanzenstärkungsmittel sind Stoffe, die ausschließlich dazu bestimmt sind, all- **91** gemein der Gesunderhaltung der Pflanzen zu dienen oder Pflanzen vor nichtparasitären Beeinträchtigungen zu schützen (§ 2 Nr. 10 PflSchG). Da sie nach Art und Umfang in den letzten Jahren erheblich an Bedeutung gewonnen haben, dürfen sie erstmalig nur dann in den Verkehr gebracht werden, wenn die beabsichtigte Kennzeichnung (Bezeichnung, Name und Adresse des Inverkehrbringers, Gebrauchsanleitung) dem BVL vorgängig mitgeteilt wird (§ 45 Abs. 3 PflSchG). Das BVL kann das Inverkehrbringen insbesondere bei schädlichen Auswirkungen auf die Gesundheit von Mensch und Tier, das Grundwasser oder den Naturhaushalt untersagen bzw. bei irreführenden Angaben Änderungen der Kennzeichnung verlangen (Abs. 4 und 5). Für Einzelheiten zur Anmeldung und Aufnahme in eine entsprechende Liste s. gem. Abs. 6 die Pflanzenschutzmittelverordnung (PflSchMV).

---

[48] BVL, Pflanzenschutzmittel-Verzeichnis 2014, http://www.bvl.bund.de/DE/04_Pflanzenschutzmittel/01_Aufgaben/02_ZulassungPSM/01_ZugelPSM/05_Verzeichnis/psm_ZugelPSM_Verzeichnis_node.html (29.1.2015).

e) Anforderungen an Pflanzenschutzgeräte

92   Zur Anwendung von Pflanzenschutzmitteln nach „guter fachlicher Praxis" gehört neben der persönlichen Fachkunde auch die Verwendung von einwandfreien Pflanzenschutzgeräten.

93   Nach § 16 Abs. 1 PflSchG dürfen Pflanzenschutzgeräte nur so beschaffen sein, dass bei ihrer bestimmungsgemäßen und sachgerechten Verwendung bei Anwendung eines Pflanzenschutzmittels diese keine schädlichen Auswirkungen auf die Gesundheit von Mensch und Tier und auf das Grundwasser sowie keine sonstigen nicht vertretbaren Auswirkungen, insbesondere auf den Naturhaushalt, haben, die nach dem Stand der Technik vermeidbar sind.

94   Nach § 52 PflSchG kann das Julius Kühn-Institut (JKI) auf Antrag des Herstellers oder Inverkehrbringers Pflanzenschutzgeräte auf diese Anforderungen hin oder daraufhin, ob sie bestimmte über die allgemeinen Anforderungen hinausgehende Eigenschaften haben (insbesondere hinsichtlich der Verminderung der Abdrift oder des Verbrauchs an Pflanzenschutzmitteln), prüfen. Das Julius Kühn-Institut führt außerdem eine beschreibende Liste der geprüften Gerätetypen.[49] Eintragungen und Löschungen in dieser Liste werden im Bundesanzeiger oder im elektronischen Bundesanzeiger bekannt gemacht. Das Verfahren der freiwilligen Prüfung sowie die Anerkennung von Prüfstellen wird gem. § 52 Abs. 4 PflSchG in der Pflanzenschutz-Geräteverordnung (PflSchGerätV) geregelt.

95   Wie ein Kraftfahrzeug regelmäßig vom TÜV, so müssen gem. § 3 PflSchGerätV in Gebrauch befindliche Pflanzenschutzgeräte in Zeitabständen von 6 Kalenderhalbjahren durch amtliche oder amtlich anerkannte Kontrollstellen überprüft werden. Ergibt die Prüfung eine einwandfreie Arbeitsweise des Gerätes, so wird eine Prüfplakette erteilt, die auf dem Pflanzenschutzgerät deutlich sichtbar und untrennbar anzubringen ist (§ 5 PflSchGerätV). Geräte, die keiner vorgeschriebenen Prüfung unterzogen oder nicht mit einer gültigen Plakette versehen worden sind, dürfen nicht verwendet werden (§ 6 PflSchGerätV).

f) Anforderungen an den Anwender

96   Nach § 9 Abs. 1 PflSchG i.V.m. der Pflanzenschutz-Sachkundeverordnung (PflSchSachkV 2013) muss der Anwender von Pflanzenschutzmitteln über die nötige Sachkunde verfügen. Als Sachkundenachweis dienen u.a. Abschlusszeugnisse einschlägiger Berufsausbildungen (s. Anlage 2 Teil A) bzw. mit einer Prüfung abgeschlossener Studien, die bestimmte Inhalte (s. Anlage 1 Teil A und B) zum Gegenstand haben. Wer diese Art von Sachkundenachweis nicht besitzt, hat eine theoretische und praktische Prüfung gem. § 3 PflSchSachkV abzulegen.

g) Ein- und Ausfuhr

97   Als Vorsorgemaßnahme gegen die Gefahr der Einschleppung, Ansiedlung oder Verschleppung von Schadorganismen bei Einfuhr, Durchfuhr und Ausfuhr dient die Pflanzenbeschau. Einzelheiten sind in § 7 PflSchG i.V.m. der Pflanzenbeschauverordnung (PflBeschauV 1989) geregelt.

98   Deutschland ist ein führendes Exportland von Pflanzenschutzmitteln.[50] Um der sich daraus ergebenden Verantwortung gerecht zu werden, hat der Gesetzgeber vor

---

[49]   S. http://www.jki.bund.de/no_cache/de/startseite/institute/anwendungstechnik/beschreibende-liste.html (29.1.2015).
[50]   So wurden im Jahre 2012 66.528 Tonnen Pflanzenschutzmittel ausgeführt, Statistisches Jahrbuch über Ernährung, Landwirtschaft und Forsten 2013, S. 84.

einiger Zeit die einschlägigen Vorschriften erheblich erweitert und verschärft. So müssen für den Export bestimmte Pflanzenschutzmittel im Vergleich zu für das Inland bestimmten Produkten qualitativ gleich gekennzeichnet werden. Ferner ist eine vergleichbare Gebrauchsanleitung den Behältnissen und abgabefertigen Packungen beizufügen. Außerdem wurde die Verpflichtung zur Berücksichtigung internationaler Vereinbarungen, insbesondere des Verhaltenskodex der FAO, gesetzlich festgeschrieben. Einzelheiten s. in § 25 PflSchG.

h) Auskunfts- und Mitwirkungspflichten, Straf- und Bußgeldvorschriften; Cross Compliance

Um den zuständigen Behörden die Aufgabenerfüllung nach diesem Gesetz zu ermöglichen und zu erleichtern, normiert § 63 Abs. 1 PflSchG eine Auskunftspflicht für natürliche und juristische Personen sowie für nichtrechtsfähige Personenvereinigungen (z.B. Gesellschaften bürgerlichen Rechts). § 63 Abs. 2 PflSchG enthält eine Reihe von Ermächtigungen für Personen der zuständigen Behörde wie z.B. Besichtigungs-, Betretungs-, Untersuchungs- und Probeentnahmerechte und entsprechende Duldungspflichten der Betroffenen. **99**

Verschärfte Straf- und Bußgeldvorschriften werden in §§ 68 und 69 PflSchG normiert. **100**

Außerdem ist die sachgemäße Verwendung von Pflanzenschutzmitteln gem. Art. 55 VO (EG) Nr. 1107/2009 Bestandteil der Grundanforderungen an die Betriebsführung (GAB 10) im Rahmen von Cross Compliance gem. Anhang II der VO (EG) Nr. 1306/2013 (s. Kap. 12, 10.b). **101**

V. Düngung

1. Allgemeine Hinweise

Düngung ist in der landwirtschaftlichen Produktion erforderlich zur **102**
– Ertragssteigerung (aus betriebs- und z.T. volkswirtschaftlichen Gesichtspunkten),
– Kräftigung und Gesunderhaltung der Pflanzen und zur
– Erhaltung oder Verbesserung der natürlichen Bodenfruchtbarkeit.
Gedüngt wird mit **103**
– Handelsdünger,[51]
– Wirtschaftsdünger (Jauche, Gülle, Stallmist) und
– Klärschlamm und Bioabfall.
Wegen der vielfältigen Auswirkungen der Düngung auf Boden, Wasser, Luft und Naturhaushalt musste die Düngung im Verlauf der letzten Jahrzehnte mehr und mehr reglementiert werden. Bei Düngungsvorgängen können folgende Rechtsgebiete berührt sein: **104**
– Düngemittelrecht,
– Abfallrecht,
– Wasserrecht,

---

[51] Der Verbrauch an Handelsdüngemitteln ist nach dem Krieg stark gestiegen. An der Spitze lag Stickstoff (N) mit einer Steigerung von 26 kg Nährstoff je ha LF in 1950/51 auf 126 kg Nährstoff je ha LF in 1980/81, das sind 484%. In den letzten Jahren ging der Einsatz von Stickstoff (N) zurück. In den Jahren 2012/2013 lag er (vorläufig) bei 98,9 kg je ha LF. Eine analoge Entwicklung zeigt sich bei Phosphat und Kali. S. Statistisches Jahrbuch über Ernährung, Landwirtschaft und Forsten, wie Fußn. 40, S. 79.

– Immissionsschutzrecht,
– Naturschutz- und Landschaftspflegerecht,
– Straßenrecht[52].

2. Abfallrecht und Düngung

105   Die Verzahnung dieser beiden Rechtsgebiete wurde besonders in § 8 des früheren KrW-/AbfG[53] offensichtlich. Dieses Gesetz wurde jedoch 2012 vom Kreislaufwirtschaftsgesetz (KrWG) abgelöst, womit diese ausdrückliche Privilegierung des Wirtschaftsdüngers entfallen ist. Damit hat die immer wiederkehrende Diskussion über die Einstufung von Wirtschaftsdünger als Dünger oder Abfall an Brisanz gewonnen.

106   Dabei wird *Pingen*[54] zu folgen sein, wonach sich aus der Definition von Wirtschaftsdünger in § 2 Nr. 2 DüngG und von Abfällen in § 3 Abs. 1 KrWG ergibt, dass Wirtschaftsdünger nach hiesiger Auffassung dem Düngerecht unterfallen, zumindest soweit der Verwendungszweck der Pflanzenernährung oder Bodenfruchtbarkeit dient.

3. Düngegesetz

a) Ablösung des Düngemittelgesetzes

107   Das Düngegesetz (DüngG) von 2009 ersetzte das frühere Düngemittelgesetz aus dem Jahre 1977, das seit längerem als nicht mehr zeitgemäß galt, da die darin enthaltenen Zulassungsvorschriften zu erheblichen zeitlichen Verzögerungen beim Inverkehrbringen neuer Düngemittel führten. An die Stelle der bisherigen Typenzulassung treten nun qualitative Anforderungen an Düngemittel, Bodenhilfsstoffe, Kultursubstrate und Pflanzenhilfsmittel. Einzelheiten werden durch Verordnung gem. § 5 Abs. 2 bis 4 DüngG geregelt. Da das neue Gesetz auch Regelungen zum praktischen Einsatz von Düngemitteln enthält, z.B. zur guten fachlichen Praxis (§ 3 Abs. 2 DüngG), war die alte Gesetzesbezeichnung zu eng geworden.

b) Zweck des Gesetzes

108   Das Gesetz bezweckt gem. § 1 DüngG
1. die Ernährung von Nutzpflanzen sicherzustellen,
2. die Fruchtbarkeit des Bodens, insbesondere den Humusgehalt zu erhalten oder nachhaltig zu verbessern,
3. Gefahren für die Gesundheit von Menschen und Tieren sowie für den Naturhaushalt vorzubeugen oder abzuwenden sowie
4. Rechtsakte der EU umzusetzen und durchzuführen.

---

[52] Vgl. *Hötzel*, S. 383.
[53] Gesetz zur Förderung der Kreislaufwirtschaft und Sicherung der umweltverträglichen Beseitigung von Abfällen (Kreislaufwirtschafts- und Abfallgesetz – KrW-/AbfG) v. 27.9.1994, BGBl. S. 2705.
[54] Vgl. *Pingen*, Rn. 33 ff. An der Absicht zum Zweck der Düngung und damit an der Einstufung als Wirtschaftsdünger ändere auch eine etwaige Nichteinhaltung der Regeln der guten fachliche Praxis, insbesondere eine etwaige Überschreitung der Nährstoffobergrenzen bzw. der zulässigen Bilanzüberschüsse, nichts (Rn. 37).

c) Begriffsbestimmungen

Die für das Gesetz einschlägigen Begriffe, z.B. Düngemittel, Wirtschaftsdünger, **109**
Festmist, Gülle, Jauche etc., werden in § 2 Nrn. 1 bis 11 DüngG definiert.

d) Düngemittel

Düngemittel im Sinne des Gesetzes sind nach § 2 Nr. 1 DüngG Stoffe, die dazu **110**
bestimmt sind, Nutzpflanzen Nährstoffe zuzuführen, um ihr Wachstum zu fördern, ihren Ertrag zu erhöhen oder ihre Qualität zu verbessern, oder die Bodenfruchtbarkeit zu erhalten oder zu verbessern; ausgenommen sind Kohlendioxid und
Wasser.

Eine Sonderstellung nimmt der sog. „Wirtschaftsdünger" ein, der in § 2 Nr. 2 **111**
DüngG folgendermaßen definiert wird: Wirtschaftsdünger sind demnach Düngemittel, die a) als tierische Ausscheidungen bei der Haltung von Tieren zur Erzeugung von Lebensmitteln oder bei der sonstigen Haltung von Tieren in der Landwirtschaft oder b) als pflanzliche Stoffe im Rahmen der pflanzlichen Erzeugung
oder in der Landwirtschaft, auch in Mischungen untereinander oder nach aerober
oder nach anaerober Behandlung anfallen oder erzeugt werden.

e) Anwendung von Düngemitteln, Bodenhilfsstoffen, Pflanzenhilfs-
mitteln und Kultursubstraten

Nach § 3 Abs. 2 DüngG dürfen diese Stoffe „nur nach *guter fachlicher Praxis* an- **112**
gewandt werden". Die Düngung nach guter fachlicher Praxis dient der Versorgung
der Pflanzen mit notwendigen Nährstoffen sowie der Erhaltung und Förderung der
Bodenfruchtbarkeit, um insbesondere die Versorgung der Bevölkerung mit qualitativ hochwertigen und preiswerten Erzeugnissen zu sichern. Dazu gehört, dass Art,
Menge und Zeitpunkt der Anwendung am Bedarf der Pflanzen und des Bodens
ausgerichtet werden. Für eine weitergehende Konkretisierung der guten fachlichen
Praxis enthält § 3 Abs. 3 DüngG eine Ermächtigung für das Bundesministerium
für Ernährung und Landwirtschaft zum Erlass einer entsprechenden Rechtsverordnung, die im Einvernehmen mit den Bundesministerium für Umwelt, Naturschutz, Bau und Reaktorsicherheit und mit Zustimmung des Bundesrates ergehen
kann. Diese Ermächtigungsnorm betrifft die bereits bestehende Düngeverordnung
(s. Kap. V.4.)

f) Zulassung von Düngemitteltypen

Die nationale Zulassung von Düngemitteltypen ist, wie bereits angesprochen **113**
entfallen. Düngemittel mit der Bezeichnung „EG-Düngemittel" dürfen dagegen
weiterhin nur in den Verkehr gebracht werden, wenn sie einem Düngemitteltyp
entsprechen, der im Anhang I der Verordnung (EG) Nr. 2003/2003 festgelegt worden ist (§ 6 DüngG).

Das Inverkehrbringen von Düngemitteln, die nicht als EG-Düngemittel be- **114**
zeichnet sind, sowie von Bodenhilfsstoffen, Kultursubstraten und Pflanzenhilfsmitteln regelt die Düngemittelverordnung (DüMV).[55]

---

[55] Näheres s. *Pingen*, Rn. 18 ff.

4. Düngeverordnung

a) Entstehung

115   Erst seit der Düngeverordnung 1996[56] existierten bundeseinheitliche Vorschriften über die sachgerechte Düngung. Die bis dahin bestehenden Gülleverordnungen einzelner Länder verloren dadurch ihre Gültigkeit. Die aktuelle Neufassung der Düngeverordnung (DüV) stammt aus 2007.

b) Grundzüge der Düngeverordnung

116   **aa) Sachlicher Geltungsbereich.** Die Verordnung regelt gem. § 1 die gute fachliche Praxis bei der Anwendung der in der Verordnungsüberschrift genannten Stoffe auf landwirtschaftlich genutzten Flächen. Haus- und Nutzgärten, in denen oft ein sehr hoher Nährstoffgehalt vorhanden ist, sind trotz gewisser Bedenken weiterhin vom Geltungsbereich ausgenommen, da eine Überwachung in diesen Bereichen praktisch undurchführbar ist.

117   **bb) Grundsätze für die Anwendung.** Nach § 3 Abs. 1 DüV ist vor der Ausbringung von wesentlichen Nährstoffmengen an Stickstoff (über 50 kg Gesamt-N/ha und Jahr) oder Phosphat (über 30 kg P2O5 pro ha und Jahr, vgl. § 2 Nr. 9) der Düngebedarf der Kultur sachgerecht festzustellen. Erfordernisse für die Erhaltung der Bodenfruchtbarkeit sind zusätzlich zu berücksichtigen. Die Düngebedarfsermittlung muss so erfolgen, dass ein Gleichgewicht zwischen dem voraussichtlichen Nährstoffbedarf und der Nährstoffversorgung gewährleistet ist.

118   Die *Ermittlung des Düngebedarfs* hat gem. § 3 Abs. 2 DüV für jeden Schlag oder jede Bewirtschaftungseinheit gesondert zu erfolgen. Dabei sind u.a. zu berücksichtigen:
1. der Nährstoffbedarf der Pflanzen,
2. die im Boden pflanzenverfügbaren Nährstoffmengen,
3. der Kalkgehalt oder pH-Wert und der Humusgehalt des Bodens,
4. durch Bewirtschaftung, z.B. Bewässerung oder Beweidung (ausgenommen Düngung), zugeführte Nährstoffmengen,
5. Anbaubedingungen, die die Nährstoffverfügbarkeit beeinflussen, z.B. Kulturart, Vorfrucht und Bodenbearbeitung.

119   Vor dem Aufbringen wesentlicher Nährstoffmengen sind vom Betrieb die *im Boden verfügbaren Nähstoffmengen* zu ermitteln. Für Stickstoff hat dies auf jedem Schlag für den Zeitpunkt der Düngung, mindestens aber einmal jährlich zu erfolgen, für Phosphat in der Regel im Rahmen einer Fruchtfolge, mindestens alle sechs Jahre. Weitere Einzelheiten s. in § 3 Abs. 3 DüV.

120   *Aufbringungszeitpunkt und Menge* sind so zu wählen, dass die Nährstoffe den Pflanzen möglichst zeitgerecht zur Verfügung stehen. Ein Aufbringen darf nicht erfolgen, wenn der Boden überschwemmt, gefroren oder durchgängig höher als fünf Zentimeter mit Schnee bedeckt ist (vgl. § 3 Abs. 4 und 5 DüV). Als „gefroren" gilt der Boden, wenn er durchgängig gefroren ist und im Verlauf des Tages nicht oberflächlich auftaut (s. § 2 Nr. 12 DüV).

121   Ein *direkter Eintrag* von Stickstoff- oder phosphorhaltigen Mitteln in oberirdische Gewässer ist zu vermeiden. Der Mindestabstand beträgt drei, bei bestimmten Aus-

---

[56] Die Düngeverordnung 1996 wurde im Jahre 2004 überarbeitet, da sie die europäische Nitratrichtlinie nur unvollständig umsetzte. Einzelheiten s. bei *Härtel*, S. 229 ff. und 387 ff., sowie EuGH Rs. C-161/00, Slg. 2002, I-2753.

bringungsgeräten einen Meter zur Böschungsoberkante des Gewässers. Einzelheiten finden sich in § 3 Abs. 6 DüV.

Für *stark geneigte* Flächen (Hangneigung mehr als 10% zum Gewässer) gelten besondere Regelungen in § 3 Abs. 7 DüV. **122**

Die *Ausbringungsgeräte* müssen den allgemein anerkannten Regeln der Technik entsprechen. Ein Ausbringen mit Geräten, die in Anlage 4 zur DüV erfasst sind, z.B. zentrale Prallverteiler mit denen nach oben abgestrahlt wird, ist seit dem 1.1.2010 verboten. Eine Ausnahme besteht für Geräte, die bis zum 14.1.2006 in Betrieb genommen wurden. Für sie endet die Zulässigkeit am 31.12.2015 (§ 3 Abs. 10 DüV). **123**

cc) Zusätzliche Vorgaben für organische Düngemittel, insbesondere für Wirtschaftsdünger tierischer Herkunft. Vor dem Aufbringen der in § 4 genannten organischen Düngemittel ist ihr Gehalt an Gesamtstickstoff und Phosphat, im Falle von Gülle, Jauche, sonstigen flüssigen organischen Düngemitteln oder Geflügelkot zusätzlich ihr Gehalt an Ammoniumstickstoff zu ermitteln (§ 4 Abs. 1 DüV). Wer diese Stoffe auf unbestelltem Ackerland aufbringt, hat sie unverzüglich einzuarbeiten (§ 4 Abs. 2 DüV). Wirtschaftsdünger tierischer Herkunft dürfen nur so ausgebracht werden, dass die ausgebrachte Menge an Gesamtstickstoff im Durchschnitt der landwirtschaftlich genutzten Flächen des Betriebes 170 Kilogramm Gesamtstickstoff je Hektar und Jahr nicht überschreitet. Weitere Einzelheiten hierzu enthält § 4 Abs. 3 DüV i.V.m. Anlage 5 und 6. **124**

Auf Grünland und auf Feldgras beträgt die Höchstmenge an Gesamtstickstoff unter in § 3 Abs. 4 DüV näher geregelten Voraussetzungen 230 Kilogramm Gesamtstickstoff je Hektar und Jahr. **125**

Für Düngemittel mit wesentlichem Gehalt an Stickstoff, ausgenommen Festmist ohne Geflügelkot, besteht ein generelles Ausbringungsverbot auf Ackerland in der Zeit vom 1. November bis 31. Januar, auf Grünland vom 15. November bis 31. Januar. Die zuständige Behörde kann unter bestimmten Voraussetzungen andere Zeiten genehmigen, wobei die Verbotszeit ohne Unterbrechung bei Ackerland zwölf und bei Grünland zehn Wochen nicht unterschreiten darf. Die zuständige Stelle kann weitere Auflagen zur Ausbringung treffen und die Dauer der Genehmigung zeitlich begrenzen (s. § 4 Abs. 5 DüV).[57] **126**

Auf Ackerland dürfen nach der Ernte der letzten Hauptfrucht vor dem Winter insgesamt nicht mehr als 40 Kilogramm Ammoniumstickstoff oder 80 Kilogramm Gesamtstickstoff aufgebracht werden. Einzelheiten s. in § 4 Abs. 6 DüV. **127**

dd) Nährstoffvergleich und Bewertung, sonstige Bestimmungen. Die §§ 5 und 6 DüV enthalten detaillierte Vorschriften über die Erstellung und Fortschreibung von Nährstoffvergleichen und deren Bewertung. § 7 DüV normiert diverse Aufzeichnungspflichten des Betriebsinhabers. § 8 DüV enthält Anwendungsbeschränkungen und -verbote für bestimmte Düngemittel, § 9 DüV besondere Anforderungen an die Genehmigungen durch die zuständigen Stellen und § 10 DüV einen Katalog von Ordnungswidrigkeiten, bei deren Verwirklichung Bußgelder verhängt werden können. Verstöße im Stickstoff-Düngungsbereich können auch Sanktionen nach den Cross-Compliance-Regeln wegen Verletzung der Grundanforderungen an die Betriebsführung (GAB 1) gem. Anhang II der VO (EG) Nr. 1306/2013 (s. Kap. 12, 10.b) nach sich ziehen, da dort Art. 4 und 5 der **128**

---

[57] Auf Grund starker Niederschläge im Herbst und der damit verbundenen Unmöglichkeit, die Gülle rechtzeitig auszubringen, wurde in Bayern der Verbotszeitraum bereits mehrfach auf den Zeitraum vom 15.12. bis 15.2. verschoben.

EU-Nitratrichtlinie (Regeln der guten fachlichen Praxis, Aktionsprogramme) genannt werden.[58]

c) Bewertung

129   Bei der praktischen Umsetzung der Düngeverordnung ist der Jurist allein überfordert. Bereits der Verordnungstext, mehr aber noch die Anlagen 1 bis 8 zur Verordnung zeigen, dass nur solide natur- und agrarwissenschaftliche Kenntnisse eine korrekte Durchführung von Düngemaßnahmen gewährleisten können. Auch der einzelne Landwirt wird in der Regel nicht ohne fachliche Beratung auskommen. Die Düngeverordnung ist, verglichen mit ihren Anfängen, ein aufgeblähtes Regelwerk geworden, das Landwirten und Behörden zudem einen hohen bürokratischen Aufwand auferlegt.[59]

5. Klärschlammverordnung

a) Anwendungsbereich und Begriffsdefinitionen

130   Unter dem Gesichtspunkt der Umweltvorsorge dient die Klärschlammverordnung (AbfKlärV) des Bundes in erster Linie dem Schutz der Böden vor Schwermetalleinträgen sowie vor Belastungen durch Dioxine/Furane, polychlorierte Biphenyle (PCB) und organisch gebundene Halogene (AOX).

131   Nach § 1 AbfKlärV hat diese Verordnung zu beachten, wer
– Abwasserbehandlungsanlagen betreibt und Klärschlamm zum Aufbringen auf landwirtschaftlich oder gärtnerisch genutzte Böden abgibt oder abgeben will,
– Klärschlamm auf landwirtschaftlich oder gärtnerisch genutzte Böden aufbringt oder aufbringen will.

132   Nach den Begriffsdefinitionen in § 2 AbfKlärV ist Klärschlamm der bei der Behandlung von Abwasser in Abwasserbehandlungsanlagen einschließlich zugehöriger Anlagen zur weitergehenden Abwasserreinigung anfallende Schlamm, auch entwässert oder getrocknet oder in sonstiger Form behandelt. Rohschlamm ist Schlamm, der Abwasserbehandlungsanlagen unbehandelt entnommen wird. Als Klärschlamm gelten auch Klärschlammkomposte und Klärschlammgemische (Abs. 2).

b) Voraussetzungen für das Aufbringen

133   In der Bundesrepublik fielen 2011 etwa 1.950.000 t Klärschlamm (Trockensubstanz) an. Davon werden ca. 576.000 t in der Landwirtschaft nach AbfklärV als Dünger verwertet, der Rest wird deponiert oder verbrannt.[60]

134   Da Klärschlamm wegen seiner Rückstandsbelastung mit Schwermetallen und anderen Inhaltsstoffen das wohl problematischste Düngemittel darstellt, hat der Verordnungsgeber in § 3 AbfKlärV eine Reihe von Voraussetzungen normiert, die von Betreibern von Abwasserbehandlungsanlagen und Verwendern von Klärschlamm beachtet werden müssen.

135   Ganz allgemein gilt nach Abs. 1, dass Klärschlamm auf landwirtschaftlich oder gärtnerisch genutzte Böden nur so aufgebracht werden darf, dass das Wohl der

---

[58] Ausführlich noch zur alten Rechtslage *Pingen*, Rn. 63 ff.
[59] Ausführliche Hinweise für den Landwirt enthält z.B. *Fritsch*, Die neue Düngeverordnung, KTBL-Heft 64, 2007. S. auch *Wendland/Diepolder/Capriel*, Leitfaden für die Düngung von Acker- und Grünland, hrsg. von der Bayerischen Landesanstalt für Landwirtschaft, 8. Aufl., 2007.
[60] Statistisches Jahrbuch über Ernährung, Landwirtschaft und Forsten 2013, S. 83.

Allgemeinheit nicht beeinträchtigt wird und die Aufbringung nach Art, Menge und Zeit auf den Nährstoffbedarf der Pflanzen unter Berücksichtigung der im Boden verfügbaren Nährstoffe und organischen Substanzen sowie der Standort- und Anbaubedingungen ausgerichtet wird. Zur Konkretisierung dieser generalklauselartigen Aussage enthalten die folgenden Absätze eingehende Vorschriften zur Untersuchung der Böden vor und nach der Aufbringung, zur Untersuchung des Klärschlammes selbst sowie Sondervorschriften für kleinere Abwasserbehandlungsanlagen und für Kleinkläranlagen.

c) Aufbringungsverbote und Beschränkungen

§ 4 AbfKlärV ist das Herzstück der AbfKlärV. Er enthält vollständige und einge-**136** schränkte Aufbringungsverbote und Aufbringungsbeschränkungen. Verallgemeinernd lässt sich feststellen, dass die Ausbringung von Klärschlamm in all den Fällen verboten ist, in denen eine direkte Berührung des Erntegutes mit Klärschlamm zu erwarten oder zu befürchten ist

---

Vollständig verboten ist das Aufbringen von: **137**
- **Rohschlamm** oder **Schlamm aus anderen Abwasserbehandlungsanlagen** als jenen zur Behandlung von Haushaltsabwässern, kommunalen Abwässern oder Abwässern mit ähnlich geringer Schadstoffbelastung[61] **auf landwirtschaftlich oder gärtnerisch genutzte Böden** (Abs. 1).
- **Klärschlamm** auf
  - **Gemüse- und Obstanbauflächen** (Abs. 2 Satz 1),
  - **Dauergrünland** (Abs. 4),
  - **forstwirtschaftlich genutzte Böden** (Abs. 5),
  - landw. oder gärtnerisch genutzte Böden in **Naturschutzgebieten** etc., außer im Ausnahmefall wird Einzelgenehmigung erteilt (Abs. 6),
  - Zonen I und II von **Wasserschutzgebieten** und Böden im Bereich von Uferrandstreifen auf einer Breite von 10 m (Abs. 7).

Verboten ist das Aufbringen von Klärschlamm auf landwirtschaftlich oder **138** gärtnerisch genutzte Böden,
- bei Überschreiten bestimmter **Höchstgehalte an Schwermetallen im Boden** (Abs. 8),
- bei **sauren Böden** (Abs. 9),
- bei Überschreiten bestimmter **Höchstgehalte** an **organisch-persistenten Stoffen** im **Klärschlamm** (Abs. 10),
- bei Überschreitung von Höchstgehalten an **halogenorganischen Verbindungen** (Abs. 11),
- bei Überschreiten bestimmter **Höchstgehalte an Schwermetallen** im **Klärschlamm** (Abs. 12).

Auf Ackerflächen, die zum Anbau von Feldfutter oder von Zuckerrüben, soweit **139** das Zuckerrübenblatt verfüttert wird, genutzt werden, ist eine Klärschlammaufbringung nur vor der Aussaat mit anschließender tiefer Einarbeitung zulässig. Beim An-

---

[61] Z.B. aus industriellen Abwasserbehandlungsanlagen.

bau von Silo- und Grünmais ist der Klärschlamm ebenfalls vor der Aussaat in den Boden einzuarbeiten (§ 4 Abs. 3 AbfKlärV).

140 Auf Ackerflächen, die auch zum Anbau von Feldgemüse genutzt werden, ist im Jahr der Aufbringung des Klärschlammes und im darauf folgenden Jahr der Anbau von Feldgemüse verboten (§ 4 Abs. 2 Satz 2 AbfKlärV).

d) Aufbringungsmenge

141 Auf landwirtschaftlich oder gärtnerisch genutzte Böden dürfen innerhalb von drei Jahren nicht mehr als 5 Tonnen Trockenmasse an Klärschlamm je Hektar aufgebracht werden (§ 6 Abs. 1 Satz 1 AbfKlärV). Weitere Einzelheiten zu Klärschlammkomposten und Gemischen s. § 6 Abs. 1 Satz 2 und Abs. 2 AbfKlärV.

e) Nachweispflichten

142 Die Nachweispflichten in § 7 AbfKlärV wurden im Laufe der Zeit konkretisiert und verschärft. So ist nun neben der zuständigen Behörde auch die landwirtschaftliche Fachbehörde über eine Klärschlammaufbringung auf Böden in ihrem Zuständigkeitsbereich spätestens zwei Wochen vor dem Aufbringen zu informieren. Eingehende Modalitäten der Meldung sowie Ausnahmen finden sich in den Absätzen 2 bis 10 dieser Vorschrift.

f) Aufbringungsplan, Ordnungswidrigkeiten

143 Nach § 8 AbfKlärV haben die landwirtschaftlichen Fachbehörden oder von diesen beauftragte Dritte jährlich einen Aufbringungsplan über die im Verlauf eines Kalenderjahres aufgebrachten Klärschlämme zu erstellen.

144 Ein Katalog von Ordnungswidrigkeiten in § 9 AbfKlärV soll die Einhaltung der wichtigsten Bestimmungen der Verordnung sicherstellen.

g) Risiken

145 Die Kontamination von Böden durch in der AbfKlärV erfasste Stoffe kann zu Anbaubeschränkungen und -verboten führen. Das Risiko hierfür trägt grundsätzlich der Landwirt. Gute Gründe sprechen dafür, Klärschlamm nicht als Düngemittel zu bewerten, sondern als Abfall, dessen Beseitigung die Landwirtschaft relativ kostengünstig, aber mit einem langfristigen Risiko für den Verbraucher und die eigene Produktionsmöglichkeit vornimmt.[62]

h) Entschädigungsfonds

146 Die oben erwähnten Risiken führten nach eingehenden Diskussionen zwischen Politik und berufsständischen Vertretungen zur Schaffung eines Entschädigungsfonds. Die 1999 in Kraft getretene Klärschlamm-Entschädigungsfondsverordnung

---

[62] *Deselaers*, Abwälzung der Klärschlammrisiken auf Landwirte – rechtmäßig?, AgrarR 1992, S. 352 ff., führt hierfür mit entsprechenden Nachweisen u.a. folgende Gründe an: Bundesgesundheitsamt und Umweltbundesamt haben vor der Aufbringung von Klärschlamm auf landwirtschaftliche Flächen gewarnt; Betriebe der Ernährungsindustrie und des Handels lehnen mit zunehmender Tendenz die Abnahme von Produkten ab, die auf klärschlammbelasteten Flächen erzeugt wurden; manche Gebietskörperschaften, u.a. das Land Hessen, verbieten ihren Pächtern die Abnahme und Aufbringung von Klärschlamm; die Rechtsprechung lässt die fristlose Kündigung von Pachtverträgen zu, wenn der Pächter ohne Erlaubnis des Verpächters Klärschlamm aufbringt; wären Klärschlämme Düngemittel, müssten die Landwirte sicherlich dafür bezahlen und bekämen nicht stattdessen ein Entgelt für die Abnahme von Klärschlamm. Zur Klärschlammproblematik s. auch *Hötzel*, S. 391 f.

(KlärEV) enthält in Verbindung mit § 11 DüngG im Wesentlichen folgende Regelungen:

– Ersetzt werden die durch die landwirtschaftliche Verwertung von Klärschlammen entstehenden Schäden an Personen und Sachen sowie sich daraus ergebende Folgeschäden, z.B. Ertragseinbußen auf Grund behördlicher Anbaubeschränkungen (s. § 11 Abs. 1 DüngG).
– Erfasst sind damit auch eventuelle Stoffrisiken des Klärschlamms, auch wenn sie nach derzeitigem Wissensstand nicht erkennbar waren.
– Beiträge zum Fonds sind von allen Herstellern von Klärschlämmen zu leisten, soweit sie Klärschlamm zur landwirtschaftlichen Verwertung abgeben (§ 11 Abs. 2 DüngG). Die Beiträge werden jährlich erhoben (§ 5 Abs. 1 KlärEV.
– Die Beitragspflicht ruht, sobald die finanzielle Ausstattung des Fonds den Betrag von 125 Mio. DM bzw. den entsprechenden Eurowert erreicht hat (§ 6 Abs. 1 KlärEV).
– Im Falle der Erschöpfung der Fondsmittel trifft die Hersteller von Klärschlamm, die seit Inkrafttreten der Klärschlamm-Entschädigungsfondsverordnung Klärschlamm zur landbaulichen Verwendung abgegeben haben, eine Nachschusspflicht (§ 7 KlärEV).
– Die Entschädigungen werden auf Antrag gewährt. Die Anträge sind schriftlich bei der Bundesanstalt für Landwirtschaft und Ernährung zu stellen (§ 9 KlärEV).
– Bei Sachschäden hat der Geschädigte einen Schaden bis zu einer Höhe von 1125 DM bzw. den entsprechenden Eurowert selbst zu tragen (§ 10 KlärEV).
– Der Entschädigungshöchstbetrag für Schäden an Personen und Sachen sowie für sich daraus ergebende Folgeschäden beträgt pro Schadensfall insgesamt 5 Mio. DM bzw. den entsprechenden Eurowert (§ 11 KlärEV).

147 Zu beachten ist, dass reine Vermögensschäden, die nicht auf Personen- oder Sachschäden beruhen, nicht entschädigungsfähig sind. Ein Beispiel hierfür wäre, dass ein Landwirt auf seinen mit Klärschlamm gedüngten Flächen zwar verkehrsfähige Produkte erzeugt, sie aber nicht oder nur zu einem geminderten Preis vermarkten kann, da ein Nahrungsmittelhersteller diese Produkte nicht abnimmt.

6. Düngung mit Abwasser

148 Bei Betrieben, die an kein kommunales Abwasserbeseitigungssystem angeschlossen sind, erfolgt die Beseitigung von Haus- und Stallabwässern über die Güllegrube. Diese muss technisch einwandfrei ausgestaltet und ausreichend groß sein, da sie nur dann den bestmöglichen Gewässerschutz im Sinne des WHG gewährleisten kann. Zur Verminderung von Infektionsgefahren muss das häusliche Abwasser vor der Einleitung in die Güllegrube behandelt werden. Hierzu genügt in der Regel eine vorgeschaltete Mehrkammer-Faulgrube. Auch Biogasanlagen, die mit ausreichend hohen Temperaturen arbeiten, kommen als Vorbehandlungsanlagen in Frage.

149 Bei Stallabwässern ist vor allem das Abwasser aus der Milchkammer wegen der zur Rohrreinigung zugesetzten Desinfektionsmittel problematisch. In landwirtschaftlichen Fachkreisen geht man jedoch allgemein davon aus, dass eine genügend groß dimensionierte Güllegrube den Anfall dieser Reinigungsmittel verkraften kann. Eine Beeinträchtigung der Güllequalität dürfte nicht zu befürchten sein.[63]

---

[63] Vgl. *Schröder*, Einführung in das Wasserrecht, in: Aktuelles Agrarrecht für die Praxis, Kissing, Grundwerk Mai 2003, Teil 11.2, S. 30.

7. Bioabfallverordnung

a) Anwendungsbereich

150   Die 1998 in Kraft getretene Bioabfallverordnung (BioAbfV) gilt für unbehandelte und behandelte Bioabfälle und Gemische, die zur Verwertung als Düngemittel aufgebracht oder zum Zweck der Aufbringung abgegeben werden sowie die Behandlung und Untersuchung derselben (§ 1 Abs. 1 BioAbfV). Sie enthält neben stoffbezogenen Anforderungen an Bioabfälle (§§ 3 bis 4 BioAbfV) Vorgaben für die Aufbringung von Bioabfällen auf landwirtschaftlich, forstwirtschaftlich und gärtnerisch genutzten Böden. Regelungen zur Verwertung auf anderen Flächen oder in anderen Verwertungseinrichtungen enthält die Bioabfallverordnung nicht.

b) Abgrenzung zu anderen Rechtsbereichen

151   Die Bioabfallverordnung enthält ein obligatorisches Nachweisverfahren (§ 11 BioAbfV). Diese Regelungen sind gegenüber den Regelungen der allgemeinen Nachweisverordnung[64] spezieller und damit vorrangig (§ 11 Abs. 4 BioAbfV).

152   Soweit Bioabfälle und Klärschlämme gemischt werden, unterliegen die Gemische der Klärschlammverordnung, da diese gem. § 2 Abs. 2 Satz 5 und 6 AbfKlärV auch für entsprechende Klärschlammgemische gilt. Die Bioabfallverordnung greift nicht, soweit die Klärschlammverordnung Anwendung findet (s. § 1 Abs. 3 Nr. 3 BioAbfV).[65]

153   Neben abfallrechtlichen Vorschriften unterliegt die Verwertung von Bioabfällen einer Reihe weiterer Rechtsvorschriften. Zu erwähnen sind insbesondere Regelungen des Düngemittelgesetzes, des Tierkörperbeseitigungsgesetzes, des Bundes-Immissionsschutzgesetzes, der Biostoffverordnung und der Bundesbodenschutzverordnung. Einzelheiten zu den oft komplizierten Verzahnungen können den Hinweisen der Bund-Länder-Arbeitsgruppe zum Vollzug der Bioabfallverordnung entnommen werden.[66]

8. Berührung weiterer Rechtsgebiete

a) Wasserrecht

154   Der Landwirt muss neben den oben genannten Bestimmungen auch die Vorschriften des Wasserrechts, insbesondere § 5 WHG beachten. Nach Abs. 1 dieser Bestimmung ist jedermann verpflichtet, bei Maßnahmen, mit denen Einwirkungen auf ein Gewässer verbunden sein können, die nach den Umständen erforderliche Sorgfalt anzuwenden, um eine nachteilige Veränderung der Gewässereigenschaften zu vermeiden, um eine mit Rücksicht auf den Wasserhaushalt gebotene sparsame Verwendung des Wassers sicherzustellen, um die Leistungsfähigkeit des Wasserhaushalts zu erhalten und um eine Vergrößerung und Beschleunigung des Wasserabflusses zu vermeiden. Die Einhaltung düngerechtlicher Vorschriften enthebt den Landwirt also nicht dieser allgemeinen Sorgfaltspflicht des Wasserhaushaltsgesetzes. Führt beispielsweise die Ausbringung von Gülle auf einem nicht tief gefrorenen

---

[64] Verordnung über die Nachweisführung bei der Entsorgung von Abfällen (Nachweisverordnung – NachwV) v. 20.10.2006, BGBl. I S. 2298.

[65] Zum Zusammentreffen von Bioabfall- und Klärschlammaufbringung s. § 8 BioAbfV.

[66] Bund-Länder-Arbeitsgruppe, „Hinweise zum Vollzug der BioAbfV" vom 7.1.2014, S. 8 ff., abrufbar unter http://www.bmub.bund.de/fileadmin/Daten_BMU/Download_PDF/Abfallwirtschaft/bioabfv_hinweise_bf.pdf (4.2.2015).

Boden durch plötzlich eintretenden Regen zu einer Verunreinigung eines Oberflächengewässers, so ergeben sich unter Umständen – auch wenn kein unmittelbarer Verstoß gegen § 3 Abs. 5 DüV vorliegt – folgende Konsequenzen:

- Es kann ein Verstoß gegen die allgemeine Sorgfaltspflicht des § 5 Abs. 1 WHG vorliegen,[67]
- es kann eine zivilrechtliche Schadensersatzpflichtigkeit nach § 89 WHG (verschuldensunabhängige Gefährdungshaftung) oder – falls die Anwendbarkeit dieser Vorschrift verneint wird[68] –
- eine Schadensersatzpflicht nach § 823 Abs. 1 BGB (Verschuldenshaftung) entstehen,
- möglicherweise ergibt sich je nach Lage des Falles sogar eine Strafbarkeit nach § 324 StGB wegen vorsätzlicher (z.B. in Form des Eventualvorsatzes) oder fahrlässiger Verunreinigung eines Gewässers.

§ 5 WHG gilt räumlich unbegrenzt. Die Auffassung, der Landwirt habe nur in **155** Wasserschutzgebieten auf Gewässer Rücksicht zu nehmen, ist unhaltbar. Zu den in Wasserschutzgebieten geltenden erhöhten Sorgfaltspflichten s. Kap. 12.III.4.

b) Immissionsschutzrecht und Naturschutzrecht

Bei der Düngung entstehen Geruchsemissionen. Die damit verbundenen Pro- **156** bleme werden im Kap. 12.III.5. zusammen mit anderen Emissionen behandelt. Düngung kann auch in Konflikt geraten mit dem Naturschutzrecht. Auch dieser Gesichtspunkt wird im Kap. 12.III.6.b. im Komplex Nutzungsbeschränkungen in Natur- und Landschaftsschutzgebieten abgehandelt.

c) Straßen- und Wegerecht

Verunreinigt der Landwirt beim Ausfahren oder Aufbringen von Wirtschafts- **157** dünger Straßen und Wege über das übliche Maß hinaus, so ist er nach straßenrechtlichen und allgemein ordnungsrechtlichen Vorschriften verpflichtet, die Verunreinigung unverzüglich zu beseitigen. Versäumt er dies, kann der Straßenbaulastträger auf seine Kosten eine Ersatzvornahme durchführen. Wann das übliche Maß überschritten wird, hängt vom Einzelfall ab, insbesondere auch von der Straßenklasse. Bei einer Bundesstraße sind andere Maßstäbe angebracht als bei einem öffentlichen Feld- und Waldweg. In jedem Falle aber ist das übliche Maß überschritten, wenn eine Verkehrsgefährdung vorliegt.[69]

---

[67] Die Bestimmung erstreckt sich nicht nur auf gewässerbezogene erlaubnis-, bewilligungs-, genehmigungs- und planfeststellungspflichtige wasserrechtliche Vorgänge und sonstige wasserrechtliche Tatbestände, sondern auch auf Maßnahmen „im wasserrechtlichen Vorfeld" z.B. auf die Düngung mit Wirtschafts- und Handelsdünger, s. *Czychowski/Reinhardt,* Wasserhaushaltsgesetz, Kommentar, 11. Aufl., 2014, § 5 Rn. 14 m.w.N.; mit einer Straf- und Bußgeldandrohung ist § 5 WHG nicht bewehrt.

[68] Die Anwendbarkeit des § 89 WHG auf Düngemaßnahmen ist umstritten, s. *Czychowski/Reinhardt,* Wasserhaushaltsgesetz § 89 Rn. 16 m.w.N. Vor allem *Breuer,* Umweltschutz und Landwirtschaft – Grundwasser und Wasserhaushalt, AgrarR 1985 Beilage II, S. 2ff., S. 10, vertritt die Auffassung, dass § 89 Abs. 1 WHG (frühere § 22 Abs. 1 WHG a.F.) auf Maßnahmen der Boden- und Pflanzenbehandlung nicht anwendbar ist, da diese Maßnahmen der gewässerbezogenen Zweckbestimmung entbehren.

[69] *Hötzel,* S. 403, unter Hinweis auf VG Minden, AgrarR 1985, 242.

VI. Integrierter Pflanzenbau (IPB)

1. Stand und Entwicklung

158   Man kann das Bewirtschaftungssystem des Integrierten Pflanzenbaus insofern als das herrschende Anbaukonzept in Deutschland bezeichnen, als es
   – wissenschaftlich weit entwickelt ist,
   – in der Lehre des Pflanzenbaus auf Hochschulebene[70] und auf darunter angesiedelten Ebenen[71] die zentrale Rolle spielt,
   – trotz der aktuellen Favorisierung des ökologischen Landbaus weiterhin die politische Leitidee zur Entwicklung und Verwirklichung einer möglichst umweltverträglichen Landwirtschaft bleiben dürfte[72] und
   – ein Konzept darstellt, das Raum für künftige Entwicklungen, insbesondere für die schrittweise Harmonisierung ökonomischer und ökologischer Anforderungen lässt.

159   Entwickelt hat sich der Integrierte Pflanzen*bau* aus dem Konzept des Integrierten Pflanzen*schutzes*. Die ursprüngliche Zielsetzung des Integrierten Pflanzenschutzes war relativ eng und konzentrierte sich zunächst auf eine sichere und längere Wirkungsdauer vorhandener chemischer Wirkstoffe, die – nicht zuletzt um Resistenzen zu vermeiden – sparsamer, gezielter und im Wechsel eingesetzt werden sollten.[73] In der weiteren Entwicklung ging es dann vor allem darum, Umweltbelastungen durch chemische Pflanzenschutzmaßnahmen zu reduzieren und durch Einbeziehung vorbeugender Maßnahmen, mechanischer, biologischer und biotechnischer[74] Methoden den chemischen Pflanzenschutz so weit wie möglich zu ersetzen. Diese Ausweitung von der Pflanzenschutzmaßnahme im engeren Sinne auf die gesamten Produktionsvorgänge im Pflanzenbau hatte zur Folge, dass man heute den Begriff des Integrierten Pflanzen*schutzes* immer mehr durch den des Integrierten Pflanzen*baus* ersetzt bzw. den Integrierten Pflanzenschutz als einen Teil des Gesamtkonzeptes behandelt.

160   Betrachtet man § 2 Nr. 2 PflSchG, so kann man feststellen, dass der Gesetzgeber dort bereits von der erweiterten Zielsetzung ausgeht, den Begriffswechsel vom Integrierten Pflanzen*schutz* zum Integrierten Pflanzen*bau* aber nicht vollzogen hat.

2. Prinzipien

161   Bei der Darstellung der Grundzüge des Pflanzenschutzgesetzes wurden im Rahmen des § 6 PflSchG bereits einige wichtige Grundsätze des Integrierten Pflanzenschutzes bzw. -baus aufgeführt. Hier soll nun unter deren Einbeziehung ein Ge-

---

[70] S. etwa *Diercks/Heitefuß (Hrsg.)*, Integrierter Landbau, 2. Aufl., 1994 mit ausführlichen Literaturhinweisen; *Heyland,* Integrierte Pflanzenproduktion, 1990.

[71] S. z.B. das Lehrbuch für die landwirtschaftlichen Fachschulen, das auf Grund seiner Qualität auch an Hochschulen Verwendung findet: Die Landwirtschaft, Band 1 Pflanzliche Erzeugung, 12. Aufl., 2006 (in der Folge zitiert: Die Landwirtschaft 1).

[72] So ist beispielsweise in Bayern der Integrierte Pflanzenbau seit Anfang der 1980er Jahre Leitlinie der staatlichen Landwirtschaftsberatung, s. die Bayerischen Agrarberichte.

[73] S. *Doleschel/Demmel,* in: Die Landwirtschaft 1, S. 83 f.

[74] Hierzu rechnet man z.B. Zucht und Einbürgerung von Nutzinsekten oder den Einsatz von Lockstoffen (z.B. Pheromonen) und Abschreckstoffen (Repellents); vgl. *Tischner/Klein/Demmel,* in: Die Landwirtschaft 1, S. 320.

samtüberblick über den derzeitigen Stand des integrierten Pflanzenbaus gegeben werden.[75]

a) Indirekte Maßnahmen

Den gezielten Pflanzenschutzmaßnahmen ist ein Bündel an indirekten Maßnah- 162
men vorgelagert, die dazu dienen, die Schadenswahrscheinlichkeit herabzusetzen. Zu diesen indirekten Maßnahmen gehören:
– richtige Standortwahl
– Bodenpflege
– Anbau resistenter Sorten
– fachgerechte Düngung
– vielseitige Fruchtfolge
– fachgerechte Saatzeit und -technik
– Befallskontrollen
– Schutz und Schonung nützlicher Tiere.

b) Direkte Bekämpfungsverfahren

Vor dem gezielten Einsatz ist die wirtschaftliche Schadens- und Bekämpfungs- 163
schwelle zu beachten. Nach Möglichkeit ist der Pflanzenschutzwarndienst in Anspruch zu nehmen, dessen Aufgabe darin besteht, auf der Grundlage von Prognosen, Beobachtungen und praktischen Erhebungen vor dem Auftreten von Krankheitsbefall zu warnen, damit eine gezielte Bekämpfung, vor allem zum richtigen Zeitpunkt, durchgeführt werden kann.

Wie bereits dargestellt, ist der Einsatz chemischer Pflanzenschutzmittel nur nach- 164
rangig erlaubt. Praktikable mechanische und thermische Verfahren haben Vorrang, ebenso die biologischen und biotechnischen Verfahren, soweit sie Praxisreife erreicht haben.

Lässt sich der Einsatz chemischer Pflanzenschutzmittel nicht vermeiden, so ist 165
folgendes zu beachten:
– Die Aufwandmenge der Mittel ist in Abhängigkeit von Witterung, Boden, Entwicklungsstadium der Kulturpflanzen und der Schadorganismen unter Berücksichtigung der anwendungstechnischen Möglichkeiten so niedrig wie möglich zu bemessen.
– Wenn möglich, sollen nur Teilflächenbehandlungen durchgeführt werden (Nester- oder Randbehandlung, Bandspritzung).
– Die durchgeführten Maßnahmen sind aufzuzeichnen (Schlagkartei).

3. Rechtliche Situation, Durchsetzung in der Praxis

Ausdrücklich definiert der Gesetzgeber den Begriff des Integrierten Pflanzen- 166
schutzes in § 2 Nr. 2 PflSchG. Wie bereits erwähnt, ist diese Legaldefinition so weit formuliert, dass sie wesentliche Elemente des Integrierten Pflanzenbaus mit umfasst. Die rechtliche Verpflichtung, diese Grundsätze zu beachten, ergibt sich aus § 6 i.V.m. § 3 Abs. 1 PflSchG und den allgemeinen Grundsätzen des integrierten Pflanzenschutzes des Anhangs III der RL 2009/128/EG (Anwendung nur nach guter fachlicher Praxis), im Übrigen über den in verschiedenen Gesetzen und Verordnungen enthaltenen Begriff der „ordnungsgemäßen Landwirtschaft"

---

[75] Vgl. *Tischner/Klein/Demmel*, in: Die Landwirtschaft 1, S. 303 ff., insb. S. 309 ff.

bzw. der „guten fachlichen Praxis". Das Produktionsverhalten eines Landwirts ist nur dann als ordnungsgemäß bzw. der guten fachlichen Praxis entsprechend einzustufen, wenn er die Grundsätze des Integrierten Pflanzenbaus beachtet. Nur dann kann er beispielsweise einen Billigkeitsausgleich nach § 19 Abs. 4 WHG beanspruchen.

167   Betrachtet man die mengenmäßige Entwicklung des Pflanzenschutzmittel-Einsatzes der letzten Jahre (s. oben Kap. IV.2.), so muss allerdings die Frage erlaubt sein, ob die Grundsätze des integrierten Pflanzenbaus in der Praxis hinreichend ernst genommen werden.

VII. Ökologischer Landbau

1. Grundzüge der ökologischen Landwirtschaft

168   Wirtschaften im Einklang mit der Natur, das ist der Grundgedanke der ökologischen Landwirtschaft. Der landwirtschaftliche Betrieb wird im Anschluss an *Rudolf Steiner* als Organismus mit den Bestandteilen Mensch, Tier, Pflanze und Boden aufgefasst. Angestrebt werden vor allem
– möglichst geschlossene betriebliche Nährstoffkreisläufe,
– Erhaltung und Verbesserung der Bodenfruchtbarkeit,
– möglichst artgemäße Haltung der Tiere.

169   Folgende Maßnahmen und Verhaltensregeln stehen dabei im Vordergrund:[76]
– kein Pflanzenschutz mit chemisch-synthetischen Mitteln,
– Anbau widerstandsfähiger Sorten,
– geeignete Fruchtfolgen,
– Einsatz von Nützlingen,
– mechanische Unkrautbekämpfung,
– keine Verwendung leicht löslicher Mineraldünger,
– Ausbringung von organisch gebundenem Stickstoff möglichst in Form von Mist oder Kompost,
– Zwischenfruchtanbau,
– keine Verwendung von chemisch-synthetischen Wachstumsregulatoren,
– flächengebundener Viehbesatz,
– Fütterung der Tiere möglichst mit hofeigenem Futter, wenig Zukauf von Futtermitteln,
– kein Einsatz von Hormonen,
– weitgehender Verzicht auf Antibiotika.

2. Historisches, Rechtsgrundlagen

170   Anders als beim Integrierten Pflanzenbau, der den Landwirten in vielen Bereichen einen weiten Handlungsspielraum belässt, existieren für den ökologischen Landbau detaillierte und zwingende rechtliche Regelungen.[77] Diese waren zunächst

---

[76] Vgl. Ökologischer Landbau in Deutschland (Stand: Juni 2014), http://www.bmel.de/DE/Landwirtschaft/Nachhaltige-Landnutzung/Oekolandbau/_Texte/OekologischerLandbauDeutschland.html#doc377838bodyText1 (5.2.2015).
[77] Zu den WTO-Aspekten s. *Busse*, Rn. 41 ff.

niedergelegt in der Verordnung (EWG) Nr. 2092/91 (EG-Öko-Verordnung)[78]. Diese Verordnung galt zunächst nur für pflanzliche Erzeugnisse. Mit der Verordnung (EG) Nr. 1804/1999[79] wurde dann auch die tierische Erzeugung in den Geltungsbereich der EG-Öko-Verordnung einbezogen. Schließlich wurde 2009 die VO (EWG) Nr. 2092/91 ersetzt durch die VO (EG) Nr. 834/2007 über die ökologische/biologische Produktion und die Kennzeichnung von ökologischen/ biologischen Erzeugnissen (Öko-Basisverordnung) und die zugehörige Durchführungsverordnung (EG) Nr. 889/2008 (in der Folge als Durchführungsverordnung bezeichnet). Hinzu kam die Durchführungsverordnung (EG) Nr. 1235/2008 für den Import von Bio-Produkten, die in Drittländern angebaut oder hergestellt werden. Auf nationaler Ebene wurde das Öko-Landbaugesetz (ÖLG), das spezielle Regelungen zu Kontrollen und Sanktionen trifft, an die neuen Bioverordnungen angepasst.

171 Europäische Verordnungen sind bekanntermaßen in allen Mitgliedsstaaten unmittelbar geltendes Recht. Für den Vollzug sind in Deutschland die Bundesländer zuständig. Um zu erreichen, dass die Vorgaben der EU-Verordnung in allen Bundesländern gleich verstanden und umgesetzt werden, trifft sich regelmäßig eine Länder-Arbeitsgemeinschaft (LÖK). Aussagen zu bestimmten Auslegungsfragen dieses Gremiums finden sich in dem Internetportal oekolandbau.de.[80] Die Beschlüsse der Länderarbeitsgemeinschaft haben nicht den Charakter einer Verwaltungsvorschrift. Sie können diesen Status aber erhalten, wenn sie sich ein Bundesland im Rahmen des Erlasses einer Verwaltungsvorschrift zu eigen macht.[81]

172 Grundsätze des ökologischen Landbaus waren bereits vor ihrer Fixierung in der EG-Öko-Verordnung in privaten Regelwerken der ökologischen Anbauverbände[82] niedergelegt. Die zunehmende Bedeutung des ökologischen Landbaus für Verbraucher und Markt führten dann dazu, dass auch weitere Kreise im Agrarsektor ihren Widerstand gegen diese Produktionsform aufgaben. Die Dynamik im ökologischen Landbau und die wachsende Nachfrage der Verbraucher nach ökologisch erzeugten Produkten führte dann zur Notwendigkeit, entsprechende gesetzliche Regelungen zu erlassen.

173 Erwägungsgrund 1 der Öko-Basisverordnung verdeutlicht das Gewicht, das dieser Produktionsform heute von Politik und Gesellschaft beigemessen wird:

174 „Die ökologische/biologische Produktion bildet ein Gesamtsystem der landwirtschaftlichen Betriebsführung und der Lebensmittelproduktion, das beste umweltschonende Praktiken, ein hohes Maß der Artenvielfalt, den Schutz der natürlichen Ressourcen, die Anwendung hoher Tierschutzstandards und eine Produktionsweise

---

[78] Verordnung (EWG) Nr. 2092/91 des Rates vom 24.6.1991 über den ökologischen Landbau und die entsprechende Kennzeichnung der landwirtschaftlichen Erzeugnisse und Lebensmittel, ABl. L 198 v. 22.7.1991, S. 1–15.

[79] Verordnung (EG) Nr. 1804/1999 des Rates vom 19.7.1999 zur Einbeziehung der tierischen Erzeugung in den Geltungsbereich der Verordnung (EWG) Nr. 2092/91 über den ökologischen Landbau und die entsprechende Kennzeichnung der landwirtschaftlichen Erzeugnisse und Lebensmittel, ABl. L 222 v. 24.8.1999, S. 1–28.

[80] http://www.oekolandbau.de/fileadmin/pah/loek_protokolle/index.php (5.2.2015).

[81] Zur Kritik an diesen Ergebnissen, die in den Bundesländern nur zum Teil beachtet werden, s. *Schmidt/Haccius*, S. 26 f.

[82] Wegbereitend tätig war hier die Stiftung Ökologie und Landbau (SÖL), danach die Arbeitsgemeinschaft Ökologischer Landbau e.V. (AGÖL) und auf internationaler Ebene die Internationale Vereinigung der Ökologischen Landbaubewegungen (IFOAM); Einzelheiten s. etwa bei *Vogt*, Entstehung und Entwicklung des ökologischen Landbaus, (zugl. Univ. Diss. Gießen 1999), 2000; s. auch *Oppermann*, Ökologischer Landbau am Scheideweg, ASG-Kleine Reihe Nr. 62, 2001.

kombiniert, die der Tatsache Rechnung tragen, dass bestimmte Verbraucher Erzeugnissen, die unter Verwendung natürlicher Substanzen und nach natürlichen Verfahren erzeugt worden sind, den Vorzug geben. Die ökologische/biologische Produktionsweise spielt somit eine doppelte gesellschaftliche Rolle, denn sie bedient einerseits auf einem spezifischen Markt die Verbrauchernachfrage nach ökologischen/biologischen Erzeugnissen und stellt andererseits öffentliche Güter bereit, die einen Beitrag zu Umwelt- und Tierschutz ebenso wie zur Entwicklung des ländlichen Raums leisten."[83]

3. Aufbau der Öko-Basisverordnung

175   Die Öko-Basisverordnung ist folgendermaßen aufgebaut:
Nach den Erwägungsgründen folgt der Verordnungstext, der in sieben Titel gegliedert ist:

Titel I   Ziel, Geltungsbereich und Begriffsbestimmungen
Titel II   Ziele und Grundsätze der ökologischen/biologischen Produktion
Titel III   Produktionsvorschriften
Titel IV   Kennzeichnung
Titel V   Kontrollen
Titel VI   Handel mit Drittländern
Titel VII   Übergangs- und Schlussbestimmungen.

4. Wichtige Inhalte[84]

a) Geltungsbereich

176   Der Geltungsbereich der Öko-Basisverordnung wurde im Vergleich zur Vorgängerregelung um Vorschriften zu Fisch aus Aquakulturen und Meeresalgen, zu Hefe- und Hefeerzeugnissen, zu Heimtierfuttermitteln und zur Weinherstellung erweitert.

b) Ergänzung der Ziele und Grundsätze

177   In den Art. 3 bis 7 Öko-Basisverordnung sind die Ziele und Grundsätze der ökologischen/biologischen Produktion niedergelegt. Hier wird erstmals die Ausrichtung des Bio-Sektors auf Nachhaltigkeit und Lebensmittelqualität verankert (Art. 3). Besonders hingewiesen sei auf die in Art. 5 enthaltenen spezifischen Grundsätze für die landwirtschaftliche Erzeugung. Dieser Artikel gewährt einen Überblick über die „Philosophie" der ökologischen Landwirtschaft.

c) Kriterien für die Zulassung von Betriebsmitteln

178   In Art. 16 Öko-Basisverordnung werden erstmals detaillierte Kriterien festgelegt, deren Vorliegen Voraussetzung für die Aufnahme von Betriebsmitteln in die Positivlisten („beschränktes Verzeichnis") der Durchführungsverordnung darstellt. Für Pflanzenschutzmittel gilt insbesondere, dass ihre Verwendung unerlässlich für die

---

[83] Kritik an diesem Erwägungsgrund, insbesondere daran, dass der Gesundheitsschutz von Landwirten und Verbrauchern nicht erwähnt wird, s. bei *Schmidt/Haccius*, S. 62.

[84] Überblick bei *Gerber/Barbian*, Die neue EU-Öko-Verordnung, unter www.boelw.de/uploads/media/pdf/Dokumentation/Rechtstexte/EU-Oeko-VO_neu_wichtige_AEnderungen_081217.pdf (6.2.2015).

Bekämpfung eines Schadorganismus oder einer bestimmten Krankheit ist und zu deren Bekämpfung keine anderen biologischen, physischen, züchterischen Alternativen oder anbautechnischen Praktiken zur Verfügung stehen. Erzeugnisse, die nicht pflanzlichen, tierischen, mikrobiellen oder mineralischen Ursprungs und nicht mit ihrer natürlichen Form identisch sind, dürfen nur zugelassen werden, wenn jeglicher Kontakt mit den essbaren Teilen der Pflanze ausgeschlossen ist (Art. 16 Abs. 2 Bst. c Öko-Basisverordnung).[85]

d) Ausschluss von Gentechnik

Das Verbot der Anwendung von Gentechnik wird dahingehend präzisiert, dass **179** weder gentechnisch veränderte Organismen (GVO) selbst noch aus GVO oder durch GVO hergestellte Erzeugnisse eingesetzt werden dürfen. Einzelheiten s. Art. 9, Ausnahmen s. Art. 22 Abs. 2 Bst. g Öko-Basisverordnung.[86]

e) Flexibilität

In Art. 22 Öko-Basisverordnung werden unter der Überschrift „Flexibilität" die **180** zahlreichen Ausnahmeregelungen zusammengefasst. Darin wird die Kommission ermächtigt, unter bestimmten Voraussetzungen Ausnahmen von den Produktionsvorschriften zu erlassen.

f) Umstellungsregelungen

Die Regelungen zur Umstellung finden sich in Art. 17 Öko-Basisverordnung **181** i.V.m. Art. 36 bis 38 Durchführungsverordnung. Der Umstellungszeitraum für Pflanzen und pflanzliche Erzeugnisse beträgt gem. Art. 36 Durchführungsverordnung mindestens zwei Jahre vor der Verwendung als ökologische/biologische Futtermittel und im Falle von anderen (mehrjährigen) Kulturen als Futterkulturen drei Jahre. Spezifische Umstellungsregelungen für Flächen, die im Zusammenhang mit der ökologischen/biologischen Tierhaltung genutzt werden, finden sich in Art. 37, für Tiere und tierische Erzeugnisse in Art. 38 Durchführungsverordnung.

g) Buchführungspflichten

Für den Einsatz von Dünge- und Pflanzenschutzmitteln ist die frühere Be- **182** darfsanerkennung durch die Kontrollstellen entfallen. Diese Mittel dürfen heute eingesetzt werden, wenn sie nach den Anhängen I und II der Durchführungsverordnung zugelassen sind und der Landwirt die Notwendigkeit des Einsatzes in entsprechenden Büchern dokumentiert (s. Art. 3 und 5 Durchführungsverordnung).

Erweiterte Buchführungspflichten bei gleichzeitigem Wegfall der früheren Ge- **183** nehmigungen ergeben sich ferner in folgenden Fällen: Zukauf von konventionellen Tieren, Einsatz von Tierarzneimitteln (Mitteilungspflicht), Zukauf von konventionellen Futtermitteln und Zufütterung von Bienen, Reinigungsmaßnahmen u.a. (allgemein Art. 66 Durchführungsverordnung).

h) Tierhaltung

Vorschriften für die tierische Erzeugung finden sich in Art. 14 Öko-Basisverord- **184** nung i.V.m. Art. 7 bis 25 und den Anhängen der Durchführungsverordnung.

---

[85] Einzelheiten zu Art. 16 s. bei *Schmidt/Haccius*, S. 271 ff.
[86] Im Detail s. *Busse*, Rn. 140 ff.

185   Die Festlegung der „angemessenen" Besatzdichten (Anhang IV Durchführungsverordnung) kann durch die zuständigen Behörden bis zu dem Grenzwert von
170 kg aus Wirtschaftsdüngern anfallendem Stickstoff pro Hektar und Jahr festgelegt werden. Die in Anhang IV der Durchführungsverordnung enthaltenen Zahlen dienen dabei der Behörde als „Orientierungswerte" (Art. 15 Abs. 2 Durchführungsverordnung).

186   Tierbehandlungen mit chemisch-synthetischen allopathischen Arzneimitteln
oder mit Antibiotika sind dreimal pro Jahr, bei Tieren, deren Produktionszyklus
weniger als ein Jahr beträgt einmal pro Jahr erlaubt, ehe die Tiere einen neuen Umstellungszeitraum durchlaufen müssen (s. Art. 14 Abs. 1 Bst. e Öko-Basisverordnung
i.V.m. Art. 24 Abs. 3 und 4 Durchführungsverordnung).

187   Eingriffe bei Tieren wie z.B. das Anbringen von Gummiringen an den Schwänzen von Schafen, das Kupieren von Schwänzen, Enthornung u.a. dürfen nicht rou-
tinemäßig, sondern nur fallweise nach Genehmigung durch die zuständige Behörde
und nur bei Verabreichung von Schmerz- oder Betäubungsmitteln vorgenommen
werden (Art. 18 Abs. 1 Durchführungsverordnung).

5. Kennzeichnungsregeln

188   Grundlegende Kennzeichnungsregeln finden sich in Art. 23 bis 26 Öko-Basisverordnung. Wie alle Kennzeichnungsregelungen konkretisieren sie das allgemeine
lebensmittelrechtliche Irreführungsverbot. Dementsprechend weist Art. 23 Abs. 1
S. 1 darauf hin, dass für die Frage der korrekten Kennzeichnung des Produkts der
Eindruck des Käufers maßgebend sein soll. Nach Art. 23 Abs. 1 S. 2 dürfen Produkte nur dann mit Bezeichnungen wie „Bio-" oder „Öko-" versehen werden,
wenn diese Erzeugnisse die Vorschriften der Öko-Basisverordnung und der im
Einklang mit ihr erlassenen Vorschriften erfüllen.

189   Landwirtschaftliche Urprodukte dürfen nach Art. 23 Abs. 1 S. 3 die Bezeichnung „Bio-" oder „Öko" nur dann tragen, wenn alle Bestandteile nach den Vorschriften der Öko-Basisverordnung erzeugt wurden. Bei verarbeiteten Lebensmitteln dürfen diese Bezeichnungen u.a. dann verwendet werden, wenn mindestens
95 Gewichtsprozent ihrer Zutaten landwirtschaftlichen Ursprungs ökologisch/bio-
logisch erzeugt wurden (Art. 23 Abs. 4). Ökologische Zutaten in einem konventionellen Produkt mit weniger als 95% Gewichtsanteil dürfen nur in der Zutatenliste
als ökologisch gekennzeichnet werden.

190   Weitere, sehr ins Detail gehende Kennzeichnungsregelungen enthält Art. 24
Öko-Basisverordnung. So muss beispielsweise die Kennzeichnung bei vorverpack-
ten Öko-Lebensmitteln auch die Codenummer der Kontrollbehörde und das EU-
Bio-Logo enthalten.

191   Das EU-Bio-Logo findet sich grafisch dargestellt im Anhang XI der Durchführungsverordnung (Art. 25 Öko-Basisverordnung i.V.m. Art. 57 und Anhang XI
Durchführungsverordnung). Nationale und private Logos dürfen in Kennzeichnung und Aufmachung von Erzeugnissen sowie in der Werbung verwendet werden, sofern diese Erzeugnisse die Vorschriften der Öko-Basisverordnung erfüllen
(Art. 25 Abs. 2 Öko-Basisverordnung). Auf Bundesebene existiert im Öko-Kenn-
zeichnungsgesetz die entsprechende Regelung in § 1. Neben Straf- und Bußgeldvorschriften (§§ 3 und 4) und den Möglichkeiten der Einziehung von Gegenständen (§ 5) enthält das Gesetz in § 2 die Ermächtigung für das BMEL zum Erlass
einer Verordnung über die Gestaltung und Verwendung und die Anzeige der Verwendung des Öko-Kennzeichens. Auf dieser Ermächtigungsgrundlage erließ das

BMEL die Öko-Kennzeichenverordnung mit detaillierten Regelungen zur Gestaltung des Öko-Kennzeichens.

Umstritten ist, ob der Hinweis „ohne Gentechnik" auch in der Etikettierung von Bioprodukten zulässig sein soll.[87] Gegen diese Ansicht bestehen insofern Bedenken, als nach den Regeln des lauteren Wettbewerbs ein Verbot der Werbung mit Selbstverständlichem besteht (vgl. §§ 3 ff. UWG) und sich bei Verwendung dieses Zusatzes möglicherweise ein Wettbewerbsvorteil gegenüber Mitbewerbern ergibt. **192**

6. Öko-Landbaugesetz

Dieses Gesetz (ÖLG) enthält spezielle Regelungen zur nationalen Durchführung der Öko-Basisverordnung, zum Kontrollsystem und zu Sanktionsmaßnahmen.[88] **193**

---

[87] S. *Schmidt/Haccius*, S. 342 f. unter Hinweis auf OLG Hamburg, Urt. v. 17.3.2005, 3 U 210/04, das eine Irreführung verneint, wenn der Verkehr die Werbung mit Selbstverständlichkeiten richtig versteht, nämlich als einen an sich überflüssigen Hinweis auf etwas Selbstverständliches.
[88] Dazu und zu den Inhalten der anderen nationalen Rechtsgrundlagen s. *Busse*, Rn. 93 ff.

8. Kapitel. Das Recht der landwirtschaftlichen Produktion, Bereich: Tierische Erzeugung

Literaturauswahl:

a) Futtermittelrecht:

Bittner, Futtermittelrecht, in: Härtel (Hrsg.), Handbuch des Fachanwalts Agrarrecht, Köln 2012, S. 1191 ff. (zit. *Bittner*);

Entel/Förster/Hinckers, Futtermittelrecht. Textsammlung mit Begründungen und Erläuterungen, Loseblatt, 41. Ergänzungslieferung, Stuttgart 2010;

Meyer/Streinz, LFGB – BasisVO. Kommentar, 2. Aufl., München 2012 (zit. *Meyer/Streinz*);

Radewahn (Hrsg.), Futtermittelrechtliche Vorschriften. Textsammlung mit Erläuterungen, 15. Aufl., Clenze 2013.

b) Tierarzneimittel- und Tierseuchenrecht:

Knorr/Weinberger, Tierseuchen-, Tierzucht- und Tierschutzrecht, in: Dombert/Witt (Hrsg.), Münchener Anwaltshandbuch Agrarrecht, München 2011, S. 753 ff. (zit. *Knorr/Weinberger*);

Wolff/Zrenner/Grove, Veterinär-Vorschriften des Bundes. Vorschriftensammlung, Loseblatt, Heidelberg/München 2013 (zit. *Wolff/Zrenner/Grove*);

Zrenner/Paintner, Arzneimittelrechtliche Vorschriften für Tierärzte, Loseblatt, 48. Ergänzungslieferung, Stuttgart 2014.

c) Tierzuchtrecht:

Fischer, Tierzuchtrecht, in: Härtel (Hrsg.), Handbuch des Fachanwalts Agrarrecht, Köln 2012, S. 1115 ff. (zit. *Fischer*);

Knorr/Weinberger, Tierseuchen-, Tierzucht- und Tierschutzrecht, in: Dombert/Witt (Hrsg.), Münchener Anwaltshandbuch Agrarrecht, München 2011, S. 753 ff. (zit. *Knorr/Weinberger*);

von Ledebur, Das Tierzuchtrecht in der Bundesrepublik Deutschland, Textsammlung mit Begründungen, Loseblatt, 19. Ergänzungslieferung, Butjadingen 2013 (zit. *von Ledebur*);

Pelhak, Tierzuchtrecht. Kommentar zum Bundesrecht und zum bayerischen Landesrecht, 26. Ergänzungslieferung, München 2014.

d) Tierschutzrecht:

Cymutta, Tierschutzrecht, in: Härtel (Hrsg.), Handbuch des Fachanwalts Agrarrecht, Köln 2012, S. 1066 ff. (zit. *Cymutta*);

Hirt/Maisack/Moritz, Tierschutzgesetz, 3. Aufl., München 2015;

Knorr/Weinberger, Tierseuchen-, Tierzucht- und Tierschutzrecht, in: Dombert/Witt (Hrsg.), Münchener Anwaltshandbuch Agrarrecht, München 2011, S. 753 ff. (zit. *Knorr/Weinberger*);

von Loeper/Martin/Müller/Nabholz/van Putten/Sambraus/Teutsch/Troxler/Tschanz, Intensivhaltung von Nutztieren aus ethischer, ethologischer und rechtlicher Sicht, 2. Aufl., Basel/Boston/Stuttgart, 1985 (zit. *von Loeper*);

Lorz/Metzger, Tierschutzgesetz, 6. Aufl., München 2008 (zit. *Lorz/Metzger*).

Nützliche Internetadressen:

http://www.fli.bund.de (Friedrich-Loeffler-Institut, Bundesforschungsinstitut für Tiergesundheit)
http://www.ble.de (Bundesanstalt für Landwirtschaft und Ernährung)
http://www.bvl.bund.de (Bundesamt für Verbraucherschutz und Lebensmittelsicherheit)
http://www.dlg.org/futtermittel_net.html (Informationen der DLG)

I. Wichtige Rechtsquellen

1. Futtermittelrecht

1   **a) Europäische Normen**

- Verordnung (EG) Nr. 178/2002 des Europäischen Parlaments und des Rates vom 28.1.2002 zur Festlegung der allgemeinen Grundsätze und Anforderungen des Lebensmittelrechts, zur Errichtung der Europäischen Behörde für Lebensmittelsicherheit und zur Festlegung von Verfahren zur Lebensmittelsicherheit, *ABl. L 31 vom 1.2.2002, S. 1–24* – (im Folgenden Basis-Verordnung);
- Verordnung (EG) Nr. 999/2001 des Europäischen Parlaments und des Rates vom 22.05.2001 mit Vorschriften zur Verhütung, Kontrolle und Tilgung bestimmter transmissibler spongiformen Enzephalopathien, *ABl. L 147 v. 31.5.2001, S. 1–40*;
- Richtlinie 2002/32/EG des Europäischen Parlaments und des Rates vom 7.5.2002 über unerwünschte Stoffe in der Tierernährung, *ABl. L 140 v. 30.5.2002, S. 10–22*;
- Verordnung (EG) Nr. 1069/2009 des Europäischen Parlaments und des Rates vom 21.10.2009 mit Hygienevorschriften für nicht für den menschlichen Verzehr bestimmte tierische Nebenprodukte und zur Aufhebung der VO (EG) Nr. 1774/2002 (Verordnung über tierische Nebenprodukte), *ABl. L 300 v. 14.11.2009, S. 1–33*;
- Verordnung (EG) Nr. 1831/2003 des Europäischen Parlaments und des Rates vom 22.9.2003 über Zusatzstoffe zur Verwendung in der Tierernährung, *ABl. L 268 v. 18.10.2003, S. 29–43*;
- Verordnung (EG) Nr. 882/2004 des Europäischen Parlaments und des Rates vom 29.4.2004 über amtliche Kontrollen zur Überprüfung der Einhaltung des Lebensmittel- und Futtermittelrechts sowie der Bestimmungen über Tiergesundheit und Tierschutz, *ABl. L 165 v. 30.4.2004, S. 1–141*;
- Verordnung (EG) Nr. 183/2005 des Europäischen Parlaments und des Rates vom 12.1.2005 mit Vorschriften für die Futtermittelhygiene, *ABl. L 35 v. 8.2.2005, S. 1–22*;
- Verordnung (EG) Nr. 396/2005 des Europäischen Parlaments und des Rates vom 23.2.2005 über Höchstgehalte an Pestizidrückständen in oder auf Lebens- und Futtermitteln pflanzlichen oder tierischen Ursprungs und zur Änderung der Richtlinie 91/414/EWG des Rates, *ABl. L 70 v. 16.3.2005, S. 1–16*;
- Verordnung (EG) Nr. 767/2009 des Europäischen Parlaments und des Rates vom 13.7.2009 über das Inverkehrbringen und die Verwendung von Futtermitteln, zur Änderung der Verordnung (EG) Nr. 1831/2003 des Europäischen Parlaments und des Rates und zur Aufhebung der Richtlinien 79/373/EWG des Rates, 80/511/EWG der Kommission, 82/471/EWG des Rates, 83/228/ EWG des Rates, 93/74/EWG des Rates, 93/113/EG des Rates und 96/25/EG des Rates und der Entscheidung 2004/217/EG der Kommission, *ABl. L 229 v. 1.9.2009, S. 1–28*.

2   **b) Nationale Normen**

- Lebensmittel-, Bedarfsgegenstände- und Futtermittelgesetzbuch (Lebensmittel- und Futtermittelgesetzbuch – LFGB), neugefasst durch Bek. v. 3.6.2013, BGBl. I S. 1426;

– Futtermittelverordnung (FuttMV 1981) v. 8.4.1981, neugefasst durch Bek.
  v. 5.7.2013, BGBl. I S. 2242;
– Verordnung zur Überwachung transmissibler spongiformer Enzephalopathien und
  zur Durchführung bestimmter Vorschriften der Verordnung (EG) Nr. 999/2001
  (TSE-Überwachungsverordnung – TSEÜberwV 2001) v. 13.12.2001, BGBl. I
  S. 3631);
– Verordnung über die fachlichen Anforderungen an die in der Futtermittelüber-
  wachung tätigen Kontrolleure (Futtermittelkontrolleur-Verordnung – Futt-
  MKontrV) v. 28.3.2003, BGBl. I S. 464;

2. Tierarzneimittel- und Tierseuchenrecht

a) Europäische Normen zum Tierarzneimittelrecht[1]   3

– Verordnung (EG) Nr. 470/2009 des Europäischen Parlaments und des Rates
  vom 6.5.2009 über die Schaffung eines Gemeinschaftsverfahrens für die Festsetzung von Höchstmengen für Rückstände pharmakologisch wirksamer Stoffe
  in Lebensmitteln tierischen Ursprungs, zur Aufhebung der Verordnung (EWG)
  Nr. 2377/90 des Rates und zur Änderung der Richtlinie 2001/82/EG des Europäischen Parlaments und des Rates und der Verordnung (EG) Nr. 726/2004 des
  Europäischen Parlaments und des Rates, *ABl. L 152 v. 16.6.2009, S. 11–22*;
– Verordnung (EU) Nr. 37/2010 der Kommission vom 22.12.2009 über pharmakologisch wirksame Stoffe und ihre Einstufung hinsichtlich der Rückstands-
  höchstmengen in Lebensmitteln tierischen Ursprungs, *ABl. L 15 v. 20.1.2010,
  S. 1–72*.

b) Nationale Normen zum Tierarzneimittelrecht   4

– Gesetz über den Verkehr mit Arzneimitteln (Arzneimittelgesetz – AMG), neugefasst durch Bek. v. 12.12.2005, BGBl. I S. 3394;
– Verordnung über Nachweispflichten der Tierhalter für Arzneimittel, die zur Anwendung bei Tieren bestimmt sind (Tierhalter-Arzneimittel-Nachweisverord-
  nung – ANTHV) v. 20.12.2006, BGBl. I S. 3450, 3453;
– Verordnung über tierärztliche Hausapotheken (TÄHAV), neugefasst durch Bek.
  v. 8.7.2009, BGBl. I S. 1760.

c) Europäische Normen zum Tierseuchenrecht[2]   5

– Verordnung (EG) Nr. 999/2001 des Europäischen Parlaments und des Rates vom
  22.5.2001 mit Vorschriften zur Verhütung, Kontrolle und Tilgung bestimmter transmissibler spongiformen Enzephalopathien, *ABl. L 147 v. 31.5.2001,
  S. 1–40*;
– Richtlinie 2003/85/EG des Rates vom 29.9.2003 über Maßnahmen der Gemeinschaft zur Bekämpfung der Maul- und Klauenseuche, zur Aufhebung
  der Richtlinien 85/511/EWG sowie der Entscheidungen 89/531/EWG und
  91/665/EWG und zur Änderung der Richtlinie 92/46/EWG, *ABl. L 306
  v. 22.11.2003, S. 1–87*;
– Richtlinie 92/119/EWG des Rates vom 17.12.1992 mit allgemeinen Gemein-
  schaftsmaßnahmen zur Bekämpfung bestimmter Tierseuchen sowie besonde-

---

[1] S. dazu die Sammlung *Wolff / Zrenner / Grove*, Band EU-Recht, Teil K I Arzneimittelrecht und
Rückstandskontrollen.
[2] S. dazu die Sammlung *Wolff / Zrenner / Grove*, Band EU-Recht, Teil A Tierseuchenrecht.

ren Maßnahmen bezüglich der vesikulären Schweinekrankheit, *ABl. L 62 vom 15. 3. 1993, S. 69–85*;
– Richtlinie 2000/75/EG des Rates vom 20. 11. 2000 mit besonderen Bestimmungen für Maßnahmen zur Bekämpfung und Tilgung der Blauzungenkrankheit, *ABl. L 327 vom 22. 12. 2000, S. 74–83.*

6 d) Nationale Normen zum Tierseuchenrecht[3]

– Gesetz zur Vorbeugung vor und Bekämpfung von Tierseuchen (Tiergesundheitsgesetz – TierGesG) v. 22.5.2013, BGBl. I S. 1324;
– Verordnung zum Schutz gegen die Verschleppung von Tierseuchen im Viehverkehr (Viehverkehrsverordnung – ViehVerkV), neugefasst durch Bek. v. 3.3.2010, BGBl. I S. 203;
– Verordnung über Sera, Impfstoffe und Antigene nach dem Tiergesundheitsgesetz (Tierimpfstoff-Verordnung – TierImpfStV 2006) v. 24.10.2006, BGBl. I S. 2355;
– Verordnung über anzeigepflichtige Tierseuchen (TierSeuchAnzV), neugefasst durch Bek. v. 19.7.2011, BGBl. I S. 1404;
– Verordnung über meldepflichtige Tierkrankheiten (TKrMeldpflV 1983), neugefasst durch Bek. v. 11.2.2011, BGBl. I S. 252.

3. Tierzuchtrecht

7 a) Europäische Normen[4]

– Richtlinie 89/608/EWG des Rates vom 21.11.1989 betreffend die gegenseitige Unterstützung der Verwaltungsbehörden der Mitgliedstaaten und die Zusammenarbeit dieser Behörden mit der Kommission, um die ordnungsgemäße Anwendung der tierärztlichen und tierzuchtrechtlichen Vorschriften zu gewährleisten, *ABl. L 351 v. 2. 12. 1989, S. 34–37*;
– Richtlinie 90/425/EWG des Rates vom 26.6.1990 zur Regelung der veterinärrechtlichen und tierzüchterischen Kontrollen im innergemeinschaftlichen Handel mit lebenden Tieren und Erzeugnissen im Hinblick auf den Binnenmarkt, *ABl. L 224 v. 18. 8. 1990, S. 29–41*;
– Richtlinie 2008/73/EG des Rates vom 15.7.2008 zur Vereinfachung der Verfahren für das Auflisten und die Veröffentlichung von Informationen im Veterinär- und Tierzuchtbereich und zur Änderung der Richtlinien 64/432/EWG, 77/504/EWG, 88/407/EWG, 88/661/EWG, 89/361/EWG, 89/556/EWG, 90/426/EWG, 90/427/EWG, 90/428/EWG, 90/429/EWG, 90/539/EWG, 91/68/EWG, 91/496/EWG, 92/35/EWG, 92/65/EWG, 92/66/EWG, 92/119/EWG, 94/28/EG, 2000/75/EG, der Entscheidung 2000/258/EG sowie der Richtlinien 2001/89/EG, 2002/60/EG und 2005/94/EG, *ABl. L 85 v. 5. 4. 1991, S. 37–38*;
– Richtlinie 91/174/EWG des Rates vom 25.3.1991 über züchterische und genealogische Bedingungen für die Vermarktung reinrassiger Tiere und zur Änderung der Richtlinien 77/504/EWG und 90/425/EWG, *ABl. L 85 v. 5. 4. 1991, S. 37–38*;

---

[3] Verordnungen zu speziellen Tierseuchen wie Tollwut, Tuberkulose, MKS, TSE, Blauzungenkrankheit oder Brucellose s. die Sammlung *Wolff/Zrenner/Grove*, Band EU-Recht, Teil A Tierseuchenrecht.

[4] S. dazu die Sammlung bei *von Ledebur*, Abschnitt A.

b) Nationale Normen 8

- Tierzuchtgesetz (TierZG) v. 21.12.2006, BGBl. I S. 3294;
- Verordnung über Zuchtorganisationen (Tierzuchtorganisationsverordnung – TierZOV) v. 29.4.2009, BGBl. I S. 1039;
- Verordnung über Lehrgänge nach dem Tierzuchtgesetz (TierZG1989LehrgV) v. 15.10.1992, BGBl. I S. 1776;
- Verordnung über die Gewinnung, Abgabe und Verwendung von Samen, Eizellen und Embryonen von Zuchttieren (Samenverordnung – SamEnV) v. 14.10.2008, BGBl. I S. 2053;
- Verordnung über die Leistungsprüfungen und die Zuchtwertfeststellung bei Pferden (PfZLpV), neugefasst durch Bek. v. 2.2.2001, BGBl. I S. 189;
- Verordnung über die Leistungsprüfungen und die Zuchtwertfeststellung bei Rindern (RindZLpV), neugefasst durch Bek. v. 6.6.2000, BGBl. I S. 805;
- Verordnung über die Leistungsprüfungen und die Zuchtwertfeststellung bei Schweinen (SchwZLpV) v. 16.5.1991, BGBl. I S. 1130;
- Verordnung über die Leistungsprüfungen und die Zuchtwertfeststellung bei Schafen und Ziegen (Schaf/ZiegeZLpV) v. 16.5.1991, BGBl. I S. 1126;

4. Tierschutzrecht

a) Europäische Normen 9

- Richtlinie 98/58/EG des Rates vom 20.7.1998 über den Schutz landwirtschaftlicher Nutztiere, *ABl. L 221 v. 8.8.1998, S. 23–27*;
- Richtlinie 2008/119/EG des Rates vom 18.12.2008 über Mindestanforderungen für den Schutz von Kälbern, *ABl. L 10 v. 15.1.2009, S. 7–13*;
- Richtlinie 2008/120/EG des Rates vom 18.12.2008 über Mindestanforderungen für den Schutz von Schweinen, *ABl. L 47 v. 18.12.2009, S. 5–13*;
- Richtlinie 99/74/EG des Rates vom 19.7.1999 zur Festlegung von Mindestanforderungen zum Schutz von Legehennen, *ABl. L 203 v. 3.8.1999, S. 53–57*;
- Richtlinie 2007/43/EG des Rates vom 28.6.2007 mit Mindestvorschriften zum Schutz von Masthühnern, *ABl. L 182 v. 12.7.2007, S. 19–28*;
- Verordnung (EG) Nr. 1099/2009 des Rates vom 24.9.2009 über den Schutz von Tieren zum Zeitpunkt der Tötung, *ABl. L 303 v. 18.11.2009, S. 1–30*;
- Verordnung (EG) Nr. 1/2005 des Rates vom 22.12.2004 über den Schutz von Tieren beim Transport und damit zusammenhängenden Vorgängen sowie zur Änderung der Richtlinien 64/432/EWG und 93/119/EG und der Verordnung (EG) Nr. 1255/97, *ABl. L 3 v. 5.1.2005, S. 1–44*;
- Verordnung (EG) Nr. 1255/97 des Rates vom 25.6.1997 zur Festlegung gemeinschaftlicher Kriterien für Kontrollstellen und zur Anpassung des im Anhang der Richtlinie 91/628/EWG vorgesehenen Transportplans, *ABl. L 174 v. 2.7.1997, S. 1–6.*

b) Nationale Normen 10

- Tierschutzgesetz (TierSchG), neugefasst durch Bek. v. 18.5.2006, BGBl. I S. 1206;
- Verordnung zum Schutz landwirtschaftlicher Nutztiere und anderer zur Erzeugung tierischer Produkte gehaltener Tiere bei ihrer Haltung (Tierschutz-Nutztierhaltungsverordnung – TierSchNutztV), neugefasst durch Bek. v. 22.8.2006, BGBl. I S. 2043;

- Gesetz über die Registrierung von Betrieben zur Haltung von Legehennen (Legehennenbetriebsregistergesetz – LegRegG) v. 12.9.2003, BGBl. I S. 1894;
- Tierschutz-Hundeverordnung (TierSchHuV) v. 2.5.2001, BGBl. I S. 838;
- Verordnung zum Schutz von Tieren im Zusammenhang mit der Schlachtung oder Tötung und zur Durchführung der Verordnung (EG) Nr. 1099/2009 des Rates (Tierschutz-Schlachtverordnung – TierSchlV) v. 20.12.2012, BGBl. I S. 2982;
- Gesetz zu dem Europäischen Übereinkommen vom 10. Mai 1979 über den Schutz von Schlachttieren (SchlTSchÜbkG) v. 9.12.1983, BGBl. II S. 770;
- Gesetz zu dem Europäischen Übereinkommen vom 13. Dezember 1968 über den Schutz von Tieren beim internationalen Transport (TierSchTÜbkG) v. 12.7.1973, BGBl. II S. 721;
- Verordnung zum Schutz von Tieren beim Transport und zur Durchführung der Verordnung (EG) Nr. 1/2005 des Rates (Tierschutztransportverordnung – TierSchTrV), v. 11.2.2009, BGBl. I S. 375.

II. Futtermittelrecht

1. Grundzüge des Futtermittelrechts

a) Regelungszweck, Begriffsbestimmungen

11   Die landwirtschaftlichen Betriebe in Deutschland wenden für den Zukauf von Futtermitteln jährlich über 8 Mrd. EUR auf.[5] Das sind mehr als 25 % ihrer gesamten Betriebsausgaben. Diese große wirtschaftliche Bedeutung und die beschränkten Möglichkeiten des Landwirts, Zusammensetzung und Qualität des gekauften Futtermittels zu erkennen, erfordern futtermittelrechtliche Regelungen. Bereits das Futtermittelgesetz[6] hatte sich im Verlaufe seiner Existenz von einem Marktordnungsgesetz immer mehr zu einem Verbraucherschutzgesetz entwickelt.[7] Diese Tendenz verstärkte sich nach Aufdeckung der Zusammenhänge zwischen der Verabreichung bestimmter Futtermittel und dadurch hervorgerufener Krankheiten, insbesondere von BSE. Der Verbraucherschutz steht heute zumindest gleichrangig neben der ursprünglichen Zielsetzung. Folgerichtig finden sich nun wesentliche Vorschriften des Futtermittelgesetzes in der Verordnung (EG) Nr. 178/2002 (Basis-Verordnung) und im Lebensmittel- und Futtermittelgesetzbuch (LFGB), vgl. insb. §§ 1, 17–25 LFGB[8].

12   Nach der Generalklausel des Art. 15 Abs. 1 BasisVO dürfen Futtermittel, die nicht sicher sind, nicht in den Verkehr gebracht oder an der Lebensmittelgewinnung dienende Tiere verfüttert werden. Als nicht sicher gelten Futtermittel gem. Abs. 2, wenn davon auszugehen ist, dass sie

- die Gesundheit von Mensch oder Tier beeinträchtigen können bzw.
- bewirken, dass die so gewonnenen Lebensmittel als nicht sicher für den Verzehr durch den Menschen anzusehen sind.

---

[5]   S. Statistisches Jahrbuch über Ernährung, Landwirtschaft und Forsten 2014, hrsg. vom BMEL, 2014, S. 182.

[6]   Aufgehoben durch Art. 7 Nr. 10 Gesetz v. 1.9.2005, BGBl. I S. 2618, 2666.

[7]   Vgl. *Spann*, Grundlagen der Fütterung, in: Tierische Erzeugung, Die Landwirtschaft Band 2, 11. Aufl., 1999, S. 70.

[8]   Zur Kritik an der Vorgehensweise des deutschen Gesetzgebers s. *Meyer* in: *Meyer/Streinz*, § 17 LFGB Rn. 3.

Futtermittel sind gem. Art. 3 Nr. 4 BasisVO Stoffe oder Erzeugnisse, auch Zusatz- **13** stoffe, verarbeitet, teilweise verarbeitet oder unverarbeitet, die zur oralen Tierfütterung[9] bestimmt sind (§ 2 Abs. 4 LFGB verweist auf diesen Artikel der BasisVO).

Unter dem zentralen Begriff der *Einzelfuttermittel* versteht man nach der De- **14** finition in Art. 3 Abs. 2 lit. g VO (EG) Nr. 767/2009[10] einerseits die klassischen pflanzlichen Futtermittel wie z.B. Grünfutter, Getreide, Ölsaaten, Hülsenfrüchte, Ackerfrüchte und ihre Verarbeitungsprodukte, andererseits aber auch tierische Erzeugnisse wie z.B. Milchpulver sowie Tier- und Fischmehl, deren Verwendung infolge der BSE-Krise eingeschränkt worden ist.[11]

Weitere Begriffsbestimmungen[12] finden sich in Art. 2 RL 2002/32/EG sowie **15** § 1 Futtermittelverordnung, in letzter z.B. die Definitionen von Ergänzungsfuttermittel, Milchaustausch-Futtermittel und Futtermittel für besondere Ernährungszwecke (Nr. 4–6).

So sind noch zu nennen *Alleinfuttermittel*, das sind Mischfuttermitteln, die auf- **16** grund ihrer Zusammensetzung allein zur täglichen Ration ausreichen (Art. 2 lit. g RL 2002/32/EG).

Ergänzungsfuttermittel sind hingegen Mischfuttermittel, die einen gegenüber **17** einem Alleinfuttermittel höheren Gehalt an bestimmten Stoffen, insbesondere Inhalts- oder Zusatzstoffen, aufweisen und aufgrund ihrer Zusammensetzung nur mit anderen Futtermitteln zur täglichen Ration ausreichen (Art. 2 lit. f RL 2002/32/ EG).

b) Inverkehrbringensverbote

§ 17 Abs. 2 LFGB ergänzt das in Art. 15 Abs. 1 BasisVO und Art. 4 Abs. 1 VO **18** (EG) Nr. 767/2009 geregelte Verbot des Inverkehrbringens und Verfütterns nicht sicherer Futtermittel um Vorschriften über vor dem Inverkehrbringen eingreifende Herstellungs- und Behandlungsverbote (Abs. 2 Nr. 1), weitere Verbote des Inverkehrbringens (Abs. 2 Nr. 2) und Verbote des Verfütterns (Abs. 2 Nr. 3), soweit die Futtermittel geeignet sind

- die Gesundheit von Tieren zu schädigen (Abs. 2 Nr. 1 lit. a, Nr. 2 lit. a und Nr. 3 lit. a),
- die Qualität der von Nutztieren gewonnenen Lebensmittel oder sonstigen Produkte zu beeinträchtigen (Abs. 2 Nr. 1 lit. b aa, Nr. 2 lit. a und Nr. 3 lit. b),
- durch in tierischen Ausscheidungen vorhandene unerwünschte Stoffe, die ihrerseits bereits in Futtermitteln enthalten waren, den Naturhaushalt zu gefährden (Abs. 2 Nr. 1 lit. b bb, Nr. 2 lit. b und Nr. 3 lit. b).[13]

Praktisch steht bei der Sicherheit von Futtermitteln die Vermeidung von Kon- **19** taminationen im Vordergrund, und zwar durch verbotene Stoffe, unerwünschte Stoffe, Pflanzenschutzmittel und genetisch veränderte Organismen (GVO).[14]

---

9 S. *Bittner*, Rn. 11.
10 „Einzelfuttermittel" sind demnach Erzeugnisse pflanzlichen oder tierischen Ursprungs, die vorrangig zur Deckung des Ernährungsbedarfs von Tieren dienen, im natürlichen Zustand, frisch oder haltbar gemacht, und Erzeugnisse ihrer industriellen Verarbeitung sowie organische oder anorganische Stoffe, mit Futtermittelzusatzstoffen oder ohne Futtermittelzusatzstoffe, die zur Tierernährung durch orale Fütterung bestimmt sind, sei es unmittelbar als solche oder in verarbeiteter Form, für die Herstellung von Mischfuttermitteln oder als Trägerstoff für Vormischungen.
11 S. *Bittner*, Rn. 12 ff.
12 Zu den Arten von Futtermitteln s. *Bittner*, Rn. 9 ff.
13 Einzelheiten s. bei *Meyer* in: *Meyer/Streinz*, § 17 LFGB Rn. 9 ff.
14 Im Detail mit den einschlägigen Rechtsgrundlagen *Bittner*, Rn. 48 ff.

c) Verfütterungsverbote

20   In Bezug auf Verfütterungsverbote enthält § 18 LFGB die diesbezüglichen nationalen Regelungen. § 18 Abs. 1 LFGB entspricht – allerdings beschränkt auf Fette
aus Gewebe warmblütiger Landtiere und von Fischen sowie auf Mischfuttermittel,
die diese Einzelfuttermittel enthalten – damit dem ehemaligen Verfütterungsver-
botsgesetz.

21   § 18 Abs. 2 LFGB enthält ein Verbringungsverbot für Futtermittel die nach
Abs. 1 nicht verfüttert werden dürfen. Eine Verordnungsermächtigung findet sich
in Abs. 3.

22   Die TSE-Verordnung (EG) Nr. 999/2001 enthält ein EU-weit geltendes, umfassendes Verfütterungsverbot proteinhaltiger Erzeugnisse an Nutztiere zur Verhütung, Kontrolle und Tilgung bestimmter transmissibler spongiformer Enzephalopathien. Sie gilt gem. Art. 1 Abs. 1 für die Produktion und das Inverkehrbringen
und in bestimmten Sonderfällen für die Ausfuhr von lebenden Tieren und tierischen Erzeugnissen. Art. 7 Abs. 1 enthält das Verfütterungsverbot von tierischen
Proteinen an Wiederkäuer. Art. 7 Abs. 2 dehnt dieses Verfütterungsverbot aus auf
Tiere und Erzeugnisse tierischen Ursprungs gem. Anhang IV. Erfasst sind u.a. folgende Stoffe: verarbeitetes tierisches Protein, aus Wiederkäuern gewonnene Gela-
tine, Blutprodukte, hydrolisiertes Protein etc.

23   Für Küchen- und Speiseabfälle, die aus Abfällen der menschlichen Nahrung bestehen, sowie für die daraus hergestellten Futtermittel gilt gem. Art. 11 Abs. 1 lit.
b VO (EG) Nr. 1774/2002 aus tierseuchenrechtlichen Erwägungen ein Verfütterungsverbot an Nutztiere (mit Ausnahme von Pelztieren).[15]

2. Hinweise zur Futtermittelverordnung (FuttMV)

a) Bedeutung

24   Die Futtermittelverordnung i.d.F. aus 2013 dient der Umsetzung zahlreicher
einschlägiger Rechtsakte der EU. Inhaltlich hat sie allerdings angesichts des stetig
zunehmenden Umfangs der direkt durch europäische Verordnungen geregelten
Sachverhalte erheblich an Bedeutung verloren.[16]

b) Zusatzstoffe

25   Futtermittelzusatzstoffe sind zulassungspflichtig. In der EU zugelassene Stoffe
sind in einem Gemeinschaftsregister nach der Verordnung (EG) Nr. 1831/2003
aufgeführt (§ 16 FuttMV).

c) Unerwünschte und verbotene Stoffe

26   Unerwünschte Stoffe (früher „Schadstoffe") sind Stoffe oder Erzeugnisse, die
ohne zugesetzt worden zu sein in oder auf Futtermitteln enthalten sind und eine
potenzielle Gefahr für die Gesundheit von Mensch oder Tier oder für die Umwelt darstellen oder die tierische Erzeugung beeinträchtigen können (Art. 2 lit. l
RL 2002/32/EG). Zu ihnen zählen sowohl Zivilisationsrückstände (z.B. Schwer-
metalle) und giftige Stoffwechselprodukte von Mikroorganismen (z.B. Myko-
toxine) als auch von Natur aus vorkommende Stoffe wie Unkrautsamen, Mut-

---

[15] Näheres bei *Meyer* in: *Meyer/Streinz*, § 18 LFGB Rn. 4.
[16] *Bittner*, Rn. 5.

terkorn oder in den Futterpflanzen enthaltene Stoffe wie Blausäure oder Senföl. Die unerwünschten Stoffe und ihr zulässiger Höchstgehalt in Futtermitteln sind in Art. 3 Abs. 2 i.V.m. Anhang I der RL 2002/32/EG aufgelistet (§ 23 FuttMV), die Aktionsgrenzwerte für unerwünschte Stoffe, deren Überschreitung Untersuchungen durch die Mitgliedstaaten auslöst, in Art. 4 Abs. 2 i.V.m. Anhang II der RL 2002/32/EG (§ 23a FuttMV).

Verbotene Stoffe, die nicht den Anforderungen nach Art. 6 Abs. 1 VO (EG) **27** Nr. 767/2009 entsprechen, dürfen nicht in den Verkehr gebracht oder verfüttert werden (§ 25 FuttMV).

3. Futtermittelüberwachung[17]

Die amtliche Futtermittelüberwachung dient dem Zweck der Sicherstellung der **28** Unbedenklichkeit der vom Tier gewonnenen Lebensmittel für die menschliche Gesundheit, dem Schutz der Tiergesundheit und der Verhinderung der Gefährdung des Naturhaushalts, sowie der Erhaltung und Verbesserung der Leistungsfähigkeit der Tiere. Zuständig für die Überwachung sind die Behörden der Bundesländer,[18] das Bundesamt für Verbraucherschutz und Lebensmittelsicherheit koordiniert deren Überwachungstätigkeiten.

Überwacht wird die Einhaltung der Rechtsvorschriften für **29**
– unerwünschte Stoffe, verbotene Stoffe, Mittelrückstände von Tierarzneimitteln,
– die Futtermittel selbst, Vormischungen und Futtermittelzusatzstoffe,
– die Bezeichnung und Kennzeichnung dieser Stoffe,
– die Verbote zum Schutz vor Täuschung und
– die Werbung.

Bei der amtlichen Überwachung wird zwischen den zwei folgenden Bereichen **30** unterschieden:
1. Betriebsprüfungen (das sind Kontrollen, die zu einem bestimmten Zeitpunkt mit dem Schwerpunkt der Dokumentenkontrolle und der Sauberkeit und Hygiene durchgeführt werden) und Buchprüfungen (Dokumentenkontrolle über einen festgelegten Zeitraum vor der Prüfung);
2. risiko- bzw. verdachtsorientierte Probenahmen und Analysen der Proben (Überwachung) und zufallsorientierte Probenahmen und Analyse der Proben (Statuserhebungen).

Die Kontrollen finden im Bereich der gesamten Futtermittelkette statt, so **31**
– im landwirtschaftlichen Betrieb,
– beim Händler (Tierärzte eingeschlossen),
– bei Lagerhaltern und Transporteuren sowie
– an Grenzeingangsstellen.

Beprobt werden Einzelfuttermittel, Mischfuttermittel, Vormischungen und Fut- **32** termittelzusatzstoffe.

---

[17] S. http://www.bvl.bund.de > Futtermittel > Aufgaben im Bereich Futtermittel > Amtliche Futtermittelüberwachung (5.3.2015).
[18] In Bayern ist das die Regierung von Oberbayern; s. http://www.regierung.oberbayern.bayern.de/aufgaben/umwelt/futtermittel (17.3.2015).

4. Weiterentwicklungen auf dem Futtermittelsektor

a) Positivliste

33   Schon in den 1990er Jahren hatten Politik, Verbraucher und Teile der Wirtschaft eine Auflistung aller Futtermittel, die in Deutschland und später möglichst EU-weit bei der Fütterung landwirtschaftlicher Nutztiere Verwendung finden dürfen, gefordert. Besondere Aktualität erhielt diese Forderung dann durch in der Öffentlichkeit bekannt gewordene Probleme im Futtermittelsektor (z.B. Dioxinbelastung, Verwendung von verunreinigten Fetten). Die daraufhin ins Leben gerufene Normenkommission für Einzelfuttermittel im Zentralausschuss der Deutschen Landwirtschaft[19] erarbeitete sodann eine Positivliste für Einzelfuttermittel (Futtermittel-Ausgangserzeugnisse). Die Normenkommission hat sich dabei nicht auf eine reine Aufzählung der Futtermittel beschränkt, sondern auf eine eindeutige Definition (Bezeichnung und Beschreibung) der Herkunft und der Eigenschaften Wert gelegt. Kriterien für die Aufnahme eines Futtermittels in die Liste sind in erster Linie ein nachgewiesener Futterwert, die Unbedenklichkeit für Tier und Mensch, eine erkennbare Bedeutung am Markt und die rechtlich zulässige Verwendung.[20]

34   Mittlerweile liegt die 7. Version der Positivliste für Einzelfuttermittel vor (Stand Oktober 2008). Die Liste ist weiterhin offen für Streichungen, Änderungen und Neuaufnahmen.[21]

35   Die Positivliste beruht also auf einer freiwilligen Vereinbarung betroffener Wirtschaftskreise und Organisationen. Im Unterschied zu den im EU-Futtermittelrecht etablierten Auflistungen an Einzelfuttermitteln[22], die nahezu alle Einzelfuttermittel, die zur Fütterung bestimmt sind oder bestimmt sein können, erfassen, werden in die Positivliste nur Einzelfuttermittel aufgenommen, deren Sicherheit im Hinblick auf die verwendeten Rohstoffe, Verarbeitungshilfsstoffe und Herstellungsverfahren sowie auf ihren Futterwert hin durchleuchtet wurden und für die Nutztierernährung als geeignet angesehen werden.

b) Futtermittel-Zusatzstoffe[23]

36   Futtermittelzusatzstoffe sind gem. Art. 2 Abs. 2 lit. a und Art. 5 Abs. 3 VO (EG) Nr. 1831/2003 Stoffe, Mikroorganismen oder Zubereitungen, die keine Futtermittel-Ausgangserzeugnisse oder Vormischungen sind und bewusst Futtermitteln oder Wasser zugesetzt werden, um bestimmte Funktionen zu erfüllen, wie insbesondere die positive Beeinflussung der Beschaffenheit des Futtermittels, der tierischen Erzeugnisse bzw. der Tierproduktion oder die Deckung des Ernährungsbedarfs der Tiere. Futtermittelzusatzstoffe dürfen erst in Verkehr gebracht, verarbeitet oder verwendet werden, wenn eine entsprechende gemeinschaftliche Zulassung nach Beleg der Wirksamkeit und Unbedenklichkeit in Bezug auf tierische und menschliche

---

[19]   Mitglieder im Zentralausschuss der Deutschen Landwirtschaft sind der Deutsche Bauernverband, die Deutsche Landwirtschaftsgesellschaft, der Deutsche Raiffeisenverband und der Verband der Landwirtschaftskammern.

[20]   Vgl. Normenkommission für Einzelfuttermittel im Zentralausschuss der Deutschen Landwirtschaft (Hrsg.), Positivliste für Einzelfuttermittel, 11. Aufl., 2014, Vorwort S. III.

[21]   Die Liste kann heruntergeladen werden über http://www.dlg.org/positivliste.html (5.3.2015).

[22]   S. EU-Katalog der Verordnung (EU) Nr. 68/2013 der Kommission vom 16.1.2013 zum Katalog der Einzelfuttermittel, ABl. L 29 v. 30.1.2013, S. 1–64.

[23]   Einzelheiten, Probleme und weiterführende Literaturangaben s. http://www.lgl.bayern.de/tiergesundheit/futtermittel/futtermittelsicherheit/zusatzstoffe/index.htm (5.3.2015).

Gesundheit sowie Umwelt gem. VO (EG) Nr. 1831/2003 erteilt wurde. Hier soll auf zwei Zusatzstoffe kurz eingegangen werden.

Fütterungs-Antibiotika: Da beim Einsatz von Antibiotika als Futtermittel-Zusatz- 37 stoffe die Gefahr der Bildung und Ausbreitung von Antibiotikaresistenzen gegen human- und tierpathologische Mikroorganismen besteht, wurden die als Leistungsförderer zugelassenen Antibiotika schrittweise reduziert, die letzten sind seit 1.1.2006 europaweit verboten. Die Einsatzmöglichkeit von Kokzidiostatika blieb hingegen weiterhin bestehen.[24]

Probiotika sind lebende Mikroorganismen mit einem positiven Effekt auf die 38 Tiergesundheit. Sie regulieren und fördern die Verdauung, bewirken die Bildung von Vitaminen und stärken das Immunsystem. Sie etablieren sich als Ersatz für die inzwischen verbotenen antibiotischen Leistungsförderer.

III. Tierarzneimittelrecht, Tierseuchenrecht

1. Tierarzneimittelrecht

a) Grundsätzliches, Begriffe

Das Tierarzneimittelrecht ist weitgehend zusammen mit dem Recht der Huma- 39 narzneimittel geregelt. Wichtigste Rechtsquelle ist das Arzneimittelgesetz (AMG). Arzneimittel müssen vom Bundesgesundheitsamt zugelassen sein.[25] Sie sind nach § 2 Abs. 1 AMG Stoffe oder Zubereitungen aus Stoffen, die zur Anwendung im oder am menschlichen oder tierischen Körper als Mittel zur Heilung oder Linderung oder Verhütung von Krankheiten oder krankhaften Beschwerden bestimmt sind oder deren Anwendung die physiologischen Funktionen durch eine pharmakologische, immunologische oder metabolische Wirkung wiederherstellen, korrigieren oder beeinflussen oder eine medizinische Diagnose stellen soll.

Den Arzneimitteln gleichgestellt wird eine Reihe von Gegenständen, Instru- 40 menten und Stoffen (§ 2 Abs. 2 AMG). Ausgenommen vom Arzneimittelbegriff werden in § 2 Abs. 3 AMG ausdrücklich z.B. Lebensmittel (Nr. 1), Stoffe, die ausschließlich der äußerlichen Reinigung oder Pflege des Tieres dienen (Nr. 4) oder Futtermittel i.S. des Lebensmittel- und Futtermittelgesetzbuches (Nr. 6). Werden Arzneimittel in Futtermittel gemischt, entstehen sog. Fütterungsarzneimittel (§ 4 Abs. 10 AMG). Diese müssen sowohl futtermittelrechtlichen als auch arzneimittelrechtlichen Anforderungen genügen (§ 56 Abs. 3 AMG). Sie dürfen kein Antibiotikum oder Kokzidiostatikum als Futtermittel-Zusatzstoff enthalten.

Arzneimittel werden unterteilt in

Apothekenfreie Arzneimittel: Diese sind frei verkäuflich und dürfen auch außer- 41 halb von Apotheken gehandelt werden. Es handelt sich dabei um Arzneimittel ohne Heilungsindikation (z.B. Euterpflegemittel) oder bestimmte rein natürliche

---

[24] Bei der Kokzidiose handelt es sich um eine durch Kokzidien hervorgerufene, parasitär bedingte Darmerkrankung, die in der intensiven Geflügelmast, insbesondere in Junggeflügelbeständen zu einer sprunghaften Vermehrung der Kokzidien und damit zu einer Gefährdung des gesamten Tierbestandes führen. Von Verbraucherseite ist zu kritisieren, dass Kokzidiostatika wiederum prophylaktisch über das Futter verabreicht werden. Europaweit sind derzeit verschiedene Wirkstoffe als Kokzidiostatika für den Einsatz bei Junghennen, Masthühnern, Truthühnern sowie Kaninchen zugelassen, wobei jeweils festgesetzte Mindest- und Höchstgehalte sowie gegebenenfalls Wartezeiten zu beachten sind.

[25] S. §§ 21 ff. AMG.

Stoffe (z.B. Destillate aus Pflanzen). Näheres s. §§ 44, 45 AMG i.V.m. der hierzu ergangenen Verordnung[26].

42   *Apothekenpflichtige* Arzneimittel: Diese dürfen für den Endverbrauch nur in Apotheken und nicht im Wege des Versandes abgegeben werden (§ 43 Abs. 1 AMG). Ferner dürfen sie im Rahmen des Betriebes einer tierärztlichen Hausapotheke durch Tierärzte an Halter der von ihnen behandelten Tiere abgegeben und zu diesem Zweck vorrätig gehalten werden (sog. „Dispensierrecht" der Tierärzte). Dies gilt auch für die Durchführung tierärztlich gebotener und kontrollierter krankheitsvorbeugender Maßnahmen bei Tieren, wobei der Gesetzgeber hier deutlich darauf hinweist, dass der Umfang der Abgabe den auf Grund tierärztlicher Indikation festgestellten Bedarf nicht überschreiten darf (§ 43 Abs. 4 AMG).

43   *Verschreibungspflichtige* Arzneimittel: Auch diese Arzneimittel dürfen nur in Apotheken und nur nach Vorlage einer tierärztlichen Verschreibung an den Verbraucher oder durch den Tierarzt abgegeben werden. Sie dürfen nur durch den Tierarzt oder unter seiner Kontrolle angewandt werden (§ 48 AMG i.V.m. hierzu ergangenen Verordnungen[27]). Die Voraussetzungen für die Verschreibung, Abgabe und Anwendung von Arzneimitteln durch Tiere ist in § 56a AMG eingehend geregelt.

44   Für *Fütterungsarzneimittel*[28] gelten Sonderregelungen (§ 43 Abs. 5 S. 2 i.V.m. § 56 AMG). Abweichend von § 47 Abs. 1 AMG dürfen diese, jedoch nur auf Verschreibung eines Tierarztes, vom Hersteller nur unmittelbar an den Tierhalter abgegeben werden (§ 56 Abs. 1 AMG). Sie dürfen nur noch von spezialisierten Betrieben hergestellt werden, die hierfür eine Erlaubnis besitzen. Eine Herstellung durch einfache Futtermittelbetriebe im Auftrag des Tierarztes oder durch den Tierhalter selbst (sog. Hofmischung) ist nicht mehr möglich. Eingehende Herstellungsvorschriften finden sich in § 56 Abs. 2 bis 4 AMG. So wird beispielsweise die Verwendung unterschiedlicher Vormischungen auf drei begrenzt. Antibiotika oder Kokzidiostatika dürfen sie nicht enthalten. Verschreiben darf der Tierarzt Fütterungsarzneimittel nur, wenn sie zur Anwendung an den von ihm behandelten Tieren bestimmt sind (§ 56 Abs. 5 AMG).

45   Von den eben behandelten Tier-Arzneimitteln sind die *Tier-Impfstoffe* zu unterscheiden. Diese unterliegen den Sondervorschriften der Tier-Impfstoff-Verordnung.[29] Sie dürfen nur durch den Tierarzt oder unter den strengen Voraussetzungen des § 44 Tier-Impfstoff-Verordnung durch den Tierhalter oder eine von diesem beauftragte Person angewendet werden.[30]

b) Wartezeiten

46   Wartezeit ist nach § 4 Abs. 12 AMG die Zeit, die bei bestimmungsgemäßer Anwendung des Arzneimittels nach der letzten Anwendung bei einem Tier bis zur Gewinnung von Lebensmitteln, die von diesem Tier stammen, zum Schutz der

---

[26]   Verordnung über apothekenpflichtige und frei verkäufliche Arzneimittel (AMVerkRV) v. 24.11.1988, BGBl. I S. 2150. S. auch die Verordnung über tierärztliche Hausapotheken (TÄHAV).

[27]   Verordnung über die Verschreibungspflicht von Arzneimitteln (Arzneimittelverschreibungsverordnung – AMVV) v. 21.12.2005, BGBl. I S. 3632 und die TÄHAV.

[28]   Fütterungsarzneimittel sind Arzneimittel in verfütterungsfertiger Form, die aus Arzneimittel-Vormischungen und Mischfuttermitteln hergestellt werden und die dazu bestimmt sind, zur Anwendung bei Tieren in den Verkehr gebracht zu werden (§ 4 Abs. 10 AMG).

[29]   Verordnung über Sera, Impfstoffe und Antigene nach dem Tiergesundheitsgesetz (Tierimpfstoff-Verordnung – TierImpfStV 2006) v. 24.10.2006, BGBl. I S. 2355.

[30]   Einzelheiten in § 44 Tier-Impfstoff-Verordnung.

öffentlichen Gesundheit einzuhalten ist und die sicherstellt, dass europaweit fest-
gelegte Höchstmengen[31] für pharmakologisch wirksame Stoffe nicht überschritten werden. Die Wartezeit wird mit der Zulassung des Arzneimittels festgelegt, das
zur Anwendung bei Tieren bestimmt ist, die der Lebensmittelgewinnung dienen
(§§ 22 und 23 AMG). Der Tierarzt ist verpflichtet, auf die Wartezeiten hinzuweisen. Bei Einhaltung der Wartezeit wird davon ausgegangen, dass das Arzneimittel
oder seine Abbauprodukte nicht mehr in gesundheitlich bedenklicher Konzentration vorliegen, sodass einer Verwertung der behandelten Tiere oder der von ihnen
stammenden Lebensmittel nichts entgegensteht. Eine dem Arzneimittelrecht kor-
respondierende Vorschrift findet sich im Lebensmittel- und Futtermittelgesetzbuch.
Nach § 10 Abs. 3 LFGB dürfen gewerbsmäßig Lebensmittel tierischen Ursprungs
gewerbsmäßig nur gewonnen und in den Verkehr gebracht werden, wenn die vorgeschriebenen Wartezeiten eingehalten werden. Die Bestimmung über eine Min-
destwartezeit von fünf Tagen ist aufgehoben worden.

c) Sorgfaltspflichten, Nachweise

Der Landwirt ist beim Umgang mit Tierarzneimitteln den gleichen Sorgfaltsan- **47**
forderungen unterworfen wie der Verbraucher von Humanarzneimitteln (Beachtung der Beipackzettel, insbesondere des Verfalldatums, Entsorgung über die Apo-
theke u.a.).

Für die Halter von Tieren, die der Lebensmittelgewinnung dienen, gelten heute **48**
u.a. folgende Pflichten (§§ 1 ff. ANTHV):
1. Über Erwerb und Anwendung der von ihnen bezogenen, zur Anwendung bei
   diesen Tieren bestimmten und nicht für den Verkehr außerhalb von Apotheken
   freigegebenen Arzneimittel Nachweise zu führen.
2. Diese Nachweise sind in übersichtlicher und allgemein verständlicher Form zu
   führen, mindestens fünf Jahre aufzubewahren und der zuständigen Behörde auf
   Verlangen vorzulegen.
3. Sie können auch als elektronisches Dokument geführt werden.
4. Darin ist jede durchgeführte Anwendung von Arzneimitteln unverzüglich zu
   dokumentieren. Die Inhalte der Dokumentation ergeben sich aus § 2 Satz 2
   ANTHV.[32]

Für den Tierarzt ergeben sich u.a. folgende Pflichten (§ 13 TÄHAV): **49**
1. bei der Anwendung von Arzneimitteln bei Tieren, die der Gewinnung von Lebensmitteln dienen, sowie bei der Abgabe von Arzneimitteln, die zur Anwendung bei diesen Tieren bestimmt sind, hat er einen Nachweis auszufüllen, der
   bestimmte Angaben enthält.[33]

---

[31] S. Verordnung (EU) Nr. 37/2010.
[32] Folgende Angaben sind in übersichtlicher und allgemein verständlicher Form und zeitlich
geordnet in Bezug auf den gesamten Bestand oder auf Einzeltiere oder Tiergruppen des Bestandes vorgeschrieben: Anzahl, Art und Identität der behandelten Tiere und, sofern zu deren Identifizierung erforderlich, deren Standort; Bezeichnung des angewendeten Arzneimittels; Belegnummer
gem. § 13 Abs. 1 Satz 2 Nr. 2 TÄHAV; verabreichte Menge des Arzneimittels; Datum der Anwendung; Wartezeit in Tagen; Name der Person, die das Arzneimittel angewendet hat.
[33] Folgende Angaben sind in übersichtlicher Weise vorgeschrieben: Anwendungs- oder Abga-
bedatum; fortlaufende Belegnummer des Tierarztes im jeweiligen Jahr; Name des behandelnden
Tierarztes und Praxisanschrift; Name und Anschrift des Tierhalters; Anzahl, Art und Identität der
Tiere; Arzneimittelbezeichnung; angewendete und abgegeben Menge des Arzneimittels; Wartezeit.
Im Falle der Abgabe von Arzneimittel sind zusätzliche Angaben vorgesehen.

2. Diese Nachweise sind in übersichtlicher und allgemein verständlicher Form zu führen, mindestens fünf Jahre aufzubewahren und der zuständigen Behörde auf Verlangen vorzulegen.

3. Sie können auch als elektronisches Dokument geführt werden.

4. Der Tierarzt hat dem Tierhalter den Nachweis unverzüglich auszuhändigen.

d) Arzneimittelüberwachung

50   Die Arzneimittelüberwachung ist im 11. Abschnitt des Arzneimittelgesetzes geregelt. Gem. § 64 AMG unterliegen insbesondere Betriebe und Einrichtungen, in denen Arzneimittel hergestellt, geprüft, gelagert, verpackt oder in den Verkehr gebracht werden oder in denen sonst mit ihnen Handel getrieben wird, der Überwachung durch die zuständige Behörde. § 65 AMG regelt die Probenahme, § 66 AMG normiert die Duldungs- und Mitwirkungspflichten der Überwachten. In Bezug auf die Behörden enthält § 68 AMG Mitteilungs- und Unterrichtungspflichten der Behörden, § 69 AMG enthält die Rechtsgrundlagen für Maßnahmen der zuständigen Behörden, wie insbesondere die Untersagung des Inverkehrbringens von Arzneimitteln, die Anordnung ihres Rückrufs oder deren Sicherstellung. § 69a AMG erklärt die vorangegangenen Vorschriften für entsprechend anwendbar bei Stoffen, die als Tierarzneimittel verwendet werden können, § 69b AMG regelt die Weitergabe bestimmter Daten an die Überwachungsbehörde seitens der für das Lebensmittel-, Futtermittel-, Tierschutz- und Tierseuchenrecht für die Erhebung der Daten für die Anzeige und die Registrierung Vieh haltender Betriebe zuständigen Behörden.

e) Straftaten und Ordnungswidrigkeiten

51   Das Arzneimittelgesetz enthält in den §§ 95 und 96 Strafvorschriften. Der Strafrahmen, der in besonders schweren Fällen bis zu einer Freiheitsstrafe von 10 Jahren (§ 95 Abs. 3 AMG) reicht, unterstreicht nachhaltig die Bedeutung der arzneimittelrechtlichen Vorschriften. § 97 AMG enthält Bußgeldvorschriften. § 98 AMG regelt die Möglichkeit der Einziehung, § 98a AMG darüber hinaus für bestimmte Straftaten den Verfall des aus der Straftat Erlangten, wenn der Täter „gewerbsmäßig oder als Mitglied einer Bande, die sich zur fortgesetzten Begehung solcher Taten verbunden hat, handelt."

2. Tierseuchenrecht

a) Tiergesundheitsgesetz

52   Wichtigste Rechtsgrundlage im Tierseuchenrecht ist das Tiergesundheitsgesetz (TierGesG) des Bundes, das das frühere Tierseuchengesetz[34] abgelöst hat. Dieses Gesetz regelt die Vorbeugung vor Tierseuchen und deren Bekämpfung(§ 1 TierGesG). Die Halter von Vieh oder Fischen trifft die allgemeine Pflicht,

– dafür Sorge zu tragen, dass Tierseuchen weder in seinen Bestand eingeschleppt noch aus seinem Bestand verschleppt werden;

– sich im Hinblick auf die Übertragbarkeit anzeigepflichtiger Tierseuchen bei den von ihm gehaltenen Tieren sachkundig zu machen;

– Vorbereitungen zur Umsetzung von tierseuchenrechtlichen Maßnahmen zu treffen (§ 3 TierGesG).

---

[34] I.d.F. der Bek. v. 22.6.2004, BGBl. I S. 1260, 3588.

b) Anzeigepflicht

Bestimmte, in der Verordnung über anzeigepflichtige Tierseuchen (Tier- **53** SeuchAnzV) angeführte Tierseuchen unterliegen derzeit der *Anzeigepflicht*. Diese Liste der anzeigepflichtigen Tierseuchen enthält wegen der Übernahme von EU-Recht und auf Grund bilateraler Abkommen und internationaler Verpflichtungen[35] auch solche Tierseuchen, die in der Bundesrepublik Deutschland noch nie oder seit langer Zeit nicht mehr vorgekommen sind. Die Durchführung des Tiergesundheitsgesetzes obliegt, soweit nichts anderes bestimmt ist, den Ländern.[36]

Bricht eine anzeigepflichtige Tierseuche aus oder zeigen sich Erscheinungen, **54** die den Ausbruch einer solchen Tierseuche befürchten lassen, so sind die in § 4 TierGesG genannten Personen verpflichtet, dies unverzüglich[37] der zuständigen Behörde[38] anzuzeigen und Maßnahmen zu ergreifen, um eine Verschleppung zu vermeiden, insbesondere kranke und verdächtige Tiere von Orten, an denen die Gefahr der Ansteckung fremder Tiere besteht, fernzuhalten. Betroffen hiervon sind insbesondere

– der Halter der betroffenen Tiere (Abs. 1),
– Betriebsleiter, aufsichtsführende Personen, Hirten, Schäfer, Sennen, usw. (Abs. 2),
– Tierärzte, Besamungstechniker, Leistungsprüfer, Fleischkontrolleure, usw. (Abs. 3).

Wer entgegen § 4 TierGesG die ihm obliegende Anzeige nicht, nicht rich- **55** tig, nicht vollständig oder nicht rechtzeitig erstattet, handelt ordnungswidrig im Sine des § 32 TierGesG. Die Ordnungswidrigkeit kann mit einer Geldbuße bis zu 30.000 € geahndet werden.

Bei den Maßnahmen, die die zuständige Behörde nach dem Tierseuchengesund- **56** heitsgesetz treffen darf, ist zu unterscheiden zwischen den

– Maßnahmen zur Ermittlung der Seuchenausbrüche (§ 5 TierGesG), z.B. Absonderung, epidemiologische Untersuchung;
– Schutzmaßnahmen zur Vorbeugung vor und Bekämpfung von Tierseuchen (§ 6 TierGesG) in Form zahlreicher Verordnungsermächtigungen, insbesondere über den Umgang mit Tierseuchenerregern, Durchführung von Veranstaltungen anlässlich derer Tiere zusammenkommen (z.B. Viehmärkte), Betriebsabläufe (z.B. Lage, Umkleideräume, Tragen von Schutzkleidung, Führen von Kontrollbüchern), Sachkunde bestimmter Personen, Kennzeichnung (von Tieren, Erzeugnissen oder Fahrzeugen und Behältern), Untersuchungen und Probenahmen, Tierhaltung, Verbringungsverbote, Sperren (z.B. von Gebieten, Betrieben, Anlagen, Räumlichkeiten), Tötung seuchenkranker oder verdächtiger Tiere, Durchführung hygienischer Maßnahmen, tierärztliche Betreuung, öffentliche Bekanntmachung des Ausbruchs und Erlöschens einer Tierseuche;
– besondere Schutzmaßnahmen (§§ 8–10 TierGesG), z.B. Erklärung von Schutzgebieten, amtliche Anerkennung eines Tierbestandes oder Gebietes als seuchenfrei und Regelung eines Monitorings.

---

[35] Richtlinie 82/894/EWG des Rates vom 21.12.1982 über die Mitteilung von Viehseuchen in der Gemeinschaft, ABl. L 378 v. 31.12.1982, S. 58–62; Bekanntmachung des Internationalen Übereinkommens zur Einrichtung eines Internationalen Tierseuchenamtes in Paris v. 29.4.1974, BGBl. II S. 676.

[36] S. die entsprechenden Landesvorschriften, z.B. für Bayern: Verordnung zum Vollzug des Tierseuchenrechts (Tierseuchen-Vollzugsverordnung, TierSVollzV) v. 23.2.2012, GVBl. 2012, S. 56.

[37] D.h. ohne jeden Zeitverlust und ohne schuldhaftes Zögern.

[38] Die Zuständigkeit richtet sich nach Landesrecht. Zuständige Behörden sind in Bayern gem. § 1 Bay TierSVollzV grundsätzlich die Kreisverwaltungsbehörden.

c) Meldepflicht

57   Von den anzeigepflichtigen Tierseuchen sind die *meldepflichtigen* zu unterscheiden. Meldepflichtige Tierkrankheiten sind bestimmte auf Haustiere und Süßwasserfische übertragbare Krankheiten. Sie werden zwar nicht mit staatlichen Mitteln bekämpft, Gesetz- und Verordnungsgeber fordern jedoch einen ständigen Überblick über das Auftreten und den Verlauf dieser Krankheiten, damit ggf. entsprechende Bekämpfungsmaßnahmen eingeleitet werden können. Im Einzelnen sind sie in der Verordnung über meldepflichtige Tierkrankheiten (TKrMeldpflV) aufgezählt.

58   Zur Meldung verpflichtet sind die Leiter der Veterinäruntersuchungsämter, der Tiergesundheitsämter oder sonstiger öffentlicher oder privater Untersuchungsstellen sowie Tierärzte, die in Ausübung ihrer beruflichen Tätigkeit eine meldepflichtige Krankheit feststellen.

d) Entschädigung für Tierverluste

59   Für Tierverluste durch Tierseuchen wird nach den Vorschriften der §§ 15 mit 22 TierGesG eine Entschädigung in Geld gewährt. Der Entschädigung wird der gemeine Wert des Tieres[39] ohne Berücksichtigung der krankheitsbedingten Wertminderung zugrunde gelegt. Bestimmte Höchstsätze dürfen jedoch nicht überschritten werden:

60   **Höchstsätze** je Tier gem. § 16 Abs. 2 TierGesG:[40]

1. Pferde	6000 EUR
2. Rinder	4000 EUR
3. Schweine	1500 EUR
4. Gehegewild	1000 EUR
5. Schafe	800 EUR
6. Ziegen	800 EUR
7. Geflügel	50 EUR

61   In bestimmten Fällen mindert sich die Entschädigung um 50 bzw. 20% (§ 16 Abs. 3 TierGesG). Ausnahmen von der Entschädigungspflicht (z.B. bei Tieren, die dem Bund oder einem Land gehören) sind in § 17 TierGesG, das Entfallen des Entschädigungsanspruchs (z.B. bei Verstößen des Tierbesitzers gegen tierseuchenrechtliche Vorschriften im die Entschädigung auslösenden Fall) in § 18 TierGesG geregelt.

62   Maßgebend für die grundsätzliche Entscheidung des Gesetzgebers, Entschädigung zu gewähren, sind Billigkeitsgründe (Milderung der wirtschaftlichen Verluste) und Zweckmäßigkeitsgründe (Förderung der Mitarbeit der Tierbesitzer bei der Tierseuchenbekämpfung).

63   Die Länder regeln, wer die Entschädigung gewährt und wie sie aufzubringen ist (§ 20 TierGesG). So werden beispielsweise nach Art. 4 der bayerischen Tierseuchen-Vollzugsverordnung (TierSVollzV)[41] die Entschädigungen für Tierverluste

---

[39]   Dazu s. *Knorr/Weinberger*, Rn. 16.
[40]   Bei Bienen und Hummeln beträgt der Höchstsatz 200 EUR je Volk, bei Fischen 20 EUR je Kilogramm Lebendgewicht.
[41]   Verordnung zum Vollzug des Tierseuchenrechts v. 23.2.2012, GVBl. 2012, S. 56.

vom Staat gewährt. Der Freistaat bedient sich dabei der Bayerischen Tierseuchenkasse als einer rechtsfähigen Anstalt des öffentlichen Rechts, zu der Tierbesitzer Beiträge zu entrichten haben (Art. 5 TierSVollzV).

IV. Tierzuchtrecht

1. Grundzüge des Tierzuchtgesetzes und darauf aufbauender Verordnungen

a) Vorbemerkung

Die Europäische Kommission hatte in der Vergangenheit die Auffassung vertreten, dass bestimmte Regelungen des bisherigen deutschen Tierzuchtgesetzes[42] bei der Durchführung der künstlichen Besamung im Rinderbereich gegen die Grundsätze des EG-Vertrages verstießen (Dienstleistungsfreiheit, freier Warenverkehr, Niederlassungsfreiheit). Um einer drohenden Verurteilung durch den Europäischen Gerichtshof zu entgehen, wurde deshalb das Tierzuchtgesetz 2006 novelliert. So ist es heute u.a. Besamungsstationen und Samendepots, die nach Bestimmungen des Unionsrechts in anderen EU-Mitgliedssaaten bereits zur künstlichen Besamung zugelassen sind, möglich, ohne eine erneute Zulassung in Deutschland, Samen abzugeben und die künstliche Besamung durchzuführen.[43] **64**

Mit der Neufassung wurden zusätzlich weitere Ziele verfolgt, so u.a.: **65**
- Maßnahmen zur Erhaltung der biologischen Vielfalt im Bereich der landwirtschaftlichen Nutztiere,
- Übertragung der bisher staatlichen Durchführung der Leistungsprüfungen und der Zuchtwertschätzung auf Zuchtorganisationen,[44]
- Regelungen und Anforderungen zur Anerkennung von Zuchtorganisationen, sowie
- Stärkung der Rechte und Verantwortung der Zuchtorganisationen.[45]

b) Anwendungsbereich und Gesetzeszweck

Das Tierzuchtgesetz gilt gem. § 1 Abs. 1 TierZG für die Zucht von Rindern und Büffeln (für Büffel jedoch nur, soweit nicht ausdrücklich etwas anderes bestimmt ist), Schweinen, Schafen, Ziegen sowie Hauspferden und Hauseseln und deren Kreuzungen (Equiden). **66**

Der Zweck des Gesetzes liegt gem. § 1 Abs. 2 TierZG in der Förderung der Erzeugung genannter Tiere, auch durch Bereitstellung öffentlicher Mittel, dass **67**
1. die Leistungsfähigkeit der Tiere unter Berücksichtigung der Tiergesundheit erhalten und verbessert wird,
2. die Wirtschaftlichkeit, insbesondere Wettbewerbsfähigkeit, der tierischen Erzeugung verbessert wird,
3. die von den Tieren gewonnenen Erzeugnisse den an sie gestellten qualitativen Anforderungen entsprechen und
4. eine genetische Vielfalt erhalten wird.

---

[42] Zur historischen Entwicklung s. *Pelhak*, Das Tierzuchtgesetz des Bundes aus der Sicht der Rechtsprechung, AgrarR 1998, S. 168.
[43] Im Detail s. *Knorr/Weinberger*, Rn. 40.
[44] Allgemein zur Übertragung staatlicher Aufgaben an Zuchtvereine s. *Fischer*, Rn. 12.
[45] S. auch *Knorr/Weinberger*, Rn. 28.

c) Begriffsbestimmungen

68   § 2 TierZG nimmt zahlreiche Begriffsbestimmungen vor.

Demnach wird die *Zuchtorganisation* (Nr. 1) als Oberbegriff für die Begriffe Züchtervereinigung und Zuchtunternehmen verstanden.

69

70   Zum Begriff der *Züchtervereinigung* (Nr. 2) gehört, dass diese ein Zuchtprogramm durchführt und für Reinzuchtprogramme ein *Zuchtbuch* (Nr. 4) oder für Kreuzungszuchtprogramme in der Schweinezucht ein *Zuchtregister* (Nr. 5) führt.[46] Unter *Zuchtunternehmen* (Nr. 3) wird ein Betrieb oder ein vertraglicher Verbund von Betrieben verstanden, der ein Kreuzungszuchtprogramm zur Züchtung auf Kombinationseignung von Zuchtlinien in der Schweinezucht durchführt.

d) Zuchtorganisationen, Leistungsprüfungen und Zuchtwertschätzung

71   Zuchtorganisationen werden gem. § 3 TierZG von der zuständigen Behörde[47] anerkannt, wenn im Hinblick auf die Züchtung der in Anlage 1 Spalte 1 genannten Tiere die Anforderungen der in Anlage 1 Spalte 2 genannten EU-Rechtsakte erfüllt sind. Einzelheiten zum Antrags- und Anerkennungsverfahren enthält § 4 TierZG. Weitere Regelungen, z.B. über die Qualifikation von für die Zuchtarbeit verantwortlichen Personen oder Inhalt, Gestaltung und Führung des Zuchtbuches enthält die Tierzuchtorganisationsverordnung (TierZOV).

72   Die Leistungsprüfungen und Zuchtwertschätzungen für die in Anlage 3 Spalte 1 genannten Tiere werden von anerkannten Zuchtorganisationen nach den Anforderungen und Grundsätzen der in Anlage 3 Spalte 2 genannten EU-Rechtsakte sowie einer nach § 8 Abs. 1 Nr. 5 erlassenen Rechtsverordnung im Rahmen ihres Zuchtprogramms durchgeführt.

73   Bei den Leistungsprüfungen unterscheidet man zwischen *Stationsprüfungen* (in für diesen Zweck vom Staat oder von Zuchtorganisationen eingerichteten Untersuchungsstellen) und *Feldprüfungen* (in den Ställen der Tierhalter).[48] Als wohl wichtigste Feld-Leistungsprüfung ist die Milchleistungsprüfung zu nennen, die in allen Bundesländern von den Landeskontrollverbänden nach einheitlichen Grundsätzen durchgeführt wird.[49]

74   Bei der Zuchtwertfeststellung wird der Zuchtwert nach wissenschaftlich gesicherten Methoden festgestellt. Dabei werden verwandtschaftliche Beziehungen berücksichtigt und Leistungsunterschiede, die nicht genetisch bedingt sind, nach Möglichkeit ausgeschaltet. Bei Rindern werden beispielsweise je nach der

---

[46]   In der Praxis haben Züchtervereinigungen überwiegend die Rechtsform des eingetragenen Vereins (e.V.) gem. § 21 BGB gewählt; *Knorr/Weinberger*, Rn. 33 f.

[47]   In Bayern die Landesanstalt für Landwirtschaft, s. Art. 5 Abs. 1 Bayerisches Tierzuchtgesetz (BayTierZG) v. 10.8.1990, GVBl. 1990, S. 291.

[48]   Zu Vor- und Nachteilen s. *Weiss/Pabst/Granz (Hrsg.)*, Tierproduktion, 14. Aufl., 2011, S. 134.

[49]   Einzelheiten s. bei *Weiss/Pabst/Granz*, Tierproduktion, S. 135 ff.

Zuchtrichtung die Zuchtwertteile Milchleistung oder Fleischleistung oder beide Zuchtwertteile sowie der Zuchtwertteil Zuchtleistung beurteilt, bei einem Bullen auch die äußere Erscheinung (§ 1 VO über die Leistungsprüfungen und die Zuchtwertfeststellung bei Rindern (RindZLpV). Einzelheiten zur Durchführung der Leistungsprüfungen und die Beurteilung der äußeren Erscheinung enthält die Anlage 1 der genannten Verordnung. Grundsätze für die Zuchtwertfeststellung finden sich in Anlage 2.

e) Allgemeine Voraussetzungen für das Anbieten, die Abgabe und die Verwendung von Zuchttieren, Samen, Eizellen und Embryonen

1. Zuchttiere   **75**

1989 wurde, veranlasst durch die Richtlinie 87/328/EWG des Rates vom 18.6.1987 über die Zulassung reinrassiger Zuchtrinder zur Zucht[50], mit einer Neufassung des Tierzuchtgesetzes der allgemeine Körzwang für alle zur Zucht eingesetzten Vatertiere abgeschafft.[51] Gem. § 12 S. 1 TierZG gilt heute Folgendes: Ein Zuchttier darf zur Erzeugung von Nachkommen nur   **76**
- angeboten oder abgegeben werden, wenn es dauerhaft so gekennzeichnet ist oder bei Pferden so genau beschrieben ist, dass seine Identität festgestellt werden kann, und
- abgegeben werden, wenn es von einer Zucht- oder Herkunftsbescheinigung[52] begleitet ist, die für die in Anlage 4 Spalte 1 genannten Tiere die Anforderungen der in Anlage 4 Spalte 2 genannten EU-Rechtsakte erfüllt.

2. Samen   **77**

Samen darf nur von Besamungsstationen oder Samendepots, die den Anforderungen des § 13 Abs. 1 TierZG entsprechen, abgegeben werden. Die Abgabe darf nur an andere Besamungsstationen und Samendepots oder an Tierhalter zur Verwendung im eigenen Bestand erfolgen (§ 13 Abs. 2 TierZG). Gem. § 13 Abs. 3 TierZG muss der Samen, vorbehaltlich anderer Bestimmungen,
- in einer Besamungsstation gewonnen und behandelt und in einer Besamungsstation oder einem Samendepot gelagert worden sein (Nr. 1),
- von einem geprüften Zuchttier stammen (Nr. 2 lit. a und b),
- gekennzeichnet sein (Nr. 3) und
- bei der Abgabe zwischen Besamungsstationen von einer Zucht- oder Herkunftsbescheinigung begleitet sein, die den Anforderungen der Nr. 4 entspricht.

3. Eizellen und Embryonen   **78**

Eizellen und Embryonen dürfen nur von den in § 15 Abs. 1 TierZG genannten Einrichtungen im Rahmen ihres sachlichen Tätigkeitsbereiches angeboten und abgegeben werden, wenn die Eizellen und Embryonen gem. § 15 Abs. 3 TierZG
- durch eine Embryo-Entnahmeeinheit gewonnen und behandelt und dort oder in einer anderen dafür zugelassenen Einrichtung gelagert worden sind (Nr. 1),
- von Zuchttieren stammen (Nr. 2) und
- den Vorschriften der Nr. 3 entsprechend gekennzeichnet sind.

---

[50] ABl. L 167 v. 26.6.1987, S. 54–55.

[51] Im Detail s. *Fischer*, Rn. 15 ff.

[52] Zuchtbescheinigung ist nach der Legaldefinition des § 2 Nr. 12 TierZG eine Urkunde über die Abstammung und Leistung eines eingetragenen oder reinrassigen Zuchttieres. Herkunftsbescheinigung ist nach § 2 Nr. 13 TierZG eine Urkunde über die Herkunft eines registrierten Zuchttieres in der Kreuzungszucht. Beide Urkundsarten können zusätzlich Angaben zu Samen, Eizellen oder Embryonen der Zuchttiere enthalten.

79 *4. Besamungsstationen und Embryo-Entnahmeeinheiten*

Wer eine Besamungsstation oder eine Embryo-Entnahmeeinheit betreiben will, bedarf der Erlaubnis (§ 17 Abs. 1 TierZG). Die Voraussetzungen für die Erlaubniserteilung finden sich in § 17 Abs. 2 TierZG, Einzelheiten zum Antrag auf Erteilung der Erlaubnis in § 17 Abs. 4 TierZG. Die Erlaubnis wird in der Regel für einen Zeitraum von zehn Jahren erteilt (§ 17 Abs. 6 TierZG). Anforderungen an den Betreiber, insbesondere im tierseuchenhygienischen Bereich enthalten die Abs. 7 und 8.

2. Wichtige Einrichtungen zur Förderung der Tierzucht

80   Der tierzüchterische Gesamterfolg basiert zu einem großen Teil auf der engen Zusammenarbeit zwischen den einzelnen privaten und staatlichen Institutionen, die auf diesem Sektor tätig sind. Dies gilt insbesondere für
– die Züchtervereinigungen,
– die Landeskontrollverbände,
– die Besamungsstationen,
– die Deutsche Landwirtschaftsgesellschaft (DLG),
– die staatliche Tierzuchtverwaltung (Tierzuchtreferat beim BMEL, Tierzuchtabteilungen und -referate der Länder, Tierzuchtämter),
– die Ämter für Landwirtschaft,
– die Landwirtschaftskammern,
– die Bundesforschungsanstalten,
– Hochschulinstitute,
– Lehr- und Versuchsanstalten für Tierhaltung,
– Bayerische Landesanstalt für Landwirtschaft (Institut für Tierzucht),
– Deutsche Gesellschaft für Züchtungskunde e.V. (DGfZ),
– Tiergesundheitsdienst Bayern e.V. (TGD),
– Tierzuchtforschung e.V. München – Gendiagnosezentrum,
– Arbeitsgemeinschaft deutscher Rinderzüchter e.V. u.a.[53]

V. Tierschutzrecht

1. Tierschutz mit Verfassungsrang

81   Seit der 2002 in Kraft getretenen Änderung des Grundgesetzes besitzt der Tierschutz in der Bundesrepublik Deutschland Verfassungsrang in Form einer Staatszielbestimmung (Art. 20a GG).[54] Unter einer Staatszielbestimmung versteht man eine verfassungsrechtliche Wertentscheidung, die von der Politik bei der Gesetzgebung und von Verwaltungsbehörden und Gerichten bei der Auslegung und Anwendung des geltenden Rechts zu beachten ist. Missverständlich wäre es zu glauben, dass Bürger aus einer Staatszielbestimmung individuelle Ansprüche herleiten könnten. Die Staatszielbestimmung führt auch nicht automatisch zu einem Über-

---

[53] Aufzählung und Aufgabenbeschreibung bei *Granz/Weiss/Pabst/Strack,* Tierproduktion, 11. Aufl., 1990, S. 152 ff. und *Gottschalk/Alps/Rosenberger,* Praktische Rinderzucht und Rinderhaltung, 2. Aufl., 1992, S. 20 ff.

[54] 50. Gesetz zur Änderung des Grundgesetzes (Staatsziel Tierschutz) vom 26.7.2002, BGBl. I S. 2862. Als Staatsziel war (und ist) der Tierschutz bereits in einigen Länderverfassungen enthalten, beispielsweise Bayerns (Art. 141 Abs. 1 S. 2).

gewicht des geschützten Zieles. Vielmehr ist jeweils ein Ausgleich mit anderen geschützten Verfassungsgütern, insbesondere den Grundrechten der Menschen herbeizuführen. Durch die Aufnahme in die Verfassung wird der Tierschutz aber, neben der damit verbundenen Appellfunktion und der Aufwertung des Tierschutzgedankens in der Öffentlichkeit, in künftigen Kollisionsfällen bei der Güterabwägung einen erhöhten Stellenrang einnehmen.[55]

2. Grundzüge des Tierschutzgesetzes

a) Zweck

Zweck des Tierschutzgesetzes ist es, „aus der Verantwortung des Menschen für **82** das Tier als Mitgeschöpf dessen Leben und Wohlbefinden zu schützen. Niemand darf einem Tier ohne vernünftigen Grund Schmerzen, Leiden oder Schäden zufügen" (§ 1 TierSchG).

Die Verwendung des Begriffes „Mitgeschöpf" betont die ethische Dimension **83** des Tierschutzes. Die Verwandtschaft aller Lebewesen wird hervorgehoben und der Tendenz, Tiere als beliebig verfügbare und manipulierbare Sachen zu behandeln, eine klare Absage erteilt. Bereits hier wird die später noch gesondert zu behandelnde Problematik einer nur auf größtmöglichen Profit ausgerichteten Massentierhaltung deutlich.

§ 1 TierSchG enthält nicht etwa nur einen unverbindlichen Programmsatz, son- **84** dern ist unmittelbar geltendes Recht. Geschützt werden das Leben und das Wohlbefinden aller Tiere. Das Gesetz enthält hier keine Einschränkung. Es gilt grundsätzlich für alle Tierarten, von den Protozoen bis zu den Primaten. Handlungen, die einem Tier Schmerzen, Leiden oder Schäden[56] zufügen, sind verboten und z.T. über die §§ 17 und 18 TierSchG mit Strafe bzw. Bußgeld bedroht, es sei denn, diese grundsätzlich verbotenen Handlungen erfahren ihre Rechtfertigung durch einen „vernünftigen Grund". Durch diese Einschränkung wird klargestellt, dass das Gesetz nicht einen totalen Tierschutz anstrebt, sondern insbesondere im Hinblick auf die Erzeugung tierischer Produkte politisch, gesellschaftlich und wirtschaftlich verankerte Gesichtspunkte als Rechtfertigungsgründe für Einschränkungen der Lebensansprüche des Tieres anerkennt.[57] Dies mag manchen Tierschützer betrüben, ist aber derzeitige, vom Bundesverfassungsgericht bestätigte Rechtslage.

b) Grundpflichten des Tierhalters

Wer ein Tier hält, betreut oder zu betreuen hat, muss es nach § 2 TierSchG seiner **85** Art und seinen Bedürfnissen entsprechend angemessen ernähren, pflegen und verhaltensgerecht unterbringen (Nr. 1). Dabei darf die Möglichkeit des Tieres zu artgemäßer Bewegung nicht so eingeschränkt werden, dass ihm Schmerzen oder vermeidbare Leiden oder Schäden zugefügt werden (Nr. 2). Er muss über die für eine

---

[55] Zu den jahrelangen Bemühungen, den Tierschutz als Staatsziel in die Bundesverfassung aufzunehmen s. *Lorz/Metzger,* Einführung Rn. 93 ff. mit ausführlichen Literaturhinweisen auch zu den voraussichtlichen Folgen einer Staatszielbestimmung. S. auch *von Knorre,* Tierschutz als Staatsziel – Bedeutung der Grundgesetzänderung für die Landwirtschaft, AgrarR 2002, S. 378; *Knorr/Weinberger,* Rn. 98 ff.

[56] Zu den Begriffen „Schmerzen", „Leiden", „Schäden" und ihrer Abgrenzung voneinander s. mit Beispielen *Lorz/Metzger,* § 1, Rn. 19 ff.

[57] Vgl. *Lorz/Metzger,* § 1, Rn. 58 ff. und Anhang zu § 1 „Vernünftiger Grund und Rechtfertigung tierschädlichen Verhaltens" (nach Rn. 78).

angemessenes Ernährung, Pflege und verhaltensgerechte Unterbringung des Tieres erforderlichen Kenntnisse und Fähigkeiten verfügen (Nr. 3).

86   In die besondere Obhutspflicht genommen werden hier also Halter und Betreuer. Halter i.S. des § 2 TierSchG sind unstreitig der Tierhalter und der Tierhüter i.S. des Bürgerlichen Gesetzbuches, darüber hinaus alle Personen, die dem Tier gegenüber eine unter dem Gesichtspunkt der Obsorge vergleichbare Stellung einnehmen, selbst wenn dies nur zeitweilig oder in einzelnen Beziehungen der Fall ist. Durch die Verwendung des Begriffes „betreuen" wird der Kreis der Verantwortlichen erweitert: Auch Familienangehörige, Personal und Gesinde des Halters sowie alle anderen Personen, die in irgendeiner Weise, sei es auch nur kurzzeitig, für ein Tier sorgen, werden den Verpflichtungen des § 2 TierSchG unterworfen.[58]

87   Angemessen und artgemäß ist die Nahrung dann, wenn sie nach Menge, Zusammensetzung und sonstiger Beschaffenheit den Bedürfnissen des Tieres angepasst ist und bei der Verabreichung insbesondere Altersstufe, Gesundheitszustand, Trächtigkeit und andere individuelle Besonderheiten eines Tieres beachtet werden.[59]

88   Art- und bedürfnisgerechte Pflege fordert, dass der Umgang mit dem Tier dem genügen muss, „was landläufig als gute Behandlung bezeichnet wird." Dazu gehören neben der Fütterung und Tränkung auch Reinhaltung, Reinigung, Gesundheitsfürsorge, Heilbehandlung, Schutz vor Witterung und Schaffung günstiger Raumverhältnisse (Temperatur, Licht, Lüftung).[60]

89   Ein besonderes Problem entsteht bei der landwirtschaftlichen Nutztierhaltung durch die Forderung der verhaltensgerechten Unterbringung. Allgemein formuliert dürfte diesem Gesichtspunkt, aufbauend auf den wissenschaftlich gesicherten Erkenntnissen der Verhaltensforschung, dann Rechnung getragen sein, „wenn die angeborenen, arteigenen und essentiellen Verhaltensmuster des Tieres nicht so eingeschränkt oder verändert werden, dass dadurch Schmerzen, Leiden oder Schäden an dem Tier selbst oder durch ein so gehaltenes Tier an einem anderen Tier entstehen".[61]

90   Die Rechtsunsicherheit, mit der der Landwirt hier vor allem im Bereich der Intensivtierhaltung jahrelang konfrontiert war, wurde durch die Verabschiedung von Verordnungen zum Halten bestimmter Tierarten teilweise abgebaut. In der Folge fasste dann die Tierschutz-Nutztierhaltungsverordnung (TierSchNutztV) die bisherigen tierspezifischen Verordnungen unter einem Verordnungsdach zusammen (s. Kap. V.3.a.).

c) Schlachten

91   Für das Schlachten von warmblütigen Tieren gilt gem. § 4a TierSchG, dass es vor Beginn des Blutentzugs betäubt worden sein muss. Ausnahmen hiervon gelten nur bei Notschlachtungen und bei von der zuständigen Behörde zugelassenem Schächten aus religiösen Gründen (§ 4a Abs. 2 TierSchG). Nähere Bestimmungen enthält die Tierschutz-Schlachtverordnung (TierSchlV), die der Durchführung der Verordnung (EG) Nr. 1099/2009 dient, sowie das Europäische Übereinkommen über den Schutz von Schlachttieren, das durch Vertragsgesetz in Deutschland verbindlich geworden ist.

---

[58] Näheres zu den Begriffen des Haltens und Betreuens s. bei *Lorz/Metzger,* § 2 Rn. 7 ff.
[59] S. *Lorz/Metzger,* § 2 Rn. 19 ff.
[60] *Lorz/Metzger,* § 2 Rn. 32 ff.
[61] Aus der amtlichen Begründung, zit. bei *Lorz/Metzger,* § 2 Rn. 37.

Nach § 4b TierSchG wird der BMEL ermächtigt im Rahmen der Bestimmun- **92** gen dieses Europäischen Übereinkommens nähere Bestimmungen zu erlassen. Das BMEL hat von dieser Ermächtigung durch die Tierschutz-Schlachtverordnung Gebrauch gemacht.

d) Eingriffe an Tieren

— *Betäubungspflicht* **93**
§ 5 TierSchG enthält in Abs. 1 den Grundsatz, dass an einem Wirbeltier ein mit Schmerzen verbundener Eingriff ohne Betäubung nicht vorgenommen werden darf. Die Betäubung eines warmblütigen Tieres muss von einem Tierarzt vorgenommen werden. Dies gilt nur nicht, soweit die Betäubung ausschließlich durch äußerliche Anwendung eines Tierarzneimittels erfolgt, das nach arzneimittelrechtlichen Vorschriften zugelassen ist, um eine örtliche Schmerzausschaltung zu erreichen. Für die Betäubung mit Betäubungspatronen kann die zuständige Behörde Ausnahmen zulassen, sofern ein berechtigter Grund nachgewiesen wird.[62]
— *Ausnahmen* von der Betäubungspflicht enthalten die Abs. 2 und 3. **94**
§ 5 Abs. 2 TierSchG bestimmt generell, dass eine Betäubung nicht erforderlich ist, wenn bei vergleichbaren Eingriffen am Menschen eine Betäubung in der Regel unterbleibt oder der mit dem Eingriff verbundene Schmerz geringfügiger ist als die mit einer Betäubung verbundene Beeinträchtigung des Befindens des Tieres. Die Betäubung kann ferner unterbleiben, wenn sie im Einzelfall nach tierärztlichem Urteil nicht durchführbar erscheint.
In § 5 Abs. 3 TierSchG geht es um spezielle, im einzelnen beschriebene Maß- **95** nahmen, bei denen das Gesetz vom Betäubungszwang befreit. Dies ist der Fall
— für das Kastrieren von unter vier Wochen alten männlichen Rindern, Schafen und Ziegen, sofern kein von der normalen anatomischen Beschaffenheit abweichender Befund vorliegt,[63]
— für das Enthornen oder das Verhindern des Hornwachstums bei unter sechs Wochen alten Rindern,
— für das Kürzen des Schwanzes von unter vier Tage alten Ferkeln sowie von unter acht Tage alten Lämmern,
— für das Kürzen des Schwanzes von unter acht Tage alten Lämmern mittels elastischer Ringe,[64]
— für das Abschleifen der Eckzähne von unter acht Tage alten Ferkeln, sofern dies zum Schutz des Muttertieres oder der Wurfgeschwister unerlässlich ist,
— für das Absetzen des krallentragenden letzten Zehengliedes bei Masthahnenküken, die als Zuchthähne Verwendung finden sollen, während des ersten Lebenstages,[65]

---

[62] Hier ist nach der amtlichen Begründung vor allem an zoologische Gärten und ähnliche Einrichtungen gedacht. Sachkundigen Personen kann hier die Erlaubnis erteilt werden, in besonderen Fällen z.B. entkommene oder aggressive Tiere durch aus Handfeuerwaffen abgefeuerte Betäubungsmittel zu betäuben. Näheres bei *Lorz/Metzger*, § 5 Rn. 36.

[63] Betäubungszwang besteht also bei der Kastration (= Sterilisation) aller weiblichen Tiere, bei Jungtieren, Widdern und Ziegenböcken über der Altersgrenze, sowie bei Schweinen, Hengsten, Rüden, Rammlern, Katern und Hähnen. Generell ist die betäubungslose Kastration von Kaninchen wegen deren anatomischen Gegebenheiten seit 1998 nicht mehr gestattet (BT-Drs. 13/7015 S. 17).

[64] Das betäubungslose Kürzen sollte nach dem Regierungsentwurf ganz verboten werden. Die Methode wurde dann in engen zeitlichen Grenzen doch zugelassen, um der mit blutigen Eingriffen verbundenen Gefahr von Entzündungen zu entgehen.

[65] Dadurch soll verhindert werden, dass die später schweren Hähne den Hennen beim sog. Tretakt Verletzungen mit den Krallen zufügen können, *Lorz/Metzger,* § 6 Rn. 19.

– für die Kennzeichnung durch implantierten elektronischen Transponder, von Säugetieren (außer Schweinen, Schafen, Ziegen und Kaninchen) durch Ohr- oder Schenkeltätowierung innerhalb der ersten zwei Lebenswochen, von Schweinen, Schafen, Ziegen und Kaninchen durch Ohrtätowierung, von Schweinen durch Schlagstempel und von landwirtschaftlichen Nutztieren durch Ohrmarke oder Flügelmarke.

96 – *Amputationsverbot, Verbot von Gewebestörungen*

Verboten ist nach § 6 Abs. 1 Satz 1 TierSchG das vollständige oder teilweise Amputieren von Körperteilen oder das vollständige oder teilweise Entnehmen oder Zerstören von Organen oder Geweben eines Wirbeltieres.

97 Ausnahmen vom Amputationsverbot finden sich in § 6 Abs. 1 Satz 2 TierSchG. Danach gilt das Amputationsverbot u.a. nicht, wenn

– der Eingriff im Einzelfall nach tierärztlicher Indikation geboten ist,[66]
– der Eingriff bei jagdlich zu führenden Hunden im Einzelfall für die vorgesehene Nutzung des Tieres, ausgenommen eine Nutzung für Tierversuche, unerlässlich ist und tierärztliche Bedenken nicht entgegenstehen,
– eine nach artenschutzrechtlichen Vorschriften vorgeschriebene Kennzeichnung vorgenommen wird,
– eine Kennzeichnung von Pferden durch Schenkelbrand vorgenommen wird,
– ein Fall des § 5 Abs. 3 TierSchG vorliegt (s.o.),
– unter acht Tage alte männliche Schweine kastriert werden,
– das vollständige oder teilweise Entnehmen von Organen oder Geweben zum Zwecke der Transplantation oder des Anlegens von Kulturen[67] oder der Untersuchung isolierter Organe, Gewebe oder Zellen erforderlich ist,
– zur Verhinderung der unkontrollierten Fortpflanzung.

3. Wichtige Tierschutz-Verordnungen

a) Tierschutz-Nutztierhaltungsverordnung

98 Auf der Grundlage der §§ 2a, 16, 16b, 21a TierSchG sowie des Art. 2 des Gesetzes zu dem Europäischen Übereinkommen vom 10.3.1976 hatte das BMEL nach Anhörung der Tierschutzkommission die Verordnung zum Schutz landwirtschaftlicher Nutztiere und anderer zur Erzeugung tierischer Produkte gehaltener Tiere bei ihrer Haltung (Tierschutz-Nutztierhaltungsverordnung – TierSchNutztV) erlassen. In ihr sollten nach und nach alle Vorschriften über die Nutztierhaltung unter einem Dach zusammengefügt werden.[68] Zunächst enthielt die Verordnung unter Außerkraftsetzung der früheren Kälberhaltungsverordnung[69] in Abschnitt 2 nur Anforderungen an das Halten von Kälbern. Durch die Erste Verordnung zur Änderung der Nutztierhaltungsverordnung vom 28.2.2002[70] wurden dann als neuer

---

[66] Das Amputationsverbot galt nach altem Recht nicht für das Kupieren der Ohren bei Hunden, wenn der Eingriff vor dem dritten Lebensmonat schmerzlos vorgenommen wurde. Eingriffe dieser Art sind heute nur noch in Einzelfällen bei tiermedizinischer Indikation zulässig, nicht dagegen um das überkommene Erscheinungsbild bestimmter Hunderassen zu erhalten.

[67] Unter Transplantation versteht man die medizinisch begründete Überpflanzung eines Organs oder Gewebes von einem Tier auf den Menschen oder ein anderes Tier. Das Anlegen von Kulturen soll die Versuche am Tier selbst ersetzen bzw. ergänzen, s. *Lorz/Metzger*, § 6 Rn. 24.

[68] *Cymutta*, Rn. 69. Vgl. auch die Ausführungen unter primär baurechtlichen Aspekten in Kap. 6 V.3.

[69] I.d.F. der Bek. vom 22.12.1997, BGBl. I S. 3328.

[70] BGBl. I S. 1026.

Abschnitt 3 Anforderungen an das Halten von Legehennen eingefügt. Eine Außerkraftsetzung der damaligen Legehennenverordnung war dabei allerdings nicht erforderlich, da das Bundesverfassungsgericht[71] zuvor auf Nichtigkeit der Verordnung entschieden hatte.[72]

aa) Allgemeine Bestimmungen (Abschnitt 1). § 1 TierSchNutztV regelt **99** den Anwendungsbereich der Verordnung. Sie gilt für das Halten von Nutztieren zu Erwerbszwecken. Nicht anwendbar sind ihre Vorschriften auf die vorübergehende Unterbringung von Tieren bei Wettbewerben und ähnlichen Veranstaltungen, während einer tierärztlichen Behandlung, soweit nach dem Urteil des Tierarztes im Einzelfall andere Haltungsanforderungen zu stellen sind, sowie unter bestimmten Voraussetzungen bei Tierversuchen.

§ 2 TierSchNutztV enthält Begriffsbestimmungen, um Rechtsklarheit zu schaf- **100** fen und um Wiederholungen in den Folgetexten zu vermeiden.

§ 3 TierSchNutztV trifft allgemeine, d.h. für alle Tierarten gleichermaßen gel- **101** tende Anforderungen an Haltungseinrichtungen. So müssen diese z.B. nach ihrer Bauweise, den verwendeten Materialien und ihrem Zustand so beschaffen sein, dass eine Verletzung oder sonstige Gefährdung der Gesundheit der Tiere so ausgeschlossen wird, wie dies nach dem Stand der Technik möglich ist. Weitere Anforderungen betreffen Fütterungs- und Tränkeeinrichtungen, Witterungsschutz, Beleuchtung und Wärmedämmung der Ställe, Lärmimmissionen im Aufenthaltsbereich der Tiere u.a.

§ 4 TierSchNutztV enthält, wiederum unabhängig von der Tierart, allgemeine **102** Anforderungen an Überwachung, Fütterung und Pflege der Tiere. So wird in Abs. 1 beispielsweise vorgeschrieben, dass für die Fütterung und Pflege der Tiere ausreichend viele und entsprechend ausgebildete Personen vorhanden sein müssen (Nr. 1). Weitere Anforderungen finden sich in den Nr. 2 mit 10. Abs. 2 schließlich enthält die Aufzeichnungspflicht über medizinische Behandlungen und Tierverluste, soweit nicht schon auf Grund anderer Vorschriften (z.B. Bestandsbuch) entsprechende Aufzeichnungen zu leisten sind. Die Aufzeichnungen sind mindestens drei Jahre aufzubewahren und auf Verlangen der zuständigen Behörde vorzulegen.

bb) Anforderungen an das Halten von Kälbern (Abschnitt 2). § 5 Tier- **103** SchNutztV enthält allgemeine Anforderungen an das Halten von Kälbern. Hervorzuheben ist, dass ihnen im Stall ein trockener Liegebereich zur Verfügung stehen muss, dass Maulkörbe nicht verwendet werden dürfen und dass sie, außer bei

---

[71] BVerfG Urt. v. 6.7.1999 – 2 BvF 3/90. Entscheidungsformel abgedruckt in BGBl. I S. 1914. Mit dieser Entscheidung hat das BVerfG einer Normenkontrollklage stattgegeben, die das Land Nordrhein-Westfalen auf Anregung des Bundesverbandes der Tierversuchsgegner, Menschen für Tierrechte e.V. erhoben hatte.

[72] Ein Zitat aus *Priebe*, Die subventionierte Unvernunft, Berlin 1985, S. 16, mag in diesem Zusammenhang zum weiteren Nachdenken und zur Diskussion anregen: „Weil alles auf Gewinnmaximierung eingestellt ist, werden die Tiere bei moderner Technik auf engstem Raum gehalten und in ihrer Bewegungsmöglichkeit so weit wie möglich eingeschränkt. Die unnatürlichen Haltungsbedingungen erfordern ständige Beigaben von Beruhigungsmitteln. Wachstumsfördernde Mittel und andere Pharmaka kommen hinzu, sodaß die Tiere in einer permanenten Drogenszene leben, mit unabsehbaren Auswirkungen auf ihre Gesundheit. Diese Tierfabriken lassen ein Herabsinken der Humanität erkennen: in der Rücksichtslosigkeit gegenüber den uns Menschen anvertrauten Tieren und in der Zerstörung von Natur und Umwelt aus der Gewinnsucht einzelner. Daß dies von der Gesellschaft als ‚unternehmerisches Verhalten' hingenommen und agrarpolitisch noch gefördert wird, zählt zu den moralischen Abstumpfungen unserer Zeit."
Vieles hat sich auf dem Gebiet des Tierschutzes seit diesen Äußerungen Priebes zum Besseren gewendet, vieles bleibt noch zu tun, wenn die Verantwortung des Menschen gegenüber dem Tier als Mitgeschöpf ernst genommen sein soll.

Gruppenhaltung im Rahmen des Fütterns für jeweils längstens eine Stunde, nicht angebunden oder sonst festgelegt werden dürfen.

104   § 6 TierSchNutztV ist überschrieben mit „Allgemeine Anforderungen an das Halten von Kälbern in Ställen". Hier finden sich Bestimmungen über Größe (Abs. 2 Nr. 1), Boden (z.B. Spaltenweite; Abs. 2 Nr. 2), Belichtung (Abs. 2 Nr. 3), Wärmedämmung der Außenwände (Abs. 3), Anforderungen an die Seitenbegrenzungen mit der Möglichkeit von Sicht- und Berührungskontakt (Abs. 4), Gasbelastung der Luft im Aufenthaltsbereich der Kälber (Abs. 5) und Vorschriften über Temperatur und Luftfeuchte (Abs. 6). Die Abs. 3, 5 und 6 gelten nicht für Kaltställe und Kälberhütten (Abs. 7).

105   § 7 TierSchNutztV enthält Vorschriften über besondere Anforderungen an das Halten von Kälbern im Alter von bis zu zwei Wochen in Ställen, § 8 TierSchNutztV entsprechende Vorschriften für Kälber im Alter von über zwei bis zu acht Wochen. Im letztgenannten Lebensabschnitt dürfen Kälber unter bestimmten Voraussetzungen einzeln in Boxen gehalten werden (Abs. 1), Gruppenhaltung ist nur zulässig, wenn sichergestellt ist, dass bei rationierter Fütterung alle Kälber der Gruppe gleichzeitig Futter aufnehmen können (Abs. 2).

106   § 9 TierSchNutztV enthält besondere Anforderungen an das Halten von Kälbern im Alter von über acht Wochen in Ställen. Hervorzuheben ist, dass Kälber dieser Altersstufe nur in Gruppen gehalten werden dürfen. Ausnahmen sind zugelassen für Betriebe, in denen jeweils nicht mehr als drei für die Gruppenhaltung bestimmte Kälber vorhanden sind, ferner wenn medizinische Gründe gegen eine Gruppenhaltung sprechen.

107   § 10 TierSchNutztV regelt den Platzbedarf bei Gruppenhaltung, § 11 TierSchNutztV enthält besondere Vorschriften für die Überwachung, Fütterung und Pflege der Kälber.

108   **cc) Anforderungen an das Halten von Legehennen (Abschnitt 3).** Dieser Abschnitt bringt gegenüber der vom Bundesverfassungsgericht für nichtig erklärten seinerzeitigen Hennenhaltungsverordnung deutliche Verbesserungen für die Lebensbedingungen der Legehennen.

109   So bestimmt nun § 13 Abs. 2 TierSchNutztV, dass die Haltungseinrichtungen folgendermaßen beschaffen sein müssen: sie müssen eine Fläche von mindestens 2,5 m² aufweisen und so ausgestattet sein, dass alle Legehennen artgemäß fressen, trinken, ruhen, staubbaden sowie ein Nest (gesonderter Bereich zur Eiablage, dessen Bodenoberfläche nicht aus Drahtgitter besteht) aufsuchen können. Vorschriften über die Beschaffenheit der Gebäude hinsichtlich der Beleuchtung und Belichtung finden sich in Abs. 3. Abs. 4 regelt die Belüftung, Abs. 5 die Ausstattung der Haltungseinrichtungen.

110   Für die Bodenhaltung von Legehennen gilt § 13a TierSchNutztV. Demnach muss für je neun Legehennen gem. Abs. 2 mindestens eine nutzbare Fläche von 1 m² vorhanden sein. Insgesamt dürfen nicht mehr als 6000 Legehennen ohne räumliche Trennung gehalten werden. Detaillierte Regelungen über Futtertröge (Abs. 3), Nester (Abs. 4), Einstreubereich (Abs. 5), Sitzstangen (Abs. 6), Haltungseinrichtungen mit mehreren Ebenen (Abs. 7), Haltungseinrichtungen mit Zugang zu einem Kaltscharrraum (Abs. 8) und Auslaufflächen (Abs. 10) schließen sich an.

111   Die besonderen Anforderungen an die Kleingruppenhaltung gem. § 13b TierSchNutztV wurden vom Bundesverfassungsgericht als mit Art. 20a GG unvereinbar qualifiziert und standen nur bis zum 31.3.2012 in Rechtskraft.[73]

---

[73]   BVerfG Urt. v. 12.10.2010 – 2 BvF 1/07.

§ 14 TierSchNutztV regelt die Überwachung, Fütterung und Pflege der Lege- **112** hennen. U.a. wird auch hier eine Aufzeichnungspflicht normiert (Abs. 2).

Zu beachten sind die differenzierten *Übergangsvorschriften* des § 45 Abs. 3 mit 7 **113** TierSchNutztV. Abs. 3 und 4 wurden allerdings vom Bundesverfassungsgericht ebenfalls als mit Art. 20a GG unvereinbar befunden.[74] Letztlich ist die konventionelle Batterie-Käfighaltung seit 2010 verboten, zwei Jahre früher als nach EU-Recht erforderlich. Die Legehennenhaltung erfolgt seitdem nur noch in Kleingruppen-, Boden- und Freilandhaltung sowie in ökologischer Erzeugung.

dd) Anforderungen an das Halten von Masthühnern (Abschnitt 4). Die **114** hier normierten Anforderungen beziehen sich auf die Haltung von Masthühnern in Betrieben mit 500 oder mehr Stück, sofern sie nicht in Brütereien, extensiver Boden- oder Auslaufhaltung oder in ökologischer Haltung gehalten werden (§ 16 TierSchNutztV). So werden u.a. eine Sachkundebescheinigungspflicht (§ 17 TierSchNutztV), Anforderungen an Haltungseinrichtungen (§ 18 TierSchNutztV) und Anforderungen an die Haltung (§ 19 TierSchNutztV) geregelt. Die letzten beiden Bereiche sind inhaltlich mit den Regeln für Legehennen vergleichbar.

ee) Anforderungen an das Halten von Schweinen (Abschnitt 5). Die **115** Verordnung gilt für das Halten von Hausschweinen in Haltungseinrichtungen (§ 21 TierSchNutztV i.V.m. den Begriffsbestimmungen in § 2 Nr. 2 und 14 TierSchNutztV), also insbesondere in Ställen. Nicht anzuwenden sind die Vorschriften dieser Verordnung für Haltungseinrichtungen außerhalb von Ställen, also z.B. für Unterstände im Rahmen der Freilandhaltung.

Zu den in § 22 TierSchNutztV normierten allgemeinen *Anforderungen an Hal-* **116** *tungseinrichtungen* gehören insbesondere:

- Einzeln gehaltene Schweine müssen Sichtkontakt zu anderen Schweinen haben können (Abs. 2 Nr. 1).
- Die Schweine müssen gleichzeitig ungehindert liegen, aufstehen, sich hinlegen und eine natürliche Körperhaltung einnehmen können (Abs. 2 Nr. 2).
- Die Schweine dürfen nicht mehr als unvermeidbar mit Harn und Kot in Berührung kommen. Es muss ihnen ein trockener Liegebereich zur Verfügung stehen (Abs. 2 Nr. 3).
- Es muss eine geeignete Vorrichtung vorhanden sein, die eine Verminderung der Wärmebelastung bei hohen Stalllufttemperaturen ermöglicht (Abs. 2 Nr. 4).
- Eingehende Vorschriften über die Ausgestaltung des Bodens finden sich in Abs. 3. Der Boden muss insbesondere rutschfest und trittsicher sein und der Größe und dem Gewicht der Tiere entsprechen. Für Spaltenböden finden sich detaillierte Regelungen.

Besondere Anforderungen an Haltungseinrichtungen finden sich für Saugfer- **117** kel (§ 23 TierSchNutztV), Jungsauen und Sauen (§ 24 TierSchNutztV) sowie Eber (§ 25 TierSchNutztV).

Nach den allgemeinen *Anforderungen an das Halten* (§ 26 TierSchNutztV) hat der **118** Schweinehalter insbesondere sicherzustellen, dass

- jedes Schwein jederzeit Zugang zu gesundheitlich unbedenklichem und in ausreichender Menge vorhandenem Beschäftigungsmaterial hat, um dem Erkundungsverhalten Rechnung zu tragen (Abs. 1 Nr. 1);
- jedes Schwein jederzeit Zugang zu Wasser in ausreichender Menge und Qualität hat, wobei bei Gruppenhaltung räumlich getrennt von der Futterstelle zusätzliche Tränken in ausreichender Zahl zur Verfügung stehen müssen (Abs. 1 Nr. 2);

---

[74] BVerfG Urt. v. 12.10.2010 – 2 BvF 1/07.

– dass Personen, die für die Fütterung und Pflege verantwortlich sind, Kenntnisse über Bedürfnisse von Schweinen im Hinblick auf Ernährung, Pflege, Gesundheit, Haltung und tierschutzrechtliche Vorschriften sowie Grundkenntnisse der Biologie und des Verhaltens von Schweinen besitzen (Abs. 1 Nr. 3).

119   Besondere Anforderungen an Haltungseinrichtungen finden sich für Saugferkel (§ 27 TierSchNutztV), Absatzferkel (§ 28 TierSchNutztV), Zuchtläufern und Mastschweinen (§ 29 TierSchNutztV) sowie Jungsauen und Sauen (§ 30 TierSchNutztV).

120   **ff) Anforderungen an das Halten von Kaninchen (Abschnitt 6).** Dieser Abschnitt enthält allgemeine Anforderungen an Haltungseinrichtungen (§ 32 TierSchNutztV) und Haltung (§ 35 TierSchNutztV), sowie jeweils besondere Vorgaben für Mastkaninchen (§§ 33 und 36 TierSchNutztV) und Zuchtkaninchen (§§ 34 und 37 TierSchNutztV). Eine Sachkundebescheinigungspflicht normiert § 35a TierSchNutztV.

121   **gg) Anforderungen an das Halten von Pelztieren (Abschnitt 7).** Pelztiere, die der Natur entnommen wurden, dürfen nicht zur Erzeugung von Pelzen oder zur Zucht gehalten werden (§ 38 TierSchNutztV). In der Folge werden Anforderungen an Haltungseinrichtungen (§ 40 TierSchNutztV) und Haltung (§ 41 TierSchNutztV) sowie besondere Anforderungen an das Halten bestimmter Pelztiere (§§ 42 und 43 TierSchNutztV) gestellt.

b) Weitere Tierschutzverordnungen, Gutachten, Leitlinien

122   **aa) Tierschutztransportverordnung.** Diese Verordnung (TierSchTrV) enthält in Abschnitt 1 Allgemeine Vorschriften, in Abschnitt 2 Vorschriften über den Transport in Behältnissen und in Abschnitt 3 besondere Vorschriften zum Schutz von Nutztieren beim innerstaatlichen Transport. Hier finden sich insbesondere Vorschriften über Raumbedarf und Pflege oder Begrenzung von Transporten. So dürfen Nutztiere zusätzlich zu den europarechtlichen Vorschriften grundsätzlich nicht länger als acht Stunden zu einem Schlachtbetrieb befördert werden (§ 10 Abs. 1 TierSchTrV). In Abschnitt 4 wird der Transport von anderen Tieren als Nutztieren geregelt. Abschnitt 5 betrifft den grenzüberschreitenden Transport, Abschnitt 6 die Befugnisse der Behörden und Ordnungswidrigkeiten.

123   **bb) Tierschutzschlachtverordnung.** Diese Verordnung (TierSchlV) gilt insbesondere für das Betreuen von Tieren in einem Schlachthof sowie das Ruhigstellen, Betäuben bzw. Schlachten oder Töten (§ 1 Abs. 2 TierSchlV).[75] Es folgen allgemeine Grundsätze in den §§ 3 und 5 TierSchlV. § 4 TierSchlV enthält das Erfordernis der Sachkunde der Mitwirkenden, die §§ 6 mit 8 TierSchlV enthalten Vorschriften über Schlachtbetriebe, insbesondere über deren Ausstattung und die Betreuungsmöglichkeiten von Schlachttieren. Die §§ 9 und 10 TierSchlV befassen sich mit der Aufbewahrung von Speisefischen und Krustentieren. Die §§ 11 mit 15 TierSchlV i.V.m. den Anlagen 2 und 3 enthalten die besonders wichtigen Vorschriften über das Ruhigstellen, Betäuben, Schlachten und Töten von Tieren. Nach § 13 TierSchlV können die Behörden weitere Betäubungs- und Tötungsverfahren zulassen. § 16 TierSchlV enthält die Ordnungswidrigkeiten.

124   **cc) Tierschutz-Hundeverordnung.** Diese Verordnung (TierSchHuV) enthält Regelungen für alle Hunde, insbesondere zu Auslauf, Gruppenhaltung, Halten

---

[75] Zur Frage, ob auch das Töten von erkrankten oder verletzten Tieren, welche deswegen nicht mehr zur Gewinnung von Erzeugnissen genutzt werden können, dem Anwendungsbereich der TierSchlV unterfallen s. *Cymutta*, Rn. 88.

im Freien, Zwingerhaltung, Anbindehaltung, Fütterung und Pflege. Für kupierte Hunde – seit 1998 besteht in Deutschland ein gesetzliches Kupierverbot – wird ein Ausstellungsverbot normiert, um die Praxis einzudämmen, dass Hunde ins Ausland gebracht und dort kupiert würden (§ 10 TierSchHuV).

dd) Gutachten, Leitlinien. Neben den eben behandelten Verordnungen exis- **125** tieren zahlreiche Gutachten über die Mindestanforderungen an die Haltung verschiedener Tierarten. Für die Landwirtschaft von gewisser Bedeutung sind die Gutachten bei Straußenhaltung, bei Wildhaltung in Gehegen sowie die Leitlinien zur Beurteilung von Pferdehaltungen unter Tierschutzgesichtspunkten der Sachverständigengruppe tierschutzgerechter Pferdehaltung.[76]

4. Straf- und Bußgeldvorschriften

Mit Freiheitsstrafe bis zu drei Jahren oder mit Geldstrafe wird gem. § 17 Tier- **126** SchG bestraft, wer
1. ein Wirbeltier ohne vernünftigen Grund tötet oder
2. einem Wirbeltier
   a) aus Rohheit erhebliche Schmerzen oder Leiden oder
   b) länger anhaltende oder sich wiederholende erhebliche Schmerzen oder Leiden zufügt.

Tatbestandsmäßige Handlung ist nach Nr. 1 die Tötung eines Wirbeltieres unab- **127** hängig davon, wie die Tötungshandlung vorgenommen wird. Auch die schmerzlose Tötung eines Tieres, insbesondere unter Betäubung, erfüllt den objektiven Tatbestand der Nr. 1. Da nach § 15 StGB nur vorsätzliches Handeln strafbar ist (außer das Gesetz bedroht ausdrücklich auch fahrlässiges Handeln mit Strafe), kann der Tatbestand des § 17 TierSchG nur bei vorsätzlichem Handeln verwirklicht werden.

Tatbestandsmäßige Handlung nach Nr. 2 ist im Falle des Bst. a die rohe Miss- **128** handlung, im Falle des Bst. b die quälerische Misshandlung.

Roh ist eine Misshandlung, wenn sie „einer gefühllosen Gesinnung" entspringt. **129** Die Strafbarkeit eines weiten Spektrums an Misshandlungen erfährt durch das Erfordernis der Rohheit, einer rein subjektiven, schwer nachprüfbaren Komponente, eine starke Einschränkung.[77]

Quälerisch ist eine Misshandlung, wenn dem Tier länger dauernde oder sich **130** wiederholende erhebliche Schmerzen zugefügt werden.[78]

Durch die Verwirklichung des Tatbestandes allein wird die Strafbarkeit des Täters **131** noch nicht begründet. Die Handlung muss rechtswidrig und schuldhaft begangen worden sein. Die Rechtswidrigkeit entfällt, wenn dem Täter ein sog. Rechtfertigungsgrund zur Seite steht. Neben den allgemeinen Rechtfertigungsgründen des Strafrechts ist es im Tierschutzrecht vor allem der „vernünftige Grund", der die tatbestandsmäßige Handlung rechtfertigen kann. Die Tötung zum Zwecke der menschlichen Ernährung ist wohl der wichtigste anerkannte Rechtfertigungsgrund.

Was die rohe Misshandlung gem. § 17 Nr. 2 Bst. a TierSchG betrifft, so dürfte **132** ein Rechtfertigungsgrund nicht zu finden sein. Im Bereich der quälerischen Misshandlung aber stellt sich immer noch die Frage, ob bestimmte Haltungsformen tat-

---

[76] Zum Herunterladen als PDF-Dateien bei http://www.bmel.de/DE/Tier/Tierschutz/Tierschutzgutachten/_texte/GutachtenDossier.html (12.3.2015).
[77] Vgl. *Lorz/Metzger,* § 17 Rn. 32.
[78] Einzelheiten s. bei *Lorz/Metzger,* § 17 Rn. 37 ff.

bestandsmäßig nicht unter § 17 Nr. 2 TierSchG fallen. Der Straftatbestand gilt nach der Rechtsprechung des BGH uneingeschränkt auch für die Massentierhaltung.[79] Der Verordnungsgeber kann die in einem Gesetz normierte Strafbarkeit nicht einschränken, sofern er dazu nicht ausdrücklich ermächtigt ist. Das ist in den Verordnungsermächtigungen des § 2a TierSchG nicht der Fall. Die Frage der Strafbarkeit steht also trotz der zu Gunsten der Tiere laufend verbesserten Haltungsverordnungen nach wie vor im Raum, wenngleich es unwahrscheinlich ist, dass ein Gericht einen Tierhalter aus § 17 Nr. 2 Bst. b TierSchG bestraft, wenn er sich an die Anforderungen einer Haltungsverordnung hält. Soweit allerdings noch keine Haltungsvorschriften bestehen, stellt sich das Problem noch in aller Schärfe.

133   Was Schuldausschließungsgründe betrifft, so kommen hier insbesondere die Schuldunfähigkeit nach den §§ 19, 20 StGB, § 3 JGG, der entschuldigende Notstand nach § 35 StGB, der Notwehrexzess nach § 33 StGB und der unvermeidbare Verbotsirrtum nach § 17 StGB in Betracht.

134   Aus dem umfangreichen Katalog der Ordnungswidrigkeiten in § 18 TierSchG sei nur Abs. 1 Nr. 1 herausgegriffen, da dieser Bestimmung die größte Bedeutung im Bereich der Tierhaltung zukommt. Danach handelt ordnungswidrig, wer vorsätzlich oder fahrlässig einem Wirbeltier, das er hält, betreut oder zu betreuen hat, ohne vernünftigen Grund erhebliche Schmerzen, Leiden oder Schäden zufügt.

135   Im Unterschied zu § 17 TierSchG genügt bei § 18 TierSchG das Vorliegen von Fahrlässigkeit. In § 18 TierSchG fehlt außerdem das Tatbestandsmerkmal der Rohheit, also der Gefühllosigkeit gegenüber Schmerz und Leid. Außerdem müssen im Rahmen des § 18 TierSchG die Tatfolgen nicht länger andauern oder sich wiederholen.

136   Auf § 18 Abs. 1 Nr. 1 TierSchG wird der Richter immer dann zurückgreifen, wenn zwar an ein Vergehen nach § 17 Nr. 2 TierSchG gedacht wird, aber der volle Nachweis des inneren Tatbestandes (Vorsatz, Rohheit) nicht gelingt.

137   Für die Rechtswidrigkeit und Schuld (bei Ordnungswidrigkeiten als „Vorwerfbarkeit" bezeichnet) gilt das zu § 17 TierSchG Ausgeführte sinngemäß.[80]

138   Nach § 18 Abs. 3 TierSchG kann die Ordnungswidrigkeit in den Fällen des Abs. 1 Nr. 1 TierSchG mit Geldbuße bis zu 25.000 EUR geahndet werden.

---

[79] BGH NJW 1987, 1833 (Käfighennen).
[80] Im übrigen s. die Kommentierungen bei *Lorz/Metzger* zu § 18 Rn. 1 ff. Zur Abgrenzung zu § 17 s. vor Art. 17.

9. Kapitel. Einblick in das Lebensmittelrecht

Literaturauswahl:

Grove (Hrsg.), EU-Hygienepaket. Textsammlung, Loseblatt, 27. Ergänzungslieferung, Heidelberg u.a.
2013;

Meyer, Gen Food – Novel Food. Recht neuartiger Lebensmittel, München 2002;

Meyer (Hrsg.), Lebensmittelrecht, Textsammlung, Loseblatt, 129. Ergänzungslieferung, München 2014;

Meyer/Streinz, LFGB – BasisVO. Kommentar, 2. Aufl., München 2012;

Rabe/Horst (Hrsg.), Texte zum Lebensmittelrecht, Loseblatt, 3. Aufl., Heidelberg u.a. 2013;

Streinz (Gesamtredaktion), Lebensmittelrechts-Handbuch, Loseblatt, 35. Ergänzungslieferung, München 2014;

Zipfel/Rathke/Sosnitza (Hrsg.), Lebensmittelrecht, Loseblatt-Kommentar, 158. Ergänzungslieferung, München 2014 (zit. *Zipfel/Rathke/Sosnitza I–V*).

Nützliche Internetadressen:

http://www.bvl.bund.de (Bundesamt für Verbraucherschutz und Lebensmittelsicherheit, BVL)

http://www.bll.de (Bund für Lebensmittelrecht und Lebensmittelkunde, BLL)

http://www.stmelf.bayern.de (Bayerisches Staatsministerium für Ernährung, Landwirtschaft und Forsten, StMELF)

I. Wichtige Rechtsquellen

Das Lebensmittelrecht ist gekennzeichnet von einer kaum überschaubaren Fülle **1** nationaler und europäischer Rechtsvorschriften. Einen ersten Eindruck vermitteln die oben genannten Textsammlungen zum Lebensmittelrecht.

Der Landwirt ist insofern vom Lebensmittelrecht betroffen, als er Lebensmittel **2** pflanzlicher und tierischer Herkunft produziert. Lebensmittel sind nach § 2 Abs. 2 LFGB i.V.m. Art. 2 VO (EG) Nr. 178/2002 Stoffe oder Erzeugnisse, die dazu bestimmt sind oder von denen nach vernünftigem Ermessen erwartet werden kann, dass sie in verarbeitetem, teilweise verarbeitetem oder unverarbeitetem Zustand von Menschen aufgenommen werden. Lebensmittel sind daher nicht nur die fertig zubereiteten Speisen und Getränke oder die Stoffe, die unverändert verzehrt werden können, sondern auch diejenigen, die erst nach einer Zubereitung oder Verarbeitung verzehrt werden können, also auch die Rohstoffe, Vorerzeugnisse, Halberzeugnisse sowie Zutaten einschließlich der Zusatzstoffe.[1] Von der Vielzahl lebensmittelrechtlicher Vorschriften, mit denen der Landwirt in Berührung kommt, seien hier nur die wichtigsten erwähnt:

1. Europäische Normen

3

– Verordnung (EG) Nr. 178/2002 des Europäischen Parlaments und des Rates vom 28.1.2002 zur Festlegung der allgemeinen Grundsätze und Anforderungen des Lebensmittelrechts, zur Errichtung der Europäischen Behörde für Lebens-

---

[1] S. *Zipfel/Rathke/Sosnitza II*, C 100, § 1 Rn. 10. Bei der Frage, von welchem Zeitpunkt an ein landwirtschaftliches Produkt im pflanzlichen Bereich Lebensmittel i.S.d. § 2 LMBG ist, ist auf den Zeitpunkt der Ernte abzustellen, bei der Gewinnung vom Tier ist der maßgebliche Zeitpunkt in der Regel die Schlachtung.

mittelsicherheit und zur Festlegung von Verfahren zur Lebensmittelsicherheit, *ABl. L 31 vom 1.2.2002, S. 1–24* – (im Folgenden Basis-Verordnung);
– Verordnung (EG) Nr. 852/2004 des Europäischen Parlaments und des Rates vom 29.4.2004 über Lebensmittelhygiene, *ABl. L 139 vom 30.4.2004, S. 1–54*;
– Verordnung (EG) Nr. 853/2004 des Europäischen Parlaments und des Rates vom 29.4.2004 mit spezifischen Hygienevorschriften für Lebensmittel tierischen Ursprungs, *ABl. L 139 vom 30.4.2004, S. 55–205*;
– Verordnung (EG) Nr. 854/2004 des Europäischen Parlaments und des Rates vom 29.4.2004 mit besonderen Verfahrensvorschriften für die amtliche Überwachung von zum menschlichen Verzehr bestimmten Erzeugnissen tierischen Ursprungs, *ABl. L 139 vom 30.4.2004, S. 206–320*.

4 2. Nationale Normen

– Lebensmittel-, Bedarfsgegenstände- und Futtermittelgesetzbuch (Lebensmittel- und Futtermittelgesetzbuch – LFGB), neugefasst durch Bek. v. 3.6.2013, BGBl. I S. 1426;
– Verordnung über Stoffe mit pharmakologischer Wirkung (PharmStV), neugefasst durch Bek. v. 8.7.2009, BGBl. I S. 1768;
– Verordnung über Höchstmengen an Rückständen von Pflanzenschutz- und Schädlingsbekämpfungsmitteln, Düngemitteln und sonstigen Mitteln in oder auf Lebensmitteln (Rückstands-Höchstmengenverordnung – RHmV), neugefasst durch Bek. v. 21.10.1999, BGBl. I S. 2082;
– Verordnung zur Begrenzung von Kontaminanten in Lebensmitteln (Kontaminanten-Verordnung – KmV) v. 19.3.2010, BGBl. I S. 287;
– Gesetz zum Schutz der Kulturpflanzen (Pflanzenschutzgesetz – PflSchG) v. 6.2.2012, BGBl. I S. 148, mit zahlreichen Verordnungen;
– Verordnung über Anforderungen an die Hygiene beim Herstellen, Behandeln und Inverkehrbringen von Lebensmitteln (Lebensmittelhygiene-Verordnung – LMHV) v. 8.8.2007, BGBl. I S. 1816;
– Handelsklassengesetz (HdlKlG) v. 23.11.1972, BGBl. I S. 2201, mit zahlreichen Verordnungen.

II. Hinweise zum Lebensmittel- und Futtermittelgesetzbuch

1. Pflanzenschutz- und sonstige Mittel

5 Nach § 9 Abs. 1 LFGB ist es verboten, Lebensmittel in den Verkehr zu bringen,
6 1. wenn in oder auf ihnen Pflanzenschutzmittel i.S. des Pflanzenschutzgesetzes,[2] Düngemittel i.S. des Düngemittelgesetzes,[3] andere Pflanzen- oder Bodenbehandlungsmittel,[4] Biozid-Produkte i.S. des Chemikaliengesetzes, soweit sie dem Vorratsschutz, der Schädlingsbekämpfung oder dem Schutz von Lebensmitteln dienen[5] (Pflanzenschutz- oder sonstige Mittel) oder deren Umwandlungs- oder Reaktionsprodukte vorhanden sind, die nach Abs. 2 Nr. 1 Bst. a festgesetzte Höchstmengen überschreiten;

---

[2] Pflanzenschutzmittel sind definiert in § 2 Abs. 1 VO (EG) Nr. 1107/2009.
[3] Düngemittel sind definiert in § 2 Nr. 1 DüngG.
[4] Hierunter fallen alle Mittel, die von den Begriffen Pflanzenschutzmittel und Düngemittel nicht erfasst sind, aber den gleichen Zwecken dienen, s. *Zipfel/Rathke/Sosnitza II*, C 102, § 9 Rn. 30.
[5] Begriff und Abgrenzung zu anderen Stoffen, s. *Zipfel/Rathke/Sosnitza II*, C 102, § 9 Rn. 25.

2. wenn in oder auf ihnen Pflanzenschutzmittel im Sinne des Pflanzenschutz-   **7**
gesetzes vorhanden sind, die nicht zugelassen sind oder die bei den Lebensmitteln
oder deren Ausgangsstoffen nicht angewendet werden dürfen; dies gilt nicht, soweit für diese Mittel Höchstmengen nach Abs. 2 Nr. 1 Buchstabe a festgesetzt sind;

3. wenn sie den Anforderungen nach Art. 18 Abs. 1 VO (EG) Nr. 396/2005[6]   **8**
nicht entsprechen.

§ 9 LFGB ist für die Landwirtschaft deshalb so bedeutsam, weil er indirekt, d.h.   **9**
auf das Produkt bezogen, in alle Produktionsphasen hineinwirkt. Vom Ankauf des
Saatgutes, dessen Aufbereitung, über die Ausbringung, die Düngung, die Anwendung von Pflanzenschutzmaßnahmen bis hin zur Ernte und zur Abgabe des Produkts an Weiterverarbeiter oder Endverbraucher hat der Landwirt diese Vorschrift
im Auge zu behalten.

§ 9 Abs. 1 Nr. 1 enthält ein Verkehrsverbot für Lebensmittel, die Pflanzenschutz-   **10**
oder sonstige Mittel enthalten, die die festgesetzte Höchstmenge überschreiten.
Einzelheiten hierzu regelt die Rückstands-Höchstmengenverordnung.[7]

§ 9 Abs. 1 Nr. 2 verbietet das Inverkehrbringen von Lebensmitteln, die Pflan-   **11**
zenschutzmittel i.S.d. PflSchG enthalten, die nicht zugelassen sind, oder die bei
bestimmten Lebensmitteln oder deren Ausgangsstoffen nicht angewandt werden
dürfen.[8] Die Zulassung erfolgt nach entsprechenden Prüfungen durch das Bundesamt für Verbraucherschutz und Lebensmittelsicherheit.[9] Soweit Pflanzenschutzmittel nicht zugelassen sind, sind sie verboten. Das Verbot zielt insbesondere auf in
Deutschland unbekannte, nicht untersuchte Mittel ab. Eine Ausnahme von diesem Verbot besteht insoweit, als für nicht zugelassene Pflanzenschutzmittel Höchstmengen festgesetzt sind.[10]

2. Stoffe mit pharmakologischer Wirkung

Während § 9 LFGB Lebensmittel pflanzlicher und tierischer Herkunft erfasst,   **12**
betrifft § 10 nur vom Tier gewonnene Lebensmittel. Die Vorschrift hat seinerzeit
vor allem im Zusammenhang mit dem sog. „Östrogen-Skandal" große Bedeutung
erlangt.

§ 10 Abs. 1 LFGB enthält ein Verkehrsverbot für Lebensmittel tierischer Her-   **13**
kunft, wenn in oder auf ihnen Stoffe mit pharmakologischer Wirkung oder deren
Umwandlungsprodukte vorhanden sind und keiner der Fälle der Nr. 1–4 vorliegt.
Einzelheiten hierzu finden sich insbesondere in der Verordnung über Stoffe mit
pharmakologischer Wirkung, insbesondere in deren Anlage 1. Erfasst werden vor
allem Antibiotika, Sulfonamide und Thyreostatika.[11]

---

[6] Verordnung (EG) Nr. 396/2005 des Europäischen Parlaments und des Rates vom 23.2.2005
über Höchstgehalte an Pestizidrückständen in oder auf Lebens- und Futtermitteln pflanzlichen und
tierischen Ursprungs, ABl. L 70 vom 16.3.2005, S. 1–16.

[7] Kommentiert bei *Zipfel/Rathke/Sosnitza III*, C 160. Die Verordnung enthält 7 (aktuell 5 in
Geltung) Anlagen, in denen die zugelassenen Stoffe und ihre Höchstmenge in bestimmten Lebensmitteln detailliert aufgeschlüsselt sind.

[8] Näheres regelt die Verordnung über Anwendungsverbote für Pflanzenschutzmittel (Pflanzenschutz-Anwendungsverordnung – PflSchAnwV) v. 10.11.1992, BGBl. I S. 1883. Die Verordnung
differenziert gem. §§ 1–3 zwischen Vollständigen Anwendungsverboten (Anl. 1), Eingeschränkten
Anwendungsverboten (Anl. 2) und Anwendungsbeschränkungen (Anl. 3).

[9] S. §§ 28 ff. PflSchG.

[10] Einzelheiten s. bei *Zipfel/Rathke/Sosnitza II*, C 102, § 9 Rn. 35.

[11] Zu den Begriffen s. *Zipfel/Rathke/Sosnitza II*, C 102, § 10 Rn. 16 ff.

14   § 10 Abs. 2 LFGB enthält weitere Verkehrsverbote, § 10 Abs. 3 LFGB bestimmt, dass nach der Verabreichung von Stoffen mit pharmakologischer Wirkung, die als Arzneimittel zugelassen oder registriert oder als Zusatzstoffe zu Futtermitteln zugelassen sind, die festgesetzten Wartezeiten einzuhalten sind. Diese werden bei Registrierung oder der Zulassung festgesetzt.[12]

15   § 10 Abs. 4 LFGB enthält Ermächtigungsnormen für den Verordnungsgeber.[13]

3. Straftaten und Ordnungswidrigkeiten

16   Verstöße gegen die §§ 9 und 10 LFGB sind Straftaten bzw. Ordnungswidrigkeiten nach §§ 58 mit 60 LFGB[14].

III. Hinweise zum Hygienerecht

1. Europäisches Hygienepaket

17   Das europäische Hygienepaket besteht im Wesentlichen aus den Verordnungen (EG) Nr. 852/2004, 853/2004 und 854/2004. Die darin enthaltenen Vorschriften haben weitgehend die bisherigen nationalen Hygienevorschriften ersetzt.

a) VO (EG) Nr. 852/2004

18   Diese Verordnung enthält allgemeine Lebensmittelhygienevorschriften für Unternehmer. Sie gilt für alle Produktions-, Verarbeitungs- und Vertriebsstufen von Lebensmitteln und für Ausfuhren sowie – unbeschadet spezifischerer Vorschriften – für die Hygiene von Lebensmitteln. Sie gilt u.a. nicht für die Primärproduktion für den häuslichen Gebrauch. Sie gilt ferner nicht für die direkte Abgabe kleiner Mengen von Primärerzeugnissen durch den Erzeuger an den Endverbraucher oder an lokale Einzelhandelsgeschäfte, die die Erzeugnisse unmittelbar an den Endverbraucher abgeben. Zu den Primärerzeugnissen zählen beispielsweise Obst, Gemüse, Körnerfrüchte, Eier, Rohmilch, Honig, Beeren. Pilze oder Schnecken. Nicht zu den Primärerzeugnissen zählt Fleisch! Unter kleinen Mengen sind gem. § 5 LMHV „haushaltsübliche" Mengen bzw. bei Abgabe an den Einzelhandel die „tagesübliche" Abgabemengen an den Verbraucher zu verstehen. Im Falle von Eiern handelt es sich um kleine Mengen, soweit die Eier aus Betrieben mit weniger als 350 Legehennen kommen. Bei Wild ist die Strecke eines Jagdtages die ausschlaggebende Größenordnung.

19   Gem. Art. 1 i.V.m. Anhang 1 ist die Primärproduktion in den Geltungsbereich der Verordnung mit einbezogen. Primärproduzenten haben die im Anhang 1 enthaltenen Hygiene- und Buchführungsvorschriften zu beachten. Von den HACCP-Verpflichtungen[15] sind sie allerdings freigestellt.

---

[12]   Einzelheiten bei *Zipfel/Rathke/Sosnitza II*, C 102, § 10 Rn. 51 ff.
[13]   Einzelheiten bei *Zipfel/Rathke/Sosnitza II*, C 102, § 10 Rn. 57.
[14]   Einzelheiten s. bei *Zipfel/Rathke/Sosnitza II*, C 102, § 9 Rn. 49 ff. und § 10 Rn. 64.
[15]   HACCP ist die Abkürzung für *Hazard Analysis Critical Control Point*. Im Eigenkontrollsystem der betroffenen Unternehmen sind mögliche Gefahren für das Produkt zu analysieren, entscheidende kritische Punkt festzustellen, Sicherheitsmaßnahmen festzulegen und durchzuführen, sowie eine ständige Überwachung des Konzepts zu gewährleisten. Einzelheiten s. etwa bei *Meyer*, Lebensmittelrecht, S. 19 ff.

b) VO (EG) Nr. 853/2004

Bestimmte Lebensmittel können besondere Gefahren für die menschliche Ge- **20** sundheit in sich bergen. Dies gilt insbesondere für Lebensmittel tierischen Ursprungs. Für diese enthält die VO (EG) 853/2004 spezifische Hygienevorschriften (Erwägungsgrund 2). Die Verordnung gilt für unverarbeitete Erzeugnisse und Verarbeitungserzeugnisse tierischen Ursprungs. Sie gilt nicht für Lebensmittel, die sowohl Erzeugnisse pflanzlichen Ursprungs als auch Verarbeitungserzeugnisse tierischen Ursprungs enthalten. Sie gilt ferner nicht für die Primärproduktion für den häuslichen Gebrauch, für die häusliche Verarbeitung, Handhabung und Lagerung von Lebensmitteln zum häuslichen Gebrauch, ferner nicht für die Direktvermarktung von Primärerzeugnissen, die direkte Abgabe von Wild in kleinen Mengen und unter bestimmten Voraussetzungen auch nicht für den Einzelhandel. Letzteren können die Mitgliedstaaten allerdings durch einzelstaatliche Maßnahmen in den Geltungsbereich der Verordnung einbeziehen (Art. 1).

Lebensmittelunternehmer[16], und zu diesen zählen auch Landwirte, es sei denn, **21** sie betreiben einen reinen Tierhaltungsbetrieb ohne Lebensmittelproduktion, müssen sich registrieren lassen (Art. 4 Abs. 1).

Von der Registrierungspflicht ist die Zulassungspflicht zu unterscheiden, die für **22** Betriebe gilt, die Erzeugnisse tierischen Ursprungs behandeln und für die in Anhang III besondere Anforderungen festgelegt sind (Art. 4 Abs. 2). Betroffen sind hiervon in erster Linie die Schlachthöfe. Art. 5 enthält Vorschriften über Genusstauglichkeits- und Identitätskennzeichnung, Art. 6 enthält spezifische Drittlandsanforderungen.

Welche Anforderungen in spezifischen Bereichen wie z.B. im Bereich Schlach- **23** ten/Zerlegen, bei der Fleisch-/Geflügelfleischverarbeitung oder der Milchverarbeitung zu beachten sind, ergibt sich aus dem Anhang III der Verordnung. Dort finden sich nun europaeinheitliche Regelungen, die früher in nationalen Gesetzen und Verordnungen enthalten waren, wie etwa im ehemaligen Fleischhygienegesetz oder der ehemaligen Milchverordnung (Ersatz für das vertikale deutsche Lebensmittelrecht).

c) VO (EG) Nr. 854/2004

Die Verordnung enthält, wie bereits aus ihrem Titel hervorgeht besondere Ver- **24** fahrensvorschriften für die amtliche Überwachung, also für das Veterinärkontrollwesen.

2. Durchführungsverordnung (DVO) zum Hygienepaket

Als Begleitvorschrift zum europäischen Hygienepaket wurde 2007 die nationale **25** Durchführungsverordnung zu den EU-Hygienevorschriften erlassen.[17] Sie enthielt in

---

[16] Lebensmittelunternehmer sind gem. Art. 3 Nr. 3 BasisVO die natürlichen oder juristischen Personen, die dafür verantwortlich sind, dass die Anforderungen des Lebensmittelrechts in dem ihrer Kontrolle unterstehenden Lebensmittelunternehmen erfüllt werden. Lebensmittelunternehmen sind gem. Art. 3 Nr. 2 BasisVO alle Unternehmen, die eine mit der Produktion, der Verarbeitung und dem Vertrieb von Lebensmitteln zusammenhängende Tätigkeit ausüben. Als Produzenten von Lebensmitteln sind also auch die Landwirte in den Lebensmittelunternehmerbegriff einbezogen.

[17] Verordnung zur Durchführung von Vorschriften des gemeinschaftlichen Lebensmittelhygienerechts v. 8.8.2007, BGBl. I S. 1816.

– Art. 1 die Verordnung über Anforderungen an die Hygiene beim Herstellen, Behandeln und Inverkehrbringen von Lebensmitteln (Lebensmittelhygiene-Verordnung – LMHV),

– Art. 2 die Verordnung über Anforderungen an die Hygiene beim Herstellen, Behandeln und Inverkehrbringen von bestimmten Lebensmitteln tierischen Ursprungs (Tierische Lebensmittel-Hygieneverordnung – Tier-LMHV) und in

– Art. 3 die Verordnung zur Regelung bestimmter Fragen der amtlichen Überwachung des Herstellens, Behandelns und Inverkehrbringens von Lebensmitteln tierischen Ursprungs (Tierische Lebensmittel-Überwachungsverordnung – Tier-LMÜV).

26   Die in dieser Durchführungsverordnung erfassten Verordnungen enthalten Regelungen zur Umsetzung und Durchführung von EU-Rechtsakten und einzelstaatliche Vorschriften, soweit diese seitens der Mitgliedstaaten erlassen werden müssen bzw. erlassen werden können.

a) Lebensmittelhygieneverordnung

27   Diese Verordnung (LMHV) gilt allgemein für pflanzliche und tierische Lebensmittel und für die Direktvermarktung von Primärerzeugnissen. Sie enthält Ergänzungen zur VO (EG) Nr. 852/2004 und Ausnahmen für traditionelle Lebensmittel. Die wichtigsten Regelungsbereiche der LMHV sind: Allgemeine Hygieneanforderungen, Schulung, Anforderungen an die Abgabe kleiner Mengen von Primärerzeugnissen und Hygieneanforderungen bei Herstellung bestimmter traditioneller Lebensmittel wie z.B. Milcherzeugnisse oder Brot und Backwaren.

b) Tierische Lebensmittel-Hygieneverordnung

28   Diese umfangreiche Verordnung (Tier-LMHV) gilt für tierische Lebensmittel, für die Direktvermarktung von tierischen Primärerzeugnissen, für die Direktvermarktung von Fleisch von im eigenen landwirtschaftlichen Betrieb geschlachtetem Geflügel und Hasentieren, für die Direktvermarktung von Wild und für Einzelhandelsunternehmen, die vom Anwendungsbereich der VO (EG) Nr. 853/2004 ausgenommen sind.

c) Tierische Lebensmittel-Überwachungsverordnung

29   In dieser Verordnung (Tier-LMÜV) finden sich u.a. Regelungen über die Rückstandsüberwachung durch die Veterinärämter (Probenahmen bei geschlachteten und lebenden Tieren, Maßnahmen bei Überschreiten von Höchstmengen, Maßnahmen bei Verdacht auf Verwendung verbotener Stoffe) und Regelungen über die Kennzeichnung der Genusstauglichkeit bzw. Genussuntauglichkeit von Fleisch (Anlage 1).

10. Kapitel. Landwirtschaftliche Kooperationsformen

Literaturauswahl:

Balling, Horizontale und vertikale Kooperation bei der Vermarktung von Agrarprodukten in den neuen Bundesländern, in: Agrarwirtschaft 3/1994, S. 149–155;

Beuthien/Meyer/Meulenberg, Genossenschaftsgesetz mit Umwandlungsrecht, Kommentar, 13. Aufl., München 2000;

Deuringer/Fischer/Fauk, Verträge in der Landwirtschaft, München 1999;

Götz/Winkler, Organisationsmodelle für die Landwirtschaft, SR-Göttingen, Bd. 13, 1976;

Haarstrich/Hemmelgarn, Agrarspezifisches Zivilrecht, Berlin 2012 (Schriftenreihe der Hagen Law School, 13. Agrarrecht);

Hanisch, Integrierte Kooperation von landwirtschaftlichen Betrieben- Zusammenarbeit als Zukunftsmodell, http//www.geno.hu-berlin.de/tagung/redehanisch, (pdf. 2010);

Hein/Laven/Doluschitz, Voraussetzungen, Vorteile und Probleme in Kooperationen zwischen landwirtschaftlichen Unternehmen- theoretische Analyse und empirische Überprüfung, in: BüL 89 (2011), S. 13 ff.;

Lang/Weidmüller, Genossenschaftsgesetz, 36. Aufl., Berlin 2008;

Link, Kooperationen in der landwirtschaftlichen Produktion, Stuttgart 1995;

ders., Der Bewirtschaftungsvertrag, München 2000;

Reichert, Handbuch des Vereins- und Verbandrechts, 9. Aufl., Neuwied, München 2003;

Schweizer, Das Recht der landwirtschaftlichen Betriebe nach dem Landwirtschaftsanpassungsgesetz, 2. Aufl., Köln 1994;

Betriebsgesellschaften in der Landwirtschaft- Chancen und Grenzen im Strukturwandel, Schriftenreihe Landwirtschaftliche Rentenbank, Band 15 mit Beiträgen von *Schwerdtle, Mann, Muziol* u.a.;

Steding, Rechtsformen für landwirtschaftliche Unternehmen, Berlin 1997;

Winkler, Art. Vertragslandwirtschaft, in HAR II, Sp. 990–998;

Zurek, Vertragslandwirtschaft in der Nahrungswirtschaft der Bundesrepublik Deutschland, in: BüL 71 (1993), S. 625–644 (zit. *Zurek*).

I. Vertragslandwirtschaft (Vertikale Kooperation)

1. Begriff, Zweck

Der Begriff „Vertragslandwirtschaft" bezeichnet eine besondere Form der Ko- **1** operation zwischen Erzeugern und Abnehmern landwirtschaftlicher Produkte. Das Wesen einer solchen Vertragsbeziehung besteht nicht in der Anwendung eines besonderen Vertragstypus, sondern in der spezifischen Ausgestaltung bekannter Vertragstypen des BGB (wie Kauf-, Werk-, Werkliefer- und Dienstvertrag) durch eine Vielzahl von Nebenabreden[1] meist in der Form von Allgemeinen Geschäftsbedingungen. Da auf diese Weise Akteure verschiedener Marktstufen zusammenarbeiten, spricht man auch von vertikaler Kooperation im Gegensatz zur horizontalen Kooperation, bei der Akteure nur einer Marktstufe zusammenwirken. Ziel einer derartigen Zusammenarbeit im vertikalen Bereich ist eine Verbesserung sowohl der Vermarktungs- als auch der Betriebsstruktur.[2]

---

[1] S. *Kroeschell,* Deutsches Agrarrecht, SR-Göttingen, Bd. 29, 1983; S. 50 oder *Winkler,* Art. Vertragslandwirtschaft, in: HAR II, Sp. 990 m.w.N.

[2] Neben der *vertraglichen* vertikalen Kooperation spielen die vertikale Unternehmensintegration und Schaffung vertikaler Gemeinschaftsunternehmen in der Nahrungswirtschaft u.a. wegen der unterschiedlichen Betriebsgrößen und Produktionsprogramme zwischen den landwirtschaftlichen Betrieben und der Verarbeitungsindustrie in Deutschland nur eine geringe Rolle, s. *Zurek,* S. 625–644 (630).

2 Auf dem Zuckerrübensektor und im Bereich der Saatgutvermehrung hat die Vertragslandwirtschaft bereits eine langjährige Tradition.[3] Ihr Vordringen in andere landwirtschaftliche Produktionsbereiche, insbesondere auch in die tierische Erzeugung[4] zeigt, dass hier eine Kooperationsform entstanden ist, die sowohl dem Landwirt als auch dem Abnehmer seiner Produkte Vorteile bringt: Der Landwirt sichert durch derartige Vertragsabschlüsse seinen Absatz, der Abnehmer (auch „Integrator" genannt)[5] sichert seinen Bezug und die Qualität der Produkte durch mehr oder minder intensive Einflussnahme auf den Produktionsablauf. Treibende Kraft für die Ausbreitung der Vertragslandwirtschaft war in den letzten Jahren nicht zuletzt der Wunsch des Verbrauchers nach gleichbleibend hochwertigen Produkten[6] und die wohl steigende Tendenz, wenigstens in Teilbereichen dafür auch höhere Preise zu bezahlen.

2. Ausgestaltung der Verträge

a) Kaufverträge/Werkverträge

3 Reine Kaufverträge ohne vertraglich fixierte Möglichkeit der Einflussnahme des Integrators auf die Produktion gehen an einem wichtigen Teilziel der Vertragslandwirtschaft, der Qualitätssteigerung und -sicherung, vorbei. Sie können nur noch insofern in den Begriffsbereich der Vertragslandwirtschaft einbezogen werden, als sie von Fall zu Fall und mit wechselnden Partnern abgeschlossene Kaufverträge durch eine dauerhafte Organisation der Absatzbeziehungen ersetzen.[7] Aufgrund der Marktmacht der Abnehmerseite werden sie immer seltener.[8]

4 Häufig dagegen finden sich Kaufverträge mit Sicherung der Einflussnahme des Integrators auf die Produktion durch die Verwendung entsprechender Formularverträge unter Beifügung zusätzlicher Allgemeiner Geschäftsbedingungen.[9] Dabei fließen auch werkvertragliche Elemente in den Vertrag ein.

5 | **Beispiel für Aufbau und Inhalt eines Anbau-, Liefer- und Abnahmevertrages für Getreide:**
- Bezeichnung der Vertragsparteien
- Zeitlicher Geltungsrahmen (z.B. „für die Ernte 2015")
- Liefer- und Zahlungsbedingungen (meist Verweisung auf Einheitsbedingungen des deutschen Getreidehandels)

---

[3] Vgl. *Winkler,* HAR II, Sp. 991; ausführlich für Zuckerrüben: *Grages,* Die Lieferrechte der Zuckerrübenanbauer, SR-Göttingen, Bd. 35, 1989. Zur Organisation im Bereich der Saatgutvermehrung s. *Keydel/Kupfer/Fuchs,* Pflanzenzüchtung und Saatgutwesen im Integrierten Pflanzenbau, in Pflanzliche Erzeugung, Die Landwirtschaft Bd. 1, 11. Aufl., 1998, S. 223.

[4] Insbesondere bei Eiern, Schlachtgeflügel, Schweinen und Kälbern, s. *Werschnitzky/Prothmann/Klink,* BüL 1974, 398.

[5] Wegen seiner Steuerungsfunktion zwischen Erzeuger und Verbraucherinteressen, vgl. *Götz/Winkler,* Organisationsmodelle für die Agrarwirtschaft, SR-Göttingen 1976, Bd. 13, S. 200.

[6] Zu den veränderten Qualitätserwartungen der Verbraucher im Bereich Nahrungsmittel, s. *Balling,* Marketing-Konzeption für einen Markenartikel Rindfleisch, Agrarwirtschaft, Sh. 125, 2. Aufl. 1992. S. auch *Schiebel,* Qualitätssignale und Qualitätserwartungen aus der Sicht der Verbraucher, in: Jahrbuch der Österreichischen Gesellschaft für Agrarökonomie, Band 14, S. 27- 38.

[7] Vgl. *Kroeschell,* Deutsches Agrarrecht, SR-Göttingen, Bd. 29, 1983, S. 49.

[8] Vgl. *Winkler,* HAR II, Sp. 993 mit Hinweis auf *v.d. Malsburg,* Rechtsprobleme der Schweinemast- und Lieferverträge, jur. Diss. Göttingen 1969, S. 75.

[9] S. dazu *Schmidt,* Qualitätssicherungsvereinbarungen und ihr rechtlicher Rahmen, NJW 1991, 144 ff.

- Schiedsgerichtsvereinbarung, Gerichtsstandsvereinbarung
- Bezeichnung des Vertragsgegenstandes (z.B. bestimmtes Markenzeichen)
- Vereinbarung der Produktionsweise (in der Regel durch Verweisung auf entsprechende Erzeugerrichtlinien)
- Vereinbarung von Kontrollrechten, (z.B. Betriebsbesichtigungen, Pflicht zur Auskunftserteilung)
- Festlegung der Vertragsmenge
- Vereinbarung des Grundpreises (z.B. per 100 kg, zuzüglich der jeweils geltenden MwSt.)
- Liefertermin
- Meldepflicht für Einwirkungen, die Mindererträge befürchten lassen
- Vereinbarung des Entfallens der Liefer- und Abnahmepflicht im Falle höherer Gewalt, Benachrichtigungspflicht
- Verpflichtung zu sachgerechter Ernte
- Qualitätsanforderungen (z.B. Mindestkorngewicht, Reinigungsgrad, Feuchtigkeitsgehalt, Geruchsfreiheit, Freiheit von Schädlingen, Freiheit von Rückständen durch Lagerschutzmittel, ergänzend Bezugnahme auf die Anforderungen der Interventionsrichtlinien)
- Bemusterungsvereinbarung für die Zeit unmittelbar nach der Ernte
- Vereinbarung über Qualitätsanalyse nach Lieferung
- Vereinbarung über zusätzliche Kontrolluntersuchungen und deren Kostentragung
- Vereinbarungen über Lagerung, Zwischenlagerung und deren Kostentragung
- Sicherstellung der Nachweiskette bei Zwischenlagerung bei einem Dritten
- Verpflichtung des Erzeugers, bei Direktvermarktung den vereinbarten Basispreis nicht zu unterschreiten, bzw. erst dem Vertragspartner überschießende Mengen zum reduzierten Preis anzubieten
- Kündigungsrecht bei Vertragsverletzungen

Der Inhalt der Produktionsrichtlinien, die in der Regel durch Verweisung Vertragsbestandteil werden, ist von den Anforderungen des Integrators, diese wiederum von dessen eventueller Verbandszugehörigkeit abhängig. Am wenigsten reglementiert wird der Erzeuger im Bereich des konventionellen Landbaus. Die Anforderungen steigen, je mehr sich der Integrator den (dynamischen) Grundsätzen des Integrierten Landbaus oder den Prinzipien ökologischer Landwirtschaftsrichtungen verpflichtet hat. **6**

In derartigen Richtlinien finden sich beispielsweise folgende Regelungen:[10] **7**

1) Pflanzliche Erzeugung **8**
   - Umstellung des Betriebes, Umstellungszeitraum, Zusammenarbeit mit anderen bereits umgestellten Betrieben

---

[10] Vgl. z.B. die Richtlinien für die Zertifizierung „Demeter" und „Biodynamisch" http://www.Demeter.de/sites/default/files/richtlinien/ERZEUGUNG_2015_gesamt.pdf (9.1.2015). Im Integrierten Landbau sind die Anforderungen geringer, insbesondere werden keine Umstellungen gefordert. Werden Richtlinien dieser Art nicht in ein Vertragsverhältnis mit Abnehmern einbezogen, sondern nur als Voraussetzungen für die Mitgliedschaft in einem Verband verwendet, so wirken sie nur in horizontaler Ebene.

- Voraussetzungen für die Berechtigung der Benutzung des Warenzeichens des Verbandes
- Eingehende Bestimmungen über Art und Maß der Düngung, z.B.
  - Vorrang des betriebseigenen Wirtschaftsdüngers, strenge Überprüfung bei Fremdbezug
  - Absolutes Verbot des Einsatzes synthetischer Stickstoffverbindungen, leichtlöslicher Phosphate und hochprozentiger reiner und chlorhaltiger Kalisalze
  - Verbot der Verwendung von Klärschlamm
  - Höchstmaß der Stickstoffzufuhr
  - Anwendung bestimmter Präparate wie Horndung und Hornkiesel
- Eingehende Vorschriften über Pflanzenschutzmaßnahmen, z.B.
  - Verbot der Anwendung von synthetischen Pflanzenschutzmitteln
  - Zugelassene Bekämpfungsmaßnahmen
  - Beratung in Notfällen
  - Sanktionen bei Verstößen

9 2) Tierische Erzeugung
- Pflicht zur eigenen Tierhaltung
- Tierbesatz (Mindest- und Höchstdichte)
- Betriebskooperationen nur mit Verbandsbetrieben
- Haltungsvorschriften für die einzelnen Tierarten, z.B. Enthornungsverbot für Rinder, Ziegen und Schafe
- Fütterungsvorschriften für die einzelnen Tierarten
- Regelungen über Futterzukauf, Umstellungsfutter
- Zucht und Kennzeichnung
- Verbot von Embryotransfer und Genmanipulationen
- Stallbuch
- Tierherkunft, Tierzukauf und Vermarktung
- Arzneimittelbehandlung bei Tieren
- Reinigung und Desinfektion
- Tiertransport und Schlachtung

b) Verträge mit dienstvertraglichem Charakter

10   Verträge dieser Art finden sich vor allem im Bereich der tierischen Erzeugung. Sie sind dadurch gekennzeichnet, dass der Integrator die Vertragstiere und die Futtermittel liefert, ohne dass diese in das Eigentum des Landwirts übergehen. Dieser stellt seinerseits die erforderlichen Betriebsgebäude und seine Arbeitskraft zur Verfügung.[11] Je weniger selbständige Entscheidungsbefugnisse beim Landwirt verbleiben, umso mehr verstärkt sich der Charakter der bloßen Dienstleistung. Vor dem Abschluss derartiger Verträge, bekannt geworden als „Lohnmastverträge" im Bereich der Schweinemast, wird allgemein gewarnt. Die unternehmerische Selbständigkeit steht auf dem Spiel, vor allem dann, wenn mit den Produktionsvereinbarungen auch noch Darlehensverträge gekoppelt werden.[12]

---

[11] S. *Winkler,* HAR II, Sp. 993. Ein Vertragsmuster für Lohnmastverträge findet sich bei *Deuringer/Fischer/Fauck,* S. 89
[12] Vgl. *Bauer,* in: Wirtschaftslehre, Die Landwirtschaft Bd. 4, 10. Aufl., 1993, S. 708.

3. Agrarpolitische Beurteilung

Auf Grund der gegebenen Marktsituation, die in der Nahrungswirtschaft geprägt **11** ist von einem deutlichen Übergewicht der abnehmenden Hand, insbesondere der Machtkonzentration des Lebensmittelhandels,[13] ist die Landwirtschaft häufig gezwungen, sich den Forderungen ihrer Abnehmer anzupassen. Verstärkt wird der Zwang hierzu durch den weitgehend vollzogenen Abbau der Absatzgarantien der Marktordnungen[14].

Nachgefragt wird nach großen, qualitativ einheitlichen, hochwertigen Lieferpar- **12** tien, ein Faktor, der die landwirtschaftlichen Betriebe zur Spezialisierung zwingt und damit ihre Absatzrisiken erhöht.[15] Diese Risiken versuchen die Landwirte teilweise durch die vertikale vertragliche Absicherung abzumildern. Zumindest in überversorgten Bereichen des Agrarmarktes sind sie aber bei der Gestaltung der Vertragsbeziehungen am kürzeren Hebel.

Von einer Intensivierung der vertikalen Kooperation erwartet man sich **13**
– eine Effizienzsteigerung in Produktion und Vermarktung,
– das Entstehen von Effizienzgewinnen, deren Abschöpfung allerdings bei derzeitiger Verteilung der Marktmacht überwiegend der Abnehmerseite zu Gute kommen wird (anders bei unterversorgten Märkten),
– gesicherte Zugänge zum Markt,
– Erhöhung der Produktqualität,
– Wettbewerbsvorteile gegenüber der nicht-kooperierenden Konkurrenz (insofern als negative Folge einen verstärkten Wettbewerbsdruck für nicht kooperierende Betriebe),

Vertikale Kooperation bietet gewisse Chancen, birgt allerdings auch Risiken. Der **14** einzelne Landwirt wird hier kluge unternehmerische Entscheidungen zu treffen haben, die ihm möglichst die Vorteile sichern, ohne ihn in eine untragbare einseitige Abhängigkeit geraten zu lassen. Um seine Position gegenüber der Abnehmerseite zu stärken, ist es unerlässlich, das unbestreitbare Defizit der horizontalen Zusammenarbeit in Deutschland weiter abzubauen.[16]

---

[13] Einzelheiten bei *Besch,* in: *Wöhlken,* Einführung in die landwirtschaftliche Marktlehre, 3. Aufl., 1990, S. 78 ff.

[14] Näheres im Überblick über die Reform der Gemeinsamen Agrarpolitik 2014–2020 in: http://ec.europa.eu/agriculture/policy-perspectives/policy-briefs/05_de.pdf (12.1.2015) .

[15] *Zurek,* S. 630.

[16] *Bendel* bezeichnet es als „agrarpolitische Daueraufgabe", neben der Qualitätssteigerung eine Konzentration des landwirtschaftlichen Angebots herbeizuführen, um der auf der Nachfrageseite bereits bestehenden Konzentration besser begegnen zu können, HAR II, Art. Marktstrukturgesetz, Sp. 482. s. auch *Besch,* in *Wöhlken,* S. 103 ff.

II. Gesellschaftliche Zusammenschlüsse, horizontale Kooperation

1. Gesellschaftsrechtliche Grundformen

a) Die Gesellschaft bürgerlichen Rechts

15 **aa) Allgemeine Bedeutung.** Die Gesellschaft bürgerlichen Rechts (abgekürzt: GbR oder BGB-Gesellschaft) ist der Grundtyp der Personengesellschaften.[17] Sie ist ein auf einem Gesellschaftsvertrag beruhender Zusammenschluss mehrerer Personen mit dem Ziel, durch gemeinsame Leistung auf der Grundlage persönlichen Zusammenwirkens einen gemeinsamen Zweck zu erreichen. Ausführliche gesetzliche Regelungen finden sich in den §§ 705 ff. BGB. Das persönliche Vertrauen der Gesellschafter untereinander ist ein wesentliches Element dieser Gesellschaftsform. In der Praxis ist die Gesellschaft bürgerlichen Rechts beliebt und weit verbreitet. Ihre Vorzüge, kurz zusammengefasst, sind folgende:

- Sie kommt zustande durch den Gesellschaftsvertrag, § 705 BGB. Der Abschluss ist formfrei, somit entstehen keine Kosten.
- Die gesetzlichen Regelungen der §§ 705 ff. BGB sind in der Regel dispositiv. Nur dort, wo dies der Gesetzgeber ausdrücklich bestimmt, sind sie zwingend. Deshalb ist die GbR im Vergleich zu anderen Gesellschaftsformen besonders elastisch und anpassungsfähig.
- Sie kann zu jedem (erlaubten) Zweck gegründet werden.[18]
- Die Gesellschafter sind grundsätzlich gleichberechtigt, die Geschäftsführung steht ihnen, soweit nichts anderes vereinbart ist, gemeinschaftlich zu, s. §§ 709, 710 BGB.
- Die Gesellschafter haben grundsätzlich gleiche Beiträge zu leisten, s. §§ 706, 707 BGB. Es ist aber möglich, abweichende Vereinbarungen zu treffen, – und hier zeigt sich wiederum die Flexibilität der GbR –, z.B. in der Art, dass ein Gesellschafter Kapital, ein anderer eine Maschine und ein Dritter nur seine Arbeitskraft zur Verfügung stellt.
- Anteile an Gewinn und Verlust sind ebenfalls gleich, soweit im Gesellschaftsvertrag nichts Abweichendes bestimmt ist, s. §§ 721, 722 BGB.
- Bei einer Aufteilung des Gewinns zwischen mehreren Gesellschaftern ergeben sich wegen der niedrigeren Steuerprogression Vorteile bei der Einkommensteuer.
- Die Gesellschaft endet, wiederum soweit nichts Abweichendes vereinbart ist, mit dem Tode eines Gesellschafters, s. § 727 BGB. Zusammen mit der Bestimmung des § 717 BGB, wonach die Gesellschafterrechte grundsätzlich nicht übertragbar sind, bringt dies den Vorteil, dass sich kein Gesellschafter einen nicht erwünschten anderen Gesellschafter aufdrängen lassen muss. Auch hier wird wieder das persönliche Element der Personengesellschaft sichtbar.

---

[17] Weiter Personengesellschaften sind die stille Gesellschaft (stG), die Offene Handelsgesellschaft (OHG) und die Kommanditgesellschaft (KG). Auf OHG und KG sind die Regelungen der §§ 705 ff. BGB entsprechend anzuwenden. Dies ist in den §§ 105 Abs. 3 und 161 Abs. 2 HGB ausdrücklich bestimmt. Auf die stG finden die Regelungen der §§ 705 BGB ebenfalls entsprechend Anwendung, soweit dies mit dem Charakter der stG als Innengesellschaft vereinbar ist, Einzelheiten bei *Klunzinger,* Grundzüge des Gesellschaftsrechts, 16. Aufl., 2012, S. 20 ff.

[18] Näheres bei *Palandt,* 73. Aufl. 2014, § 705 Rn. 20.

Der wesentliche Nachteil der GbR liegt im Haftungsbereich. Daran hat sich **16** auch nach dem Aufsehen erregenden Urteil des BGH vom 29.1.2001 wenig geändert.[19] Unter Aufgabe seiner früheren Rechtsprechung gesteht der BGH nun, einem Großteil der Lehre folgend,[20] der nach Außen wirkenden GbR Rechtsfähigkeit zu, soweit sie durch die Teilnahme am Rechtsverkehr eigene Rechte und Pflichten begründet (Leitsatz 1). In diesem Rahmen ist sie auch im Zivilprozess aktiv und passiv parteifähig (Leitsatz 2). In der Praxis bedeutet das, dass nun die Gesellschaft klagen und verklagt werden kann, und dass es nicht mehr notwendig ist, sämtliche gegenwärtigen (und z.T. häufig wechselnden) Gesellschafter als Kläger oder Beklagte anzuführen. Was die Haftungsfrage betrifft, so bekennt sich der BGH nun expressis verbis zur Akzessoritätstheorie (Leitsatz 3).[21]

Jeder Gesellschafter haftet also bei Verbindlichkeiten, die durch rechtsgeschäft- **17** liches Handeln der Gesellschaft entstehen, nach wie vor mit seinem gesamten Privatvermögen in voller Höhe. Diese Haftung kommt, der Akzessorietätstheorie entsprechend, kraft Gesetzes zustande und zwar akzessorisch zur Haftung der nun als Rechtsträgerin (nicht aber als juristische Person) anerkannten Gesellschaft. Dies entspricht der Haftungsregelung bei der oHG gem. § 128 HGB.

Durch dieses Bekenntnis zur akzessorischen Gesellschafterhaftung kraft Geset- **18** zes und die ausdrückliche Bezugnahme auf § 128 HGB im dritten Leitsatz dieses BGH Urteils dürfte es nicht mehr möglich sein, eine GbR mit dem Zusatz mbH zu versehen und durch rechtsgeschäftliche Vereinbarungen mit dem jeweiligen Vertragspartner die persönliche Haftung eines oder mehrerer Gesellschafter auszuschließen. Das BayObLG hatte bereits im Falle einer Sozietät aus Anwälten, Steuerberatern und Wirtschaftsprüfern den Zusatz „mbH" wegen der Gefahr der Irreführung als unzulässig bezeichnet. Es könne der Eindruck entstehen, „es handle sich um einen gesetzlich normierten Gesellschaftstypus, bei dem die Haftungsbeschränkung eine gesetzliche Folge der gewählten Gesellschaftsform ist". „Der Zusatz „mit beschränkter Haftung" oder „mbH" ist als Rechtsformzusatz den nach dem GmbHG errichteten Gesellschaften vorbehalten. Anderen Gesellschaften ist die Führung eines solchen Zusatzes untersagt, sie haben eine etwaige Haftungsbeschränkung in anderer Form kundzutun."[22]

Das BGH-Urteil vom 29.1.2001 beendete einen mehr als dreißig Jahre dauern- **19** den Grundlagenstreit im Bereich der materiellen und prozessualen Rechtsfähigkeit der GbR. Offen und umstritten blieb nach dieser Entscheidung die Frage der Grundbuchfähigkeit der GbR[23]. Trotz weiter bestehender Bedenken hat der BGH

---

[19] BGH, Urt. vom 29.1.2001 – II ZR 331/00, NJW 2001, 1056; besprochen u.a. von *Schmidt*, Die BGB-Außengesellschaft rechts- und parteifähig, NJW 2001, 993 ff.

[20] Nachweise bei *Schmidt*, NJW 1991, 144, Fußn. 3.

[21] Anders die auch vom BGH früher favorisierte sog. „Doppelverpflichtungstheorie", die davon ausgeht, dass der handelnde Gesellschafter die Gesellschaft und die Gesellschafter gleichzeitig verpflichtet. Die persönliche Gesellschafterhaftung wird also als unmittelbares Resultat des Rechtsgeschäfts mit dem Gläubiger verstanden, vgl. noch BGHZ 136, 254, NJW 1997, 2754 (2755).

[22] Beschl. vom 24.9.1998 – 3 Z BR 58/98, NJW 1999, 297 (298); zur Firmierung mit GbRmbH s. auch OLG München NJW RR 1998, 1728.

[23] Zum Meinungsstand: Die Eintragungsfähigkeit bejahen: *Eickmann*, ZflR 2001, 433; *Ulmer/Steffek*, NJW 2002, S. 338; *Dümig*, Rpfleger 2002, 53; *ders.* ZflR 2002, 796; *Wertenbruch*, NJW 2002, 324; *Pohlmann*, WM 2002, 1421; *Demuth*, BB 2002, 1555; *Nagel*, NJW 2003, 1646; BayObLG (III. Zivilsenat) NJW-RR 2002, 1363; OVG Münster, NVwZ-RR 2003, 384; Die Eintragungsfähigkeit verneinen: *Demharter*, GBO, 24. Aufl., § 19 Rn. 108; *ders.*, Rpfleger 2001, 329 und Rpfleger 2002, 538; *Stöber*, MDR 2001, 544; *Heil*, NZG 2001, 300; *ders.*, NJW 2002, 2158; *Ann*, MittBayNot 2001, 197; *Münch*, DNotZ 2002, 535; BayObLG (II. Zivilsenat) Beschl. vom 31.10.2002 – 2 Z BR 70/02, NJW 2003, 70.

sodann in einer weiteren, Aufsehen erregenden Entscheidung die (formelle) Eintragungsfähigkeit der GbR unter ihrer Bezeichnung in das Grundbuch bejaht[24]. Nach § 47 Abs. 2 GBO sind allerdings „auch die Gesellschafter" einzutragen. Der Name der GbR allein genügt also nach wie vor nicht.

20   **bb) Besondere Bedeutung in der Landwirtschaft.** Bedeutung in der Landwirtschaft hat die GbR vor allem im Bereich der Familiengesellschaften erlangt.[25] Zur Verwirklichung einer „gleitenden Hofübergabe"[26] bietet sich mehr noch als der Arbeitsvertrag zwischen Landwirt und seinem Hofnachfolger der Abschluss eines Gesellschaftsvertrages an. Neben den oben bereits beschriebenen allgemeinen Vorzügen der GbR ergeben sich noch landwirtschaftsspezifische Vorteile und Besonderheiten:

– Der Hofnachfolger wird Mitgesellschafter. Dies bedeutet eine persönliche, rechtliche und soziale Aufwertung seiner Stellung.
– Der Betrieb muss, damit die Gesellschaft steuerrechtlich anerkannt wird, auf gemeinsame Rechnung der Mitunternehmer geführt werden. Betriebseinnahmen und -ausgaben gehen zu Gunsten/zu Lasten der Gesellschaft. Der Hofnachfolger ist an Gewinn und Verlust zu beteiligen. Vereinbarungen zwischen Eltern und Kindern über Verfügungsbeschränkungen hinsichtlich der Gewinnanteile führen zur steuerlichen Aberkennung der Mitunternehmerschaft.
– Bei buchführenden Betrieben muss die Beteiligung des Hofnachfolgers als Mitgesellschafter in der Buchführung zum Ausdruck kommen, d.h. für ihn ist ein eigenes Kapitalkonto einzurichten.
– Der Hofnachfolger muss kein eigenes Kapital einbringen, vgl. § 706 BGB. Es genügt, wenn er seine Arbeitskraft zur Verfügung stellt. Für die steuerliche Anerkennung ist dann allerdings erforderlich, ihn an der Betriebsleitung zu beteiligen.
– Durch monatliche Abschlagszahlungen, die am Jahresende mit dem Gewinnanteil verrechnet werden, erhält der Hofnachfolger eine finanzielle Sicherheit, die ihm auch die Familiengründung erleichtert.
– Die steuerlich günstigste Gewinnverteilung zwischen Eltern und Hofnachfolger liegt grob pauschaliert bei einem ledigen Hofnachfolger bei 2/3 (Eltern) zu 1/3 (Hofnachfolger), bei einem verheirateten Hofnachfolger bei 1/2 zu 1/2.[27]
– Durch die Beteiligung des Hofnachfolgers an der Betriebsführung werden dessen unternehmerische Fähigkeiten und sein Verantwortungsgefühl gestärkt.
– Anders als bei der Übergabe behält der Landwirt seinen Einfluss auf die Betriebsführung. Er kann sie allmählich (gleitend) abgeben.

21   Diesen Vorzügen stehen zwar einige Nachteile gegenüber, so z.B. die doppelte Beitragspflicht zur landwirtschaftlichen Alterskasse und u.U. negative Veränderung im Anspruchsbereich bei der Krankenversicherung,[28] insgesamt aber überwiegen die Vorteile einer Gesellschaftsgründung bei weitem. Sie ist ein geeignetes Instru-

---

[24]   BGH v. 4.12.2008 – V ZB 74/08 – Einzelheiten bei Palandt, § 899a, Rn. 1 ff.
[25]   S. dazu bereits *Belzen,* Die landwirtschaftliche Familiengesellschaft als Gesellschaft bürgerlichen Rechts, SR-Göttingen, Bd. 6, 1966.
[26]   Wenn der Vater im vorgerückten Alter den Wunsch hat, „to slow down and take things easy", *Tharp/Ellis,* Father-Son Farm-Operating Agreements, zit. bei *Belzen,* mit Fundstelle und w.N. zum ausländischen Schrifttum.
[27]   Belzen, SR-Göttingen, Bd. 6, 1966, S. 18.
[28]   Einzelheiten bei *Böckermann,* Verträge zwischen dem landwirtschaftlichen Unternehmer und seinen Familienangehörigen – Folgen aus der Sicht der gesetzlichen sozialen Absicherung, Wirtschaftsberatungsdienst der Landwirtschaftskammer Weser-Ems, Nr. 1/82, Mars-la-Tour-Str. 1–13, 26121 Oldenburg.

ment, die Hofnachfolge in die richtigen Bahnen zu leiten. Den Hofübergabevertrag oder erbrechtliche Regelungen in anderer Form macht sie jedoch nicht entbehrlich.

cc) Die stille BGB-Gesellschaft. In letzter Zeit wird landwirtschaftlichen **22** Betrieben vermehrt die Gründung „Stiller Gesellschaften" empfohlen. Da Landwirte kein Handelsgewerbe betreiben und in der Regel auch nicht nach § 3 HGB ins Handelsregister eingetragen sind, kann es sich dabei nicht um stille Gesellschaften im Sinne der §§ 230 ff. HGB, sondern nur um stille Gesellschaften nach den §§ 705 ff. BGB handeln. Da diese Vorschriften mit Ausnahme der §§ 712 Abs. 1, 2, 716 Abs. 2, 719 Abs. 1, 723 Abs. 3, 724 Satz 1, 725 Abs. 1 und 728 abdingbar sind, sind auch atypische Gesellschaftsverträge möglich. Eine stille BGB-Gesellschaft liegt vor, wenn die Partner sich vertraglich zur Erreichung eines gemeinsamen Zwecks verpflichtet haben, jedoch nach außen nur ein Partner im eigenen Namen auftritt und dem oder den stillen Gesellschafter(n) nach außen die Vertretungsmacht fehlt.[29]

Die stille Gesellschaft ist vor allem wegen möglicher Steuerersparnisse interes- **23** sant. Wie bei der typischen BGB-Gesellschaft verringert sich durch die Gewinnaufteilung unter die Gesellschafter die Einkommensteuer. Hinzu kommt nun, dass die Einkünfte der stillen Unternehmer als Einkünfte aus Kapitalvermögen zu behandeln sind. Sie gelangen daher in den Genuss der hohen Freibeträge bei dieser Einkunftsart. Rechnet man zur Steuerersparnis die aus der Gewinnaufteilung resultierenden höheren Zuschüsse zur Alterskasse hinzu, so ergeben sich z.B. bei Beteiligung der Ehefrau mit 20 % und eines Kindes mit 30 % bei Zugrundelegung eines ursprünglichen Jahresgewinnes von 40.000,– EUR Gesamtvorteile in Höhe von etwa 7.500,– EUR pro Jahr.[30]

b) Der Verein

aa) Allgemeine Bedeutung. Der Verein ist aus dem gesellschaftlichen Leben **24** der Bundesrepublik Deutschland nicht hinwegzudenken. Im sportlichen Leben, in den Bereichen von Kunst, Kultur und Geselligkeit spielt diese Vereinigungsform eine bedeutende Rolle. Dies gilt auch für den Bereich der Politik, da sich Gewerkschaften und Parteien[31] in dieser Form organisieren und ihre Entscheidungsabläufe vereinsrechtlichen Regeln folgen. Die Freiheit, Vereinigungen zu bilden, ist ein in Art. 9 GG geschütztes Grundrecht. Für die Verwirklichung realer Demokratie ist diese Freiheit von ausschlaggebender Bedeutung. Erst durch die Bildung von Vereinigungen werden die in ihrer Isoliertheit ohnmächtigen Einzelnen zu einer sozialen Größe, die Einfluss auf die Gestaltung der sozialen Wirklichkeit und auf die Ausübung der Staatsgewalt nehmen kann.[32] Darüber hinaus bietet die rechtlich vorgeschriebene Art, Entscheidungen innerhalb des Vereins herbeizuführen (s. §§ 28, 32 ff.), die Möglichkeit, den oft mühsamen Prozess demokratischer Mehrheitsfindung zu üben. Zu dieser gesellschaftlichen und politischen Komponente kommt noch die gesellschaftsrechtliche Bedeutung. Der

---

[29] Einzelheiten bei *Palandt,* 74. Aufl. 2014, § 705, Rn. 50.
[30] S. 3 Praxisfälle zur stillen Gesellschaft, top agrar 1995, S. 52 ff. Beträge dort noch in DM.
[31] Für die Parteien gilt allerdings in erster Linie das Parteiengesetz, das für eine Reihe von wichtigen Fragen (z.B. Namensrecht, aktive Parteifähigkeit, demokratische Organisation, Gliederung, Aufnahme, Austritt und Ausschluss von Mitgliedern) Sonderregelungen enthält. Die §§ 21 ff. BGB finden ergänzend Anwendung.
[32] S. dazu *Stein/Frank,* Staatsrecht, 18. Aufl., 2002, S. 321.

Verein bildet nämlich das Grundmodell für die Kapitalgesellschaften[33] und die Genossenschaft.

25 Der Verein ist eine auf Dauer begründete Personenvereinigung, die der Erreichung eines selbstgesetzten gemeinsamen Zweckes dient. Dabei unterscheidet man den nicht-wirtschaftlichen Verein (Idealverein), s. § 21 BGB und den im allgemeinen Rechtsverkehr wesentlich seltener vorkommenden Wirtschaftlichen Verein, s. § 22 BGB.

26 Was die Erreichung eines gemeinsamen Zweckes angeht, so ähnelt der Verein hierin der GbR. Er unterscheidet sich von ihr aber wesentlich durch seinen körperschaftlichen Aufbau:[34]

27 Er tritt unter eigenem Namen auf, ist vom Wechsel der Mitglieder unabhängig und braucht zur Bildung und Äußerung seines Willens und zu seiner Handlungsfähigkeit bestimmte, von natürlichen Personen gebildete Organe. Als solche sind gesetzlich zwingend vorgeschrieben
– die **Mitgliederversammlung**, s. § 32 BGB und
– der **Vorstand**, s. § 26 BGB.[35]

28 Mit der Eintragung in das Vereinsregister[36] erlangt der Idealverein Rechtsfähigkeit, s. § 21 BGB. Beim wirtschaftlichen Verein ist ein staatlicher Verleihungsakt erforderlich.[37] Ist die Eintragung bzw. die Verleihung erfolgt, so kann der Verein unter eigenem Namen Rechte erwerben, ist grundbuchfähig, kann klagen und verklagt werden.[38]

29 **bb) Besondere Bedeutung in der Landwirtschaft.** Die Bedeutung des Vereins in der Landwirtschaft kann kaum überschätzt werden. So organisieren sich beispielsweise Selbsthilfeeinrichtungen wie Maschinen- und Betriebshilfsringe in dieser Rechtsform. Auch die Erzeugergemeinschaften sind in der Regel (wirtschaftliche) Vereine nach § 22 BGB. Auf überregionaler Ebene agieren die Verbände[39] der Agrar- und Ernährungswirtschaft.[40] Auch diese sind z.T. als Vereine aufgebaut.

---

[33] Die wichtigsten Kapitalgesellschaften sind die Aktiengesellschaft (AG) und die Gesellschaft mit beschränkter Haftung (GmbH). Ihr Recht ist eingehend im Aktiengesetz und im GmbH-Gesetz geregelt. Ergänzend (– wegen der Regelungsdichte in den Spezialgesetzen selten –) können die BGB-Vorschriften über den Verein, die §§ 21 ff. BGB, herangezogen werden.

[34] *Eisenhardt,* Gesellschaftsrecht, 14. Aufl., 2009, Rn. 108 ff.

[35] Zu fakultativen Organen s. *Reichert,* Handbuch des Vereins- und Verbandsrechts, 9. Aufl., 2003, Rn. 726 ff.

[36] Zu den Mindestvoraussetzungen für die Eintragung s. *Eisenhardt,* Gesellschaftsrecht, Rn. 121.

[37] Die daraus erkennbare Restriktivität des Gesetzes gegenüber der Gründung wirtschaftlicher Vereine erklärt sich daraus, dass für Vereinigungen mit wirtschaftlicher Zwecksetzung die hierfür vorgesehenen speziellen Gesellschaftsformen OHG, KG, GmbH, AG usw. mit ihren detaillierten Regelungen zur Verfügung stehen.

[38] Zur rechtlichen Situation vor Eintragung s. *Reichert,* Rn. 51 ff.

[39] Als Verbände dürfen sich bezeichnen a) Vereinigungen mit einer größeren Zahl von natürlichen Personen als Mitgliedern (nicht unter 500), b) Vereinigungen, die unabhängig von der Zahl der Mitglieder mindestens auf Landesebene (Landesverbände) oder auf Bundesebene (Bundesverbände) die gemeinsamen Interessen der Mitglieder gegenüber der Öffentlichkeit vertreten. Die Mitgliedschaft ist hier vornehmlich auf juristische Personen, Handelsgesellschaften oder sonstige Personen des öffentlichen oder privaten Rechts beschränkt. s. *Reichert,* Rn. 12.

[40] Einen Versuch der Systematisierung des Verbandssystems unternimmt v. *Bethusy-Huc,* Art. Verbände der Agrar- und Ernährungswirtschaft, in HAR II, Sp. 963. Sie unterscheidet berufsständische, vermarktungs- und handelsorientierte, bürokratie- und serviceorientierte Verbände, produktorientierte Zusammenschlüsse und Verbraucherverbände.

Einige wichtige Verbände in Vereinsform: **30**
- Deutsche Landwirtschaftsgesellschaft e.V.
- Deutscher Bauernverband e.V.
- Arbeitsgemeinschaft Bäuerliche Landwirtschaft e.V.
- Bundesverband der Agrargewerblichen Wirtschaft VdAW e.V.
- Bundesvereinigung der Deutschen Ernährungsindustrie e.V.
- Bundesverband der Deutschen Volks- und Raiffeisenbanken e.V.
- Bund für Lebensmittelrecht und Lebensmittelkunde e.V.
- Deutscher Raiffeisenverband e.V.
- Deutscher Forstwirtschaftsrat e.V.
  u.v.a.[41]

Bei weitem noch nicht den Einfluss der vorgenannten „klassischen" Verbände, **31** aber beständig steigende Bedeutung erlangen alternative Organisationen wie z.B.
- Arbeitsgemeinschaft ökologischer Landbau e.V.
- Bioland Verband für organisch-biologischen Landbau e.V.
- Naturland Verband für naturgemäßen Landbau e.V.
- Neuland-Verein für tiergerechte und umweltschonende Nutztierhaltung e.V.
- Öko-Institut e.V.
- Biokreis Ostbayern e.V.
- Forschungsring für Biologisch-Dynamische Wirtschaftsweise e.V.
- Verein zur Förderung der Saatgutforschung im Biologisch-Dynamischen Landbau e.V.
- Arbeitsgemeinschaft für naturgemäßen Land-, Obst- und Gartenbau e.V.
- Verein zur Erhaltung der Nutzpflanzenvielfalt e.V.
  u.v.a.[41]

2. Die Genossenschaft

a) Bedeutung der Genossenschaften

„Genossenschaften sind Kinder der Not".[42] Ihre Entstehungsgeschichte ist un- **32** trennbar verbunden mit den Namen *Raiffeisen*[43] und *Schulze-Delitzsch*[44] und der kritischen wirtschaftlichen Situation der Landwirtschaft in der Mitte des 19. Jahrhunderts. Ursprünglich als kleine, überschaubare Selbsthilfeorganisationen konzipiert, verfolgten die Genossenschaften in erster Linie das Ziel, die wucherische Ausbeutung der Bauern und Handwerker zu beenden und deren im Zuge des Technisierungszwanges steigenden Kapitalbedarf zu angemessenen Konditionen zu befriedigen. In der Landwirtschaft wurde neben dem Kreditgeschäft von Anfang an auch das Warengeschäft (z.B. gemeinschaftlicher Bezug von Produktionsmitteln) betrieben.[45] Im Lauf der letzten Jahrzehnte haben sich die Genossenschaften zu Wirtschaftsunternehmen mit großer Mitgliederzahl, beträchtlichen Marktantei-

---

[41] Anschriften und weitere Organisationen s. in: Behörden und Organisationen der Land-, Forst- und Ernährungsindustrie 2009/2010, Behr's Verlag.

[42] S. *Klunzinger,* Grundzüge des Gesellschaftsrechts, 12. Aufl., 2002, S. 276.

[43] Friedrich Wilhelm *Raiffeisen* 1818–1888, Gründer u.a. der „Darlehenskassenvereine" (Vorläufer der Raiffeisenbanken).

[44] Hermann *Schulze-Delitzsch,* 1808–1883, Gründer u.a. der „Vorschußvereine" (Vorläufer der Volksbanken).

[45] Näheres und weiterführende Literatur bei *Seidl,* Deutsche Agrargeschichte, Bd. 3 der Schriftenreihe der Fachhochschule Weihenstephan, Freising 1995, S. 236 ff.

len und hohen Umsätzen entwickelt.[46] Die Zahl der *ländlichen* Genossenschaften ist zwar rückläufig, ebenso die Mitgliederzahlen, die Umsatzerlöse bewegen sich aber nach wie vor auf sehr hohem Niveau. Die Zahl der *gewerblichen* Genossenschaften ist dagegen stark steigend, beachtlich sind hier insbesondere die Neugründungen von Energiegenossenschaften (z.B. 170 in 2012) [47].

b) Rechtliche Grundzüge des Genossenschaftsgesetzes[48]

33 **aa) Rechtsnatur.** Genossenschaften sind in das Genossenschaftsregister eingetragene Gesellschaften mit nicht geschlossener Mitgliederzahl zur Förderung des Erwerbs oder der Wirtschaft ihrer Mitglieder mittels gemeinschaftlichen Geschäftsbetriebes, § 1 GenG. Obwohl das Gesetz von „Gesellschaften" spricht, ist die Genossenschaft nicht Gesellschaft i.S.d. §§ 705 ff. BGB sondern ein Verein i.S.d. §§ 21 ff. BGB.[49] Sie ist damit eine juristische Person mit selbständigen Rechten und Pflichten, sie kann insbesondere auch Eigentum oder sonstige dingliche Rechte an Grundstücken erwerben und kann im eigenen Namen vor Gericht klagen oder verklagt werden, § 17 Abs. 1 GenG. Sie ist Kaufmann kraft Rechtsform (Formkaufmann), s. § 17 Abs. 2 GenG.

34 **bb) Verfassung.** Wie jeder Verein braucht auch die Genossenschaft eine Verfassung, in der die Grundzüge ihrer Organisation enthalten sind. Diese Genossenschaftsverfassung nannte man früher das „Statut", seit der Neufassung 2006 – wie im Vereinsrecht üblich–„Satzung".

35 In der Satzung müssen bestimmte Regelungen enthalten sein, s. §§ 6 und 7 GenG, bestimmte Regelungen können in die Satzung aufgenommen werden, s. §§ 7a, 8 GenG.

36 **cc) Organe.** Die Genossenschaft hat folgende Organe:
– den Vorstand, §§ 9, 24 ff. GenG,
– den Aufsichtsrat, §§ 9, 36 ff. GenG, (bei nicht mehr als 20 Mitgliedern kann auf den Aufsichtsrat verzichtet werden, s. § 9 Abs. 1 GenG)
– die Generalversammlung, § 43 GenG.

37 Bei Genossenschaften mit mehr als 1500 Mitgliedern kann die Satzung bestimmen, dass die Generalversammlung aus Vertretern der Mitglieder (früher „Genossen") besteht (Vertreterversammlung), § 43a GenG. Die Genossenschaft wird nach außen durch den Vorstand vertreten, § 24 Abs. 1 GenG.

38 Die wichtigste Aufgabe des Aufsichtrates ist die Überwachung der Geschäftsführung des Vorstandes, s. § 38 GenG. Aus diesem Grunde bestimmt § 37 GenG, dass die Mitglieder des Aufsichtsrates nicht zugleich Mitglieder des Vorstandes sein dürfen.

39 Die wichtigsten Rechte der Generalversammlung sind
– die Wahl des Vorstandes, § 24 Abs. 2 GenG,
– die Feststellung des Jahresabschlusses, § 48 Abs. 1 Satz 1 GenG,

---

[46] Vgl. *Paulick,* Art. Genossenschaftsrecht, in: HAR I, Sp. 767. Die Zahl der Genossenschaften in Deutschland liegt nach den Angaben von *Klunzinger,* Grundzüge des Gesellschaftsrechts, 16. Aufl., 2012, S. 292 bei etwa 7000 mit zusammen mehr als 20 Millionen Mitgliedern; Gesamtbilanzsumme der Genossenschaftsbanken über 150 Mrd. 1, Jahresumsatz der Warengenossenschaften bei etwa 35 Mrd. 1.

[47] Entwicklung der ländlichen Genossenschaften: Anzahl: von 3.725 in 1990 auf 2.345 in 2012; Zahl der Mitglieder: von 1,2 Mio in 1990 auf 515.000 in 2012; Umsatzerlöse in 2012: 49.660 Mio €. Zahlen aus https://www.dzbank.de/content/dam/dzbank_de/de/library/presselibrary/pdf_dokumente/Die_deutschen_Genossenschaften_2013_AUSZUG.pdf (15.1.2015).

[48] Neugefasst durch Bek. v. 16.10.2006, BGBl. I S. 2230.

[49] Näheres zur Rechtsnatur bei *Lang/Weidmüller,* § 1 Rn. 1 ff.

– die Bestimmung über die Verwendung des Jahresabschlusses bzw. die Deckung des Jahresfehlbetrages, § 48 Abs. 1 Satz 2 GenG,
– die Entlastung des Vorstandes und des Aufsichtsrates, § 48 Abs. 1 Satz 2 GenG.

dd) Haftung. Zur Haftung der Genossenschaft ist folgendes anzumerken: **40**

(1) Für die Verbindlichkeiten der Genossenschaft haftet den Gläubigern unmit- **41** telbar nur das Vermögen der Genossenschaft, s. § 2 GenG.

(2) Falls die Gläubiger der Genossenschaft im Insolvenzfalle aus dem Genossen- **42** schaftsvermögen nicht befriedigt werden können, haften die Mitglieder mit ihrem Privatvermögen mittelbar, d.h., sie sind verpflichtet, Nachschüsse zur Insolvenz-masse zu leisten, es sei denn, dass die Satzung die Nachschusspflicht ausschließt oder beschränkt, s. §§ 6 Nr. 3, 22a, 105, 119 GenG. Die Frage der Nachschusspflicht sollte in der Satzung geregelt sein. Damit soll verhindert werden, dass die Mitglie-der durch unerwartete Zahlungsverpflichtungen, die bei unbeschränkter Nach-schusspflicht beträchtliche Höhen annehmen können, überrascht werden.[50]

(3) Nach der Neufassung 2006 kann die Satzung gem. § 8a GenG ein Mindest- **43** kapital bestimmen, das durch Auszahlung an ausscheidende Mitglieder nicht un-terschritten werden darf.

ee) Genossenschaftliche Pflichtprüfung. Je nach Größe der Genossenschaft **44** finden Pflichtprüfungen regelmäßig in zwei- oder einjährigem Turnus statt, s. § 53 GenG. Die Genossenschaft muss einem Verband angehören, dem das Prüfungsrecht verliehen ist, s. § 54 GenG. Zum Prüfungsverfahren und Prüfungsbericht s. §§ 55 ff.

3. Spezifisch landwirtschaftliche Kooperationsformen

a) Überblick

Die vielfältigen Möglichkeiten der Zusammenarbeit auf horizontaler Ebene las- **45** sen sich folgendermaßen klassifizieren:

1. Zwischenbetrieblicher Austausch von Dienstleistungen **46**
2. Betriebsmittelgemeinschaften
3. Betriebszweiggemeinschaften
4. Betriebsgemeinschaften

Die zwischenbetriebliche Zusammenarbeit auf der 1. Stufe beinhaltet ein gerin- **47** ges Kooperationsrisiko.[51] Mit Dauer und Intensität der vertraglichen Bindungen nimmt jedoch die Abhängigkeit von den Partnern zu. In diesem Bereich sind in erster Linie die produktionstechnische und marktwirtschaftliche Sphäre der Part-nerbetriebe berührt, während die rechtliche Selbständigkeit nicht tangiert wird.[52] Dies gilt auch für die Zusammenarbeit auf Stufe 2.

---

[50] Ist die Genossenschaft unter Verstoß gegen § 6 Nr. 3 GenG, also ohne Regelung der Nach-schusspflicht in das Genossenschaftsregister eingetragen worden, so besteht – solange die Genossen-schaft nicht wegen dieses Satzungsmangels für nichtig erklärt oder von Amts wegen gelöscht wird – im Interesse des Gläubigerschutzes unbeschränkte Nachschusspflicht, s. *Beuthien/Meyer/Meulenberg,* Genossenschaftsgesetz, 13. Aufl., 2000, § 6 Rn. 9.

[51] Beispiele für Zusammenarbeit auf Stufe 1: Anbauvertrag für Futtermais; Gülle-Abnahmever-trag; Arbeitsteilige Viehhaltung; Einzelheiten zur Vertragsgestaltung s. bei *Riemann,* Musterverträge für Landwirte – 36 bewährte Vertragsmuster mit Erläuterungen, top agrar extra, 2. Aufl. 1991/92.

[52] *Zurek,* S. 629.

Grimm

48   Die überbetriebliche Zusammenarbeit (ab Stufe 3) hat dagegen einen weitaus stärkeren Einfluss auf die Organisation und den Fortbestand des Betriebes. Je intensiver die Kooperationsform, umso mehr sinkt die Dispositionsfreiheit des einzelnen, die rechtlich selbständige Einheit schrumpft, bis sie schließlich im Falle der Vollfusion von Betrieben (Stufe 4) vollständig in einem neuen Unternehmen aufgeht.

b) Maschinengemeinschaften

49   **aa) Praktische und rechtliche Konstruktion.** In Maschinengemeinschaften schließen sich Landwirte zusammen, um gemeinsam Maschinen anzuschaffen, zu halten und in ihren Betrieben individuell zum Einsatz zu bringen. Teure Maschinen werden oft nur an wenigen Tagen im Jahr benötigt. Werden sie gemeinsam angeschafft, so teilen sich die Anschaffungskosten, die Leerkosten verringern sich, durch den Bezug größerer Mengen an Hilfsstoffen (Sprit, Spritzmittel, Saatgut) können sich Vorteile beim Einkauf ergeben. Je nach Mitgliederzahl kann man die Maschinengemeinschaften in Klein-Gemeinschaften (zwei bis fünf Landwirte) und Groß-Gemeinschaften (mehr als fünf Landwirte) unterteilen.

50   Bei Maschinengemeinschaften ist es oft schwierig, festzustellen, ob rechtlich gesehen eine Bruchteilsgemeinschaft oder eine GbR vorliegt. Die Unterscheidung ist deshalb bedeutsam, da bei der Bruchteilsgemeinschaft jeder Bruchteilseigentümer gesondert über seinen Bruchteil verfügen kann, während bei der GbR Gesamthandseigentum vorliegt und eine Einzelverfügung grundsätzlich nicht möglich ist.[53] Entscheidend für die Abgrenzung ist, ob über den Kauf der Maschine hinaus ein gemeinsamer Zweck verfolgt wird, z.B. die Vermietung der Maschine an nicht beteiligte Landwirte. Ist dies der Fall, so liegt eine GbR vor.

51   **bb) Bewährung in der Praxis.** Die Konstruktion der Maschinengemeinschaften bietet ihren Mitgliedern nicht die Gewähr, dass sie die angeschafften Maschinen dann bekommen, wenn sie sie benötigen. Dies gilt besonders für Mähdrescher, Rüben-, Kartoffelroder und sonstige Erntemaschinen. Gerade in Jahren mit schlechter Witterung konzentriert sich ihre Einsatzzeit auf wenige Tage. Missstimmung und Streitigkeiten zwischen den Beteiligten sind dann oft die Folge.

c) Maschinenringe

52   **aa) Praktische und rechtliche Konstruktion.** Mehrere Landwirte schließen sich zusammen, um die in ihrem alleinigen Privateigentum vorhandenen und verbleibenden Maschinen überbetrieblich auszulasten. Das ist ein wesentlicher Unterschied zu den Maschinengemeinschaften, bei denen die Frage des ersten Zugriffs immer wieder zu Streitigkeiten führen kann. Als Mitglied des Maschinenrings entscheidet der Eigentümer allein, wann er die Maschine im eigenen Betrieb einsetzt und wann er sie Maschinenringmitgliedern zur Verfügung stellt.

53   Als Rechtsformen für die Maschinen- und Betriebshilfsringe kommen in Frage:
– die Gesellschaft bürgerlichen Rechts,
– die eingetragene Genossenschaft,
– der nicht eingetragene Verein,
– der eingetragene Verein.

54   In der Praxis überwiegt die Rechtsform des eingetragenen Vereins. Diese Vereine organisieren sich im Wesentlichen wie folgt:
Organe des Vereins sind
– die Mitgliederversammlung,

---

[53] S. *Palandt*, 74. Aufl. 2014, § 903, Rn. 3, sowie die einschlägigen Lehrbücher des Sachenrechts.

Grimm

- der Vorstand,
- der Ausschuss,
- der Beirat.

Die Mitgliederversammlung ist als oberstes Organ eines Vereins zuständig für die **55** grundsätzliche Entwicklung und Gestaltung des Vereins. Ihr obliegen insbesondere
- die Wahl, gegebenenfalls die vorzeitige Abberufung der Mitglieder des Vorstandes, des Ausschusses und des Beirats.
- Beschlüsse zur Ablehnung der Aufnahme und zum Ausschluss von Mitgliedern,
- Festsetzung der Mitgliedsbeiträge,
- Aufstellung von Richtlinien für den Maschineneinsatz und Festlegung der Verrechnungssätze,[54]
- Genehmigung des Jahresabschlusses, Entlastung des Vorstandes und des Ausschusses,
- Beschluss über Satzungsänderungen,
- Beschluss über die Auflösung des Vereins.

Der Vorstand (meist bestehend aus dem Vorsitzenden und einem Stellvertreter) **56** vertritt den Verein nach außen. Dem Vorstandsvorsitzenden obliegt die Einberufung und Leitung der Kollegialorgane und die Vollziehung ihrer Beschlüsse.

Der Ausschuss ist ein Kollegialorgan, das Auffangfunktion wahrnimmt und alle **57** Beschlüsse fasst, die im Laufe eines Geschäftsjahres anfallen und nach der Satzung nicht anderen Organen zugewiesen sind.

Dem Beirat, einem Kollegialorgan bestehend aus Mitgliedern und sonstigen **58** sachverständigen Personen (z.B. aus den Ämtern für Landwirtschaft), obliegt die Beratung des Ausschusses.

Die Maschinenringe bedienen sich zur Erfüllung ihrer Aufgaben in der Re- **59** gel eines hauptberuflichen Geschäftsführers.[55] Er ist zwar kein Organ des Vereins, dennoch kommt ihm eine zentrale Rolle zu. Er ist ständiger Ansprechpartner der Mitglieder, er lenkt und koordiniert den Einsatz der Maschinen und Geräte. Seine Aufgaben sind insbesondere:
- die Inventur aller bei den Mitgliedern vorhandener Maschinen und Geräte
- die Vermittlung dieser Maschinen
- die Berechnung der Einsatzkosten
- die Verrechnung über die Bankverbindungen der Mitglieder.

Je nach persönlichem Einsatz ergibt sich am Ende des Geschäftsjahres für je- **60** des Mitglied ein positiver oder negativer Saldo bei der Verrechnung von erbrachten und beanspruchten Leistungen. Selbstverständlich kann sich auch ein negativer Saldo positiv auf das Betriebsergebnis auswirken, z.B. dann, wenn durch die Inanspruchnahme der Leistungen des Maschinenrings der Ankauf und Unterhalt einer eigenen Maschine verhindert werden konnte.

---

[54] In Bayern existieren hierzu jährlich angepasste Verrechnungssätze des Kuratoriums bayerischer Maschinen- und Betriebshilfsringe e.V., die als Vorschläge gelten. Die einzelnen Maschinenringe können hiervon insbesondere im Hinblick auf örtliche Besonderheiten abweichen. Außerdem werden in der Regel Zuschläge erhoben bei Leistungen in schwierigem Gelände und bei Leistungen gegenüber Nichtmitgliedern (z.B. Landschaftspflegemaßnahmen für Kommunen). S. http://www.kbm-info.de/content/verwendung-der-verrechnungssätze (19.1.2015).
[55] Schon im Bayerischen Landwirtschaftsförderungsgesetz von 1974 wurde die hauptberufliche Führung zwingend vorgeschrieben. Nur in diesem Falle konnte der Maschinenring Mitglied in der Landesvereinigung werden und in den Genuss staatlicher Förderung gelangen, s. Art. 8 ff. BayLwFöG. So auch jetzt im Bayerischen Agrarwirtschaftsgesetz, s. Art. 3 Abs. 1 und Art. 7 Abs. 1 Nr. 11. Einzelheiten bei *Pelhak/Dippold*, Bayerisches Agrarwirtschaftsgesetz, Kommentar, 2010.

61   Häufig sind den Maschinenringen Betriebshilfsringe angegliedert. Diese nehmen soziale Aufgaben wahr. Sie stellen Betriebshelfer zur Verfügung in Fällen von Krankheit, Unfall und Tod, aber auch dann, wenn der Betriebsleiter mit seiner Familie einmal einen wohlverdienten Urlaub antreten will. Die Bedeutung der Betriebshilfe nimmt ständig zu.

62   **bb) Bewährung in der Praxis.** Anders als die Maschinengemeinschaften setzen sich die Maschinenringe in der Praxis immer mehr durch. Die wesentlichen Vorteile gegenüber den Maschinengemeinschaften lassen sich wie folgt zusammenfassen:

– Maschinenringe bauen auf dem vorhandenen Individualeigentum auf, fördern es sogar durch bessere Auslastung. Der einzelne Landwirt kann trotz seiner Mitgliedschaft im Maschinenring frei über seine Produktionsmittel verfügen. Die Mitglieder verpflichten sich allenfalls, falls fremde Maschinen und Geräte benötigt werden, solche von Mitgliedern zu nutzen.

– Abgesehen von den anfallenden Mitgliedsbeiträgen wird kein Kapital festgelegt. Die Mitgliedschaft im Maschinenring birgt kein Kapitalrisiko.

– Durch jeden Maschineneinsatz erhöht sich die Rentabilität der Maschine.

– Der Kauf reichlich vorhandener Maschinen wird eingeschränkt, der von seltenen gefördert.

– Auf Neu-Investitionen kann vor allem bei finanziellen Engpässen verzichtet werden.

– Der einzelne Landwirt ist nicht auf die zufällige Nachbarschaftshilfe angewiesen.

– Angebot und Nachfrage zwingen zu guten Arbeitsleistungen.

– Eine angegliederte Betriebshilfe verschafft zumindest vorübergehend Erleichterung in familiären und sozialen Notfällen.

63   Zusammenfassend kann man festhalten, dass sich die Maschinenringe in der Praxis nicht nur bewährt haben. Sie sind vor allem im kleinräumig strukturierten Süden der Bundesrepublik aus der landwirtschaftlichen Praxis nicht mehr wegzudenken. Gewisse Engpässe in der Erntezeit lassen sich zwar nicht immer vollständig vermeiden, insgesamt aber ist auch hier, insbesondere bei großer Mitgliederzahl eine deutliche Erleichterung spürbar[56].

d) Erzeugerringe, Erzeugergemeinschaften/Erzeugerorganisationen

64   **aa) Erzeugerringe.**[57] Zu Erzeugerringen schließen sich landwirtschaftliche Betriebe zusammen, um in einzelnen Produktionsbereichen (z.B. Fleisch, Milch, Getreide) die Produktion durch gleiche Sortenwahl, Düngung, angepasste Pflanzenschutzmaßnahmen, Auswahl des Tiermaterials, Fütterung etc. zu vereinheitlichen und dadurch eine Qualitätssteigerung bei gleichzeitiger Senkung der Produktionskosten zu erreichen. Erzeugerringe beschränken ihre Aktivitäten auf die Produktionsebene. Sie vermarkten nicht und bilden so gesehen lediglich den Unterbau für die Erzeugergemeinschaften.[58] Sie organisieren sich in der Regel als Vereine.

---

[56] Einzelheiten zur Förderung nach Art. 7 Abs. 1 Nr. 11 BayAgrarWiG s. bei *Pelhak/ Dippold*, Bayerisches Agrarwirtschaftsgesetz, S. 350 ff.,

[57] In Bayern waren 2013 60 Erzeugerringe in der pflanzlichen Produktion, 45 Ringe in der tierischen Produktion tätig, s. Bayer. Agrarbericht 2014, Tabellen 18, 19.

[58] *Schöhl,* in Wirtschaftslehre, Die Landwirtschaft Bd. 4, 11. Aufl., 1999, S. 106; ebenso *Kroeschell,* Deutsches Agrarrecht, SR-Göttingen, Bd. 29, 1983, S. 50.

bb) Erzeugergemeinschaften/Erzeugerorganisationen.[59] Erzeugerorgani- **65**
sationen arbeiten auf Produktions- und Absatzebene. Ihr Ziel ist neben der Qualitätssteigerung die Zusammenfassung des Angebots einzelner landwirtschaftlicher
Betriebe, um so der Marktmacht der Nachfrageseite besser begegnen und möglichst hohe Marktpreis erzielen zu können. Durch den Zusammenschluss soll ferner
die Konkurrenz der einzelnen Betriebe untereinander ausgeschaltet und das Risiko
der Spezialisierung vermindert werden. Die übliche Organisationsform der Erzeugerorganisationen ist die des wirtschaftlichen Vereins nach § 22 BGB.

Von besonderer Bedeutung für Erzeugerorganisationen und ihre Vereinigungen **66**
sind das Agrarmarktstrukturgesetz[60], welches das Agrarstrukturgesetz von 1969 abgelöst hat, und die Agrarmarktstrukturverordnung[61].

Das alte Marktstrukturgesetz definierte in § 1 Absatz 1 die Erzeugergemein- **67**
schaften im Sinne des Gesetzes und legte in Absatz 2 in Verbindung mit der Anlage
zum Marktstrukturgesetz fest, für welche Erzeugnisse Erzeugergemeinschaften gebildet werden können. Eine entsprechende Regelung findet sich heute- wesentlich
unübersichtlicher- in § 1 Abs. 1 AgrarMSV in Verbindung mit der EG Verordnung
Nr. 1234/2007 und Anlage II der Verordnung.

Erzeugerorganisationen werden nach EU- Recht gefördert, wenn sie von den **68**
nach Landesrecht zuständigen Behörden anerkannt sind. Die Anerkennungsvoraus-
setzungen finden sich, basierend auf Art. 122 VO (EG) 1234/2007, in § 3 Agrar-
MSV. Demnach gilt:
- die Erzeugerorganisation muss eine juristische Person des Privatrechts sein, Nr. 1,
- ihre Gründung muss auf einer Initiative ihrer Mitglieder beruhen, Nr. 2,
- sie muss über eine schriftliche Satzung verfügen, welche die in Nr. 4 beschriebenen Voraussetzungen erfüllt.

In diesem Zusammenhang ist auch die wettbewerbsrechtliche Sonderstellung **69**
der landwirtschaftlichen Erzeugerorganisationen und ihrer Vereinigungen von
Interesse: Die Landwirtschaft genießt im Kartellrecht eine Privilegierung in Form
einer „Bereichsausnahme" nach §§ 28 GWB, 5AgrarMSG. Nach diesen Vorschriften sind Kartellverträge und -beschlüsse von Erzeugerbetrieben, Vereinigungen
von Erzeugerbetrieben und Vereinigungen von Erzeugervereinigungen zulässig,
soweit sie keine Preisbindung enthalten und den Wettbewerb nicht ausschließen[62].

---

[59] Beachte den terminologischen Wechsel: Das AgrarMSG verwendet an Stelle des Begriffes
„Erzeugergemeinschaften" den Begriff „Erzeugerorganisationen". In Deutschland waren 2011 insgesamt 865 Erzeugergemeinschaften nach dem Marktstrukturgesetz und 44 nach EU-Recht (Obst
und Gemüse, Hopfen und Fische) anerkannt, s. Statistisches Jahrbuch über Ernährung, Landwirtschaft und Forsten 2013, S. 180.

[60] Gesetz zur Weiterentwicklung der Marktstruktur im Agrarbereich (Agrarmarktstrukturge-
setz-AgrarMSG-) vom 20.4.2013, BGBl. I S. 917.

[61] Verordnung zur Weiterentwicklung der Marktstruktur im Agrarbereich (Agrarmarktstruktur-
verordnung- AgrarMSV-) vom 15.11.2013, BGBl. I S. 3998.

[62] S. dazu bereits *Winkler,* Art. Kartellrecht, in HAR II, Sp. 2 ff.; *Kroeschell,* Deutsches Agrarrecht,
SR-Göttingen, Bd. 29, 1983, S. 51 ff.; *Petry,* Die Wettbewerbsbeschränkungen der Landwirtschaft
nach nationalem und europäischem Wettbewerbsrecht – Ein Beitrag zum Agrar-Kartellrecht (Diss.
Univ. Hohenheim 1975); *Schulze-Hagen,* Die landwirtschaftlichen Zusammenschlüsse nach deutschem und europäischem Wettbewerbsrecht, SR-Göttingen Bd. 18, 1977, S. 80 ff.;

4. Umwandlung von landwirtschaftlichen Produktionsgenossenschaften (LPG)

70 a) Literaturauswahl:

Bayer, Rechtsprobleme der Restrukturierung landwirtschaftlicher Unternehmen in den neuen Bundesländern nach 1989, überblick über die Ergebnisse des DFG-Forschungsprojektes, NL-BzAR 2002, 355, (zit. *Bayer*);

Böhme, Wenn Geister geweckt werden. Zur Bewältigung nicht erkannter Liquidationen, Neue Landwirtschaft 2001, 76;

Dehne, Fehlgeschlagene LPG-Umwandlungen – was nun?, AgrarR 1998, 208, (zit. *Dehne 1998*);

dies., „Zehn Jahre Landwirtschaftsanpassungsgesetz, Bericht über das Agrarrechtliche Forum in Leipzig am 29.5.2000, AgrarR 2000, 289;

Glas, Die Ordnungsmäßigkeit der Vermögensauseinandersetzung nach dem LwAnpG als Voraussetzung für Fördermittel, in: AgrarR 99, 144;

Horn, Umwandlung von Agrargenossenschaften in den neuen Bundesländern, AgrarR 2000, 10;

Kuchs, Handlungsbedarf aufgrund gescheiterter LPG-Umwandlungen, RdL 2003, 197;

Neixler, Rückabwicklung oder Nachzeichnung fehlgeschlagener LPG-Umstrukturierungen – Rechtsprobleme ohne Ende?, NL-BzAR 2000, 352;

Schmidt, Einschränkung der umwandlungsrechtlichen Eintragungswirkungen durch den umwandlungsrechtlichen numerus clausus?, ZIP 1998, 181 (zit. *Schmidt*);

Schweizer, Das Recht der landwirtschaftlichen Betriebe nach dem Landschaftanpassungsgesetz, 2. Aufl., Köln 1994, (zit. *Schweizer*);

Steding, Gescheiterte Umwandlung von LPG – absehbares Aus für Nachfolgeunternehmen?, NL-BzAR 2002, 472;

Thiele, Dekollektivierung und Umstrukturierung des Agrarsektors der neuen Bundesländer, 1998, Agrarwirtschaft, Sonderheft 160;

Wenzel, Der Bestandsschutz fehlerhaft umgewandelter LPG-Unternehmen, AgrarR 1998, 139;

ders., Die Umwandlung der landwirtschaftlichen Produktionsgenossenschaften in der Rechtssprechung des Bundesgerichtshofs, AgrarR 2000, 349 (zit. *Wenzel 2000*);

http://www.Agrarrecht.de/html/gescheiterte_Umwandlungen.html;

b) Die Wiedervereinigung als Umwandlungsanlass

71   Im Zuge der Wiedervereinigung musste den landwirtschaftlichen Produktionsgenossenschaften der neuen Bundesländer die Möglichkeit gegeben werden, sich in marktwirtschaftliche Gesellschaftsformen des privaten Rechts umzuwandeln.[63] Die rechtlichen Grundlagen hierfür lieferte das Landwirtschaftsanpassungsgesetz, das noch von der Volkskammer der Deutschen Demokratischen Republik beschlossen worden war, danach vom Bundesgesetzgeber mehrfach novelliert wurde.[64] Ziel dieses Gesetzes war und ist es, das Privateigentum an Grund und Boden wiederherzustellen, die Voraussetzungen für die Entstehung leistungs- und wettbewerbsfähiger Landwirtschaftsbetriebe zu schaffen und ausscheidungswillige Mitglieder angemessen abzufinden. Hieraus ergab sich ein Interessengegensatz zwischen den Mitgliedern, die im Unternehmen bleiben und es fortführen wollten, und den ausscheidenden Mitgliedern, die eine möglichst hohe Abfindung anstrebten. In mehr als 170 Sachentscheidungen musste sich der Landwirtschaftssenat des BGH mit Umwandlungsproblemen auseinandersetzen.[65]

---

[63] Bei insgesamt 1790 Umwandlungen wählten 40 Unternehmen die Rechtsform der AG, 182 die Rechtsform der GmbH & Co.KG, 306 die GmbH und 1.262, das sind 70,5%, die Rechtsform der e.G. Zahlen aus *Bayer*, S. 355.

[64] Zu den einzelnen Novellen s. *Schweizer*, S. 163 ff.

[65] S. dazu den Überblick bei *Wenzel* 2000, S. 349.

Grimm

c) Fehlgeschlagene Umwandlungen

Die Umwandlung von LPG in marktwirtschaftliche Unternehmensformen im **72** Zuge der Wiedervereinigung war kein normaler Vorgang im Lebenszyklus eines Unternehmens, das sich, falls es einen Formwechsel plant, in Ruhe und wohl vorbereitet auf eine Umwandlung einstellen kann, sondern eine Sonderumwandlung im Rahmen eines gesellschaftlichen Systemumbruchs.[66] Der Gesetzgeber förderte den Austritt von LPG-Mitgliedern und setzte den Umwandlungsprozess durch eine (Ausschluss-)frist erheblichem Zeitdruck aus. Alle LPGs, die nicht bis zum 31.12.1991 umgewandelt wurden, waren kraft Gesetzes aufgelöst, s. § 69 Abs. 3 LwAnpG. So ist es nicht verwunderlich, dass zunächst – nicht ausschließlich, aber auch gefördert durch diese legislativen Vorgaben – Fehler bei den Umwandlungen vorkamen. In gewisser Weise waren sie im Hinblick auf die Neuartigkeit der Rechtsmaterie sogar vorhersehbar, was den Gesetzgeber dazu veranlasst hatte, den Registergerichten eine eingehende Überprüfung des Umwandlungsverfahrens aufzuerlegen.

Viele Rechtsverstöße, die sich bei den Umwandlungen ergaben, sind durch **73** die Registereintragung geheilt. Nach der Rechtsprechung des BGH führen aber „schwerste Mängel" zur Rechtsunwirksamkeit der Umwandlung, und zwar in folgenden Fällen: a) Fehlen eines Umwandlungsbeschlusses, b) Verstöße gegen den numerus clausus, d.h. die Umwandlung in eine gesetzlich nicht zulässige Rechtsform[67] und c) Verstöße gegen die Identität der Mitgliedschaft, d.h. die unzulässige Verdrängung von LPG-Mitgliedern aus dem LPG-Nachfolger.[68]

Ist nun aus diesen Gründen eine Umwandlungswirkung nicht eingetreten, so **74** ist zwar durch die Eintragung eine neue Gesellschaft entstanden, die Eintragung entfaltet aber nicht die ihr sonst nach § 37 Abs. 1 LwAnpG 1990 bzw. § 34 Abs. 1 LwAnpG 1991 zukommende Transportfunktion, sodass im Endeffekt die neue Gesellschaft mit fremdem Kapital ausgestattet ist und zwar mit dem Kapital der LPG, die in unerkannter Liquidation fortbesteht.[69] Die Folge ist nun, dass die LPG zu liquidieren und dabei eine ordnungsgemäße Vermögensauseinandersetzung nachzuholen ist. Das ist allerdings leichter gesagt als getan. Die Praxis wird hier mit einer Fülle zivilrechtlicher, gesellschaftsrechtlicher, haftungsrechtlicher und förderungsrechtlicher Probleme zu kämpfen haben und auf den BGH werden noch auf längere Sicht weitere Verfahren zukommen.

---

[66] So *Steding*, S. 472.
[67] So stand den LPG als neue Rechtsform nach dem LwAnpG 1990 nur die e. G. zur Verfügung.
[68] Überblick bei. *Bayer*, S. 357.
[69] *Wenzel* 1998, S. 142; so auch *Schmidt*, S. 181, 183.

III. Vertikale und horizontale Konstruktionen im graphischen Überblick

75 1. Beispiel für eine vertikale Kooperation

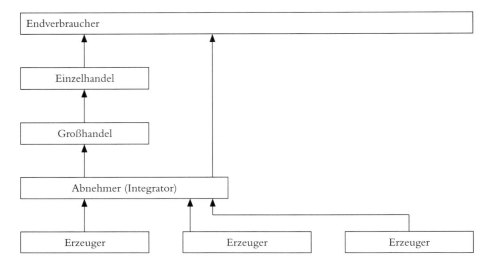

2. Beispiele für eine horizontale Kooperation

76 a) Ohne Vermarktungsaufgabe

77 b) Mit Vermarktungsfunktion

3. Beispiele für Kooperationen mit horizontal/vertikalen Komponenten

a) Demeter 78

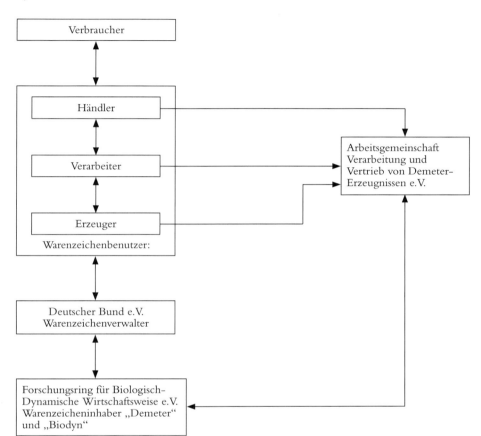

79 b) Hofpfisterei GmbH/Meyermühle AG[70]

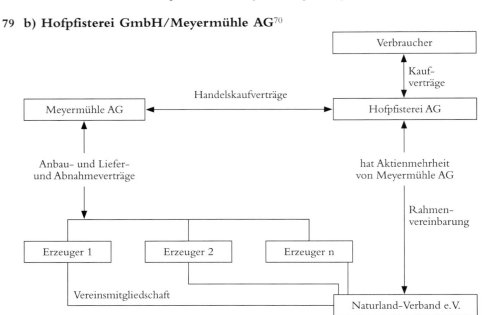

80 c) Uckermark AG Dedelow, Brandenburg (Umwandlung einer LPG in eine Aktiengesellschaft)[71]

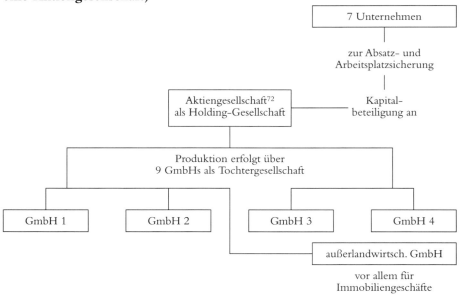

---

[70] Zur Organisationsstruktur, Geschichte und Zielsetzung s. http://www.meyermuehle.de/1_muehle/hpf_umwelterklaerung.pdf (21.1.2015).

[71] Bericht von *Ganss*, in Ländlicher Raum 5.6.1993, S. 72. S. auch *Böhme*. Zur Eignung der Aktiengesellschaft für Agrarunternehmen, NL-BzAR 2012, S. 266 ff.

[72] Aktionäre sind die ehemaligen LPG-Mitglieder.

11. Kapitel. Förderung der Landwirtschaft, Marktordnung und Entwicklung des ländlichen Raums

Literaturauswahl:

Anderegg, Grundzüge der Agrarpolitik, München 1999;
Bieber/Epiney/Haag, Die Europäische Union: Europarecht und Politik, 10. Aufl., Baden-Baden 2013 (zit. *Bieber/Epiney/Haag*);
Busse, MOG Gesetz zur Durchführung der Gemeinsamen Marktorganisation und der Direktzahlungen, Handkommentar, Baden-Baden 2007;
Busse, Agrarrecht, in: Schulze/Zuleeg/Kadelbach (Hrsg.), Europarecht, Handbuch für die deutsche Rechtspraxis, 3. Aufl., Baden-Baden 2015, S. 1431 ff.;
Busse, Agrarmarktstrukturgesetz – AgrarMSG, Agrarmarktverordnung – AgrarMSV, Das Recht der anerkannten Agrarorganisationen, HLBS-Kommentar, Berlin 2014;
Busse/Haarstrich, Agrarförderrecht einschließlich EU-Primärrecht, EU-Kartellrecht und EU-Gerichtsbarkeit, Berlin 2012;
Götz, Art. Marktordnungsrecht (III) Deutschland, in: HAR II, Sp. 448 ff.;
Härtel, Europäisches Agrarverwaltungsrecht, in: Terhechte (Hrsg.), Verwaltungsrecht der Europäischen Union, Baden-Baden 2011, S. 1323 ff.;
Härtel, Agrarrecht, in: Ruffert (Hrsg.), Europäische Sektorales Wirtschaftsrecht, Baden-Baden 2013, S. 395 ff.;
Henrichsmeyer/Witzke, Agrarpolitik, Band 1 Agrarökonomische Grundlagen, Stuttgart 1991;
Henrichsmeyer/Witzke, Agrarpolitik, Band 2 Bewertung und Willensbildung, Stuttgart 1994;
Koester, Grundzüge der landwirtschaftlichen Marktlehre, 3. Aufl., München 2005;
Lenz/Borchardt (Hrsg.), EU-Verträge, Kommentar, 5. Aufl., Köln 2010, Art. 38 ff. AEUV (zit. *Lenz/Borchardt*);
Leidwein, Europäisches Agrarrecht, 2. Aufl., Berlin/Wien 2004 (zit. *Leidwein*);
Nagel, Wirtschaftsrecht der Europäischen Union, 4. Aufl. Baden-Baden 2003;
Norer (Hrsg.), Handbuch des Agrarrechts, 2. Aufl., Wien 2012 (zit. *Norer*);
Oppermann/Classen/Nettesheim, Europarecht, 6. Aufl., München 2014 (zit. *Oppermann/Classen/Nettesheim*);
Schweitzer/Hummer, Europarecht, 5. Aufl., Neuwied/Kriftel/Berlin 1996 (zit. *Schweitzer/Hummer*);
Schweitzer/Hummer/Obwexer, Europarecht: das Recht der Europäischen Union, Wien 2007;
Schweizer, Das Recht der landwirtschaftlichen Betriebe nach dem Landwirtschaftsanpassungsgesetz, 2. Aufl., Köln 1994;
Seehusen/Schwede/Schwantag/Wingerter, Flurbereinigungsgesetz, Kommentar, 8. Aufl., Münster 2008 (zit. *Seehusen/Schwede*);
Streinz, Europarecht, 9. Aufl., Heidelberg 2012 (zit. *Streinz*);
Wöhlken, Einführung in die landwirtschaftliche Marktlehre, 3. Aufl., Stuttgart 1991 (zit. *Wöhlken*);
Pelhak/Dippold, Bayerisches Agrarwirtschaftsgesetz (BayAgrarWiG) – Praktikerkommentar, München 2010;
Zuleeg, Art. Marktordnungsrecht der EG, in: HAR II, Sp. 434 ff.

Nützliche Internetadressen:

http://www.eu-kommission.de (Europäische Kommission) oder ec.europa.eu

I. Wichtige Rechtsquellen

1. Europäische Normen

a) 1. Säule Direktzahlungen im Bereich der Marktorganisationen   1

– Verordnung (EU) Nr. 1308/2013 des Europäischen Parlaments und des Rates vom 17.12.2013 über eine gemeinsame Marktorganisation für landwirtschaft-

liche Erzeugnisse und zur Aufhebung der Verordnungen (EWG) Nr. 922/72,
(EWG) Nr. 234/79, (EG) Nr. 1037/2001 und (EG) Nr. 1234/2007, *ABl. L 347
vom 20.12.2013, S. 671–854* (im Folgenden VO einheitliche GMO);

– Verordnung (EU) Nr. 1307/2013 des Europäischen Parlaments und des Rates
vom 17.12.2013 mit Vorschriften über Direktzahlungen an Inhaber landwirtschaftlicher Betriebe im Rahmen von Stützungsregelungen der Gemeinsamen
Agrarpolitik und zur Aufhebung der Verordnung (EG) Nr. 637/2008 des Rates
und der Verordnung (EG) Nr. 73/2009 des Rates, *ABl. L 347 vom 20.12.2013,
S. 608–670*;

– Delegierte Verordnung (EU) Nr. 639/2014 der Kommission vom 11.3.2014
zur Ergänzung der Verordnung (EU) Nr. 1307/2013 des Europäischen Parlaments und des Rates mit Vorschriften über Direktzahlungen an Inhaber landwirtschaftlicher Betriebe im Rahmen von Stützungsregelungen der Gemeinsamen Agrarpolitik und zur Änderung des Anhangs X der genannten Verordnung,
ABl. L 181 vom 20.6.2014, S. 1–47;

– Durchführungsverordnung (EU) Nr. 641/2014 der Kommission vom 16.6.2014
mit Durchführungsvorschriften zur Verordnung (EU) Nr. 1307/2013 des Europäischen Parlaments und des Rates mit Vorschriften über Direktzahlungen an
Inhaber landwirtschaftlicher Betriebe im Rahmen von Stützungsregelungen der
Gemeinsamen Agrarpolitik, *ABl. L 181 vom 20.6.2014, S. 74–81*;

– Verordnung (EU) Nr. 1379/2013 des Europäischen Parlaments und des Rates vom 11.12.2013 über die gemeinsame Marktorganisation für Erzeugnisse der Fischerei und der Aquakultur, zur Änderung der Verordnungen (EG)
Nr. 1184/2006 und (EG) Nr. 1224/2009 des Rates und zur Aufhebung der Verordnung (EG) Nr. 104/2000 des Rates, *ABl. L 354 vom 28.12.2013, S. 1–21*.

2 b) 2. Säule Entwicklung des ländlichen Raums

– Verordnung (EU) Nr. 1305/2013 des Europäischen Parlaments und des Rates
vom 17.12.2013 über die Förderung der ländlichen Entwicklung durch den
Europäischen Landwirtschaftsfonds für die Entwicklung des ländlichen Raums
(ELER) und zur Aufhebung der Verordnung (EG) Nr. 1698/2005, *ABl. L 347
vom 20.12.2013, S. 487–548* – (im Folgenden VO ländliche Entwicklung);

– Delegierte Verordnung (EU) Nr. 807/2014 der Kommission vom 11.3.2014
zur Ergänzung der Verordnung (EU) Nr. 1305/2013 des Europäischen Parlaments und des Rates über die Förderung der ländlichen Entwicklung durch
den Europäischen Landwirtschaftsfonds für die Entwicklung des ländlichen
Raums (ELER) und zur Einführung von Übergangsvorschriften, *ABl. L 227
vom 31.7.2014, S. 1–17* – (im Folgenden DurchführungsVO ländliche Entwicklung);

– Durchführungsverordnung (EU) Nr. 808/2014 der Kommission vom 17.7.2014
mit Durchführungsvorschriften zur Verordnung (EU) Nr. 1305/2013 des Europäischen Parlaments und des Rates über die Förderung der ländlichen Entwicklung durch den Europäischen Landwirtschaftsfonds für die Entwicklung des
ländlichen Raums (ELER), *ABl. L 227 vom 31.7.2014, S. 18–68*.

3 c) Allgemeine Bestimmungen

– Verordnung (EU) Nr. 1306/2013 des Europäischen Parlaments und des Rates
vom 17.12.2013 über die Finanzierung, die Verwaltung und das Kontrollsystem
der Gemeinsamen Agrarpolitik und zur Aufhebung der Verordnungen (EWG)
Nr. 352/78, (EG) Nr. 165/94, (EG) Nr. 2799/98, (EG) Nr. 814/2000, (EG)

Nr. 1290/2005 und (EG) Nr. 485/2008 des Rates, *ABl. L 347 vom 20.12.2013, S. 549–607;*
– Delegierte Verordnung (EU) Nr. 640/2014 der Kommission vom 11.3.2014 zur Ergänzung der Verordnung (EU) Nr. 1306/2013 des Europäischen Parlaments und des Rates in Bezug auf das integrierte Verwaltungs- und Kontrollsystem und die Bedingungen für die Ablehnung oder Rücknahme von Zahlungen sowie für Verwaltungssanktionen im Rahmen von Direktzahlungen, Entwicklungsmaßnahmen für den ländlichen Raum und der Cross-Compliance, *ABl. L 181 vom 20.6.2014, S. 48–73;*
– Delegierte Verordnung (EU) Nr. 907/2014 der Kommission vom 11.3.2014 zur Ergänzung der Verordnung (EU) Nr. 1306/2013 des Europäischen Parlaments und des Rates im Hinblick auf die Zahlstellen und anderen Einrichtungen, die finanzielle Verwaltung, den Rechnungsabschluss, Sicherheiten und die Verwendung des Euro, *ABl. L 255 vom 28.8.2014, S. 18–58;*
– Durchführungsverordnung (EU) Nr. 809/2014 der Kommission vom 17.7.2014 mit Durchführungsbestimmungen zur Verordnung (EU) Nr. 1306/2013 des Europäischen Parlaments und des Rates hinsichtlich des integrierten Verwaltungs- und Kontrollsystems, der Maßnahmen zur Entwicklung des ländlichen Raums und der Cross-Compliance, *ABl. L 227 vom 31.7.2014, S. 69–124;*
– Durchführungsverordnung (EU) Nr. 908/2014 der Kommission vom 6.8.2014 mit Durchführungsbestimmungen zur Verordnung (EU) Nr. 1306/2013 des Europäischen Parlaments und des Rates hinsichtlich der Zahlstellen und anderen Einrichtungen, der Mittelverwaltung, des Rechnungsabschlusses und der Bestimmungen für Kontrollen, Sicherheiten und Transparenz, *ABl. L 255 vom 28.8.2014, S. 59–124.*

Weitere delegierte Rechtsakte und Durchführungsrechtsakte s. unter http://ec. **3**
europa.eu/agriculture/cap-post-2013/implementation/*index_de.htm.*

2. Nationale Normen **4**

– Landwirtschaftsgesetz (LwG) v. 5.9.1955, BGBl. I S. 565;
– Gesetz zur Durchführung der gemeinsamen Marktorganisationen und der Direktzahlungen (Marktorganisationsgesetz – MOG), neugefasst durch Bek. v. 24.6.2005, BGBl. I S. 1847;
– Gesetz über die Gemeinschaftsaufgabe „Verbesserung der Agrarstruktur und des Küstenschutzes" (GAK-Gesetz – GAKG), neugefasst durch Bek. v. 21.7.1988, BGBl. I S. 1055;
– Gesetz zur Weiterentwicklung der Marktstruktur im Agrarbereich (Agrarmarktstrukturgesetz – AgrarMSG) v. 20.4.2013, BGBl. I S. 917;
– Gesetz über die strukturelle Anpassung der Landwirtschaft an die soziale und ökologische Marktwirtschaft in der Deutschen Demokratischen Republik (Landwirtschaftsanpassungsgesetz – LwAnpG), neugefasst durch Bek. v. 3.7.1991, BGBl. I S. 1418;
– Flurbereinigungsgesetz (FlurbG) i.d.F. der Bek. v. 16.3.1976, BGBl. I S. 546;
– Reichssiedlungsgesetz (RSiedlG) v. 11.8.1919, BGBl. III, Gliederungsnummer 2331-1;
– Bayerisches Gesetz zur nachhaltigen Entwicklung der Agrarwirtschaft und des ländlichen Raumes (Bayerisches Agrarwirtschaftsgesetz – BayAgrarWiG) v. 8.12.2006, GVBl. S. 938.

II. Bedeutung der Landwirtschaftsförderung

5   Die Landwirtschaft ist ein Wirtschaftszweig, der in seiner agrarpolitisch erwünschten Erscheinungsform ohne staatliche Förderung nicht bestehen könnte.
Dabei ist nicht zu übersehen, dass im Laufe der letzten Jahre die Agrarfördermit-
tel gekürzt und z.T. umgeschichtet wurden, u.a. zu Gunsten der Entwicklung des
ländlichen Raums. Der Haushaltsplan 2011 der Europäischen Union wies ein Ge-
samtvolumen von rund 126,5 Mrd. EUR an Zahlungsermächtigungen aus. Davon
entfielen auf die Gemeinsame Agrarpolitik, die Gemeinsame Fischereipolitik sowie
das Umweltprogramm Life+ 56,4 Mrd. EUR. Dies entsprach einem Anteil von
44,58%.[1] Für die Direktzahlungen in 2011 wurden gemäß Haushaltsplan 2011 rund
39,7 Mrd. EUR, mithin 70,39% des vorgenannten Betrages von 56.4 Mrd. EUR
(GAP, Gemeinsame Fischereipolitik und Life+) veranschlagt.[2]

6   In den Agrarhaushalt des Bundes 2014 (Einzelplan 10) waren rund 5,311 Mrd.
EUR eingestellt worden (Vorjahr 5,269 Mrd. EUR).[3] Davon machte die Landwirtschaftliche Sozialpolitik ca. 69,29% aus.[4] Hinzu kommen Förderungen aus Landesmitteln.[5]

7   Dass hier ein Wirtschaftszweig mit dem Einsatz enormer Finanzmittel der öffentlichen Hand am Leben erhalten wird, während andere Wirtschaftszweige
ganz oder in stärkerem Maße dem freien Spiel der Kräfte des Marktes überlassen werden, hat viele Wurzeln. Volkswirtschaftliche, soziale und kulturelle Gründe
wirken zusammen und gewähren der Landwirtschaft eine gewisse wirtschafts-
politische Sonderstellung. Seit dem Bestehen der Bundesrepublik Deutschland
diskutiert, wurden die Weichen für eine systematische Landwirtschaftsförderung
durch den Staat bereits zu Beginn der fünfziger Jahre gestellt. Eine relativ wenig
bekannte, immer noch wichtige Rechtsgrundlage bildet in diesen Zusammenhang das Landwirtschaftsgesetz vom 5.9.1954.[6] Seine Ziele sind in § 1 folgendermaßen formuliert:

8   „Um der Landwirtschaft die Teilnahme an der fortschreitenden Entwicklung
der deutschen Volkswirtschaft und um der Bevölkerung die bestmögliche Versorgung mit Ernährungsgütern zu sichern, ist die Landwirtschaft mit den Mitteln der
allgemeinen Wirtschafts- und Agrarpolitik – insbesondere der Handels-, Steuer-,
Kredit- und Preispolitik – in den Stand zu setzen, die für sie bestehenden naturbedingten und wirtschaftlichen Nachteile gegenüber anderen Wirtschaftsbereichen
auszugleichen und ihre Produktivität zu steigern. Damit soll gleichzeitig die soziale
Lage der in der Landwirtschaft tätigen Menschen an die vergleichbaren Berufs-
gruppen angeglichen werden."

---

[1] Agrarpolitischer Bericht der Bundesregierung 2011, Tz. 453.
[2] Agrarpolitischer Bericht der Bundesregierung 2011, Tz. 457.
[3] Bundesministerium für Ernährung und Landwirtschaft, Ausgewählte Daten und Fakten der
Agrarwirtschaft 2014, S. 9, http://www.bmelv-statistik.de/fileadmin/user_upload/monatsberichte/
DFB-0010000-2014.pdf (17.12.2014).
[4] Bundesministerium für Ernährung und Landwirtschaft, Ausgewählte Daten und Fakten der
Agrarwirtschaft 2014, S. 9 m.w.H.
[5] Vgl. beispielsweise Bayerischer Agrarbericht 2014, http://www.agrarbericht-2014.bayern.de/
landwirtschaft-laendliche-entwicklung/gesamtuebersicht.html (17.12.2014).
[6] BGBl. I S. 565. Zur Entstehungsgeschichte des Gesetzes s. *Priebe*, Art. Landwirtschaftsgesetz,
in: HAR II, Sp. 356 f. Dieses Gesetz bildet auch die Rechtsgrundlage (§§ 4 u. 5) für die Agrarberichte der Bundesregierung.

Auch auf europäischer Ebene erreichte die Landwirtschaft die Anerkennung **9** als besonders förderungsbedürftiger und -würdiger Wirtschaftszweig. Niederschlag fand dies beispielsweise in Art. 39 des am 25.3.1957 unterzeichneten und am 1.1.1958 in Kraft getretenen EWG-Vertrages.[7]

Die Landwirtschaftsförderung ist ein Zentralanliegen der Agrarpolitik. Ändern **10** sich agrarpolitische Zielvorstellungen,[8] ändern sich entsprechend die Förderungsschwerpunkte. Stand nach dem Krieg zunächst die Steigerung der Nahrungsmittelproduktion im Vordergrund, so gewannen bald weitere Förderungsziele an Bedeutung, so

- in den fünfziger und sechziger Jahren die Verbesserung der Agrar- und Betriebsstruktur und der Einkommenssituation,
- danach verstärkt auch agrarsoziale Maßnahmen, Maßnahmen zur Verbesserung der Agrar- und Marktstruktur, des Absatzwesens und der Stärkung der Selbsthilfeeinrichtungen,
- seit den siebziger Jahren Hilfen für benachteiligte Gebiete zur Erhaltung der dortigen Landwirtschaft und der Kulturlandwirtschaft (z.B. EG-Bergbauernprogramm),
- Fördermaßnahmen zur Verbesserung der Nahrungsmittelqualität,
- in Folge der Überproduktion Maßnahmen zu deren Dämpfung (Programme zur Marktentlastung),
- Maßnahmen zur Förderung umweltgerechter Produktion, z.B. durch die Bindung der Förderung an Tierbestands-Obergrenzen im (mittlerweile aufgehobenen) Gesetz des Bundes zur Förderung der bäuerlichen Landwirtschaft (1989).

Neue Zielsetzungen und Schwerpunkte ergaben sich durch die GAP-Reform **11** 1992, die Agenda 2000[9], die GAP-Reform 2003[10] sowie zuletzt die GAP-Reform 2013[11]. Die wesentlichen Elemente dieser Reformen sind:
- die Entkoppelung der Direktzahlungen von der Produktion,
- die Verknüpfung von Standards in den Bereichen Umwelt- und Tierschutz sowie Lebens- und Futtermittelsicherheit mit den Direktzahlungen (Cross Compliance) sowie von bestimmten nachhaltigen landwirtschaftlichen Praktiken (Greening)[12],
- die Bereitstellung von Mitteln für Maßnahmen zur Förderung der ländlichen Entwicklung durch Kürzung der Direktzahlungen (frühere Modulation, heute Flexibilität),
- Kürzungen von Zahlungen für Großbetriebe (Degressivität, Capping).

Diese Reformen waren Reaktionen der Europäischen Union auf sich ändernde **12** Rahmenbedingungen wie z.B. die Erweiterung der Europäischen Union um die mittel- und osteuropäischen Staaten oder den WTO-Prozess. Nicht zuletzt ging

---

[7] Jetzt Art. 39 AEUV, s.u. (Ziele der gemeinsamen Agrarpolitik). Zur Entwicklung der gemeinsamen Agrarpolitik s. *Gilsdorf*, Art. Gemeinsame Agrarpolitik, in: HAR I, Sp. 726 ff.; *Anderegg*, Grundzüge der Agrarpolitik, S. 11 ff.; *Brand-Saßen/Golter/Köhne/Schnieders*, Landwirtschaft im Umbruch, 2008.

[8] Zur engen Verschränkung von Agrarpolitik und Agrarrecht, s. *Norer*, Lebendiges Agrarrecht, S. 507 ff. m.w.N.

[9] Einzelheiten zur Agenda 2000 s. http://europa.eu.int/comm/agenda2000/index_de.htm-Agenda 2000 (3.8.2009).

[10] Ausführlich kommentiert von *Busse*, in *Lenz/Borchardt*, Art. 40 Rn. 55 ff.

[11] Zur jüngsten Reformetappe für die laufende Periode 2014–2020 siehe *Norer/Holzer (Hrsg.)*, Agrarrecht Jahrbuch 2014, 2014, S. 20 ff.

[12] S. dazu Kap. 12. III. 9.

es aber auch darum, die gesellschaftliche Akzeptanz von Direktzahlungen an die Landwirtschaft zu wahren.[13]

III. Der europarechtliche Rahmen

1. Stellung der Landwirtschaft im Binnenmarkt

13   Die Sonderstellung der Landwirtschaft zeigt sich schon rein äußerlich dadurch, dass ihr – wie schon in den Vorgängerregelungen – im Vertrag über die Arbeitsweise der Europäischen Union (AEUV) in den Art. 38 bis 44 ein eigener Titel eingeräumt wurde. Soweit diese besonderen Regeln greifen, verdrängen sie die im Übrigen geltenden Vorschriften über die Errichtung eines Binnenmarktes. Die landwirtschaftlichen Sondervorschriften enthalten jedoch keine abschließenden Regelungen, sondern bilden nur jenen primärrechtlichen Rahmen der Gemeinsamen Agrarpolitik (GAP), der durch Regelungen auf sekundärrechtlicher Ebene ausgefüllt wird.

14   In Art. 38 AEUV finden sich die Ziele der GAP. Diese sind
a) die Steigerung der landwirtschaftlichen Produktivität,
b) die Sicherung der Lebenshaltung der Landwirte durch Einkommenssteigerung,
c) die Stabilisierung der Märkte,
d) die Sicherstellung der Versorgung und
e) die Belieferung der Verbraucher zu angemessenen Preisen.

15   In den Artikeln 40 bis 42 AEUV werden die Mittel zur Verwirklichung der GAP aufgeführt. Dazu zählt zunächst die Schaffung einer gemeinsamen Organisation der Agrarmärkte (Art. 40 Abs. 1 AEUV). Diese kann aus gemeinsamen Wettbewerbsregeln, einer bindenden Koordinierung der verschiedenen nationalen Marktordnungen oder – und das ist die sich in der Praxis durchgesetzte Form – aus einer gemeinsamen europäischen Marktordnung bestehen. Weitere Mittel sind die Errichtung eines oder mehrerer Ausrichtungs- und Garantiefonds für die Landwirtschaft (Art. 40 Abs. 3 AEUV),[14] Koordinierung in den Bereichen Berufsbildung, Forschung, Produktförderung (Maßnahmen nach Art. 41 AEUV), grundsätzlicher Ausschluss der in den Art. 101 bis 109 enthaltenen Wettbewerbsregeln (Art. 42 AEUV).

16   Art. 43 Abs. 2 AEUV enthält wichtige Verfahrensregeln. So erlassen das Europäische Parlament und der Rat gemäß dem ordentlichen Gesetzgebungsverfahren und nach Anhörung des Wirtschafts- und Sozialausschusses die gemeinsame Organisation der Agrarmärkte sowie die anderen Bestimmungen, die für die Verwirklichung der Ziele der gemeinsamen Agrar- und Fischereipolitik notwendig sind. Damit haben sich mit dem Lissabonner Vertrag und dem bisher nicht vorgesehenen Einbezug des Parlaments die agrarpolitischen Gewichte deutlich verschoben. Rat und Parlament erlassen nunmehr im Rahmen der sog. Mitentscheidung insbesondere die Grundverordnungen, wobei die Kommission, die über das alleinige Initiativrecht verfügt, Verordnungen und Richtlinien vorschlägt. Der Vertrag von Lissabon hat mit der Unterscheidung legislativer und exekutiver Aufgaben aber auch bei den der Kommission übertragenen Rechtsetzungs- und Durchführungs-

---

[13] S. BMVEL (Hrsg.), Meilensteine der Agrarpolitik, Ausgabe 2005, S. 13.
[14] Aufbauend auf dieser Rechtsgrundlage wurden der Europäische Garantiefonds für die Landwirtschaft (EGFL) sowie der Europäische Landwirtschaftsfonds für die Entwicklung des ländlichen Raums (ELER) geschaffen (s. u. Finanzierung der GAP).

befugnissen eine neue Unterscheidung in delegierte Akte (Art. 290 AEUV) und Durchführungsakte (Art. 291 AEUV) gebracht. Bei letzteren sieht die Komitologieverordnung die Einbindung von Ausschüssen, gebildet aus Vertretern der Mitgliedstaaten, vor.[15]

2. Staatliche Beihilfen[16]

a) Begriff der Beihilfe, Beihilfenverbot, Ausnahmen

Art. 107 Abs. 1 AEUV enthält ein grundsätzliches Verbot staatlicher Beihilfen, soweit sie den Wettbewerb verfälschen oder zu verfälschen drohen, den Handel zwischen Mitgliedstaaten beeinträchtigen und keine Ausnahmebestimmungen nach den Absätzen 2 (Legalausnahmen) und 3 (Ausnahmen nach Ermessen der Kommission)[17] in Betracht kommen. Durch diese Bestimmung werden die Souveränität der Mitgliedstaaten und ihr nationaler wirtschaftlicher Handlungsspielraum stark beschränkt,[18] sodass dem Begriff der Beihilfe im gesamten Recht der Förderung und insbesondere in den Auseinandersetzungen zwischen der Kommission und den Mitgliedstaaten eine zentrale Bedeutung zukommt. **17**

Der Begriff der Beihilfe ist weit zu verstehen (vgl. den Wortlaut „gleich welcher Art"). Während im Schrifttum u.a. angesichts der fehlenden Statik des Begriffs überwiegend auf eine Definition verzichtet wird,[19] definiert der EuGH Beihilfen als staatliche (auch von Bundesländern, Kommunen oder öffentlichen Einrichtungen) „Maßnahmen, die in verschiedenen Formen die Belastungen vermindern, welche ein Unternehmen normalerweise zu tragen hat."[20] Leistungen von Privaten an Private fallen nicht unter das Beihilfeverständnis der EU. Daraus ergibt sich das Erfordernis, stets sorgfältig abzugrenzen, wann eine Leistung der öffentlichen Hand zuzurechnen ist.[21] **18**

Wesentlich für die Beihilfe ist also die begünstigende Wirkung bei den Unternehmen und Produktionszweigen, denen sie gewährt wird.[22] Die Begünstigung kann sowohl in Leistungsgewährungen als auch in Belastungsverminderungen, z.B. durch Verschonung vor Abgaben bestehen.[23] Charakteristisch ist in diesem Zusammenhang die fehlende adäquate Gegenleistung der begünstigten Unternehmen. Eine Unmittelbarkeit der staatlichen Zuwendungen ist nicht erforderlich. Eine Beihilfe liegt auch dann vor, wenn Dritte, z.B. Verbraucher unterstützt werden, damit diese Waren oder Leistungen begünstigter Unternehmen abnehmen.[24] **19**

---

[15] Verordnung (EU) Nr. 182/2011 des Europäischen Parlaments und des Rates vom 16.2.2011 zur Festlegung der allgemeinen Regeln und Grundsätze, nach denen die Mitgliedstaaten die Wahrnehmung der Durchführungsbefugnisse durch die Kommission kontrollieren, ABl. L 55 vom 28.2.2011, S. 13–18.

[16] Grundlegend *Leidwein*, S. 265–298.

[17] S. z.B. *Oppermann/Classen/Nettesheim*, § 21 Rn. 17.

[18] S. *von der Groeben/Thiesing/Ehlermann*, Kommentar zum EWG-Vertrag, 4. Aufl., 1991, Art. 92 Rn. 3.

[19] Vgl. z.B. *von Wallenberg/Schütte* in: *Grabitz/Hilf/Nettesheim*, Das Recht der Europäischen Union, 2014, Art. 107 AEUV Rn. 26 f.

[20] EuGH Rs. 30/59, Slg. 1961, 3.

[21] S. dazu *Kreuschitz/Wernicke* in: *Lenz/Borchardt,* Art. 107 Rn. 17.

[22] So z.B. EuGH Rs. 310/85, Deufil/Kommission, Slg. 1987 S. 901, 924 Rz. 8; EuGH Rs. 173/73, Italien/Kommission, Slg. 1974 S. 709, 718 Rz. 26, 28.

[23] Ausführlich *Kreuschitz/Wernicke*, in: *Lenz/Borchardt*, Formen staatlicher Beihilfen, Art. 107 Rn. 34 ff.

[24] S. *Rengeling*, Das Beihilferecht der Europäischen Gemeinschaften in: Recht und Praxis der Beihilfen im Gemeinsamen Markt, KSE Bd. 32, 1984, S. 27.

Ein Überblick über die zahlreichen Streitfälle, in der Regel solche zwischen Kommission und Mitgliedstaaten, findet sich bei *von Wallenberg/Schütte*.[25]

20   Mit dem Binnenmarkt per se vereinbar sind nach Art. 107 Abs. 2 AEUV unter den dort genannten Voraussetzungen
- Beihilfen sozialer Art an einzelne Verbraucher,
- Beihilfen zur Beseitigung von Schäden durch Naturkatastrophen und sonstige außergewöhnliche Ereignisse und
- Beihilfen für die Wirtschaft bestimmter, durch die Teilung Deutschlands betroffener Gebiete der Bundesrepublik Deutschland, soweit sie zum Ausgleich der durch die Teilung verursachten wirtschaftlichen Nachteile erforderlich sind.

21   Die letztgenannten Beihilfen ermöglichten vor der Wiedervereinigung insbesondere die Berlin- und Zonen-Randgebietsförderung. Nach der Wiedervereinigung sind diese Gründe entfallen. Deutschland versuchte, diese Vorschrift als Ausnahmevorschrift für Beihilfen für die neuen Bundesländer zu benutzen. Die Kommission stand dieser Auslegung von Anfang an zurückhaltend gegenüber.[26] Der EuGH hat sodann die Auffassung der Kommission bestätigt und entschieden, dass die Vorschrift nicht jene Beihilfen erfasst, die gewährt werden, um den wirtschaftlichen Rückstand der neuen Bundesländer zu beseitigen.[27]

b) Sonderregelungen für die Landwirtschaft

22   Für die Landwirtschaft gilt das Kapitel über die Wettbewerbsregeln gem. Art. 42 AEUV nur insoweit, als das Europäische Parlament und der Rat dies bestimmen. Im Bereich der Gemeinsamen Marktorganisation wird diese Anwendung von der Grundverordnung über die einheitliche GMO vorgenommen, ausgenommen sind die Direktzahlungen und bestimmte Maßnahmen der ländlichen Entwicklung.[28]

23   Generell sind die Mitgliedstaaten verpflichtet, nationale Beihilfen bei der Kommission zur Prüfung anzumelden (Notifizierung). Diverse einschlägige Freistellungs- und de minimis-Regelungen sehen für den Agrarbereich Ausnahmen von dieser Notifizierungspflicht vor.[29]

3. Finanzierung der Gemeinsamen Agrarpolitik (GAP)

24   Die VO (EU) Nr. 1306/2013 regelt die Finanzierung der GAP[30]. Der frühere einheitliche Europäische Ausrichtungs- und Garantiefonds für die Landwirtschaft

---

25   *Von Wallenberg/Schütte*, in: *Grabitz/Hilf/Nettesheim*, Art. 107 AEUV Rn. 46 ff.

26   S. *von Wallenberg/Schütte*, in: *Grabitz/Hilf/Nettesheim*, Art. 107 AEUV Rn. 136 m.w.N.

27   EuGH, C-156/98, Deutschland/KOM, Slg. 2000, I-6857 Rn. 49–56.

28   Art. 211–218 Verordnung einheitliche GMO. Art. 13 Verordnung (EU) Nr. 1307/2013; Art. 81 Verordnung ländliche Entwicklung.

29   Vgl. Verordnung (EU) Nr. 1408/2013 der Kommission vom 18.12.2013 über die Anwendung der Artikel 107 und 108 des Vertrags über die Arbeitsweise der Europäischen Union auf De-minimis-Beihilfen im Agrarsektor, ABl. L 352 vom 24.12.2013, S. 9–17; Verordnung (EU) Nr. 702/2014 der Kommission vom 25.6.2014 zur Feststellung der Vereinbarkeit bestimmter Arten von Beihilfen im Agrar- und Forstsektor und in ländlichen Gebieten mit dem Binnenmarkt in Anwendung der Artikel 107 und 108 des Vertrags über die Arbeitsweise der Europäischen Union, ABl. L 193 vom 1.7.2014, S. 1–75; siehe auch Rahmenregelung der Europäischen Union für staatliche Beihilfen im Agrar- und Forstsektor und in ländlichen Gebieten 2014–2020, ABl. C 204 vom 1.7.2014, S. 1–97.

30   Vgl. allgemein *Krug*, Die Finanzierung der GAP im Kontext des Finanzverfassungssystems der EU, 2008.

(EAGFL) ist mittlerweile aufgeteilt in den Europäischen Garantiefonds für die Landwirtschaft (EGFL) und in den Europäischen Landwirtschaftsfonds für die Entwicklung des ländlichen Raums (ELER).

Diese Fonds sind keine Fonds im eigentlichen Sinne, da sie weder eine eigene **25** Rechtspersönlichkeit besitzen, noch über eigene Fondsmittel verfügen. Vielmehr sind sie Teil des Gesamthaushaltsplans der Europäischen Union, s. Art. 3 Abs. 2 VO (EU) Nr. 1306/2013. Mit der Verwaltung der Fonds ist die Kommission beauftragt.[31]

a) Mittelverwendung des EGFL

Aus dem EGFL werden gem. Art. 4 Abs. 1 VO (EU) Nr. 1306/2013 in einer **26** zwischen den Mitgliedsstaaten und der Union *geteilten Mittelverwaltung* folgende Ausgaben finanziert:
a) Maßnahmen zur Regulierung oder Stützung der Agrarmärkte,
b) die Direktzahlungen an die Landwirte,
c) die finanzielle Beteiligung der Union an Informations- und Absatzfördermaßnahmen für landwirtschaftliche Erzeugnisse,
d) den finanziellen Beitrag der Union zum Schulobst- und –gemüseprogramm und zu Maßnahmen betreffend Tierseuchen und den Vertrauensverlust der Verbraucher.

In *zentraler Mittelverwaltung* finanziert der EGFL gem. Art. 4 Abs. 2 VO (EU) **27** Nr. 1306/2013 Ausgaben in folgenden Bereichen:
a) Absatzförderung für landwirtschaftliche Erzeugnisse, die direkt von der Kommission oder durch internationale Organisationen durchgeführt werden,
b) Maßnahmen im Bereich genetischer Ressourcen in der Landwirtschaft,
c) Aufbau und Pflege von Informationsnetzen landwirtschaftlicher Buchführungen,
e) Systeme für landwirtschaftliche Erhebungen.

b) Ausgaben des ELER

Aus dem ELER wird in zwischen den Mitgliedsstaaten und der Union *geteilter* **28** *Mittelverwaltung* die Beteiligung der Union an den Entwicklungsprogrammen für den ländlichen Raum finanziert. Einzelheiten zu den Zielen und Grundregeln für die Förderung finden sich in der VO (EU) Nr. 1305/2013 s.u.

4. Direktzahlungen gem. VO (EU) Nr. 1307/2013

Die Reform der Agrarpolitik im Jahre 2003 brachte einen Paradigmenwechsel **29** bei der Gewährung von Direktzahlungen an die Landwirte. Kernpunkt der Reform war und ist die weitgehende Entkoppelung der Direktzahlungen von der Produktion. Hinzu kamen mit der Verknüpfung der Direktzahlungen mit der Einhaltung bestimmter Regelungen in den Bereichen Gesundheit von Mensch, Tier und Pflanzen, Umwelt und Tierschutz sowie der Erhaltung der landwirtschaftlichen Flächen in einem guten landwirtschaftlichen und ökologischen Zustand (Cross Compliance) und der Verwendung eines Teils der einbehaltenen Direktzahlungsmittel für die Entwicklung des ländlichen Raumes (obligatorische Modulation) weitere Kernelemente, die bis heute weitergeführt wurden.

---

[31] S. Art. 51 ff. VO (EG) Nr. 1306/2013.

30   Seit damals können Betriebsinhaber die Betriebsprämienregelung, d.h. die ent-
koppelten Direktzahlungen, in Anspruch nehmen, soweit sie Zahlungsansprüche[32]
besitzen, die sie gemäß der damaligen VO (EG) Nr. 1782/2003[33] oder u.a. durch
Übertragung aus der nationalen Reserve erhalten haben.

31   Die GAP-Reform 2013 wendet sich nun von dieser Konzeption zum Teil ab.
Aufgrund der beobachtbaren großen Rechtszersplitterung bei deren Umsetzung
in den einzelnen Mitgliedstaaten, da optional zwischen verschiedenen Betriebsprä-
mienmodellen gewählt werden konnte, und der Kritik, dass Direktzahlungen nach
dem historischen Modell auch noch Jahre nach der Einführung auf in der Vergangenheit erbrachten Leistungen abgestützt werden, wird nunmehr die Zuweisung
der sog. Basisprämie auf Grundlage historischer Referenzwerte aufgegeben. Damit soll eine klare Konvergenz der Zahlungen sowohl zwischen den Mitgliedstaaten als auch innerhalb derselben erzielt werden.[34] Neu dazu kommt eine Ökolo-
gisierungsprämie (Greening), in deren Rahmen jeder landwirtschaftlicher Betrieb
pro für die Basisprämie angemeldeten Hektar eine Zahlung für die Einhaltung bestimmter dem Klima- und Umweltschutz förderlicher Bewirtschaftungsmethoden
erhält. Mit Anbaudiversifizierung (Fruchtfolge), Erhaltung von Dauergrünland und
Ausweisung einer Flächennutzung im Umweltinteresse werden dafür drei grundlegende Praktiken vorgegeben.[35]

32   Die wichtigsten nationalen Vorschriften in diesem Bereich sind
– Betriebsprämiendurchführungsgesetz (BetrPrämDurchfG),[36]
– Betriebsprämiendurchführungsverordnung (BetrPrämDurchfV),[37]
– Direktzahlungen-Durchführungsgesetz (DirektZahlDurchfG),[38]
– Direktzahlungen-Durchführungsverordnung (DirektZahlDurchfV),[39]
– Agrarzahlungen-Verpflichtungengesetz (AgrarZahlVerpflG),[40]
– Agrarzahlungen-Verpflichtungenverordnung (AgrarZahlVerpflV),[41]
– InVeKoS-Verordnung (InVeKoSV)[42]
– InVeKoS-Daten-Gesetz (InVeKoSDG).[43]

---

[32] Zur Rechtsnatur der Zahlungsansprüche s. *Grimm*, GAP-Reform 2003 – Rechtsnatur und
Rechtsschutz der Zahlungsansprüche nach deutschem Recht, in: Agrarrecht im Lichte des öffentlichen Rechts, Festschrift für Gottfried Holzer, 2007, S. 237 ff.

[33] Verordnung (EG) Nr. 1782/2003 des Rates vom 29.9.2003 mit gemeinsamen Regeln für
Direktzahlungen im Rahmen der Gemeinsamen Agrarpolitik und mit bestimmten Stützungsre-
gelungen für Inhaber landwirtschaftlicher Betriebe und zur Änderung der Verordnungen (EWG)
Nr. 2019/93, (EG) Nr. 1452/2001, (EG) Nr. 1453/2001, (EG) Nr. 1454/2001, (EG) Nr. 1868/94,
(EG) Nr. 1251/1999, (EG) Nr. 1254/1999, (EG) Nr. 1673/2000, (EWG) Nr. 2358/71 und (EG)
Nr. 2529/2001, ABl. L 270 vom 21.10.2003, S. 1–69. Einzelheiten zur Ermittlung und zur Zutei-
lung der Zahlungsansprüche s. BMVEL (Hrsg.) Meilensteine der Agrarpolitik – Umsetzung der
europäischen Agrarreform in Deutschland, Ausgabe 2005, S. 18 ff.

[34] Vgl. Art. 21 ff. Verordnung (EU) Nr. 1307/2013.

[35] Vgl. Art. 43 ff. Verordnung (EU) Nr. 1307/2013.

[36] Neugefasst durch Bek. V v. 26.11.2010, BGBl. I S. 1720.

[37] Neugefasst durch Bek. v. 26.10.2006, BGBl. I S. 2376.

[38] V. 9.7.2014, BGBl. I S. 897.

[39] V. 3.11.2014, BGBl. I S. 1690.

[40] V. 2.12.2014, BGBl. I S. 1928.

[41] V. 17.12.2014, BAnz. AT 23.12.2014 V1.

[42] V. 3.12.2004, BGBl. I S. 3194.

[43] V. 21.7.2004, BGBl. I S. 1763, 1769.

5. Marktordnungsrecht[44] (sog. 1. Säule der Gemeinsamen Agrarpolitik)

a) Wesen der Marktordnungen

Eine Marktordnung ist nach der Definition des Europäischen Gerichtshofs eine **33** „Gesamtheit von rechtlichen Einrichtungen und Vorschriften, mit deren Hilfe die zuständigen Behörden versuchen, den Markt zu kontrollieren und zu lenken."[45] Marktordnungen gehen über bloße Einzelinterventionen hinaus und schaffen einen Ordnungsrahmen, der verhindern soll, dass sich auf partiellen Märkten Ergebnisse einstellen, die wirtschafts- und gesellschaftspolitisch unerwünscht sind.

Bei der Entwicklung des Regelungskonzepts dieser dirigistischen Vorgehens- **34** weise stand trotz Einfügung der Landwirtschaft in den Binnenmarkt nicht die Durchsetzung „einer dem freien Wettbewerb verpflichteten offenen Marktwirtschaft" im Vordergrund.[46] Dieser Widerspruch wurde bei Gründung der Europäischen Gemeinschaft im Hinblick auf die vorrangige Versorgungssicherheit bewusst in Kauf genommen. Angesichts anhaltender Überschussproduktion und der damit verbundenen Kosten stellte sich allerdings in der Folge die Frage, ob dieser Systemwiderspruch noch zu rechtfertigen ist. Als Reaktion folgte eine schrittweise Neuorientierung der GAP seit 1992, insbesondere unter Berücksichtigung des Umwelt- und Gesundheitsschutzes.

Im Jahre 2001 existierten auf EU-Ebene 21 Gemeinsame Marktordnungen **35** (GMO) für landwirtschaftliche Erzeugnisse und eine GMO für Fischereierzeugnisse. Durch die damalige VO (EG) Nr. 1234/2007[47] wurden diese 21 GMO zu einer einheitlichen GMO zusammengefasst, u.a. um „das Regelungsumfeld der GAP zu vereinfachen" (Erwägungsgrund 5). Dieses Ziel wurde zumindest materiell nicht erreicht. Dies zeigt sich schon bei der Lektüre der 111 Erwägungsgründe, in denen das Unbehagen des Rates an der eigenen Rechtssetzung greifbar wird.

b) Lenkungsmittel der Gemeinsamen Marktorganisationen gem. VO (EU) Nr. 1308/2013

Auch nach der Zusammenfassung der sektorspezifischen Marktordnungen zu **36** einer einzigen horizontalen Marktorganisation sind die Lenkungsmittel im Wesentlichen die gleichen geblieben.

Im *Binnenmarkt* (Teil II der VO) sind zu nennen: **37**
– Öffentliche Intervention und Beihilfe für private Lagerhaltung, s. Art. 8–21
– Beihilferegelungen, s. Art. 22–60
– Genehmigungssystem für Rebpflanzungen, s. Art. 61–72

---

[44] Marktordnungsrecht ist materiell-rechtlich europäisches Recht. Die nationalen Normen wie etwa das Marktorganisationsgesetz (MOG) tragen im Wesentlichen nur Durchführungscharakter. Grundlegend zum Marktordnungsrecht s. *Zauner*, Marktordnungsrecht, in: *Norer*, S. 61–171 ff. und *Leidwein*, S. 119–264. Zur Terminologie: Bezogen auf einheitliche, sektorspezifische Regelungen wird auch der Begriff „Marktorganisationen" verwendet.

[45] EuGH Rs. 90 und 91/63, Slg. 1964, 1331.

[46] Während diese „besonders geartete Teilrechtsordnung" in der Aufbauphase der EG noch als Beweis für die Möglichkeit transnationalen Regierens galt, so entwickelte sie sich in der Folgezeit immer stärker zu einem Synonym für übertriebenen und kostspieligen Zentralismus; so *Bieber/Epiney/Haag* § 23 Rn. 1 f. Vgl. auch *Nagel*, der von „planwirtschaftlichen Gesichtspunkten" spricht, die auf Druck Frankreichs in den EWG-Vertrag Eingang fanden, S. 177.

[47] Verordnung (EG) Nr. 1234/2007 des Rates vom 22.10.2007 über eine gemeinsame Organisation der Agrarmärkte und mit Sondervorschriften für bestimmte landwirtschaftliche Erzeugnisse (Verordnung über die einheitliche GMO), ABl. L 299 vom 16.11.2007, S. 1–149; heute Verordnung (EU) Nr. 1308/2013.

- Erlass von Vermarktungsvorschriften, s. Art. 73–121
- Sonderbestimmungen für einzelne Sektoren (Zucker, Wein, Milch und Milcherzeugnisse), s. Art. 124–151
- Vorschriften über Erzeugerorganisationen und deren Vereinigungen sowie Branchenverbände, s. Art. 152–175.

38   Für den *Handel mit Drittländern* (Teil III der VO) stehen folgende Lenkungsinstrumente zur Verfügung:
- Einfuhr- und Ausfuhrlizenzen, s. Art. 176–179
- Einfuhrzölle, s. Art. 180–183
- Verwaltung von Zollkontingenten und besondere Behandlung von Drittlandseinfuhren, s. Art. 184–188
- Besondere Einfuhrbestimmungen für bestimmte Erzeugnisse, s. Art. 189–193
- Schutzmaßnahmen und aktiver Veredelungsverkehr, s. Art. 194–195
- Ausfuhrerstattungen, s. Art. 196–204
- Passive Veredelung, s. Art. 205.

c) Erklärung der Begriffe Preisfestsetzung, Intervention, Beihilfen und Abschöpfungen

39   *Preisfestsetzung*: Festgesetzt wird insbesondere der *Richtpreis* und zwar früher in der Regel jährlich durch den Rat, heute wird er in der Regel in den Verordnungstexten selbst normiert. Unter Richtpreis[48] versteht man jenen Preis, der innerhalb einer Marktorganisation für das jeweilige Produkt angestrebt wird. Der dann tatsächlich erzielte Preis kann sowohl über als auch unter dem Richtpreis liegen. Der *Interventionspreis*[49] fixiert das Preisniveau, bei dessen Unterschreiten die Marktorganisation zu Gunsten des Erzeugers interveniert. Er liegt damit immer unter dem Richtpreis.

40   *Intervention*: Man unterscheidet hier die obligatorische und die fakultative Intervention. Im ersteren Falle besteht für bestimmte Produkte eine Aufkaufspflicht durch staatliche Interventionsstellen. Der Interventionspreis wird dadurch für den Erzeuger zu einem Mindestpreis, mit dem er fest kalkulieren kann, wenn er auf dem Markt seine Produkte nicht zu höheren Preisen unterbringt. Im zweiten Falle bestimmt die Kommission, wann die Interventionskäufe durchgeführt werden. Die Voraussetzungen dafür finden sich in den einzelnen Marktordnungen. Die aufgekauften Erzeugnisse werden eingelagert und später wieder verkauft, z.B. exportiert oder denaturiert.

41   Die Abnahmegarantie zu festgesetzten Interventionspreisen hat in der Vergangenheit oft zu Überproduktion und hohen Lagerkosten bei einzelnen Erzeugnissen geführt. Die EU hat daher immer wieder mehr oder minder erfolgreich versucht, dem entgegenzusteuern. Sie hat im Laufe der Zeit unterschiedliche Maßnahmen ergriffen, wie die Einführung von Produktionsquoten (bei Milch), die Erhebung von Mitverantwortungsabgaben (bei Getreide) oder die Einführung von Höchstgarantiemengen, bei deren Überschreiten der Interventionspreis gekürzt wird (z.B. bei Schaf- und Ziegenfleisch und bei Getreide). Dazu sind flankierende Maßnahmen wie Flächenstilllegung, Extensivierung, Produktionsumstellung, Vorruhestandsregelung etc. getreten. Senkungen des Interventionspreises

---

[48] Auch Zielpreis, Grundpreis, Orientierungspreis, Marktrichtpreis genannt.
[49] Auch Ankaufspreis, Grundinterventionspreis, Kaufpreis, Auslösungspreis genannt.

haben zwangsläufig Einkommensverluste zur Folge, die zum Teil durch Direktzahlungen ausgeglichen werden.[50]

Die Interventionsinstrumente sind mit den letzten GAP-Reformen systematisch **42** auf ein Sicherheitsnetz („safety net") reduziert worden.[51]

Beihilfen: Im System der Marktorganisation dienen Beihilfen in erster Linie der **43** Marktentlastung. Sie werden beispielsweise für private Lagerhaltung gewährt. Die wichtigste Art der Beihilfe ist die *Erstattung*. Bei ihr handelt es sich um eine Ausfuhrsubvention. Die EU-Agrarmarktpreise liegen in der Regel über den Weltmarktpreisen, sodass Exporte in Drittländer ohne staatliche Beihilfen nur begrenzt möglich wären. Durch die Beihilfen in Form der Erstattung werden die EU-Marktpreise verringert und dem Weltmarktpreisniveau angeglichen. Die Höhe der Erstattung errechnet sich üblicherweise aus der Differenz zwischen EU-Marktpreis und Weltmarktpreis.

Zölle und Abschöpfungen: Bei der Einfuhr landwirtschaftlicher Produkte aus Dritt- **44** ländern sind *Zölle* nach den Sätzen des allgemeinen Zolltarifs zu entrichten. Ein weiteres Regulierungsinstrument bilden die *Abschöpfungen*. Da die Weltmarktpreise für Agrarprodukte meist unter den Binnenmarktpreisen liegen, werden Abschöpfungen in der Regel als Einfuhrabschöpfungen erhoben. Von den Zöllen unterscheiden sie sich durch ihre unmittelbare Anknüpfung an den angestrebten Binnenmarktpreis.[52] Liegt der Weltmarktpreis über dem EU-Preis, so kommen Ausfuhrabschöpfungen in Betracht, um einen nicht erwünschten Abfluss von Agrarprodukten zu verhindern und die Binnenmarktversorgung zu sichern.

d) Marktordnungsstelle

Die Durchführung der europäischen Marktordnungsregelungen obliegt den ein- **45** zelnen Mitgliedstaaten. Zuständig ist in Deutschland als Marktordnungsstelle gem. § 3 Abs. 1 MOG die Bundesanstalt für Landwirtschaft und Ernährung (BLEG) (früher: Bundesanstalt für landwirtschaftliche Marktordnung BALM).

e) WTO, GATT

Die World Trade Organisation (WTO) ist die Nachfolgeorganisation des Ge- **46** neral Agreement on Tariffs and Trade (GATT = Allgemeines Zoll- und Handelsabkommen)[53]. Durch das WTO-Agrarübereinkommen im Rahmen der Uruguay-Runde (1986–1994) wurde die Landwirtschaft erstmals umfassend in dieses multilaterale Handelssystem einbezogen. Dort verpflichtete sich die damalige EG zu einer Liberalisierung des Agraraußenhandels, insbesondere zu einer Verbesserung des Marktzugangs für Drittstaaten, zu einer Verringerung der Ausgaben für Exportsubventionen um 36% und der subventionierten Exportmengen um 21% für 20 Produktgruppen und zum Abbau interner Stützungsmaßnahmen.

Als Doha-Runde wird die derzeit laufende Verhandlungsrunde der WTO be- **47** zeichnet, die im Jahre 2001 in Doha (Katar) eröffnet wurde. Erklärtes Verhandlungsziel ist wiederum die bessere Einbindung der Entwicklungs- und Schwellenländer in den Welthandel durch Berücksichtigung ihrer speziellen Bedürfnisse.

---

[50] S. *Schweitzer/Hummer*, Rn. 1351 ff. und 1374 f.

[51] Aktuell sind solche Maßnahmen noch in den Sektoren Getreide, Reis, Rindfleisch, Butter und Magermilchpulver für Erzeugnisse mit Unionsursprung vorgesehen.

[52] S. *Rohr*, Art. Abschöpfungen, in: HAR I, Sp. 13 ff. Zur „festen Abschöpfung", die aber unter bestimmten Voraussetzungen ebenfalls zur variablen Abschöpfung wird, s. *Wöhlken*, S. 166.

[53] Geschichtliche Entwicklung, Rechtsgrundlagen, Struktur und Ziele s. *Leidwein*, S. 466 ff.

Nachdem lange Zeit keine wesentlichen Fortschritte zu verzeichnen waren, endete die 9. Ministerkonferenz in Bali im Dezember 2013 mit der Verabschiedung des sog. Bali-Paktes, das als wichtige Etappe für die Fortsetzung der Doha-Verhandlungen gewertet wird. Das Ausmaß des Abbaus von Stützungsmaßnahmen und Grenzschutz auf Basis des Art. 20 WTO-Landwirtschaftsübereinkommen[54] als auch die Beratungen zu den nicht handelsbezogenen Anliegen („non-trade-concerns") sollen fortgeführt werden.

6. Recht der Förderung der ländlichen Entwicklung (sog. 2. Säule der Gemeinsamen Agrarpolitik)

a) Der ländliche Raum

48   Ein ländlicher Raum als einheitliche Raumkategorie existiert an sich nicht. Zu differenziert sind die einzelnen ländlichen Regionen z.B. hinsichtlich ihrer Wirtschaftskraft und ihrer Entwicklungsmöglichkeit ausgeprägt, als dass sie unter einem einheitlichen Begriff zufriedenstellend erfasst würden.[55] Eine entsprechende Differenzierung soll hier allerdings nicht weiter verfolgt werden. Wenn in der GAP von ländlichem Raum die Rede ist, so liegt diesem Begriff die Typisierung der OECD zu Grunde, die dem Hauptindikator Bevölkerungsdichte folgend drei Raumtypen unterscheidet: überwiegend städtisch (urban), überwiegend ländlich (rural) und intermediär (semirural). Eine Region wird als überwiegend ländlich eingestuft, wenn über 50% ihrer Einwohner in ländlichen Gemeinden leben, als überwiegend städtisch, wenn dies für weniger als 15% zutrifft, und als intermediär, wenn zwischen 15% und 50% der Bevölkerung in ländlichen Gemeinden leben.

49   Dieser OECD-Definition entsprechend zählen 93% des Hoheitsgebietes der EU 27 zum ländlichen Raum. Etwa 58% der Bevölkerung leben in diesen Regionen. Hier werden 45% der Wertschöpfung erwirtschaftet, der Anteil der Arbeitsplätze liegt bei etwa 53%.[56]

b) Verordnung (EU) Nr. 1305/2013

50   Als rechtliche Grundlage führt auch die aktuelle Verordnung ländliche Entwicklung die Politik der Zweite Säule der GAP in den Jahren 2014 bis 2020 fort. Ihre Ziele sind in Anlehnung an die Kommissionsmitteilung „Europa 2020 – Eine Strategie für intelligentes, nachhaltiges und integratives Wachstum"[57] in Art. 4 folgendermaßen formuliert:
a) Förderung der Wettbewerbsfähigkeit der Landwirtschaft,
b) Gewährleistung der nachhaltigen Bewirtschaftung der natürlichen Ressourcen und Klimaschutz,
c) Erreichung einer ausgewogenen räumlichen Entwicklung der ländlichen Wirtschaft und der ländlichen Gemeinschaften, einschließlich der Schaffung und des Erhalts von Arbeitsplätzen.

---

[54] Agreement on Agriculture (AoA).

[55] Vgl. *Grimm*, Auswirkungen des Strukturwandels in den ländlichen Räumen auf das Agrarrecht, AgrarR 2002, S. 69 ff. *Norer*, Lebendiges Agrarrecht, Wien 2005, S. 561 ff. mit ausführlichen Hinweisen zum Schrifttum.

[56] S. *Krajasits*, Zur Typisierung von ländlichen Räumen im deutschsprachigen Raum – Konsequenzen für einen differenzierten Umgang mit der sozio-demografischen Entwicklung, www.oesfo.at/static/mediendatenbank/root01/2008/.../krajasits.pdf (25.8.2009).

[57] Vgl. Erwägungsgrund 2 VO ländliche Entwicklung.

Diese Ziele sollen gem. Art. 5 Verordnung ländliche Entwicklung über sechs de- **51** finierte Prioritäten erreicht werden, denen dann im Titel III ein Maßnahmenkatalog von über 20 verschiedenen Maßnahmen entspricht. Jede dieser Maßnahmen muss zur Verwirklichung einer oder mehrerer Prioritäten beitragen.[58]

Priorität 1: Förderung von Wissenstransfer und Innovation. **52**

Priorität 2: Verbesserung von Lebens- und Wettbewerbsfähigkeit landwirtschaft- **53** licher Betriebe und Förderung innovativer landwirtschaftlicher Techniken und nachhaltiger Waldbewirtschaftung.

Priorität 3: Förderung einer Organisation der Nahrungsmittelkette, einschließlich **54** der Verarbeitung und Vermarktung von Agrarerzeugnissen, des Tierschutzes und des Risikomanagements.

Priorität 4: Wiederherstellung, Erhaltung und Verbesserung der mit der Land- **55** und Forstwirtschaft verbundenen Ökosysteme

Priorität 5: Förderung der Ressourceneffizienz und Unterstützung des Agrar-, **56** Nahrungsmittel- und Forstsektors beim Übergang zu einer kohlenstoffarmen und klimaresistenten Wirtschaft.

Priorität 6: Förderung der sozialen Inklusion, der Armutsbekämpfung und der **57** wirtschaftlichen Entwicklung in ländlichen Gebieten.

Die darauf aufbauenden Maßnahmen umfassen Wissenstransfer und Informa- **58** tionsmaßnahmen (Art. 14); Beratungs-, Betriebsführungs- und Vertretungsdienste (Art. 15); Qualitätsregelungen für Agrarerzeugnisse und Lebensmittel (Art. 16); Investitionen in materielle Vermögenswerte (Art. 17); Wiederaufbau von durch Naturkatastrophen und Katastrophenereignissen geschädigtem landwirtschaftlichem Produktionspotenzial sowie Einführung geeigneter vorbeugender Maßnahmen (Art. 18); Entwicklung der landwirtschaftlichen Betriebe und sonstiger Unternehmen (Art. 19); Basisdienstleistungen und Dorferneuerung in ländlichen Gebieten (Art. 20); Investitionen in die Entwicklung von Waldgebieten und Verbesserung der Lebensfähigkeit von Wäldern (Art. 21); Aufforstung und Anlage von Wäldern (Art. 22); Einrichtung von Agrarforstsystemen (Art. 23); Vorbeugung von Schäden und Wiederherstellung des ursprünglichen Zustands von Wäldern nach Waldbränden, Naturkatastrophen und Katastrophenereignissen (Art. 24); Investitionen zur Stärkung der Widerstandsfähigkeit und des ökologischen Werts der Waldökosysteme (Art. 25); Investitionen in Techniken der Forstwirtschaft sowie in die Verarbeitung, Mobilisierung und Vermarktung forstwirtschaftlicher Erzeugnisse (Art. 26); Gründung von Erzeugergemeinschaften und -organisationen (Art. 27); Agrarumwelt- und Klimamaßnahme (Art. 28); Ökologischer/biologischer Landbau (Art. 29); Zahlungen im Rahmen von Natura 2000 und der Wasserrahmenrichtlinie (Art. 30); Zahlungen für aus naturbedingten oder anderen spezifischen Gründen benachteiligte Gebiete (Art. 31 und 32); Tierschutz (Art. 33); Waldumwelt- und -klimadienstleistungen und Erhaltung der Wälder (Art. 34); Zusammenarbeit (Art. 35); Risikomanagement (Art. 36–39, inklusive Ernte-, Tier- und Pflanzenversicherung sowie einem Fonds auf Gegenseitigkeit für widrige Witterungsverhältnisse, Tierseuchen und Pflanzenkrankheiten, Schädlingsbefall und Umweltvorfälle) sowie LEADER (Art. 42–44).

Die Verordnung ländliche Entwicklung sieht für die Programmumsetzung eine **59** spezifische Programmplanung vor (Art. 6–12). Die Mitgliedstaaten oder Regionen konzipieren dabei mehrjährige Programme zur Entwicklung des ländlichen

---

[58] Vgl. Anhang VI VO ländliche Entwicklung.

Raums.[59] Mit diesen wird eine Strategie zur Verwirklichung der Prioritäten der Union über ein Bündel aus oben beschriebenen Maßnahmen umgesetzt. Mit jedem Programm müssen mindestens vier Prioritäten verfolgt werden. Neben der Beschreibung der ausgewählten Maßnahmen und den Regelungen zu deren Umsetzung haben die Programme insbesondere eine Ex-ante-Bewertung, SWOT-Analyse sowie Finanzierungs- und Indikatorplan zu enthalten. In der Folge genehmigt die Kommission jedes der Programme im Wege eines Durchführungsrechtsakts (Art. 13).

60   Mitgliedstaaten mit regionaler Programmplanung können auch eine nationale Rahmenregelung mit gemeinsamen Bestandteilen der Programme zur Genehmigung vorlegen (Art. 6 Abs. 3).[60] Deutschland hat seinem föderalen Aufbau entsprechend diese Möglichkeit gewählt.

IV. Verbesserung der Agrarstruktur auf nationaler Ebene

1. Gesetz über die Gemeinschaftsaufgabe „Verbesserung der Agrarstruktur und des Küstenschutzes" (GAK-Gesetz – GAKG)

a) Zielsetzung

61   Die Verbesserung der Agrarstruktur und des Küstenschutzes ist eine Gemeinschaftsaufgabe von Bund und Ländern auf der Grundlage des Art. 91a GG. Die Gemeinschaftsaufgabe umfasst gem. § 1 GAKG
1. Maßnahmen zur Verbesserung der Produktions- und Arbeitsbedingungen in der Land- und Forstwirtschaft,
2. Maßnahmen zur Neuordnung ländlichen Grundbesitzes und Gestaltung des ländlichen Raumes,
3. Maßnahmen land- und forstwirtschaftlicher Betriebe zur Umnutzung ihrer Bausubstanz,
4. wasserwirtschaftliche und kulturbautechnische Maßnahmen,
5. Maßnahmen zur Verbesserung der Marktstruktur in der Land-, Fisch- und Forstwirtschaft und
6. Maßnahmen zur Erhöhung der Sicherheit an den Küsten der Nord- und Ostsee sowie an den fließenden oberirdischen Gewässern im Tidegebiet gegen Sturmfluten.

62   Aus dieser gesetzlichen Aufgabenbeschreibung ergibt sich der Anwendungsbereich des GAK-Gesetzes. Abgesehen von den Maßnahmen nach Nr. 6 (Küstenschutz) müssen die Maßnahmen zur Verbesserung der Agrarstruktur beitragen. Maßnahmen, die nicht überwiegend der Agrarstrukturverbesserung dienen, sind nicht als Gemeinschaftsaufgabe anzusehen. Sie können daher nur aus Landesmitteln finanziert werden. Dies gilt vor allem für den Vertragsnaturschutz, für Ausgleichszahlungen in Natura 2000- und Wasserrahmenrichtlinien-Gebieten so-

---

[59] Neu besteht auch die Möglichkeit der Erstellung thematischer Teilprogramme, u.a. in den Bereichen Junglandwirte, kleine landwirtschaftliche Betriebe, Berggebiete, kurze Versorgungsketten, Frauen in ländlichen Gebieten oder Eindämmung des Klimawandels.

[60] S. BMELV, Nationale Rahmenregelung der Bundesrepublik Deutschland für die Entwicklung der ländlichen Räume, konsolidierte Fassung, https://www.bmel.de/SharedDocs/Downloads/Landwirtschaft/Foerderung/GAK-Foerderungsgrundsaetze/2013/Anlage3.pdf?__blob=publicationFile (18.12.2014).

wie für Maßnahmen zur Diversifizierung der ländlichen Wirtschaft ohne Einbindung land- und forstwirtschaftlicher Betriebe (z.B. Gründung von gewerblichen Kleinstunternehmen).[61]

Angestrebt wird die Gewährleistung einer leistungsfähigen, auf künftige Anforderungen ausgerichteten Land- und Forstwirtschaft, ihre Wettbewerbsfähigkeit im Binnenmarkt und die Verbesserung des Küstenschutzes. Ziele und Erfordernisse der Raumordnung, Landesplanung sowie des Umweltschutzes und des Tierschutzes sind dabei zu beachten, s. § 2 GAKG. Die finanzielle Förderung kann in der Gewährung von Zuschüssen, Darlehen, Zinszuschüssen und Bürgschaften bestehen, s. § 3 GAKG. **63**

Zur Erfüllung der Gemeinschaftsaufgabe wird von Bund und Ländern ein gemeinsamer Rahmenplan erstellt, der in wesentlichen Bereichen der Genehmigung durch die Europäische Kommission bedarf. Zuständig für die Erstellung des Rahmenplanes ist der Planungsausschuss für Agrarstruktur und Küstenschutz (PLANAK). Ihm gehören der Bundesminister für Ernährung, Landwirtschaft und Verbraucherschutz als Vorsitzender, der Bundesminister für Finanzen und ein Minister (Senator) jedes Bundeslandes an, s. § 6 GAKG.[62] Der Rahmenplan ist gem. § 4 Abs. 2 GAKG für den Zeitraum der Finanzplanung aufzustellen, jedes Jahr sachlich zu prüfen, der Entwicklung anzupassen und fortzuschreiben. **64**

Die Gemeinschaftsaufgabe enthält Fördermaßnahmen für alle Schwerpunkte der Verordnung ländliche Entwicklung und deckt damit einen weiten Bereich des ELER-Förderspektrums ab.[63] **65**

b) Rahmenplan[64]

Der Planungsausschuss für Agrarstruktur und Küstenschutz (PLANAK) hat am 21.8.2014 den Rahmenplan der Gemeinschaftsaufgabe „Verbesserung der Agrarstruktur und des Küstenschutzes" für den Zeitraum 2014 bis 2017 abschließend beschlossen. Dieser enthält in Teil II die Grundsätze für die Förderung folgender Bereiche: **66**

Förderbereich 1: Verbesserung ländlicher Strukturen: **67**
Integrierte ländliche Entwicklung (z.B. Regionalmanagement, Dorferneuerung und -entwicklung, Neuordnung des ländlichen Grundbesitzes, Breitbandversorgung ländlicher Räume)
Wasserwirtschaftliche Maßnahmen (z.B. Hochwasserschutzanlagen, Einrichtungen für Beregnungszwecke, überbetriebliche Bewirtschaftung landwirtschaftlicher Wasserressourcen)

Förderbereich 2: Förderung landwirtschaftlicher Unternehmen: **68**
Einzelbetriebliche Förderung (Agrarinvestitionsförderungsprogramm AFP, Diversifizierung)
Beratung

Förderbereich 3: Verbesserung der Vermarktungsstrukturen: **69**
Verbesserung der Verarbeitungs- und Vermarktungsstrukturen landwirtschaftlicher Erzeugnisse (z.B. Erzeugerzusammenschlüsse, Kooperationen)
Verbesserung der Verarbeitungs- und Vermarktungsstrukturen der Fischwirtschaft

---

[61] S. BMELV, S. 9.
[62] Der Stimmenanteil Bund/Länder beträgt 50:50. Die Geschäftsordnung des Planungsausschusses findet sich in der BT-Drucks. 14/9009 vom 6.5.2002, S. 11 f.
[63] BMELV, S. 8.
[64] S. http://www.bmel.de/DE/Landwirtschaft/Foerderung-Agrarsozialpolitik/GAK/_Texte/ GAK-Rahmenplan2014.html (20.12.2014).

70 Förderbereich 4: Markt- und standortangepasste Landbewirtschaftung:
Zusammenarbeit im ländlichen Raum für eine markt- und standortangepasste Landbewirtschaftung

Ökologischer Landbau und andere besonders nachhaltige gesamtbetriebliche Verfahren (z.B. ökologische Anbauverfahren, emissionsarme und schonende Ausbringung von Stickstoff- und Wirtschaftsdünger)

Besonders nachhaltige Verfahren im Ackerbau oder bei einjährigen Sonderkulturen (z.B. vielfältige Kulturen im Ackerbau, Anbauverfahren auf erosionsgefährdeten Standorten, Bereitstellung von Struktur- und Landschaftselementen)

Besonders nachhaltige Verfahren auf dem Dauergrünland

Besonders nachhaltige Verfahren bei Dauerkulturen (biologische und biotechnische Maßnahmen des Pflanzenschutzes, extensive Obstbestände)

Besonders nachhaltige und tiergerechte Haltungsverfahren (z.B. Sommerweidehaltung, Haltung in Gruppen)

Erhaltung der Vielfalt der genetischen Ressourcen in der Landwirtschaft

71 Förderbereich 5: Forsten
Naturnahe Waldbewirtschaftung
Forstwirtschaftliche Infrastruktur (z.B. forstwirtschaftlicher Wegebau)
Forstwirtschaftliche Zusammenschlüsse
Erstaufforstung

72 Förderbereich 6: Gesundheit und Robustheit landwirtschaftlicher Nutztiere

73 Förderbereich 7: Küstenschutz
Verbesserung des Küsten- und Hochwasserschutzes

74 Förderbereich 8: Benachteiligte Gebiete
Innerhalb der einzelnen Förderbereiche werden detaillierte Regelungen getroffen über den Zuwendungszweck, die Gegenstände der Förderung, die Zuwendungsempfänger, die Zuwendungsvoraussetzungen, sowie über Art, Umfang und Höhe der jeweiligen Förderungen.

75 Für die Durchführung der Förderungen sind ausschließlich die Länder zuständig. Sie erlassen hierfür Durchführungsbestimmungen in Form von Landesrichtlinien.

2. Marktstruktur, Absatzförderung

76 Nach dem Gesetz zur Weiterentwicklung der Marktstruktur im Agrarbereich (Agrarmarktstrukturgesetz)[65] können Erzeugerorganisationen und ihre Vereinigungen von den nach Landesrecht zuständigen Behörden anerkannt werden. Die Agrarmarktstrukturverordnung legt die näheren Details fest (§ 4).[66] Für anerkannte Erzeugerorganisationen und ihre Vereinigungen gilt § 1 des Gesetzes gegen Wettbewerbsbeschränkungen nicht, was eine grundsätzliche Freistellung vom Kartellverbot bedeutet (§ 5). Überdies sind sie zum Zweck der Information der Öffentlichkeit in ein Agrarorganisationenregister einzutragen (§ 6).

77 Der Absatz land-, forst- und ernährungswirtschaftlicher Erzeugnisse wurde außerdem früher über das Absatzfondsgesetz gefördert. Der Absatzfonds war eine

---

[65] Früheres Gesetz zur Anpassung der landwirtschaftlichen Erzeugung an die Erfordernisse des Marktes (Marktstrukturgesetz), Neugefasst durch Bek. V. 26.9.1990, BGBl. I S. 2134.
[66] Verordnung zur Weiterentwicklung der Marktstruktur im Agrarbereich (Agrarmarktstrukturverordnung – AgrarMSV) v. 15.11.2013, BGBl. I S. 3998.

Anstalt des öffentlichen Rechts mit Sitz in Bonn.[67] Er bediente sich vor allem der Centralen Marketinggesellschaft der deutschen Agrarwirtschaft (CMA) und der Zentralen Markt- und Preisberichtsstelle für Erzeugnisse der Land- und Ernährungswirtschaft GmbH (ZMP), um absatzfördernde Maßnahmen durchzuführen. Mit Urteil vom 3.2.2009[68] erklärte das Bundesverfassungsgericht das Absatzfondsgesetz für verfassungswidrig. Demnach könne der deutschen Land- und Ernährungswirtschaft nicht über eine Sonderabgabe die Finanzierung der staatlichen Absatzförderung aufgebürdet werden. Während in Reaktion auf das Urteil die Abschaffung[69] der zentralen Werbung (nach dem „Gießkannenprinzip") überwiegend begrüßt wurde, verfestigte sich die Absicht, an Stelle der ZMP auch künftig im Interesse aller Marktbeteiligten eine neutrale und objektive Preisberichterstattung auf privatrechtlicher Grundlage zu sichern. So wurde zu diesem Zweck die Agrarmarkt Informations-GmbH (AMI) durch Verbände und Verlage der Agrar- und Ernährungswirtschaft gegründet.[70]

3. Flurbereinigung

a) Aufgabe und Zweck

Es ist die Aufgabe der Flurbereinigung, ländlichen Grundbesitz durch Maßnah-   **78** men nach dem Flurbereinigungsgesetz neu zu ordnen. Dabei wird bezweckt:
– die Produktions- und Arbeitsbedingungen in der Landwirtschaft zu verbessern,
– die allgemeine Landeskultur und
– die Landentwicklung[71] zu fördern (s. § 1 FlurbG).

Diese drei Zweckrichtungen stehen an sich selbständig nebeneinander, jeder der   **79** drei Zwecke kann für sich allein die Einleitung eines Flurbereinigungsverfahrens rechtfertigen,[72] es muss jedoch stets ein privatnütziger Zweck verfolgt werden (vgl. § 4 FlurbG).[73]

b) Neugestaltungsauftrag, Handlungsrahmen, öffentliche Interessen

In engem Zusammenhang mit § 1 ist § 37 FlurbG zu sehen, der den Handlungs-   **80** rahmen für die Flurbereinigungsmaßnahmen absteckt. Danach ist das Flurbereinigungsgebiet unter Beachtung der jeweiligen Landschaftsstruktur neu zu gestalten. Dabei sind die Interessen der Beteiligten, der allgemeinen Landeskultur und der Landesentwicklung gegeneinander abzuwägen und das Wohl der Allgemeinheit[74] zu berücksichtigen.

---

67   Einzelheiten s. bei *v. Arnswaldt,* Art. Absatzfond, in: HAR I, Sp. 12.
68   2 BVL 54/06.
69   Vgl. Gesetz zur Auflösung und Abwicklung der Anstalt Absatzförderungsfonds der deutschen Land- und Ernährungswirtschaft (AbsFondsLwAuflG) v. 25.5.2011, BGBl. I S. 950.
70   Vgl. BMELV, Absichtserklärung zur künftigen Markt- und Preisberichterstattung, http://www.bmelv.de/cln_154/SharedDocs/Pressemitteilungen/2009/053-LI-Absichtserklaerung-Markt-berichterstattung.html, Pressemitteilung v. 26.3.2009 (18.12.2014).
71   Seit der Novelle zum FlurbG 1976. Einzelheiten bei *Seehusen/Schwede,* § 1 Rn. 4 ff.
72   Nach *Quadflieg* ist das Verhältnis dieser Zwecke nebeneinander so zu sehen, dass die Verbesserung der Produktions- und Arbeitsbedingungen für die Land- und Forstwirtschaft in der Förderung der Landeskultur und diese in der Landentwicklung begrifflich aufgeht, s. HAR I, Sp. 632.
73   Vgl. *Seehusen/Schwede,* § 1 Rn. 2 m. w. N.
74   Einschließlich der Ernährungssicherung, vgl. *Seehusen/Schwede,* § 37 Rn. 6 m. w. N.

81   Im Einzelnen werden in § 37 Abs. 1 Satz 2 FlurbG folgende Maßnahmen der Flurbereinigung genannt:[75]

–   Neueinteilung der Feldmark[76] durch Zusammenlegung zersplitterten oder unwirtschaftlich geformten Grundbesitzes nach neuzeitlichen betriebswirtschaftlichen Gesichtspunkten und zweckmäßige Gestaltung (nach Lage, Form und Größe),

–   Schaffung von Wegen, Straßen, Gewässern und anderen gemeinschaftlichen Anlagen,[77]

–   Vornahme bodenschützender und bodenverbessernder und landschaftsgestaltender Maßnahmen,

–   Vornahme „sonstiger Maßnahmen", durch welche die Grundlagen der Wirtschaftsbetriebe verbessert, der Arbeitsaufwand vermindert und die Bewirtschaftung erleichtert werden,

–   Durchführung von Maßnahmen der Dorferneuerung (Kann-Bestimmung),[78]

–   Ordnung der rechtlichen Verhältnisse.

82   Bei Durchführung dieser Maßnahmen hat die Flurbereinigungsbehörde die öffentlichen Interessen zu wahren. § 37 Abs. 2 FlurbG nennt die wichtigsten Bereiche:

–   Raumordnung, Landesplanung, geordnete städtebauliche Entwicklung,

–   landwirtschaftliche Siedlung, Kleinsiedlung, Kleingartenwesen,

–   Umweltschutz, Naturschutz, Landschaftspflege, Denkmalschutz, Erholung, Gestaltung des Orts- und Landschaftsbildes,

–   Wasserwirtschaft einschl. Wasserversorgung und Abwasserbeseitigung

–   Fischerei, Jagdwesen,

–   Energieversorgung, öffentlicher Verkehr, mögliche bergbauliche Nutzung, Erhaltung und Sicherung mineralischer Rohstoffvorkommen.

c) Flurbereinigungsbehörden

83   Die Durchführung der Flurbereinigung ist von den Ländern in einem behördlich geleiteten Verfahren als eine besonders vordringliche Maßnahmen zu betreiben. Behördenorganisation und Kompetenzverteilung ist im Rahmen des § 2 FlurbG Ländersache.

84   Bayern folgt dabei dem üblichen dreistufigen Verwaltungsaufbau:

85   Oberste Flurbereinigungsbehörde ist das Bayerische Staatsministerium für Ernährung, Landwirtschaft und Forsten (StMELF). Ihm obliegt die Leitung der Verwaltung für Ländliche Entwicklung. Dem BayStMELF unmittelbar nachgeordnet (Mittelstufe) sind die Ämter für Ländliche Entwicklung. Ihnen sind sämtliche Aufgaben und Befugnisse übertragen, die nach dem FlurbG der Flurbereinigungsbehörde zustehen, soweit sie nicht der unteren Stufe, nämlich der Teilnehmergemeinschaft übertragen sind (s. Art. 1 BayAGFlurbG).[79]

---

[75] Es handelt sich dabei um die wichtigsten Maßnahmen. Die Aufzählung ist nicht erschöpfend.
[76] Das sind die Flächen außerhalb der Ortslage.
[77] Soweit es der Zweck der Flurbereinigung erfordert, s. § 39 FlurbG.
[78] S. dazu im Einzelnen und zum Verhältnis Flurbereinigung-Bebauungsplanung *Seehusen/Schwede*, § 37 Rn. 26 f.
[79] I.d.F. der Bek. v. 8.2.1994 (GVBl. S. 127).

d) Teilnehmergemeinschaft

Die Teilnehmergemeinschaft wird von den Beteiligten (§ 10 Nr. 1 FlurbG)[80] **86** gebildet. Das sind die Eigentümer der zum Flurbereinigungsgebiet gehörenden Grundstücke sowie die den Eigentümern gleichstehenden Erbbauberechtigten (s. § 16 FlurbG). Die Teilnehmergemeinschaft ist eine Körperschaft des öffentlichen Rechts. Sie entsteht kraft Gesetzes mit dem Flurbereinigungsbeschluss (s. § 16 Satz 2 FlurbG).

Die Teilnehmergemeinschaft nimmt gem. § 18 FlurbG die gemeinschaftlichen **87** Angelegenheiten der Teilnehmer wahr. Sie hat insbesondere die gemeinschaftlichen Anlagen (wie Wege, Straßen, Gewässer u.a., s. § 39 FlurbG) herzustellen, bis zur Übergabe an die Unterhaltspflichtigen zu unterhalten. (s. § 42 FlurbG) und die erforderlichen Bodenverbesserungen auszuführen. Sie hat ferner die im Verfahren festgesetzten Zahlungen zu leisten und zu fordern. Sie kann ihre Angelegenheiten, insbesondere die Befugnisse der Versammlung der Teilnehmer und das Verfahren bei Wahlen durch Satzung regeln.[81] Die Teilnehmergemeinschaft kann die Teilnehmer zu den Ausführungskosten (§ 105 FlurbG) heranziehen und dabei Geld oder Sachbeiträge einfordern. Maßstab der Beitragspflicht ist grundsätzlich der „in Wertverhältniszahlen ausgedrückte Wert der neuen Grundstücke".[82]

Nebenbeteiligte können nur in wenigen, vom Gesetz ausdrücklich genannten **88** Fällen zu den Ausführungskosten herangezogen werden. Das hindert jedoch beispielsweise Verpächter nicht, durch Vertrag die Belastungen an die Pächter weiterzugeben.[83]

Die Teilnehmergemeinschaft handelt nach außen und im Verhältnis zu den einzelnen Teilnehmern durch den Vorstand, der aus mehreren Mitgliedern bestehen **89** muss (s. §§ 21, 26 Abs. 2 FlurbG). Die Zahl der Vorstandsmitglieder die von der Flurbereinigungsbehörde per Verwaltungsakt festgelegt wird, hängt von den örtlichen Verhältnissen, insbesondere der Größe der Flurbereinigungsgebietes, der Anzahl der Teilnehmer und anderen Faktoren ab. Die Vorstandsmitglieder werden in einem öffentlich bekannt gemachten Wahltermin von den Teilnehmern oder Bevollmächtigten gewählt.[84] In Bayern ist gem. § 21 Abs. 7 FlurbG, Art. 4 AGFlurbG der Vorsitzende des Vorstandes ein technisch vorgebildeter Beamter des höheren oder des gehobenen Dienstes für Ländliche Entwicklung, den das Amt für ländliche Entwicklung bestimmt.

Mehrere Teilnehmergemeinschaften können sich zu einem Verband, mehrere **90** Verbände zu einem Gesamtverband zusammenschließen (s. §§ 26aff. FlurbG).

e) Flurbereinigungsverfahren

Die obere Flurbereinigungsbehörde kann die Flurbereinigung durch einen zu **91** begründenden *Flurbereinigungsbeschluss* anordnen und das Flurbereinigungsgebiet feststellen, wenn sie eine Flurbereinigung für erforderlich und das Interesse der Beteiligten für gegeben hält (s. § 4 FlurbG). Der Beschluss erfolgt nach pflichtmäßi-

---

[80] Zu den „Nebenbeteiligten", die im Flurbereinigungsverfahren eine wichtige Rolle spielen, aber nicht zur Teilnehmergemeinschaft gehören, s. § 10 Nr. 2 FlurbG.

[81] Einzelheiten s. § 18 Abs. 3.

[82] *Seehusen/Schwede,* § 19 Rn. 4. Die Heranziehung der Teilnehmer ist hier insofern vorläufig, als bei den meisten kostenverursachenden Maßnahmen die endgültige Grundstückssituation noch nicht abschließend geregelt ist.

[83] S. dazu *Seehusen,* RdL 1964, 136.

[84] Einzelheiten zur Wahl s. bei *Seehusen/Schwede,* § 21 Rn. 2 ff.

gem Ermessen (§ 40 VwVfG). Eines Antrags, einer Zustimmung oder Abstimmung der Beteiligten bedarf es nicht.[85]

92   Nach Ermittlung der Beteiligten (s. §§ 10 ff. FlurbG), wird der Wert der alten Grundstücke ermittelt, damit bei der Neuordnung des Flurbereinigungsgebietes die Teilnehmer mit Land in gleichem Wert abgefunden werden können. Das *Wertermittlungsverfahren* ist in den §§ 27 mit 32 FlurbG und z.T. abweichend (s. § 33 FlurbG) in den Ausführungsgesetzen der Länder geregelt. Ermittelt wird außer bei Bauland, Bauflächen und baulichen Anlagen (s. dazu § 29 FlurbG) nicht der Verkehrswert, sondern der Wert des jeweiligen Grundstücks im Verhältnis zu allen anderen Grundstücken des Flurbereinigungsgebietes. Die Wertermittlungsergebnisse sind nach vorangegangener Auslegung, nach dem Anhörungstermin und der Behandlung von Einwendungen durch die Flurbereinigungsbehörde durch Beschluss (Verwaltungsakt) festzustellen. Die Feststellung ist öffentlich bekannt zu machen.

93   Neben der Wertermittlung erfolgt die Ausweisung gemeinschaftlicher und öffentlicher Anlagen (§§ 39, 40 FlurbG) und deren Erfassung im *„Wege- und Gewässerplan mit landschaftspflegerischem Begleitplan"* (s. § 41 FlurbG). Diese Planung bildet den Rahmen für die Neueinteilung des Flurbereinigungsgebietes. Der Plan ist mit den Trägern öffentlicher Belange einschließlich der landwirtschaftlichen Berufsvertretung in einem Anhörungstermin zu erörtern. Einwendungen gegen den Plan müssen zur Vermeidung des Ausschlusses im Anhörungstermin vorgebracht werden (§ 41 Abs. 2 Satz 2 FlurbG). Der Plan wird von der oberen Flurbereinigungsbehörde festgestellt. Dadurch wird die rechtliche Zulässigkeit des Vorhabens einschließlich der notwendigen Folgemaßnahmen an anderen Anlagen im Hinblick auf alle von ihm berührten öffentlichen Belange erklärt. Andere behördliche Entscheidungen, insbesondere öffentlich-rechtliche Genehmigungen, Verleihungen etc. sind neben der Planfeststellung nicht erforderlich (formelle Konzentrationswirkung).[86] Alle öffentlich-rechtlichen Beziehungen zwischen dem Träger des Vorhabens und den durch den Plan Betroffenen werden durch die Planfeststellung rechtsgestaltend geregelt (materielle Konzentrationswirkung). Die einzelnen Teilnehmer können den Plan nach § 41 FlurbG nicht selbständig anfechten. Nicht sie, sondern der bzw. die Träger des Vorhabens und die Teilnehmergemeinschaft[87] sind Adressaten des Planes. Sie können Widerspruch und Klage erheben. Der Rechtsschutz der einzelnen Teilnehmer ist gewährleistet über die Möglichkeit, den später zu erlassenden Flurbereinigungsplan anzufechten.[88]

94   Jeder Teilnehmer ist unter Berücksichtigung der Landabzüge für gemeinschaftliche und öffentliche Anlagen mit Land von gleichem Wert abzufinden (§ 44 Abs. 1 FlurbG).[89] Die *Landabfindung,* die unter Beachtung des Abwägungsgebotes des § 44

---

[85] S. etwa BVerwGE 29, 257 = RdL 1968, 164.

[86] Ersetzt werden können z.B. die Planfeststellung für Bundesfernstraßen, Genehmigungen, Erlaubnisse und Bewilligungen nach den Naturschutzgesetzen und Wasserrecht, auch Baugenehmigungen. Einzelheiten s. bei *Seehusen/Schwede,* § 41 Rn. 32.

[87] Träger des Vorhabens sind die Ausbauträger i.S.d. § 42 Abs. 1 Satz 1 FlurbG, also z.B. die Teilnehmergemeinschaft, Gemeinden, Landkreise, Wasser- und Bodenverbände oder Unternehmensträger nach §§ 86 und 87 ff. FlurbG. Die Zustellung des Planfeststellungsbeschlusses zusätzlich an den Vorstand der Teilnehmergemeinschaft ist deshalb erforderlich, weil die Teilnehmergemeinschaft die gemeinschaftlichen Angelegenheiten der Teilnehmer wahrnimmt, vgl. *Seehusen/Schwede,* § 41 Rn. 34.

[88] Einzelheiten bei *Seehusen/Schwede,* § 41 Rn. 36.

[89] Dies ist der Grund, warum Flurbereinigungsmaßnahmen in der Regel keine Enteignung i.S.d. Art. 14 GG darstellen; s. die Rechtsprechungsnachweise bei *Seehusen/Schwede,* Vorbemerkungen vor § 1.

Abs. 2 FlurbG zu erfolgen hat, muss in möglichst großen Grundstücken vorgenommen werden. Nur vermeidbare Mehr- oder Minderausweisungen sind in Geld auszugleichen. Die Grundstücke sind durch Wege zugänglich zu machen, die erforderliche Vorflut ist soweit möglich zu schaffen (§ 44 Abs. 3 FlurbG). Die Landabfindung eines Teilnehmers soll in der Nutzungsart, Beschaffenheit, Bodengüte und Entfernung vom Wirtschaftshofe oder von der Ortslage seinen alten Grundstücken entsprechen (§ 44 Abs. 4 FlurbG). Durch diese im Gesetz verankerte Ermessensrichtlinie soll verhindert werden, dass die Leistungsfähigkeit des Hofes durch betriebliche Störungen absinkt.[90] Gewisse Verschiebungen müssen die Beteiligten hinnehmen, eine völlige Änderung der bisherigen Betriebsstruktur bedarf jedoch Zustimmung des Teilnehmers (§ 44 Abs. 5 FlurbG).

Ausnahmsweise ist die ganze oder teilweise Abfindung in Geld zulässig. Auch **95** hierfür ist die schriftliche Zustimmung des Teilnehmers erforderlich (s. §§ 52 f. FlurbG). Zweck dieser Vorschriften ist es, die Möglichkeit zu eröffnen, dass an Flächen nicht interessierte Teilnehmer, z.B. Nichtlandwirte, Erbengemeinschaften u.ä., rasch und billig ohne Auflassung Land abgeben können und somit Flächen für andere Betriebe frei werden.

Als nächster Verfahrensschritt folgt die Aufstellung des *Flurbereinigungsplanes*[91] **96** durch die untere Flurbereinigungsbehörde.[92] Vor deren Aufstellung sind die Teilnehmer gem. § 57 FlurbG über ihre Wünsche für die Abfindung zu hören. Sie erhalten so einen oft entscheidenden Einfluss auf die Gestaltung ihrer Abfindung. Im Flurbereinigungsplan werden die Ergebnisse des gesamten Verfahrens zusammengefasst. In den Flurbereinigungsplan ist der Wege- und Gewässerplan mit landschaftspflegerischem Begleitplan aufzunehmen, die gemeinschaftlichen und öffentlichen Anlagen sowie die alten Grundstücke und Berechtigungen der Beteiligten und ihre Abfindung sind nachzuweisen. Die sonstigen Rechtsverhältnisse, z.B. die Benutzung und Unterhaltung der gemeinschaftlichen Anlagen, sind zu regeln (s. § 58 FlurbG). Unter bestimmten Voraussetzungen können durch den Flurbereinigungsplan Gemeinde-, Kreis-, Bezirks- und Landesgrenzen mit Zustimmung der betroffenen Betriebskörperschaften geändert werden. Der Flurbereinigungsplan bedarf der Genehmigung der oberen Flurbereinigungsbehörde. Festsetzungen, die im gemeinschaftlichen Interesse der Beteiligten oder der Öffentlichkeit getroffen wurden, haben die Wirkung einer Gemeindesatzung. Nach Beendigung des Flurbereinigungsverfahrens können diese Festsetzungen durch Gemeindesatzung mit Zustimmung der kommunalen Aufsichtsbehörde geändert oder aufgehoben werden (s. § 58 Abs. 4 FlurbG).

Der Flurbereinigungsplan ist den Beteiligten bekannt zu geben. Widersprüche **97** gegen den bekannt gegebenen Flurbereinigungsplan sind zur Vermeidung des Ausschlusses in diesem Termin vorzubringen (s. § 59 Abs. 1 und 2 FlurbG).

Ist der Flurbereinigungsplan unanfechtbar geworden, ordnet die Flurbereinigungsbehörde seine Ausführung an. Zu dem in dieser *Ausführungsanordnung*[93] be- **98** stimmten Zeitpunkt (und nicht etwa erst mit der Grundbuchumschreibung) tritt einheitlich für das gesamte Flurbereinigungsgebiet der neue Rechtszustand an die Stelle des bisherigen (s. § 61 FlurbG).

---

[90] Einzelheiten bei *Seehusen/Schwede*, § 44 Rn. 70 ff.

[91] Zur Rechtsnatur: Der Flurbereinigungsplan ist ein Bündel rechtsgestaltender Allgemeinverfügungen i.S.d. § 35 Satz 2 VwVfG.

[92] In Bayern durch die Teilnehmergemeinschaft (s. Art. 2 AGFlurbG).

[93] Rechtsnatur: Allgemeinverfügung, s. *Seehusen/Schwede*, § 61 Rn. 2 mit Rspr.-Nachweisen.

99　　Die Ausführung des Flurbereinigungsplanes kann auch schon vor seiner Unanfechtbarkeit angeordnet werden, wenn die Flurbereinigungsbehörde verbliebene Widersprüche der oberen Flurbereinigungsbehörde vorgelegt hat und aus einem längeren Aufschub der Ausführung voraussichtlich erhebliche Nachteile erwachsen würden (vorzeitige Ausführungsanordnung; § 63 Abs. 1 FlurbG).[94] Durch diese Vorschrift soll verhindert werden, dass durch einige wenige, voraussichtlich unbegründete Widersprüche Verzögerungen und damit verbunden wirtschaftliche Nachteile für die übrigen Beteiligten entstehen.

100　　Von der vorzeitigen Ausführungsanordnung ist die *vorläufige Besitzeinweisung* nach § 65 FlurbG zu unterscheiden. Danach können die Beteiligten schon in den Besitz (und die Nutzung) der neuen Grundstücke eingewiesen werden, wenn deren Grenzen (z.B. durch Pflöcke) in die Örtlichkeit übertragen worden sind und endgültige Nachweise für Fläche und Wert der neuen Grundstücke vorliegen, sowie das Verhältnis der Abfindung zu dem von jedem Beteiligten Eingebrachten feststeht.[95] Die vorläufige Besitzeinweisung dient der beschleunigten Nutzungsmöglichkeit. Sie wird heute in beinahe allen Verfahren praktiziert. Sie kann auch auf Teile des Flurbereinigungsgebietes beschränkt werden. Der Eigentumsübergang erfolgt erst mit der nachfolgenden vorzeitigen oder (endgültigen) Ausführungsanordnung.

101　　Die *Kosten* des Flurbereinigungsverfahrens sind grundsätzlich wie folgt verteilt: Die persönlichen und sächlichen Kosten der Behördenorganisation (Verfahrenskosten) trägt das Land (§ 104 FlurbG), die zur Ausführung der Flurbereinigung erforderlichen Aufwendungen (Ausführungskosten) fallen der Teilnehmergemeinschaft zur Last (§ 105 FlurbG). Die Flurbereinigung wird gem. § 1 des Gesetzes über die Gemeinschaftsaufgabe „Verbesserung der Agrarstruktur und des Küstenschutzes"[96] durch Gewährung von Darlehen, Zuschüssen und Bürgschaften finanziell gefördert.

102　　Die Flurbereinigungsbehörde schließt das Verfahren durch die Feststellung ab, dass der Flurbereinigungsplan ausgeführt ist und den Beteiligten keine Ansprüche mehr zustehen, die im Flurbereinigungsverfahren hätten berücksichtigt werden müssen (*„Schlussfeststellung"*; § 149 Abs. 1 FlurbG). Die Teilnehmergemeinschaft erlischt, wenn ihre Aufgaben in der Schlussfeststellung für abgeschlossen erklärt sind (§ 149 Abs. 4 FlurbG). Solange sie noch Aufgaben zu erfüllen hat (z.B. die Tilgung längerfristiger Darlehen), bleibt sie als öffentlichrechtliche Körperschaft bestehen (s. §§ 151 ff. FlurbG). Ihre Vertretung und die Verwaltung ihrer Angelegenheiten können jedoch auf die Gemeindebehörde übertragen werden.

103　　In jedem Bundesland ist gem. § 138 FlurbG beim Oberverwaltungsgericht ein Senat für Flurbereinigung (Flurbereinigungsgericht) einzurichten. Für die Gerichtsverfassung und das Verfahren gelten die Vorschriften über die Verwaltungsgerichtsbarkeit, soweit in den §§ 139 bis 148 FlurbG nichts Abweichendes bestimmt ist. Nach § 139 Abs. 1 verhandelt und entscheidet das Flurbereinigungsgericht in der Besetzung von zwei Richtern und drei ehrenamtlichen Richtern. Zum Widerspruchsverfahren s. § 141 FlurbG. Widersprüche gegen den bekannt gegebenen Flurbereinigungsplan müssen zur Vermeidung des Ausschlusses im Anhörungstermin vorgebracht werden (s. § 59 Abs. 2 FlurbG).

---

[94]　Rechtsnatur: Keine Anordnung der sofortigen Vollziehung nach § 80 Abs. 2 Nr. 4 VwGO, sondern ein Verwaltungsakt. Das zugewiesene Eigentum steht unter der auflösenden Bedingung einer Planänderung s. BVerwG RdL 1962, 107.

[95]　Näheres zu den einzelnen Voraussetzungen bei *Seehusen/Schwede,* § 65 Rn. 4 ff.

[96]　S. oben Kap. IV.1.

Neben den Regelflurbereinigungsverfahren kennt das Flurbereinigungsgesetz **104** noch andere Verfahrensarten:

— das vereinfachte Flurbereinigungsverfahren nach § 86 FlurbG, das z.B. eingeleitet werden kann, um Maßnahmen der Landentwicklung durchzuführen (Abs. 1 Nr. 1) oder um Nachteile für die Landeskultur auszugleichen (Abs. 1 Nr. 2).[97]

— das Unternehmensflurbereinigungsverfahren nach den §§ 87 ff. FlurbG, mit dessen Hilfe an sich zulässige Enteignungen größeren Umfangs für ein Unternehmen[98] vermieden werden können und der Landverlust auf einen größeren Kreis von Eigentümern verteilt werden kann.

— das beschleunigte Zusammenlegungsverfahren nach den §§ 91 ff. FlurbG, das z.B. zur raschen Verbesserung der Produktions- und Arbeitsbedingungen in der Land- und Forstwirtschaft dann in Frage kommt, wenn die Anlage eines neuen Wegenetzes und größere wasserwirtschaftliche Maßnahmen zunächst nicht erforderlich sind,

— den freiwilligen Landtausch nach den §§ 103a ff. FlurbG, der u.a. dann durchgeführt wird, wenn nur einige wenige Tauschpartner eine Aufsplitterung ihres Grundbesitzes beseitigen wollen.

4. Landwirtschaftsanpassungsgesetz

a) Historische Entwicklung[99]

Das Landwirtschaftsanpassungsgesetz wurde noch von der Volkskammer der **105** ehemaligen DDR als „Gesetz über die strukturelle Anpassung der Landwirtschaft an die soziale und ökologische Marktwirtschaft in der Deutschen Demokratischen Republik – Landwirtschaftsanpassungsgesetz – vom 29.6.1990"[100] verabschiedet. Mit Art. 1 des Einigungsvertrages vom 23.9.1990 i.V.m. Anlage II, Kap. VI, Sachgebiet A, Abschnitt II Nr. 1 vom 1.8.1990[101] wurde es in partielles Bundesrecht überführt und als Gesetz zur Änderung des Landwirtschaftsanpassungsgesetzes und anderer Gesetze vom 3.7.1991[102] zum 7.7.1991 in Kraft gesetzt. Seither ist das Gesetz mehrfach novelliert worden.[103] Hinter diesen dürren Fakten verbirgt sich ein historisch einmaliger Vorgang, nämlich die Anpassung eines durch sozialistische Planwirtschaft geprägten Wirtschaftssektors an ein System der sozialen Marktwirtschaft.

b) Zielsetzung

Ziel des Gesetzes ist – wie sich bereits aus dem Langtitel ersehen lässt – die Um- **106** strukturierung der Landwirtschaft in den neuen Bundesländern. Angestrebt wurde

---

[97] Grundsätzliches zu den unterschiedlichen Sachvoraussetzungen des vereinfachten Flurbereinigungsverfahren gegenüber jenen des Regelverfahrens s. BVerwG v. 14.11.1961, RdL 1962, 83, teilweise abgedruckt bei *Seehusen/Schwede,* § 86 Rn. 1. Weitere Anwendungsfälle s. in § 86 Abs. 1 Nr. 3 und 4 FlurbG.

[98] Zu denken ist hier an Großbauvorhaben (Flugplätze, Staubecken, Bundesfernstraßen u.a.).

[99] Eingehende Darstellung bei *Schweizer,* S. 60 (Rn. 134 ff.).

[100] GBl. I Nr. 42 S. 642, abgedruckt bei *Schweizer* in Anhang I. 4.

[101] BGBl. II S. 885, 1204.

[102] BGBl. I S. 1410.

[103] Einzelheiten zu den Novellen 1 bis 5 s. bei *Schweizer,* S. 70 (Rn. 168 ff.). Zu den Novellen 6 und 7 s. *Schweizer,* Die Genese des Landwirtschaftsanpassungsgesetzes und dessen Umsetzung aus juristischer Sicht, in: *Theisen/Winkler (Hrsg.),* Zehn Jahre Landwirtschaftsanpassungsgesetz, 2001, S. 21 ff. (S. 50 ff.).

und – soweit noch nicht verwirklicht – wird unter Beachtung der Gleichheit der Eigentumsformen im Sinne des § 2 LwAnpG:
- die Wiederherstellung und Gewährleistung des Privateigentums an Grund und Boden in der Land- und Forstwirtschaft (s. § 1 LwAnpG),
- die Entwicklung einer vielfältig strukturierten Landwirtschaft,
- die Wiederherstellung leistungs- und wettbewerbsfähiger Landwirtschaftsbetriebe und
- die Beteiligung der in der Landwirtschaft tätigen Menschen an der Einkommens- und Wohlstandsentwicklung (s. § 3 LwAnpG).

107   Im Wesentlichen ging es um die Umwandlung der landwirtschaftlichen Produktionsgenossenschaften in Unternehmen anderer Rechtsform und um die damit in der Regel einhergehenden Probleme der Vermögensauseinandersetzung.

c) Umsetzung der Ziele

108   Die Wiederherstellung und Gewährleistung von Privateigentum an Grund und Boden erfolgte grundsätzlich bereits durch den Einigungsvertrag. Das Landwirtschaftsanpassungsgesetz selbst enthält entsprechende Regelungen zur Umsetzung.

109   Eine Rückübertragung der durch die sog. „Bodenreform" in der Zeit von 1945 bis 1949 enteigneten Betriebe findet nicht statt. In einer Gemeinsamen Erklärung vom 15.6.1990 stellten die Regierungen beider deutscher Staaten fest, dass diese Enteignungen auf besatzungsrechtlicher bzw. besatzungshoheitlicher Grundlage nicht mehr rückgängig zu machen sind.[104] Eine entsprechende gesetzliche Regelung erfolgte in § 1 Abs. 8 lit. a VermG[105]. Gegen diese Regelung wurden zahlreiche Verfassungsbeschwerden erhoben. Das Bundesverfassungsgericht hat in seiner Entscheidung vom 23.4.1991 (sog. Bodenreformurteil) die Verfassungsmäßigkeit dieser Vorschrift bestätigt und gleichzeitig unter Hinweis auf Art. 3 Abs. 1 GG den Gesetzgeber verpflichtet, eine Ausgleichregelung zu Gunsten der in diesem Zeitraum Enteigneten zu schaffen. Dabei hat es dem Gesetzgeber einen weiten Gestaltungsspielraum eingeräumt.[106] Bemessungsgrundlage der Ausgleichsleistungen für land- und forstwirtschaftliche Flächen ist nach § 2 AusglLeistG i.V.m. § 3 Abs. 1 EntschG der dreifache Einheitswert von 1935.[107]

110   Was den Zielkomplex „Entwicklung einer vielfältig strukturierten Landwirtschaft" betrifft, so weisen folgende Zahlen darauf hin, dass das angestrebte Ziel weitgehend erreicht ist. In den neuen Ländern sind in der ersten zehn Jahren seit Inkrafttreten des Landwirtschaftsanpassungsgesetzes entstanden:[108]
- ca. 26.000 Einzelunternehmen (das entspricht etwa 80 % der Gesamtunternehmenszahl) mit durchschnittlich 50 ha landwirtschaftlicher Nutzfläche (das entspricht einem Anteil von 23 % der insgesamt bewirtschafteten Fläche) bei 1,5 Arbeitskräften;
- ca. 3.000 Personengesellschaften (Anteil an der Gesamtunternehmenszahl ca. 10 %) mit durchschnittlich 420 ha landwirtschaftlicher Nutzfläche (ca. 23 % der insgesamt bewirtschafteten Fläche) bei 5,2 Arbeitskräften;

---

[104] Gem. Art. 41 Abs. 1 EinigungsV ist diese Gemeinsame Erklärung Bestandteil des Einigungsvertrages geworden.
[105] Gesetz zur Regelung offener Vermögensfragen (Vermögensgesetz – VermG) neugefasst durch Bek. v. 9.2.2005, BGBl. I S. 205.
[106] BVerfGE ZIP 1991, 614.
[107] Einzelheiten bei *Schweizer*, S. 350 (Rz. 900 ff.).
[108] Angaben aus *Thalheim*, 10 Jahre Landwirtschaftsanpassungsgesetz. Rückblick und Perspektiven, in: *Theisen/Winkler (Hrsg.)*, S. 5 ff. (14).

– ca. 3.000 juristische Personen (Anteil an der Gesamtunternehmenszahl ca. 10%) mit durchschnittlich 1.032,4 ha landwirtschaftlicher Nutzfläche (ca. 54% der insgesamt bewirtschafteten Fläche) bei 35,3 Arbeitskräften.

Auch das Ziel Leistungs- und Wettbewerbsfähigkeit ist, nimmt man die alten **111** Bundesländer zum Maßstab, im Wesentlichen erreicht. Bedenkt man jedoch die Abhängigkeit gerade der landwirtschaftlichen Großbetriebe von der Förderung durch EU, Bund und Länder, so sind angesichts immer knapper werdender Haushaltsmittel Skepsis und Sorge auch in Zukunft angebracht.

d) Rechtsprechung

Wie komplex und kompliziert die durch das Landwirtschaftsanpassungsgesetz zu **112** regelnde Materie ist, zeigt sich unter anderem daran, dass allein der BGH mehr als 170 Sachentscheidungen auf diesem Rechtsgebiet erlassen hat.[109] Heute werden die Gerichte so gut wie nicht mehr mit der Konkretisierung der Normen bemüht.

V. Landwirtschaftsförderungsgesetze der Bundesländer

1. Beschränkter Gesetzgebungsspielraum der Länder

Einige Bundesländer haben Gesetze zur Förderung der Landwirtschaft erlassen, **113** richtungsweisend der Freistaat Bayern durch sein Gesetz aus dem Jahre 1970.[110] Da die Förderung der land- und forstwirtschaftlichen Erzeugung, die Sicherung der Ernährung und die Ein- und Ausfuhr landwirtschaftlicher Erzeugnisse nach Art. 74 Nr. 17 GG zum Bereich der konkurrierenden Gesetzgebung gehören, können die Landesgesetze nur verbleibende, also nicht vom Bundesrecht besetzte Freiräume nutzen.[111] Da das Gesetz zur Förderung der bäuerlichen Landwirtschaft des Bundes mit 1.1.2002 außer Kraft getreten ist,[112] könnte man einen erweiterten Gesetzgebungsspielraum der Länder vermuten. Indes wird die Regelungsdichte auf europäischer Ebene immer größer, sodass insgesamt den Ländern doch nur relativ kleine Regelungsbereiche verbleiben. Soweit rechtliche Regelungen Beihilfecharakter im Sinne der Wettbewerbsvorschriften des EU-Vertrages tragen, bedürfen sie zudem der Notifizierung durch die Europäische Kommission, um Wettbewerbsverzerrungen und Beeinträchtigungen des zwischenstaatlichen Handels zu verhindern (s. dazu Art. 107 AEUV).

---

[109] Einen allgemeinen Überblick über die Rechtsprechung des BGH gibt *Voigt*, Das Landwirtschaftsanpassungsgesetz aus dem Blickwinkel der Gerichtsbarkeit, in: *Theisen/Winkler (Hrsg.)*, S. 55 ff. Eine Zusammenstellung ausgewählter Gerichtsentscheidungen des BVerfG, des BGH und der OLG der neuen Bundesländer durch *Grottke/Günther/Schuster* findet sich im selben Band, S. 137 ff.
Literatur und Rechtsprechung sowie weitere Materialien zu diesem Komplex finden sich in Briefe zum Agrarrecht 2003, S. 103 ff.
[110] Gesetz zur Förderung der bayerischen Landwirtschaft (LaFöG) vom 27.10.1970 (GVBl. S. 504). Zu weiteren Landesgesetzen und Näheres siehe *Norer*, Landwirtschaftsgesetze – Grundgesetze für die Landwirtschaft? Österreich, Deutschland und die Schweiz im Rechtsvergleich, in: Jahrbuch des Agrarrechts Band VI, 2004, S. 259 ff. (274 ff.) m.w.N.
[111] Aufzählung von Bundesgesetzen und Einzelheiten zu möglichen Kollisionsbereichen s. bei *Wüst/Pelhak*, Das Gesetz zur Förderung der bayerischen Landwirtschaft, Kommentar, 1986, Art. 1, S. 51 ff.
[112] Durch Art. 28 Gesetz zur Umstellung von Vorschriften im land- und forstwirtschaftlichen Bereich auf Euro (Fünftes Euro-Einführungsgesetz) vom 25.6.2001, BGBl. I S. 1215. Im Rahmen seiner alleinigen Finanzierungskompetenz stellt der Bund nur noch, allerdings in erheblichem Umfang, Mittel im Bereich der Agrarsozialpolitik und der Gasölverbilligung zur Verfügung.

2. Bayerisches Gesetz zur nachhaltigen Entwicklung der Agrarwirtschaft und des ländlichen Raumes (Agrarwirtschaftsgesetz – BayAgrarWiG) vom 8. Dezember 2006

a) Ablösung des Gesetzes zur Förderung der bayerischen Landwirtschaft (LwFöG) vom 8. August 1974[113]

114   Am 1. Januar 2007 trat das Bayerische Agrarwirtschaftsgesetz in Kraft. Es löst das seit 1974 geltende Gesetz zur Förderung der bayerischen Landwirtschaft (LwFöG) ab. Gründe für die Ablösung des LwFöG waren insbesondere

– die fortschreitende Globalisierung und Liberalisierung der Agrarmärkte,

– die veränderten Rahmenbedingungen einer auf damals 27 Mitgliedsstaaten angewachsenen EU (z.B. Modifizierungen der 1. Säule der GAP, Stärkung der 2. Säule der GAP, Entkoppelung der Beihilfen u.a.),

– die zeitgemäße Neudefinition staatlicher Aufgaben und Neustrukturierung der Zusammenarbeit mit den bäuerlichen Organisationen sowie

– die veränderten Rahmenbedingungen im ländlichen Raum und in der Agrarstruktur.[114]

b) Neuerungen

115   Neu gegenüber dem LwFöG sind insbesondere:

– das Gesetz erstreckt sich, der europäischen Agrarpolitik entsprechend, auf den gesamten ländlichen Raum;

– das Gesetz ist ein Rahmengesetz; nähere Einzelheiten werden in Richtlinien, Programmen und Verträgen geregelt;

– die bisher institutionelle Förderung wird auf Projektförderung umgestellt; dies führt zu einer größeren Beweglichkeit, aber auch zu mehr Eigenverantwortlichkeit der Selbsthilfeeinrichtungen;

– das Gesetz eröffnet neue Fördermöglichkeiten in den Bereichen nachwachsende Rohstoffe, Dienstleistungen und Vermarktungsinitiativen;

– als neue Ziele wurden Sicherheit der Nahrungsmittel, Gesundheit und Wohlbefinden der Tiere, Weiterentwicklung des ökologischen Landbaus sowie Erzeugung und Verwertung von nachwachsenden Rohstoffen aufgenommen;

– Neuordnung der Landwirtschaftsberatung durch Einführung der sog. Verbundberatung.[115]

c) Zwecke und Ziele (Art. 1 BayAgrarWiG)

116   Der Gesetzgeber nennt in Art. 1 Abs. 1 vier Gesetzeszwecke:

1. die dauerhafte Gewährleistung günstiger Rahmenbedingungen für eine nachhaltige, wettbewerbsfähige und vielfältige Land-, Forst- und Ernährungswirtschaft einschließlich der Erzeugung und Verwertung nachwachsender Rohstoffe;

---

[113] GVBl. S. 395; BayRS 787-1-E. Die Novelle 1974 stellt inhaltlich gegenüber dem LaFöG von 1970 ein Änderungsgesetz dar. Der bayerische Gesetzgeber hat dennoch nicht den üblichen Weg (Erlass eines Änderungsgesetzes) beschritten, sondern ein neues Gesetz erlassen, dabei aber zahlreiche Vorschriften aus dem LaFöG 1970 unverändert übernommen. Zu den Hintergründen s. *Wüst/Pelhak*, Gesetz zur Förderung der bayerischen Landwirtschaft, Art. 1, Erl. I 5c.

[114] Vgl. Bayerischer Agrarbericht 2008, S. 21.

[115] Bei der Verbundberatung handelt es sich um eine Kombination der staatlichen Beratung mit der Beratung durch anerkannte nichtstaatliche Anbieter. Die Aufgabenverteilung ist im Verbundberatungsvertrag zwischen Staat und den nichtstaatlichen Beteiligten geregelt. Einzelheiten s. Bayerischer Agrarbericht 2008, S. 117.

2. die Förderung der Erzeugung qualitativ hochwertiger und sicherer Nahrungsmittel;
3. die Erhaltung und Weiterentwicklung der Attraktivität und Vitalität der ländlichen Räume durch eine moderne Agrarwirtschaft zum Wohle der Allgemeinheit und künftiger Generationen;
4. die Stärkung der Eigenverantwortung, Eigeninitiative und Innovationsfähigkeit
von selbständigen Unternehmern in der Agrarwirtschaft.

Die Ziele des Gesetzes sind in Art. 1 Abs. 2 Nrn. 1 bis 12 BayAgrarWiG aufge- **117**
zählt. Ausdrücklich wird darauf hingewiesen, dass die Grundsätze der guten fachlichen Praxis in der Landwirtschaft zu beachten sind.

d) Selbsthilfeeinrichtungen und sonstige Zusammenschlüsse (Art. 3 BayAgrarWiG)

Selbsthilfeeinrichtungen im Sinne des Gesetzes sind gem. Art. 3 BayAgrarWiG **118**
Zusammenschlüsse von Inhabern land- und forstwirtschaftlicher Betriebe und deren hauptberuflich geführte Vereinigungen auf Landesebene als juristische Personen des privaten Rechts. Zu ihren Aufgaben gehören insbesondere die Rationa-
lisierung und Qualitätsförderung und -sicherung der tierischen und pflanzlichen
Erzeugung sowie die überbetriebliche Betriebsaushilfe und Maschinenvermittlung.

Sonstige Zusammenschlüsse, ebenfalls organisiert als juristische Personen des pri- **119**
vaten Rechts, sind die in Art. 3 Abs. 3 Nrn. 1–3 BayAgrarWiG genannten Einrichtungen wie z.B. die Milchprüfringe, der Melkeraushilfsdienst oder Zusammenschlüsse von Inhabern land- und forstwirtschaftlicher Betrieb zum Zwecke der
Erhaltung der Kulturlandschaft.

Als öffentlichrechtliche Körperschaften bestehen der Bayerische Bauernverband **120**
sowie die Teilnehmergemeinschaften und deren Zusammenschlüsse nach dem
Flurbereinigungsgesetz (Art. 3 Abs. 2 BayAgrarWiG).

Die staatliche Anerkennung, die Übertragung von Aufgaben und die Erstattung **121**
von Aufwendungen für übertragene Aufgaben sind in den Art. 4 bis 6 BayAgrar-
WiG geregelt.

e) Förderfähige Maßnahmen, Beratung (Art. 7–9 BayAgrarWiG)

Die förderfähigen Maßnahmen in der Landwirtschaft sowie im ländlichen Raum **122**
sind in Art. 7 Nrn. 1 bis 17 BayAgrarWiG aufgezählt. Beispielhaft seien genannt:
– Wissens- und Informationstransfer zur Ausrichtung und Orientierung auf den
Märkten und zur Erschließung neuer Märkte (Nr. 1)
– artgerechte Tierhaltung (Nr. 3)
– Erzeugung und Verwertung nachwachsender Rohstoffe (Nr. 6)
– Agrarumweltmaßnahmen (Nr. 10)
– bäuerliche Familienberatung (Nr. 13)
– Erzeugung und Absatzförderung von Produkten aus ökologischem Landbau
(Nr. 15).

Der Förderung der Bildung ist ein eigener Art. 8 BayAgrarWiG gewidmet. Sie **123**
betrifft die Aus- und Fortbildung im Bereich der Land-, Haus- und Forstwirtschaft
nach Maßgabe des Haushalts. Art. 9 BayAgrarWiG trifft die Regelungen zur bereits
angesprochenen Verbundberatung und legt fest, dass für die Inanspruchnahme der
staatlichen Beratung keine Kosten erhoben werden.

VI. Weitere Förderungsbereiche

1. Landwirtschaftliches Sozialrecht

124   An sich wäre es angebracht, dem landwirtschaftlichen Sozialrecht wegen seines eigenständigen Regelungsgehaltes und seiner Bedeutung für die in der Landwirtschaft tätigen Menschen einen breiteren Raum zu widmen. Um jedoch die Zielsetzung eines Grundrisses des Agrarrechts nicht zu sprengen, wird hier nur der fördernde Teilaspekt des landwirtschaftlichen Sozialrechts erwähnt und im Übrigen auf die einschlägige Literatur verwiesen.[116]

125   Der Strukturwandel in der Landwirtschaft belastet zunehmend die landwirtschaftlichen Sozialversicherungsträger (Landwirtschaftliche Berufsgenossenschaft, landwirtschaftliche Alterskasse, landwirtschaftliche Krankenkasse, landwirtschaftliche Pflegekasse). Immer weniger Beitragszahler stehen immer mehr Leistungsempfängern gegenüber. Das agrarsoziale Sicherungssystem würde ohne massive Förderung durch den Staat aus den Fugen geraten. In den Bundeshaushalt 2014 waren für die landwirtschaftliche Sozialpolitik 3,680 Mrd. EUR eingestellt. Der größte Teil dieser Ausgaben betrifft Beitragszuschüsse für die Alterssicherung der Landwirte (2,147 Mrd. EUR) und die Krankenversicherung der Landwirte (1,347 Mrd. EUR). Weitere Leistungen betreffen die Unfallversicherung (125 Mio. EUR), die Landabgaberente (30 Mio. EUR), die Zusatzaltersversorgung (29 Mio. EUR) und die Produktionsaufgaberente (2 Mio. EUR).[117] Diesen Zahlen kann man entnehmen, dass die Agrarsozialpolitik über die soziale Absicherung hinaus auch einkommenspolitische Bedeutung erlangt hat.

2. Siedlungsrecht, gemeinnützige Siedlungsunternehmen bzw. Landgesellschaften

126   Siedlung im ursprünglichen Sinne wird heute noch vor allem in der Form der Aussiedlung (Verlegung von Betrieben aus der geschlossenen Ortslage in die Feldmark) durchgeführt.[118] Rechtsgrundlage für Gründung und Tätigkeit gemeinnütziger Siedlungsunternehmen und Landgesellschaften ist das Reichssiedlungsgesetz (RSiedlG) aus dem Jahre 1919.[119] Es wurde von der Bundesrepublik im Jahre 1949 als Bundesrecht übernommen und gilt auf Grund des Einigungsvertrages seit 1990 auch in den neuen Bundesländern. In Deutschland existieren derzeit neun gemein-

---

[116] Z.B. *Alzinger,* Sozialversicherungswesen in der Landwirtschaft, in: Wirtschaftslehre, Die Landwirtschaft Band 4, 13. Aufl., 2009, S. 147 ff.; *Böttger,* Landwirtschaftliche Sozialversicherung, in: Härtel (Hrsg.), Handbuch des Fachanwalts Agrarrecht, 2012, S. 1420 ff.; *Brackmann/Bress et al.,* Handbuch der Sozialversicherung (Loseblatt), Stand 2014; *Erlenkämper/Fichte/Fock/Fischer,* Sozialrecht, 6. Aufl., Köln 2008; *Gitter/Schmitt,* Sozialrecht, 5. Aufl., 2001; *Noell/Deisler,* Die Krankenversicherung der Landwirte, 16. Aufl., 2001.

[117] BMEL, Ausgewählte Daten und Fakten der Agrarwirtschaft 2014, S. 10, http://www.bmelv-statistik.de/fileadmin/user_upload/monatsberichte/DFB-0010000-2014.pdf (22.12.2014).

[118] Zur historischen Entwicklung und weiteren Einzelheiten s. *Boyens,* Die Geschichte der ländlichen Siedlung Bd. I–III, 1959/60; *Kroeschell,* Deutsches Agrarrecht, Köln 1983, S. 34 f; *Jakobssen,* Aufgaben der ländlichen Siedlungsgesellschaften bei der Neuordnung des ländlichen Raumes in der Bundesrepublik Deutschland, Landw. Diss. 1970; *Zeller,* Rechtsgeschichte der ländlichen Siedlung, 1975.

[119] Reichssiedlungsgesetz vom 11.8.1919, RGBl. S. 1429.

nützige Landgesellschaften.[120] Sie sind als Gesellschaften mit beschränkter Haftung organisiert. Hauptgesellschafter sind die Bundesländer. Teilweise sind außerdem die Bundesrepublik Deutschland, die Bodenverwertungs und -verwaltungsgesellschaft, die Deutsche Siedlungs- und Landesrentenbank, die Landwirtschaftliche Rentenbank, Landesbanken, Gebietskörperschaften und die Landesbauernverbände beteiligt.

Die Landgesellschaften arbeiten mit in der Planung, Finanzierung und Durch- **128**
führung strukturverbessernder Maßnahmen im ländlichen Raum. Sie ergänzen mit ihrem Dienstleistungsangebot die staatlichen Verwaltungsträger.

Nach § 1 RSiedlG kann ihnen für Siedlungszwecke Land von Staatsdomänen **129**
überlassen (§ 2 RSiedlG) und Moor- und Ödland im Wege der Enteignung zur Verfügung gestellt werden (s. § 3 RSiedlG). Sie können ein Vorkaufsrecht nach den §§ 4 ff. RSiedlG sowie § 6 GrdStVG ausüben, wenn ein Erwerbsgeschäft wegen grundstücksverkehrsrechtlicher Bedenken der Genehmigungsbehörde nicht genehmigt werden würde. Dem gemeinnützigen Siedlungsunternehmen steht an den von ihm begründeten Siedlerstellen ein Wiederkaufsrecht zu, wenn der Siedler sie veräußert oder aufgibt (s. § 20 RSiedlG).

Neben diesen ursprünglichen Aufgaben und Befugnissen hat sich der Aktions- **130**
radius der gemeinnützigen Landgesellschaften, den modernen Anforderungen der Agrarstrukturpolitik entsprechend, erweitert. Die Tätigkeiten und Dienstleistungen umfassen heute insbesondere

- Flächenmanagement in ländlichen Räumen durch Landerwerb, Landverwertung, Bodenbevorratung für Agrar- und Infrastruktur, ökologische und andere öffentliche Zwecke;
- Ausübung des erwähnten siedlungsrechtlichen Vorkaufsrechts;
- Betreuung und Durchführung überbetrieblicher Maßnahmen, wie beschleunigte Zusammenlegung sowie freiwilliger Landtausch, Bodenordnung und Zusammenführung von Gebäude- und Bodeneigentum;
- Verwaltung und Verwertung landeseigener Flächen und landwirtschaftlicher Immobilien, Hofbörsen;
- Stallbau, Agrarbau, Agrarinvestitionsförderung; Standortfindung, Planung, Genehmigungsmanagement, technische Betreuung und Förderbetreuung von Investitionsmaßnahmen in der Landwirtschaft;
- Kompensationsflächenmanagement; Ökoagenturen, Ökopools;
- Dorferneuerung, Land- und Gemeindeentwicklung;
- Erstellung und Umsetzung integrierter regionaler Entwicklungskonzepte.[121]

---

[120] S. den Überblick beim Bundesverband der gemeinnützigen Landgesellschaften (BLG) unter http://www.landgesellschaften.de (18.12.2014).
[121] Einzelheiten in http://www.landgesellschaften.de > Arbeitsfelder (18.12.2014).

12. Kapitel. Agrarumweltrecht

Literaturauswahl:

a) Allgemeines Agrarumweltrecht

Fietz, Agrarspezifisches Umweltrecht, Berlin 2012;
Haber/Salzwedel, Umweltprobleme der Landwirtschaft, Sachbuch Ökologie, hrsg. vom Rat von Sachverständigen für Umweltfragen, Wiesbaden 1992 (zit. *Haber/Salzwedel*);
Hendler/Marburger/Reiff/Schröder (Hrsg.), Landwirtschaft und Umweltschutz, Berlin 2007;
Hötzel, Umweltvorschriften für die Landwirtschaft, Stuttgart 1986 (zit. *Hötzel*);
Klinck, Agrarumweltrecht im Wandel, Berlin 2012;
Oehler, Agrarumweltrecht in den neuen Bundesländern, in: Jahrbuch des Agrarrechts, Band IV, Köln u.a. 2002, S. 1–576;
Queisner, Rahmenbedingungen für eine umweltverträgliche Landwirtschaft im Europarecht, Baden-Baden 2013;
Storm, Agrarumweltrecht, in: Kimminich/v. Lersner/Storm (Hrsg.), Handbuch des Umweltrechts HdUR, Bd. I, 1986, Sp. 72 ff.;
von Eickstedt, Vom Landwirt zum Landschaftspfleger. Umweltrechtliche Verhaltenssteuerung im Rahmen der Gemeinsamen Agrarpolitik am Beispiel des Ackerbaus, Baden-Baden 2010.

b) Wasserrecht

Breuer, Öffentliches und privates Wasserrecht, 3. Aufl., München 2004 (zit. *Breuer*);
Czychowski/Reinhardt, Wasserhaushaltsgesetz, Kommentar, 11. Aufl., München 2014 (zit. *Czychowski/Reinhardt*);
Hötzel/Köhne/Koch/Moser, Ausgleichszahlungen für Wasserschutzauflagen: Rechtliche und ökonomische Regelungen in den Bundesländern, HLBS Heft 128, St. Augustin 1990;
Riemann/Brinker/Göbbel, Richtwerte für wirtschaftliche Nachteile in Wasserschutzgebieten in Nordrhein-Westfalen, hrsg. von den Landwirtschaftskammern Rheinland und Westfalen-Lippe, o.A. 1990 (zit. *Riemann/Brinker/Göbbel*);
Sieder/Zeitler/Dahme/Knopp, Wasserhaushaltsgesetz und Abwasserabgabengesetz: WHG, Loseblatt-Kommentar, 47. Ergänzungslieferung, München 2014;
Sütterlin, Landwirtschaft in Wasserschutzgebieten, HLBS Heft 126, St. Augustin 1989 (zit. *Sütterlin*).

c) Immissionsschutzrecht

Jarass, Bundes-Immissionsschutzgesetz Kommentar, 10. Aufl., München 2013 (zit. *Jarass*).

d) Naturschutzrecht

Friedlein/Weidinger/Grass, Bayerisches Naturschutzgesetz, Kommentar, 2. Aufl., Köln u.a., 1983 (zit. *Friedlein/Weidinger/Grass*);
Lorz/Konrad/Mühlbauer/Müller-Walter/Stöckel, Naturschutzrecht: NaturschutzR, 3. Aufl., München 2013 (zit. *Lorz u.a.*);
Lütkes/Ewer, Bundesnaturschutzgesetz, Kommentar, München 2011;
Mengel, Naturschutz, Landnutzung und Grundeigentum, Baden-Baden 2004;
Peter, Grundeigentum und Naturschutz: die Situation des Grundeigentums im Bereich des Naturschutzes und der Landschaftspflege im Lichte der grundgesetzlichen Eigentumsgarantie unter besonderer Berücksichtigung des nordrhein-westfälischen Landschaftsgesetzes, Frankfurt a.M. 1993.

e) Bodenschutzrecht

Bickel, Bundes-Bodenschutzgesetz, Kommentar, 4. Aufl., Köln 2004;
Frenz, Bundes-Bodenschutzgesetz, Kommentar, München 2000;
Hofmann-Hoeppel/Schumacher/Wagner, Bodenschutzrecht-Praxis, Kommentar und Handbuch für die geo- und ingenieurwissenschaftliche Praxis, Berlin/Heidelberg 1999;
Neumann, Bodenschutzrecht, in: Härtel (Hrsg.), Handbuch des Fachanwalts Agrarrecht, Köln 2012, S. 764 ff.;
Versteyl/Sondermann, Bundes-Bodenschutzgesetz, Kommentar, 2. Aufl., München 2005.

f) Gentechnikrecht

Altner/Krauth/Lünzer/Vogtmann (Hrsg.), Gentechnik und Landwirtschaft. Folgen für Umwelt und
    Lebensmittelerzeugung, 2. Aufl., Karlsruhe 1990 (zit. *Altner e.a.*);
Spök, Gentechnik in Landwirtschaft und Lebensmitteln, Graz 1998;
Kempken F./Kempken R., Gentechnik bei Pflanzen – Chancen und Risiken, 4. Aufl., Berlin u.a.
    2012;
Schulte/Käppeli (Hrsg.), Nachhaltige Landwirtschaft und grüne Gentechnik, Basel 2000.

Nützliche Internetadressen:

http://www.fnl.de (Fördergemeinschaft Nachhaltige Landwirtschaft e.V.)
http://www.umweltbundesamt.de (Umweltbundesamt)
http://www.bmjv.de (Bundesministerium der Justiz und für Verbraucherschutz)
http://www.rki.de (Robert Koch Institut)

I. Wichtige Rechtsquellen

1 ## 1. Allgemeines (Agrar)Umweltrecht

– Art. 91–101 Verordnung (EU) Nr. 1306/2013 des Europäischen Parlaments
    und des Rates vom 17.12.2013 über die Finanzierung, die Verwaltung und das
    Kontrollsystem der Gemeinsamen Agrarpolitik und zur Aufhebung der Ver-
    ordnungen (EWG) Nr. 352/78, (EG) Nr. 165/94, (EG) Nr. 2799/98, (EG)
    Nr. 814/2000, (EG) Nr. 1290/2005 und (EG) Nr. 485/2008 des Rates, *ABl.
    L 347 vom 20.12.2013, S. 549–607* (Cross Compliance);
– Art. 37–41 Delegierte Verordnung (EU) Nr. 640/2014 der Kommission vom
    11.3.2014 zur Ergänzung der Verordnung (EU) Nr. 1306/2013 des Europäi-
    schen Parlaments und des Rates in Bezug auf das integrierte Verwaltungs- und
    Kontrollsystem und die Bedingungen für die Ablehnung oder Rücknahme von
    Zahlungen sowie für Verwaltungssanktionen im Rahmen von Direktzahlungen,
    Entwicklungsmaßnahmen für den ländlichen Raum und der Cross-Compliance,
    ABl. L 181 vom 20.6.2014, S. 48–73 (Cross Compliance);
– Richtlinie 2011/92/EU des Europäischen Parlaments und des Rates vom
    13.12.2011 über die Umweltverträglichkeitsprüfung bei bestimmten öffentli-
    chen und privaten Projekten, *ABl. L 26 vom 28.1.2012, S. 1–21*;
– Gesetz über die Umweltverträglichkeitsprüfung (UVPG), neugefasst durch Bek.
    v. 24.2.2010, BGBl. I S. 94;
– Umweltinformationsgesetz (UIG), neugefasst durch Bek. v. 27.10.2014, BGBl. I
    S. 1643;
– Richtlinie 2004/35/EG des Europäischen Parlaments und des Rates vom
    21.4.2004 über Umwelthaftung zur Vermeidung und Sanierung von Umwelt-
    schäden, *ABl. L 143 vom 30.4.2004, S. 56–75*;
– Gesetz über die Vermeidung und Sanierung von Umweltschäden (Umweltscha-
    densgesetz – USchadG) v. 10.5.2007, BGBl. I S. 666;
– Umwelthaftungsgesetz (UmweltHG) v. 10.12.1990, BGBl. I S. 2634.

2 ## 2. Wasserrecht

– Richtlinie 2000/60/EG des Europäischen Parlaments und des Rates vom
    23.10.2000 zur Schaffung eines Ordnungsrahmens für Maßnahmen der Ge-
    meinschaft im Bereich der Wasserpolitik, *ABl. L 327 vom 22.12.2000, S. 1–73*;

– Gesetz zur Ordnung des Wasserhaushalts (Wasserhaushaltsgesetz – WHG)
v. 31.7.2009, BGBl. I S. 2585;
– Wassergesetze der Länder;

3. Immissionsschutzrecht   3

– Gesetz zum Schutz vor schädlichen Umwelteinwirkungen durch Luftverun-
reinigungen, Geräusche, Erschütterungen und ähnliche Vorgänge (Bundes-Im-
missionsschutzgesetz – BImSchG), neugefasst durch Bek. v. 31.7.2009, BGBl. I
S. 2585;
– Vierte Verordnung zur Durchführung des Bundes-Immissionsschutzgesetzes
(Verordnung über genehmigungsbedürftige Anlagen – 4. BImSchV) v. 2.5.2013,
BGBl. I S. 973.

4. Natur- und Bodenschutzrecht   4

– Richtlinie 92/43/EWG des Rates vom 21.5.1992 zur Erhaltung der natürlichen Lebensräume sowie der wildlebenden Tiere und Pflanzen, *ABl. L 206
v. 22.7.1992, S. 7–50* (FFH-Richtlinie);
– Richtlinie 2009/147/EG des Europäischen Parlaments und des Rates vom
20.11.2009 über die Erhaltung der wildlebenden Vogelarten, *ABl. L 20
v. 26.1.2010, S. 7–25* (Vogelschutzrichtlinie);
– Gesetz über Naturschutz und Landschaftspflege (Bundesnaturschutzgesetz –
BNatSchG) v. 29.7.2009, BGBl. I S. 2542;
– Verordnung zum Schutz wild lebender Tier- und Pflanzenarten (Bundesarten-
schutzverordnung – BArtSchV) v. 16.2.2005, BGBl. I S. 258;
– Naturschutzgesetze der Länder.

5. Bodenschutzrecht   5

– Gesetz zum Schutz vor schädlichen Bodenveränderungen und zur Sanierung von
Altlasten (Bundes-Bodenschutzgesetz – BBodSchG) v. 17.3.1998, BGBl. I S. 502;
– Bundes-Bodenschutz- und Altlastenverordnung (BBodSchV) v. 12.7.1999,
BGBl. I S. 1554.

6. Gentechnikrecht   6

– Richtlinie 2009/41/EG des Europäischen Parlaments und des Rates vom
6.5.2009 über die Anwendung genetisch veränderter Mikroorganismen in geschlossenen Systemen, *ABl. L 125 v. 21.5.2009, S. 75–97* (Systemrichtlinie);
– Richtlinie 2001/18/EG des Europäischen Parlaments und des Rates vom
12.3.2001 über die absichtliche Freisetzung genetisch veränderter Organismen
in die Umwelt und zur Aufhebung der Richtlinie 90/220/EWG des Rates, *ABl.
L 106 v. 17.4.2001, S. 1–39* (Freisetzungsrichtlinie);
– Verordnung (EG) Nr. 258/97 des Europäischen Parlaments und des Rates vom
27.1.1997 über neuartige Lebensmittel und Lebensmittelzutaten, *ABl. L 43
v. 14.2.1997, S. 1–6*;
– Verordnung (EG) Nr. 1829/2003 des Europäischen Parlaments und des Rates v. 22.9.2003 über genetisch veränderte Lebensmittel und Futtermittel, *ABl.
L 268 v. 18.10.2003, S. 1–23*;

– Verordnung (EG) Nr. 1830/2003 des Europäischen Parlaments und des Rates v. 22.9.2003 über die Rückverfolgbarkeit und Kennzeichnung von genetisch veränderten Organismen und über die Rückverfolgbarkeit von aus genetisch veränderten Organismen hergestellten Lebensmitteln und Futtermitteln sowie zur Änderung der Richtlinie 2001/18/EG, *ABl. L 268 v. 18.10.2003, S. 24–28* (Rückverfolgbarkeitsverordnung);
– Gesetz zur Regelung der Gentechnik (Gentechnikgesetz – GenTG), neugefasst durch Bek. v. 16.12.1993, BGBl. I S. 2066;
– zahlreiche Verordnungen.

II. Hinweise zum Allgemeinen Umweltrecht

1. Begriff und Aufgabengebiete

7   Zum Umweltrecht zählen die Rechtsnormen, die das Ziel verfolgen, die natürlichen Lebensgrundlagen des Menschen und die von ihm gestaltete und bebaute Umwelt[1] zu schützen. Umweltrecht ist Querschnittsrecht, seine Regelungen durchziehen beinahe die gesamte Rechtsordnung. Selbst Gesetzesmaterien, die ursprünglich und primär anderen Zielsetzungen folgten, erhalten allmählich eine „ökologische Tönung".

8   Zu den wichtigsten Aufgabengebieten des Umweltrechts zählen:
– Naturschutz- und Landschaftspflegerecht
– Gewässerschutzrecht
– Immissions- und Strahlenschutzrecht
– Kreislaufwirtschafts- und Abfallrecht
– Gefahrstoffrecht
– Bodenschutzrecht inkl. Altlastenrecht
– Klimaschutzrecht
– Gentechnikrecht.

2. Bedeutsame Prinzipien

a) Vorsorgeprinzip, Verursacher- und Gemeinlastprinzip, Kooperationsprinzip

9   Primäres Ziel des Umweltschutzes ist die Vermeidung von Umweltbelastungen (Vorsorgeprinzip).[2]

10   Kommt es dennoch zu solchen, so hat grundsätzlich der Verursacher für die Kosten dieser Belastung oder Schädigung aufzukommen (Verursacherprinzip).[3] Lassen sich jedoch bestimmte schädliche Umweltfolgen nicht oder nur schwer bestimmten Verursachern zurechnen, so soll ausnahmsweise die Allgemeinheit mit den Beseitigungskosten belastet werden (Gemeinlastprinzip).[4] In der Umweltpolitik und im Umweltrecht genießt damit das Verursacherprinzip Prio-

---

[1]   Zur Anthropozentrik eines so verstandenen Umweltbegriffes und zur Auseinandersetzung mit einer physiozentrischen Auffassung, s. *Kloepfer,* Umweltrecht, 3. Aufl., 2004, § 1 Rn. 19 ff.
[2]   Näheres bei *Kloepfer,* Umweltrecht, § 4 Rn. 8 ff.
[3]   Zur Problematik des Prinzips s. *Kloepfer,* Umweltrecht, § 4 Rn. 41 ff.
[4]   *Kloepfer,* Umweltrecht, § 4 Rn. 52 ff. m.w.N.

rität. Da jedoch weder das eine noch das andere Prinzip Verfassungsrang besitzt,[5] steht es im pflichtgemäßen Ermessen des Gesetzgebers, ob er in konkreten Gesetzgebungsvorhaben das eine, das andere oder eine Mischform in Anwendung bringt.[6]

Im Rahmen des Kooperationsprinzips arbeitet der Staat mit den jeweils betrof- **11** fenen und interessierten gesellschaftlichen Kräften zusammen, um einvernehmliche Lösungen im Umweltschutz zu erreichen.[7]

b) Nachhaltigkeitsprinzip

Dieser Begriff kommt ursprünglich aus der Forstwirtschaft und besagt, dass na- **12** türliche Ressourcen nur in dem Umfang in Anspruch genommen werden dürfen, dass ihre künftige Nutzbarkeit gewährleistet ist.

Seit Erscheinen der ersten Auflage dieses Lehrbuches hat der Begriff der Nach- **13** haltigkeit einen enormen Bedeutungszuwachs erfahren. Als politisches Schlagwort ist er heute in aller Munde. Die Konferenz der Vereinten Nationen für Umwelt und Entwicklung (UNCED) hatte bereits in ihren Beschlüssen von Rio de Janeiro im Jahre 1992 die „Nachhaltige Entwicklung" weltweit zu einem zentralen Leitbild erhoben. Die Bundesregierung hat unter der Überschrift „Perspektiven für Deutschland"[8] 2002 eine nationale Nachhaltigkeitsstrategie entwickelt, die konkrete Aufgaben und Ziele enthält. Über die ursprünglich umweltrechtliche Fragestellung hinaus wird das Prinzip der Nachhaltigkeit heute als die Aufgabe betrachtet, kommenden Generationen nicht nur eine ökologisch intakte, sondern auch ökonomisch und sozial lebenswerte Welt zu hinterlassen.[9] Generationengerechtigkeit, Lebensqualität, sozialer Zusammenhalt und internationale Verantwortung sind Kernbegriffe einer entsprechend gestalteten Politik.

Für die Agrar- und Ernährungswirtschaft bedeutsam sind folgende Postulate: **14**
1. Vorrang des vorsorgenden Verbraucherschutzes
2. Vorrang (berechtigter) Verbraucherwünsche
3. Schonender Umgang mit Natur und Umwelt
4. Tierschutz
5. Tragfähige wirtschaftliche Basis für eine nachhaltig produzierende Landwirtschaft
6. Entwicklung der ländlichen Räume unter Ausgleich konkurrierender Nutzungen (Lebens-, Wirtschafts-, Natur- und Erholungsraum).

---

[5] Vgl. *Deselaers,* Ausgleichsleistungen in Wasserschutzgebieten – nur eine weitere Rechtsunsicherheit?, AgrarR 1988, 241 ff., 242.

[6] S. *Kimminich,* Ausgleichszahlungen für Land- und Forstwirtschaft in Wasserschutzgebieten, NuR 1989, 2 ff., 4.

[7] Zur Problematik dieses Prinzips s. etwa *Sparwasser/Engel/Voßkuhle*, Umweltrecht, 5. Aufl. 2003, S. 82 ff.

[8] http://www.bundesregierung.de/Content/DE/_Anlagen/Nachhaltigkeit-wiederhergestellt/perspektiven-fuer-deutschland-langfassung.pdf?__blob=publicationFile&v=3 (26.3.2015). S. dort auch den Fortschrittsbericht 2012.

[9] Grundsätzliches zur Verantwortung für die Zukunft s. bei *Jonas,* Das Prinzip Verantwortung, 1979 (Taschenbuch 1984).

III. Ausgewählte Probleme

1. Begriff des Agrarumweltrechts

15   Man kann das Agrarumweltrecht als einen Teil des Umweltrechtes bezeichnen und im Anschluss an *Hötzel* folgendermaßen bestimmen: Zum Agrarumweltrecht zählen die Regelungen des Umweltrechts, „die aus Gründen des Umweltschutzes für die landwirtschaftliche Betriebsführung und Produktion die rechtlichen Rahmenbedingungen setzen".[10]

16   In vorangegangenen Kapiteln wurde bereits eine Fülle derart definierter Vorschriften des Agrarumweltrechts mitbehandelt. Denn es ist heute nicht mehr möglich, das Recht der landwirtschaftlichen Produktion zu beschreiben und dabei Umweltrechtsvorschriften auszuklammern. Die Regelung zum Integrierten Pflanzenbau in § 6 Abs. 1 PflSchG ist hierfür ein deutliches Beispiel. Hier befindet sich eine jener Einbruchstellen, über die die sog. „ökologische Tönung" agrarrechtlicher Vorschriften weiter fortschreiten wird.

17   In diesem Kapitel werden daher nur noch ausgewählte Probleme des Agrarumweltrechts behandelt, soweit sie in vorangegangenen Kapiteln nicht bereits besprochen wurden.

2. Beregnung und Entwässerung landwirtschaftlicher Grundstücke

a) Beregnung

18   Die Beregnung landwirtschaftlich und gartenbaulich genutzter Grundstücke kann von existentieller Bedeutung für einzelne Betriebe sein. Da eine Entnahme des Beregnungswassers aus dem öffentlichen Versorgungsnetz oft nicht möglich oder wirtschaftlich nicht tragbar ist, sind diese Betriebe auf die Eigenförderung des Beregnungswassers angewiesen.[11]

19   Gewässerbenutzungen sind als öffentlich-rechtliche Sondernutzungen grundsätzlich erlaubnis- oder bewilligungsbedürftig. Nur in engen Grenzen lässt das Wasserhaushaltsgesetz in Verbindung mit den jeweiligen Wassergesetzen der Länder erlaubnisfreie und unentgeltliche Gewässerbenutzungen zu. Dabei wird zwischen Gemeingebrauch[12] (s. § 25 WHG) und Eigentümer-[13] bzw. Anliegergebrauch[14]

---

[10] *Hötzel*, S. 31.

[11] *Hötzel*, S. 369.

[12] Unter „Gemeingebrauch" versteht man das jedermann zustehende subjektiv-öffentliche Recht, eine der Öffentlichkeit zur Verfügung stehende Sache im Rahmen der bestimmungsgemäßen Nutzung ohne besondere Zulassung und unentgeltlich zu gebrauchen. Die Ausprägung als subjektiv-öffentliches Recht ist allerdings im Wasserrecht – anders als im Straßen- und Wegerecht – strittig, s. die Nachweise bei *Breuer*, Rn. 265 und 670.

[13] Bei Wasser als einem für alle besonders wertvollen Gut war die Sozialbindung von je her besonders stark ausgeprägt. Im Nassauskiesungsbeschluss (BVerfGE 58, 300 = NJW 1982, 745 = DVBl. 1982, 340) hat das Bundesverfassungsgericht darüber hinaus festgestellt, dass das Grundwasser nicht vom Privateigentum umfasst wird, sondern einer davon losgelösten öffentlich-rechtlichen Benutzungsordnung unterstellt und der Allgemeinheit zugeordnet wird. Wenn im Wassergesetzen weiterhin der Begriff „Eigentümergebrauch" verwendet wird, so ist dies dahin gehend zu verstehen, dass ein Grundstückseigentümer das unter seinem Grundstück vorhandene, ihm aber nicht gehörende Grundwasser unter den jeweils normierten Voraussetzungen nutzen darf.

[14] Anlieger sind die Eigentümer der an oberirdische Gewässer angrenzenden Grundstücke und die zur Nutzung dieser Grundstücke Berechtigten. Hinterlieger sind die Eigentümer der an Anlie-

(s. § 26 WHG) unterschieden. Ferner wird zwischen oberirdischen Gewässern, Küstengewässer und dem Grundwasser differenziert (§§ 2 und 3 WHG).

Die erlaubnisfreien und unentgeltlichen Gewässerbenutzungen für die Land- 20 wirtschaft werden in folgender Übersicht am Beispiel des Bundeslandes Bayern dargestellt[15]:

Oberirdische Gewässer	Rechtsgrundlage	21
1. Gemeingebrauch	§ 25 WHG	
in geringen Mengen für Viehtränken und den häuslichen Bedarf der Landwirtschaft (soweit nicht durch VO beschränkt oder verboten)	Art. 18 BayWG	
2. Eigentümergebrauch	§ 26 WHG	
– nur für Eigenbedarf – ohne Beeinträchtigung anderer – ohne nachteilige Veränderung der Wassereigenschaft – ohne wesentliche Verminderung der Wasserführung – ohne andere Beeinträchtigung des Wasserhaushalts		
3. Anliegergebrauch	§ 26 WHG	
wie Eigentümergebrauch		

Grundwasser	Rechtsgrundlage	22
1. kein Gemeingebrauch	§§ 2, 25 WHG	
2. Eigentümergebrauch	§ 46 WHG	
Entnehmen, Zutagefördern, Zutageleiten oder Ableiten – für Haushalt – für landwirtschaftlichen Hofbetrieb – für Viehtränken außerhalb des Hofbetriebes – **in geringen Mengen** zu vorübergehendem Zweck – zur gewöhnlichen Bodenentwässerung – **in geringen Mengen** zur Erhaltung der Bodenfruchtbarkeit	Art. 29 BayWG	

Zum Begriff „in geringen Mengen" existiert eine Vollzugsbekanntmachung des 23 Bayerischen Staatsministeriums für Umwelt und Verbraucherschutz.[16] Danach handelt es sich nicht mehr um eine geringe Menge, wenn
– eine landwirtschaftlich oder gärtnerisch genutzte Fläche über 1 ha Größe oder mit mehr als 50 m^3 pro Tag beregnet oder
– mittels gemeinsamer Anlagen beregnet wird oder
– andere Wasserbenutzungen, insbesondere für Trinkwasserzwecke, beeinträchtigt werden können.

---

gergrundstücke angrenzenden Grundstücke und die zur Nutzung dieser Grundstücke Berechtigten (§ 41 Abs. 1 Nr. 2 WHG). Art und Umfang ihrer Nutzungsrechte sind in den Wassergesetzen der Länder geregelt.

[15] Bayerisches Wassergesetz (BayWG), v. 25.2.2010, GVBl. 2010, S. 66.

[16] 7531-U Verwaltungsvorschrift zum Vollzug des Wasserrechts (VVWas), Bekanntmachung des Bayerischen Staatsministeriums für Umwelt und Verbraucherschutz vom 27.1.2014, Az.: U4505-2010/2, Punkt 2.5.1.3. Im Übrigen s. zum Begriff *Czychowski/Reinhardt*, § 46 Rn. 18.

24   Daraus ergibt sich, dass auf Dauer eine effektive Beregnung landwirtschaftlicher Nutzflächen nicht über die erlaubnisfreie Benutzung von oberirdischen Gewässern und des Grundwassers sichergestellt werden kann. Vielmehr ist hierzu eine wasserrechtliche Erlaubnis oder Bewilligung anzustreben.[17]

b) Entwässerung

25   Nach § 46 Abs. 1 Nr. 2 WHG ist für das Entnehmen, Zutagefördern, Zutageleiten oder Ableiten von Grundwasser „für Zwecke der gewöhnlichen Bodenentwässerung landwirtschaftlich, forstwirtschaftlich oder gärtnerisch genutzter Grundstücke" keine wasserrechtliche Erlaubnis oder Bewilligung erforderlich. Eine allgemein verbindliche Beschreibung des Merkmales „gewöhnlich" gibt es nicht. Es wird hier durchaus mit regionalen Unterschieden darauf ankommen, was örtlich für die Land-, Forst- und Gartenbauwirtschaft üblich ist.[18]

26   Die Länder können nach § 46 Abs. 3 WHG allgemein oder für einzelne Gebiete bestimmen, dass auch für die gewöhnliche Bodenentwässerung eine Erlaubnis oder Bewilligung erforderlich ist.

3. Wasserversorgung und Abwasserbeseitigung in landwirtschaftlichen Betrieben

a) Wasserversorgung

27   In § 46 Abs. 1 Nr. 1 WHG erfolgt keine mengenmäßige Beschränkung beim Entnehmen, Zutagefördern, Zutageleiten oder Ableiten von Grundwasser
– für den Haushalt,
– für den landwirtschaftlichen Hofbetrieb und
– für das Viehtränken außerhalb des Hofbetriebs.

28   Soweit Landesgesetze keine Einschränkung auf der Grundlage des § 46 Abs. 3 WHG vorsehen, kann sich der Landwirt also aus einem eigenen Brunnen mit Wasser versorgen.[19] Dies ist für ihn aus Kostengründen erstrebenswert. Die Kommunen und Zweckverbände bauen jedoch zügig die kommunalen Wasserversorgungssysteme aus und sind ihrerseits aus Gründen der Kostensenkung daran interessiert, dass sich alle Grundstückseigentümer im Erfassungsbereich der kommunalen Versorgungsanlagen anschließen lassen und die Anlagen benutzen. Zur Durchsetzung ihrer Interessen steht ihnen das Instrument des Anschluss- und Benutzungszwanges zur Verfügung. Per Satzung zwingen sie auch Eigenversorger zur Benutzung der kommunalen Einrichtungen, selbst wenn diesen ein Brunnen zur Verfügung steht, der Wasser einwandfreier Qualität liefert.

29   Die wesentlichen Argumente der kommunalen Wasserversorger für den Ausbau und die Benutzung ihrer Anlagen sind folgende:
– kontrollierter Eingriff in den Wasserhaushalt beim Bau kommunaler Anlagen;
– Gewässerschutz, insbesondere sparsamer Umgang, wenn für Wasser bezahlt werden muss;
– Hygieneprobleme bei privaten Brunnen, dagegen ständige Kontrolle kommunaler Versorgungsanlagen;

---

[17] Näheres dazu bei *Hötzel*, S. 371 ff., und in den einschlägigen Kommentaren und Lehrbüchern des Wasserrechts.
[18] *Czychowski/Reinhardt*, § 46 Rn. 19.
[19] S. dazu für die alten Bundesländer den Überblick bei *Hötzel*, S. 238 f.

– effektiver Brandschutz;
– bessere Wirtschaftlichkeit der kommunalen Anlagen, wenn möglichst alle angeschlossen werden.

Um unbillige Härten zu vermeiden kann in Ausnahmefällen eine Ausnahme **30**
vom Anschluss- und Benutzungszwang zugelassen werden. Bei der Beurteilung der Frage, wann ein derartiger Ausnahmefall vorliegt, ist zwischen den schutzwürdigen Belangen der Beteiligten, also zwischen dem kommunalen Wasserversorger und dem betroffenen Landwirt, eine Abwägung vorzunehmen.

Als Ausnahmefälle sind von der Rechtsprechung anerkannt:[20] **31**
– der Anschluss- und Benutzungszwang würde den Verpflichteten in seiner Existenz bedrohen, z.B. Anschluss eines weit entfernten Einödhofes unter Auferlegung der Anschlusskosten auf den Betroffenen;
– das kommunale Wasser ist für den Betroffenen unbrauchbar, z.B. gechlortes Wasser für Milch- und Käseproduktion;
– es wurden hohe Aufwendungen für den Bau eines eigenen Brunnens erbracht, die sich bis zur Anordnung des Anschluss- und Benutzungszwanges noch nicht amortisiert haben.

Nicht anerkannt ist dagegen das bloße Vorhandensein eines Brunnens, selbst **32**
wenn er einwandfreies Wasser liefert. Neben den oben bereits angeführten Gründen wird hier der Standpunkt vertreten, die Gründe des öffentlichen Wohls müssten nicht auf jedem einzelnen Grundstück im Einzugsbereich der gemeindlichen Wasserversorgungsanlage vorliegen. Es genüge, wenn in der Gemeinde allgemein die Notwendigkeit für eine zentrale Versorgung bestehe.

Der betroffene Landwirt kann sich gegen den Anschluss- und Benutzungszwang **33**
zur Wehr setzen, indem er entweder die Satzung selbst im Wege der konkreten Normenkontrollklage nach § 47 VwGO überprüfen lässt oder indem er den Beitrags- oder Gebührenbescheid über Widerspruch und Anfechtungsklage nach den §§ 42, 68 VwGO angreift. Die Erfolgsaussichten sind – außer in den oben dargestellten Ausnahmefällen – nicht hoch. Erreichbar ist jedoch unter Umständen bereits im Vorfeld einer gerichtlichen Auseinandersetzung folgender Kompromiss: Es erfolgt eine Teilbefreiung vom Benutzungszwang in der Form, dass hinsichtlich des Trinkwassers der Anschluss- und Benutzungszwang greift, dass aber das Brauchwasser dem eigenen Brunnen entnommen werden darf. Voraussetzung für die Teilbefreiung ist allerdings, dass dies der Gemeinde wirtschaftlich zumutbar ist, also die Ausfälle bei den Einnahmen verkraftbar sind und dass die Anlagen im landwirtschaftlichen Hof technisch so ausgestaltet werden, dass eine absichtliche oder versehentliche Vermengung des Wassers aus den beiden Versorgungssystemen ausgeschlossen ist.

b) Abwasserbeseitigung

Für das Einleiten von Abwasser in ein Gewässer ist gem. § 1 Abwasserabgaben- **34**
gesetz eine Abgabe zu entrichten (Abwasserabgabe), die durch die Länder erhoben wird.[21]

Die Begriffe „Abwasser" und „Einleiten" werden in § 2 AbwAG folgenderma- **35**
ßen definiert:

---

[20] Nachweise bei *Hötzel,* S. 241 f.
[21] Gesetz über Abgaben für das Einleiten von Abwasser in Gewässer (Abwasserabgabengesetz – AbwAG), neugefasst durch Bek. v. 18.1.2005, BGBl. I S. 114. Für Bayern s. Gesetz zur Ausführung des Abwasserabgabengesetzes (BayAbwAG) v. 9.2.2003, GVBl. 2003, S. 730.

36 „Abwasser im Sinne dieses Gesetzes sind das durch häuslichen, gewerblichen, landwirtschaftlichen oder sonstigen Gebrauch in seinen Eigenschaften veränderte und das bei Trockenwetter damit zusammen abfließende Wasser (Schmutzwasser) sowie das von Niederschlägen aus dem Bereich von bebauten oder befestigten Flächen abfließende und gesammelte Wasser (Niederschlagswasser). Als Schmutzwasser gelten auch die aus Anlagen zum Behandeln, Lagern und Ablagern von Abfällen austretenden und gesammelten Flüssigkeiten." (Abs. 1).

37 „Einleiten im Sinne dieses Gesetzes ist das unmittelbare Verbringen des Abwassers in ein Gewässer; das Verbringen in den Untergrund gilt als Einleiten in ein Gewässer, ausgenommen hiervon ist das Verbringen im Rahmen landbaulicher Bodenbehandlung." (Abs. 2, Düngungsprivileg).

38 Will man die Auswirkung dieser Vorschriften auf landwirtschaftliche Betriebe feststellen, so ist von verschiedenen Fallkonstellationen[22] auszugehen:

39 1. Konstellation: Der gesamte landwirtschaftliche Betrieb ist an eine öffentliche Kanalisation angeschlossen, das gesamte verbrauchte Wasser (Trink- und Brauchwasser) geht in die Kanalisation:

40 Einleiter i.S. des AbwAG ist dann nicht der Landwirt (s. das Begriffsmerkmal „unmittelbar"), sondern die Gemeinde. Diese hat an den Staat (zweckgebunden für den Gewässerschutz) die Abwasserabgabe zu zahlen. Je besser die Gemeinde vorklärt, umso weniger hat sie zu zahlen. Was ihr an Kosten verbleibt, legt sie auf die Kanalbenutzungsgebühren um.

41 Nicht in die Kanalisation dürfen – und das gilt für alle Konstellationen – Jauche, Gülle und Stallmist. Mit diesen Stoffen wäre jede Kläranlage überfordert. Die einzig sinnvolle Verwendung für Jauche, Gülle und Stallmist ist die Ausbringung als Dünger zum richtigen Zeitpunkt und in der richtigen Menge.

42 2. Konstellation: Das Abwasser des gesamten landwirtschaftlichen Betriebes wird in eine Jauche oder Güllegrube verbracht und dann in Abständen zur Düngung verwendet:

43 In diesem Falle liegt an sich ein Einleiten vor (s. die Begriffsbestimmung). Es greift aber das Düngungsprivileg: „ausgenommen hiervon ist das Verbringen im Rahmen landbaulicher Bodenbehandlung". Die Konsequenz ist, dass der Betrieb nicht abgabepflichtig ist.

44 3. Konstellation: Der Wohnbereich des landwirtschaftlichen Betriebes ist an die öffentliche Kanalisation angeschlossen, die landwirtschaftlichen Abwässer werden ausgebracht:

45 Für den Wohnbereich gilt das zu Konstellation 1 Ausgeführte, für die landwirtschaftlichen Abwässer das zu Konstellation 2.

46 4. Konstellation: Das Abwasser aus dem Wohnbereich des landwirtschaftlichen Betriebes geht in eine betriebseigene Kläreinrichtung (Klär- und Sickergrube), die landwirtschaftlichen Abwässer werden ausgebracht.

47 Für den Wohnbereich ist der Landwirt hier Einleiter und zwar sog. „Kleineinleiter".[23] Abweichend von der Systematik des Abwasserabgabengesetzes sind aus Gründen der Verwaltungsvereinfachung nicht die Kleineinleiter selbst, sondern die für die Abwasserbeseitigung zuständigen Körperschaften abgabepflichtig, das

---

[22] Im Anschluss an *Hötzel*, S. 253f.

[23] S. §§ 8 i.V.m. 4 AbwAG. Voraussetzung für eine Abgabenerhebung ist dabei ein tatsächliches unmittelbares Verbringen in den Untergrund. Wird das Schmutzwasser lediglich in einer Grube ohne Abfluss gesammelt und dann zur weiteren Entsorgung abtransportiert, ist der Einleitungstatbestand nicht erfüllt; *Berendes*, Das Abwasserabgabengesetz, 3. Aufl., 1995, S. 114, mit ausführlichen Erläuterungen zu Kleineinleitungen S. 113 ff.

sind in der Regel die Gemeinden. Diese sind ermächtigt, über eine entsprechende Kommunalabgabesatzung ihre Abgaben auf die Kleineinleiter umzulegen. Für die landwirtschaftlichen Abwässer gilt das zu Konstellation 2 Ausgeführte.

Unter reinen Kostengesichtspunkten betrachtet ist also für den Landwirt die **48** Konstellation 2 die günstigste.

4. Ausweisung von Wasserschutzgebieten[24]

a) Rechtsgrundlage und Verfahren

Gem. § 51 Abs. 1 WHG können Wasserschutzgebiete festgesetzt werden, soweit **49** es das Wohl der Allgemeinheit erfordert,
1. Gewässer im Interesse der derzeit bestehenden oder künftigen öffentlichen Wasserversorgung vor nachteiligen Einwirkungen zu schützen,
2. das Grundwasser anzureichern oder
3. das schädliche Abfließen von Niederschlagswasser sowie das Abschwemmen und den Eintrag von Bodenbestandteilen, Dünge- oder Pflanzenbehandlungsmitteln in Gewässer zu vermeiden.

Die Festsetzung erfolgt durch Rechtsverordnung[25], Zuständigkeit und Verfahren regeln die Landeswassergesetze. Wie aus der Entstehungsgeschichte des Wasserhaushaltsgesetzes zu entnehmen ist,[26] muss in einem derartigen Verfahren den Betroffenen jedenfalls Gelegenheit zu Information und Stellungnahme eingeräumt sein. Das Vorhaben ist deshalb öffentlich bekannt zu machen. Aus der Bekanntmachung muss entnehmbar sein, welche Grundstücke erfasst werden sollen. Wer Bedenken und Anregungen vorgebracht hat, die beim Erlass der Rechtsverordnung nicht berücksichtigt wurden, ist über die Ablehnungsgründe zu informieren („förmliches Verfahren"). **50**

b) Regelungsgehalt

Nach § 52 Abs. 1 WHG können in Wasserschutzgebieten bestimmte Handlungen verboten oder für nur eingeschränkt zulässig erklärt werden (Nr. 1). Darüber hinaus können den Eigentümern und Nutzungsberechtigten von Grundstücken bestimmte Pflichten wie bestimmte Nutzungen, Bewirtschaftungsaufzeichnungen oder Duldung behördlicher Maßnahmen auferlegt werden (Nr. 2 und 3). Das WHG nennt hier ausdrücklich auch Maßnahmen zur Beobachtung des Gewässers und des Bodens. **51**

Wasserschutzgebiete werden üblicherweise in drei Zonen gegliedert:

Schutzzone I (Fassungsbereich, bzw. bei Trinkwassertalsperren Stauraum und Uferzone): Die Schutzzone I ist in der Regel eingezäunt, von jeglicher Nutzung ausgeschlossen, und der Zutritt ist verboten. **52**

Schutzzone II (engerer Schutzbereich): Die Schutzzone II dient dem Schutz des Einzugsbereiches vor Verunreinigungen, die von menschlichen Tätigkeiten und Einrichtungen ausgehen und wegen ihrer Nähe zur Fassungsanlage besonders ge- **53**

---

[24] Der gesamte Flächenbedarf für Wasserschutzgebiete in Deutschland liegt nach *Haber/Salzwedel,* S. 110, aus 1992 bei 10,9 % der Gesamtfläche der Bundesrepublik Deutschland. Rechtskräftig ausgewiesen waren in Deutschland Anfang der 1990er Jahre etwa 5 %, im Jahr 2010 waren es bereits 14,08 %, s. https://www.umweltbundesamt.de/sites/default/files/medien/377/bilder/dateien/karte1_wsg_140317.pdf (2.4.2015).

[25] Einzelheiten zum Verfahren s. bei *Czychowski/Reinhardt,* § 51 Rn. 54 ff. Für Bayern s. Art. 31 und 73 BayWG.

[26] S. *Breuer,* Rn. 840 ff.

fährlich sind. Sie umfasst bei Grundwassergewinnungsanlagen meist die Fläche, von deren äußerer Grenze das Grundwasser in Fließrichtung 50 Tage bis zum Fassungsbereich benötigt. Bei Grundwassergewinnungsanlagen ist diese Zone relativ klein (ca. 45 ha), bei Trinkwassertalsperren kann sie dagegen über 80 % des Schutzgebietes umfassen.[27]

54 **Schutzzone III** (weiterer Schutzbereich): Die Schutzzone III wird bisweilen weiter untergliedert (III A und III B, wenn die weiteste Entfernung zwischen Förderbrunnen und der Grenze des Einzugsgebietes mehr als 2 km beträgt). Sie bezweckt den Schutz vor räumlich und zeitlich weitreichenden Beeinträchtigungen, insbesondere vor nicht oder nur schwer abbaubaren chemischen und radioaktiven Verunreinigungen.[28] Zone III A umfasst etwa 400 ha, Zone III B ca. 600 ha.

55   Schema eines Wassereinzugsgebietes
                                (Erlenbach 1989)[29]

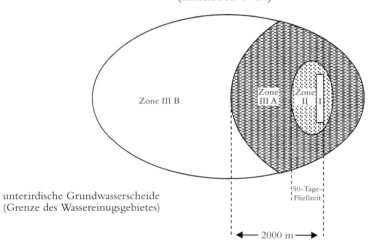

56 **– Handlungsverbote und -beschränkungen**
        Was die land- und forstwirtschaftliche Nutzung von Grundstücken betrifft, so kommen beispielsweise folgende Anordnungen in Betracht:[30]

57 | Handlungsverbote und -beschränkungen nach § 52 Abs. 1 Nr. 1 und Nr. 2 Bst. a WHG |
        |---|
        | **1. im Bereich gebietsgestaltender Maßnahmen:**
– Umbruch von Dauergrünland
– Rodung von Waldbeständen
– Abbau von Kies, Sand, Ton etc.
– Anlegung oder Änderung von Drainagen und Vorflutgräben
– Anlage oder Erweiterung von Gartenbaubetrieben |

---

[27] *Riemann / Brinker / Göbbel,* S. 36.
[28] *Czychowski / Reinhardt,* § 52 Rn. 72.
[29] Abgedruckt bei *Riemann / Brinker / Göbbel,* S. 35.
[30] In welchen Zonen sie zur Anwendung kommen, hängt von den tatsächlichen Gegebenheiten ab, u.a. von der Bodenbeschaffenheit, der Grundwassertiefe, der Fließgeschwindigkeit etc.

Handlungsverbote und -beschränkungen nach § 52 Abs. 1 Nr. 1 und Nr. 2 Bst. a WHG
2. im Bereich Düngung/Pflanzenschutz: – vollständiges Düngeverbot (z.B. im Fassungsbereich) – Verbot der Gülledüngung mit stationären Leitungen – zeitlich befristetes Verbot der Gülledüngung, Festsetzung von Höchstmengen über die Anforderung der Düngeverordnung hinaus – Genehmigungsvorbehalt für Düngung mit Wirtschaftsdünger – Verbot oder Beschränkung des Einsatzes von Pflanzenschutzmitteln **3. im Bereich Produktionsabläufe:** – Art der Nutzung (z.B. Verbot des Maisanbaus) – Ausgestaltung der Fruchtfolge – Einarbeitungsvorschriften – wesentliche Aufstockung des Viehbestandes **4. im Bereich Lagerung** – Anlage von Gärfuttermieten – Gestaltung der Gülle- und Jauchegruben – offene Lagerung von Wirtschafts- und Mineraldünger – Lagerung wassergefährdender Betriebsstoffe

– Duldungspflichten   **58**

Die Duldungspflichten müssen dem rechtsstaatlichen Bestimmtheitsgrundsatz entsprechend konkret formuliert sein. Folgende Anordnungen kommen beispielsweise in Frage:

Duldungspflichten nach § 52 Abs. 1 Nr. 2 Bst. c WHG:[31]	**59**
– Errichtung von Zäunen (z.B. um den Fassungsbereich) – Aufstellen von Hinweisschildern – Maßnahmen zur Verhinderung von Abschwemmungen – wasserdichte Abdeckung von Geländeteilen – Anlage von Stichgräben – Beseitigung von Gräben – Bepflanzung, Aufforstung eines Gebietes – Überwachung von Schutzbestimmungen – Errichtung und Betreiben von Pegelstellen und Lysimeteranlagen – Niederbringung von Beobachtungsbrunnen – Pflanzensoziologische Untersuchungen	

c) Enteignung oder Sozialbindung?[32]

Schutzanordnungen in Wasserschutzgebieten stellen in der Regel entschädigungsfreie, die Sozialpflichtigkeit konkretisierende Inhalts- und Schrankenbestimmungen des Eigentums dar (Art. 14 Abs. 1 Satz 2 und Abs. 2 GG).[33] Nur in besonders gelagerten Fällen können sie ausnahmsweise Enteignungscharakter tragen.   **60**

---

[31] S. Aufzählung bei *Czychowski/Reinhardt,* § 52 Rn. 37 ff.

[32] Grundsätzliches zu dieser Problematik s. Kap. 2. Weiter *Axer,* Entwicklung und Stand des landwirtschaftlichen Bodeneigentums in der Verfassungswirklichkeit, in: Agrarrecht 8/2000, Beilage I, S. 4 ff., sowie *Witt,* Das land- und forstwirtschaftliche Bodeneigentum im Spannungsfeld zwischen Privatnützigkeit und öffentlich-rechtlichen Bindungen, AgrarR 8/2000, Beilage I, S. 15 ff.

[33] S. *Breuer,* Rn. 891 mit ausführlichen Hinweisen zu Lit. und Rsp.; *Czychowski/Reinhardt,* § 52 Rn. 56 ff.; Zur ökonomischen Auswirkung s. z.B. *Rintelen,* Auflagen in Wasserschutzgebieten und ihre ökonomische Bewertung für landwirtschaftliche Betriebe, in: Landw. Jahrbuch, Heft 6/1990, S. 707 ff.

Für diese Fälle schreibt §§ 52 Abs. 4 i.V.m. 96 WHG, um der Junktim-Klausel des Art. 14 Abs. 3 Satz 2 GG Rechnung zu tragen, eine Entschädigung vor, ohne eine Abgrenzung zwischen Enteignungstatbeständen und Sozialbindung vorzunehmen.[34] Betrachtet man – unabhängig von rechtsdogmatischen Problemen – die Rechtsprechung in diesem Bereich, so wird man eine deutliche Tendenz zu vermehrter Sozialbindung feststellen können. Wo die Trennungslinie verläuft, ist ausgesprochen problematisch. Am hilfreichsten ist noch folgende, bereits oben formulierte Überlegung: Sozialbindung/Sozialpflichtigkeit des Eigentums bedeutet, dass nur der sozialverträgliche Gebrauch des Eigentums verfassungsrechtlich geschützt ist. Gebraucht der Eigentümer sein Eigentum in sozialwidriger Weise, so verlässt er den Schutzkreis des Art. 14 GG. Wird er dann vom Staat in die Grenzen sozialverträglichen Gebrauchs zurückgedrängt, so stellt dies keine Enteignung dar, sondern lediglich eine entschädigungslos hinzunehmende Sozialbindung. Nach diesen Überlegungen wird deutlich, dass Schutzanordnungen in Wasserschutzgebieten, soweit sie das Wohl der Allgemeinheit erfordert, in der Regel keine Enteignung darstellen. Der Landwirt wird nur dazu angehalten sich so zu verhalten, dass er das für die Allgemeinheit lebensnotwendige Gut Wasser nicht verunreinigt. Zu beachten ist allerdings, und dies wird bei der Behandlung des § 52 Abs. 5 WHG deutlich werden, dass man der Problematik der Wasserschutzgebietsausweisungen nur gerecht wird, wenn man – was die landwirtschaftlichen Tätigkeiten betrifft – zwischen konkreten und abstrakten Gefährdungen unterscheidet.

d) Beispiele aus Rechtsprechung und Literatur

61   – Die Einbeziehung von Grundstücken in ein Wasserschutzgebiet stellt für sich allein noch keine entschädigungspflichtige Enteignung dar.[35]
  – Das Verbot, auf einem landwirtschaftlich genutzten Grundstück über einem Grundwasservorkommen, das für die öffentliche Wasserversorgung gebraucht wird, bestimmte Pflanzenschutzmittel oder Klärschlamm mit nicht unerheblichen Schwermetallgehalten aufzubringen, stellt lediglich eine Sozialbindung dar.[36]
  – Das Verbot der Nassauskiesung, selbst auf einem Grundstück, das sich auf Grund seiner Situation zu dieser Nutzungsart anbietet, stellt keine entschädigungspflichtige Enteignung dar.[37]
  – Das Verbot des Ausbringens von Jauche und Gülle in Zone II eines Wasserschutzgebietes stellt eine entschädigungspflichtige Enteignung dar.[38] Diese Entscheidung ist nach den oben dargestellten Grundsätzen der Sozialpflichtigkeit nicht haltbar.[39]

---

[34] Folgt man der neueren, durch den Nassauskiesungsbeschluss des Bundesverfassungsgerichts (BVerfGE 58, 300) geprägten Konzeption der Eigentumsgarantie, so sind salvatorische Entschädigungsklauseln nicht ausreichend, um den Anforderungen der Junktim-Klausel des Art. 14 Abs. 3 S. 2 GG zu genügen. BGH, BVerwG und ein Teil der Rechtslehre behelfen sich mit einer dogmatisch unbefriedigenden Uminterpretation des § 52 Abs. 4 WHG (19 Abs. 2 und 3 WHG a.F.) in eine ausgleichspflichtige Inhaltsbestimmung. S. *Breuer*, Rn. 881 ff.

[35] BGH NJW 1973, 628; OLG Düsseldorf, ZfW 1979, 188. Weitere Nachweise bei *Breuer*, Rn. 891.

[36] OLG München ZfW 1986, 269, 271 f.

[37] BVerfGE 58, 300. Anders wäre das Verbot der Sand- und Kiesausbeute nach *Breuer*, Rn. 899 zu beurteilen, wenn sich nach den besonderen Umständen des Einzelfalles eine Ausbeutung von Bodenbestandteilen eigentumskräftig verfestigt hätte, z.B. dann, wenn eine Wasserschutzgebietsausweisung erst „nach der Einleitung einer umfangreichen Kiesausbeute" erginge und die Auskiesung eines Grundstücks verbiete, das der Eigentümer zuvor jederzeit zur Kiesausbeute hätte verwerten können.

[38] OLG Düsseldorf ZfW 1979, 188 und ZfW 1980, 362.

[39] So auch *Czychowski/Reinhardt*, § 52 Rn. 76 m.w.N.

– Die Anordnung, eine bestimmte Fruchtfolge zu wählen oder die Art der Bewirtschaftung zu ändern (z.B. Wechsel vom Ackerbau zur Grünlandnutzung) oder die Anordnung, bestimmte Maschinen nicht einzusetzen, verbietet nicht die landwirtschaftliche Tätigkeit als solche und hält sich somit im Rahmen der zulässigen Inhaltsbestimmung des Eigentums. Sie stellt also keine Enteignung dar.[40]

– Wenn aber Schutzbestimmungen die Grundstückssituation nachhaltig verändern und schwer und unerträglich in die Struktur des landwirtschaftlichen Betriebes eingreifen, kann eine Enteignung vorliegen.[41]

e) Billigkeitsausgleich

Der Gesetzgeber hat die Schwierigkeiten der Abgrenzung gesehen. Aus agrar- **62** politischen Erwägungen heraus und um eine Schlechterstellung von Landwirten in Wasserschutzgebieten gegenüber nicht betroffenen Betrieben zu vermeiden, wurde auf Anregung des Bundesrates, zunächst gegen den Widerstand des Bundestages, im Rahmen des 5. Änderungsgesetzes der § 19 Abs. 4 n.F. in das Wasserhaushaltsgesetz aufgenommen.[42] Heute findet sich die Bestimmung in § 52 Abs. 5 WHG.

§ 52 Abs. 5 WHG gewährt von Wasserschutzgebietsausweisungen betroffenen **63** Land- und Forstwirten einen sog. *Billigkeitsausgleich:* Setzt eine der oben beschriebenen Handlungs- oder Duldungsanordnung (nach Abs. 1 Satz 1 Nr. 1 oder Nr. 2) erhöhte Anforderungen fest, die die ordnungsgemäße land- oder forstwirtschaftliche Nutzung eines Grundstücks einschränken, so ist für die dadurch verursachten wirtschaftlichen Nachteile ein angemessener Ausgleich nach Maßgabe des Landesrechts zu leisten, soweit nicht eine Entschädigungspflicht nach Abs. 4 besteht. Dieser Ausgleich ist in Geld zu leisten (§ 99 WHG).

Bundesrechtliche Voraussetzungen für den Billigkeitsausgleich sind also **64**
– Anordnungen in einem Wasserschutzgebiet, die *erhöhte*[43] *Anforderungen* stellen,
– *Beschränkung* der *ordnungsgemäßen* land- und forstwirtschaftlichen *Nutzung* eines Grundstücks,
– dadurch entstehende wirtschaftliche *Nachteile,*
– *keine Entschädigungspflicht* nach Abs. 4 (Subsidiarität des Billigkeitsausgleiches).

§ 19 Abs. 4 WHG bzw. heute § 52 Abs. 5 WHG ist in der Literatur auf breite **65** Kritik gestoßen.[44] Vor allem wird bemängelt, dass das Verursacherprinzip, das aus rechts- und umweltpolitischen Gründen Vorrang vor dem Gemeinlastprinzip genießen sollte, in unzulässiger Weise durchbrochen wird.[45]

Der Bundesgesetzgeber hatte damit die Landesgesetzgeber vor eine ausgespro- **66** chen schwierige Aufgabe gestellt, die erst im Laufe mehrerer Jahre mehr oder minder zufriedenstellend gelöst werden konnte. Hauptursache für diese Schwierigkeit war die als Ausgleichsvoraussetzung genannte Einschränkung der „ordnungsgemäßen Landwirtschaft". Zu diesem Begriff gibt es zahlreiche Äußerungen in der Literatur.[46] Die Meinungen gehen zum Teil weit auseinander. Der Grund hier-

---

[40] *Czychowski/Reinhardt*, § 52, Rn. 77 m.w.N.
[41] *Krohn*, AgrarR 1986, Beilage I, S. 22; *ders.,* DVBl. 1986, 746; vgl. auch BVerwG vom 23.1.1981, BVerwGE 61, 303.
[42] Zur Entstehungsgeschichte s. *Breuer*, Rn. 900.
[43] Im Vergleich zur Bewirtschaftung außerhalb von Wasserschutzgebieten.
[44] S. die Nachweise bei *Czychowski/Reinhardt,* § 52 Rn. 88.
[45] Zur Problematik dieses Vorwurfs, s. *Kimminich*, NuR 1989, 4.
[46] S. die Nachweise bei *Czychowski/Reinhardt,* § 52 Rn. 108 ff.; s. auch *Paul,* „Ordnungsgemäße Landwirtschaft" – Stand der Diskussion, in: Ber.Ldw. Bd. 75 Dezember 1997, S. 539 ff.

für liegt in der doppelten Zielsetzung des § 52 WHG: Gewässerschutz einerseits – Unterstützung der wirtschaftlich bedrängten Landwirtschaft andererseits. Die Tendenz der Autoren, der einen oder anderen Zielvorstellung des Gesetzgebers das größere Gewicht beizumessen, färbt bisweilen auf die Äußerungen ab.

67   Die Position von *Grimm* in der Vorauflage zur Problematik des Billigkeitsausgleichs lässt sich folgendermaßen zusammenfassen:

68   1. „Ordnungsgemäß" heißt auch: der Rechtsordnung entsprechend.[47]

69   2. Eine Handlung, die konkret geeignet ist, das Wasser zu verunreinigen, verstößt gegen die allgemeine Sorgfaltspflicht des § 5 WHG und könnte als unechte Gewässerbenutzung i.S.d. § 9 Abs. 2 Nr. 2 WHG durch eine Untersagungsverfügung verboten werden und ist somit nicht ordnungsgemäß.[48]

70   3. Raum für den Billigkeitsausgleich bleibt somit nur bei jenen Wasserschutzgebietsanordnungen, die abstrakte[49] Gefährdungen abwehren und so im Wesentlichen Vorsorgecharakter tragen.[50]

71   4. Es ist vertretbar, diese lediglich abstrakt gefährdenden Handlungen als noch ordnungsgemäße Landbewirtschaftung (soweit sie die übrigen Begriffsmerkmale erfüllen) zu betrachten. Werden derartige Handlungen verboten, so kann der Gesetzgeber – wie in § 52 Abs. 5 WHG geschehen – einen Billigkeitsausgleich vorsehen, um die den Eigentümern auferlegten Belastungen auf ein zumutbares Maß zu reduzieren und sicherzugehen, dass keine Verfassungswidrigkeit wegen Verstoßes gegen das Verhältnismäßigkeitsprinzip und den Gleichheitssatz entsteht. Auf diese Weise gelangt man in die Nähe der Rechtsfigur der „ausgleichspflichtigen Inhaltsbestimmung des Eigentums".[51]

72   5. Eine praktische Schwierigkeit ergibt sich dadurch, dass in Wasserschutzgebietsausweisungen häufig konkrete Schadensabwehr und abstrakte Vorsorge zusammentreffen.[52] Man wird hier genau differenzieren müssen und bereits im Vorfeld der Schutzgebietsausweisung durch Fachbehörden, insbesondere die Wasserbehörden genaue Analysen der Grundwasser- und Bodenverhältnisse der einzelnen Flurstücke vornehmen müssen, um dann eine Zuordnung zur konkreten oder abstrakten Gefährdung vornehmen zu können.[53]

---

[47] S. entsprechende Belege in Kap. 1, II.6.b).

[48] Vgl. *Pietzker,* Zur Entwicklung des öffentlichen Entschädigungsrechts – insbesondere am Beispiel der Entschädigung von Beschränkungen der landwirtschaftlichen Produktion, in NVwZ 1991, 418 ff., 424: „Denn ordnungsgemäß kann nicht das sein, was gegen wasserrechtliche Verbote verstößt und nicht erlaubnisfähig ist."

[49] Die abstrakte Gefährdung kann man als Vorstufe der konkreten Gefährdung betrachten. Abstrakt gefährdende Handlungen enthalten eine gewisse Wahrscheinlichkeit, dass sie sich (z.B. durch Summierung im Laufe der Zeit oder durch Zusammenwirken mit anderen Umständen oder Verursachern) zu einer konkreten Gefährdung verdichten.

[50] So *Hötzel,* Rechtsfragen der Finanzierung umweltschutzbedingter Kosten in der Landwirtschaft, dargestellt an Problemen von Strafbarkeit, Schadenersatz und Entschädigung wegen Nitratbelastung des Wassers, in: BüL. Bd. 63, 1985, S. 342 ff., 356.

[51] Vgl. BVerfGE 58, 137 = NJW 1982, 633 („Pflichtexemplar-Beschluss"); vgl. *Schulze/Osterloh,* Entschädigungspflichtige Inhalts- und Schrankenbestimmung des Eigentums und Enteignung, NJW 1981, 2537; *Knauber,* Die jüngere Entschädigungsrechtsprechung des BGH nach dem Nassauskiesungsbeschluß des BVerfG, NVwZ 84, S. 753; *Kleinlein,* Die ausgleichspflichtige Inhaltsbestimmung – eine Alternative zur Enteignung?, DVBl. 1991, 365.

[52] S. *Sütterlin,* S. 113.

[53] *Sütterlins* Lösungsvorschlag, S. 117 f., beim Zusammentreffen von abstrakter Vorsorge und konkreter Schadensabwehr den Billigkeitsausgleich ohne Einschränkung anzuwenden, scheint nicht haltbar, da dadurch die wertvolle, dogmatisch weiterführende Differenzierung zwischen konkreter und abstrakter Gefährdung wieder verwischt wird.

Die Ausgestaltung des Billigkeitsausgleichs ist, wie bereits erwähnt, Ländersache. **73** Im Wesentlichen stehen dabei eine zentrale Lösung (ausgleichspflichtig ist allein das Bundesland) und eine dezentrale Lösung (ausgleichspflichtig sind die Wasserversorgungsunternehmen) zur Verfügung.

Baden-Württemberg beispielsweise hat sich für die zentrale Lösung entschie-**74** den, s. § 45 Abs. 3 Wassergesetz BW[54] i.V.m. §§ 11 ff. der Schutzgebiets- und Ausgleichs-Verordnung (SchALVO).[55] Diese Verordnung enthält für rechtskräftig festgesetzte Wasser- und Heilquellenschutzgebiete und für vorgesehene Schutzgebiete mit vorläufigen Anordnungen nach § 45 Abs. 6 WG Beschränkungen der ordnungsgemäßen Landwirtschaft mit entsprechenden Bewirtschaftungsregeln. Für die Beschränkungen erhalten die Landwirte unter bestimmten Voraussetzungen den Billigkeitsausgleich vom Land.

Andere Länder, z.B. Bayern, haben sich für eine dezentrale Lösung entschieden, **75** s. Art. 32 BayWG. Demnach ist der Anspruch auf Ausgleichsleistungen beim Ausgleichsverpflichteten schriftlich geltend zu machen. Ausgleichspflichtig sind in der Regel die Wasserversorgungsunternehmen, meist die Kommunen.[56]

Sowohl für die zentrale als auch die dezentrale Lösung besteht die Möglichkeit, **76** den Ausgleich in pauschalierter oder in konkreter Form zu leisten. So beträgt der Pauschalausgleich beispielsweise in Baden-Württemberg in Nitratproblem- und Nitratsanierungsgebieten 165 € je Hektar landwirtschaftlich genutzter Fläche (§ 12 Abs. 1 SchALVO). Der Ausgleichsberechtigte kann unter bestimmten Voraussetzungen anstelle des Pauschalausgleichs aber auch einen (konkreten) Einzelausgleich verlangen. Zusätzlich kann unter bestimmten Voraussetzungen ein flächenbezogener Sonderausgleich verlangt werden (§ 13 SchALVO).[57]

Für die konkreten Ausgleichsleistungen wurden zahlreiche Ausgleichstatbe-**77** stände entworfen. Oft mit großer Mühe erarbeitet blieben sie lange Zeit in den Auseinandersetzungen zwischen Ausgleichsberechtigten und -verpflichteten umstritten, sodass Ausgleichszahlungen nur schleppend in Gang kamen. Diese Anlaufschwierigkeiten sind mittlerweile überwunden. Heute stellt die Bayerische Landesanstalt für Landwirtschaft regelmäßig aktualisierte Kalkulationsdaten zur Verfügung.[58] Diese Empfehlungen enthalten detaillierte Ausgleichsempfehlungen unter folgenden Ordnungsgesichtspunkten: 1. Einschränkung bei der Flächenintensität (z.B. Dünge- und Pflanzenschutzmittelbeschränkungen); 2. Verbot bzw. Gebot bestimmter Bodennutzungsverfahren (z.B. Anbauverbot bestimmter Fruchtarten, Anbaugebot von Zwischenfrüchten); 3. Verbot der Lagerung bestimmter Stoffe außerhalb ortsfester Anlagen; 4. Verbot der Errichtung oder Erweiterung von baulichen Anlagen; Beseitigung und Nutzungsuntersagung von bestandsgeschützten

---

[54] Wassergesetz für Baden-Württemberg (WG) v. 3.12.2013, GBl. S. 389.

[55] Verordnung des Umweltministeriums über Schutzbestimmungen und die Gewährung von Ausgleichsleistungen in Wasser- und Quellenschutzgebieten (Schutzgebiets- und Ausgleichs-Verordnung – SchALVO) v. 20.2.2001, GBl. S. 145.

[56] Können sich Ausgleichsberechtigter und Ausgleichsverpflichteter nicht über den Grund oder die Höhe der Ausgleichsleistung einigen, versucht zunächst die Kreisverwaltungsbehörde (KVB) eine Schlichtung herbeizuführen. Scheitert auch dies, kann die KVB eine entsprechende Ausgleichsleistung festsetzen (Art. 57 Satz 1 BayWG i.V.m. § 99 WHG).

[57] Einzelheiten s. in: Merkblätter für die umweltgerechte Landbewirtschaftung, Die Schutzgebiets- und Ausgleichs-Verordnung. Praktische Umsetzung im Ackerbau und auf Grünland, hrsg. von der BW-Landesanstalt für Pflanzenbau, 4. Aufl., 2008.

[58] Empfehlungen der Landesanstalt für Landwirtschaft für Ausgleichsleistungen in Wasserschutzgebieten vom Februar 2012, abrufbar zusammen mit einem Antragsformular unter http://www.lfl.bayern.de/iba/agrarstruktur/030451/?layer=print& (12.1.2015).

baulichen Anlagen; 5. Agrarumweltmaßnahmen (AUM) auf Flächen im Schutzgebiet. Im Anhang finden sich Tabellen zu Deckungsbeiträgen für Marktfruchtbau- und Futterbauverfahren.

f) Alternativen zu Wasserschutzgebietsausweisungen

78   Nicht zuletzt die oben erwähnten Umsetzungsprobleme haben in der Praxis alsbald dazu geführt, nach Alternativen zu suchen, die sowohl dem Gewässerschutz als auch den ökonomischen Interessen der Landwirte gerecht werden. Vor allem in Ländern mit dezentralem Lösungsansatz versuchen Landwirte und Wasserwerke über vertragliche Bewirtschaftungsvereinbarungen einen sachgerechten Ausgleich ihrer oft gegenläufigen Interessen herbeizuführen.[59] Die wesentlichen Vorteile dieser vertraglichen Festlegungen liegen in der kurzen Verfahrensdauer, der höheren Akzeptanz bei den Betroffenen und dem damit verbundenen Spannungsabbau zwischen Landwirten und Wasserwerksbetreibern. Ein wesentlicher Nachteil liegt jedoch darin, dass man auf die freiwillige Mitarbeit der Landwirte angewiesen ist und diese – vor allem wenn es sich um Stickstoff-Problembetriebe handelt – teilweise an einer Mitwirkung nicht interessiert sind. Trotzdem sind aus politischer Sicht freiwillige Vereinbarungen ganz allgemein dem obrigkeitlichen Verordnungswege vorzuziehen, allerdings nur so lange, als damit den Notwendigkeiten des Gewässerschutzes Rechnung getragen werden kann.

79   Weiter wurden Modelle entwickelt und erfolgreich praktiziert, in denen Verordnung und freiwillige Vereinbarung kombiniert werden, sodass ein lückenloser Grundwasserschutz im Wesentlichen gewährleistet ist. Den Mindeststandard sichert in diesen Fällen die Wasserschutzgebietsverordnung, darüber hinausgehende, für die Gewässerqualität positive Zusatzleistungen können freiwillig vereinbart werden.[60] Als Zusatzleistungen kommen beispielsweise in Frage:
– Anbau einer Zwischenfrucht nach Ernte der Hauptfrucht,
– mehrjährige durchgehende Bodenbedeckung durch Feldfutterbau,
– Umwandlung von Acker in Grünland,
– gesamtbetriebliche Extensivierung,
– Umstellung auf ökologischen Landbau.

80   So haben beispielsweise in Bayern bereits mehr als 200 Wasserversorger solche freiwilligen Vereinbarungen (Kooperationen) mit den in ihrem Schutz- und Einzugsgebiet wirtschaftenden Landwirten als individuelle und flexible Ergänzung der Schutzgebietsverordnungen abgeschlossen und dabei oft deutliche Erfolge erzielt.[61]

81   Neben den Instrumenten der Verordnung und der freiwilligen Vereinbarungen spielt aber auch der Grundstückserwerb eine immer größere Rolle. Die Wasser-

---

[59] Zu den rechtlichen Grenzen derartiger Verträge s. *Gellermann/Middeke,* Der Vertragsnaturschutz – Tatsächliche Gestaltung und rechtliche Grenzen, NuR 1991, S. 457 ff.; *Semleit,* Naturschutz durch honorierte Landwirtschaft, 2006, 167 ff.

[60] Zum Instrumentenmix s. *Norer,* Lebendiges Agrarrecht, 2005, S. 324 ff.

[61] Aktuelle Beispiele aus Bayern siehe auf der Homepage des Bayerischen Landesamtes für Umwelt unter http://www.lfu.bayern.de/wasser/trinkwasserschutzgebiete/kooperation_mit_landwirten/index.htm (12.1.2015).
So werden beispielsweise im Wassereinzugsgebiet von sechs von den Stadtwerken Freising betriebenen Brunnen im Freisinger Moos bereits seit 1994 hinsichtlich der Nitratbelastung Kooperationsverträge mit den Freisinger Landwirten durchgeführt. Zur Verfolgung der schwerpunktmäßigen Ziele einer am Ertragsniveau ausgerichteten entzugsorientierten Düngung, der Förderung einer ganzjährigen Bodenbedeckung und der Ausweitung von weniger intensiv genutzten Grünlandflächen beträgt die jährliche Summe der Kooperationszahlungen ca. 90.000 €.

werksbetreiber bemühen sich, die Grundstücke der Zone I und vermehrt auch der Zonen II und III zu erwerben, um sie dann unter Auflagen (z.B. Grünlandwirtschaft unter Düngeauflagen und ohne Einsatz von Pflanzenschutzmitteln) wieder zu verpachten.

5. Immissionsschutz

Das Immissionsschutzrecht dient in erster Linie der Luftreinhaltung und der **82** Lärmbekämpfung. Berührungspunkte mit der Landwirtschaft ergeben sich auf folgenden Gebieten:
– Bau und Betrieb von Tierhaltungsanlagen,
– Lagerung und Ausbringung von Wirtschaftsdünger,
– Anwendung von Pflanzenschutzmitteln sowie
– alle Handlungen, die Lärm verursachen.[62]

Bei einer Behandlung des Immissionsschutzrechtes ist zwischen öffentlich-recht- **83** lichem und privatrechtlichem Immissionsschutz zu unterscheiden.

a) Öffentlich-rechtlicher Immissionsschutz[63]

Die wichtigsten Rechtsquellen in diesem Bereich sind: **84**
– Gesetz zum Schutz vor schädlichen Umwelteinwirkungen durch Luftverunreinigungen, Geräusche, Erschütterungen und ähnliche Vorgänge (Bundes-Immissionsschutzgesetz – BImSchG), neugefasst durch Bek. v. 26.9.2002, BGBl. I S. 3830;
– 41 Bundesimmissionsschutzverordnungen (Stand Nov. 2014);
– Landesimmissionsschutzgesetze.[64]

Vor allem für tierhaltende Betriebe ist es bedeutsam, die Grundzüge der Bestim- **85** mungen des Bundesimmissionsschutzgesetzes zu kennen, die sich mit der immissionsschutzrechtlichen Genehmigungspflichtigkeit von derartigen Anlagen befassen. Einzelheiten s. im Kap. 6.V.4.

b) Zivilrechtlicher Immissionsschutz

Neben dem öffentlich-rechtlichen Immissionsschutz hat der zivilrechtliche Im- **86** missionsschutz an Bedeutung eingebüßt. Der Eigentümer eines Grundstücks ist heute nur noch dann auf seine zivilrechtlichen Verteidigungsmöglichkeiten angewiesen, wenn nach seiner Auffassung die Behörden nicht ordnungsgemäß gegen Anlagenbetreiber vorgehen oder es sich um einzeln auftretende Fälle von Geruchs- oder Lärmimmissionen handelt.[65]

---

[62] S. *Hötzel*, S. 107.

[63] Zur historischen Entwicklung s. *Sparwasser/Engel/Voßkuhle*, Umweltrecht, S. 683 f.

[64] Da dem Bund das Recht der konkurrierenden Gesetzgebung u.a. für die Luftreinhaltung zusteht (s. Art. 74 Nr. 24 GG) und er von diesem Recht durch den Erlass des Bundesimmissionsschutzgesetzes und der Bundesimmissionsschutzverordnungen Gebrauch gemacht hat, bleibt für die Landesgesetzgebung auf diesem Gebiet nur noch ein relativ schmaler, nicht vom Bundesrecht abgedeckter Raum. Insofern verliert das Landesrecht auf diesem Sektor materiell-rechtlich immer mehr an Bedeutung. Zum Verhältnis von Bundes- und Landesimmissionsschutzrecht s. *Fischer/Nick,* Rechtsfragen zum Umweltschutz in der Landwirtschaft – Rechtliche Grundlagen und Entscheidungen im landwirtschaftlichen Umweltrecht, 1983, S. 34 f. Zu den von den Ländern materiellrechtlich abgedeckten Bereichen s. *Sparwasser/Engel/Voßkuhle*, Umweltrecht, S. 691 f.

[65] Vgl. *Hötzel,* S. 283; weitere Literaturhinweise zum Verhältnis von privatem und öffentlichem Nachbarrecht s. bei *Jarass,* § 14 Rn. 1 ff.

87   § 903 BGB enthält u.a. den die Eigentumsordnung prägenden Grundsatz, dass der Eigentümer einer Sache, soweit nicht das Gesetz oder Rechte Dritter entgegenstehen, andere von jeder Einwirkung ausschließen kann. Abweichend von diesem Grundsatz bestimmt § 906 Abs. 1 BGB:

88   Der Eigentümer eines Grundstücks kann die Zuführung von Gasen, Dämpfen, Gerüchen, Rauch, Ruß, Wärme, Geräusch, Erschütterungen und ähnliche von einem anderen Grundstück ausgehende Einwirkungen insoweit nicht verbieten, als die Einwirkung die Benutzung seines Grundstücks *nicht* oder nur *unwesentlich* beeinträchtigt. Eine unwesentliche Beeinträchtigung liegt gem. § 906 Abs. 1 S. 2 und 3 BGB in der Regel vor, wenn die in Gesetzen oder Rechtsverordnungen festgelegten Grenz- oder Richtwerte von den nach diesen Vorschriften ermittelten und bewerteten Einwirkungen nicht überschritten werden[66]. Gleiches gilt für Werte in allgemeinen Verwaltungsvorschriften, die nach § 48 des Bundes-Immissionsschutzgesetzes erlassen worden sind und den Stand der Technik wiedergeben (z.B. die TA-Lärm, die TA-Luft oder die GIRL).

89   Dass landwirtschaftliche Betriebe als Emissionsquellen hiervon oft betroffen sind, zeigt ein Blick auf die zahlreichen Gerichtsentscheidungen zu Geruchs-[67] und Lärmimmissionen.[68]

90   Ergibt die Überprüfung des jeweiligen Sachverhalts, dass eine *wesentliche* Beeinträchtigung vorliegt, so ist § 906 Abs. 2 BGB zu beachten:

91   Nach dieser Vorschrift kann der Eigentümer eines Grundstücks die Einwirkung auch insoweit nicht verbieten, „als eine wesentliche Beeinträchtigung durch eine ortsübliche Benutzung des anderen Grundstücks herbeigeführt wird und nicht durch Maßnahmen verhindert werden kann, die Benutzern dieser Art wirtschaftlich zumutbar sind." Hat der Eigentümer eine solche Einwirkung zu dulden, so kann er Ausgleich[69] in Geld verlangen, wenn die Einwirkung eine ortsübliche Nutzung seines Grundstücks oder dessen Ertrag über das zumutbare Maß hinaus beeinträchtigt.

---

[66] Im Ausnahmefall kann aber auch bei Einhaltung der Grenzwerte eine wesentliche Beeinträchtigung vorliegen, insbesondere, wenn immissionsbedingte Schäden eintreten, vgl. *Palandt,* 73. Aufl., 2014, § 906 Rn. 21 unter Hinweis auf BGH NJW 1999, 1029.

[67] Gerüche: Misthaufen (AG Essen NdsRpfl. 1972, 61); Komposthaufen (LG München I NJW-RR 1988, 205); Nerzfarm (OLG Köln DB 1963, 199); Schweinemast (BGH NJW 1977, 146; OLG Oldenburg AgrarR 1984, 73; OLG Hamm AgrarR 1981, 317); Landw. Nebenerwerbsbetrieb (OLG Braunschweig NdsRpfl 1987, 185); Naturdung (OLG Düsseldorf NJW-RR 1995, 1482; Beispiele aus *Palandt,* § 906 Rn. 7.
Weitere Urteile: z.B. Schweinestall in Dorfgebieten (BayVGH AgrR 1997, 455); Rinderhaltung, heranrückende Wohnbebauung (BayVGH AUR 2005, 408); Putenmast, VDI-RL, GIRL (OVG Nds. AgrarR 2002, 368); Dorfgebiet (OLG Hamm AUR 2003, 352); Abwägung bei heranrückender Wohnbebauung (OVG NW, AgrarR 2002, 367); Geruchsfahnenbegehung an Rinderställen (Nds. OVG AUR 2007, 344); GIRL, TA Luft, VDI-Richtlinien (OVG Nds. AUR 2006, 333); u.v.a.

[68] Geräusche: Gänse (RG Warn 17,244); Hühner (OLG Hamm MDR 1988, 966; LG München I NJW-RR 1988, 205; 89,1178; LG Ingolstadt NJW-RR 1991, 654); Kühe (LG Freiburg AgrarR 1977, 41 und AG Lindau NJW-RR 1992, 277: Glocken; LG Darmstadt AgrarR 1980, 319: Muhen); Beispiele aus *Palandt,* § 906 Rn. 9.

[69] Der Anspruch ist verschuldensunabhängig und gegenüber Schadenersatzansprüchen subsidiär, s. *Palandt,* § 906 Rn. 27.

Im Überblick: 92

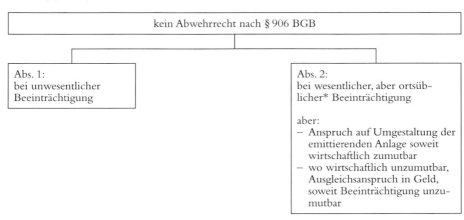

* Wesentliche, nicht ortsübliche Beeinträchtigungen braucht der Nachbar nicht zu dulden. Er hat Ansprüche auf Unterlassung für die Zukunft und bei Verschulden des Emittenten Schadenersatzansprüche für die Vergangenheit.

Einzelheiten zu den Begriffsmerkmalen des § 906 BGB:
– Wesentlichkeit von Gerüchen   93

Nach OLG Hamm[70] ist Voraussetzung für die Wesentlichkeit einer Geruchsbelästigung, dass die Gerüche aufgrund ihrer Wirkung und Dauer als nachhaltige Belästigung empfunden werden. Die Rechtsprechung hat Wesentlichkeit in diesem Sinne bejaht, wenn die Geruchsbelästigungen „penetrant, süßlich und ekelerregend" (BGH RdL 77, 9) sind oder als „ekelerregende Fäkaliengerüche aus einer Kläranlage" (BGH AgrR 76, 231) stammen. Wesentlichkeit liegt sicher auch dann vor, wenn die Nachbarn Türen und Fenster stets geschlossen halten müssen oder Terrasse und Garten nur eingeschränkt benutzen können. Wesentlichkeit wird auch angenommen, wenn die Geruchsimmissionen „nur zu bestimmten Zeiten wiederholt und besonders stark oder nur bei bestimmten Wetterlagen auftreten".[71]

Welch strenger Maßstab von der Rechtsprechung bei Geräusch- und Geruchs-   94
belästigungen angelegt werden kann, zeigt sich an einer BGH-Entscheidung, nach welcher Belästigungen in der Regel nur dann unwesentlich sind, „wenn ein durchschnittlicher Mensch sie kaum noch empfindet".[72]

– Wesentlichkeit von Geräuschen   95

Als Geräuschquellen kommen in der Landwirtschaft vor allem die Absauggebläse in Ställen und Tierlärm in Betracht. Absauggebläse müssen während der Nacht abgeschaltet werden oder auf so niedrigen Touren laufen, dass Nachbarn nicht beeinträchtigt werden können.[73] Bei Arbeiten auf dem Betrieb sind die landesrechtlich (oder durch kommunale Verordnungen) vorgeschriebenen Nachtruhezeiten zu beachten. Soweit Geräusche von Tieren verursacht werden, liegt eine Fülle an Rechtsprechung vor,[74] ohne dass eine klare Linie erkennbar wäre.

---

[70] AgrarR 1981, 317.
[71] *Hötzel*, S. 285. Bei einzelnen, selten ausgeführten Tätigkeiten (z.B. Umfüllen von Gülle) soll dagegen nach *Hötzel* die Wesentlichkeit entfallen.
[72] *Palandt*, § 906 Rn. 17 unter Hinweis auf BGH NJW 82, 440.
[73] *Hötzel*, S. 285.
[74] S. Fußn. 68.

Gestärkt wurde die Position der Landwirtschaft gegenüber Abwehransprüchen von Nachbarn durch die seinerzeitige Neufassung der Baunutzungsverordnung.[75] Zwar werden seit damals zur Verbesserung der Entwicklungsmöglichkeit von Dörfern in § 5 BauNVO Wohnen, Handwerk und Gewerbe in Dorfgebieten in größerem Umfang als bisher zugelassen, gleichzeitig werden aber die Entwicklungsmöglichkeiten landwirtschaftlicher Betriebe abgesichert. Ihre besondere Stellung in Dorfgebieten wird durch die Formulierung, dass auf die Belange der land- und forstwirtschaftlichen Betriebe einschließlich ihrer Entwicklungsmöglichkeiten vorrangig Rücksicht zu nehmen ist untermauert. Urteile zu Gunsten von Städtern, die zum Wohnen aufs Dorf gezogen sind und gerichtlich durchsetzten, dass der Gockel des Nachbarn zu bestimmten Zeiten einzusperren ist, gehören hoffentlich der Vergangenheit an.[76]

96 – Ortsüblichkeit von Immissionen

Ortsüblich ist die Benutzung eines Grundstücks dann, wenn sie im maßgeblichen Vergleichsbezirk[77] öfter vorkommt. Die Ortsüblichkeit unterliegt einem beständigen Wandel.[78] Der Landwirt hat, wie andere Bürger auch, keinen Anspruch, dass ein Gebiet stets seinen ursprünglichen Charakter behält. Er wird aber – gerade im Hinblick auf die schon erwähnte neue BauNVO – unter Umständen das Heranrücken einer Wohnbebauung im Planungsstadium durch Einbringen seiner Interessen in das Verfahren, notfalls durch eine Normenkontrollklage nach § 47 VwGO gegen den Bebauungsplan oder durch Nachbarklage gegen die Baugenehmigung nach § 42 VwGO durchsetzen können.

97 – Zumutbarkeit von Maßnahmen im emittierenden Betrieb

Eine Maßnahme ist nur dann wirtschaftlich zumutbar, wenn sie auch technisch möglich ist. Ausschlaggebend sind nach der Rechtsprechung die Immissionsgrenzwerte der TA-Luft und TA-Lärm, ergänzt durch die VDI-Richtlinien, die GIRL und DIN-Normen.[79] Diese Regelwerke sind grundsätzlich zu beachten, der landwirtschaftliche Betrieb ist ihren Richtwerten anzupassen. Eine Ausnahme soll gelten, wenn der Betrieb durch die technisch mögliche Maßnahme langfristig gesehen unrentabel wird.[80]

98 – Unzumutbarkeit beim beeinträchtigten Grundstück

Bei Beurteilung der Unzumutbarkeit ist wiederum auf das Empfinden eines normalen Benutzers des Grundstücks in seiner örtlichen Beschaffenheit, Ausgestaltung und Zweckbestimmung abzustellen. Eine gewisse Schwere der Beeinträchtigung muss gegeben sein. Sie muss allerdings nicht soweit gehen, dass der Betroffene in seiner Existenz gefährdet wird. Andererseits werden von der Rechtsprechung

---

[75] Verordnung über die bauliche Nutzung der Grundstücke (Baunutzungsverordnung – BauNVO), neugefasst durch Bek. v. 23.1.1990, BGBl. I S. 132.

[76] „Die typischerweise von landwirtschaftlichen Betrieben ausgehenden Immissionen müssen in höherem Maße hingenommen werden, als in anderen Baugebieten", Zeitgemäß planen mit der neuen Baunutzungsverordnung, Informationsschrift des Bundesbauministeriums 1990, S. 10.

[77] Zur Abgrenzung s. *Palandt,* § 906, Rn. 23 m.w.N. Danach kann das ganze Gemeindegebiet, fallweise aber auch ein kleinerer Bereich (z.B. abgeschlossenes gleichartig genutztes Viertel) oder ein weiterer Bezirk Vergleichsbezirk sein.

[78] *Hötzel,* S. 286.

[79] Technische Anleitung zur Reinhaltung der Luft – TA Luft v. 24.7.2002, GMBl. Nr. 25/2002 S. 511; Technische Anleitung zum Schutz gegen Lärm – TA Lärm v. 26.8.1998, GMBl. Nr. 26/1998 S. 503; Richtlinien des Vereins Deutscher Ingenieure; Geruchsimmissions-Richtlinie (GIRL), Feststellung und Beurteilung von Geruchsimmissionen i.d.F. v. 29.2.2008; Normen des Deutschen Instituts für Normung e.V.

[80] *Hötzel,* S. 287.

dem Betroffenen im Rahmen der Ortsüblichkeit auch Handlungen, z.B. Schall-schutzmaßnahmen, zugemutet.[81] Eine generelle Aussage lässt sich kaum treffen. Bei der Beurteilung der Frage der Unzumutbarkeit wird man – unter Heranziehung der Verwaltungsvorschriften, VDI-Richtlinien, der GIRL und der DIN-Normen – immer alle Umstände des Einzelfalles berücksichtigen müssen.

c) Waldschäden durch Luftverschmutzung

„Der Wald stirbt und keiner haftet", dieses Schlagwort aus der Zeit der großen **99** Waldschadensprozesse entspricht auch heute noch weitgehend der Realität. Trotz nach wie vor hohen Schadensniveaus werden die Gerichte den betroffenen Wald-eigentümern weiterhin keine Entschädigung gewähren.

Aus dem Waldzustandsbericht der Bundesregierung 2014[82] geht hervor, dass der **100** der Zustand unserer Waldbäume nach wie vor besorgniserregend ist. Der Flächen-anteil der Bäume mit deutlichem Nadel- bzw. Blattverlust liegt bei 26 Prozent (deutliche Kronenverlichtungen). Seit Beginn der Erhebungen im Jahr 1984 zeigen sich im Durchschnitt aller Baumarten somit keine wesentlichen Veränderungen. Dies ist allerdings das Resultat gegenläufiger Entwicklungen bei den Laub- und Nadelbäumen. So sind die Anteile der Schadstufen 2 bis 4 und die mittlere Kro-nenverlichtung der Laubbäume seit Mitte der 80er Jahre stark angestiegen, hinge-gen zeigt der Kronenzustand der Fichte keinen deutlichen Trend, Kiefer und an-dere Nadelbäume haben sich verbessert.

Glaubte man zunächst, die Landwirtschaft sei im Bereich dieser „Neueren Wald- **101** schäden" nur Leidtragende, so hat sich mittlerweile die Erkenntnis verfestigt, dass sie auch selbst Beiträge zur Waldschädigung leistet.[83] Die Ursachen für die neuar-tigen Waldschäden sind vielschichtig. Sie gehen auf eine Vielzahl von biotischen und abiotischen Faktoren zurück, die in der Summe und je nach Standort mit un-terschiedlichem Gewicht zusammenwirken.

Heute sind die aufsehenerregenden Waldschadensprozesse abgeschlossen.[84] We- **102** der die vorgebrachten Anspruchsgrundlagen noch der behauptete Anspruchsgeg-ner überzeugten die Gerichte, sodass den geschädigten Waldbesitzern kein Scha-denersatz zugesprochen wurde.

Was den Anspruchsgegner betrifft, ließ sich kein konkreter ermitteln, da die Ur- **103** sachen für die Waldschäden vielfältig sind. Es wirken Emissionen aus verschiedens-

---

[81] BGH LM Nr. 32; weitere Rechtsprechung bei *Palandt*, § 906 Rn. 28.

[82] http://www.bmel.de/DE/Wald-Fischerei/Waelder/_texte/Waldzustand2014.html (27.4.2015).

[83] S. hierzu z.B. *Haber/Salzwedel,* Umweltprobleme der Landwirtschaft, Sachbuch Ökologie, hrsg. vom Rat von Sachverständigen für Umweltfragen, Wiesbaden 1992, S. 128 ff.; s. auch *Uhlen-haut*, Treibhauseffekt und Landwirtschaft, Die Landwirtschaft 1993, 156 ff.; *Bertsch,* Umweltbelas-tungen durch Tierhaltung – Versuch eines kritischen Denkansatzes, Die Landwirtschaft 1993, 179 ff.; *Krug*, Killt die Gülle den Wald? – Waldsterben und Massentierhaltung, Die Landwirtschaft 1994, 233 ff.; *Fink/Keßler/Keller*, Landwirtschaft und Klima – Landwirtschaft als Verursacherin nicht-ener-giebedingter Treibhausgase, Die Landwirtschaft 1994, 242 ff.; *Peine*, Landwirtschaft und Klimaschutz, NuR 2012, 611 ff.

[84] BGH Urt. v. 10.2.87 NJW 1988, 478 ff.; LG Bonn NJW 1985, 71; OLG Köln NJW 1986, 589; LG Stuttgart Urt. v. 29.1.1986, GeschNr. 150213/85. Das Bundesverfassungsgericht hat auf die Verfassungsbeschwerde gegen das oben genannte Urteil des BGH mit Beschluss vom 26.5.1998 BvR 180/88 = NJW 1998, 3264 ff. die Rechtsprechung des BGH im Wesentlichen bestätigt, aller-dings ohne eine Verpflichtung des Staates zu einer gesetzlichen Entschädigung auszusprechen. Ein wichtiges Argument war, dass die Schäden „maßgeblich als Konsequenz der Ausübung der grund-rechtlichen Freiheiten der Bürger" entstünden. Vgl. *Braun*, Keine Entschädigung für Waldsterben – Rechtslage nach dem Beschluss des BVerfG v. 26.5.1998, AgrarR 2001, 45 ff.

ten Verursacherkreisen zusammen. Die Emittenten argumentierten überdies, sie hielten sich an die rechtlichen Vorschriften, auch in ihrer Ausgestaltung durch Verwaltungsvorschriften und technische Regelwerke.

104   In den Waldschadensprozessen wurde daher der Staat (in erster Linie die Bundesrepublik Deutschland) als Anspruchsgegner in Anspruch genommen. Der Grundgedanke hierbei war, dass der Staat für die Rechtsordnung verantwortlich sei, also auch dafür, dass Schäden in Milliardenhöhe entstehen und kein Schadenersatz erlangt werden kann. Außerdem sei die Luftreinhaltung eine staatliche Aufgabe im Kompetenzbereich des Bundes (Art. 74 Nr. 24 GG).

105   Was die Anspruchsgrundlagen gegen den Staat betrifft, wurden in erster Linie Ansprüche aus enteignendem/enteignungsgleichem Eingriff (Art. 14 Abs. 1 GG) sowie Amtshaftungsansprüche (§ 839 BGB, Art. 34 GG) geltend gemacht. Diese führten nicht zum Erfolg, da kein Eingriff (aktives Tun) des Staates vorliegt. Ein Eingriff durch Unterlassen ist aber nach der ständigen Rechtsprechung des Bundesverfassungsgerichts nur dann rechtserheblich, wenn im Unterlassen eine „evidente" Pflichtverletzung zu erkennen ist. Dies sei – so die Gerichte – hier nicht der Fall. Der Staat sei sehr wohl tätig geworden, z.B. durch Erlass des Bundesimmissionsschutzgesetzes, der Bundesimmissionsschutzverordnungen, der TA-Luft, durch Vergabe von Forschungsaufträgen, Einsatz von Kommissionen usw.

106   Aber auch der Versuch, einen Schadenersatzanspruch aus § 14 Satz 2 BImSchG geltend zu machen, scheiterte. Die Gerichte versagten den Klägern den begehrten Schadenersatz mit der Begründung, dass diese Bestimmung gegen private Anlagenbetreiber, nicht aber gegen den Staat gerichtet sei.[85]

107   Erfolglos gefordert wurde, zum Teil auch von den Gerichten, eine politische anstelle einer juristischen Lösung, z.B. über einen Entschädigungsfonds (wie in Japan oder den Niederlanden).[86]

6. Naturschutz- und Landschaftspflege

a) Ausgangslage und Bundesnaturschutzgesetz

108   Bestand und Funktionsfähigkeit von Natur und Landschaft, sowie von Tier- und Pflanzenarten sind heute durch vielfältige Einwirkungen bedroht.[87] Besiedelung (Wohn- und Gewerbenutzung), Industrie, Rohstoffförderung, Verkehr, Tourismus und Sport und auch die Land- und Forstwirtschaft konkurrieren um Landflächen und Gewässer. Besonders die ländlichen Räume stehen unter dem Druck dieser sich summierenden Anforderungen. Im Rahmen der unerlässlichen Entwicklung eines Gesamtkonzepts für den ländlichen Raum kommt dem Naturschutzrecht eine besondere Bedeutung zu.

---

[85] Vgl. *Suhr*, Immissionsschäden vor Gericht, Dokumente zum Augsburger Waldschadensprozess, Kehl u.a. 1986. Zur näheren Argumentation s. die Vorauflage, Rn. 435.

[86] Um dem Verursacherprinzip zu genügen, müsste dieser Fonds von allen Emittenten finanziert werden. Für Japan s. *v. Hippel*, Staatshaftung für Waldschäden, NJW 1985, S. 30 ff., 31 Fußn. 7; zum niederländischen Luftverschmutzungsfond s. *Lambrichts*, NuR 1990, 97 ff.

[87] Zum anhaltenden Artenschwund s. die vom Bundesamt für Naturschutz herausgegebenen „Roten Listen", die über die Zahl der in bestimmten Gebieten vorkommenden Arten und den Grad ihrer Gefährdung Auskunft geben, http://www.bfn.de/0322_rote_liste.html (13.1.2015).

Zentrale Norm ist das Bundesnaturschutzgesetz (BNatSchG), aktuell aus dem 109
Jahre 2009.[88] Demnach besteht das Ziel der Regelung im Schutz von Natur und
Landschaft aufgrund ihres eigenen Wertes und als Grundlage für Leben und Gesundheit des Menschen, auch in Verantwortung für die künftigen Generationen
im besiedelten und unbesiedelten Bereich. Die biologische Vielfalt, die Leistungs-
und Funktionsfähigkeit des Naturhaushalts einschließlich der Regenerationsfähig-
keit und nachhaltigen Nutzungsfähigkeit der Naturgüter sowie die Vielfalt, Eigenart und Schönheit sowie der Erholungswert von Natur und Landschaft sollen auf
Dauer gesichert sein (§ 1 Abs. 1 BNatSchG).

Dabei hängt die Verwirklichung der Ziele und Grundsätze des Bundesnatur- 110
schutzgesetzes vom Zusammenwirken aller, d.h. des Staates, der gesellschaftlichen
Gruppen und des Einzelnen ab (vgl. § 2 BNatSchG).

Erst durch die Föderalismusreform ist es dem Bund möglich gewesen, im Be- 111
reich des Naturschutzes und der Landschaftspflege Vollregelungen zu treffen und
das Naturschutzrecht neu zu gestalten. Die frühere Rahmengesetzgebung hatte zur
Folge, dass bei Änderungen des Bundesnaturschutzgesetzes 16 Folgeänderungen
in den Landesnaturschutzgesetzen erforderlich wurden. Dies behinderte u.a. die
zügige Umsetzung europarechtlicher Vorgaben.

c) Stellung der Land- und Forstwirtschaft im Naturschutzrecht

aa) Sonderstellung. § 5 Abs. 1 BNatSchG stellt klar, dass bei Maßnahmen des 112
Naturschutzes und der Landschaftspflege die besondere Bedeutung einer „natur-
und landschaftsverträglichen" Land-, Forst- und Fischereiwirtschaft zu berücksichtigen ist. D.h., dass in jedem Einzelfall, etwa bei der Ausweisung eines Landschafts-
schutzgebietes, sowohl bei der Sachverhaltsermittlung als auch bei der Abwägung
der einzelnen Belange die besondere Rolle der Land- und Forstwirtschaft beispielsweise für den Erhalt der Kulturlandschaft zu beachten ist. Das früher enthaltene Landwirtschaftsprivileg, wonach die „ordnungsgemäße Land- und Forstwirtschaft" in der Regel den Zielen des Bundesnaturschutzgesetzes entspricht, besteht
nicht mehr.[89] § 5 Abs. 1 BNatSchG anerkennt zwar weiterhin die positive Rolle der
Land- und Forstwirtschaft, allerdings nur, soweit sie „natur- und landschaftsverträg-
lich" ausgeübt wird. Im Endeffekt steckt hinter dieser Formulierung auch die Erkenntnis, dass ein flächendeckender Naturschutz ohne Mitwirkung der Land- und
Forstwirtschaft nicht möglich ist.

bb) Ausgleichsregelung. Gem. § 68 Abs. 4 BNatSchG können die Länder 113
vorsehen, dass Eigentümern und Nutzungsberechtigten, denen auf Grund von
Naturschutzrecht des Bundes oder der Länder insbesondere die land-, forst- und
fischereiwirtschaftliche Nutzung von Grundstücken wesentlich erschwert wird,
ohne dass eine Entschädigung zu leisten ist, auf Antrag ein angemessener Ausgleich
nach Maßgabe des jeweiligen Haushaltsgesetzes gezahlt werden. Entgegen der früheren Regelung muss dabei nicht jede Nutzungsbeschränkung, die über die gute
fachliche Praxis hinausgeht, entschädigt werden.[90] Insofern entspricht die Rege-

---

[88] Gesetz über Naturschutz und Landschaftspflege (Bundesnaturschutzgesetz – BNatSchG)
v. 29.7.2009, BGBl. I S. 2542. Zur historischen Entwicklung des Naturschutzrechts s. *Sparwasser/
Engel/Voßkuhle*, Umweltrecht, S. 282; zur Entstehung des aktuellen Gesetzes s. die Vorauflage,
Rn. 451a.

[89] S. umfassend *Werner*, Die Landwirtschaftsklauseln im Naturschutzrecht; Entstehungsbedin-
gungen, Kritik und Fortentwicklung, 2000.

[90] *Lütkes/Ewer*, § 68 Rn. 29.

lung dem Billigkeitsausgleich des § 52 Abs. 5 WHG. Sie eröffnet den Ländern eine Bandbreite von Regelungsmöglichkeiten, innerhalb deren Grenzen sie relativ weite Gestaltungsmöglichkeiten besitzen.[91] Für Bayern sieht Art. 42 Bayerisches Naturschutzgesetz (BayNatSchG)[92] einen Erschwernisausgleich vor.

114   **cc) Biotopvernetzung.** § 21 Abs. 6 BNatSchG verpflichtet die Länder, auf regionaler Ebene insbesondere in von der Landwirtschaft geprägten Landschaften zur Biotopvernetzung erforderliche lineare und punktförmige Elementen zu erhalten und dort, wo sie nicht in ausreichendem Maße vorhanden sind, zu schaffen. Dabei ist nach der Gesetzesformulierung insbesondere an Hecken, Feldraine und „Trittsteinbiotope" gedacht.[93] Diese sollen nach der amtlichen Begründung der Bundesregierung von der Landwirtschaft im Rahmen der guten fachlichen Praxis bereitgestellt werden. Ob darüber hinaus auch aktive Erhaltungs- und Pflegeleistungen zu erbringen sind, bleibt der Regelung durch die Länder überlassen.[94] Für den Einsatz von Maßnahmen des Vertragsnaturschutzes bleibt hier ein weiter Bereich.

115   **dd) Gute fachliche Praxis.** Von besonderer Bedeutung für die Landbewirtschaftung ist § 5 Abs. 2 BNatSchG. Hier wird in Ergänzung bereits bestehender Vorschriften im Pflanzenschutz-, Düngemittel- und Bodenschutzrechts[95] die „gute fachliche Praxis" aus naturschutzfachlicher Sicht geregelt (§ 5 Abs. 2, Spiegelstriche 1–6):

— Die Bewirtschaftung muss standortangepasst erfolgen und die nachhaltige Bodenfruchtbarkeit und langfristige Nutzbarkeit der Flächen gewährleisten.

— Die natürliche Ausstattung der Nutzfläche (Boden, Wasser, Flora, Fauna) darf nicht über das zur Erzielung eines nachhaltigen Ertrages erforderliche Maß hinaus beeinträchtigt werden. Der nachhaltige Ertrag bemisst sich dabei nicht nur nach wirtschaftlichen Kriterien, sondern seine Ermittlung berücksichtigt ebenso und gleichgewichtig Belange des Umwelt- und Naturschutzes und insbesondere die Ziele des § 1. Die Ermittlung des nachhaltigen Ertrages erfordert eine langfristige Perspektive. Bei der Wahl der Bewirtschaftungsverfahren sind sowohl die Art der Bodenbearbeitung und die Fruchtfolgen einschließlich Zwischenfrüchten als auch die Art und Menge von Dünge- und Pflanzenschutzmittelaufwendungen von Bedeutung. Der ökologische Landbau erfüllt in der Regel diese Anforderungen in besonderem Maße. Fachliche Orientierungen hierzu geben auch die Beschreibungen des integrierten Pflanzenbaus. Deren Einhaltung ist ein Bestandteil der guten fachlichen Praxis.[96]

— Die zur Vernetzung von Biotopen erforderlichen Landschaftselemente sind zu erhalten und nach Möglichkeit zu vermehren.

— Die Tierhaltung hat in einem ausgewogenen Verhältnis zum Pflanzenbau zu stehen, und schädliche Umweltauswirkungen sind zu vermeiden. Dahinter steht die Erkenntnis, dass eine übermäßige flächenunabhängige Tierhaltung die Gefahr unerwünschter Umweltbelastungen erhöht und sich negativ auf die natürlichen

---

[91] S. einen Überblick über die länderspezifisch sehr unterschiedlichen Regelungen bei *Lütkes/ Ewer*, § 68 Rn. 30.

[92] Gesetz über den Schutz der Natur, die Pflege der Landschaft und die Erholung in der freien Natur (Bayerisches Naturschutzgesetz – BayNatSchG) v. 23.2.2011, GVBl. S. 82.

[93] *Lütkes/Ewer*, § 21 Rn. 22.

[94] BT-Drs. 14/6378, S. 39.

[95] S. insbesondere § 17 BBodSchG betreffend „gute fachliche Praxis in der Landwirtschaft".

[96] BT-Drs. 14/6378, S. 39f., zur weitgehend identischen Vorgängerregelung in § 5 Abs. 4 BNatSchG a.F.

Lebensbedingungen von wild lebenden Tieren und Pflanzen, insbesondere auf die Artenvielfalt auswirken kann. Diese Gefahren vermindert ein ausgewogenes Verhältnis zwischen Viehdichte und Fläche. Vertragliche Vereinbarungen zum Ausgleich übererhöht anfallender tierischer Exkremente sollen nach der amtlichen Begründung[97] nur dann als ausreichend anerkannt werden, wenn sie auf Dauer angelegt sind, auf einem abgestimmten Bewirtschaftungskonzept beruhen und deren Teilnehmer in einem räumlichen Zusammenhang stehen.

– Auf erosionsgefährdeten Hängen, in Überschwemmungsgebieten, auf Standorten mit hohem Grundwasserstand sowie auf Moorstandorten ist ein Grünlandumbruch zu unterlassen. Dem Naturschutzrecht geht es mit dieser Regelung nicht um die Vermeidung stofflicher Umweltbelastungen, sondern gerade auch um die Sicherung von Lebensräumen für bestimmte Tier- und Pflanzenarten, die durch eine Ackernutzung gefährdet werden könnten.[98]

– Die Anwendung von Dünge- und Pflanzenschutzmitteln hat nach Maßgabe des landwirtschaftlichen Fachrechts zu erfolgen, ebenso wie die Führung einer entsprechenden Dokumentation. Dadurch soll die Einhaltung der guten fachlichen Praxis gefördert und den Behörden insbesondere bei Fördermaßnahmen die Möglichkeit der Überwachung an die Hand gegeben werden.

ee) Aufbau naturnaher Wälder. § 5 Abs. 3 BNatSchG verpflichtet bei der **116** forstlichen Nutzung des Waldes zum Aufbau naturnaher Wälder und zu deren nachhaltiger Bewirtschaftung ohne Kahlschläge. Dabei ist ein „hinreichender Anteil" standortheimischer Forstpflanzen einzuhalten.

ff) Fischereiwirtschaft. § 5 Abs. 4 BNatSchG schließlich befasst sich mit der **117** fischereiwirtschaftlichen Nutzung oberirdischer Gewässer. Diese sind einschließlich ihrer Uferzonen so zu nutzen, dass die dort heimische Flora und Fauna erhalten und gefördert wird. Der Besatz mit nicht heimischen Tierarten ist grundsätzlich zu unterlassen. Bei Fischzuchten und Teichwirtschaften der Binnenfischerei sind Beeinträchtigungen der heimischen Tier- und Pflanzenarten nicht vollständig auszuschließen, aber auch dort sind Beeinträchtigungen auf das zur Erzielung eines nachhaltigen Ertrages erforderliche Maß zu beschränken.

gg) Eingriffsregelung. Nach § 14 Abs. 1 BNatSchG sind Eingriffe in Natur **118** und Landschaft Veränderungen der Gestalt oder Nutzung von Grundflächen oder Veränderungen des mit der belebten Bodenschicht in Verbindung stehenden Grundwasserspiegels, die die Leistungs- und Funktionsfähigkeit des Naturhaushaltes oder das Landschaftsbild erheblich beeinträchtigen können. Die land-, forst- und fischereiwirtschaftliche Bodennutzung ist – und das war rechtspolitisch lange Zeit umstritten – gem. § 14 Abs. 2 BNatSchG nicht als ein solcher Eingriff anzusehen. Dies gilt allerdings auch hier nur insoweit, als dabei „die Ziele und Grundsätze des Naturschutzes und der Landschaftspflege berücksichtigt werden." Dies ist in der Regel dann der Fall, wenn die Regeln der guten fachlichen Praxis eingehalten werden, wie sie sich aus § 5 Abs. 2 bis 4 BNatSchG, den sonstigen Normen des Agrar- und Umweltrechts und aus § 17 Abs. 2 Bundes-Bodenschutzgesetz ergeben.

§ 14 Abs. 3 BNatSchG stellt klar, dass die Wiederaufnahme einer land-, forst- **119** und fischereiwirtschaftlichen Bodennutzung, die insbesondere aufgrund vertraglicher Vereinbarungen oder aufgrund der Teilnahme an öffentlichen Programmen zur Bewirtschaftungsbeschränkung zeitweise eingeschränkt oder unterbrochen war,

---

[97] BT-Drs. 14/6378, S. 40.
[98] Vgl. zur identischen Vorgängerregelung BT-Drs. 14/6378, S. 40.

nicht als Eingriff gilt. Dies soweit die Bodennutzung innerhalb von zehn Jahren nach Auslaufen der Bewirtschaftungsbeschränkungen wieder aufgenommen wird.

d) Unterlassungspflichten kraft Gesetzes

120   Einige Unterlassungspflichten mit Auswirkungen auf die landwirtschaftliche Produktion ergeben sich unmittelbar aus dem Bundesnaturschutzgesetz und den Landesnaturschutzgesetzen.

121   So sind beispielsweise Maßnahmen, die zu einer Zerstörung oder sonstigen erheblichen oder nachhaltigen Beeinträchtigung bestimmter Biotope führen können, unzulässig. Unter diesen Schutzbereich fallen gem. § 30 Abs. 2 BNatSchG u.a. folgende Biotoparten:
   – natürliche oder naturnahe Bereiche fließender und stehender Binnengewässer;
   – Moore, Sümpfe, Röhrichte, seggen- und binsenreiche Nasswiesen, Quellbereiche;
   – offene Binnendünen, offene natürliche Geröllhalden, Trockenrasen;
   – Bruch-, Sumpf- und Auenwälder, subalpine Lärchenwälder;
   – offene Felsbildungen, alpine Rasen;
   – Fels- und Steilküsten u.a.

122   Weiter verboten ist nach § 39 BNatSchG (Allgemeiner Schutz wild lebender Tiere und Pflanzen)[99] u.a.,
   – wild lebende Tiere mutwillig zu beunruhigen oder ohne vernünftigen Grund zu fangen, zu verletzen oder zu töten;
   – wild lebende Pflanzen ohne vernünftigen Grund von ihrem Standort zu entnehmen oder zu nutzen oder ihre Bestände niederzuschlagen oder sonst wie zu verwüsten;
   – Lebensstätten wild lebender Tiere und Pflanzen ohne vernünftigen Grund zu beeinträchtigen oder zu zerstören.

123   Daraus kann etwa konkret das Verbot des Abflammens von landwirtschaftlich genutzten Flächen (z.B. Stoppelfeldern) und nicht landwirtschaftlich genutzten Flächen (z.B. Feldraine, Wegränder, Hecken, Dämme) gefolgert werden.

124   Diese beispielhaft aufgeführten Unterlassungspflichten gelten kraft Gesetzes. Hinzu kommen weitere Einschränkungen für die Landwirtschaft durch die Ausweisung von Schutzgebieten nach den §§ 23 ff. BNatSchG und die in diesen Ausweisungen normierten Verpflichtungen.[100]

e) Schutzgebietsausweisungen

125   In welchem Maße dabei die landwirtschaftliche Produktion reglementiert wird, hängt von der Art der Schutzausweisung ab.

126   Folgende **Schutzkategorien** sind zu unterscheiden:

Naturschutzgebiete	§ 23 BNatSchG
Nationalparke	§ 24 BNatSchG
Biosphärenreservate	§ 25 BNatSchG

---

[99] Zum Schutz besonders geschützter Tier- und Pflanzenarten s. § 44 BNatSchG.
[100] Zu den Formen der Schutzausweisungen in den einzelnen Bundesländern s. *Hötzel,* S. 320 ff.

Landschaftsschutzgebiete	§ 26 BNatSchG
Naturparke	§ 27 BNatSchG
Naturdenkmäler	§ 28 BNatSchG
Geschützte Landschaftsbestandteile	§ 29 BNatSchG
Gesetzlich geschützte Biotope	§ 30 BNatSchG
Europäisches Netz „Natura 2000"	§ 31 BNatSchG
Europäische FFH-Gebiete	§ 32 BNatSchG
Europäische Vogelschutzgebiete	§ 32 BNatSchG

Eigenart und Schutzzwecke der jeweiligen Schutzgebietskategorie werden in **127** den angegebenen Paragraphen des Bundesnaturschutzgesetzes umschrieben. Wegen ihrer besonderen Bedeutung für die Landwirtschaft wird im Folgenden nur auf die Beschränkungen der Produktion in Natur- und Landschaftsschutzgebieten eingegangen.

Das Naturschutzgebiet ist seit jeher diejenige Schutzkategorie, die dem Natur- **128** schutz am stärksten verpflichtet ist.[101] Dabei handelt es sich nach § 23 Abs. 1 BNatSchG um rechtsverbindlich festgesetzte Gebiete, in denen ein besonderer Schutz von Natur und Landschaft erforderlich ist, sei es zur Erhaltung von Lebensstätten bestimmter wild lebender Tier- und Pflanzenarten (Nr. 1), aus wissenschaftlichen oder landeskundlichen Gründen (Nr. 2) oder wegen ihrer Seltenheit oder hervorragenden Schönheit (Nr. 3).

In diesen Gebieten sind gem. § 23 Abs. 2 BNatSchG nach Maßgabe näherer **129** Bestimmungen alle Handlungen verboten, die zu einer Zerstörung, Beschädigung oder Veränderung des Naturschutzgebiets oder zu einer nachhaltigen Störung führen können. Soweit es der Schutzzweck erlaubt, können Naturschutzgebiete der Allgemeinheit zugänglich gemacht werden.[102]

Für den Landwirt ergibt sich somit ein umfassendes Veränderungsverbot. Die **130** übliche landwirtschaftliche Nutzung wird kaum möglich sein.

Typische Verbote in Naturschutzgebieten sind exemplarisch:[103] **131**

- Errichtung baulicher (auch baugenehmigungs- oder anzeigenfreier) Anlagen; äußerliche Veränderung bestehender baulicher Anlagen,
- Beschädigung, ganze oder teilweise Beseitigung von Bäumen, Sträuchern oder sonstigen Pflanzen,
- Fangen oder Töten freilebender Tiere,[104]
- Betreten (inklusive Reiten, Befahren, Abstellen von Kfz) von Flächen außerhalb von Wegen,
- Feuermachen,
- Entwässerungsmaßnahmen,

---

[101] *Lütkes/Ewer,* § 23 Rn. 2.
[102] Sie sind aber keine Erholungsgebiete, vielmehr genießt der jeweilige Schutzzweck Vorrang vor der Erholungsvorsorge; *Lütkes/Ewer,* § 24 Rn. 15.
[103] Nach *Hötzel,* S. 316 f.
[104] Dieses Verbot gilt, s. § 39 BNatSchG, auch unabhängig von Schutzgebietsausweisungen. Es wird aber häufig in Naturschutzgebietsausweisungen zusätzlich betont.

– Bau oder Änderung von Frei- oder Rohrleitungen, Zäunen, Einfriedungen
  (auch wenn baugenehmigungs- oder anzeigefrei),
– Aufschüttungen, Abgrabungen, Ausschachtungen, sonstige Veränderungen des
  Bodenreliefs.

132 Im Unterschied dazu werden Landschaftsschutzgebiete nach § 26 Abs. 1
BNatSchG ausgewiesen, soweit ein besonderer Schutz erforderlich ist zur Erhaltung der Leistungs- und Funktionsfähigkeit des Naturhaushalts oder der Regene-
rationsfähigkeit und nachhaltigen Nutzungsfähigkeit der Naturgüter (Nr. 1), wegen der Vielfalt und Schönheit oder der besonderen kulturhistorischen Bedeutung
der Landschaft (Nr. 2) oder wegen ihrer besonderen Bedeutung für die Erholung
(Nr. 3).[105]

133 Vor allem aus der Nummer 3 wird erkennbar, dass in Landschaftsschutzgebieten
der Naturschutzgedanke nicht die alles überragende Zielsetzung bildet, sondern
dass eine gegenüber den Naturschutzgebieten wesentlich weiter gefasste Zielsetzung verfolgt wird. Landschaftsschutzgebiete sind räumlich deutlich ausgedehnter
als Naturschutzgebiete. Die Unterschutzstellung setzt nicht voraus, dass jedes einzelne Grundstück für sich allein betrachtet zur Zierde des Landschaftsbildes bei-
trägt. In einer großflächig zu schützenden Landschaft befinden sich vielmehr im
Zweifel immer Flurstücke, die als solche nicht schutzwürdig sind.[106]

134 In einem Landschaftsschutzgebiet sind nach § 26 Abs. 2 BNatSchG nach Maßgabe näherer Bestimmungen alle Handlungen verboten, die den Charakter des
Gebietes verändern oder dem besonderen Schutzzweck zuwiderlaufen. § 5 Abs. 1
BNatSchG ist dabei besonders zu beachten. Im Klartext heißt dies für die Landwirtschaft: Die Ausübung der land- und forstwirtschaftlichen Bodennutzung auf
der Basis der guten fachlichen Praxis ist grundsätzlich zulässig. Erlaubt ist demnach
auch die Umwandlung von Flächen im Rahmen der ordnungsgemäßen Nutzung,
solange sie nicht den Gebietscharakter verändert oder dem besonderen Schutzzweck zuwiderläuft. Auch der Umbruch von Grünland ist unter diesen Voraussetzungen zulässig, nicht dagegen die Umwandlung von Wald in Ackerland oder die
Erstaufforstung. Das Verbot der Beseitigung von Hecken, Feld- und Ufergehölzen
findet sich in den jeweiligen Landschaftsschutzgebietsverordnungen.

135 Die Land- und Forstwirtschaft nach guter fachlicher Praxis wird allerdings in
den Ausweisungen in vielfältiger Weise eingeschränkt, wobei die Rechtmäßigkeit
dieser Einschränkungen stets von der Beachtung des Verhältnismäßigkeitsgrund-
satzes abhängt.

136 An Verboten in Landschaftsschutzgebietsausweisungen kommen exemplarisch
in Frage:[107]
– Entwässerung landwirtschaftlicher Grundstücke,
– Grünlandumbruch,
– maschinelle Bearbeitung von Grünland während bestimmter Zeiten,
– Anbau von Mais,
– Düngung mit Gülle,
– Einsatz chemischer Pflanzenbehandlungsmittel,
– Haltung von mehr als einer bestimmten Anzahl von Vieh je Hektar,
– Anlegen von Zäunen.

---

[105] Einzelheiten zu den drei abschließend aufgezählten Schutzgründen s. bei *Lütkes/Ewer*, § 26
Rn. 4 ff.
[106] S. *Lorz u.a.*, Naturschutzrecht, § 26 Rn. 3 f.
[107] Weiter Beispiele bei *Hötzel*, S. 318.

f) Betretungsrecht

Das Betreten der freien Landschaft ist nach § 59 Satz 1 BNatSchG auf Stra- **137** ßen und Wegen sowie auf ungenutzten Grundflächen zum Zwecke der Erholung auf eigene Gefahr gestattet. Das Betreten des Waldes richtet sich gem. § 59 Abs. 2 BNatSchG nach dem Waldrecht des Bundes und der Länder sowie dem sonstigen Landesrecht. Die Länder können das Betretungsrecht aus wichtigen Gründen, insbesondere aus solchen des Naturschutzes und der Landschaftspflege, des Feldschutzes und der land- und forstwirtschaftlichen Bewirtschaftung, zum Schutz der Erholungssuchenden, zur Vermeidung erheblicher Schäden oder zur Wahrung anderer schutzwürdiger Interessen des Grundstücksbesitzers einschränken aber auch erweitern, indem andere Benutzungsarten (wie z.B. Reiten und Skifahren) ganz oder teilweise dem Betreten gleichgestellt werden.

In Bayern dürfen gem. Art. 30 Abs. 1 BayNatSchG landwirtschaftlich genutzte **138** Flächen (einschließlich Sonderkulturen) und gärtnerisch genutzte Flächen während der Nutzzeit nur auf vorhandenen Wegen betreten werden. Als Nutzzeit gilt die Zeit zwischen Saat oder Bestellung und Ernte, bei Grünland die Zeit des Aufwuchses.[108] Zu beachten ist, dass das Betretungsrecht[109] nur zu Zwecken der Erholung gilt. Der Landwirt kann also Personen, die seine Flurstücke erkennbar zu anderen Zwecken betreten, z.B. zur Gewerbeausübung oder zum Zwecke des Abhaltens einer Sportveranstaltung, von seinem Grund verweisen. In Bayern ist das Recht auf Naturgenuss und Erholung in der freien Natur als Grundrecht verbürgt, s. Art. 141 Abs. 3 BV.[110] Hieraus kann sich im Einzelfall eine Erweiterung des Betretungsrechts des Erholungssuchenden ergeben. Es gilt das Prinzip, dass der Zugang frei sein muss, soweit kein Schaden entstehen kann. Man nimmt daher z.B. ein Recht des einzelnen Wanderers an, über eine frisch gemähte oder abgeweidete Wiese oder Weide zu gehen. Weiter ist der Skilanglauf bei ausreichender Schneelage auch über der Wintersaat zulässig. Andererseits kann aber auch eine Einschränkung des Betretungsrechts über den Wortlaut des Art. 30 BayNatSchG hinaus geboten sein, wenn eine an sich erlaubte Ausübung offenbar Schaden verursacht (z.B. Ballspiele auf nicht geeigneten Flächen auch außerhalb der Nutzzeit).[111]

Da das Reiten, als Unterfall des Betretungsrechts, weniger gemeinverträglich ist **139** als andere Betretungsarten, kann es entsprechend stärker reglementiert werden. In Bayern ist die untere oder höhere Naturschutzbehörde nach Art. 31 BayNatSchG ermächtigt, unter den Voraussetzungen des Abs. 1 im erforderlichen Umfang durch Rechtsverordnung oder Einzelanordnung beispielsweise folgende Beschränkungen für das Reiten zu erlassen:
- Reiten nur auf den durch die Behörde besonders dafür ausgewiesenen Wegen oder Flächen,
- Reiten nur zu bestimmten Zeiten,
- behördliche Genehmigung für die Benutzung von Wegen und Flächen,
- Kennzeichnungspflicht für Reitpferde.

Das Recht zur Nachlese und zur Entnahme wildwachsender Pflanzen ist nur **140** in einigen Ländern geregelt. Soweit keine gesetzlichen Bestimmungen vorliegen,

---

[108] Einzelheiten s. bei *Friedlein/Weidinger/Graß*, Art. 25 Anm. 1 ff.

[109] Zum Betreten gehören auch bestimmte sportliche Betätigungen wie das Skifahren, Reiten oder Ballspielen; Art. 29 BayNatSchG.

[110] Einzelheiten bei *Meder*, Die Verfassung des Freistaates Bayern, 5. Aufl., 2014, Art. 141 Rn. 22 ff. S. auch Art. 26 Abs. 1 Satz 2 BayNatSchG abweichend von § 59 Abs. 2 Satz 1 BNatSchG.

[111] S. *Friedlein/Weidinger/Graß*, Art. 25 Anm. 6.

Norer

ist ein Nachleserecht nicht gegeben. Der Eigentümer kann in diesen Fällen diese Handlungen untersagen. Auf Ebene des Bundesrechts wird jedermanns Recht normiert, sich wildwachsende Waldfrüchte (Früchte, Pilze, Tee- und Heilkräuter etc.) und Zweige von wildwachsenden Pflanzen in geringen Mengen für den persönlichen Bedarf anzueignen (§ 39 Abs. 3 BNatSchG).[112]

7. Umwelthaftung

141   Aufsehen erregende Umweltkatastrophen in den 1970er und 1980er Jahren[113] haben schlaglichtartig verdeutlicht, dass von technischen Anlagen gewaltige Schäden ausgehen können, ohne dass diesem Gefahrenpotential ein entsprechendes Haftungssystem gegenüberstünde. Ziel des Umwelthaftungsgesetzes ist es daher, bestehende Lücken im Haftungssystem zu schließen und einen gerechten Schadens- und Vermögensausgleich bei individuellen Rechtsgutsverletzungen herbeizuführen.[114] Darüber hinaus dient es auch der Umweltvorsorge. Durch das gesetzlich fixierte Risiko künftiger Schadenersatzleistungen soll der einzelne zu vorsichtigem, Schäden vermeidendem Verhalten angehalten werden.

142   Aus diesem Grunde normiert das Umwelthaftungsgesetz in § 1 eine verschuldensunabhängige Gefährdungshaftung für bestimmte in Anhang 1 des Gesetzes genannte Anlagen und eine Ursachenvermutung in § 6.

143   Die Landwirtschaft ist lediglich nach Nr. 64 des Anhanges 1 betroffen, wonach Anlagen zum Halten oder zur Aufzucht von Geflügel oder zum Halten von Schweinen ab einer bestimmten Größenordnung den Bestimmungen des Umwelthaftungsgesetzes unterliegen.[115]

144   Diese Bestandszahlen werden von den landwirtschaftlichen Familienbetrieben in der Regel nicht erreicht. Der Gesetzgeber ist offensichtlich der Auffassung, dass landwirtschaftliche Betriebe unterhalb dieser Schwellen nicht das Gefährdungspotenzial aufweisen, das eine Erfassung durch das Umwelthaftungsgesetz rechtfertigen würde.

8. Umweltschaden

145   Von der Umwelthaftung nach Umwelthaftungsgesetz (s. Kap. 7.) zu unterscheiden[116] ist das Umweltschadensgesetz, durch das die EU-Umwelthaftungsrichtlinie (UHRL)[117] im Wesentlichen 1:1 umgesetzt wurde.

---

[112]   Das gewerbliche Sammeln von Beeren und Pilzen ist vom Grundrecht des Art. 141 Abs. 3 BV und von § 39 Abs. 1 Nr. 3 BNatSchG nicht gedeckt, weil dabei die Zweckbindung an Naturgenuss und Erholung fehlt; *Friedlein/Weidinger/Graß,* Art. 28 Anm. 3. Einzelheiten zum gewerbsmäßigen Entnehmen s. § 39 Abs. 4 BNatSchG.

[113]   Seveso 1976, Amoco Cadiz 1978, Harrisburg 1979, Bhopal 1984, Tschernobyl 1986, Sandoz 1986, Exxon Valdez 1989.

[114]   *Landsberg/Lülling,* Umwelthaftungsrecht, 1991, § 1 UmweltHG, Rn. 1 unter Hinweis auf die amtliche Begründung Allg. Teil I., II.

[115]   50.000 Hennenplätze, 100.000 Junghennenplätze, 100.000 Mastgeflügelplätze, 1.700 Mastschweineplätzen oder 500 Sauenplätze oder mehr. Bei gemischten Beständen werden die Vomhundertanteile, bis zu denen die vorgenannten Platzzahlen jeweils ausgeschöpft werden, addiert; die maßgebende Anlagengröße ist erreicht, wenn die Summe der Vomhundertanteile einen Wert von 100 erreicht; Bestände, die kleiner sind als jeweils 5 % der genannten Platzzahlen, bleiben bei der Ermittlung der maßgebenden Anlagengröße unberücksichtigt.

[116]   Zur Abgrenzung zum Umwelthaftungsgesetz s. *Scheidler,* NVwZ 2007, 1113 ff.

[117]   Zur Entstehungsgeschichte der Richtlinie und ihre Parallelen im US-Bundesrecht, s. *Leifer,* Der Richtlinienentwurf zur Umwelthaftung: internationaler Kontext, Entstehung und öffentlichrechtliche Dimension, NuR 2003, 598 ff.

a) Zielsetzung der UHRL

Ziel der Richtlinie ist es, auf der Grundlage des Verursacherprinzips einen ein- **146** heitlichen europäischen Rahmen für die Umwelthaftung zu schaffen, um so Umweltschäden zu vermeiden und gegebenenfalls zu sanieren.[118] Jeder Betreiber im Sinne des Art. 2 Nr. 6 UHRL, der durch seine berufliche Tätigkeit[119] einen Umweltschaden oder die unmittelbare Gefahr eines solchen Schadens verursacht, soll dafür finanziell zur Verantwortung gezogen werden. Die Verantwortlichen sollen auf diese Weise dazu veranlasst werden, Vorsorgemaßnahmen zu treffen, um die Entstehung von Umweltschäden und Gefahren zu vermeiden.

b) Erfasste Schäden

Unter Umweltschaden versteht die UHRL in Art. 2 Nr. 1 **147**

aa) eine Schädigung geschützter Arten und natürlicher Lebensräume, d.h. jeden **148** Schaden, der *erhebliche* nachteilige Auswirkungen in Bezug auf die Erreichung oder Beibehaltung des günstigen Erhaltungszustandes dieser Lebensräume oder Arten hat (Bst. a),[120]

bb) eine Schädigung der Gewässer, d.h. jeden Schaden, der *erhebliche* nachteilige **149** Auswirkungen auf den ökologischen, chemischen oder mengenmäßigen Zustand oder das ökologische Potenzial der betreffenden Gewässer hat (Bst. b) und

cc) eine Schädigung des Bodens, d.h. jede Bodenverunreinigung, die ein *erheb-* **150** *liches* Risiko einer Beeinträchtigung der menschlichen Gesundheit aufgrund der direkten oder indirekten Einbringung von Stoffen, Zubereitungen, Organismen oder Mikroorganismen in, auf oder unter den Grund verursacht (Bst. c).

Die Einführung der Erheblichkeitsschwelle bedeutet zunächst, dass Bagatell- **151** schäden von den Rechtsfolgen der UHRL nicht erfasst werden sollen. Für eine Konkretisierung des unbestimmten Rechtsbegriffes „erheblich" ist mit dieser Aussage jedoch nicht viel gewonnen. Selbst die in Anhang I der UHRL enthaltenen Hinweise zur Beurteilung einer Schädigung als erheblich bzw. unerheblich bringen lediglich eine gewisse Hilfestellung für die Beurteilung im Einzelfall. Für eine weitergehende Konkretisierung wird man mit der gebotenen Vorsicht auf die bisherige Rechtsprechung zur Erheblichkeit im Bereich der FFH-Verträglichkeitsprüfung zurückgreifen müssen.[121]

c) Anwendungsbereich

Die UHRL gilt für Umweltschäden oder unmittelbare Gefahren solcher Schä- **152** den, die durch die Ausübung einer im Anhang III aufgeführten beruflichen Tätigkeit verursacht werden (Art. 3 Nr. 1 Bst. a UHRL). Bei den dort aufgeführten, als potentiell gefährlich eingestuften Handlungen genügt der Nachweis der Kausalität,

---

[118] S. Art. 1 UHRL.

[119] Definiert in Art. 2 Nr. 7 UHRL.

[120] S. i.V.m. Anhang I UHRL. Zur Frage der räumlichen Erstreckung des Arten- und Habitatsschutzes s. *Duikers*, EG-Umwelthaftungsrichtlinie und deutsches Recht, NuR 2006, 623 ff.

[121] EuGH und BVerwG setzen in diesem Bereich die Erheblichkeitsschwelle relativ niedrig an, vgl. BVerwG Urt. v. 17.1.2007 – 9A20.05 – in: NuR 2007, 336 und EuZW 2004, 730. S. dazu *Führ/ Lewin/Roller*, EG-Umwelthaftungs-Richtlinie und Biodiversität, NuR 2006, 67, 70; ausführlich auch *Burmeister*, Zur Prüfung der Erheblichkeit von Beeinträchtigungen der Natura-2000-Gebiete gemäß § 34 BNatSchG im Rahmen einer FFH-Verträglichkeitsprüfung (LANA-Empfehlungen), NuR 2004, 296 ff.; vgl. auch *Lodde/Hansmann*, Haftungsrisiken nach dem Umweltschadensgesetz (USchadG), RdL 2008, 150, und *Diederichsen*, Grundfragen zum neuen Umweltschadensgesetz, NJW 2007, 3378 ff.

um die Pflichten nach der Richtlinie auszulösen.[122] Auf ein Verschulden kommt es hier nicht an. Den Nachweis der Kausalität hat die zuständige Behörde zu führen.[123]

153   Bei den sonstigen, nicht in der Anlage III erfassten beruflichen Tätigkeiten begründet die UHRL eine Verantwortlichkeit nur für Schädigungen von Arten und natürlichen Lebensräumen, und das nur, wenn die Schädigung vorsätzlich oder fahrlässig erfolgt (Art. 3 Nr. 1 Bst. b UHRL).

154   Ausdrücklich ausgenommen vom Anwendungsbereich der UHRL werden Schäden, die außerhalb des Verantwortungsbereichs des Betreibers liegen, z.B. solche, die durch bewaffnete Konflikte oder unabwendbare Naturereignisse entstehen (Art. 4 UHRL).

155   Die UHRL ist eine öffentlich-rechtliche Regelung. In die Rechtsbeziehung zwischen Privaten greift sie nicht ein (s. Art. 3 Abs. 3 UHRL). Sie enthält also keine privatrechtlichen Anspruchsgrundlagen für Personen- und Sachschäden. Insofern bleibt es bei den bereits bestehenden Rechtsnormen, insbesondere bei den Regelungen des BGB, des Wasserhaushaltsgesetzes, des Produkthaftungsgesetzes, des Gentechnikgesetzes und des Umwelthaftungsgesetzes.

d) Pflichten des Betreibers

156   Art. 5 UHRL verpflichtet den Betreiber für den Fall, dass ein Umweltschaden noch nicht eingetreten ist, aber eine unmittelbare Gefahr eines solchen Schadens besteht, unverzüglich die erforderlichen Vermeidungsmaßnahmen zu treffen. Hinzu kommt, insbesondere in den Fällen, in denen trotz der Vermeidungsmaßnahmen die Gefahr nicht abgewendet wird, eine umfassende Informationspflicht gegenüber der zuständigen Behörde.

157   Ist ein Umweltschaden eingetreten, so ergibt sich gem. Art. 6 UHRL eine unverzügliche Informationspflicht verbunden mit der Pflicht, alle praktikablen Vorkehrungen zu treffen, um eine Ausdehnung des Schadens zu vermeiden.

158   Nach Art. 7 UHRL ermitteln die Betreiber gem. Anhang II mögliche Sanierungsmaßnahmen und legen sie der zuständigen Behörde vor, die, soweit sie nicht schon selbst die erforderlichen Sanierungsmaßnahmen ergriffen hat, entscheidet, welche Sanierungsmaßnahmen durchzuführen sind. Die Kosten für die Vermeidungs- und Sanierungstätigkeiten trägt gem. Art. 8 Abs. 1 UHRL grundsätzlich der Betreiber.[124]

e) Auswirkungen auf die Landwirtschaft

159   **aa) Potentiell gefährliche berufliche Tätigkeiten.** Unter den potentiell gefährlichen beruflichen Tätigkeiten der Anlage III der UHRL, die das USchadG in seine Anlage 1 übernommen hat, befinden sich folgende Tätigkeiten mit Bezug zur Landwirtschaft:

---

[122] Beachte: Verantwortlicher im Sinne des USchadG ist gem. § 2 Nr. 3 USchadG nur der „unmittelbare" Verursacher. Genehmigungsbehörden und Gemeinden, die Bauleitpläne aufstellen, sind daher aus der Haftung des USchadG ausgenommen.

[123] Art. 11 Abs. 2 UHRL. S. hierzu: *Greinert*, Der Beweis der Kausalität bei der Umwelthaftung; zugl. Göttingen, Univ. Diss. 2007.

[124] Zur möglichen Kostenbefreiung nach Art. 8 Abs. 4 UHRL s. Punkt 8.

Anlage 1 Nr. 1 USchadG 160
Betrieb von Anlagen, für die eine Genehmigung gemäß der IVU-Richtlinie[125]
erforderlich ist. In Anhang 1 Nr. 6. 6 dieser Richtlinie sind Anlagen zur Intensivhaltung oder -aufzucht von Geflügel oder Schweinen erfasst (mehr als 40.000
Plätze für Geflügel, 2.000 Plätze für Mastschweine oder 750 Plätze für Säue).

Anlage 1 Nr. 2 USchadG 161
Abfallbewirtschaftungsmaßnahmen, soweit diese einer Erlaubnis, Genehmigung,
Anzeige oder Planfeststellung nach dem Kreislaufwirtschaftsgesetz[126] bedürfen.
Da hierbei in erster Linie an den Betrieb von Deponien und Verbrennungsan- 162
lagen gedacht wird, sind landwirtschaftliche Betriebe in der Regel nicht betroffen.
Nicht erfasst ist insbesondere das Aufbringen von Klärschlamm aus Kleinkläranlagen eines landwirtschaftlichen Betriebes auf betriebseigene Ackerflächen. Zwar ist
vor dem erstmaligen Aufbringen der Klärschlamm nach bestimmten Parametern
zu analysieren und das Ergebnis der zuständigen Behörde und der landwirtschaftlichen Fachbehörde zuzuleiten, also eine Anzeige erforderlich, dies jedoch gem. § 3
Abs. 8 Klärschlammverordnung (AbfKlärV)[127].
Hingewiesen sei in diesem Zusammenhang auf Anhang III Nr. 2 Abs. 3 UHRL, 163
der den Mitgliedstaaten die Möglichkeit eröffnet, Regelungen zu erlassen, wonach
die Ausbringung normengerecht behandelten Klärschlamms aus städtischen Abwasserbehandlungsanlagen zu landwirtschaftlichen Zwecken nicht unter die Haf-
tungsregelungen der Umwelthaftungsrichtlinie bzw. des nationalen Umsetzungs-
gesetzes fällt.

Anlage 1 Nr. 4 USchadG 164
Einbringung, Einleitung und sonstige Einträge von Schadstoffen in das Grundwasser gem. § 9 Abs.1 Nr. 4 und Abs. 2 Nr. 2 des Wasserhaushaltsgesetzes (WHG),
soweit hierfür eine Erlaubnis nach § 8 Abs. 1 WHG erforderlich ist.
Düngemaßnahmen im Rahmen der guten fachlichen Praxis bedürfen keiner 165
Erlaubnis, sodass sie demnach nicht unter die Gefährdungshaftung des USchadG
fallen.
Kumulativ bleibt es bei der höchsten Sorgfaltspflichten unterliegenden Haftung 166
nach Wasserrecht.

Anlage 1 Nr. 5 USchadG 167
Entnahme von Wasser aus Gewässern gem. § 9 Abs. 1 Nr. 1 und 5 WHG, soweit
hierfür eine Erlaubnis oder Bewilligung nach dem WHG erforderlich ist.
Landwirte, die von den im WHG und in den Landeswassergesetzen geregelten 168
erlaubnisfreien Benutzungen Gebrauch machen, sind somit von der verschuldens-
unabhängigen Haftung des USchadG nicht betroffen.
Wohl aber bleibt es auch hier bei den bestehenden Verantwortlichkeiten des 169
Wasserrechts.

Anlage 1 Nr. 7 USchadG 170
Herstellung, Verwendung, Lagerung, Verarbeitung, Abfüllen, Freisetzen in die
Umwelt und innerbetriebliche Beförderung von Pflanzenschutzmitteln im Sinne

---

[125] Richtlinie 2010/75/EU des Europäischen Parlaments und des Rates vom 24.11.2010 über
Industrieemissionen (integrierte Vermeidung und Verminderung der Umweltverschmutzung), ABl.
L 334 v. 17.12.2010, S. 17–119.
[126] Gesetz zur Förderung der Kreislaufwirtschaft und Sicherung der umweltverträglichen Bewirtschaftung von Abfällen (Kreislaufwirtschaftsgesetz – KrWG) v. 24.2.2012, BGBl. I S. 212.
[127] Klärschlammverordnung (AbfKlärV) v. 15.4.1992, BGBl. I S. 912.

der EU-Pflanzenschutzmittelverordnung[128] (Bst. c) und Biozid-Produkten im Sinne der EU-Biozidprodukteverordnung[129] (Bst. d).

171   Bei Ausübung dieser Tätigkeiten unterliegt der Landwirt der Gefährdungshaftung des USchadG. Wohl aber taucht die Frage auf, ob es recht und billig ist, einem Landwirt, der zugelassene Pflanzenschutzmittel unter Beachtung aller Regeln der guten fachlichen Praxis anwendet, die Rechtsfolgen des USchadG aufzubürden.[130]

172   **Anlage 1 Nr. 11 USchadG**
Absichtliche Freisetzung genetisch veränderter Organismen in die Umwelt gem. § 3 Nr. 5 erster Halbsatz Gentechnikgesetz (GenTG) sowie Transport und Inverkehrbringen gem. § 3 Nr. 6 GenTG dieser Organismen.

173   Zur bereits bestehenden Gefährdungshaftung des § 32 GenTG, der Schadenersatzpflichten bei Verletzung von Leben, Körper, Gesundheit und Sachen vorsieht, tritt also nun die Gefährdungshaftung des USchadG bei Schädigung der dort geschützten Rechtsgüter.[131] Zur Haftungsfreistellung über § 2 Nr. 1a USchadG i.V.m. § 19 BNatSchG s. unten f).

174   **bb) Sonstige vom USchadG erfasste landwirtschaftliche Tätigkeiten.** Das Ausbringen von Düngemitteln ist im Katalog der potentiell gefährlichen beruflichen Tätigkeiten nicht erfasst. Für diesen Bereich und alle sonst denkbaren, nicht im Katalog enthaltenen Tätigkeiten des Landwirts gilt § 3 Abs. 1 Nr. 2 USchadG mit der Folge, dass hier der Landwirt nur bei vorsätzlicher oder fahrlässiger Schädigung von Arten und natürlichen Lebensräumen haftet.

f) Von der Haftung nicht erfasste Auswirkungen

175   § 2 Nr. 1a USchadG definiert die Schädigung von Arten und natürlichen Lebensräumen „nach Maßgabe des § 19 des Bundesnaturschutzgesetzes". § 19 BNatSchG normiert, dass eine Schädigung von Arten und natürlichen Lebensräumen im Sinne des Umweltschadensgesetzes jeder Schaden ist, der erhebliche nachteilige Auswirkungen auf die Erreichung oder Beibehaltung des günstigen Erhaltungszustands dieser Lebensräume oder Arten hat. Etwas überraschend, aber gedeckt von Art. 2 Nr. 1 lit. a Unterabs. 1 UHRL, folgt sodann in Satz 2 eine Herausnahme aus dem Begriff der Schädigung: „Abweichend von Satz 1 liegt keine Schädigung vor bei *zuvor ermittelten* nachteiligen Auswirkungen von Tätigkeiten eines Verantwortlichen, die von der zuständigen Behörde nach den §§ 34, 35, 45 Abs. 7 oder § 67 Abs. 2 oder, wenn eine solche Prüfung nicht erforderlich ist, nach § 15 oder auf Grund der Aufstellung eines Bebauungsplans nach § 30 oder § 33 des Baugesetzbuches genehmigt wurden oder zulässig sind."

176   Das heißt im Klartext: Werden Projekte realisiert, bei denen vor ihrer Zulassung oder Durchführung eine Verträglichkeitsprüfung mit den Erhaltungszielen eines Natura 2000-Gebiets (Gebiet von gemeinschaftliche Bedeutung oder Vogelschutz-

---

[128] Art. 2 Abs. 1 Verordnung (EG) Nr. 1107/2009 des Europäischen Parlaments und des Rates vom 21.10.2009 über das Inverkehrbringen von Pflanzenschutzmitteln, ABl. L 309 v. 24.11.2009, S. 1–50.

[129] Art. 3 Abs. 1 Bst. a Verordnung (EU) Nr. 528/2012 des Europäischen Parlaments und des Rates vom 22.5.2012 über die Bereitstellung auf dem Markt und die Verwendung von Biozidprodukten, ABl. L 167 v. 27.6.2012, S. 1–123.

[130] S. dazu die Ausführungen in Kap. 7. IV.2.

[131] Nach § 37 Abs. 3 GenTG bleibt eine Haftung auf Grund anderer Vorschriften unberührt. Hingewiesen sei hier auf § 32 Abs. 7 GenTG, eine Vorschrift, die bereits eine Haftung für „Beeinträchtigungen der Natur oder der Landschaft" enthält. Insofern besteht nun im Überschneidungsbereich zum USchadG eine kumulative Haftungssituation.

gebiet) stattgefunden hat, so fallen dennoch entstehende negative Auswirkungen nicht unter die Haftungsbestimmungen des USchadG.[132] Nach § 35 BNatSchG gilt diese Freistellungsregelung entsprechend für die Freisetzung gentechnisch veränderter Organismen (GVO) und die land-, forst- und fischereiwirtschaftliche Nutzung von rechtmäßig in den Verkehr gebrachten GVO-Produkten innerhalb eines Natura 2000-Gebiets.

Sie gilt ferner bei Ausnahmegenehmigungen nach den §§ 45 Abs. 7 und 67 Abs. 2 BNatSchG, bei genehmigten Eingriffen nach § 15 BNatSchG, sowie im Rahmen rechtmäßig zustande gekommener Bebauungspläne gem. BauGB. **177**

Greift man aus diesen Haftungsfreistellungen exemplarisch den GVO-Anbau heraus, so stellt sich die Frage, welcher Anwendungsbereich dem USchadG, also der Gefährdungshaftung nach § 3 Abs. 1 i.V.m. Anlage 1 Nr. 11 verbleibt. Soweit ersichtlich kommt diese dann nur in Betracht beim Anbau von GVO in nicht geschützten Gebieten ohne eine vorherige behördliche Überprüfung und Genehmigung. **178**

g) Mögliche Kostenfreistellung[133]

§ 9 Abs. 1 Satz 2, 2. HS USchadG eröffnet den Ländern die Möglichkeit, Regelungen zu erlassen, wonach der Verantwortliche unter den Voraussetzungen des Art. 8 Abs. 4 UHRL die Kosten der durchgeführten Sanierungsmaßnahmen nicht zu tragen hat. Für diesen Fall müsste der Verantwortliche nachweisen,[134] dass er nicht vorsätzlich oder fahrlässig gehandelt hat, seine Handlung ausdrücklich erlaubt war und den entsprechenden Zulassungsbedingungen in vollem Umfang entsprach. Expressis verbis werden die Länder dabei aufgefordert, die besondere Situation der Landwirtschaft bei der Anwendung von Pflanzenschutzmitteln zu berücksichtigen. Damit soll vor allem erreicht werden, dass Landwirte, die staatlich zugelassene Pflanzenschutzmittel nach den Normen der guten fachlichen Praxis einsetzen, also rechtmäßig handeln, für eventuell dennoch eintretende Umweltschäden im Sinne des USchadG finanziell nicht zur Verantwortung gezogen werden können. **179**

Entsprechende Gesetze in einigen Bundesländern wurden diskutiert.[135] Der Deutsche Bauernverband drängte darüber hinaus, auch im Hinblick auf eine unerwünschte Rechtszersplitterung, auf eine bundeseinheitliche Regelung.[136] Dies blieb jedoch erfolglos, da hier Länderfinanzen berührt würden und die Freistellung ohnedies innerhalb der einzelnen Bundesländer umstritten war.[137] **180**

---

[132] So dürfte sich auch die seinerzeit seitens des Flughafenbetreibers angeregte Ausweisung eines Vogelschutzgebietes im Bereich der geplanten Erweiterung des Münchner Flughafens erklären. Denn nach erfolgreichem Abschluss der Verträglichkeitsprüfung ergeben sich keine USchadG-Verpflichtungen des Betreibers bei negativen Auswirkungen auf Arten und natürliche Lebensräume.

[133] Zur französischen Lösung der Kostenfreistellung, s. *Grimm*, Die europäische Umwelthaftungsrichtlinie und ihre Umsetzung in Deutschland und Frankreich, AUR 2008, 336 ff.

[134] So ergäbe sich, vergleichbar der Tierhalterhaftung bei Nutztieren (§ 833 S. 2 BGB), eine vermutete Verschuldenshaftung mit Entlastungsmöglichkeit.

[135] Vgl. § 52 Berliner Naturschutzgesetz (NatSchG Bln), GVBl. 2013, 140.

[136] DBV zur Verabschiedung des Umweltschadensgesetzes, http://www.agrarheute.com/index.php?redid=143327 (25.3.2015). In dieser Stellungnahme wurde alternativ angeregt, Umweltschäden, die trotz Einhaltung der guten fachlichen Praxis entstehen, als nicht erheblich einzustufen und sie so aus der Haftung herauszunehmen.

[137] Zu beachten ist, dass der Betreiber, selbst wenn der Gesetzgeber von der Möglichkeit des Art. 8 Abs. 4 UHRL Gebrauch machte, nur von der Kostentragungspflicht, nicht aber von der Vermeidungs- und Sanierungspflicht befreit wäre. Die Kosten wären dann von der öffentlichen Hand, d.h. vom Steuerzahler zu tragen. Zur rechtsdogmatischen Problematik einer Kostenentlastung s. *Führ/Lewin/Roller*, NuR 2006, 71.

h) Versicherungsrechtliche Fragen[138]

181   Nach Art. 14 UHRL sollen die Mitgliedstaaten Anreize zur Schaffung von Instrumenten und Märkten der Deckungsvorsorge einschließlich finanzieller Mechanismen im Falle von Insolvenz bieten, damit die Betreiber ihre Haftungsrisiken abdecken können und eine Schadensbehebung gewährleistet ist. Die ursprünglich im Gesetzesentwurf der Bundesregierung enthaltene vorsorgliche Verordnungsermächtigung zum Erlass einer Deckungsvorsorgeverordnung[139] wurde nicht realisiert.

182   Es bleibt damit bei der für die Landwirte unbefriedigenden Situation, dass gewisse Risiken im Bereich von Umweltschäden derzeit nicht versicherbar sind. Im Bereich der Schädigung geschützter Arten und Lebensräume zögerten viele Versicherer, eine entsprechende Versicherung anzubieten, da die Versicherbarkeit eines Risikos entscheidend davon abhängt, dass die Leistungspflicht und der Leistungsumfang des Versicherers eindeutig festgelegt sind. Es muss klar bestimmt sein, welche Versicherungsleistungen bei welchen Ereignissen zu erbringen sind. Eine entsprechend klare Regelung treffen weder UHRL noch USchadG.[140]

9. Cross Compliance[141]

a) Einbindung in die GAP-Reform 2003

183   Der Begriff der Guten fachlichen Praxis hat im Laufe der letzten Jahrzehnte Eingang in eine ganze Reihe von Rechtsnormen gefunden, so in § 17 BBodSchG, § 3 PflSchG, § 3 Abs. 2 DüngG, in der Düngeverordnung und in § 5 Abs. 2 BNatSchG. Der Bedeutungszuwachs dieses mittlerweile die gesamte landwirtschaftliche Tätigkeit dominierenden Begriffes zeigt sich noch einmal in gesteigerter Form auch in der Cross Compliance-Regelung im Bereich der GAP der Europäischen Union.[142]

184   Nach dieser Verordnung muss ein Betriebsinhaber bestimmte Grundanforderungen an die Betriebsführung einhalten und den Erhalt der Flächen in gutem landwirtschaftlichen und ökologischen Zustand gewährleisten, um in den vollen Genuss der (abgekoppelten) Direktbeihilfen zu kommen. Bei Verstößen greift ein Sanktionssystem, das eine abgestufte Kürzung bis hin zum Wegfall der Direktbeihilfen vorsieht.[143]

---

[138] S. im Einzelnen *Sons*, Versicherbarkeit von Umwelthaftungsrisiken in der Landwirtschaft, AUR 2007, Beilage I, S. 37 ff.

[139] Vgl. die amtliche Begründung zu § 12 USchadG in BT-Drs. 16/3806, S. 28.

[140] S. hierzu das Beispiel eines fiktiven Schadensfalles bei *Sons*, AUR 2007, Beilage I, S. 38. Heute bietet bspw. die Zürich Versicherung eine Umweltschadensversicherung an. Die Basisdeckung erfasst im Rahmen der Betriebs- und Berufshaftpflichtversicherung Schäden an geschützten Arten, natürlichen Lebensräumen sowie an Böden und Gewässern außerhalb des Betriebsgrundstücks, wobei hier noch zu klären ist, ob sich die Deckung nur auf Störfälle oder auch auf Schäden aus dem Normalbetrieb erstreckt. Für die Schadensdeckung auf dem eigenen Betriebsgrundstück ist ein Zusatztarif vorgesehen, s. http://www.zurich.de/versicherung/firmenkunden/umweltschadensversicherung (25.3.2015).

[141] S. dazu *Norer*, Rechtsfragen der EU-Agrarreform, 2007, S. 101 ff. mit ausführlichen Literaturhinweisen.

[142] Art. 91–95 VO (EU) Nr. 1306/2013 des Europäischen Parlaments und des Rates vom 17.12.2013 über die Finanzierung, die Verwaltung und das Kontrollsystem der Gemeinsamen Agrarpolitik, ABl. L 347 v. 20.12.2013, S. 549–607. S. auch Kap. 11. III. 3.

[143] Art. 91 Abs. 1 und 2, Art. 96 – 101 VO (EU) Nr. 1306/2013.

b) Grundanforderungen an die Betriebsführung (GAB)

Umfasst sind gem. Anhang II der VO (EU) Nr. 1306/2013 die Bereiche 1. Um- **185** weltschutz und Klimawandel, 2. Gesundheit von Mensch, Tier und Pflanze sowie 3. Tierschutz. Einzuhalten sind demnach bestimmte Regelungen aus derzeit 13 unionsrechtlichen Vorschriften:

Aus dem Bereich Umwelt: **186**
- VogelschutzRL (2009/147/EG),
- FFH-RL (92/43/EWG),
- NitratRL (91/676/EWG).

Aus dem Bereich Gesundheit von Mensch, Tier und Pflanze: **186**
- Lebensmittel-BasisVO (EG 178/2002),
- Verbot bestimmter Stoffe in der tierischen Erzeugung (RL 96/22/EG),
- Schweine-KennzeichnungsRL (2008/71/EG),
- Rinder-KennzeichnungsVO (EG 1760/2000),
- Schafe- und Ziegen-KennzeichnungsVO (EG 21/2004),
- TSE-VO (EG 999/2001),
- PflanzenschutzmittelVO (EG 1107/2009).

Aus dem Bereich Tierschutz: **187**
- Kälber-SchutzRL (2008/119/EG),
- Schweine-SchutzRL (2008/120/EG),
- Landwirtschaftliche Nutztier-SchutzRL (98/58/EG).

c) Erhalt der landwirtschaftlichen Flächen in gutem landwirtschaftlichen und ökologischen Zustand (GLÖZ)

Die Mitgliedstaaten legen – da hier keine Unionskompetenz besteht – derzeit 7 **188** Mindestanforderungen entsprechend dem Rahmen des Anhangs II der VO (EU) Nr. 1306/2013 fest. Dies gilt für folgende Bereiche:
- Wasser
- Boden und Kohlenstoffbestand
- Landschaft und Mindestmaß an landschaftspflegerischen Instandhaltungsmaß-nahmen.

Die Umsetzung dieses Rahmens erfolgte in Deutschland durch das Agrarzah- **189** lungen-Verpflichtungengesetz (AgrarZahlVerpflG)[144] und die Agrarzahlungen-Verpflichtungenverordnung (AgrarZahlVerpflV).[145]

Die Detailregelungen umfassen:

GLÖZ 1: Schaffung von Pufferzonen entlang von Wasserläufen (§ 2 **190** AgrarZahlVerpflV): Bei der Bewirtschaftung landwirtschaftlicher Flächen entlang von Wasserläufen sind bestimmte Anforderungen der DüV (Abstandsvorschriften für die Aufbringung von Düngemitteln mit wesentlichen Nährstoffgehalten an Stickstoff) zu beachten.

---

[144] Gesetz zur Regelung der Einhaltung von Anforderungen und Standards im Rahmen im Rahmen unionsrechtlicher Vorschriften über Agrarzahlungen (Agrarzahlungen-Verpflichtungengesetz – AgrarZahlVerpflG) v. 2.12.2014, BGBl. I S. 1928.

[145] Verordnung über die Einhaltung von Grundanforderungen und Standards im Rahmen unionsrechtlicher Vorschriften über Agrarzahlungen (Agrarzahlungen-Verpflichtungenverordnung – AgrarZahlVerpflV) v. 17.12.2004, BAnz. AT 23.12.2014 V1.

191   **GLÖZ 2: Einhaltung von Genehmigungsverfahren für die Verwendung von Wasser zur Bewässerung** (§ 3 AgrarZahlVerpflV): Bei Beregnung oder sonstiger Bewässerung landwirtschaftlicher Flächen ist bei einer erlaubnis- oder bewilligungspflichtigen Gewässerbenutzung im Kontrollfall das Vorliegen der Erlaubnis oder Bewilligung nachzuweisen.

192   **GLÖZ 3: Schutz des Grundwassers gegen Verschmutzung** (§ 4 AgrarZahlVerpflV): Stoffe nach Liste I der Anlage 1 AgrarZahlVerpflV dürfen im Rahmen einer landwirtschaftlichen Tätigkeit nicht in das Grundwasser eingeleitet oder eingebracht werden. Bei Stoffen nach Liste II der Anlage 1 AgrarZahlVerpflV ist im Kontrollfall das Vorliegen einer Erlaubnis nach WHG nachzuweisen. Weitere Regelungen betreffen insbesondere die Lagerung von Mineralölprodukten, Treibstoffen, Schmierstoffen und Pflanzenschutzmittel, die Lagerung von Festmist sowie Silagemieten.

193   **GLÖZ 4: Mindestanforderungen an die Bodenbedeckung** (§ 5 AgrarZahlVerpflV): Ackerland, das durch den Betriebsinhaber als im Umweltinteresse genutzte Fläche i.S.v. Art. 46 Abs. 2 Bst. a, c, d oder f EU-DirektzahlungsVO (EU) Nr. 1307/2013 ausgewiesen ist, ist zu begrünen und Pflanzenschutzmittel dürfen nicht angewandt werden. Weitere Detailregelungen schließen sich an.

194   **GLÖZ 5: Mindestpraktiken der Bodenbearbeitung zur Erosionsbegrenzung** (§ 6 AgrarZahlVerpflV): Hier haben die Landesregierungen durch Rechtsverordnung die landwirtschaftlichen Flächen nach dem Grad der Erosionsgefährdung (durch Wasser nach den Anforderungen der Anlage 2 AgrarZahlVerpflV, durch Wind nach den Anforderungen der Anlage 3 AgrarZahlVerpflV) einzuteilen. Je nach Zuteilung ergeben sich verschiedene Bewirtschaftungsbeschränkungen, insbesondere Pflügungsverbote.

195   **GLÖZ 6: Erhaltung des Anteils der organischen Substanz im Boden** (§ 7 AgrarZahlVerpflV): Verbot des Abbrennens von Stoppelfeldern.

196   **GLÖZ 7: keine Beseitigung von Landschaftselementen** (§ 8 AgrarZahlVerpflV): Unter Landschaftselemente fallen insbesondere Hecke, Baumreihen, Feldgehölze und Feuchtgebiete bestimmter Größe, Einzelbäume, Feldraine, Trocken- und Natursteinmauern, Lesesteinwälle oder Terrassen. Mit dem Beseitigungsverbot ist ausdrücklich eine Pflicht zur Pflege nicht verbunden.

d) Erhalt von Dauergrünland

197   Außerdem schließen die Cross-Compliance-Vorschriften für die Jahre 2015 und 2016 die Erhaltung von Dauergrünland ein. Dauergrünland sind Flächen, die durch Einsaat oder auf natürliche Weise (Selbstaussaat) zum Anbau von Gras oder anderen Grünfutterpflanzen genutzt werden und mindestens fünf Jahre lang nicht Bestandteil der Fruchtfolge des Betriebes waren (5-Jahresregelung).[146]

198   Die Verpflichtung der VO (EU) Nr. 1306/2013, Grünland zu erhalten (Art. 93 Abs. 3), wird in Deutschland mit Hilfe eines mehrstufigen Verfahrens regional umgesetzt.[147] Die Region, z.B. das Bundesland Bayern, meldet jährlich bezogen auf den Basiswert des Jahres 2003 den Bestand an Dauergrünland. Bei einer Verringe-

---

[146]   S. Art. 93 Abs. 5 VO (EU) Nr. 1306/2013 i.V.m. Art. 2 Bst. c der früheren VO (EG) Nr. 1120/2009.
[147]   Vgl. § 3 AgrarZahlVerpflG.

rung um weniger als 5 % entstehen keine weiteren Verpflichtungen. Bei einer Verringerung ab 5 % muss das Land eine Verordnung erlassen, wonach Grünlandumbruch einer Genehmigung bedarf. Bei einer Verringerung um mehr als 8 % *kann*, bei einer Verringerung um mehr als 10 % *muss* das Land Wiedereinsähgebote erlassen.[148] (s. § 10 BayGAPV).

e) Rechtsprobleme[149]

Cross Compliance (wörtlich: „Überkreuzverpflichtung", früher „Einhaltung an- **199** derweitiger Verpflichtungen") wurde mit der Gap-Reform 2003 eingeführt und kann heute als zentrale Einfallspforte des Umweltrechts in das agrarische Förderungsrecht gesehen werden. Nunmehr unterliegen für die Landwirtschaft zentrale Bestimmungen des europäischen Umwelt-, Lebensmittel- und Tierschutzrechts nicht nur mehr oder weniger effizienten Kontrollen durch die Mitgliedstaaten sondern auch den strengen Kontrollen im Rahmen des EU-Direktzahlungs- und Fördersystems. Daraus ergeben sich rechtlich problematische Fragestellungen wie insbesondere das Verhältnis von Feststellungen und verhängten Rechtsfolgen zwischen der Förderkontrollbehörde und denjenigen der Fachbehörde, das Doppelbestrafungsverbot (Art. 4 i. ZPMRK) oder das Bestimmtheitsgebot bei Sanktionen.[150]

---

[148] Vgl. § 10 Verordnung zur Umsetzung der Reform der Gemeinsamen Agrarpolitik (Bay-GAPV) v. 2.6.2005, GVBl. 2005 S. 184. S. auch das entsprechende Merkblatt 2014 „Genehmigung eines Umbruchs von Dauergrünland".

Im Juni 2014 ist schließlich auch in Bayern als einem der letzten Bundesländer die Verringerung um mehr als 5 % eingetreten, sodass nunmehr die Genehmigungspflicht angeordnet wurde; s. die entsprechenden Bekanntmachungen des Bayerischen Staatsministeriums unter http://www.stmelf. bayern.de/agrarpolitik/foerderung/072871/?layer=print&.

[149] S. dazu *Norer*, Rechtsfragen der EU-Agrarreform, 2007, S. 101 ff. mit ausführlichen Literaturhinweisen.

[150] S. im Überblick *Norer/Bloch*, in: Dauses, Handbuch des EU-Wirtschaftsrechts, Abschnitt G, Rn. 135 m.w.N. Weiter *Eiden*, Ökologisierung der Agrarbeihilfen durch die Agrarreform 2003, in: Schneider (Hrsg.), Beihilfe- und Vergaberecht als Rahmenbedingungen der Umweltpolitik, 2005, S. 159 ff.; *Huth/Prinz*, Cross Compliance – Irrungen und Wirrungen, AUR 2005, 121 ff.; *Meyer-Bolte*, Agrarrechtliche Cross Compliance als Steuerungsinstrument im Europäischen Verwaltungsverbund, 2007; *Peine*, Verknüpfung der Beihilfen mit der Einhaltung von Umweltstandards – Konsequenzen, AUR 2005, Beilage I, S. 11 ff.; *Reinl*, Rechtsfragen im Zusammenhang mit Cross Compliance aus der Sichtweise des EG-Rechtes, FS Holzer, 2007, S. 75 ff.; *Schweizer/Seliger*, Cross Compliance – Bindung von EU-Zahlungen an die Einhaltung von Umwelt-, Tierschutz- und Lebensmittelstandards, AUR 2009, 44 ff.; *Spreen*, Neue Anforderungen an die Landwirtschaft durch Cross Compliance, AUR 2005, 37 ff.

Anhang. Landwirtschaftliches Verfahrensrecht

Literaturauswahl:

Barnstedt/Steffen, Gesetz über das gerichtliche Verfahren in Landwirtschaftssachen (LwVG), Kommentar, 6. Aufl., Münster/Köln 2001 (Rechtsstand Sept. 2000);
Lange/Wulff, Gesetz über das gerichtliche Verfahren in Landwirtschaftssachen, München, Celle 1954 mit Nachtrag 1963;
Pritsch, Das gerichtliche Verfahren in Landwirtschaftssachen, Berlin, Frankfurt, 1955;
Steffen, Die Zivilprozessrechtsreform und das Verfahren nach dem LwVG, in: RdL 2002, 253 ff.
Wöhrmann/Herminghausen, Gesetz über das gerichtliche Verfahren in Landwirtschaftssachen, Hamburg 1954;

I. Einblick in das das Gesetz über das gerichtliche Verfahren in Landwirtschaftssachen (LwVG)[1]

1. Landwirtschaftsgerichte, Landwirtschaftssachen

Das LwVG regelt im 1. Abschnitt (§§ 1–8) die sachliche Zuständigkeit und die **1** Einrichtung der Landwirtschaftsgerichte. Die Bestimmungen dieses Gesetzes finden gem. § 1 in folgenden Fällen Anwendung:

1. Anzeige und Beanstandung von Landpachtverträgen nach dem Landpachtverkehrsgesetz; bestimmte in Nr. 1 aufgezählte Landpachtfälle (Pachtschutzvorschriften) des BGB,
1a. für den Landpachtvertrag im übrigen,[2]
2. Angelegenheiten nach dem Grundstückverkehrsgesetz,
3. Einwendungen gegen das siedlungsrechtliche Vorkaufsrecht in § 10 RSG,
4. Angelegenheiten nach den §§ 59, 63 des Bundesvertriebenengesetzes und nach § 7 Abs. 2 des Gesetzes zur Ergänzung des Reichssiedlungsgesetzes,
5. das Anerbenrecht einschließlich der Versorgungsansprüche,
6. Aufhebung der früheren Vorschriften über Erbhöfe.

2. Hinweise zum Verfahren vor den Landwirtschaftsgerichten

§ 2 regelt die Besetzung der Gerichte und den Instanzenzug. Im ersten Rechts- **2** zug sind die Amtsgerichte als Landwirtschaftsgerichte zuständig. Sie sind besetzt mit einem Richter beim Amtsgericht und zwei ehrenamtlichen Richtern. Im

---

[1] Vom 21.7.1953 (BGBl. I S. 667), zuletzt geändert durch Art. 17 G.v. 23.7.2013 (BGBl. I S. 2586).

[2] Die Nr. 1a wurde durch das Gesetz zur Neuordnung des landwirtschaftlichen Pachtrechts vom 8.11.1985 (BGBl. I S. 2065) eingefügt. Damit wurde die alleinige Zuständigkeit der Landwirtschaftsgerichte für alle Verfahren auf Grund der Landpacht wieder hergestellt (so früher schon in § 1 lit. f LVO). Da in den Fällen der Nr. 1 grundsätzlich nach dem FGG, in den Fällen der Nr. 1a grundsätzlich nach der ZPO zu verfahren ist, wurden die Angelegenheiten in getrennten Nummern aufgeführt.

zweiten Rechtszug sind die Oberlandesgerichte zuständig. Ihre Besetzung: drei Richter des Oberlandesgerichts mit Einschluss des Vorsitzenden und zwei ehrenamtliche Richter. Im dritten Rechtszug ist der Bundesgerichtshof in der Besetzung von drei Richtern des BGH (unter ihnen der Vorsitzende) und zwei ehrenamtlichen Richtern zuständig.

3   Die Einbeziehung von zwei ehrenamtlichen Richtern in allen Rechtszügen hielt der Gesetzgeber für zweckmäßig, da auf diese Weise Landwirte bei der Entscheidungsfindung mitwirken, die auf Grund ihrer beruflichen Erfahrung entsprechende Sachkenntnisse mitbringen, und das Gericht somit bei der Beurteilung wirtschaftlicher Gesichtspunkte nicht ständig auf Sachverständigengutachten zurückgreifen muss.[3]

II. Hinweise zur Verfahrensordnung für Höfesachen

4   Für den Geltungsbereich der Höfeordnung,[4] also für die Länder Hamburg, Niedersachsen, Nordrhein-Westfalen und Schleswig-Holstein gilt in Höfesachen eine eigene Verfahrensordnung, nämlich die Verfahrensordnung für Höfesachen (HöfeVfO).[5] Sie bestimmt in § 1, dass auch auf Höfesachen die Vorschriften über das gerichtliche Verfahren in Landwirtschaftssachen anzuwenden ist, soweit sie nicht anderes bestimmt. Einzelheiten dazu können den Kommentaren zur Höfeordnung entnommen werden.

---

[3] S. *Barnstedt/Steffen*, § 2 Rn. 18 unter Hinweis auf die amtliche Begründung (BT-Drs. Nr. 3819, S. 16); zur Qualifikation der ehrenamtlichen Richter s. § 4 Abs. 3 LWVG.

[4] I.d.F. vom 26.7.1976 (BGBl. I S. 1933).

[5] Vom 29.3.1976 (BGBl. I S. 881, 1977 I S. 288).

Stichwortverzeichnis

Die halbfetten Zahlen verweisen auf die Kapitel,
die mageren auf die Randziffern.